ELOGIOS A *REINVENTANDO O FOGO*

"Meu amigo Amory Lovins sabe que a questão mais importante do século XXI é a questão de 'como' transformamos boas ideias em soluções práticas. *Reinventando o Fogo* é um plano de ação perspicaz, detalhado e abrangente para reunir as melhores tecnologias existentes para o uso da energia, mostrando como aplicá-las sem demora para criar empregos, acabar com a nossa dependência de combustíveis fósseis que alteram o clima e liberar o imenso potencial econômico da revolução energética que se avizinha."

— BILL CLINTON, EX-PRESIDENTE DOS EUA

"*Reinventando o Fogo* é um trabalho monumental, um *tour de force* repleto de sabedoria imperativa, que merece um lugar permanente na mesa – não, na mente – de quem quer que esteja sentado no Salão Oval da Casa Branca."

— ROBERT C. MCFARLANE, CONSELHEIRO DE SEGURANÇA NACIONAL DO EX-PRESIDENTE DOS EUA, RONALD REAGAN; COFUNDADOR E *COCHAIRMAN* DO CONSELHO DE SEGURANÇA ENERGÉTICA DOS EUA

"Se queremos trazer felicidade e prosperidade para o nosso país, tratar do desemprego, da ineficiência governamental e das alterações climáticas, e criar significado num mundo repleto de visões e de ideologias contraditórias, podemos fazer uma coisa: ler *Reinventando o Fogo*... e nos certificar de que seja lido por todos os líderes do planeta. Esta é uma obra espantosa, de enorme dimensão."

— PAUL HAWKEN, COAUTOR DO BEST-SELLER *CAPITALISMO NATURAL*, PUBLICADO PELA EDITORA CULTRIX

"Um plano brilhante, completo e inovador para uma reestruturação integral, lucrativa e sustentável ao longo das próximas quatro décadas, do modo como usamos a energia para transportes, eletricidade, edifícios e indústrias."

— R. JAMES WOOLSEY, SÓCIO EMPREENDEDOR DA LUX CAPITAL; EX-DIRETOR DA CIA; *CHAIRMAN* DA FOUNDATION FOR DEFENSE OF DEMOCRACIES [FUNDAÇÃO PARA A DEFESA DE DEMOCRACIAS]

"Lovins e seus colegas abrem caminho para uma uma nova era de consumo de energia, que é mais limpo, mais econômico e mais seguro. Um livro de leitura obrigatória para líderes empresariais, políticos, ambientalistas, acadêmicos, engenheiros ambientais e todos aqueles que se preocupam com o futuro do nosso planeta e com a prosperidade da nossa nação."

— DAN ESTY, DIRETOR DO CENTRO PARA NEGÓCIOS E AMBIENTE DA YALE UNIVERSITY

"Líderes empresariais norte-americanos e do mundo todo há muito aguardam por uma visão prática sobre como a inovação e o empreendedorismo podem possibilitar a substituição dos combustíveis fósseis por eficiência e fontes renováveis. Agora, em *Reinventando o Fogo*, esse caminho lucrativo e sustentável está mapeado de maneira clara e convincente."

— GERALD D. HINES, FUNDADOR E *CHAIRMAN* DA HINES

"Uma análise de leitura obrigatória da 'nova linha de base' para inovadores e estrategistas."

— BILL JOY, SÓCIO DA KLEINER PERKINS CAUFIELD & BYERS; COFUNDADOR DA SUN MICROSYSTEMS

REINVENTANDO O FOGO

SOLUÇÕES OUSADAS DE NEGÓCIOS NA NOVA ERA DA ENERGIA

AMORY B. LOVINS E
ROCKY MOUNTAIN INSTITUTE

PREFÁCIOS DE
MARVIN ODUM, PRESIDENTE DA SHELL OIL COMPANY
JOHN W. ROWE, *CHAIRMAN* E CEO DA EXELON CORPORATION
OSCAR MOTOMURA, FUNDADOR E PRINCIPAL EXECUTIVO DO GRUPO AMANA-KEY

Tradução
MARCELLO BORGES

Editora Cultrix
SÃO PAULO

Título original: *Reinventing Fire*.

Copyright © 2011 Rocky Mountain Institute.
Copyright da edição brasileira © 2013 Editora Pensamento-Cultrix Ltda.
Citação na quarta capa copyright © 2011 William Jefferson Clinton.
Esta edição foi publicada mediante acordo com Chelsea Green Publishing Co., White River Junction, VT, USA.

Texto de acordo com as novas regras ortográficas da língua portuguesa.

1ª edição 2013.

Todos os direitos reservados. Nenhuma parte desta obra pode ser reproduzida ou usada de qualquer forma ou por qualquer meio, eletrônico ou mecânico, inclusive fotocópias, gravações ou sistema de armazenamento em banco de dados, sem permissão por escrito, exceto nos casos de trechos curtos citados em resenhas críticas ou artigos de revistas.

A Editora Cultrix não se responsabiliza por eventuais mudanças ocorridas nos endereços convencionais ou eletrônicos citados neste livro.

Editor: Adilson Silva Ramachandra
Editora de texto: Denise de C. Rocha Delela
Coordenação editorial: Roseli de S. Ferraz
Preparação de originais: Marta Almeida de Sá
Revisão técnica: William W. B. Veale
Produção editorial: Indiara Faria Kayo
Assistente de produção editorial: Estela A. Minas
Editoração Eletrônica: Join Bureau
Revisão: Claudete Agua de Melo e Vivian Miwa Matsushita

Dados Internacionais de Catalogação na Publicação (CIP)
(Câmara Brasileira do Livro, SP, Brasil)

Lovins, Amory B.
    Reinventando o fogo: soluções ousadas de negócios na nova era da energia / Amory B. Lovins e Rocky Moutain Institute; prefácios de Marvin Odum, John W. Rowe, Oscar Motomura; tradução Marcello Borges. – São Paulo: Cultrix, 2013.

    Título original: Reinventing fire.
    ISBN 978-85-316-1221-3

    1. Desenvolvimento energético – Estados Unidos 2. Energia – Consumo – Estados Unidos 3. Energia – Fontes alternativas 4. Indústrias – Energia – Conservação – Estados Unidos 5. Indústrias – Energia – Consumo – Estados Unidos 6. Política energética – Estados Unidos I. Rocky Mountain Institute. II. Odum, Marvin. III. Rowe, John W. IV. Motomura, Oscar.

13-01205   CDD-333.790973

Índices para catálogo sistemático:
1. Estados Unidos : Desenvolvimento energético : Economia   333.790973

Direitos de tradução para a língua portuguesa adquiridos com exclusividade pela
EDITORA PENSAMENTO-CULTRIX LTDA., que se reserva a
propriedade literária desta tradução.
Rua Dr. Mário Vicente, 368 – 04270-000 – São Paulo – SP
Fone: (11) 2066-9000 – Fax: (11) 2066-9008
http://www.editoracultrix.com.br
E-mail: atendimento@editoracultrix.com.br
Foi feito o depósito legal.

*Dedicado a dois amigos e mentores
que deram forma e inspiração a este trabalho:*

Ray C. Anderson (1934–2011)

Lee Schipper (1947–2011)

O bem que fizeram não terá fim.

Caminante, no hay camino. **Caminhante, não há caminho.**
Se hace camino al andar. **O caminho é feito quando se anda.**

— Antonio Machado (1875–1939)

EQUIPE DO PROJETO DA EDIÇÃO ORIGINAL DE *REINVENTANDO O FOGO*

Autor Sênior: Amory B. Lovins

Coautores: Mathias Bell; Lionel Bony; Albert Chan; Stephen Doig, PhD; Nathan J. Glasgow; Lena Hansen; Robert Hutchinson, Virginia Lacy; Eric Maurer; Jesse Morris; James Newcomb; Greg Rucks; Caroline Traube

Gerentes de projeto: Lionel Bony (pesquisa e texto); Eric Maurer (edição e produção); Roy Torbert (edição e produção)

Designers: Mark Dyson; Mark Gately

Pesquisadores: Josh Agenbroad; Sarah Bahan; Dan Gorman; Ryan Matley; Natalie Mims; Jay Tankersley; Katherine Wang, PE

Também: Michael Bendewald; Steve Brauneis; Aaron Buys; Betsy Cannon; Bennett Cohen; Andrew Dietrich; Amanda Gonzalez; Chris Hart; Leah Kuritzky; Nicole LeClaire; Angie Lee; Davis Lindsey; Luisa Lombera; Matt Mattila; Miriam Morris; Brendan O'Donnell; Tyler Ruggles; Anna Shpitsberg; Roy Torbert; Brendan Trimboli; Molly Ward

Produção: Betsy Ronan Herzog; Carrie Jordan; Clay Stranger

Revisores seniores: Brad Mushovic; Michael Potts

Colaboradores externos ao RMI

Editor: John Carey

Autor colaborador: Jason Denner

Pesquisadores: Will Clift; Emily Grubert; Darrin Magee, PhD; Glenn Mercer; Scott Muldavin; Eric Wanless

Revisores seniores: E. Kyle Datta; Jonathan G. Koomey, PhD

Revisão por pares: Veja as páginas 295-6

SUMÁRIO

Sobre este livro IX

Prefácio à edição brasileira de Oscar Motomura (Fundador e principal executivo, Amana-Key).................... XI

Prefácio de Amory B. Lovins XVII

Prefácio de Marvin Odum (Presidente, Shell Oil Company)... XXI

Prefácio de John W. Rowe (*Chairman* e CEO, Exelon Corporation)...................................... XXII

1. DESFOSSILIZANDO OS COMBUSTÍVEIS.. 1
   O verdadeiro custo do vício do petróleo 3
   Petróleo e insegurança... 4
   Os custos ocultos do carvão 6
   Desviando o superpetroleiro... 8
   Acendendo o novo fogo 11
   Milagres não são necessários 14

2. TRANSPORTE: AUTOMÓVEIS MAIS ADEQUADOS, USO MAIS INTELIGENTE 17
   Projetando e construindo automóveis de modo diferente 20
   Usando automóveis de forma mais produtiva 48
   O resto da história: Além dos automóveis 57
   Movendo veículos com energia mais limpa.. 73
   Conclusão: Melhor mobilidade com custo menor e sem petróleo 82

3. EDIFÍCIOS: PROJETOS PARA UMA VIDA MELHOR.. 91
   Compreendendo o atual lodaçal das construções.. 96
   A revolução na eficiência: O que é lucrativo e o que é possível 102
   O enigma e o desafio... 120
   Resolvendo o quebra-cabeça da eficiência.. 123
   Conclusão: Mais conforto, mais produtividade, menos energia, economia mais forte 137

4. INDÚSTRIA: REFAZENDO O MODO COMO FAZEMOS COISAS................................ 145
   Como a selva industrial movimenta a demanda de energia dos EUA 151
   Observando a indústria pelas lentes da eficiência 156
   Quanto mais produtiva a indústria ainda pode ser? 170
   Transformando a selva industrial 183
   Conclusão: Competitividade por meio da produtividade com energia radical.................... 187

5. ELETRICIDADE: REENERGIZANDO A PROSPERIDADE ... 195

Imaginando o próximo sistema de eletricidade ... 197

Manter: A incompreensível natureza da forma convencional de produzir energia ... 201

Migrar: A postura convencional diante da eletricidade "sem carbono" ... 212

Renovar: Acessando as inesgotáveis fontes energéticas da natureza ... 220

Transformar: Uma mudança sísmica na escala ... 237

Quatro casos, uma direção ampla ... 247

Como vamos de cá para lá? ... 253

Conclusão: O caminho que leva ao porvir ... 259

6. MUITAS ESCOLHAS, UM FUTURO ... 265

Olhando em retrospecto a partir de 2050 ... 267

Como a reinvenção do fogo pode acontecer com suavidade? ... 271

Como conquistar a recompensa de 2050? ... 288

Acendendo a chama do novo fogo ... 292

Agradecimentos ... 294

Sobre os autores ... 301

Sobre o Rocky Mountain Institute ... 307

Outras publicações do Rocky Mountain Institute ... 309

Créditos das imagens ... 310

Notas ... 311

Referências ... 338

SOBRE ESTE LIVRO

Reinventando o Fogo oferece um mapa viário para navegar a economia dos Estados Unidos até o final da era dos combustíveis fósseis. É o fruto do trabalho de vários anos de dezenas de cientistas, engenheiros, arquitetos, economistas, especialistas em negócios e outros profissionais do Rocky Mountain Institute (RMI) – um laboratório independente e sem fins lucrativos de ideias e de atos que impulsiona o uso eficiente e regenerativo de recursos, transformando *designs*, rompendo barreiras e espalhando a inovação (ver p. 307). Tanto a síntese de *Reinventando o Fogo* como este livro, resumindo seus achados para líderes empresariais e de outras áreas dos Estados Unidos, têm sido revisados minuciosamente por especialistas externos (ver pp. 295-6).

O RMI criou sua iniciativa Reinventando o Fogo para responder a duas perguntas: Poderão os Estados Unidos, em termos realistas, parar de usar petróleo e carvão até 2050? E poderá uma transição tão vasta rumo ao uso eficiente e renovável de energia ser liderada por empresas para ter vantagens duradouras? As respostas às duas perguntas provaram-se ser "Sim".

Essas respostas emergiram da combinação de dados aceitos convencionalmente sobre necessidades futuras de energia e produção com projeções razoavelmente conservadoras sobre o possível futuro da energia em 40 anos, caso as empresas adotassem as tecnologias atualmente disponíveis com taxas normais de retorno sobre investimento, e caso as mudanças nas políticas removessem algumas das barreiras atuais para a adoção de inovações em *design* e aproveitamento da energia. Surpreendentemente, nossa análise não dependeu do preço do carbono ou de qualquer externalidade; não exigiu nenhuma lei do Congresso ou novos impostos federais, subsídios ou mandatos legislativos; e custou US$ 5 trilhões *menos* (em valor líquido presente de 2010[1]) do que *fazer-como--sempre-fizemos*, criando grandes oportunidades para lucros.

A narrativa de *Reinventando o Fogo* gira em torno de duas grandes histórias – petróleo e eletricidade. A queima de petróleo e a alimentação de usinas de eletricidade (quase metade das quais com carvão) liberam cada uma mais de dois quintos do carbono fóssil dos Estados Unidos e do mundo. Quase três quartos do nosso petróleo alimentam a mobilidade, enquanto quase três quartos da nossa eletricidade operam edifícios (o resto energiza a indústria).

Logo, *transportes*, *construções* e *indústrias* eficientes são as chaves para economizar petróleo e carvão, bem como muito do gás natural, que poderá substituir a ambos, e essas mudanças, por sua vez, podem possibilitar mudanças principais na maneira como a *eletricidade* é produzida. Os Capítulos 2 a 5 exploram esses quatro setores, refletindo aquilo que a equipe do RMI aprendeu ao longo de três décadas de colaboração estratégica e técnica com empresas líderes em todos os quatro setores ao redor do mundo. Essa experiência global sugere que todas as tecnologias e muitas das sugestões de políticas orientadas para os Estados Unidos, apresentadas neste livro, deveriam ser amplamente adotáveis em, ou adaptáveis por, outros países.

Desejávamos fazer *Reinventando o Fogo* descomplicado e de fácil leitura, mas mantendo suas detalhadas análises técnicas transparentes, compreensíveis, críveis e documentadas. Você encontrará nossas referências básicas na parte final deste livro, e material de apoio metodológico e técnico em www.reinventingfire.com, que também é o portal para as iniciativas do próprio RMI para implementar a estratégia de Reinventando o Fogo nos quatro setores principais. Algumas convenções básicas merecem menção aqui.

Em todo o livro, expressamos valores em dólares dos Estados Unidos de 2009 (exceto quando indicado) e escolhemos tecnologias que geram lucro em taxas de retorno mínimas apropriadas para a tolerância de cada setor para sua proporção risco *vs* ganho. Já que as decisões dos fabricantes de automóveis são movidas por compradores de carros relativamente míopes em termos econômicos, por exemplo, presumimos que sua economia em combustível deve se pagar em três anos. Para ganhos de eficiência em edificações, nossa taxa mínima real de retorno é de 7% ao ano, refletindo horizontes de tempo maiores. No setor mais arriscado e mais agressivamente competitivo da indústria, peneiramos ganhos reais em eficiência em 12% ao ano. Para geração de eletricidade, usamos uma taxa real de 5,7% ao ano, refletindo a média ponderada do custo de capital de muitas empresas privadas. Em todo o livro, apresentamos como valor presente o valor societário dos custos e benefícios trazidos para 2010, com a taxa de desconto social (3% ao ano, real) prescrita pelo U.S. Office of Management and Budget [Escritório de Administração e Orçamento dos EUA] para a valoração dos investimentos do governo federal em eficiência energética. Assumimos os mesmos níveis robustos de atividade e de crescimento econômico que o estudo *2010 Reference Case* do Departamento de Informações sobre Energia dos EUA previu para 2035, extrapolado para 2050, e usamos essa linha de base para comparar nossas alternativas propostas.

Convidamos os leitores a enviar quaisquer correções ou melhorias propostas para rfsuggestions@rmi.org, ajudando-nos a refinar as edições posteriores, e a enviar perguntas para rf@rmi.org.

PREFÁCIO À EDIÇÃO BRASILEIRA

de Oscar Motomura

Conheci Amory Lovins no início deste milênio. Quando ele me visitou na sede da Amana-Key, em São Paulo, durante um rápido giro pelas nossas instalações, ofereceu-me pelo menos uma dezena de recomendações práticas de grande valor ("Se você trocar este seu sistema de iluminação, vai economizar tantos por cento de energia...", "Se repensar o sistema de ar-condicionado, você consumirá muito menos energia"). Desde então, tenho recomendado Amory e o Rocky Mountain Institute a muitos de nossos clientes. Afinal, se em poucos minutos nas instalações da Amana-Key ele foi capaz de nos dar dezenas de sugestões geniais, imagine quantos benefícios esse celebrado cientista poderia proporcionar a uma indústria ao percorrer suas instalações durante um dia inteiro. (Assista no website www.amana-key.com.br/alovins a um vídeo de alguns minutos gravado durante essa visita, no qual ele dá um exemplo de como é possível elevar a produtividade de um setor industrial a um novo patamar.)

Na ocasião dessa visita, Amory tinha acabado de abrir mão de patentear sua genial concepção de um "hipercarro" ("o carro do futuro"), descrito em detalhes neste livro. O que mais me chamou atenção na época foi justamente essa decisão de disponibilizar publicamente a concepção revolucionária desse novo tipo de carro (em vez de "vender" o projeto para alguma megacorporação), para que a ideia pudesse frutificar no mundo todo, sendo aperfeiçoada por outros especialistas e colocada em prática com muito mais rapidez pela indústria automobilística. Achei esse gesto extremamente nobre e revelador de seus valores: a busca do melhor para todos e não apenas para proveito próprio.

Tornei-me um grande admirador de Amory – não só pela sua genialidade na solução de problemas complexos que afetam a todos nós, mas principalmente por sua ética e seu propósito de vida. Desde então, tenho participado de algumas reuniões promovidas pelo RMI e também de outros eventos ao lado de Amory, como uma reunião de *think-tank* em Esalen, na Califórnia, com cerca de vinte líderes de diferentes partes do mundo, para um debate sobre o estado do mundo e os desafios emergentes. Na Amana-Key, também adotamos no APG, nosso Programa de Gestão Avançada, seu livro *Capitalismo Natural* (escrito em coautoria com Paul Hawken e Hunter Lovins, e publicado no Brasil pela Editora Cultrix), além de acompanhar de perto a evolução de Amory e do RMI ao longo dos anos.

Há mais de 30 anos, Amory e o Rocky Mountain Institute trabalham com seus clientes a questão da eficiência, seja no campo industrial (transformando desperdício em lucro), em edificações (na construção de prédios mais inteligentes, que exijam menos manutenção, por exemplo), em projetos automobilísticos mais eficazes ou na geração e uso mais racionais de energia, mas sempre com base numa abordagem sistêmica – levando em conta o funcionamento do todo maior e criando melhores condições de uso e durabilidade (baixos custos de operação, reposição e manutenção). Ou seja, "o sistêmico no tempo", como costumo dizer, que envolve um estudo profundo das "consequências das consequências" do conjunto de decisões que tomamos no dia a dia.

O mesmo temos feito na Amana-Key. Há mais de 30 anos abordando equações difíceis e complexas em conjunto com nossos clientes, temos hoje uma visão cada vez mais clara das causas-raiz dos problemas que atingem empresas, organizações governamentais e as próprias instituições da sociedade civil, e também do que as impede de implantar efetivamente melhores soluções.

Se Amory e o RMI trabalham as equações concretas no campo da energia, do transporte, das edificações, nós da Amana-Key enfocamos a excelência, a profundidade e "inovatividade" da gestão, da estratégia e da liderança de organizações complexas do setor empresarial e governamental. Num certo sentido, estamos evoluindo na mesma direção. Em sua busca por soluções inéditas (com genialidade no "como fazer" em vez de apenas transmitir ideias genéricas) para as equações centrais do nosso sistema de produção (o nosso jeito de produzir e transformar energia, por exemplo) o RMI de Amory tende a estudar cada vez mais a razão da *demora* na aplicação efetiva e ampla dessas soluções visivelmente mais inteligentes (e que usam criativamente o conhecimento mais avançado do século XXI) para o aperfeiçoamento de nosso sistema produtivo.

Na Amana-Key também estamos enfocando cada vez mais essa demora – um paradoxo presente nas organizações empresariais, governamentais e até mesmo na sociedade civil e que pode ser sintetizado numa só questão: "por que hoje, em pleno século XXI, não obstante o fato de estarmos todos muito conscientes de que o jeito de fazer gestão, o jeito de pensar estratégia e o jeito de liderar que ainda predominam em grande parte das organizações não só estão obsoletos como estão levando a sociedade como um todo a contínuas crises e colapsos (de origem sistêmica e, portanto, capazes de afetar o planeta como um todo), temos tanta dificuldade para fazer as mudanças necessárias efetivamente acontecerem?"

Amory Lovins trabalha, neste livro, esse aparente paradoxo, respondendo às grandes questões relativas ao sistema produtivo que vigora hoje em nossa sociedade, como:

▶ é possível deixar de usar petróleo e carvão e fazer uma transição para o uso eficiente de energia renovável, num movimento liderado pelo setor empresarial e que traga vantagens duráveis para todos os *stakeholders*, principalmente a sociedade e o planeta como um todo?

▶ até que ponto essa transição representaria um vastíssimo campo de oportunidades de negócio, se conseguirmos enxergar o que está além da espessa cortina de problemas aparentemente insolúveis que enfrentamos hoje?

▶ quais as áreas-chave do sistema produtivo da sociedade que deverão ser reinventadas para viabilizar a transição da situação não sustentável que vivemos hoje, para outra, ideal, baseada em energias renováveis e totalmente livre da dependência em relação a combustíveis fósseis?

Amory também nos provoca, nos desafia, com suas indagações sobre as barreiras – especialmente culturais – que nos impedem de corrigir os erros do passado e evoluir.

Mais do que tudo, Amory reflete sobre a direção que devemos seguir. Aonde, na verdade, queremos chegar. Como seria esse "ponto ideal" que devemos almejar e que deverá nortear tudo o que fazemos em nosso dia a dia? Em suma, qual é a visão ou, como dizemos em nossos programas na Amana-Key, como é a "maquete" do que queremos construir?

Minha recomendação é que o leitor inicie a leitura deste livro a partir dessa visão, que aparece primeiro em sua versão sintética no prefácio do autor:

Imagine os combustíveis sem medo. Nada de mudanças climáticas. Nada de derramamento de petróleo, mineiros de carvão mortos, ar poluído, terras devastadas, vida selvagem morta. Nada de escassez de energia. Nada de guerras, tiranias ou terroristas movidos pelo petróleo. Nada que se esgote. Nada que tenhamos de cortar. Nada com que precisemos nos preocupar. Só abundância de energia, benigna e acessível, para todos, para sempre.

A visão, em sua versão detalhada, riquíssima em sutilezas, é apresentada no começo do capítulo 6, em "Olhando para trás a partir de 2050". Sugiro que o leitor comece o livro a partir daí. Acredito que Amory tenha escrito nessa sequência. A jornada ao longo do livro faz muito mais sentido se empreendida dessa maneira.

Considero importantíssima a questão que Amory propõe mais no final do livro. Se a transição para o ponto ideal, em que só a energia renovável é atraente para todos e as tecnologias para sua viabilização já estão disponíveis, por que ainda existem relativamente poucas empresas, *entrepreneurs*, agências governamentais etc. "entrando de

cabeça" na construção da visão de futuro descrita neste livro?

A resposta a essa pergunta é que existem muitas barreiras a serem superadas. Algumas citadas por Amory são mais evidentes e universais: a resistência à mudança dos que estão fortemente posicionados em combustíveis fósseis (a transição parece arriscada e custosa), as barreiras econômicas e tecnológicas, a necessidade de investimentos que só trarão retorno a longo prazo.

Outros tipos de barreira que ele destaca, porém, são mais sutis. Para começar, *a falta de conhecimento*, know-how *e cultura apropriada para fazer a substituição do combustível fóssil acontecer de forma efetiva*. No Brasil, embora os centros de pesquisa estejam bastante atualizados, o problema está no "analfabetismo energético" das pessoas em posições de poder nas organizações privadas e públicas do país. Nós da Amana-Key estamos com essa equação em nossa própria mesa, na medida em que ela se apresenta no dia a dia dos nossos clientes: como assegurar que os líderes de nossas organizações se eduquem com profundidade nessa área tão vital para o futuro da sociedade, superando a premissa muito comum de que, uma vez na cúpula, nada mais há para se aprender.

A *complexidade da cadeia de valor* é outra dessas barreiras sutis. De acordo com Amory, os investimentos em energia percorrem longas cadeias de valor, com incentivos, custos e benefícios que até podem fazer sentido ponto a ponto, mas que não fazem sentido no quadro maior, sistêmico. Nesse caso – mais uma vez –, o empecilho é a falta de preparo de muitos líderes para lidar com a complexidade. Grande parte deles demonstra maestria em certas áreas, mas é praticamente analfabeta em outras. A agilidade e a rapidez na tomada de decisões também são qualidades valorizadas nas posições de liderança. Porém, quando se trata de questões mais complexas, é preciso tempo de qualidade para uma análise mais pro-

PREFÁCIO À EDIÇÃO BRASILEIRA XIII

funda, capaz de gerar decisões equilibradas, em elevado nível de consciência.

A Amana-Key está dando grande ênfase ao tema da "senioridade" (a sabedoria, o senso de julgamento refinado necessários nas posições de liderança), nestes tempos em que a escassez de talentos no mercado faz com que pessoas ainda despreparadas sejam promovidas a posições de liderança (o chamado fenômeno de "juniorização" do quadro de liderança). Isso significa que temos em nossas organizações muitas pessoas sem o devido preparo para lidar com a complexidade de questões como as tratadas neste livro.

A *liderança de longo prazo* é mais uma barreira apontada por Amory, pois a mudança da estratégia energética de uma organização ou de um país requer planejamento em horizontes de décadas (algo muito distante dos ciclos de lucros trimestrais e das mudanças de direção quadrienais). Considero essa barreira uma das mais críticas hoje em dia, quando a grande maioria das empresas opera sob pressão (busca de taxa de crescimento de dois dígitos e lucro crescente a cada mês). Na Amana-Key estamos trabalhando na formação de "líderes-estadistas" há décadas. Precisamos de uma massa crítica de líderes com visão sistêmica e que tenham em sua essência o espírito público. Líderes que tenham como objetivo maior a evolução do todo e transcendam o senso de urgência criado artificialmente pela ambição de crescer cada vez mais, sem outro propósito que não seja enriquecer de forma voraz, numa competição insana, na qual se busca crescimento sem limites num mundo com recursos finitos.

As *políticas públicas* e a *estrutura regulatória*, por fim, constituem outra barreira. O que existe hoje em termos de diretrizes e regulações pode não apenas inviabilizar a abertura para as inovações necessárias (essenciais para a transição para energias renováveis), como também impedir ou retardar todo o processo.

Nosso grande desafio para empreender a transição descrita de modo tão visionário neste livro é promover uma transformação cultural que atinja os líderes de todos os setores da economia e pessoas em posição de poder de todos os segmentos da sociedade, inclusive líderes do governo, membros do Congresso e especialistas dos órgãos reguladores.

Mais do que a área de conhecimento e *know-how*, o ponto mais relevante está na elevação do nível de consciência de todos. Temos que ser "triplamente estratégicos" e aplicar toda nossa engenhosidade para fazer essa transição em nossas crenças e modelos mentais. Esse é um desafio de escala e complexidade. Você gostaria de ser um protagonista desse processo? (Consulte o quadro no final deste prefácio.)

Inspirados por este extraordinário livro, nós da Amana-Key já partimos para a ação, pois, como diz Amory, "a real barreira não está na viabilização tecnológica; está na demora para agir...".

– Oscar Motomura
Fundador e principal executivo do Grupo Amana-Key, organização especializada em inovações radicais nas áreas de gestão, estratégia e liderança
Dezembro de 2012
motomura@amana-key.com.br

UM DESAFIO PARA NÓS, BRASILEIROS – UMA REINVENÇÃO SOB MEDIDA PARA A NOSSA REALIDADE:

▶ Como seria um livro como este, escrito por nossos cientistas, especialistas, pensadores e "fazedores" dos mais diferentes campos da atividade humana, e focado no Brasil (em nossas potencialidades e peculiaridades), mas sem perder de vista o quadro maior, do planeta como um todo?

▶ Até que ponto uma obra como essa seria um guia de excepcional valor tanto para o governo brasileiro como para nossos empresários e empreendedores (especialmente para os jovens que estão desencadeando *startups* todos os dias)?

▶ Até que ponto uma obra como essa deveria ser algo em permanente construção, na medida em que novas tecnologias, novos conhecimentos, novos *insights* geram saltos de patamar e criam novas possibilidades o tempo todo?

▶ Até que ponto uma obra como essa poderia vir a contribuir para a reinvenção do setor industrial brasileiro e a potencialização da sua produtividade (ainda muito aquém dos melhores níveis mundiais)?

▶ Até que ponto uma obra como essa viria a revelar para o Brasil novas oportunidades de enorme valor, ocultadas pelo medo e instinto de defesa do *mainstream* do setor produtivo de hoje (e que, na verdade, podem ser simples incrementos em modelos do passado)?

▶ Até que ponto o Brasil também está preso a falsos dilemas e hesita em investir fortemente no futuro, por medo de perder o que já conquistou? Até que ponto o que existe hoje causa mais problemas e perdas do que os ganhos aparentes?

▶ Até que ponto uma obra como essa pode incentivar políticos e gestores de governo com elevado senso empreendedor a criar projetos de governo de longo prazo que passem a ser diretrizes da evolução sistêmica do país?

▶ Até que ponto uma obra como essa, repleta de soluções práticas (não apenas propostas genéricas de pouca aplicabilidade), pode

estimular a sociedade a criar empreendimentos de todo tipo (inclusive os que se encaixam no conceito de capitalismo natural) que levem a um novo patamar de desenvolvimento, 100% sintonizado com o futuro?

▶ Até que ponto uma obra como essa levará o Brasil a uma posição de vanguarda e pioneirismo como a já alcançada pela Dinamarca e pela China, e que, de acordo com Amory, já estão à frente dos Estados Unidos em inovações no sistema produtivo e na geração de energia do futuro?

▶ Até que ponto uma obra como essa poderá revelar áreas de "pseudoinovações" que o próprio governo está incentivando (ao promover a modernização da industrialização e da própria gestão de acordo com critérios ultrapassados), especialmente em termos de processos mecânicos, hierárquicos, de comando e controle, que reduzem a criatividade e a flexibilidade?

▶ Essa seria uma obra de um só autor ou de uma equipe de especialistas e pesquisadores, como a do Rocky Mountain Institute, liderado por Amory?

▶ Até que ponto podemos contar, no Brasil, com a participação de uma quantidade maior de "pensadores-fazedores" (veteranos e jovens do país todo) na criação dessa obra e em sua atualização e contínuo aperfeiçoamento – praticamente dia após dia?

▶ Até que ponto os muitos coautores dessa obra poderão também ser instrumentais no processo de fazer acontecer esse *roadmap* que o livro representará, na medida em que poderão estar todos eles – direta ou indiretamente – conectados a organizações/instituições-chave do setor público e privado e da sociedade civil, e que portanto têm o poder de fazer acontecer?

▶ Como viabilizar uma rede "diferente" de "pensadores-fazedores" que consiga transcender as barreiras que se interpõem entre as soluções inovadoras e seu efetivo fazer acontecer, de forma genial e "triplamente estratégica" (atuando, por exemplo, nas lacunas criadas pela ineficiência do sistema)?

VOCÊ GOSTARIA DE PARTICIPAR DO PROCESSO DE CRIAÇÃO DESSA OBRA, QUE SERÁ DE GRANDE VALOR PARA O BRASIL E PARA O MUNDO?

A) Participando como "pensador-fazedor" que atuará como "coautor" da obra e de sua contínua atualização? Então cadastre-se em nosso website www.amana-key.com.br/reinventing-fire-brasil e saiba como você poderá participar.

B) Participando como membro da equipe que ajudará no processamento de todas as contribuições, montagem e atualização da obra propriamente dita? Então candidate-se pelo endereço www.amana-key.com.br/candidatos-coordenacao e conheça os detalhes do processo de seleção e as condições para o desenvolvimento desse trabalho.

Ler um livro como este aumenta exponencialmente nossos referenciais, levando-nos a enxergar caminhos para a viabilização do que antes parecia impossível. Mas esse é só o primeiro passo. O passo seguinte é o mais decisivo. É participar do processo de fazer acontecer e efetivamente viabilizar o impossível.

Junte-se ao nosso time.
Vamos agir.
Juntos.

PREFÁCIO

de Amory B. Lovins

Imagine os combustíveis sem medo. Nada de mudanças climáticas. Nada de derramamento de petróleo, mineiros de carvão mortos, ar poluído, terras devastadas, vida selvagem morta. Nada de escassez de energia. Nada de guerras, tiranias ou terroristas movidos pelo petróleo. Nada que se esgote. Nada que tenhamos de cortar. Nada com que precisemos nos preocupar. Só abundância de energia, benigna e acessível, para todos, para sempre.

Esse mundo mais rico, mais justo, mais fresco e mais seguro é possível, prático, até lucrativo – porque economizar e substituir os combustíveis fósseis agora funciona melhor e não custa mais do que adquiri-los e queimá-los.

Só precisamos de um novo fogo.

O antigo fogo acalentou nossos ancestrais nos últimos milhões de anos. Enquanto as geleiras se retraíam e mamutes peludos caminhavam por aí, seres humanos desgrenhados e vestidos com peles aqueciam suas famílias e preparavam sua alimentação em fogueiras de toras de madeira. Mais tarde, alguns humanos passaram a coletar pedaços de carvão em praias e afloramentos, a tirar petróleo de poços naturais e, na China, há 2.400 anos, perfuraram quase 1,6 km em busca de gás natural e de hidrocarbonetos líquidos, extraídos com tubos de bambu.[2] Mas quase toda a energia do mundo veio da madeira, do sol, do vento, da água, de animais de tração e do esforço bruto humano. A vida era curta e difícil. Os invernos eram frios. As noites eram escuras.

Em graus variados, quase metade de nossos irmãos humanos ainda vive nesse mundo medieval. Um bilhão e meio não têm eletricidade; eles habitam os vastos espaços escuros nas fotos da Terra tiradas por satélites à noite. Três bilhões cozinham sobre fogueiras de madeira fumacenta, esterco ou carvão. Mas para os quatro bilhões mais afortunados de nós, no decorrer dos últimos dois séculos os combustíveis fósseis mudaram tudo. Assim como o fogo nos tornou plenamente humanos e a agricultura tornou possível a existência de cidades e estados, os combustíveis fósseis nos tornaram modernos. Eles transformaram a energia de uma preocupação com a coleta individual para uma *commodity* onipresente, entregue continuamente por especialistas extraordinários, realizações esotéricas, máquinas inimaginavelmente imensas, as maiores empresas do mundo e a mais vasta indústria do planeta.

Essa indústria, invisível para a maioria de nós, tornou-se imensuravelmente hábil e poderosa. Ela penetra quilômetros abaixo da superfície de continentes e oceanos. Ela inverte montanhas. Ela suavemente entrega sofisticados portadores de energia, como gasolina, diesel, querosene, gás natural e eletricidade, aos nossos edifícios, veículos e fábricas. Ela é a base da nossa riqueza, o baluarte do nosso poder, o motor metabólico oculto da nossa vida moderna. Sempre que dirigimos um carro, acionamos um interruptor ou aquecemos uma casa, desfrutamos sua potência, conveniência, versatilidade e confiabilidade, amplamente acessíveis. Sem os combustíveis fósseis, ou uma alternativa similarmente capaz, a maioria de nós começaria rapidamente a sofrer com a luta pela sobrevivência que apenas os mais pobres do mundo ainda enfrentam diariamente.

No entanto, esse elemento habilitador da nossa civilização, esse elixir mágico que tanto enriqueceu e prolongou a vida de bilhões de pessoas, também começou, sempre de forma menos sutil, a tornar nossa vida mais receosa, insegura, cara, destrutiva e nociva. Seus custos e riscos crescentes erodem – e às vezes parecem até exceder – seus benefícios manifestos. Esse elemento traz a asma para os pulmões de nossos filhos e insere o mercúrio no atum da lancheira deles. Seus contratempos ocasionais podem destruir economias. Sua riqueza e seu poder compram políticos e dão ordens aos governos. Ele impulsiona muitas das rivalidades, das corrupções, dos despotismos e das guerras do mundo. Ele está alterando a composição da atmosfera do nosso planeta mais depressa do que em qualquer período dos últimos 60 milhões de anos.

Em suma, nosso rico legado de combustíveis fósseis está começando a solapar a própria segurança que ele construiu. Líderes militares, parte do grupo dos administradores de risco da nossa sociedade com as visões mais prescientes, estão preocupados. Em fevereiro de 2010, o principal artigo na revista *Joint Force Quarterly*, publicada pelo *chairman* da Junta dos Chefes Militares dos Estados Unidos, começou da seguinte maneira:

A energia é a essência viva das sociedades modernas e um pilar da capacidade e da prosperidade dos Estados Unidos. Contudo, a energia também é fonte principal de instabilidade global, de conflitos, poluição e riscos. Muitas das mais graves ameaças à segurança nacional estão intimamente ligadas à energia, inclusive interrupções no fornecimento de petróleo, terrorismo financiado pelo petróleo, conflitos e instabilidades alimentados pelo petróleo, proliferação nuclear, vulnerabilidades críticas na infraestrutura doméstica e alterações climáticas (que mudam tudo).[3]

Um ano depois, o *chairman* respondeu com um chamado para se agir e almejar a segurança e a prosperidade no setor energético – uma missão que o Pentágono está cada vez mais ajudando a liderar.[4]

Outra ameaça também paira sobre o sistema energético global: a certeza absoluta de que haverá um esgotamento físico e econômico dos combustíveis fósseis. Resta apenas saber quando isso ocorrerá. Apesar de prodigiosos progressos tecnológicos na descoberta e na extração de depósitos de combustíveis fósseis – os geólogos de exploração agora desfrutam do equivalente digital de olhos de raios X – a Terra redonda não está ficando maior. O petróleo fácil está se esgotando rapidamente e se concentrando em menos países; o carvão fácil tem somente décadas pela frente; os imensos depósitos de gás natural dos Estados Unidos, presos em xisto argiloso, que agora começam a ser explorados, estão contidos em bolhas mais finas do que um fio de cabelo humano. À medida que os economistas (e alguns geólogos) começam a compreender como os dados sobre as reservas de petróleo foram amplamente mal interpretados ou relatados,[5] as opiniões sobre a abundância do combustível fóssil estão mudando rapidamente. No final de 2010, a Agência Internacional de Energia avisou que a produção mundial de petróleo cru já havia alcançado seu pico em 2006;[6] o Comando das Forças Conjuntas do Pentágono advertiu que o superávit de capacidade poderia desaparecer até 2012 e recomendou os preparativos para almejar a independência do petróleo nas forças militares até 2040.[7] A mesma história está emergindo para o carvão, que há muito se imaginava abundante demais para que fosse preciso medir reservas com mais atenção.[8] Seja da perspectiva da geologia econômica, do custo, da segurança ou dos efeitos colaterais, a Era dos Combustíveis Fósseis, vista no cenário mais amplo da civilização humana, é apenas um traço com cerca de dois séculos de extensão.

A festa dos combustíveis fósseis está chegando ao fim. É hora de algo completamente diferente.

Como será a aparência do novo fogo?

O velho fogo era escavado das profundezas. O novo fogo flui de cima. O velho fogo era escasso. O novo fogo é abundante. O velho fogo era local. O novo fogo está por toda parte. O velho fogo era transitório. O novo fogo é permanente. E, exceto por um pouco de biocombustível, biogás e biomassa, todos desenvolvidos de maneiras que sustentam e perduram, o novo fogo não tem chamas – ele proporciona todos os serviços convenientes e confiáveis do velho fogo, mas sem combustão.

Isso parece desafiador. Mas, como disse o ponderado secretário republicano de Saúde, Educação e Assistência Social John Gardner quando assumiu o cargo no gabinete do presidente Lyndon Johnson em 1965, "o que temos à nossa frente são algumas oportunidades extraordinárias, disfarçadas como problemas insolúveis".

Os problemas dos combustíveis fósseis não são necessários, nem tecnologicamente nem economicamente. Podemos evitá-los em formas que tendem a *reduzir* os custos de energia – porque o progresso tecnológico está discretamente tornando os combustíveis fósseis obsoletos.

O combustível de aproximadamente 78% de todas as atividades humanas[9] é a escavação e queima dos restos decompostos de pântanos primevos. Mas hoje temos alternativas mais modernas do

que a aspiração e a queima de muco apodrecido com centenas de milhões de anos de idade. A mesma engenhosidade e o mesmo espírito empreendedor que hoje raspam o fundo do barril dos fins da Terra podem, em vez disso, energizar e melhorar nossa própria vida, e enriquecer a vida dos muitos bilhões de pessoas do mundo, com modesto ou nenhum custo extra e às vezes – ou muito geralmente – com lucro.

De fato, o novo fogo vai enriquecer a sociedade em muitos trilhões de dólares líquidos, em dinheiro. Estas páginas explicarão como – e o que você poderá fazer para capturar sua parcela dessa oportunidade única desta civilização. Pois, na raiz, não é uma história de energia e medo, mas sim de energia e esperança; não de restrições e mandatos, mas sim de escolhas e empreendedorismo; não de perigo e empobrecimento, mas sim de criação de segurança e de riqueza.

O novo fogo descrito aqui combina dois elementos: ele usa a energia muito eficientemente, e obtém essa energia de fontes renováveis diversas e principalmente dispersas. Mas essa transição gêmea para eficiência e fontes renováveis, já em curso e acelerando, não trata apenas do velho "o que" – tecnologia – e do velho "como" – política pública. A tecnologia e a política pública são importantes e ricas em inovação, e por isso teremos muito a dizer sobre elas: as existentes precisando ser adotadas, as emergentes precisando ser refinadas, as no horizonte precisando de desenvolvimento. Mas são menos da metade da história. A transição energética de hoje também trata, frequentemente até mais, do novo "o que" – projeto integrativo que combina tecnologias de maneiras inesperadas – e do novo "como" – novos modelos de negócios e de estratégias competitivas. Em cada uma dessas quatro áreas, inovações importantes convergem para criar o que seria a maior enchente de oportunidades desagregadoras já vista, com efeitos tão amplos quanto os da Era da Informação, mas até mais fundamentais.

PREFÁCIO   XIX

Estas quatro ferramentas para a transformação da energia totalizam muito mais do que a soma de suas partes. Juntas, como veremos, podem criar a maior oportunidade de negócios do nosso tempo – até de todos os tempos. A espécie humana começou a mais importante mudança de infraestrutura de sua história, fundindo energia, tecnologia da informação e novas ideias, misturando inovações técnicas com rompimento de barreiras sociais, criando uma surpresa espantosa atrás da outra e então juntando-as para gerar ainda mais. E nesta próxima década crucial, até nos próximos anos, é quando a maioria das maiores apostas serão feitas, as bases de seu sucesso lançadas, seus resultados postos em marcha para se desenvolverem até meados do século.

Fazer-como-sempre-fizemos não é mais uma opção: há coisas demais mudando depressa demais. A nova era energética já está se erguendo à nossa volta. Devemos olhar de forma penetrante, compreender profundamente, planejar com humildade e agir com coragem.

Este livro delinea como podemos compreender a mudança para o novo fogo, acelerá-la, integrá-la, e ajudar a guiá-la para caminhos vantajosos que levam a destinos prudentes. Essa mudança não será fácil, mas pode ser mais fácil do que não fazê-la. Mais segura, também. Isso porque, com essas oportunidades impressionantes, vêm incertezas, riscos e perigos igualmente destacados. Os líderes empresariais deveriam se fazer perguntas como estas:

- ► Como sua empresa funcionaria sem petróleo, com aviso de somente poucos dias ou semanas?
- ► O que sua empresa faria se as luzes não se acendessem amanhã de manhã – ou no ano que vem?
- ► Você compreende as implicações de custos de energia enormemente mais elevados e da volatilidade de preços para sua empresa, seus clientes e seus fornecedores?

- ► Como você pode ganhar *eliminando* seus custos operacionais com energia – antes que seus concorrentes o façam?
- ► Quais parcelas da nova economia de energia, de muitos trilhões de dólares, *você* pretende conquistar?

Essas perguntas não são fantasiosas. Refletem tanto as oportunidades descritas neste livro quanto os riscos existenciais, já visíveis, que insidiosamente crescem a cada dia em que deixamos de agir. A ousadia criteriosa é a oportunidade e a responsabilidade de todo líder com recursos e imaginação para investi-los de maneira diferente. E do que mais precisamos hoje não é apenas gerenciamento, mas liderança.

Hoje, um sistema de energia e de negócios está morrendo, e outro está lutando para nascer. Em meio a tal turbulência, ficar firme num lugar poderá parecer confortável. Há sempre muitas razões enganosas para não mudarmos. Como escreveu T. S. Eliot, "Entre a ideia / E a realidade / Entre o movimento / E o ato / Recai a Sombra". Entretanto, o chão está se movendo. Não podemos ficar parados aqui. Sem dúvida, entre os sistemas de energia de hoje e de amanhã, aparecem pontos de inflexão nos quais imensas fortunas serão feitas e perdidas. Qual será o seu legado?

Quando seus acionistas nesta década, e depois seus netos em sua aposentadoria, perguntarem o que você fez para enfrentar o supremo desafio da energia da humanidade, como responderá?

E quando você está no trabalho, com qual taxa você desconta o futuro de sua bisneta?

Meus colegas e eu esperamos que este livro ajude a guiá-lo, apoiá-lo, inspirá-lo e estimulá-lo a criar e a explorar sua importante parcela da nova solução energética para todos nós.

— Amory B. Lovins
Old Snowmass, Colorado, EUA
Agosto de 2011

PREFÁCIO

DE MARVIN ODUM

A ideia de "Reinventando o Fogo" apela para a mente e a imaginação tanto quanto isso é aplicável ao atual cenário energético. Louvo Amory Lovins por tratar da ideia de que a energia – em sua forma mais primitiva e como componente fundamental da existência humana – *pode* ser reinventada, e depois por advogar que isso *deva* acontecer.

Durante vários dos últimos anos, o cenário energético passou por mudanças drásticas – tanto em termos da demanda manifestada no mundo quanto das fontes disponíveis para atender a essa demanda, como as inovações tecnológicas que produziram vastos novos suprimentos de gás natural nos Estados Unidos, por exemplo.

Entretanto, nosso sistema energético atual não é desprovido de diversas desvantagens e custos ocultos – e há espaço para mudança exponencial mente maior do que a que já vimos. A demanda global de energia vai *continuar* a crescer. Desenvolvimentos nas áreas de petróleo e gás, juntamente com crescimento de alternativas, vão proporcionar mais energia, mas não o suficiente para sozinhos atenderem à demanda futura. Assim ficamos numa "zona de incerteza" – uma lacuna que precisa ser preenchida de uma forma ainda a ser identificada.

Sempre acreditei que nenhuma fonte deveria ser excluída do conjunto de energia do futuro – inclusive combustíveis fósseis. Como fonte da maior parte da energia da sociedade, os combustíveis fósseis movimentaram o crescimento e o sucesso da sociedade moderna, estimulando a atividade econômica e permitindo a prosperidade e padrões de vida mais elevados para milhões de pessoas pelo mundo. É por isso que, até 2012, minha empresa produzirá efetivamente mais gás natural do que petróleo – e é por isso que somos o maior distribuidor mundial de biocombustíveis e também temos um negócio significativo de energia eólica. Como sociedade global, precisamos de tudo isso.

Em *Reinventando o Fogo*, Amory apresenta argumentos e perspectivas imperativos sobre os desafios e a resistência que costumam acompanhar a mudança – tanto quanto as recompensas que são possíveis. Sua visão é um importante estímulo para um diálogo honesto, cuja urgência torna-se cada vez mais premente.

Nosso maior impedimento à "Reinvenção do Fogo" poderá ser nossa própria inércia econômica e tecnológica. Tal como na física, é preciso energia para desviar alguma coisa de seu curso. E a boa notícia é que já existem algumas coisas se movendo nessa nova direção e ganhando impulso.

— MARVIN ODUM
Presidente, Shell Oil Company
Diretor da Upstream Americas
Junho de 2011

PREFÁCIO

de John W. Rowe

Em *Reinventando o Fogo*, Amory Lovins e o Rocky Mountain Institute visualizam um mundo no qual nosso suprimento de energia – tanto para transportes como para eletricidade – é transformado. É um mundo que não depende mais de combustíveis fósseis. Esse novo paradigma energético produz pouquíssima poluição e um mínimo de gases de efeito estufa, e derramamentos de petróleo e desastres em minas de carvão são uma coisa do passado. *Reinventando o Fogo* apresenta um argumento econômico convincente para demonstrar por que essa transição pode ser tanto lucrativa para empresas como acessível para consumidores. O livro, como toda a obra de Lovins, incentivará o debate e ajudará a mudar o modo como pensamos sobre o nosso futuro energético.

A queima de combustíveis fósseis não é gratuita, e é imperativo que nós, como nação, encaremos esse problema. A ciência das mudanças climáticas é definitiva, como detalhado por muitos relatórios da Academia Nacional de Ciências (NAS – National Academy of Sciences). Mas o carbono não é o único malefício que provém da queima de combustíveis fósseis. A queima de carvão emite dióxido de enxofre, dióxido de nitrogênio, partículas em suspensão, mercúrio, arsênico, chumbo, ácido hidroclorídrico e outros gases ácidos, dioxinas e outras toxinas nocivas à saúde humana. Segundo o Conselho Nacional de Pesquisas (NRC – National Research Council), apenas três desses poluentes causam danos anuais de US$ 62 bilhões. Além de reduzir a poluição, abandonar o uso de combustíveis fósseis cria segurança nacional e benefícios econômicos. Não podemos sustentar nossa dependência deles por todos esses motivos, e este livro apresenta um caminho para eliminarmos nosso emprego dessas fontes nocivas de energia.

Reinventando o Fogo delineia um futuro possível para cada setor da economia – transportes, edificações, indústria e eletricidade. Lovins tem sido um visionário no setor de transportes, tendo visto a necessidade de criação e desenvolvimento de veículos híbridos elétricos muito antes de esses entrarem em voga. Nas páginas seguintes, ele invoca a próxima geração de veículos – mais leves, mais eficientes e movidos por combustíveis mais limpos, como a eletricidade.

Melhorar a eficiência de edifícios é um elemento-chave do plano de Lovins para chegar a um mundo livre de combustíveis fósseis. Nós na Exelon temos visto em primeira mão os benefícios de se aumentar a eficiência de nossos edifícios. Desde 2007 reduzimos em 25,2% o consumo de energia em nossos edifícios em comparação com os níveis de 2001. Nós o fizemos por meio de mudanças comportamentais, ajustes nos sistemas de iluminação, de aquecimento e de condicionamento de ar, e utilizando os critérios LEED quando renovamos nossos espaços. Atualmente a Exelon tem 10 unidades certificadas pelo LEED, inclusive nossa sede reformada em Chicago. Diversos dos investimentos que fizemos pagaram-se em menos de um ano, e a reforma em nossa sede administrativa resultou numa economia de energia de mais de 40%. A eficiência, como o livro sugere, realmente compensa.

Como *Reinventando o Fogo* reconhece, o antigo modelo de geração de eletricidade está mudando graças a novos desenvolvimentos tecnológicos. Este livro delineia um futuro possível para 2050 que é dominado por recursos renováveis, geração em grande escala e distribuída, eficiência, redes inteligentes, e microrredes. Esse é um futuro possível, mas há muitos outros. Hoje em dia, novas instalações nucleares e usinas de carvão com captação e sequestro de carbono não são economicamente justificáveis com os atuais preços de mercado, e provavelmente continuarão dessa forma na próxima década – porém, poderão eventualmente tornar-se econômicas à medida que as condições mudarem. A eficiência é um recurso inexplorado em qualquer cenário. As fontes renováveis terão um papel cada vez maior em nosso conjunto energético, mas sem avanços significativos na armazenagem, não poderão fazê-lo sozinhos. O gás natural, um recurso doméstico abundante e barato, terá um papel-chave como a ponte para qualquer futuro energético que prevalecerá. Para a próxima década é a forma mais econômica de enfrentar nossos desafios ambientais, econômicos e de segurança.

Reinventando o Fogo é uma contribuição valiosa ao debate sobre a forma que nosso futuro energético deveria ter. Impulsionará novos modos de pensar e dialogar nas empresas e entre elas, e também nas organizações não governamentais e em formadores de políticas. Se o futuro delineado por Lovins e seus colegas chegará a existir é algo que ainda resta descobrir. O que é certo é que o mundo energético que conhecemos precisa, e irá, mudar.

— JOHN W. ROWE
Chairman e CEO da Exelon Corporation
Junho de 2011

CAPÍTULO 1

DESFOSSILIZANDO OS COMBUSTÍVEIS

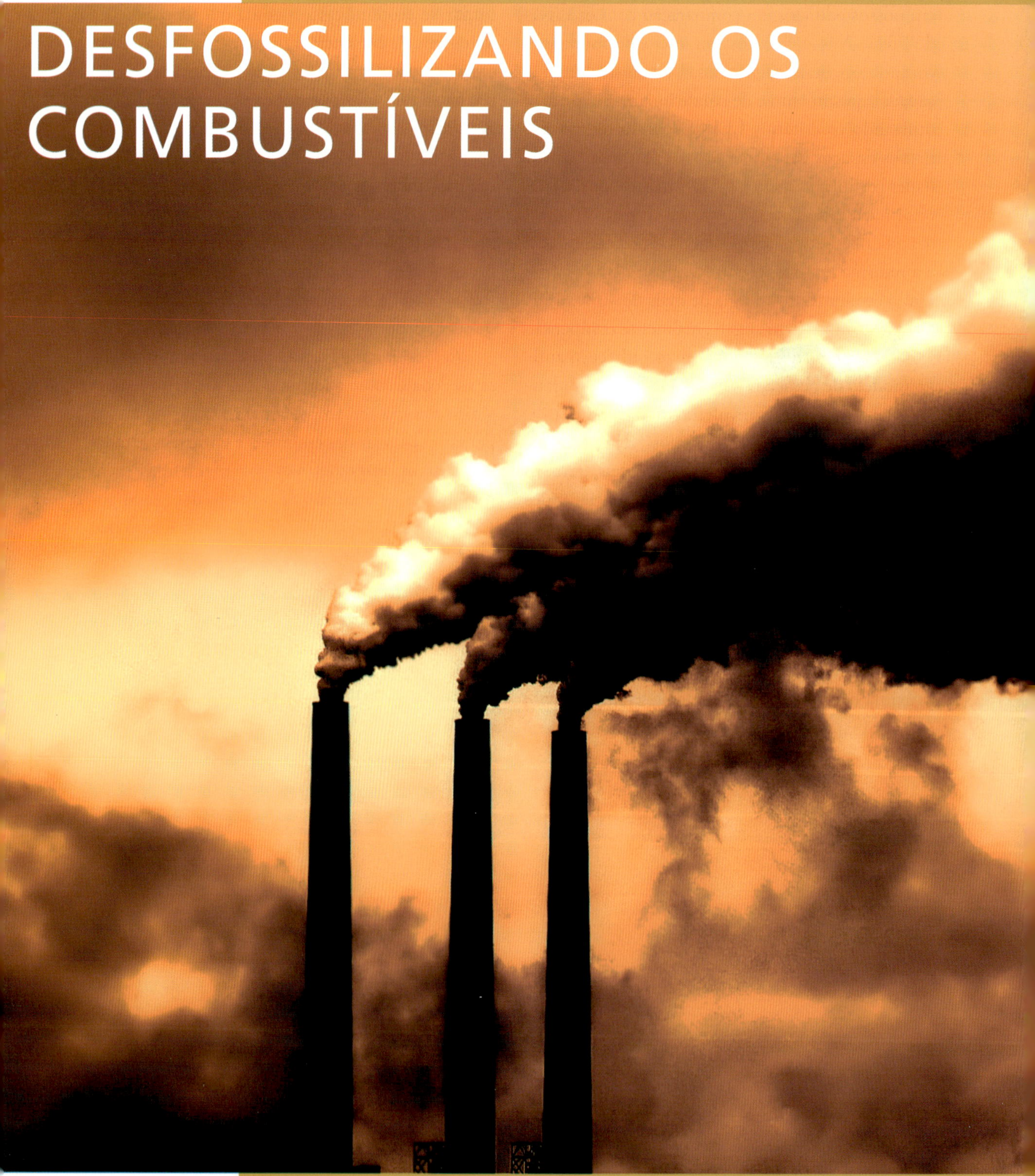

Fig. 1-1

Aprendemos indo aonde temos que ir.

– THEODORE ROETHKE
  (1908-1963)

Você não pode percorrer uma trilha enquanto não se tornar trilha.

– GAUTAMA BUDA
  (CA. SÉCULO 5 A.C.)

Nosso país enfrentou muitos testes importantes. Alguns impuseram obstáculos e sacrifícios extremos. Outros exigiram apenas determinação, engenhosidade e clareza de objetivos. Tal é o caso da energia hoje.

– GRUPO DE DESENVOLVIMENTO DA POLÍTICA NACIONAL DE
  ENERGIA [NATIONAL ENERGY POLICY DEVELOPMENT GROUP], 2001

INTRODUÇÃO

Pense em quanto nosso mundo mudou apenas nos últimos 200 anos. Podemos voar ao redor do planeta em menos de dois dias, comprar uvas chilenas num supermercado local, desfrutar comodidades similares seja nossa escolha trabalhar em arranha-céus ou em cabanas rurais, construir máquinas gigantescas e *chips* minúsculos, e usar um aparelho de mão para nos conectarmos instantaneamente com pessoas que efetivamente estão em todos os cantos distantes do planeta. Todos esses avanços partiram da imaginação inquieta e da engenhosidade da humanidade – e de um crucial elemento facilitador: combustíveis fósseis.

Antes da era dos combustíveis fósseis, as pessoas só podiam colher a energia no local. Bombeavam água com moinhos de vento, aravam os campos com animais de tração, cozinhavam com lenha e exploravam o mar com o vento nas suas velas. Nenhuma dessas fontes podia proporcionar energia portátil sob demanda. Mas o carvão, o petróleo e o gás natural eram diferentes. Armazenam, de forma concentrada, imensas quantidades de luz solar antiga, acumulada sobre vastas áreas e durante longos períodos geológicos. Explorar esses depósitos de plantas e de animais que existiram há dezenas ou centenas de *milhões* de anos nos permite pegar e usar quantidades de energia inimagináveis para nossos ancestrais. É como conseguir viver uma vida de riqueza sacando grandes somas de uma imensa conta bancária que se acumulou ao longo de eras.

Movidas por esses depósitos antigos, as pessoas comuns de países industrializados usam hoje até 100 vezes mais energia do que seus antecessores antes do florescente uso do carvão no final dos anos 1700, do nascimento do petróleo comercial em 1859, e dos gasodutos do início da década de 1920. Cada um de nós, efetivamente, tem sido capaz de dominar o equivalente em energia de várias centenas de trabalhadores humanos, para não falar das centenas de cavalos sob os capôs de nossos carros.

O efeito tem sido profundo. Os combustíveis fósseis tornaram possível o motor a vapor de James Watt e a Revolução Industrial, o crescimento das cidades, a Era da Internet – a própria civilização moderna. Entre 1800 e 2000, o "uso mundial total de energia aumentou entre 80 e 90 vezes, o mais revolucionário processo na história humana desde a domesticação" de plantas e animais, escreveu o historiador John R. McNeill, da Georgetown University.[10] A adoção de combustíveis fósseis, acrescenta, foi "uma das três ou quatro 'escolhas' mais cruciais na história de nossa espécie, e, mais do que qualquer outra coisa, moldou a tumultuosa relação entre a sociedade humana e o ecossistema do qual ela depende". A era moderna representa uma ruptura tão grande com o passado da história planetária que muitos cientistas dizem que hoje vivemos numa nova "Era Antropocênica", movida pelo ser humano.

Mas agora é hora de outra ruptura histórica com o passado. Nesta próxima revolução, precisaremos parar de usar combustíveis fósseis. Este livro vai mostrar como eliminar completamente o petróleo e o carvão até 2050, com menos risco e menor custo para a sociedade do que fazer-como-sempre-fizemos. O uso de gás natural pode ser moderado e finalmente eliminado em fases também.

Por que deveríamos adotar uma medida tão drástica? Por que desistir do uso de postos de gasolina, de usinas de energia alimentadas a carvão, e das outras fontes de energia de combustível fóssil que tornaram nossa vida tão mais fácil e rica que a de nossos bisavós ou mesmo de nossos avós? Por que não continuar a bombear petróleo, perfurar bolsões de gás, extrair carvão – um total de aproximadamente 17 quilômetros cúbicos daquela mágica coisa carbonífera que mantém a economia global funcionando? Por que ter o trabalho de Reinventar o Fogo?

A resposta mais curta: para criar riqueza (trilhões de dólares, como veremos nos capítulos seguintes), administrar o risco, aproveitar a oportunidade e a opção e expandir a inovação e o número de empregos. Mas são imperativos os motivos empresariais e sociais mais amplos, com uma visão de longo prazo, para realizar as substituições antes do esgotamento dos combustíveis. Além das oportunidades de lucro, eles incluem a correção de fraquezas estruturais em nossa economia e ameaças à nossa saúde e ao nosso modo de vida. Com efeito, a lista de motivos para nos livrarmos dos combustíveis fósseis é longa e forte. Vamos começar com os básicos econômicos.

O VERDADEIRO CUSTO DO VÍCIO DO PETRÓLEO

Os Estados Unidos construíram sua economia fundamentada no petróleo e no carvão baratos. Com base nos preços do final de 2010, a gasolina era mais barata por litro do que leite, suco de laranja e água mineral doméstica. Esse preço baixo é um tributo à notável habilidade da indústria do petróleo, não apenas em suas complexas operações

e tecnologias, mas também na política de manter os subsídios elevados e os impostos sobre combustíveis baixos. Em 2006, os subsídios federais para o petróleo e o gás, principalmente para o petróleo, totalizaram cerca de US$ 39 bilhões,[11] deslocando diversos dólares por barril (abreviado "bbl") dos preços das bombas para impostos sobre a renda e déficits orçamentários financiados por empréstimos no exterior. Os subsídios para sistemas que *usam* petróleo são ainda maiores, estimados, em 1998, em US$ 111 bilhões por ano só para automóveis, o equivalente a US$ 16 por barril.[12]

Mas esse combustível aparentemente barato tem sido uma ilusão perigosa. O preço baixo cobre apenas uma fração dos custos totais que a sociedade paga efetivamente para extrair e queimar combustíveis fósseis. Quando todos esses custos são somados, o preço real eleva-se bem acima do custo das alternativas renováveis. A surpresa, porém, é que, como veremos, praticamente todas as iniciativas de eficiência energética e muitas fontes renováveis já têm custos competitivos, mesmo *sem* contar esses custos ocultos – e, de fato, nossa análise valoriza-os todos em zero, uma estimativa conservadoramente baixa. Trocar os combustíveis fósseis costuma ser justificado hoje apenas na concorrência frontal de preços, e as fontes renováveis estão aumentando essa lacuna. Mas a troca também evita os custos ocultos, que são grandes.

Considere que o preço baixo da gasolina nos Estados Unidos, aproximadamente um terço do preço normal em outros países industrializados, ajudou a criar um padrão disseminado de veículos ineficientes e padrões de assentamento que maximizam o uso de automóveis, ocasionando uma transferência maciça de valores dos Estados Unidos para nações exportadoras de petróleo. De US$ 0,9 trilhão[13] que os Estados Unidos gastaram em 2008, US$ 388 bilhões foram para o exterior. Parte desse dinheiro pagou a violência promovida por governos, armas de destruição em massa e terrorismo. Essa transferência de riqueza também agrava o déficit comercial dos Estados Unidos, enfraquece o dólar e aumenta ainda mais os preços do petróleo, pois os vendedores procuram proteger seu poder de compra. Ela é equivalente a uns 2% de impostos sobre a economia como um todo, mas sem as receitas.[14] Desde 1975, a importação de petróleo dos Estados Unidos drenou bem mais de US$ 3 trilhões de outros dispêndios e investimentos. Boa parte disso nunca retornou. O dr. David Greene, do Oak Ridge National Laboratory, fez um gráfico dessa transferência de riquezas e de seus custos, inclusive o dano econômico (chamado "perdas de deslocamento") causado pelos choques nos preços do petróleo, na figura 1-2.[15]

A economia piora também por causa do poder sobre os preços exercido pela Organização dos Países Exportadores de Petróleo (OPEP). O cartel da OPEP pode cobrar preços superiores aos do mercado livre enquanto a dependência norte-americana do petróleo ajudar a manter a escassez no mercado. Em 2000, Greene calculou que nas três últimas décadas isso deve ter custado aos norte-americanos mais de um ano de PIB e deprimido em cerca de 10% o PIB real acumulado.[16]

Só os choques nos preços cortaram o crescimento do PIB em meio ponto percentual. Os elevados preços do petróleo precederam todas as recessões desde 1973[17] e colocaram em risco acentuado indústrias voltadas para a mobilidade (fabricantes de automóveis, transportadoras, companhias aéreas e turismo). Pelo menos até a última década, os efeitos dos choques do petróleo foram amplificados porque a inflação que eles ajudaram a criar fez com que o Federal Reserve – o Banco Central dos Estados Unidos – aumentasse as taxas de juros, sufocando a expansão econômica.

A volatilidade nos preços do petróleo abalaria a economia dos Estados Unidos mesmo se todo o petróleo fosse para consumo doméstico, pois os preços do barril ainda seriam estabelecidos pelo mercado mundial. E os mercados de derivativos nos dizem o que custa essa volatilidade – o que você precisa pagar a um *trader* para suportar o risco do seu preço. Por exemplo, recentemente se especulou que a volatilidade de preços dos próximos cinco anos custa US$ 40 por barril de petróleo cru e US$ 124 por barril (US$ 0,78, aproximadamente R$ 1,56, por litro) de gasolina. Esses custos de volatilidade acrescentam respectivamente 40% e 47% aos preços por compras individuais cinco anos no futuro dessas *commodities*[18] – e até mais, ao longo do período muito mais extenso que é apropriado para grandes investimentos em energia. Logo, somente o consumo de gasolina nos Estados Unidos em 2010 produziu um custo oculto de volatilidade (ao longo de apenas cinco anos) de US$ 0,41 trilhão, ou bem mais de meio trilhão de dólares para o consumo total de petróleo.[19] Esse custo microeconômico é pago diretamente pelos usuários de petróleo como risco do negócio e parece acrescer principalmente aos custos macroeconômicos mostrados na figura 1-2.

No total, o custo da dependência norte-americana do petróleo, só em 2008, foi da ordem de US$ 1 trilhão *além do custo do petróleo em si*. A única saída é parar de usar petróleo.

PETRÓLEO E INSEGURANÇA

Ainda maiores são os custos adicionais para a segurança nacional. Nossos petrodólares, diz o ex-diretor da CIA R. James Woolsey, acabaram financiando os dois lados das guerras mais recentes dos Estados Unidos. Os Estados Unidos têm interesses variados em jogo no Oriente Médio, naturalmente, mas com certeza não teriam enviado tropas de meio milhão de soldados ao Kuwait em 1991 se esse país simplesmente plantasse brócolis. E como disse Alan Greenspan, em 2007, a Guerra do Iraque trata "principalmente do petróleo".

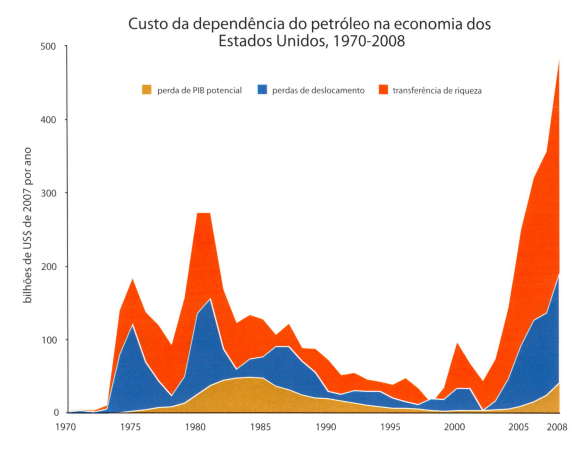

Fig. 1-2 Estimativa de custos diretos para os Estados Unidos da dependência do petróleo, 1970-2008.[20]

Essa guerra já custou mais de 4.400 vidas norte-americanas, além de um a vários trilhões de dólares emprestados.[21]

Os custos se acumulam mesmo sem guerra. Na década de 1990, os Estados Unidos pagaram de duas a três vezes mais para manter forças prontas para intervir no Golfo Pérsico em relação ao que pagaram para comprar petróleo dessa região.[22] Em 2000, se a importação de petróleo do Golfo tivesse sofrido o acréscimo desses custos, o preço teria sido US$ 77 por barril maior, ou 2,7 vezes o preço de petróleo cru saudita desse ano.[23] Esses custos contam apenas o Comando Central focado no Golfo, mas *todo* Comando de Combate tem a obrigação de proteger o petróleo, seja combatendo piratas sequestradores de navios petroleiros na Somália, instabilidades na América Latina ou militantes explodindo oleodutos no "Farofistão". Em 2010, um estudo da Princeton[24] estimou o custo das forças norte-americanas no Golfo Pérsico em apenas um ano (2007) em meio trilhão de dólares, ou três quartos dos gastos militares totais do país.[25] Isso é similar ao maior índice de dispêndios da Guerra Fria. Além disso, é cerca de dez vezes mais do que os Estados Unidos costumam pagar por todo o petróleo que importam do Golfo Pérsico.

Portanto, o custo econômico da dependência do petróleo, somado aos gastos militares norte-

-americanos com as forças do Golfo Pérsico (e tirando o custo do petróleo em si), produz um total aproximado de US$ 1,5 trilhão por ano, ou 12% do PIB – bem mais do que nosso custo energético total. Essa sobretaxa oculta, paga não na bomba de gasolina, mas por meio de riscos empresariais, impostos e déficits, excede o preço por litro da gasolina nos Estados Unidos. Além disso, rivaliza ou supera os impostos sobre a gasolina, pagos pelos cidadãos da maioria dos países industrializados a seus tesouros nacionais, enquanto os norte-americanos pagam a sua versão principalmente para fornecedores de petróleo (Canadá, México, OPEP e outros), empreiteiros militares e prestamistas estrangeiros.

Por outro lado, toda a cadeia de fornecimento de petróleo é incrivelmente vulnerável. Se, por exemplo, deixarmos de vencer apenas um dos incessantes complôs terroristas contra as instalações sauditas de petróleo, a economia global sofrerá uma derrocada. Dois terços do petróleo saudita fluem através de uma usina de processamento e dois terminais, e todos já foram atacados várias vezes. Contudo, os gargalos do petróleo estão espalhados pelo mundo, inclusive nos Estados Unidos. Um estudo do Pentágono descobriu que um punhado de pessoas poderia, numa noite, cortar três quartos do fornecimento de petróleo e de gás para o leste dos Estados Unidos sem sequer sair do estado da Louisiana.[26] Perfurarmos à procura de mais petróleo em casa (ver o texto em destaque "A Natureza do Problema do Petróleo nos Estados Unidos") apenas deslocaria a insegurança com esse recurso, que, das conhecidas instabilidades e dos gargalos no exterior,[27] passaria apenas para a infraestrutura doméstica, igualmente frágil, tal como o oleoduto Trans-Alaska, que Woolsey chamou de "assustadoramente inseguro".[28]

Quer mais motivos? A dependência do petróleo confere poder desproporcional a exportadores como o Irã. Ela fere a reputação dos Estados Unidos diante do mundo (pois muitos problemas de política externa dão a impressão de tratar apenas do petróleo, corroendo a autoridade moral dos Estados Unidos). Ela prejudica a disseminação da democracia: 67% das reservas de petróleo estão em nações "não livres", 25%, em nações "parcialmente livres", e apenas 7% são "livres", conforme classificação da Freedom House.[29] Com poucas exceções – acima de tudo, do Canadá, que forneceu 37% do petróleo importado pelos Estados Unidos em 2010 –, países que dependem maciçamente da receita do petróleo tendem a ser mais corruptos,[30] a ter governos autocráticos, repressivos, desiguais e excessivamente militarizados. Em 2005, *The Economist* chamou isso de "maldição do petróleo".[31] Diversos países com bom estoque de petróleo são instáveis: Argélia, Chechênia,[32] Indonésia, Iraque, Nigéria, Sudão e Iêmen abrigam extremistas islâmicos. E não se esqueça do custo para a saúde e o ambiente dos derramamentos de petróleo.

OS CUSTOS OCULTOS DO CARVÃO

O petróleo não é o único combustível fóssil com grandes custos ocultos. O carvão aciona as usinas de força que geram 45% da eletricidade dos Estados Unidos e 41% da eletricidade mundial. A queima de carvão emite óxidos de enxofre e de nitrogênio (causando chuva ácida), partículas em suspensão, mercúrio e outros metais tóxicos. A cinza de carvão das usinas polui córregos. A mineração de carvão fere e mata trabalhadores e inverte paisagens. Esses custos ocultos da eletricidade gerada por carvão nos Estados Unidos totalizam entre US$ 180 bilhões e US$ 530 bilhões por ano. Se fossem cobrados adequadamente em nossas contas de energia elétrica, e não em nossa saúde e na de nossos filhos, eles iriam dobrar ou triplicar o preço da eletricidade gerada pelo carvão.[33] Mais ou menos a metade desses

6 REINVENTANDO O FOGO

A NATUREZA DO PROBLEMA DO PETRÓLEO NOS ESTADOS UNIDOS

Os Estados Unidos ainda possuem relativa abundância de carvão e gás natural, mas não mais de petróleo: a produção estadunidense de petróleo voltou aos mesmos níveis que alcançava antes de 1950. Com 4,5% da população mundial, os Estados Unidos produzem aproximadamente 23% do PIB mundial e usam 22% do petróleo mundial, mas fornecem apenas 11% e possuem apenas 2%, de modo que não podemos perfurar para fugir da escassez. Na verdade, após um século e meio de perfurações hábeis e quase onipresentes, o petróleo dos Estados Unidos está tão esgotado que um novo barril doméstico custa consistentemente mais do que um barril importado. Isso deixa apenas três meios para que uma economia de mercado evite a crescente dependência das importações:

▶ O *protecionismo* distorce os preços do petróleo taxando o produto estrangeiro ou subsidiando o petróleo doméstico (e isso também retarda o uso eficiente e a substituição). Também viola os princípios do livre mercado e do livre comércio, sacrifica a competitividade e a eficiência da economia, e leva a crer, de forma ilógica, que a solução para o esgotamento doméstico é esvaziar as reservas mais depressa – uma política que o conservacionista e major reformado do Exército David R. Brower chamou de "Força pela Exaustão".

▶ O *mercado* simplesmente compra petróleo sem sentimentalismos com aquele que pede o menor preço, como os Estados Unidos fizeram com 49% do petróleo utilizado em 2010 e como fazem muitos outros países – tanto aqueles que são bons em ganhar dinheiro para comprar petróleo, como a Alemanha e o Japão, quanto o resto, como a maioria dos países em desenvolvimento. O mercado pode ser eficiente em termos econômicos e, geralmente, é um conceito salutar; está por trás da economia global, da qual os Estados Unidos dependem. Mas quando um recurso é vulnerável ou inconfiável, o mercado faz com que todos compartilhem a escassez e as elevações de preços, bem como as reservas. O mercado também cria relações de dependência e impõe limitações políticas e diplomáticas que, para uma superpotência, podem ser onerosas.

▶ A *substituição* troca o petróleo por fontes alternativas ou pelo uso mais eficiente, sempre que forem mais econômicos. Essas substituições domésticas oferecem as vantagens do protecionismo sem seus inconvenientes, e as vantagens do mercado sem suas vulnerabilidades. A substituição é mais barata e menos arriscada do que comprar petróleo, e por isso é o foco da exploração de maneiras de ter mobilidade sem petróleo que apresentamos no Capítulo 2.

custos ocultos provém da poluição atmosférica convencional – mais do que a estimativa da Academia Nacional de Ciências do custo do carvão para o clima. E, como iremos descobrir no Capítulo 5, o transporte e a queima do carvão não são sistemas totalmente seguros, e a rede que transmite sua eletricidade através do país é alarmantemente vulnerável a ataques físicos, a ciberataques e a tempestades solares. Mas a mais grave ameaça que o carvão representa para a segurança nacional sai das chaminés dessas usinas geradoras.

A queima de carvão e de petróleo emitem, cada uma, cerca de dois quintos do carbono fóssil dos Estados Unidos e do planeta,[34] incorrendo nos riscos das mudanças climáticas. Os líderes militares se preocupam com a possibilidade de que as mudanças climáticas causem secas, enchentes, situações famélicas, disseminação de doenças, mudanças geopolíticas, migrações em massa e outros efeitos que podem desencadear e amplificar gravemente instabilidades, conflitos e missões de ajuda humanitária. O secretário de Defesa Robert Gates, o presidente do Estado-Maior conjunto Mike Mullen e outros líderes militares incluem as mudanças climáticas entre as principais preocupações com segurança do Pentágono.[35] Em janeiro de 2011, o almirante Mullen comentou, num artigo da *Joint Force Quarterly*, sua revista para comandantes militares:

Perto da calota polar, estão se abrindo rios de um modo que não teríamos imaginado até alguns anos atrás, reescrevendo o mapa geopolítico do mundo. A elevação dos oceanos pode ocasionar migrações em massa, similares às que vimos na recente enchente no Paquistão. Mudanças climáticas podem reduzir drasticamente a terra arável [disponível, que é] necessária para alimentar uma população crescente, como temos visto em partes da África. Com o derretimento de geleiras e sua redução em ritmo mais acelerado, o fornecimento crucial de água pode diminuir ainda mais em partes da Ásia. Essa escassez iminente de recursos, agravada por um influxo de refugiados, caso as terras litorâneas desapareçam, poderia não só produzir uma crise humanitária, mas também gerar condições que poderiam levar ao colapso dos Estados e tornar as populações mais vulneráveis à radicalização. Esses desafios problemáticos agravam as implicações sistêmicas – e os efeitos de ordem múltipla – inerentes à segurança energética e às mudanças climáticas.[36]

Além disso, teremos de parar de queimar petróleo e carvão – e, num dado momento, até o gás natural mais limpo –, pois não podemos usufruir para sempre dos vastos depósitos da natureza. A humanidade já extraiu cerca de um terço do depósito original de combustíveis fósseis, e esses saques, que ocorrem uma vez numa civilização, estão se acelerando: metade desse total ocorreu simplesmente desde 1985.

Embora haja um debate furioso sobre a possibilidade de termos atingido ou ultrapassado o pico da produção de petróleo (fig. 1-3), sem dúvida, o custo de se descobrir petróleo e extraí-lo está aumentando, apesar de termos tecnologias cada vez melhores, pois essas imensas reservas se exaurem. E seja qual for seu ritmo, o esgotamento vai concentrar a propriedade do petróleo, aumentar tensões, elevar preços e a volatilidade dos mesmos. Se você acredita que a produção de petróleo chegou ao pico ou está prestes a fazê-lo, abandonar o petróleo é um modo prático e lucrativo de reduzir esses riscos; se não, é um seguro com prêmio negativo, que protege prudentemente suas apostas enquanto reduz seus custos.

A figura 1-3 também mostra como o esgotamento do carvão – que há muito se presumia que demoraria séculos – pode ser alcançado em breve e de maneira inesperada. Os recursos do carvão têm sido avaliados com pouca ou nenhuma atenção ao custo de sua exploração. Recentes reavaliações da geologia econômica esse recurso são mais sóbrias, sugerindo que o "pico do carvão" deve ocorrer em décadas, mesmo em países ricos em carvão como os Estados Unidos e a China. O esgotamento físico pode levar muito mais tempo, mas o carvão barato está indo embora bem depressa.

Obviamente, não é fácil livrarmo-nos dos combustíveis fósseis. Todos os presidentes dos Estados Unidos desde Richard Nixon juraram que iriam livrar o país do vício do petróleo importado, mas a dependência norte-americana do petróleo importado atingiu 60% em 2005 antes de cair para 49% em 2010. O uso de carvão nos Estados Unidos também passou de 16 quadrilhões de kJoules em 1980 para quase 22 quadrilhões em 2010. Sua mineração está profundamente arraigada no modo de vida de algumas regiões, e uma imensa esquadra de usinas de energia queima esse combustível.

DESVIANDO O SUPERPETROLEIRO

Embora a maioria das tendências siga na direção errada, exemplos estimulantes provam que a redução ou a eliminação do uso de combustíveis fósseis é possível. Para citar um exemplo, os Estados Unidos e outros países responderam aos choques nos preços do petróleo da década de 1970 com uma variedade de ganhos em eficiência que diminuiu pela metade as vendas da OPEP em apenas oito anos e "quebrou seu poder de preços por uma dé-

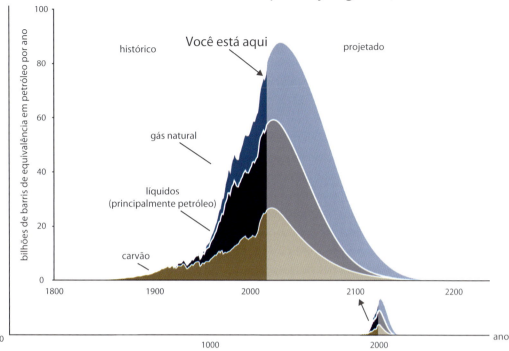

Fig. 1-3. Este gráfico mostra a produção global real das três classes principais de hidrocarbonetos até 2009 e depois projeta as quantidades remanescentes de cada uma que se acredita ser possível extrair caso não haja limitações na superfície.[37] Os dados históricos são precisos, mas as projeções ilustrativas, mais esmaecidas, são bastante aproximadas, refletindo o conhecimento dos principais especialistas em recursos no início de 2011, mas sujeitas a diversas incertezas. As projeções incluem recursos pouco convencionais como gás de xisto argiloso, petróleo pesado, areia de alcatrão e petróleo de xisto argiloso, mas não hidratos de metano, recursos potenciais do Ártico ou da Antártida, ou carvão das encostas do norte do Alasca ou da Sibéria central.

cada", como disse Greene.[38] (Em termos específicos, entre 1977 e 1985, o PIB dos Estados Unidos aumentou 27%, o uso de petróleo caiu 17%, as importações de petróleo caíram 50% e a importação de petróleo do Golfo Pérsico caiu 87%.) De modo semelhante, como veremos, a parcela do carvão na geração de eletricidade despencou após 2009, quando as usinas começaram a trocá-lo por gás natural, mais barato, e a eficiência e as fontes renováveis corroeram ainda mais seu mercado.

Veja ainda o caso da Dinamarca. Uma casa dinamarquesa construída em 2008 usa metade da energia por unidade de área construída do que uma construída antes de 1977. A economia dinamarquesa cresceu aproximadamente dois terços entre 1980 e 2009, enquanto o consumo de energia voltou a seu nível de 1980 e as emissões de carbono caíram 21%.[39] Todas as novas usinas são renováveis ou geradoras de eletricidade e calor aproveitável. De toda a eletricidade dinamarquesa, 53% é cogerada e 30% é renovável.[40] O dinamarquês médio libera 52% menos carbono do que o norte-americano médio. No entanto, os dinamarqueses têm uma excelente qualidade de vida, com a mais confiável eletricidade da Europa e alguns dos menores preços pré-impostos.[41] E, em 2011, o governo conservador da Dinamarca anunciou planos praticamente autofinanciáveis – e, com o tempo, altamente vantajosos – de livrar o país completamente de combustíveis fósseis até 2050, estimulando a eficiência e mudando para fontes renováveis.[42]

A motivar os dinamarqueses do século XXI a reverter sua passagem para combustíveis fósseis – levada a cabo no século XIX – estão as mesmas forças que motivam as pessoas de todas as partes. As pessoas querem que seus serviços de energia sejam seguros contra cortes acidentais ou propositais; sejam acessíveis, mesmo em épocas mais difíceis; tenham preços estáveis; sejam limpos e seguros; sejam justos, sem impor desvantagens indevidas a outros; e modernos, aprimorando-se continuamente por meio da inovação. Muitas pessoas estão percebendo que os combustíveis fósseis não são mais a única ou a melhor maneira para atingir essas metas. A forma convencional de gerar energia com combustíveis fósseis ainda continua, mas seus custos e seus riscos estão aumentando, bem como as oportunidades de mudança.

Veja os automóveis. Uma viagem de ida e volta de 32 quilômetros num carro médio novo, que pese 1.800 kg, para comprar um galão – 3,8 litros – de leite, consome 3,8 litros de gasolina que, provavelmente, custaram menos do que o leite. O leite pode ter vindo de uma vaca situada ali perto, que trabalhou por duas horas ontem para comer e digerir pouco mais de 4 quilos de grama. Mas a gasolina – bombeada, refinada e provavelmente trazida do outro lado do mundo – formou-se há eras a partir de mais de 113 mil quilos de plantas primitivas, e apenas uma fração disso formou petróleo, ficou geologicamente contida e, no final, foi extraída e processada. Então, quando seu automóvel queima um litro de gasolina, está consumindo mais de 60 vezes seu próprio peso em plantas antigas – 4,4 milhões de vezes mais o peso de plantas por litro do que a vaca comeu para produzir o litro de leite. Por que tanto? Não apenas porque a copiosa es-

cória de antigos pântanos forma pouco petróleo passível de extração, mas também porque a física básica do automóvel torna-o tão ineficiente que, como veremos no próximo capítulo, uma mera fração de 1% de sua energia combustível move o motorista. Por quanto tempo esses automóveis podem competir num mundo de petróleo mais escasso?

Analisando o cenário mais amplo, o então CEO da CODA Automotive, Kevin Czinger, disse que a espinha dorsal da economia norte-americana costumava ser formada de carros produzidos em território nacional com relativamente pouco petróleo produzido na região. Essa indústria movimentou o grande crescimento industrial dos Estados Unidos. Mas agora costumamos dirigir carros importados alimentados com petróleo importado; por isso, "cada vez que compramos um carro, estamos exportando US$ 15 mil de capital, pagando por ele com dinheiro emprestado e alimentando-o com fontes de energia estrangeiras. Os automóveis deixaram de ser máquinas de construção da classe média e passaram a ser máquinas de destruição da classe média".[43] Naturalmente, quanto mais fabricarmos carros eficientes e competitivos em casa, menos precisaremos importar tanto carros quanto petróleo, e mais nossos dólares e empregos ficarão em casa.

De modo similar, a estratégia competitiva exige que deixemos de lado a eletricidade desperdiçada e o carvão queimado para produzi-la. A eficiência radical pode economizar boa parte da eletricidade usada em edifícios e indústrias. E fontes renováveis já abrangem metade do mercado global de geração de energia,[44] ameaçando o carvão dos Estados Unidos em seu último uso de vulto. Escolhas prudentes podem acelerar todas essas tendências, beneficiando a economia, o ambiente e a nossa vida.

O ponto de não retorno da passagem de combustíveis fósseis para o novo fogo chegou. E o novo fogo pode funcionar no mundo todo. Ele pode ser adotado rapidamente em muitas condições e por muitas culturas diferentes.

ACENDENDO O NOVO FOGO

Este livro explica como as empresas – motivadas por vantagens duradouras, apoiadas pela sociedade civil, aceleradas por políticas efetivas – podem, com proveito, realizar a ambiciosa transição que leva para além do petróleo e do carvão, em 2050, e depois, também para além do gás natural. Novas tecnologias e novas formas de combiná-las podem extrair várias vezes mais trabalho da mesma quantidade de energia. Esses ganhos de eficiência permitem que fontes de energia renováveis, igualmente habilitadas pela moderna tecnologia da informação, sejam adotadas mais rapidamente. A transição vai criar novas indústrias com amplo potencial para empregos, lucros e serviços mais baratos, melhores e mais robustos.

Esses futuros da nova energia prometem custos totais econômicos em comparação com aqueles da antiga energia movida a combustíveis fósseis, com a redução dos custos aumentando ao longo do tempo. Além disso, de maneira bem mais importante do que quaisquer diferenças modestas de custos, já oferecem bem menos riscos para a segurança nacional, a economia, o ambiente e a saúde pública, e uma gama de opções que se expande rapidamente.

Infelizmente, há muitas barreiras na transição para o novo fogo, o que explica por que ela somente está começando. Mas, como veremos, políticas e estratégias inteligentes podem ajudar a suplantar essas barreiras, e a lógica dos negócios favorece quem começa cedo.

Vamos explorar esses temas e essas ideias nos quatro setores da economia que queimam combustíveis fósseis – transportes, edifícios, indústria e geração de energia elétrica – e ver como eles se entretecem e formam uma estrutura inteiramente nova para o sistema energético, criando uma gama notável de benefícios públicos e particulares. Podemos ilustrar melhor os caminhos possíveis para o futuro analisando inicialmente como esses quatro setores usam combustíveis fósseis e como os Estados Unidos usaram todas as formas de energia em 2010 (fig. 1-4).

Esses fluxos de energia mostram apenas como os combustíveis foram queimados na produção de energia, e não como foram usados como matéria-prima para fabricar plásticos, produtos químicos, lubrificantes, asfalto, fertilizantes e outros materiais. (Quando o químico russo D. I. Mendeleyev disse, em 1877, que o petróleo cru era precioso demais para ser queimado, ele estava com a razão.) O U.S. Energy Information Administration (EIA) espera que todos esses usos da combustão aumentem, como mostra a figura 1-5, segundo sua premissa padronizada de leis, regras e (principalmente) tecnologias existentes.[45]

Contudo, tendência não é destino. Nosso futuro energético poderia ser espantosamente diferente. Esses usos poderiam diminuir e os combustíveis que os movem poderiam mudar (fig. 1-6), proporcionando exatamente as mesmas amenidades – acesso, conforto e produção industrial, por exemplo – e usando os mesmos ou melhores veículos, edifícios, aparelhos e outros equipamentos, assim como na previsão-base de 2050.

Embora nossa economia seja complexa e os usos de energia sejam inúmeros, podemos nos afastar do combustível fóssil focalizando em três princípios simples: redução de uso, modulação da demanda e otimização do fornecimento. Esses princípios não são novos, mas devem ser aplicados holisticamente, com paixão consistente e paciência infatigável.

Fazer mais com menos. A melhor e mais barata "fonte" de energia é, em primeiro lugar, precisar

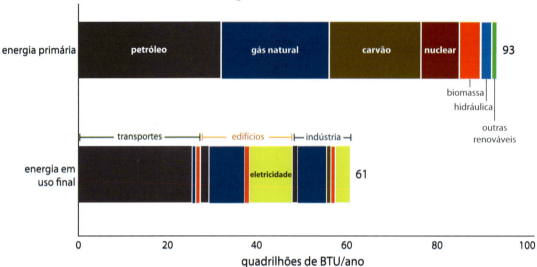

Fig. 1-4. Consumo norte-americano de energia em 2010, medido nos Estados Unidos em "quads" ou quadrilhões de BTU (um milhão de bilhões de unidades térmicas britânicas) e no resto do mundo como um número 5,5% maior de EJ (exajoules, ou bilhão de bilhões de Joules).[46]

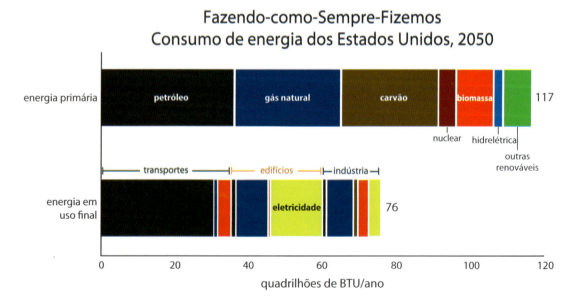

Fig. 1-5. Extrapolação do RMI para 2050 a partir da previsão feita pela Energy Information Administration para 2010 sobre o fornecimento de energia nos EUA e seu uso em 2035.[47]

menos dela, convertendo-a, fornecendo-a e usando-a com mais eficiência. Em meados de 2009, extrair mais trabalho de cada barril, de cada tonelada, grau ou quilowatt-hora tornou-se a maior fonte de energia na economia dos Estados Unidos. Nesse ano, essa fonte alimentou metade de toda a atividade econômica e proporcionou 174% mais serviços de energia do que a queima de petróleo. Para as empresas, esse princípio, chamado de "elevação da produtividade da energia", é uma verdadeira mina de ouro. Ele proporciona serviços iguais ou melhores, todos os dias, a preço mais baixo, além de reduzir o risco de picos de preços da energia ou de falhas no fornecimento. Portanto, podemos usar menos energia, mas obter ainda mais força com ela. De forma quase imperceptível, a economia dos Estados Unidos realmente fez isso em nove dos últimos 36 anos, aumentando a produtividade energética mais rapidamente do que o crescimento do PIB. Os próximos capítulos mostram como podemos fazer isso todos os anos – tanto extraindo mais força de nossa energia quanto usando de maneira mais produtiva os serviços que ela proporciona.

Modular a demanda. Fomos treinados para acreditar que nossa economia e nosso modo de vida dependem de um fornecimento incessante, constante, sempre crescente e inesgotável de eletricidade. Esse paradigma está enraizado no pensamento dos

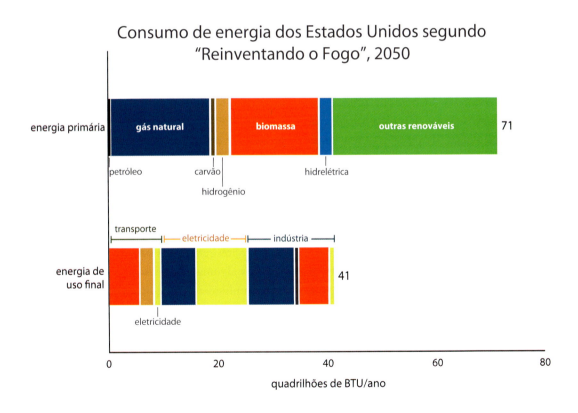

Fig. 1-6. Os próximos capítulos mostram como podemos administrar a mesma economia de 2050 como na figura 1-5, mas com metade da energia fornecida, com menos risco e por US$ 5 trilhões a menos (em valor líquido presente de 2010).[48]

DESFOSSILIZANDO OS COMBUSTÍVEIS 13

séculos XIX e XX, época em que as fábricas se baseavam na produção em massa e grandes geradores centrais procuravam clientes de consumo de base grande para utilizar seu capital a cada hora do ano. Hoje, novas tecnologias, controles inteligentes e serviços habilitados por TI permitem-nos ajustar nossas demandas de energia, com mais precisão e vantagem, a uma vasta gama de tecnologias de fornecimento. Para as empresas, a vantagem é que elas podem usar a eletricidade quando ela é mais econômica, e, sem interrupção ou inconveniência, reduzir seu uso e seus custos quando a eletricidade é mais preciosa. Para os proprietários de edifícios comerciais, isso pode significar o armazenamento de energia no frio da noite e sua liberação no calor do dia. Para outros clientes, pode significar carregar um veículo elétrico quando os preços estão mais baixos. Até produtores de alumínio começaram a modificar a demanda em resposta às variações de preço – uma prática que, uma década antes, era inédita.

Otimizar o fornecimento. Depois que tivermos reduzido drasticamente nossa demanda e aprendido a controlá-la e modificá-la (tudo isso sem diminuir ou comprometer os serviços), poderemos expandir nossas opções para satisfazê-la. O velho fogo deixou poucas opções, todas envolvendo principalmente a queima de algum combustível abundante para gerar calor ou eletricidade. Hoje, e no futuro próximo, temos uma gama cada vez maior de opções que incluem a substituição de combustível (carvão para gás), a energia eólica, as células fotovoltaicas solares e, algum dia, as células de combustível. Essas novas opções dão às empresas novas formas de controle dos riscos energéticos, geralmente com custos ainda menores e mais estáveis. As pessoas podem se tornar tanto consumidoras quanto produtoras de energia – "prossumidoras" – à medida que a rápida inovação expandir nossas opções.

MILAGRES NÃO SÃO NECESSÁRIOS

Os próximos quatro capítulos explicam como otimizar, executar e combinar esses três princípios em todos os quatro setores da economia que utilizam energia – transportes, edifícios, indústria e geração de eletricidade. Mas nossa mensagem é maior do que a mera redução do uso de combustíveis fósseis de cada setor. O que é especialmente excitante é como, em cada setor, esses três princípios dão início a ciclos autorreforçáveis que proporcionam mais ganhos nos outros setores. Citando apenas um exemplo, a passagem para carros elétricos a fim de eliminar o uso do petróleo poderia também tornar a grade de eletricidade mais eficiente e resiliente, acelerando, no setor de eletricidade, o processo de substituição de combustíveis fósseis por fontes renováveis. Esses saltos são desafiadores, mas, com liderança empresarial e apoio político, também são realistas, e já estão sendo dados e são muito compensadores.

Se você acha que as coisas devem se manter sempre da forma como estão, lembre-se de que a história mostra outra coisa. As fontes de energia aparecem e desaparecem há milênios. Tecnologias renováveis de produção de energia, como a eólica e a solar, tornaram-se disseminadas diversas vezes nos últimos milênios e foram substituídas por um punhado de combustíveis aparentemente baratos, que depois desapareceram, abrindo espaço para que as fontes renováveis fossem redescobertas.[49]

Mas algumas fontes se vão e nunca reaparecem, simplesmente porque seu tempo passou. Não importa quão dominante tenha sido seu papel: mesmo que tenham dominado a Terra como um colosso, chega um momento em que os concorrentes as superam. Isso tem acontecido tanto com o petróleo quanto com o carvão. Os Estados Unidos pararam de usar diretamente o carvão para transportes por volta de 1920 e em edifícios por volta de 1960. O uso industrial do carvão reduziu-se pela metade nos últimos 40 anos, a produção de carvão dos Estados Unidos atingiu um pico em termos energéticos em 1998, e o último uso importante do carvão para a geração de energia deve ter atingido o pico em 2007. Agora, os custos do uso de petróleo e de carvão estão subindo, enquanto o preço de fontes renováveis cai inexoravelmente. As curvas já estão se cruzando. Os momentos finais do petróleo e do carvão já começaram.

Quando concorrentes arrivistas derrubam a fonte dominante de energia, o fim pode ser rápido e cruel para a indústria estabelecida. Pense em como um tipo de óleo – um óleo versátil, conveniente e onipresente – foi eliminado do cenário em meados do século XIX.[50] Em 1850, a maioria das casas norte-americanas era iluminada por lamparinas com óleo de baleia. Hoje, só pensamos em frotas de baleeiras quando lemos *Moby Dick* ou visitamos um museu de pesca, mas em 1850, a caça à baleia era a quinta maior indústria dos Estados Unidos. A demanda por óleo de baleia era tão grande que as baleias ficaram esquivas e escassas. Mas os preços crescentes do óleo de baleia provocaram a concorrência, principalmente do querosene e do gás, ambos, na época, sintetizados a partir do carvão. Os empreendedores começaram a vender *kits* baratos para que o combustível das lamparinas pudesse ser convertido – do óleo de baleia para o óleo de carvão –, um custo que se pagou em poucos meses.

Por volta de 1859, quando Drake encontrou petróleo na Pensilvânia, criando outra fonte para o querosene, mais de cinco sextos do mercado de óleo de baleia para iluminação já tinham sido engolidos por esses concorrentes em menos de uma década. Os baleeiros desatentos ficaram atônitos quando descobriram que estavam sem clientes antes de ficar sem baleias. A indústria baleeira reduziu-se a uns poucos que foram suplicar por subsídios federais com base na segurança nacional – e em pouco tempo a caça às baleias nos Estados Unidos tornou-se história. O resto da população de baleias foi salvo por inovadores tecnológicos e capitalistas que maximizaram lucros. E, em poucas décadas, a iluminação a querosene também virou história, sendo substituída pela luz elétrica de Edison em 1879.

Em novembro de 1973, quando as economias se abalaram por causa do choque do embargo do petróleo árabe, um professor de economia da universidade Texas A&M chamado Phil Gramm recordou a história do óleo de baleia num artigo opinativo no *Wall Street Journal*. Não se preocupem com os choques e com a escassez do petróleo, disse. Os mercados se libertariam, os inovadores inventariam e o petróleo, como qualquer outra *commodity*, seria salvo ou substituído no seu devido momento. Ele tinha razão. Em 2009, os Estados Unidos estavam gerando um dólar de PIB real usando 60% menos petróleo, 50% menos energia total, usando diretamente 63% menos gás natural e 20% menos eletricidade do que em 1975. Mas essa jornada rumo ao uso da energia de formas mais baratas e melhores apenas começou.

Isso aconteceu apesar da indiferença geral, de políticas nacionais engessadas, de 26 anos de padrões estagnados de eficiência para automóveis e de 48 Estados norte-americanos oferecendo recompensas às fornecedoras de energia para se vender mais eletricidade e gás natural. Imagine o que podemos fazer juntos, caso prestemos atenção aos trilhões de dólares em economias e lucros potenciais que estão na mesa. Assim, com a história do óleo de baleia ainda fresca em nossa mente, vamos começar com a função vital que usa 71% do petróleo dos Estados Unidos – os transportes. Neste momento, o petróleo é a seiva vital da sociedade mais móvel da história do mundo. Mas podemos reinventar o fogo que agora queima em nossos motores de combustão interna e em nossos edifícios e nossas fábricas, eliminando a queima de petróleo por volta de 2050 – e economizando cerca de US$ 3,8 trilhões em valor líquido.

DESFOSSILIZANDO OS COMBUSTÍVEIS

CAPÍTULO 2

TRANSPORTE: AUTOMÓVEIS MAIS ADEQUADOS, USO MAIS INTELIGENTE

Fig. 2-1

DESTAQUES DO CAPÍTULO

→ **A META.** Em 2050, automóveis, caminhões e aviões supereficientes, usados de maneira bem mais produtiva, necessitarão de 75% menos combustível e nenhum petróleo, e terão um custo de ciclo de vida menor do que os veículos atuais. Contudo, proporcionarão 90% mais automóveis-milhas, 118% mais caminhões-milhas e 61% mais assentos de avião-milhas, sem abrir mão da conveniência, da segurança ou do desempenho.

→ **A OPORTUNIDADE DE NEGÓCIOS.** A eficiência radical permite o uso de propulsores e combustíveis alternativos, dando à fabricação de veículos vantagens competitivas inéditas e proporcionando aos clientes mais economia e a expansão de opções de mobilidade. A sociedade elimina a dependência do petróleo, reduzindo muitos riscos empresariais e de segurança.

→ **O RESULTADO FINAL.** O petróleo que não for necessário levará à economia de US$ 3,8 trilhões (em valor presente líquido de 2010).

→ **SETORES DA ECONOMIA QUE PODEM LUCRAR.** Fabricantes de veículos e fornecedores, indústrias químicas e eletrônicas, operadores de frotas, empreendedores, incorporadores imobiliários, empresas de energia elétrica, fazendeiros e cultivadores florestais.

→ **LEGISLADORES.** Políticas estaduais, regionais ou federais inovadoras podem eliminar barreiras à aquisição de veículos supereficientes e seu uso de maneiras mais inteligentes – sem novos impostos, subsídios, instruções ou leis federais (com a modesta exceção ao limite de peso de caminhões[51]).

INTRODUÇÃO

O QUE QUER QUE VOCÊ POSSA FAZER, OU SONHE QUE POSSA FAZER, COMECE JÁ: A OUSADIA TRAZ CONSIGO O GÊNIO, O PODER E A MAGIA.

— John Anster, 1835, em paráfrase livre do *Fausto*, de Goethe, 214-30

As pessoas nos Estados Unidos queimam 13 milhões de barris de petróleo por dia dirigindo para o trabalho, levando os filhos para jogos de futebol, transportando cargas, indo de avião a jato para reuniões e destinos turísticos e mantendo em funcionamento seu vasto sistema de transportes. Os custos desse uso são imensos e muitos, ocultos. Incluem derramamento de óleo, poluição atmosférica, riscos climáticos e US$ 1 bilhão por dia, arrancados dos bolsos dos norte-americanos para comprar petróleo de outros países – alguns dos quais não são nem um pouco amistosos.

Mas a queima desse petróleo é simplesmente desnecessária, e o dinheiro é mal gasto. Podemos imaginar um mundo no qual automóveis espaçosos, interessantes e ultrasseguros conseguem consumir o equivalente a 53-100 km/l, mas não precisam de gasolina; no qual caminhões pesados transportam mercadorias por estradas interestaduais usando um terço do combustível que usam hoje, sem precisar de diesel; no qual aviões usam várias vezes menos combustível, sem tampouco depender do petróleo.

Isso não é um sonho. É um caminho claro que não exige milagres tecnológicos, apenas o desenvolvimento continuado e a adoção de inovações que já estão a caminho. Percorrer esse caminho não é apenas uma opção, mas um imperativo, pois o setor de transportes está em um desses raros períodos de transformação. Agora é o momento em que veículos inteligentes e leves poderiam assumir as estradas e os céus, mudando radicalmente as maiores empresas do mundo.

A combinação entre melhores veículos e uso mais inteligente produziria imensos benefícios para a sociedade – e para as empresas que abrissem os caminhos. Hoje, os transportes são o segundo maior custo para o consumidor, abaixo da moradia, totalizando US$ 740 bilhões em 2009 – 17,6% dos gastos de uma família. No entanto, os 13 milhões de barris de petróleo (fig. 2-2) – valendo aproximadamente US$ 1 bilhão – que mantêm os Estados Unidos em movimento todos os dias são na maior parte desperdiçados.

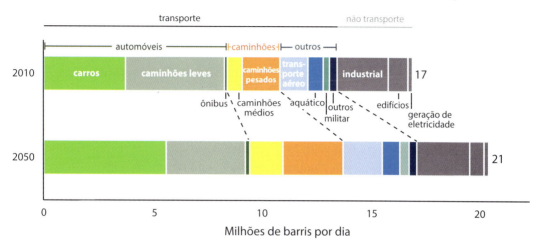

Fig. 2-2. Uso de petróleo nos Estados Unidos em 2010 e projeção para 2035 da U.S. Energy Information Administration (EIA) extrapolada para 2050 (nosso caso base). (São mostrados apenas usos que queimam petróleo – e não usos de petróleo como matéria-prima.) Em 2010, os transportes usaram 71% do petróleo dos Estados Unidos, e 94% foram alimentados com petróleo; do restante, 3% usaram biocombustíveis e 3%, gás natural, para alimentar gasodutos. Os capítulos subsequentes descrevem como eliminar os usos de petróleo não destinados a transportes.[52]

A eliminação desse desperdício é uma oportunidade de negócios da ordem de vários trilhões de dólares – não apenas para empresas que fabricam veículos, mas também para fornecedores que inovam em materiais e processos e para investidores que entram no início e aplicam de forma inteligente.

Se fizermos isso direito, tornaremos os Estados Unidos mais fortes e mais seguros, mantendo em casa esse bilhão de dólares gasto todos os dias com a importação de petróleo. Seremos menos afetados por preços voláteis de petróleo e menos ansiosos para defender o acesso ao petróleo. E se os Estados Unidos, que puseram o mundo sobre rodas e asas, estabelecerem o ritmo e o padrão para inovações nos transportes no próximo estágio do desenvolvimento global, poderemos ajudar a afastar o pesadelo de um mundo sufocado por automóveis e faminto por petróleo.

Isso não quer dizer que a criação de um mundo de transportes melhor e sem petróleo será fácil. Para a maioria dos compradores de automóveis, e, até recentemente, algumas transportadoras, a eficiência e o custo dos combustíveis têm sido pouco preocupantes em termos históricos. Os custos iniciais são grandes para os indivíduos, enquanto os benefícios individuais podem ser pequenos: a economia em combustível ao se passar até para um automóvel totalmente elétrico, embora seja importante ao longo dos anos, mal compra uma xícara de café com leite por dia, inspirando pouca noção de urgência. Os modos de transporte individual costumam apresentar vantagens sobre o transporte público, assim como as remessas por via térrea e por via aérea superam as remessas por via ferroviária e por via marítima. E o atual padrão de congestionamento de veículos e de ampliação das cidades está firmemente arraigado, graças a subsídios, mandatos e opções dos próprios norte-americanos. É por isso que essa transformação necessita e merece tanto um maior empurrão inicial quanto uma concorrência mais justa.

As consequências sempre mais graves do nosso vício do petróleo deixam-nos poucas opções. Precisamos projetar e usar nossos veículos de maneira diferente, transformando indústrias no processo. Podemos fazê-lo, pois o caminho tecnológico é claro, a lógica empresarial é imperativa, e conhecemos novos modos de adotar políticas públicas cuidadosamente elaboradas e pouco agressivas para eliminar barreiras. Se formos bem-sucedidos, os benefícios – para clientes, para empresas e para a sociedade como um todo – serão vastos e duradouros.

PROJETANDO E CONSTRUINDO AUTOMÓVEIS DE MODO DIFERENTE

A inovação-chave por trás dessa transformação será a mudança para carrocerias de autos ultraleves e ultrafortes, feitas com materiais avançados. Essas carrocerias não só terão fabricação mais simples e mais barata, mas serão o gatilho de uma avalanche econômica de peso. Com plataformas drasticamente mais leves, os sistemas de propulsão podem ser menores, mais leves, mais baratos, mais eficientes e, para os autos, elétricos. Diversos fabricantes importantes de automóveis (e de aviões) já estão adotando essa estratégia de mudança do jogo ou analisando-a seriamente. E se o mundo vai se livrar dos combustíveis fósseis, o resto dos fabricantes de veículos do mundo também vai precisar adotar essa estratégia – ou vai ficar bem para trás.

A física em ação

Em meados de 2011, políticas estabelecendo o padrão de consumo de combustível em 30 mpg (milhas por galão, ou 12,8 km/l) para 2016 começaram a mudar o mercado, e um padrão de 23,2 km/l – uns 16,6 na média geral – foi objeto de acordo

TERMINOLOGIA DO SETOR DE TRANSPORTES

Mbbl/d é a abreviatura, em inglês, de "milhões de barris [de petróleo] por dia", uma unidade norte-americana comum de produção ou uso de petróleo. Um barril de petróleo contém 42 galões norte-americanos (159 litros) de petróleo. **Custo da energia economizada (CSE – Cost of Saved Energy)** é o custo de se poupar uma unidade de energia, comparável diretamente com o valor não despendido pela energia poupada.

Os termos "**autos**" ou "**automóveis**" são usados neste livro para se referir a todos os **veículos leves**, englobando carros e caminhões leves (veículos esportivo-utilitários [SUVs], picapes e vans), e veículos **mistos** (SUVs com atributos de sedã) com um peso bruto de até 4.537 kg.

O **conjunto motor-transmissão** gera a propulsão de um auto e leva a energia até a superfície da estrada. A **transmissão** conecta a fonte de torque (como um motor) aos eixos propulsores.

Veículos movidos a bateria elétrica (BEV – Battery-electric Vehicles) são movimentados totalmente pela eletricidade. **Veículos a célula de combustível (FcV – Fuel-cell Vehicles)** são movidos por uma célula de combustível de hidrogênio e por motores elétricos. **Veículos elétricos híbridos de tomada (PHEV – Plug-in Hybrid Electric Vehicles)** são acionados tanto por um motor de combustão interna (**ICE – Internal Combustion Engine**) como por baterias que podem ser recarregadas numa tomada elétrica. **Veículos elétricos (EV – Electric Vehicles)** é uma expressão que abrange as três categorias anteriores, mas não inclui os populares **veículos híbridos elétricos** que usam tanto um motor a combustível quanto motor elétrico, mas não são carregados por tomada.

Uma **tonelada-milha** é equivalente a uma tonelada (que neste livro equivale a 2.000 libras, ou 907,2 kg) de carga deslocada por uma milha (1.609 m). Uma **milha-assento** refere-se a um assento de companhia aérea comercial que voa uma milha, e é usada para medir os padrões de desempenho na indústria aeronáutica. O assento pode estar ocupado ou vazio. **Milhas-veículo percorridas (VMT – Vehicle-miles Traveled)** refere-se ao número total de milhas percorridas por um veículo num determinado período de tempo, geralmente um ano.

PEQUENA HISTÓRIA AUTOMOBILÍSTICA

A indústria automobilística é imensa e complexa. Fabricar automóveis é um negócio global de US$ 1,6 trilhão por ano, que a cada cinco segundos, mais ou menos, produz uma máquina reluzante de 1,8 tonelada com mais de 14 mil peças, produzidas por uma rede global de fornecedores. Um automóvel funciona de maneira extremamente confiável por quinze anos em todo tipo de condição difícil, custa menos por quilo do que um sanduíche Quarterão com Queijo do McDonald's e atende a requisitos conflitantes com imensa habilidade, aprimorada ao longo de 120 anos. Fazer mudanças importantes será bem difícil.

No entanto, mudanças radicais podem ocorrer rapidamente. A transição norte-americana de cavalos para carros, de escapamentos automotivos simples para conversores catalíticos e de locomotivas a vapor para as dieselétricas foi de 10% a 90% de adoção (no estoque dos equipamentos em uso, não apenas em novas unidades vendidas) em apenas doze anos. Os *airbags* foram de zero a 100% do mercado de veículos novos em sete anos. Henry Ford vendeu 2,5 milhões de Modelos T entre 1908 e 1916, embora, em 1908, os Estados Unidos tivessem pouquíssimas estradas asfaltadas e automóveis pessoais de custo acessível fossem tão inconcebíveis que, como Ford costumava dizer, se perguntasse a seus clientes o que eles queriam, eles diriam: "Cavalos mais velozes."

A indústria pode fornecer respostas – se lhe pedirem. Detroit provou sua capacidade de reagir à demanda de eficiência feita pelos consumidores entre 1975 e 1985 (fig. 2-3) respondendo aos padrões de eficiência e preços de combustíveis do presidente Gerald Ford e elevando o índice de eficiência em 62%. O carro novo médio perdeu quase meia tonelada e, além de se tornar mais seguro, bem mais limpo e não menos atraente, percorria 1% de milhas a menos com 20% menos galões. Noventa e seis porcento dessa economia de combustível saiu de projetos mais inteligentes e 4%, de carros compactos. Mas o peso perdido já tinha sido mais do que recuperado por volta de 2005. Na última década, os carros dos Estados Unidos ganharam peso duas vezes mais depressa do que as pessoas.

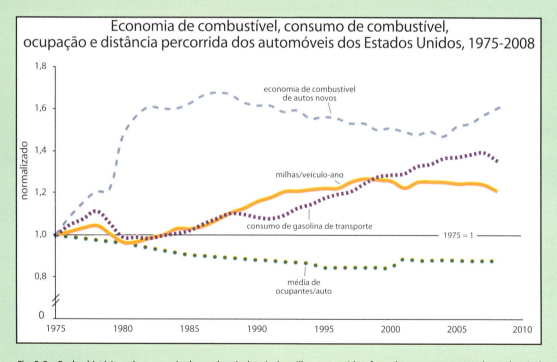

Fig. 2-3. Dados históricos de economia de combustível, veículo-milhas percorridas, fator de carga e consumo de combustível nos Estados Unidos. O grande aumento de fabricantes na economia de combustível foi causado principalmente pelos padrões federais CAFE (Corporate Average Fuel Economy) ou Economia de Combustível Corporativa Média, que entraram em vigor em 1978, e secundariamente pelos preços dos combustíveis.[53]

Entre 1980 e 2004, a eficiência dos automóveis fez uma pausa lânguida, enquanto o resto da economia foi à Lua, desenvolveu a energia atômica e criou a Internet.

As causas da estagnação de trinta anos na eficiência dos veículos são bem conhecidas. A combinação entre o abundante fornecimento de petróleo e o sucesso da eficiência derrubou os preços mundiais de petróleo em 1985-1986. Nos Estados Unidos, subsídios pesados e impostos baixos ajudaram a mantê-los baixos por décadas, assegurando que seu preço seria entre metade e um terço do preço em quase todos os outros países. Isso aumentou a mobilidade e a área urbana das cidades, e, como veremos depois, criou desvantagens para os fabricantes de autos dos Estados Unidos em comparação com os fabricantes estrangeiros. No quarto de século que antecedeu 2008, os lucros após os impostos dos fabricantes de autos do mundo todo foram, em média, apenas 1,26% das receitas; nos Estados Unidos, esses lucros foram de apenas 0,37%, e mais voláteis. (Muitas marcas foram sustentadas por uns poucos modelos, e pelo financiamento de carros vendidos com prejuízo.) Quando Detroit, com fome de lucros, manteve as inovações, extraindo mais força de motores menores e conseguindo notáveis melhorias nas emissões de poluentes e na segurança, as empresas descobriram que podiam ganhar mais dinheiro comercializando aceleração, peso e tamanho em vez de eficiência. Em 1998, uma única fábrica, a Michigan Truck Plant da Ford, em Wayne, Michigan, conseguiu US$ 3,7 bilhões produzindo gigantescos Ford Expeditions (que faziam 5 km/l) e outros SUVs, tornando-a "a mais lucrativa fábrica de qualquer ramo industrial do mundo", segundo escreveu Keith Bradsher em *High and Mighty*. Para manter o dinheiro dos SUVs entrando, os lobistas da indústria automobilística bloquearam todos os esforços para aumentar os padrões de economia de combustível (os quais, por lei, deveriam acompanhar as inovações tecnológicas de eficiência em custos). Por volta de 2008, os novos autos dos Estados Unidos faziam em média míseros 9,8 km/l nas estradas. Não foi à toa que o veículo mais vendido em 2008, a picape Ford F150, fazia menos quilômetros por litro do que o revolucionário Modelo T fazia um século antes. Mas depender dessas caminhonetes altamente lucrativas era arriscado, pois suas vendas estavam sujeitas, em parte, à condição de que os preços do petróleo se mantivessem baixos, e os preços do petróleo têm se mostrado aleatórios desde 1859. Autos ineficientes, por sua vez, aumentaram a pressão sobre os mercados mundiais de petróleo, tornando mais prováveis os choques de preços do petróleo.

A indústria já está reagindo às novas condições. Com certeza, o pico dos preços da gasolina em 2008, coincidindo com a recessão e as finanças em colapso, gerou uma mudança drástica (embora parcialmente temporária) na preferência dos consumidores, levando-os dos SUVs para veículos mais eficientes. Em meados de 2010, o SUV mais popular, pela primeira vez num quarto de século, foi menos vendido do que um carro – um modelo compacto japonês – e a GM sequer conseguiu vender a fábrica do Hummer. A Grande Recessão de 2008-2009 também fez com que as vendas de automóveis nos Estados Unidos despencassem de quase 17 milhões em 2005 para 10,4 milhões em 2009, ajudando a levar a indústria norte-americana à beira do colapso. A preocupação com as alterações climáticas também aumentou. Essas tendências, junto com o poder decrescente da aleijada indústria norte-americana, deram a Washington a coragem de determinar os primeiros padrões de maior economia para carros em 35 anos, elevando o mínimo dos novos autos em 2016 para cerca de 12,6 km/l – aproximadamente o mesmo padrão da Europa em 2008.

Por volta de 2011, a eficiência estava sendo bem aceita e tornando-se um bom negócio. O surgimento do híbrido de tomada e de veículos elétricos a bateria como o Chevrolet Volt, o Tesla Roadster e o Nissan Leaf assinalaram mais uma mudança nas prioridades da indústria.

para 2025. Mas a tecnologia superou muito a política: dentro de uma década, autos atraentes e que rodam entre 53 km/l e 102 km/l poderão ser produzidos, com benefícios da ordem de vários trilhões de dólares para a sociedade. Como? A resposta começa pela simples física dos automóveis.

Considere estes dois fatos da física automotiva:

1. *Menos de 0,5% da energia do combustível de um automóvel moderno típico move efetivamente o motorista.* Seis sétimos da energia do combustível são perdidos pelo sistema de propulsão, nos momentos em que o carro está brecando ou parado, e para acionar acessórios como ar-condicionado e faróis. Mais da metade do restante da energia do combustível que chega às rodas aquece o ar que o automóvel lança para os lados ou esquenta os pneus e a estrada. Só os últimos 5% da energia do combustível faz o carro acelerar. Dependendo do tipo e do tamanho do veículo e do peso do motorista, apenas um vigésimo da massa sendo acelerada é o motorista – e, portanto, apenas 0,3%, e no máximo 0,5%, da energia do combustível acelera o motorista.

22 REINVENTANDO O FOGO

2. *O peso de um automóvel é responsável por mais de dois terços da energia necessária para deslocá-lo.* Automóveis mais pesados têm mais inércia e precisam de mais força para acelerar. Eles também apresentam mais resistência à rolagem, pois há mais peso sobre os pneus – que, por isso, perdem mais energia. Como resultado, a energia necessária para mover o auto, chamada sua "carga de tração", aumenta em proporção ao seu peso. Autos mais pesados precisam também de motores proporcionalmente mais poderosos para gerar a mesma aceleração. Os grandes motores dos autos norte-americanos usam apenas 8% de sua força em condições típicas de estrada, ou apenas 5% nas cidades – e esse descompasso com os requisitos normais de condução reduz pela metade sua eficiência média.

Essas percepções têm uma consequência profunda: tornar um automóvel convencional bem mais leve e amenizar seu deslocamento pelo ar e sobre a estrada tem alavancagem enorme para economizar combustível. Evitando perdas desde o tanque até as rodas, cada unidade de energia economizada nas rodas poupa sete unidades no tanque. Um sistema de propulsão mais eficiente não tem essa alavancagem.

A meta lógica, portanto, é se chegar a uma "adequação" dos veículos – projetando para eliminar peso, arrasto aerodinâmico e resistência à rolagem. Se os automóveis forem extremamente leves e eficientes, *então* você poderá se concentrar no conjunto de motor-transmissão e mudar a forma como eles são movidos e alimentados.

A adequação veicular não é uma novidade para os fabricantes. Eles tinham razões imperativas para não a terem buscado seriamente nas últimas décadas, mas novas condições (ver o texto em destaque "Pequena História Automobilística") estão tornando obsoleta a antiga argumentação.

AUMENTANDO A EFICIÊNCIA, PASSO A PASSO: A FRUTA NA PARTE BAIXA DA ÁRVORE

Algumas melhorias na adequação automotiva são tão claras com as tecnologias existentes que são consideradas, mesmo hoje, a vitória mais rápida da indústria.

Peso. Os autos que, em última análise, vão nos libertar do petróleo adotarão ao máximo o imperativo da leveza. Engenheiros sagazes já estão trabalhando no projeto, nos materiais e nas inovações de fabricação que vão criar autos ultraleves com segurança comparável, ou superior, à dos autos mais pesados de hoje (como pode ser visto no texto em destaque a seguir). Os fabricantes estão dando os primeiros passos nesse caminho, usando materiais convencionais (ver o texto em destaque "Ainda Há Muita Vida nos Metais") e técnicas padronizadas de projeto e fabricação para tirar peso dos veículos existentes, fazendo-o com pouco ou nenhum custo adicional: uma pesquisa feita com os novos autos de 2010 mostra que, em todos os modelos, os autos mais leves não têm preço maior.[54] Henry Ford disse: "O peso pode ser desejável num rolo compressor, mas em nenhum outro lugar." Em 2011, o CEO da Ford Alan Mulally disse que o peso [leve] era "absolutamente crítico" e, segundo a Bloomberg, tornava a redução de peso "a base dos planos da Ford para enfrentar a legislação sobre combustíveis e segurança sem sucatear as picapes e os SUVs que geram a maior parte dos lucros da empresa". Enquanto isso, a Nissan, a Toyota e os fabricantes chineses anunciaram grandes cortes no peso. A versão conceito em alumínio do TT Roadster da Audi ficou 35% mais leve, duas vezes mais rígida e bem mais esportiva – parte da estratégia da Audi, consistente em equilibrar os componentes da propulsão elétrica, mais pesados, com carrocerias mais leves.

Aerodinâmica. Ganhos adicionais em eficiência provêm da redução do coeficiente de arrasto, da área frontal ou de ambos. Suavizar o fluxo de ar ao redor de um automóvel não implica limitar o estilo (e geralmente é invisível, pois boa parte do arrasto provém do fluxo de ar sob o auto). Recentemente, um importante fabricante descobriu que podia reduzir o arrasto aerodinâmico de um modelo popular em 30%, aumentando a economia de combustível em 14%, por um custo adicional de produção em torno de US$ 100. Não existe correlação entre o preço e o coeficiente de arrasto aerodinâmico nos automóveis norte-americanos de 2010, que variam em quase 50% entre veículos de qualquer faixa de preço.

Resistência à rolagem. Outro modo de aumentar a eficiência se dá por meio da utilização de pneus modernos, com baixa resistência à rolagem. Aqui, também, pneus altamente eficientes não costumam custar mais. Passar do menos para o mais eficiente num tamanho comum aumenta a economia de combustível em 8% a 12%, mas não precisa custar mais nem sacrificar o desempenho, a durabilidade ou a segurança. A resistência à rolagem é responsável por 9% do uso mundial de petróleo, valendo meio bilhão de dólares por dia, e por isso a inovação para cortar esse desperdício vai continuar.

Efeitos combinados. Esses ganhos se somam. Reduções objetivas em peso, arrasto e perdas de pneus poderiam proporcionar a economia de combustível em aproximadamente 50% sem eletrificação – nem mesmo com os propulsores elétricos híbridos que agora estão em milhões de autos – por um preço atraente. Observe os *showrooms*. Hoje, com os preços do petróleo em alta, a insegurança em torno do petróleo e as preocupações com o clima, dar esses passos evolutivos para melhorar a eficiência parece ser uma boa ideia. É. Mas ela abrange apenas uma parte do prêmio e não vai nos libertar do petróleo. Podemos ser bem mais ousados. Alguns fabricantes já vendem automóveis com partes feitas de compósitos de fibras de carbono ou movidos por motores elétricos. Como veremos a seguir, essas inovações estão prestes a convergir não só para fazer autos melhores e mais eficientes, mas também para sustentar a sobrevivência e o sucesso das empresas a longo prazo. E como podemos dar esse salto revolucionário?

AINDA HÁ MUITA VIDA NOS METAIS

O vencedor da classe convencional do prêmio de 2010 do concurso da Progressive Insurance Automotive X Prize para projetos que fazem 42,5 km/l ou mais, o Very Light Car da Edison2, foi fabricado principalmente com aço e alumínio.

Quase todos os autos modernos são feitos principalmente de aço, um material forte, barato e versátil cuja tecnologia de modelagem está bastante refinada e que não é nem de longe tão pesado quanto já foi. Um estudo feito por um consórcio de 35 produtores de aço mostra que as estruturas de carrocerias automobilísticas poderiam ser 25% mais leves usando técnicas de fabricação e aços avançados, sem custo adicional. Como? As lâminas de aço podem ser feitas com espessura variável, colocando-se a força apenas onde ela é necessária. Fluidos hidráulicos podem ser usados para dar forma ao metal em moldes (um processo chamado hidroformação), permitindo formas maiores e mais complexas, que proporcionam resistência sem peso. Um projeto continuado – "The Future Steel Vehicle 2020" [O Futuro Veículo de Aço de 2020] – sugere que reduções de peso de até 35% são possíveis com o aço.

O aço enfrenta o desafio do alumínio, que tem um terço da densidade e resistência comparável. Embora o alumínio seja cerca de cinco vezes mais caro por quilo (e, por isso, uma vez e meia mais caro por parte) e possa ser mais difícil para ser moldado e fundido, esse metal está sendo cada vez mais usado. Ao longo das três últimas décadas, o conteúdo de alumínio dos veículos aumentou de 2% para 8% como parte de um esforço para reduzir o peso. Além dele, magnésio e até titânio estão sendo cada vez mais usados.

Autos Revolucionários: A Visão

O caminho para a resposta começou por volta de 1992 por trás das portas guardadas da legendária instalação de pesquisa e desenvolvimento avançado Skunk Works, da Lockheed Martin, em Palmdale, Califórnia, onde David F. Taggart, com uma equipe de engenheiros visionários, liderou o desenvolvimento de uma estrutura dinâmica avançada para o caça F-35 Joint Strike Fighter (JSF). Empregava 95% de compósitos de fibra de carbono extremamente caros, e era, por isso, um terço mais leve do que o JSF convencional, que empregava 72% de metal – sendo, mesmo assim, dois terços *mais barato*.[55]

Como isso foi possível? Os engenheiros de Taggart começaram com uma folha de papel em branco, reinventando o avião do zero como uma estrutura basicamente feita de compósitos, idealizada para ser fabricada com um custo acessível. Por exemplo, novas juntas de encaixe autoalinhariam grandes e complexas formas compostas para serem juntadas – um modo inteiramente novo de criar aeroplanos de alto desempenho.

Taggart não conseguiu encontrar um cliente militar para seu projeto radical de caça, e por isso saiu da Skunk Works e entrou para a equipe do Hypercar® Center do Rocky Mountain Institute no fim de 1998, para ver se poderia fazer pelos automóveis o que fizera pelos aviões. Em 2000, ele e o engenheiro David Cramer mudaram-se para a Inglaterra a fim de formar uma equipe de desenvolvimento com empresas inglesas e alemãs de engenharia automobilística de primeiro nível especializadas em carros de corrida, estruturas leves e sistemas de transmissão avançados.

A equipe propôs-se a projetar um veículo utilitário esporte (SUV) *crossover* de tamanho médio que atendesse a uma lista de exigências aparentemente irreconciliáveis: ser tão prático quanto um Ford Explorer, transportar cinco adultos e sua carga com conforto e segurança, com a dinâmica de condução de uma BMW X5, ser pelo menos três vezes mais econômico que o Explorer, e ter um preço extra de produção em massa pago pelos primeiros anos de economia a preços norte-americanos de combustível.

Modelos de desempenho do padrão da indústria, financeiros e de estrutura, bem como protótipos de subsistemas, mostraram que a equipe Hypercar atingiu essas metas – em nove meses e por uns poucos milhões de dólares. Como fizeram isso? Com um projeto integrador.

Taggart e Cramer organizaram sua equipe ao estilo da Skunk Works. A equipe central, inicialmente com sete engenheiros, cada um liderando um subsistema vital do veículo, se sentava em torno da mesma mesa. Propositalmente, Taggart não estipulou requisitos para cada um desses sistemas importantes, forçando assim os engenheiros a projetarem juntos o veículo todo a partir do zero. Os únicos requisitos estavam no nível do veículo como um todo, e por isso nenhum subsistema poderia ser otimizado à custa de outro. Eles começaram das rodas e foram trabalhando no motor, dando a cada parte exatamente a força e o tamanho necessários. Talvez tenha sido ainda mais importante o fato de os engenheiros de Taggart levarem a sério a lição central da física automobilística, buscando incansavelmente um peso menor.

Eles projetaram a estrutura de compósitos de uma maneira inovadora[56] que privilegiou a proteção a colisões e a facilidade de montagem, colocando força e rigidez apenas onde estas eram necessárias. A cada etapa-chave do projeto, a busca de maior eficiência em custo e no peso tornou o veículo ainda mais leve e mais barato. A carroceria final tinha apenas 14 partes principais (fig. 2-4, à esquerda), cada uma passível de ser erguida sem guincho, e projetadas para técnicas de produção em massa idealizadas especificamente para a fabricação de autos em fibra de carbono, inclusive

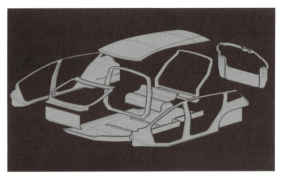 

Fig. 2-4. O SUV Hypercar (2000) e seu projeto, inspirado na estrutura de aviões e construído com compósito de fibra de carbono ultraleve (à esquerda) – suspenso por anéis, e não construído a partir de uma banheira – e um boneco físico em escala real do projeto virtual completo (à direita). Ele ganhou o prêmio World Technology Award em 2003.

partes que se encaixam precisamente no lugar para serem unidas.

Os projetistas integraram partes e funções para que diversas partes tivessem múltiplas funções, substituíram software por hardware, trocaram componentes mecânicos e hidráulicos por outros elétricos e eletrônicos, e reduziram características supérfluas. Por exemplo, a equipe de Taggart tornou o interior e os acabamentos 72% mais leves expondo as estruturas da carroceria no interior e tornando seus componentes, ao mesmo tempo, atenuadores de vibração, absorvedores de impacto, isolantes térmicos, de boa aparência e, portanto, em menor número.

Com o tamanho de um Ford Edge, o projeto final do SUV Hypercar (fig. 2-4, à direita) é 53% mais leve e simulou ser 3,6 vezes mais eficiente em gasolina (e 6,3 vezes mais em hidrogênio) do que o SUV de aço mais comparável, o Audi Allroad 2.7T 2000. O SUV Hypercar roda a 90 km/h com a mesma força nas rodas que um SUV normal usa numa tarde quente para acionar seu ar-condicionado. (O projeto do Hypercar também tinha ar-condicionado, mas com eficiência sete vezes maior do que o normal.) A Hypercar, Inc. não conseguiu levantar o capital para produção em virtude da crise do mercado de capitais no final de 2000, mas o projeto[57] continuou a influenciar o pensamento da indústria por meios que hoje estão chegando ao mercado. Tanto a Toyota (fig. 2-5) quanto a Volkswagen (fig. 2-6) mostraram sedãs de fibra de carbono da classe do Hypercar, esse último – como os sedãs BMW e Audi, mencionados diante –, com intenção de produção iminente já anunciada.

Fig. 2-5. O carro conceito da Toyota para 2007, o 1/X – um híbrido de tomada monocoque de fibra de carbono com quatro lugares, com metade do consumo de combustível e um terço do peso de um igualmente espaçoso Prius. Ele pesa apenas 419 kg (e pesaria apenas 400 kg se fosse um híbrido comum) e, segundo se diz, consegue fazer 46 km/l no ciclo de teste europeu. Seu motor flex de reserva, de 500 cc, fica sob o banco traseiro.

Fig. 2-6. O carro conceito da Volkswagen (2011), o XL1, faz o equivalente a 98 km/l: é um híbrido de tomada de dois lugares em fibra de carbono. Seu motor diesel de 48 hp e 800 cc é hibridizado com um motor elétrico de 27 hp, e seu coeficiente de arrasto é o melhor na indústria: 0,186. O carro tem velocidade máxima de 160 km/h e vai de 0 a 100 km/h em 11,9 segundos, pesa apenas 795 kg e os planos são para que entre em produção limitada em 2013.

Veículos Revolucionários+: Principais Facilitadores

Os principais facilitadores de veículos com eficiência tão inovadora, que chamaremos de "Revolucionários", têm (1) projeto integrador e de sistema único, otimizado para (2) materiais ultraleves – em especial, compósitos avançados. O acréscimo de (3) um sistema elétrico de conjunto motor-transmissão cria o que chamaremos de auto "Revolucionário+" – a chave para livrarmos os autos do petróleo até 2050.

Cada um dos três facilitadores Revolucionário+ sucessivos habilita a eficácia do seguinte, produzindo benefícios que se multiplicam. Os dois primeiros – o projeto integrador e os materiais avançados – não apenas economizam energia diretamente, mas também tornam mais prático e econômico passar para o terceiro – sistemas elétricos de conjunto motor-transmissão supereficientes (fig. 2-7).

Facilitador Revolucionário+ 1: Projeto de Sistema Integrador

Este exige novos modos de pensar. Mudar um projeto, explica Taggart, é como esticar um elástico.

Quanto mais você o estica além de sua forma original, maior a resistência. Estique-o muito além da zona de conforto, e o elástico de borracha se romperá. Portanto, um projeto inovador exige a passagem para aquilo que os engenheiros chamam de um "espaço de projeto" totalmente novo, com seu próprio e novo elástico de borracha. Se a tecnologia ainda não conseguir produzir de maneira confiável o desempenho de que você precisa, você pode retornar às formas atuais, mas, com o amadurecimento da tecnologia, o elástico vai relaxar rumo à sua meta e puxá-lo para o futuro.

Em vez de presumir que um automóvel precisa de todas as partes tradicionais, projetando-se cada parte separadamente, por que não pensar no projeto como uma unidade integrada? O maior benefício emerge quando os engenheiros revisam repetidamente o projeto todo para explorar cada ganho que acabaram de obter nas suas partes. Esse "ciclo de projeto" recursivo explora o fato de a leveza provocar uma bola de neve. Quanto menos peso você tem, de menos peso precisa.

Um automóvel mais leve precisa de menos força, e por isso seu conjunto motor-transmissão pode ser menor e mais simples. Isso torna o auto ainda mais leve, e por isso, na próxima ronda de projeto, o motor pode ficar ainda menor e mais leve. A economia de peso multiplica-se com cada componente, desde os freios até as peças da suspensão, e a cada ronda do ciclo de projeto. Partes e sistemas podem até desaparecer inteiramente: ponha um motor elétrico em cada roda, por exemplo, e de repente não será mais necessário ter transmissão, câmbio, eixo de transmissão, eixos, juntas universais ou diferenciais. Seu desaparecimento, por sua vez, produz ainda mais economia de peso. A leveza se multiplica.

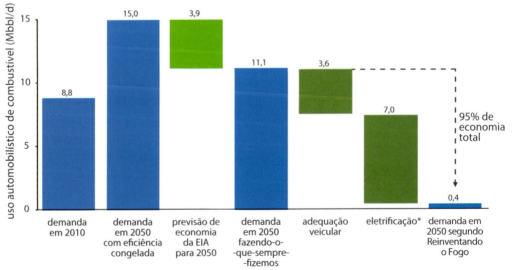

* Células de combustível podem ser uma fonte de energia elétrica.

Fig. 2-7. Adequação veicular (por meio de projeto integrador e de materiais avançados) reduz o consumo automotivo normalmente projetado em um terço, além de propiciar eletrificação eficiente e acessível, fonte de economia de combustível ainda maior e a mais crucial etapa para libertar completamente os automóveis norte-americanos do petróleo. O petróleo que ainda seria necessário em 2050 para mover os veículos com motores a gasolina ainda restantes será substituído por biocombustíveis.[58]

Facilitador Revolucionário+ 2: Compósitos Avançados

Ao combinar dois ou mais materiais com propriedades complementares, os compósitos podem maximizar os benefícios de cada material. Como a madeira – fibras de celulose numa matriz de lignina –, os compósitos de fibra de carbono embutem longas cadeias de átomos de carbono, com excelente força tênsil, numa resina plástica dura, produzindo um novo material, mais forte e rijo do que o aço, mas com um terço de sua densidade. Métodos modernos podem torná-lo reparável e reciclável. Ele não enferruja, nem sofre fadiga. Ele pode permitir que a indústria química faça frente às metalúrgicas. E esse alívio de peso nos autos norte-americanos pode cortar até dois terços de seu peso e reduzir pela metade o consumo de combustível, tornando viável sua eletrificação e, em última análise, economizando petróleo numa quantidade anual quase comparável a se descobrir uma Arábia Saudita sob Detroit.

Veículos Revolucionários+ vão combinar uma mistura de materiais. Os compósitos não são apropriados para todas as aplicações: versões avançadas e até comuns dos metais convencionais de hoje terão seu papel em autos mais leves, assim como têm no avião *meio compósito* da Boeing, o 787. Projetar com os compósitos cria um novo mundo de possibilidades mais leves, permitindo a criação de veículos Revolucionários+ e dando aos motoristas custos de combustível muito mais baixos pelo mesmo desempenho, ou ainda melhor. No entanto, o atual preço elevado de materiais ultraleves, seus processos de fabricação, tradicionalmente lentos, e os investimentos necessários para reequipar com ferramentas as fábricas desafiam os fabricantes de automóveis a produzir tais *pesos leves* de forma econômica. Haverá maneiras de repartir os benefícios dos materiais leves sem quebrar o banco?

Produzindo Estruturas Compósitas em Massa

Construir carrocerias de Fórmula Um em fibra de carbono é como fazer à mão um terno italiano. Feixes, placas, fitas ou tecidos de fibras de carbono duras e mais finas do que cabelos humanos são dispostos à mão em padrões precisos, alinhados de modo a produzir a maior força possível. Esse "padrão" é embutido numa onerosa resina termoendurecível, como o epóxi, e depois "assado" em grandes fornos para ser curado – um processo detalhado, que leva horas para produzir cada parte. Boa parte da fibra cara é cortada e descartada como sucata. Não é à toa que os fabricantes de veículos há muito consideram a fibra de carbono proibitiva: eles precisam de um processo que demanda um volume mil vezes maior e a custo menor, e cem vezes mais rápido.

Uma fábrica típica, que produza 250 mil unidades por ano, precisa fazer um veículo a cada dois minutos ou menos, por dois motivos principais. Primeiro porque apenas metade do preço ao público de um automóvel típico é o custo de fabricação; a outra metade é formada por custos fixos como *overhead*. Se o volume de produção cai, esses custos por automóvel aumentam e os lucros diminuem. Em segundo lugar, a produção deve acompanhar o ritmo da seção de pintura, que custou US$ 0,3 bilhão e cuja grande escala dissemina o custo de controlar sua poluição atmosférica e proteger os funcionários. Portanto, os fabricantes precisariam que as partes de material compósito fossem fabricadas em um minuto, não em horas.

Mas e se você pudesse inventar um rápido processo automatizado de produção, passando de termoendurecíveis para termoplásticos – mais duros, mais baratos, que não precisam ser curados, e rapidamente ganham nova forma sendo derretidos, moldados e resfriados? David Cramer e outros engenheiros da Hypercar tentaram isso – e funcionou. A Hypercar desenvolveu um equipamento automatizado que, se fosse posto em escala e amadurecido, poderia atender às metas de velocidade e custo da indústria, tornando-se a Fiberforge Corporation. Agora, seu equipamento de terceira geração está fazendo partes em compósito de alto desempenho para clientes da indústria aeroespacial, militar e de outras, concorrendo com empresas como Electroimpact, Forest-Liné, Ingersoll Machine Tools, MTorres e MAG Cincinnati.

Além disso, os fabricantes de autos estão formando parcerias para desenvolver seus próprios processos de manufatura em grande escala, já com ciclos de vários minutos – inicialmente com termoendurecíveis, mas passando para termoplásticos. A Toray, maior fornecedora mundial de fibra de carbono, anunciou, um dia antes de a Toyota mostrar o 1/X – um sinal claro da intenção estratégica de ambas as empresas –, uma fábrica de US$ 0,3 bilhão para a "produção em massa de partes de autos feitos de fibra de carbono para a Toyota", acrescentando depois a Honda, a Nissan, a Subaru e a Daimler, e outros, buscando "vendas automotivas de bilhões de dólares". A arquirrival Teijin anunciou um processo de formação de termoplástico inferior a um minuto. A Toray e a rival norte-americana Zoltek inauguraram, cada uma, um centro de aplicação de compósitos automotivos avançados; o mesmo, em 2010, fez o governo japonês para acelerar a tecnologia de compósitos do setor privado. Mais ou menos meia dúzia de fabricantes de autos sabe que, como disse a VW em 2011, a manufatura em grande escala de estruturas automotivas de fibra de carbono, "simplesmente não viável" em 2002, "agora é possível". O *Wall Street Journal*, acompanhando o progresso de redução de peso desde a Lamborghini até a Land Rover, concluiu: "Uma redução hábil de peso dos carros (...) será vital para a competitividade de cada fabricante. (...) Em breve, um carro de luxo feito apenas de aço e plástico pode ser tão fora de moda quanto um celular do tamanho de um

tijolo."[59] E, enquanto isso, a Toyota e a Honda entraram no negócio de fibra de carbono para aviões, sem dúvida, visando polinizar as descobertas feitas junto aos novos materiais para seu negócio central, o automotivo.

Transformando a Produção de Autos

Embora as tecnologias de, no mínimo, duas empresas já permitam chegar a ciclos de produção de um minuto, esse ciclo ainda é mais lento do que o da estampagem de aço. Mas as fábricas podem compensar os ciclos iniciais mais longos dos compósitos formando linhas paralelas no chão de fábrica que antes eram necessárias para uma linha de produção baseada no aço. O custo e o tamanho do novo equipamento, sensivelmente menores, poderiam mudar profundamente a economia de produção, pois partes mais caras – mas em menor quantidade e com montagem bem mais barata – podem ajudar a compensar os materiais mais onerosos.

Leve em conta, primeiro, que os compósitos podem reduzir em aproximadamente dez vezes as 100-200 partes necessárias para uma carroceria automotiva típica.[60] O custo aproximado de US$ 0,3 bilhão em ferramentas para estampá-los cairia ainda mais, pois a moldagem de cada parte em compósitos ocupa um único molde, contra quatro moldes progressivos para estampar aço. Um número menor de partes requer ainda menos estações de montagem e menos robôs. Partes mais leves demandam também equipamentos menos fortes e menos dispendiosos. Juntas fundidas ou soldadas por indução podem substituir milhares de pontos de soldagem.

Os compósitos podem ainda reduzir o maior investimento das fábricas de autos e de sua operação mais difícil – o setor de pintura. Um acabamento brilhante e impecável, de primeira classe, custa cerca de US$ 400 por automóvel. Com os compósitos, pode ser possível usar técnicas de "pintura no molde" para aplicação da base ou da pintura de uma parte enquanto ela é formada, simplificando muito o processo de pintura ou eliminando-o de vez.

Estudos mostram que os custos fixos de manufatura dos autos Revolucionários podem ser reduzidos em 80% (fig. 2-8), cortando o custo total de manufatura em aproximadamente 35% numa fábrica que produz 250 mil unidades por ano.[61] Outras economias em custos variáveis que não sejam de materiais, como consumo de eletricidade da fábrica, são um bônus útil. Portanto, a fabricação com compósitos pode alterar o longevo modelo empresarial de fabricação de autos, levando-o para investimentos mais baixos, fábricas menores, ciclos de produção mais rápidos e, portanto, um portfólio de produtos mais diversificado, ágil e de rápida evolução – todos úteis no gerenciamento da incerteza.

Neste momento, a matéria-prima para um compósito de fibra de carbono é de 15 a 30 vezes mais cara por quilo do que o aço. Logo, uma carroceria automotiva inacabada, feita de partes de compósito, 60% mais leve que seu equivalente em aço, seria em torno de 136 quilos mais leve e custaria de US$ 1 mil a US$ 3 mil a mais. Mas apenas 4% a 8% do custo de fabricação de um carro típico de aço é o aço, pois a moldagem, o acabamento e o restante do sistema de manufatura custam bem mais. O custo adicional em material compósito é parcialmente compensado por um processo de fabricação mais simples, um sistema motriz e de transmissão menor, economias cumulativas em peso que tornam outras peças menores e benefícios em desempenho valiosos como mais rigidez, melhor dirigibilidade e qualidade de viagem, aceleração mais rápida e economia de combustível.

Tornando a Fibra de Carbono mais Barata

O custo extra dos materiais das carrocerias feitas de compósitos é diversificado, pois a fibra de carbono é produzida em diferentes tipos, com preços distintos. Em aplicações não cosméticas, a substituição da apara de fibra de carbono reciclada, com força comparável à da fibra de carbono de alta qualidade, pode economizar um terço do custo dos materiais. Economias adicionais provêm da substituição de fibra de carbono apenas em áreas nas quais suas propriedades excepcionais são necessárias, preenchendo o espaço remanescente com fibra de vidro, mais leve e mais barata, ou material de núcleo. O preço da fibra de carbono também vai cair quando a indústria se equilibrar, em primeiro lugar, e depois amadurecer.

Fazia muito tempo que a fibra de carbono era um produto *boutique*, com tonelagem global comparável às vendas de chocolate *gourmet* nos Estados Unidos. Seu preço disparou com a súbita demanda para a fabricação de aviões e de lâminas de turbinas eólicas (bem como com a alta nos preços de petróleo), mas vai se reduzir – mesmo sem novos precursores baratos – à medida que os fornecedores acompanharem a curva de aprendizado[62] até chegarem a preços convincentemente mais baixos.[63]

Cerca de metade do custo de produção atual é do material precursor – 96% do qual é poliacrilonitrila feita de petróleo (propileno) ou de gás natural (propano), ambos com preços voláteis. Os fabricantes de fibra de carbono estão começando a produzir seus próprios precursores e esperam cortar seus custos em aproximadamente 20%. Mas estão surgindo precursores bem mais baratos. As cadeias de átomos de carbono são comuns; o truque consiste em remover os outros elementos, formando o esqueleto com o carbono remanescente em cadeias longas e puras. Resolvendo esses problemas, a fibra de carbono pode ser feita com biomateriais – como fibras vegetais – ou até de lixo plástico reciclado. O Oak Ridge National Laboratory (ORNL) acredita que essas alternativas têm o potencial de cortar os custos da fibra de

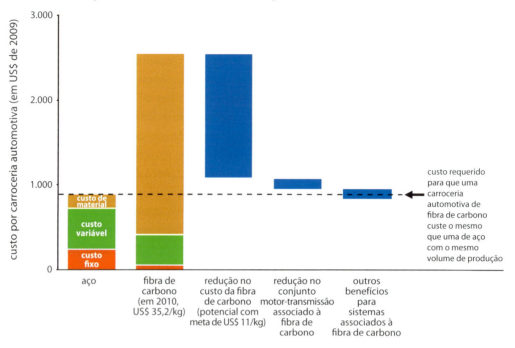

Fig. 2-8. A fabricação com compósitos pode cortar os custos fixos de produção de uma carroceria automotiva em 80% e seus custos variáveis e não materiais em 25%. As duas reduções são suplantadas atualmente pelos custos das matérias-primas, mas estes devem cair com o amadurecimento da indústria de compósitos e são parcialmente compensados por outros fatores (conforme descrito no texto).[65]

carbono em até 90%, igualando ou até ficando abaixo dos preços do aço numa comparação direta de dólar por quilo[64] – não que alguém compre automóveis por quilo...

Ultraleve, Mas Ultraforte

E o que dizer sobre a segurança de veículos baseados em compósitos? Até pouco tempo, a opinião dominante na indústria automobilística norte-americana era de que autos eficientes são pequenos, pouco seguros, desajeitados, caros ou, por qualquer outro motivo, tão indesejáveis que os consumidores só os adquiririam caso o governo o exigisse ou subsidiasse seu preço. No entanto, a física automotiva mostra que peso leve e eficiência podem, na verdade, significar autos mais espaçosos, seguros (ver texto em destaque "Segurança em Colisões com Compósitos"), mais atraentes e com custos competitivos. As pessoas vão comprar esses autos porque são melhores, não apenas porque são mais eficientes, assim como a maioria de nós passou dos discos de vinil para os CDs e depois para os iPods.

FACILITADOR REVOLUCIONÁRIO+ 3: CONJUNTOS ELÉTRICOS MOTOR-TRANSMISSÃO

Até agora, vimos os atraentes benefícios de se projetar autos com o menor peso possível, maximizando sua adequação veicular como um todo e mantendo ou aprimorando a segurança. Também identificamos um caminho para reduzir o custo de

SEGURANÇA EM COLISÕES COM COMPÓSITOS

A ideia de que a segurança exige peso deriva principalmente de estudos malfeitos conduzidos entre 1977 e 2004 pela National Highway Traffic Safety Administration (NHTSA), ou Secretaria Nacional de Segurança de Trânsito nas Estradas. Analisando colisões nos Estados Unidos, a NHTSA concluiu que tornar os autos 45 kg mais leves mataria de 400 a 1.300 norte-americanos a mais por ano.[66] Por isso, a NHTSA incentivou a produção de autos mais pesados, permitindo que fossem menos eficientes. Ao mesmo tempo, autos maiores ficaram mais populares e lucrativos, enquanto os materiais e as opções de projeto tornaram os autos grandes mais pesados. O efeito combinado foi uma frenética "corrida a armas de destruição em massa", na qual, tentando proteger seus filhos, você dirige um Expedition, seu vizinho, um Hummer, e o sujeito no final da rua dirige um caminhão com 18 rodas.

Mas a análise da NHTSA errou ao confundir peso com tamanho. Uma reanálise cuidadosa dos dados mostrou que tornar os autos 45 kg mais leves pouparia 1.500 vidas, pois o que aumenta a segurança em colisões não é o peso, mas o tamanho.[67] Os compradores estavam certos quanto ao fato de automóveis maiores serem mais seguros – eles têm mais espaço para a absorção de impactos. Mas autos maiores não precisam ser mais pesados. Desde então, a NHTSA passou a regulamentar automóveis pelo tamanho, e não pelo peso. A meta, explica Marc Ross, professor de física da University of Michigan, deveria ser tornar "veículos pesados mais leves (mas não menores) e (...) carros mais leves, maiores (mas não mais pesados)".[68] Portanto, podemos fazer automóveis grandes e também confortáveis e protegidos, sem torná-los mais pesados e, com isso, hostis e ineficientes. Desatrelando o tamanho do peso, materiais ultraleves podem poupar vidas, petróleo e dinheiro simultaneamente.[69]

Qualquer que seja o peso, usando quaisquer materiais, um projeto seguro é vital: é por isso que, dentre todos os carros que percorrem estradas nos Estados Unidos, os índices de mortes por colisões variam na ordem de três vezes entre diferentes modelos do mesmo peso. Mas materiais mais leves e mais fortes ampliam a oportunidade de projeto. O alumínio absorve duas vezes mais energia em colisões por quilo do que o aço, enquanto compósitos de fibra de carbono são até 6 vezes melhores do que o alumínio. A força desses materiais, combinada com o bom projeto, ajuda a explicar por que os pilotos de Fórmula Um costumam sofrer apenas ferimentos leves em horrendas colisões a 320 km/h. Ela também explica como os projetos da ORNL e da Hypercar reduziram o peso dos veículos pela metade sem reduzir a segurança. E explica por que o seu capacete esportivo provavelmente é feito de fibra de carbono, e não de aço.

Além disso, como parte de uma postura de projeto de folha em branco, a integração das mais recentes características ativas de segurança pode aumentar a segurança e permitir ainda mais reduções no peso. O livro do MIT *Reinventing the Automobile* [*Reinventando o Automóvel*] mostra como características baseadas na tecnologia *wireless* e em sensores eletrônicos pode ajudar a tornar os acidentes menos prováveis e menos severos, mesmo com autos menores.[70]

Uma frota de autos leves e bem projetados teria três aspectos seguros. Eles protegeriam melhor seus motoristas e passageiros. Eles causariam menos danos ao atingir veículos, estruturas ou pedestres, protegendo também melhor os outros. E protegeriam a todos contra os perigos de se comprar e queimar petróleo.

---

produção desses autos ultraleves, para que possam se constituir num exemplo empresarial convincente.

Contudo, ainda há uma carta de trunfo na mão. Embora a adequação veicular responda, por si só, por um terço da redução de combustível dos autos em 2050, ela permite – o que é ainda mais importante – o elemento essencial que finalmente nos livra do petróleo. Esse ingrediente final é a eletrificação do conjunto motor-transmissão, que gera uma redução adicional de 63% do consumo de combustível de 2050 (fig. 2-7).

Um motor elétrico movimenta as rodas e, ao mesmo tempo, age como gerador para converter movimento indesejado em eletricidade útil. Esse motor elétrico pode ser alimentado por bateria ou por células de combustível, ou pode ser fortalecido com um pequeno motor interno a combustível, como nos autos híbridos e híbridos de tomada. As baterias armazenam bem menos energia por quilo do que a gasolina, mas convertem-na em movimento com mais eficiência, ajudando a justificar seu custo superior.

Precisamos mesmo partir para a propulsão elétrica? Afinal, há várias inovações a caminho nos motores de combustão interna (MCIs) que podem aumentar a eficiência em até 50% (ver texto em detaque "Novas Tecnologias para Motores").

NOVAS TECNOLOGIAS PARA MOTORES

Na década de 1960, o gênio israelense da engenharia Eddie Sturman projetou válvulas controladas digitalmente para os enormes foguetes da NASA. A frugalidade da energia de suas válvulas ajudou a deficiente Apollo 13 a voltar à Terra. Agora, sua empresa no Colorado e seus principais colaboradores estão tentando revolucionar o motor a diesel, operando as válvulas com pequenos atuadores elétricos em vez de operar comandos de válvulas acionados mecanicamente.

O pistão de um motor a diesel comprime o ar num pesado cilindro de metal a pressões extremamente elevadas, tornando o ar tão quente que vaporiza e explode o óleo combustível injetado, empurrando o pistão que aciona um virabrequim. Os motores a diesel modernos em autos e caminhões conseguem eficiência máxima na faixa de 40%, contra a faixa de 30% de motores que não são movidos a diesel.

Velozes, pequenas, leves e baratas, as válvulas inovadoras de Sturman permitem uma injeção de combustível e de ar bem precisas com controle digital de ciclo fechado. Isso pode aumentar pela metade a eficiência de um motor a diesel (até em torno de 60%), aumentar o torque em mais da metade, tornando o motor pelo menos um terço menor e mais leve, mais de um décimo mais barato e capaz de queimar qualquer combustível de forma tão limpa que não necessitaria de equipamento de controle de emissão.

As válvulas digitais também permitem sequências incomuns de eventos. Que tal injetar primeiro o combustível no gás de exaustão residual, para que seja vaporizado e misturado gratuitamente, acrescentando depois o ar por uma válvula digital separada? Ou comutar o motor em funcionamento entre operações de duas, quatro, seis e oito ciclos? Ou, melhor ainda, como o pistão tem a menor alavancagem quando procura trazer o virabrequim do alto de seu curso, que tal eliminar o virabrequim? Simples: faça com que a parte de trás do pistão comprima diretamente um fluido hidráulico num recipiente separado, transformando depois essa pressão armazenada em trabalho mecânico exatamente quando necessário, e com a força necessária. Esse sistema, acredita Sturman, pode levar o motor a superar 60% de eficiência e oferecer muitas vantagens para motores de propulsão, bem como para motores estacionários.

Outra inovação brilhante para motores a se acompanhar é o projeto OPOC (Opposed Piston-Opposed Cylinder) – ou Pistões Opostos e Cilindros Opostos, desenvolvido para a DARPA (Defense Advanced Research Projects Agency) – ou Agência de Defesa de Projetos de Pesquisa Avançados, um instituto militar de pesquisas – para tornar bem leves e eficientes os geradores portáteis. O OPOC é muito compacto porque equilibra e integra as forças de dois pistões alinhados movendo-se em sentidos opostos. A Ecomotors International, comandada por Don Runkle (ex-diretor de engenharia avançada da GM), está comercializando o OPOC. A empresa afirma que seu motor é 30% mais leve, 75% menor e 50% mais eficiente do que os mais avançados motores a diesel turbinados. Ele não necessita de válvulas. Uma versão para gerar energia elétrica pode até eliminar o virabrequim usando pistões livres com magnetos, paredes de cilindros não magnéticas e bobinas de cobre envolventes.

Apesar de tais progressos, uma matemática simples mostra que a eletrificação é uma resposta melhor. Se a melhor tecnologia de MCI fosse combinada com um veículo 30% mais leve, os automóveis dos Estados Unidos ainda queimariam aproximadamente 6 bilhões de barris de biocombustíveis por dia (8,5 vezes a produção de 2010), excedendo em muito o fornecimento projetado de matéria-prima biológica imprópria para consumo humano (ver Bombeando Biocombustíveis, na p. 76). Esses biocombustíveis seriam mais bem usados pela aviação e por caminhões pesados, para os quais o motor elétrico não é uma opção viável.

A saga de JB Straubel reforça ainda mais as vantagens da propulsão elétrica. Depois de receber o título de engenheiro em Stanford, ele construiu um reformador de gasolina e uma célula de combustível (que funcionaram e não explodiram) e eletrificou o seu Porsche. Ele trabalhou com o pioneiro em aviões ultraleves Burt Rutan e depois projetou conjuntos de componentes de motor e transmissão para veículos híbridos na Rosen Motors. Quando o cofundador do Paypal e magnata dos foguetes espaciais comerciais Elon Musk decidiu construir um revolucionário carro a bateria elétrica, fundando a Tesla Motors no

Vale do Silício, Straubel foi a escolha perfeita para liderar o projeto.

Straubel já sabia que os motores elétricos são mais leves, menores, mais baratos, mais silenciosos, mais limpos, mais robustos e confiáveis, e várias vezes mais eficientes do que os modernos motores a combustível, além de permitirem uma aceleração espantosa. E a propulsão elétrica pode resgatar, para armazenamento e reutilização (aceleração do auto), até aproximadamente 70% da energia que de outro modo seria desperdiçada, como calor, pelos freios.

Os autos podem se valer plenamente dessas vantagens? A primeira tarefa de Straubel foi projetar uma bateria poderosa, mas economicamente viável. Ele comprou células de lítio usadas em aparelhos eletrônicos que se parecem com as pilhas AA – mas modelos um pouco mais antigos, para reduzir o custo. Ele imaginou como organizar 6.831 delas com segurança em pacotes chatos que agora a Tesla vende para outros fabricantes de au-

tos. Ele associou uma carroceria de Lotus leve e de baixo arrasto, com um motor avançado do tamanho de uma melancia e um inversor utilizado antes no carro elétrico EV-1, da GM. O resultado foi o Roadster EV, que custa US$ 109 mil para se comprar, mas menos de um centavo de dólar por milha (1,6 quilômetro) para andar – e sua aceleração é semelhante à dos mais velozes carros esporte do mundo.

Mas surgiu um problema: a caixa de câmbio original do carro, com duas marchas, vivia quebrando. Dois fornecedores de alto nível não conseguiram atender às especificações de aceleração e de velocidade máxima. A solução inovadora de Straubel: eliminar a caixa de câmbio e deixar seus engenheiros elétricos resolverem o problema, extraindo mais torque do motor elétrico e ajudando-o a liberar calor de forma mais adequada. O resultado foi um ganho de 40 hp, um alcance de 16 km extras, 6 kg a menos, menos ruído e manutenção, e menores custos de garantia e de fabricação.

CURVAS DE APRENDIZADO DE MOTORES-TRANSMISSÃO ELÉTRICOS

Nossas curvas de aprendizado de custo de fabricação para baterias e sistemas de células de combustíveis estão baseadas num estudo do MIT feito em 2007 sobre conjuntos elétricos de componentes de motor-transmissão (Kromer e Heywood, 2007) e apoiadas em fartos dados da indústria.[71] A redução de custo é bem acentuada para os primeiros 500 mil veículos, sustentando uma rápida passagem para volumes maiores.

De forma análoga, as baterias de lítio ficam mais baratas quanto mais são fabricadas, mas a ciência e a tecnologia por trás das baterias movem-se menos pelos novos mercados automotivos do que pela disposição dos compradores de produtos eletrônicos para pagar um custo extra a fim de obterem maior tempo de operação com baterias menores. Para obter uma vantagem no mercado, os fabricantes de produtos eletrônicos pagam aos fornecedores o dobro do preço por uma bateria que produz a mesma energia com metade do volume. O incentivo do fabricante de baterias é ainda maior porque essa inovação costuma vender duas vezes mais, quadruplicando

a receita. As baterias para a propulsão de autos têm requisitos bem diferentes (duração e profundidade do ciclo, temperatura, robustez, segurança etc.), mas fundamentalmente são compostas de muitas baterias pequenas. Com o tempo, as inovações básicas nas baterias, motivadas pelo mercado de produtos eletrônicos, tendem a se transferir de telefones e laptops para autos.

Boa parte do esforço governamental se dirige agora à redução no preço das baterias, sendo que, antes, visava tornar mais baratas as células de combustível veiculares. Mas o esforço de investimento em P&D para a adequação de veículos (que ficou cem vezes menor nos orçamentos de pesquisa dos Estados Unidos até 2010) vai produzir o mesmo resultado com menos custo, tempo e risco. Em primeiro lugar, reduzir o número de baterias (veículos adequados precisam de duas a três vezes menos energia por quilômetro) torna-as mais viáveis; isso aumenta as vendas de autos elétricos; esse volume torna as baterias mais baratas. Baterias menores e mais baratas ganham o prêmio.

Essa história fornece uma lição importante para os fabricantes de automóveis. O mundo da eletrônica de energia, de microchips, de software e de integração de sistemas está num estágio bem mais incipiente do que os projetos de motores e engrenagens, que já contam mais de 120 anos, e por isso fornece muito mais espaço para inovação, redimensionamento e redução de custos (ver o texto em destaque "Curvas de Aprendizado de Motores-Transmissão Elétricos"). Sistemas de tração elétrica de geração precoce e baixo volume podem concorrer *hoje* com sistemas mecânicos que passaram pela maioria de reduções potenciais de custos há décadas. Imagine aonde a tração elétrica irá chegar com maior experiência e volume superior. E a vantagem pode ir facilmente tanto para empresas menores e mais ágeis quanto para as maiores e mais ricas.

Ao contrário do que dizem relatos recentes, a eletrificação não será limitada por materiais críticos (ver o texto em destaque "O Enigma das Terras Raras"); na verdade, há nela vibrantes oportunidades de negócios para substituir elementos escassos e para usá-los de maneira mais produtiva, durável e recuperável.

A Transição para Autos Revolucionários+

Como vimos até agora, os ganhos incrementais de eficiência podem se aplicar a qualquer auto. A verdadeira magia automotiva – e a melhor esperança para a eliminação do petróleo – acontece quando a tração elétrica se combina com a adequação veicular Revolucionária, tornando qualquer motor-transmissão avançado mais acessível e proporcionando a autonomia que os compradores costumam esperar. Bem, e qual é a melhor maneira de os fabricantes de autos fazerem essa transição para veículos Revolucionários+? Fabricar

---

O ENIGMA DAS TERRAS RARAS: OS MATERIAIS CRÍTICOS PARA VEÍCULOS ELÉTRICOS ESTÃO REALMENTE EM FALTA?

Ultimamente, muito se tem escrito sobre a suposta escassez de materiais críticos para veículos elétricos (e para energia renovável, e até eficiência energética), notadamente elementos de "terras raras". O U.S. Department of Energy (DOE) [Departamento de Energia dos Estados Unidos] formou um grupo especial para examinar esses problemas, embora o Pentágono tenha achado que não sejam importantes para a segurança nacional. Examinando a questão mais de perto, esses problemas críticos com materiais não são prováveis, especialmente para autos.[72] (Em 2010, o U.S. Geological Survey [USGS] [Departamento de Análise Geológica dos Estados Unidos] disse que o país possui depósitos de terras raras suficientes para 1.300 anos.[73])

O lítio, atualmente o melhor material para baterias, é relativamente abundante e prontamente recuperável de baterias usadas, assim como 97% do chumbo nas baterias automotivas atuais é recuperado e reutilizado: você precisa entregar sua bateria antiga para comprar uma nova ou resgatar um depósito. Elementos de terras raras como o neodímio, extraídos principalmente na China e atualmente no meio de

uma bolha de mercado[74] incentivada por corretores de ações, fazem parte dos magnetos superfortes e recuperáveis de certos motores elétricos e geradores compactos e poderosos: o motor principal do Prius contém quase 230 g de neodímio e disprósio, e o mundo produz cerca de 50 mil toneladas de tais magnetos por ano. (Outro elemento mais comum de terra rara, o lantânio, está presente em baterias de níquel-metal-hidreto, mas praticamente todos os fabricantes de autos, inclusive a Toyota, passaram a usar baterias mais leves de lítio.) No entanto, não há necessidade nem bom motivo para usar motores com magnetos permanentes. Motores a indução (assíncronos) como os da Tesla não têm magnetos, assim como os motores de relutância chaveada, que são iguais ou melhores que os de magneto permanente em todos os aspectos, inclusive no custo.[75] E, naturalmente, a necessidade de uso de todos esses materiais especiais ainda é pequena – tanto antes dos autos Revolucionários+, pois o custo da eletrificação limita seriamente seu mercado, como depois, porque suas cargas tratoras e seus motores-transmissão são duas ou três vezes menores.

esses projetos em escala é a próxima etapa, e a mais difícil, coisa que nenhum fabricante de autos tentou fazer até agora.

Porém, como acontece com qualquer tecnologia inovadora, há os "primeiros a se mexer", que já deram início à transição. Alguns começam com uma fase de substituição, na qual algumas partes padronizadas num modelo de auto já existente são substituídas por partes em compósito, mais leves, permitindo ao fabricante formar uma base de análise e projeto para compósitos enquanto desenha a linha de fornecimento de matérias-primas e avança na ferramentaria. Isso permite progressos nos quatro elementos da inovação automotiva – fábrica, pessoal, produto e processo – com velocidade adequada, mas não em todos de uma vez, o que criaria risco indevido.

A experiência obtida pode ser aplicada à fabricação de um projeto integrador totalmente novo, a partir de uma folha em branco, que tira proveito pleno de materiais avançados. A BMW, por exemplo, anunciou em 2010 um investimento de US$ 748 milhões para a produção em massa daquele que descreveram como "o primeiro veículo produzido em massa com uma célula de passageiros feita de carbono" (fig. 2-9) – e, em 2011, confirmou que "A bateria menor, adequada para um carro mais leve, compensa o custo da carroceria em fibra de carbono".[76]

A Audi anunciou a produção de um automóvel elétrico em fibra de carbono para 2012, um ano antes dos lançamentos da VW e da BMW. Presume-se que essas três empresas estejam contando com fortes vendas iniciais para pessoas

Fig. 2-9. Versão preliminar, de julho de 2011, do BMW i3 (originalmente, Megacity), um carro a bateria elétrica de carbono e alumínio anunciado em 2010 para produção em massa em 2013 – mesmo ano do lançamento do XL-1 da VW (fig. 2-6). O *hatchback* urbano da BMW, com piso plano, quatro lugares e com 1.250 kg, é ágil, compacto, arejado e espaçoso. Sua autonomia é de aproximadamente 160 km sem o "REx", um motor a gasolina que estende a autonomia e é tão pequeno que cabe ao lado do motor elétrico sobre o eixo traseiro. O motor elétrico de 170 hp gera 249 Nm a partir do zero e acelera de 0 a 100 km/h em 7,9 segundos, rivalizando com o BMW 120i, embora a velocidade máxima seja limitada a 150 km/h. A célula de passageiros de fibra de carbono, com painéis externos de plástico substituíveis, resiste melhor a colisões e é mais durável do que o aço, porém, com metade do peso. Segundo se diz, a produção inicial prevista é de 30 mil unidades ao ano, mas poderá ser aumentada rapidamente.

que adotem precocemente novas tecnologias para aumentar sua participação no mercado quando este se expandir, e os lucros advindos de tecnologias que se reforçam mutuamente tornarem esses modelos mais acessíveis. Há ainda sinais de que a indústria automobilística japonesa tem projetos ultraleves significativos a caminho, embora ainda estejam velados.

Até agora, esses precursores – Audi, BMW, Volkswagen e Toyota – têm buscado os benefícios acumulados do alívio de peso com a eletrificação. Mas e se introduzirmos a eletrificação *antes* da adequação total dos veículos? O Volt da Chevrolet e o Leaf da Nissan fizeram exatamente isso, sendo pioneiros na emergente tecnologia de fabricação de conjunto de componentes de motor e transmissão em 2010. O Volt, um híbrido de tomada de porte médio, roda 56 km com energia elétrica antes de um motor a gasolina ser acionado, gerando eletricidade suficiente para levá-lo adiante por mais de 480 km com uma única carga. Mas ele pesa 1.715 kg. O Leaf, um veículo de porte médio a bateria elétrica, faz 117 km com uma carga, o equivalente a 42 km/l, mas também é relativamente pesado, com 1.527 kg. Enquanto isso, a Honda, com longa tradição na redução de peso, rompeu barreiras com seu carro FCX Clarity movido a célula de combustível – mas pesa 1.625 kg.

Esses carros já são impressionantes. Mas creio que seriam muito mais espantosos se tivessem a metade ou um terço de seu peso, caso seus fabricantes investissem também em materiais avançados e projetos a partir de folhas em branco para transformá-los em veículos Revolucionários+. Por exemplo, a van comercial da Bright Automotive, com consumo nominal de 34 km/l (fig. 2-10), usa bastante alumínio, mas pesa menos, com uma tonelada de carga, do que seus concorrentes sem carga. Mesmo esse ganho parcial em adequação eliminou 40% das onerosas baterias necessárias para torná-lo um híbrido de tomada. Esse fato, por sua vez, tornou a ideia convincente para os compradores de frotas (que avaliam o consumo num prazo mais longo do que o consumidor individual de autos), sem o subsídio que todos os outros híbridos de tomada necessitam atualmente. Uma futura versão em fibra de carbono para o mercado em geral poderia atrair consumidores individuais.

Aliviar o peso de veículos elétricos pode custar mais para materiais estruturais, mas menos para baterias. Um Nissan Leaf adequado, por exemplo, poderia economizar US$ 3 mil em custos de bateria para a mesma autonomia e reduzir o tempo de carga numa tomada residencial comum, de 20 para pouco mais de 13 horas; ou poderia manter o atual conjunto de baterias e aumentar a autonomia em 50%. Uma adequação revolucionária poderia, do mesmo modo, estender a autonomia ou reduzir o preço de veículos elétricos com célula de combustível, como o FCX Clarity da Honda.

Fabricantes de autos experientes e que foram pioneiros estão interessados principalmente numa transição prudente de produção, para reduzir os riscos e minimizar as perdas de investimentos em equipamentos e ferramentas. Mas empresas novas, como a Tesla e seus concorrentes asiáticos que emergem rapidamente (ver o texto em destaque "Novos Concorrentes Asiáticos"), podem adotar a mais recente tecnologia de fabricação desde o início. Contudo, aqueles que estão começando enfrentam suas próprias barreiras, principalmente ligadas à economia de escala. Eles começam com pequenos volumes de produção não para minimizar o risco, mas por causa da capacidade limitada e de elevadas barreiras de entrada no mercado. Como os fabricantes estabelecidos, inicialmente eles vendem para um mercado de desbravadores que estão dispostos a pagar pela nova tecnologia, esperando depois descer as curvas de aprendizado, cortar preços e ampliar as vendas.

Mas ser um pioneiro é a única forma de conseguir uma fatia desse mercado emergente? Não se

Fig. 2-10. A Bright Automotive – uma empresa saída em 2009 do RMI que, em 2010, iniciou uma parceria estratégica com a General Motors – mostrou em 2009 um protótipo funcional desta van comercial para serviços e entregas, o Bright IDEA, com uma economia de combustível entre 3 e 12 vezes maior em função do ciclo de condução. Ela transporta 5 metros cúbicos de carga, duas pessoas e seu escritório rebatível no assento dianteiro, e tem autonomia de 48 km se movida apenas por eletricidade ou 692 km no total, fazendo 42,5 km/l numa rota urbana de 80 km/dia. O segmento desse veículo responde por 7% das vendas de autos nos Estados Unidos, mas usa cerca de 20% de seu combustível.

os seguidores forem ágeis. "Seguidores rápidos" sabem que geralmente "os pioneiros pegam as flechas e os seguidores pegam as terras". Eles acreditam que possa haver pouca vantagem em propriedade intelectual para os primeiros a agir, pois a inovação na fabricação pode estar na cadeia de fornecimento, e por isso todos os concorrentes iriam, em última análise, pagar para obter a licença. Do contrário – se os próprios pioneiros possuíssem a propriedade intelectual –, os seguidores rápidos acreditariam que a licença poderia ser obtida por um custo acessível a eles. Em qualquer hipótese, a estratégia consiste em depreciar o valor da marca de seus concorrentes pioneiros começando num ponto posterior da curva de aprendizado e ligando-se a uma cadeia de fornecimento cada vez mais comoditizada, com a ajuda eventual de uma melhor compreensão do mercado.

Seja um pioneiro, seja um seguidor rápido, um fabricante estabelecido ou um iniciante, a primeira e mais importante medida consiste em estabelecer a meta *projetando* um veículo ultraleve que tire pleno proveito de materiais avançados para possibilitar a adoção de conjunto de componentes de motor e transmissão menor e mais barato. Quanto antes, melhor: um projeto integrador pode exigir importantes mudanças organizacionais, o que não é fácil de se fazer. Aqueles que têm um projeto Revolucionário+ estabelecido estarão mais bem posicionados para produzi-lo rapidamente, seja para conquistar, seja para defender uma fatia do mercado.

NOVOS CONCORRENTES ASIÁTICOS

O fenômeno californiano de engenheiros sagazes, famintos e desconhecidos fuçando em suas garagens – idealizando a próxima Apple, HP ou Xerox – ainda existe, mas agora ocorre no mundo todo, de Shenzhen a Bangalore e de São Paulo a São Petersburgo.

Apesar dos diversos desafios da China, sua indústria é dinâmica, capaz e apoiada por um capital estatal quase ilimitado e uma política central determinada. A fabricação de automóveis é hoje um pilar da estratégia de crescimento do país. A mesma intensidade e o mesmo ímpeto que criaram a maior explosão na área da construção que o mundo já viu a fim de atender a uma população de 1,4 bilhão de pessoas – cada vez mais rica e urbanizada – estão se associando à aversão dos líderes chineses pela armadilha do petróleo, ao comprometimento com autos elétricos e com células de combustível, ao forte interesse por materiais leves e avançados, e à meta estratégica de se tornar um formidável exportador de veículos avançados. A China planeja construir uma fábrica de fibra de carbono tão grande quanto a Toray, a maior empresa do segmento no mundo. Em 2010, a China tornou-se o maior fabricante e comprador de autos; Zhejiang Geely comprou a Volvo; e a GM vendeu metade de suas operações na Índia para seu sócio chinês, a Shanghai Automotive, com 51%, que agora vai investir na expansão da GM na Índia. O mercado automobilístico chinês, que cresceu sete vezes entre 2000 e 2009, mostra poucos sinais de declínio. E o padrão de transformar em concorrentes as parcerias com o Ocidente, bem como de investir em ferrovias de alta velocidade e turbinas eólicas, pode se repetir com veículos rodoviários, especialmente os leves e elétricos.[77] Como o jornalista Thomas L. Friedman disse recentemente a uma plateia norte-americana, "a má notícia é que vamos comprar tudo isso da China; a boa notícia é que vai custar menos do que um par de tênis". Quanto mais a China exerce seu poder de mercado, potencialmente vasto, mais depressa vai conduzir – até liderar – a transformação automotiva global.

A Índia é outra força emergente no mercado automotivo mundial. Conglomerados capazes e agressivos como Mahindra e Tata já embolsaram a Land Rover e a Jaguar. Em 2009, a Tata lançou o Nano, um carro familiar razoável de quatro lugares e mais eficiente do que um Prius, com um preço, no final de 2010, de US$ 2.900 – menos da metade do Figo, o *hatchback* subcompacto de quatro lugares da Ford, vendido a US$ 7.700. Ele está repleto de "engenharia Gandhiana", inteligente e muito frugal. A qualidade indiana melhorou, no mínimo, tão depressa quanto a coreana: há sete anos, a Tata exportou 20 mil carros para a Inglaterra com a marca MG Rover. O mercado automobilístico da Índia em 2009 ainda era um sexto do mercado chinês, mas cresce rapidamente. A população indiana, 1,2 bilhão de pessoas, incluindo uma elite instruída tão populosa quanto a França, tem um vasto potencial para inovação e já transformou indústrias que vão de próteses a software. A Índia ainda está atrás da China em desenvolvimento global e política central coerente, mas o país poderia estar à frente da China em outros fatores institucionais importantes. Será uma corrida legal – isso sem falar do Brasil, da Coreia, talvez da Rússia e de outros países.

O Papel Facilitador das Novas Políticas

O nirvana dos autos que usam pouca ou nenhuma gasolina está em vista. Tecnologias que se reforçam mutuamente, economias de escala e inovação na manufatura, tanto em matérias-primas quanto em produtos acabados, tornarão acessíveis os autos Revolucionários+; a questão é quando. Em 2030, tanto veículos elétricos a bateria como a célula de combustível ainda teriam preços alguns milhares de dólares superiores aos dos projetos da Energy Information Administration para modelos construídos fazendo-como-sempre-fizemos, mas seu preço superior seria mais do que compensado pela economia em combustíveis ao longo de três anos. Por volta de 2050, baterias ainda mais baratas e células de combustível vão reduzir o preço dos veículos para US$ 29 mil – cerca de US$ 500 mais caros do que autos convencionais (fig. 2-11). Atraentes, seguros, esportivos, econômicos e bastante acessíveis, esses autos devem sair voando dos *showrooms*.

Mas isso ainda deixa um imenso problema. Como iniciar rapidamente hoje o desenvolvimento de veículos Revolucionários+ para que seus preços estejam em níveis economicamente atraentes em 2030? Seu preço inicial seria tão elevado que só seriam vendidos para uma fatia sofisticada do mercado de usuários pioneiros.

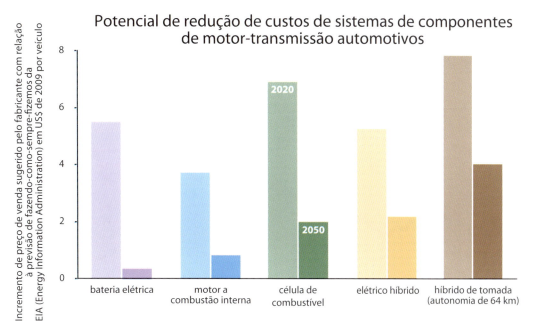

Fig. 2-11. Por volta de 2050, o preço de venda de veículos Revolucionários, em comparação com a projeção da EIA para autos convencionais, deverá cair drasticamente.[78]

Felizmente, há meios de assegurar a ampla adoção de autos Revolucionários+ por volta de 2050. Políticas inteligentes podem ativar e acelerar essa transição, mudando os sinalizadores de preços dos compradores para favorecer veículos com tecnologia avançada e acelerando as modificações em ferramentaria para que isso ocorra. Políticas leves, não fiscais – mais recentes e eficientes do que impostos sobre combustíveis ou padrões CAFE –, podem aumentar a inovação e acelerar as modificações em ferramentas ainda mais do que os padrões, sem apontar vencedores em tecnologia, forçar soluções específicas ou elevar subsídios ou impostos. Depois, o governo pode conduzir a transição enquanto a livre iniciativa rema. Para atravessar a linha de chegada, um ajuste precisa ser feito no remo com um singular efeito estratégico: o "feebate".*

---

* Mescla, em inglês, das palavras *fee* – "taxa" – e *bate* – de "rebate", ou devolução de parte do preço. (N.T.)

FEEBATES

Os *feebates* tornam os autos eficientes mais baratos e os ineficientes mais caros.[79] Compre um "beberrão" e você pagará um preço adicional de imediato, que será tanto maior quanto menor for a economia de combustível. Mas escolha um carro que consome pouco e você terá um desconto custeado pelos preços adicionais dos outros: quanto mais eficiente for o auto, maior será o desconto. É importante frisar que isso não é um esquema de transferência de riqueza. Os *feebates* proporcionam aos compradores um incentivo para comprarem o que é bom para eles mesmos e para a sociedade – automóveis eficientes – e menos coisas ruins – automóveis ineficientes. Também não é um imposto: escolha um modelo eficiente e ganhe um desconto na hora. O que vai para o Tesouro (a Receita Federal norte-americana) não muda. E o estabelecimento de *feebates* separados para cada classe de tamanho o

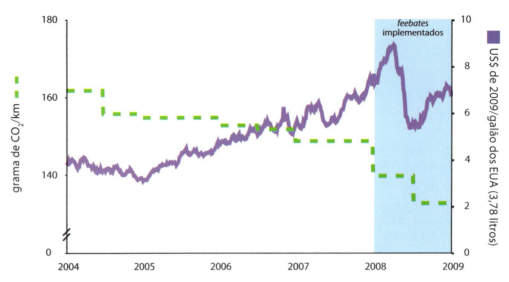

Fig. 2-12. Os *feebates* da França, espetacularmente bem-sucedidos, triplicaram a velocidade dos ganhos de eficiência em autos, mesmo quando os preços de combustível eram baixos. Os detalhes foram ajustados anualmente. Outros programas de *feebate* foram bem-sucedidos na Dinamarca, na Noruega, na Holanda e na Áustria.[80]

recompensará por comprar um modelo mais eficiente do tamanho que você quer.

Os *feebates* são um poderoso sinalizador de preços que influenciam as decisões de compra de autos no momento em que são tomadas. Os *feebates* também são um incentivo constante para que os fabricantes de autos mantenham as inovações. Em contraste, os padrões governamentais podem estagnar durante décadas, sem dar aos fabricantes qualquer incentivo para melhorar os padrões, enquanto o preço da gasolina atinge picos apenas temporariamente e muda imprevisivelmente as preferências dos consumidores.

Os *feebates* funcionam. O programa maior, na França, teve início em 2008. Ele acresce até € 2.600 ou desconta até € 1.000 entre sete classes de eficiência de autos. O resultado? A fatia de mercado dos modelos mais eficientes praticamente dobrou. A fatia de mercado dos "beberrões" caiu três vezes. Enquanto os impostos elevados para combustíveis e os padrões de CO_2 também ajudaram, os *feebates* triplicaram a velocidade dos ganhos em eficiência, ao longo de períodos tanto de preços altos como baixos de combustível. Países com altos impostos de combustíveis e padrões severos para o CO_2, mas sem *feebates*, não tiveram as mesmas mudanças, nem conseguiram a mesma taxa de redução de emissão de carbono. O programa francês foi um sucesso tão estrondoso que os descontos foram bem maiores do que os acréscimos, somando um déficit de € 710 milhões em 2010. Um projeto de receita neutra, ajustado todos os anos, evitaria tais déficits.

Os *feebates* dos Estados Unidos são politicamente viáveis? Os murmúrios nos corredores de Washington dizem que não, mas as evidências dizem que sim. Se uma lei federal sobre *feebates* (introduzida em 2009) não tivesse sido aprovada,

Estados ou regiões poderiam preencher a lacuna: a Califórnia e seus 16 Estados parceiros em eficiência automotiva representam dois quintos do mercado automobilístico dos EUA, o suficiente para fazer virar todo o mercado. A assembleia legislativa da Califórnia aprovou um *feebate* com margem de sete para um em 1980 (embora o governador em fim de mandato, George Deukmejian, tenha vetado a lei porque os fabricantes de automóveis, que não tinham devidamente se envolvido em sua redação, estavam indecisos ou divididos). Agora o Estado está considerando novamente um *feebate*, e uma pesquisa politicamente equilibrada, realizada no final de 2009 junto a 3 mil lares californianos, revelou um apoio de 76%.[81] Alguns fabricantes também acreditam que *feebates* bem idealizados os ajudariam a ganhar mais dinheiro com menos risco, acelerando a inovação. Os revendedores poderiam apoiar os *feebates* para aumentar vendas e margens. Esse apoio da indústria, somado a fatores de segurança nacional e ambientais, pode ser politicamente poderoso.

Bem, e o que os *feebates* podem conseguir? Descontos maiores e nenhum acréscimo – totalizando talvez até de US$ 4 mil a US$ 5 mil por auto, comparáveis aos descontos que os fabricantes davam para os SUVs em meados da década de 2000, e menores do que o atual crédito de US$ 7.500 para veículos elétricos – provocariam um ciclo virtuoso. As pessoas comprariam autos Revolucionários+ suficientes para impelir os fabricantes pela descendente das três curvas de aprendizado que se reforçam mutuamente e que, juntas, podem chegar a devolver o valor adicional em três

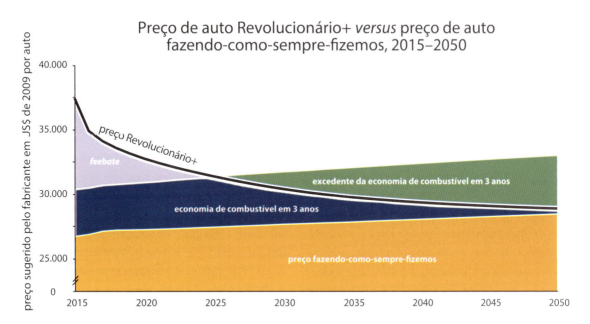

Fig. 2-13. O custo total de propriedade dos três primeiros anos[82] começa mais alto para autos Revolucionários+. Um *feebate* inicial com receita neutra cobre a diferença adicional à medida que o custo inicial cai com o volume de produção. Por volta de 2030, a economia de combustível repagará essa diferença em três anos, tornando desnecessário o *feebate*. Pouco depois, os autos poderão criar um excedente social totalizando US$ 2 trilhões em valor líquido presente de 2010 (presumindo os preços da gasolina segundo as previsões governamentais). A curva para autos com célula de combustível é bem parecida, com apenas alguns anos de retardo com relação aos autos elétricos a bateria mostrados aqui.[83]

anos ou menos antes de 2030 (fig. 2-13). Os *feebates* podem até ser condicionados à eletrificação a fim de acelerar a jornada para além do petróleo, substituindo créditos em impostos federais por *feebates* autofinanciáveis e eliminando os atuais e perversos incentivos que privilegiam baterias grandes em vez de autos mais adequados.

Com isso, os automóveis ficariam rapidamente mais baratos, acelerando ainda mais o seu sucesso, o que estimularia mais inovação e proporcionaria preços ainda mais baixos. Como resultado, os *feebates* poderiam ser eliminados inteiramente por volta de 2030, quando os autos Revolucionários+ se pagariam em cerca de três anos em termos de combustíveis. Outras melhorias iriam se seguir, reduzindo em 84% a necessidade de combustível para mobilidade por volta de 2050.

Poderíamos fazer algo ainda melhor? Além dos *feebates*, há diversas ideias inteligentes que podem reduzir ainda mais o custo inicial mais elevado dos autos Revolucionários+, o que, por sua vez, aceleraria as alterações nas ferramentas dos fabricantes para produzi-los, atingindo seus objetivos mais cedo.

Aquisições de Frotas

Frotas, inclusive frotas de aluguel, empregam cerca de 7% dos carros e caminhões leves nos Estados Unidos, dirigem seus veículos cerca de duas vezes mais do que proprietários particulares e os revendem cerca de duas vezes mais depressa, motivos pelos quais podem influenciar fortemente todo o mercado automotivo. Se governos ou proprietários de grandes frotas, talvez incentivados por *feebates*, comprassem os mais eficientes veículos disponíveis que são econômicos com base no seu ciclo de vida (como regulamentos federais exigem), esse investimento poderia acelerar as curvas de aprendizado, reduzindo rapidamente os custos de todos.

Isso seria uma dádiva para os fabricantes, pois as frotas têm muito poder de compra. Apenas três funcionários da Administração Geral de Serviços, do Departamento de Defesa e do Serviço Postal, todos dos Estados Unidos, controlam juntos mais de 650 mil autos e compram perto de 70 mil anualmente.[84] Se pudessem se comprometer com aquisições futuras de autos muito eficientes e todas as frotas comerciais os acompanhassem, isso iria reduzir muito o risco dos fabricantes e acelerar a preparação para os autos Revolucionários+.[85] E quando os grandes compradores estivessem preparados para se comprometer com compras segundo certas especificações e determinados preços, um comprovado programa de "cenoura de ouro" que compartilhasse essa intenção com os fabricantes iria incentivá-los a oferecer esses veículos sem que tivessem de se preocupar se terão ou não clientes na hora certa.

Atualmente, a frota de táxis da cidade de Nova York tem um terço de veículos híbridos elétricos. O plano do prefeito Bloomberg de obrigar toda a frota a se converter para híbridos foi rechaçado pela Suprema Corte porque as prefeituras não têm jurisdição sobre emissões e eficiência – só Washington tem. Estão sendo feitos esforços para rever a lei federal na qual essa determinação se baseia, para que prefeitos possam promulgar leis que melhorem a emissão e a eficiência. Enquanto isso, porém, sem a legislação federal, eles podem adotar políticas que influenciem razoavelmente (mas não obriguem) as escolhas das frotas – como, por exemplo, focalizando o custo do ciclo de vida para minimizar as tarifas dos táxis.[86] Cidades e Estados têm a liberdade de ordenar mudanças nas frotas públicas, e por isso, em 2004, o governador de Massachusetts Mitt Romney encomendou 5.600 híbridos para uso estadual e ordenou que as agências estaduais comprassem veículos com um consumo estimado de 8,5 km/l ou superior.

Dinheiro por Latas-Velhas

Outra abordagem: acelerar a aposentadoria de veículos velhos e ineficientes para economizar petróleo e acelerar o giro do estoque automotivo. Um exemplo recente é uma lei apelidada de "dinheiro por latas-velhas", a Consumer Assistance to Recycle and Save (CARS), ou Assistência ao Consumidor para Reciclar e Economizar, de 2009. A CARS tirou quase 700 mil "latas-velhas" das ruas e substituiu-as com um ganho médio inesperadamente elevado de 3,87 km/l. Os US$ 3 bilhões alocados foram empregados provavelmente na primeira semana do programa, que elevou o PIB de US$ 3,8 bilhões para US$ 6,8 bilhões e criou ou salvou 60 mil empregos. O programa poderia ter sido aprimorado atrelando o tamanho do bônus ao ganho de eficiência; pagando pelos carros velhos sem exigir a compra de um novo; incentivando a carona solidária e outras formas de mobilidade; e financiando a compra de autos eficientes para americanos de baixa renda, para que pudessem ir dirigindo ao trabalho. Tornar acessíveis autos eficientes para essas famílias, em combinação com o sucateamento acelerado de autos ineficientes, ofereceria a Detroit um novo mercado de um milhão de autos por ano entre consumidores que, de outro modo, não conseguiriam comprar um carro novo.[87]

Financiamento Governamental Acessível

Já existe um longo e bem-sucedido histórico de emprego de dólares federais para dar início a projetos inovadores e a novas indústrias, desde microchips ao GPS (Global Positioning System). Agora, os dólares dos contribuintes poderiam ser emprestados para os fabricantes, com as medidas e

---

TRÊS DESVANTAGENS IMPOSTAS AOS FABRICANTES DE AUTOS DOS ESTADOS UNIDOS

Os "Três Grandes" da indústria automobilística, além de fazerem parte de uma indústria intrinsecamente competitiva,[89] trabalham com três desvantagens impostas por políticas públicas e pela política nacional. Primeiro: os padrões e as ofertas de eficiência dos autos dos Estados Unidos ainda ficam abaixo dos padrões de outros países. Dez países importantes produzem autos mais eficientes do que os americanos feitos hoje em dia, numa média de 30%, e planejam manter-se à frente. O novo padrão de 23,2 km/l dos EUA para 2025 é um sexto mais fraco do que o da Europa para 2020, e pode ser suplantado novamente — até pela China, cujos padrões atuais desaprovam a maioria dos SUVs norte-americanos.

Segundo: historicamente, a gasolina barata fazia dos Estados Unidos o único país fabricante de autos no qual carros ineficientes podiam ser abastecidos de forma acessível. Os autos europeus são cerca de 30% mais eficientes, e, conduzidos, 60% mais ou menos *per capita*,[90] não porque seus proprietários sejam mais capazes, mas principalmente porque lá um litro tem impostos que fazem a gasolina custar entre US$ 1,6 e US$ 2,4, e não US$ 0,53 a US$ 1,06. Isso afeta o projeto dos autos. Economizar um quilo de peso passando do aço para o alumínio custa cerca de US$ 2,2, e economiza em torno de 8 litros de gasolina ao longo de doze anos de uso; logo, se esses 8 litros valem, digamos, US$ 6,3, o peso menor se paga em quatro anos — mais tempo do que a maioria dos compradores deseja. A gasolina doméstica anormalmente barata com que os fabricantes norte-americanos contam torna os compradores domésticos menos ansiosos do que os estrangeiros para adquirir autos eficientes. Esse descompasso entre as preferências do mercado doméstico e do internacional é uma fraqueza competitiva numa indústria global.

Terceiro: a política federal travada não ajudou. Há mais de duas décadas as empresas petrolíferas têm pedido padrões de eficiência mais rigorosos, e os fabricantes, impostos mais altos para a gasolina. Muitos ambientalistas querem as duas coisas; muitos políticos não querem nenhuma delas. Esses *lobbies* titânicos se enfrentaram num impasse debilitador até que um breve interlúdio de coerência nas políticas federais e uma onda de reformas, quando os fabricantes de autos avaliaram o desastre em 2008-2009, romperam o impasse. Contudo, agora o mesmo conflito entre expectativas do mercado doméstico e do estrangeiro para essa indústria global está sendo reencenado na política climática.

salvaguardas apropriadas, para converter ou construir sua capacidade de produção e treinar os trabalhadores para produzir veículos Revolucionários+, como já tem sido feito para melhorar a eficiência dos autos comuns.[88]

Concursos com Prêmios

Lindbergh atravessou o Atlântico para ganhar um prêmio. A longitude tornou-se mensurável por causa de um prêmio. O prêmio Progressive Automotive X Prize de US$ 10 milhões motivou equipes particulares a construir carros seguros e com preço acessível, com dois e quatro lugares, que conseguissem pelo menos o equivalente a 42,5 km/l e autonomia de 320 km. Prêmios futuros, particulares ou públicos, poderiam ser maiores e baseados no número de autos vendidos. Todas essas políticas têm o mesmo efeito: incentivando a demanda, assegurando as compras ou financiando o desenvolvimento, elas ajudam os fabricantes a diluir o custo de produção e a reduzir o risco de vendas de novos veículos supereficientes.

Modernizando Antigas Políticas que Limitam os Fabricantes Norte-Americanos

Finalmente, para competir de forma justa e plena nos concorridos mercados globais, os fabricantes e fornecedores dos Estados Unidos precisam não só dessas novas medidas, mas também de mudanças em algumas políticas antigas (ver o texto em destaque "Três Desvantagens Impostas aos Fabricantes de Autos dos Estados Unidos") que tornam os seguidores rápidos mais arriscados para eles do que para seus concorrentes. Eles são suficientemente talentosos para superarem esse risco com esforços extraordinários – mas por que tornar seu caminho tão mais árduo?

Os Riscos e as Recompensas

Em toda a cadeia de valores, desde os fornecedores até os fabricantes e as revendedoras (ver o texto em destaque "Implicações para as Revendedoras"), está emergindo uma nova estratégia automotiva: (1) Usar *feebates* para superar as barreiras do preço inicial, introduzir rapidamente a adequação dos veículos Revolucionários e usá-la para facilitar a eletrificação. Esses autos Revolucionários+ integram bem três tecnologias que mudam o jogo: materiais ultraleves avançados, sua rápida manufatura estrutural e conjuntos elétricos de componentes de motor-transmissão. (2) Impelir e explorar os custos em rápido declínio dessas três tecnologias para acumular volume, conquistar mercado e cortar ainda mais os custos. Enquanto os fabricantes tradicionais estão extraindo centavos das curvas de aprendizado quase planas de estamparias e de motores de aço com cem anos, essas três curvas de aprendizado são novas e inclinadas, economizando milhares de dólares por auto – e as três se reforçam poderosamente.

Essa estratégia pode ter um poder de transformação tão intenso quanto passar de pequenos refinamentos nas máquinas de escrever para os drásticos ganhos em computadores impulsionados pela Lei de Moore. A eletrônica e a TI formam hoje o maior setor industrial dos Estados Unidos; os fabricantes de máquinas de escrever se foram. O CEO da BMW, ampliando a fronteira do automóvel elétrico e da fibra de carbono, compreendeu isso: seus discursos anunciam que sua empresa não pretende ser um fabricante de máquinas de escrever.

Para as empresas na altamente competitiva indústria automobilística, porém, os desafios são, ao mesmo tempo, empolgantes e aterrorizantes. Os executivos devem decidir quais dos muitos tipos de veículo precisam fabricar, quais materiais e processos de fabricação devem empregar e com que velocidade devem investir em avanços revolucio-

IMPLICAÇÕES PARA AS REVENDEDORAS

A mudança para autos Revolucionários+ é importante para as revendedoras de autos, que, como um todo, formam uma poderosa força que proporciona um décimo das receitas de impostos sobre vendas de muitas comunidades norte-americanas. No período 1999-2009, a revendedora média norte-americana lucrou apenas US$ 50 líquidos vendendo cada auto novo, ou US$ 40 mil por ano, mas recebeu US$ 94 mil pelas vendas de autos usados e US$ 279 mil em mão de obra e peças. Autos ultraconfiáveis, extraduráveis e radicalmente simplificados poderiam ameaçar esse modelo. Até as trocas de óleo poderiam ser uma história para se contar para os netos.

No entanto, as oportunidades para novo software e hardware seriam abundantes, criando novos negócios que poderiam rivalizar com os aplicativos de smartphones. As revendedoras poderiam se tornar o centro de personalização de autos cada vez mais baseados em software e para acessórios e acréscimos que incluiriam autonomia extra e módulos de personalização para integrar opções de entretenimento e segurança. As revendedoras sempre encontram muitos modos de explorar a relação com os clientes quando as tecnologias mudam. O Sr. Bomchave está se tornando a Sra. Bomchip, mas a vida continua.

As revendedoras mais espertas já estão ansiosas para pôr as mãos nos autos Revolucionários+ por causa de seu poderoso potencial para agregar valor e atrair clientes. As revendedoras deveriam perceber que a adoção precoce e a experiência prática poderiam torná-las tão populares quanto distribuidores de iPhone, com preciosos estoques do mais recente modelo. Quando os preços do petróleo dispararam em 2008, a grande demanda e a oferta limitada aumentaram os preços de híbridos como o Toyota Prius e o Ford Escape, geralmente milhares de dólares acima da tabela. O Prius tinha dobrado as margens médias das revendedoras durante algum tempo. A introdução de autos Revolucionários+ com oferta limitada poderia reeditar essa feliz (para as revendedoras) história, mas de forma repetitiva e em ciclos de modelo curtos, mais próximos dos apresentados por produtos eletrônicos.

---

nários. Eles precisam fazer essas escolhas sem saber se as décadas seguintes trarão recessão ou prosperidade, preços oscilantes ou estáveis do petróleo, taxas de juros baixas ou elevadas, regulamentações úteis ou problemáticas, até mesmo guerra ou paz. A indústria tem prazos longos antes de produção: tipicamente, 4 anos de pesquisa e 8 de desenvolvimento para projetar e começar a produção em massa de um novo veículo, seguidos de ciclos de cerca de 8 anos de renovação cosmética, alterações na carroceria e no estilo, reengenharia e novo projeto. As apostas erradas podem ser fatais. Veja quantos fabricantes de veículos, de Duesenberg a Hudson e Nash, desapareceram ou, como a GM e a Chrysler, estiveram próximos disso em 2008.

Portanto, para um setor automotivo durável, é fundamental uma estratégia de redução sistemática do risco, cortando a intensidade do capital, o tempo de pré-produção, a dependência do petróleo, as necessidades de crédito, a complexidade, a inflexibilidade e os impactos sociais (especialmente a emissão de carbono). Os veículos Revolucionários+, quando maduros, terão o potencial de fazer *todas* essas coisas.

Naturalmente, eles introduziram seus próprios riscos complexos. Os fabricantes terão de mudar certas percepções de valor, vendendo leveza e aceleração em vez de porte e potência, superando seus próprios produtos anteriores antes que a concorrência o faça. A percepção de um problema de segurança pode matar um modelo ou macular toda uma marca. Contudo, com os autos Revolucionários+, pedir-se-á aos consumidores que acreditem na segurança de diversas tecnologias inovadoras. Ficarão convencidos, por exemplo, de que os autos ultraleves são seguros em estradas repletas de carretas com 18 rodas? Ou que os veículos de peso-pena feitos com os mesmos materiais leves, superduros e à prova de corrosão, com que agora estamos familiarizados graças a artigos desportivos, durarão 15 anos ou talvez mais? Talvez nem as mais inteligentes campanhas de marketing sejam suficientes para substituir a crença profundamente arraigada de que só o peso produz segurança e durabilidade.

Por isso, não resta dúvidas de que seguir esse caminho para um futuro livre do petróleo é arriscado. Mas eis a parte surpreendente: demorar pode ser mais arriscado ainda. Os modos mais baratos e rápidos de economizar petróleo e carbono, e de atender a outros requisitos aparentemente conflitantes dos fabricantes de autos, são também os melhores modos de gerenciar os riscos empresariais e de explorar novas oportunidades de negócios.

Acontece que os automóveis Revolucionários+ são potencialmente mais simples, mais limpos, de melhor desempenho, mais seguros, mais confiáveis e mais duráveis do que os autos atuais. Eles permitem customização em massa porque a maioria das funções está no software – parecem-se mais com computadores sobre rodas do que com carros com chips. Eles permitem uma produção com ciclos mais curtos e escala mais flexível. Eles oferecem mais potencial para reduções adicionais de custos e para simplificação, pois materiais ainda melhores, métodos de fabricação e componentes do conjunto de componentes de motor-transmissão emergem e convergem. Eles reduzem o preço *de qualquer um* dos 4 conjuntos de componentes de motor-transmissão atualmente existentes – elétrico a bateria, célula de combustível, híbrido de tomada ou híbrido com motor avançado a biocombustível – impelindo uma concorrência vibrante e uma rápida melhoria a todos os 4 (e até a outros que ainda não foram imaginados). Eles exigem menor investimento de capital. E as curvas de aprendizado por trás de suas três tecnologias avançadas proporcionarão às empresas pioneiras menores custos de fabricação do que seus concorrentes mais lentos, dando aos primeiros e aos seguidores ágeis a maioria dos espólios e aos retardatários a maioria das sobras. Isso faz o incrementalismo ser a estratégia de *alto* risco.

Pense em como o lançamento ousadamente acelerado do Prius, em 1997, pela Toyota, no Japão, ainda está desafiando os concorrentes 14 anos depois a acompanhar o pujante domínio do mercado de híbridos. Ser um pioneiro permitiu que a Toyota pusesse o "verde" e aprimorasse seus modelos de luxo e tornasse híbrido o Camry, um dos mais populares sedãs do mundo. Agora, parece que a Nissan procura, de forma similar, conquistar o mercado de veículos elétricos a bateria. O primeiro fabricante a dar o salto para os autos Revolucionários+ vai andar muito mais depressa explorando simultaneamente três tecnologias sinergísticas, não apenas uma – o conjunto de componentes de motor-transmissãao para veículos híbridos –, como a Toyota fez.

O risco de demorar também é grande para os fornecedores da indústria automobilística. A mudança para a tração elétrica tornaria obsoletas quase 30% das vendas na cadeia de fornecimento automotivo do Japão, avaliada em US$ 430 bilhões por ano.[91] Mas, como Hiroshi Tsuda, ex-presidente da Suzuki, diz: "Isto não é uma crise. É uma grande oportunidade." Como sempre, quando as tecnologias passam por deslocamentos tectônicos, os inovadores encontram formas de se manter à frente – e de colher lucros ainda maiores. Isso se aplica não só para autos, mas também para todos os outros veículos.

USANDO AUTOMÓVEIS DE FORMA MAIS PRODUTIVA

Como vimos, projetos e materiais melhores podem aumentar imensamente a eficiência dos automóveis. Agora, chegamos à segunda grande parte da história da eficiência: o *uso* mais produtivo de autos. Podemos eliminar totalmente a necessidade de muitas viagens, e podemos usar veículos de maneiras mais inteligentes, aprimorando o acesso a lugares ou bens com menos viagens, viagens mais curtas ou mais rápidas. O verdadeiro custo de dirigir nos Estados Unidos (ver o texto em detaque "O Verdadeiro Custo de Dirigir") faz dele um imperativo econômico e de segurança nacional.

Primeiro, porém, precisamos acabar com um mito profundamente arraigado – o de que os esforços para reduzir as viagens acabam inevitavelmente com a liberdade, com as opções e com a mobilidade. Esse mito é muito poderoso porque tais medos são reais. Afinal, um meio efetivo de tirar automóveis da estrada consiste simplesmente em decretar que você não pode dirigir. A China, por exemplo, tirou centenas de milhares de autos das ruas de Pequim para reduzir a poluição. Não é à toa que tomar medidas para reduzir a quilometragem percorrida relembra o ameaçador espectro do Grande Irmão ou de governos autoritários.

Os esforços que defendemos não eliminam a liberdade ou as opções. Pelo contrário, proporcionam escolhas mais amplas, maior liberdade e mais mobilidade por meio de alternativas variadas aos veículos individuais. Mas será que essas alterna-

O VERDADEIRO CUSTO DE DIRIGIR

A maioria dos norte-americanos tem apenas uma opção real de transporte e uma opção para abastecê-lo; você pode "escolher" entre diversas bandeiras de postos de gasolina quase idêntica. Em consequência da nossa falta de opções de mobilidade, ficamos indefesos quando os preços da gasolina disparam. Os cofres minguantes do governo não podem sustentar nossa ultrapassada infraestrutura de transportes, muito menos expandi-la de forma significativa. Acidentes nas estradas, embora em declínio, ainda matam tantos norte-americanos quanto o câncer de mama ou diabetes, e ferem 5 milhões de pessoas por ano. Acrescente a isso a poluição e as alterações climáticas, e os custos sociais ocultos dos automóveis norte-americanos movidos a petróleo chegarão a cerca de US$ 820 bilhões por ano (fig. 2-14).[93] Essa análise releva seriamente custos de segurança de energia que, por si sós, devem chegar a mais de meio trilhão de dólares por ano (Capítulo 1), e 40% desse valor é atribuído ao abastecimento de automóveis.

Esses resultados não são necessariamente surpreendentes. Décadas de construção de estradas e de prédios de estacionamento com pouca ou nenhuma preocupação com preços, concorrência, informações ou oportunidades criaram o socialismo para os motoristas e a livre-iniciativa para a maioria das outras formas de transporte – o que não corresponde à ideia de preços honestos e amplitude de escolhas. Mas podemos corrigir essas distorções aplicando certa visão inteligente de mercado e mudando como, quando, onde e por que usamos nossos veículos. Enquanto fazemos isso, vamos economizar milhões de barris de petróleo todos os dias, somando-os às economias dos autos Revolucionários+.

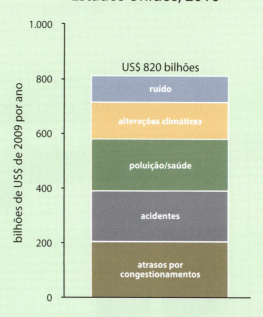

Fig. 2-14. Os custos ocultos dos automóveis norte-americanos, pagos não na bomba de combustível, mas na forma de problemas de saúde, atrasos e perda de bem-estar. Não estão incluídos os custos da segurança nacional e de estradas, de estacionamentos, policiamento etc., pagos por meio de impostos em geral.[94]

tivas ainda serão atraentes quando adotarmos veículos Revolucionários+ que reduzem drasticamente o custo de andar de carro? (Há motivos convincentes que mostram por que isso não vai aumentar materialmente o uso de carros e fazer com que a utilização de combustíveis tenha uma "recaída".[92])

Mudar a forma de uso dos autos não economiza apenas petróleo; cria ainda novas oportunidades de negócios. E pode mudar uma função central, transformando-a de tarefa em alegria. Imagine acordar e ter opções: Será que eu quero ir com o carro elétrico esportivo do meu programa de compartilhamento, percorrendo uma estrada rápida e livre de congestionamentos graças a preços inteligentes e gerenciamento adequado? Vou animar minha viagem acessando uma rede social e oferecendo-me para compartilhar a viagem com um amigo ou com um estranho que vai para o mesmo lugar? Ou devo usar meu cartão universal de trânsito, pular num ônibus abundantemente disponível, trabalhar um pouco graças à rede Wi-Fi gratuita e depois pegar uma bicicleta da rede pública para percorrer as últimas quadras e me exercitar um pouco? Ou fico trabalhando em casa e fazendo os contatos importantes do dia por meio das utilidades de presença virtual do meu computador ou do meu smartphone?

Proporcionar todas essas opções nem sempre será fácil. Os americanos prezam a liberdade de entrar em seus autos particulares e ir dirigindo para onde bem entendem. Para alguns, tentar aumentar o uso de ônibus ou de carona solidária, ou colocar mais pedágios nas estradas, é o sinal da intromissão governamental no que esta tem de pior (embora a construção das estradas, financiadas pelos contribuintes, tenha sido uma séria imposição, especialmente sobre moradores de casas desapropriadas e sobre quem não dirige). Portanto, a chave consiste em mostrar às pessoas que essas escolhas mais amplas melhoram a vida delas.

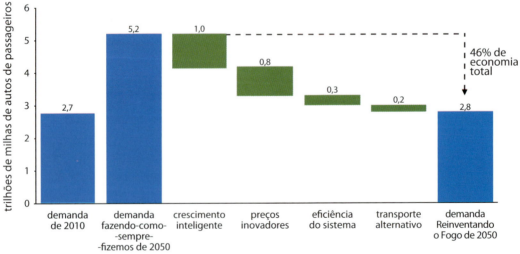

Fig. 2-15. Quatro meios de se usar autos de forma mais produtiva podem proporcionar o mesmo acesso (ou melhor) a serviços, com custo menor e 46% a 84% menos uso de transporte em 2050 (o gráfico mostra a economia mínima de cada opção).[96]

Podemos usar melhor as estradas existentes, poupar tempo, construir comunidades melhores e expandir as opções em tudo, desde tipos de transporte a políticas de seguros. Além disso, podemos criar uma sociedade mais equânime, na qual os pobres, os jovens, os idosos e os deficientes físicos podem dispor de acesso melhor.

Como conseguimos esses benefícios? A solução mais óbvia é reduzir a necessidade de deslocamento até o trabalho. Por que enfrentar o trânsito e queimar combustível se você pode fazer o mesmo trabalho em casa? Essa possibilidade reduz a distância média percorrida por um trabalhador em cerca de 40%, poupa mais energia em área de escritório do que a energia extra gasta em casa e pode proporcionar importantes benefícios colaterais, como mais tempo com a família e melhoria na moral, na preservação e na produtividade – em aproximadamente 81% dos funcionários da British Telecommunications que trabalham dessa forma.[95]

Além do trabalho em casa, as soluções recaem em quatro categorias principais (fig. 2-15): preços inovadores, transporte alternativo, crescimento inteligente e amplas melhorias na eficiência dos sistemas de transportes. A ideia básica consiste em fazer com que a condução e o estacionamento de veículos suportem seus verdadeiros custos no momento do uso, fomentem uma concorrência autêntica entre diversos modos de transporte (ou entre o transporte e seus substitutos) e integre opções de uso terrestre com opções de mobilidade pessoal. Juntas, com base em desempenhos observados empiricamente nos EUA em experimentos de implementação específica, *essas oportunidades podem, por si sós, sem tornar os veículos mais eficientes, economizar entre 46% e 84% do combustível automotivo norte-americano*, permitindo que as pessoas percorram menos milhas por passageiro para realizar as mesmas tarefas, afastando todo o crescimento projetado de passageiros-milhas em 2050.[97]

Preços Inovadores

A redução de milhas percorridas por veículo (VMT – Vehicle-miles Traveled) pode levar a outro efeito similar a uma recaída: a demanda induzida. Se as estradas ficarem menos congestionadas porque mais pessoas estão praticando carona solidária ou não estão indo de carro ao trabalho, por que não iríamos dirigir mais para aproveitar uma estrada agora descongestionada? A solução é uma política de preços bem idealizada, para conseguir o equilíbrio entre descongestionar as estradas *e* desestimular o uso de autos nas horas de pico.

Isso será necessário de qualquer maneira, pois, ao adotarmos automóveis eficientes que usam bem menos combustível, no qual há pouca ou nenhuma gasolina, as receitas dos impostos sobre combustíveis que mantêm as estradas e pontes vão diminuir e, em última análise, desaparecer. (Seria difícil aplicar impostos sobre a eletricidade – um bem onipresente e fungível – usada para carregar autos ou sobre o hidrogênio; até o biocombustível pode ser produzido em casa.) O imposto federal sobre a gasolina não foi indexado com a inflação e não tem aumentado desde 1993, apesar dos imensos crescimentos no custo e na escala de construção e manutenção de estradas. O verdadeiro valor gasto em estradas por milha percorrida reduziu-se em quase 50% desde a criação do Highway Trust Fund na década de 1950, e há déficits assustadores à vista: US$ 400 bilhões até 2015, US$ 2,3 trilhões até 2035. Por isso, precisamos pagar de outra forma por nossa infraestrutura rodoviária – mas como?

Dirigir veículos impõe custos sociais, como a dependência do petróleo e a poluição. Automóveis ocupam espaço. Tanto a condução de veículos como os próprios veículos contribuem para congestionamentos. O peso causa desgaste nas estradas, fadiga nas pontes e desperdício de combustível (e, portanto, a poluição).[98] Mas provavelmente uma parcela bem maior do custo social do uso de autos provém do fato de dirigir e não dos autos, e por isso seria inteligente preencher a lacuna do custeio das estradas principalmente pela cobrança por quilômetros percorridos por veículo, passando de um imposto de gasolina para um imposto de VMT.[99]

Em 2005, o Oregon testou essa mudança fundamental na maneira como as pessoas pagam para dirigir. Unidades de GPS registraram quantos quilômetros os autos de voluntários percorreram. Na bomba de combustível, em vez de pagarem pelo imposto de gasolina estadual, os voluntários pagaram uma taxa (maior nos momentos de pico) com base na quilometragem percorrida. Em comparação com um grupo de controle, esses motoristas do Oregon reduziram a quilometragem total em 15% e a quilometragem no horário de pico em 22%.[100]

As suspeitas de que o Grande Irmão possa estar bisbilhotando podem ser amenizadas com a oferta de diversas opções, como o uso de leituras de odômetro em visitas regulares de inspeção para o registro da quilometragem, a instalação de *logs* de diagnóstico de bordo (OBDs), assegurando que os dados sobre localização por GPS seriam mantidos de forma privada, ou simplesmente pelo uso de GPS, como fez o Oregon, para armazenar e transmitir apenas quilometragem, e não posicionamento.

Os mecanismos de preços que reduzem o uso de autos nos horários de pico também evitam a necessidade de onerosas infraestruturas novas para que possamos nos concentrar em reparar as estradas que já temos. E o preço do congestionamento pode funcionar mesmo sem um imposto de VMT. Basta cobrar uma taxa dos motoristas que querem dirigir quando as estradas estão entupidas. Depois que Singapura começou a cobrar das pessoas que quisessem ir dirigindo ao centro no horário de pico, o número de autos entrando na cidade caiu em 44% (e o número de automóveis com um só passageiro caiu 60%), acelerando o fluxo de tráfego em 20%. A taxa londrina, agora de pesados US$ 16 por dia, cortou em 15% o fluxo de veículos no centro, acelerou-o 30% e expandiu muito o uso de ônibus e bicicletas – uma dádiva, em especial para moradores de baixa renda.

Companhias de seguros também estão começando a usar uma nova e criativa abordagem, que recompensa tanto quem dirige menos quanto quem usa veículos eficientes: o seguro *Pague quando dirige* (PAYD – Pay-as-You-Drive). Pagar seguro por quilometragem torna o custo aproximadamente proporcional ao risco, e assim os motoristas que dirigem menos não precisam subsidiar aqueles que dirigem muito. Observou-se que o seguro PAYD cortou o uso de autos em aproximadamente 8%[101] e fez diminuírem ainda mais os acidentes.[102]

Outra forma de reduzir o uso de autos diz respeito a políticas de estacionamento mais inteligentes. Uma cidade típica tem três vezes mais vagas de estacionamento do que autos, mas imagina-se que a procura por uma vaga seja responsável por um terço do trânsito do centro das principais cidades e ainda mais congestionamentos. Todos esses espaços consomem vastas áreas – 81% do distrito empresarial do centro de Los Angeles, 31% de São Francisco e 18% de Nova York. Onde são cobrados, os estacionamentos raramente cobrem o verdadeiro custo de construção e de manutenção de cada espaço, que totaliza dezenas de milhares de dólares por vaga (a mera construção do estacionamento do Disney Concert Hall de Los Angeles custou US$ 50 mil por vaga). No total, os estacionamentos recebem US$ 151 bilhões de subsídios anuais – talvez a maior causa isolada de excessivo uso urbano de autos.[103] Mas boa parte dessa grande capacidade de estacionamento é exigida por leis de zoneamento e de construção que obrigam a dispor de tantas vagas quantas os motoristas poderiam usar se todas estivessem livres.

A alternativa? Frankfurt, na Alemanha, efetivamente proíbe os construtores de lugares públicos de oferecerem estacionamento. A Inglaterra planeja cobrar impostos de empresas que oferecem estacionamento gratuito ou abaixo do preço de mercado para seus funcionários. A cidade de Sydney cobra impostos de espaços de estacionamento não residenciais e usa a receita em melhoramentos no trânsito. Em Tóquio, você não consegue nem comprar um automóvel sem provar que possui ou aluga uma vaga de estacionamento.

Seria difícil implementar essas políticas nos EUA, onde o estacionamento barato é visto quase como um direito sagrado. Mas podemos, como as empresas em regiões da Califórnia sujeitas a *smog* são obrigadas a fazer, pagar aos funcionários o valor justo de mercado por sua vaga no estacionamento da empresa, cobrando deles esse valor quando efetivamente estacionarem lá. Os empregados podem usar o valor para pagar o estacionamento ou podem deixar seus autos em casa, ir trabalhar usando outros meios de transporte e embolsar o dinheiro. Esse é um incentivo para a verdadeira concorrência e para escolhas mais amplas e inteligentes.

Cobrar os motoristas pelos custos ocasionados pelo uso de seus autos é muito mais justo do que socializar esses custos entre todos os contribuintes, dentre os quais um terço, embora se beneficiem das estradas, são velhos, jovens, pobres ou doentes demais para dirigir – uma coalizão potencialmente forte, caso percebam que estão subsidiando os motoristas. Eles vão argumentar que os motoristas devem receber por aquilo que pagam – mas que também devem pagar pelo que recebem. E se o sistema de impostos sobre gasolina não for ajustado, o já combalido Highway Trust Fund será incapaz de manter o trânsito dos Estados Unidos em movimento. A inação não é uma opção.

Transporte Alternativo

Aproximadamente 77% dos norte-americanos vão trabalhar sozinhos em seus autos. Quase todos os autos são projetados para transportar pelo menos quatro adultos, mas, no dia a dia, motoristas solitários superam em mais de dez vezes o *número total* de americanos que, para ir até o local de trabalho, praticam a carona solidária, valem-se de transportes públicos, caminham, vão de bicicleta ou então trabalham em casa. O motorista solitário pode ser uma tradição norte-americana, mas não precisa ser nosso futuro. Colocar mais pessoas em cada auto, compartilhar veículos ou eliminar viagens podem, juntos reduzir em 6% a 12% o VMT relacionado ao trabalho.

Carona Solidária

A maneira mais direta de reduzir VMT é a carona solidária. Durante muitos anos, áreas metropolitanas de Washington DC a Los Angeles e São Francisco têm oferecido faixas específicas nas estradas para veículos com grande ocupação (HOV – High-Occupancy-Vehicles). Algumas regiões tiveram considerável sucesso. Em San Francisco, formam-se espontaneamente cerca de 3 mil grupos de carona em pontos especiais da East Bay, economizando cerca de US$ 30 milhões por ano em combustível, tempo e subsídios ao trânsito. A maioria dos usuários volta de ônibus para casa. "Faixas lentas", como faixas de táxis para os caronas, formam-se em Washington DC e Houston. Na capital, 2 milhões de viagens por ano economizam quase 8 milhões de litros de gasolina.

Essas caronas poderiam ser ampliadas por meio das redes sociais. Novos aplicativos com nomes como Avego e NuRide ligam motoristas a caronas, eliminando a incerteza de depender das faixas lentas. Mesmo sem esses recursos, os programas de carona solidária tiram das ruas de 5% a 15% dos motoristas solitários – mais ainda quando se oferecem incentivos, que na área de Puget Sound fizeram com que 10% a 30% das viagens de automóveis sejam de caronas solidárias com vans.

Carros Compartilhados

Há dez anos, Robin Chase e Antje Danielson estavam sentados num café em Cambridge. Danielson tinha acabado de voltar de Berlim, onde vira um carro compartilhado na rua. A mulher criou o Zipcar – agora a maior empresa comercial de compartilhamento de carros, com três quartos do mercado.

O modelo de negócio é simples: hoje, cada norte-americano paga cerca de US$ 8 mil por ano por um veículo que fica parado 96% do tempo. Para as pessoas que não precisam de auto para ir trabalhar, isso faz pouco sentido. As pessoas poderiam economizar dinheiro (e a Zipcar poderia ganhar dinheiro) se pagassem por um auto apenas quando precisassem dele. Como ironiza o climatologista alemão Hans-Joachim Schellnhuber, "comprar um carro para ter mobilidade é como comprar um restaurante três estrelas para poder fazer uma boa refeição".

Hoje, a Zipcar possui mais de 8 mil autos de trinta modelos diferentes, estacionados em 1.200 pontos de cidades e de regiões universitárias espalhadas pelos Estados Unidos, pelo Canadá e pelo Reino Unido. Seus membros pagam uma taxa anual e uma tarifa por hora, nas quais estão incluídos o combustível e o seguro. A Zipcar diz que cada um de seus autos tira entre 15 e 20 autos particulares das estradas. Programas similares na Europa resultaram numa queda de 30% a 70% do VMT. Em 2010, *The Economist* publicou que modelos de compartilhamento de autos estão emergindo em mais de mil cidades do mundo todo; o número de membros nos Estados Unidos deverá ser próximo de 4,5 milhões até 2016, com uma receita de US$ 3 bilhões.

Uma nova versão do modelo empresarial de compartilhamento de carros permite até que os proprietários particulares de autos entrem no negócio por meio de modelos "person-to-person", ou "P2P". Em Boston e San Francisco, os proprietários podem registrar seus veículos em empresas como Spride e RelayRides, que alugam seus veículos por hora, dia ou semana.

Por que limitar esses esquemas de compartilhamento a autos? Em algumas importantes cidades europeias que prestigiam as bicicletas, de 30% a 40% dos trabalhadores caminham ou usam bicicleta. Paris teve um enorme sucesso com as bicicletas Vélib (*vélo libre*), bicicletas públicas gratuitas que hoje somam 17 mil em 1.200 pontos de autosserviço espalhados pelo centro da cidade. Recentemente, Washington DC expandiu seu próprio programa de compartilhamento de bicicletas, que cobra uma tarifa anual e uma pequena taxa de uso. Ter bicicletas disponíveis pode eliminar um dos maiores desincentivos para usar o trânsito – que ele não vai exatamente para onde você deseja.

Às vezes, tirar as pessoas de seus autos exige novas leis e políticas. Algumas empresas, por exemplo, não conseguem eliminar estacionamentos caros, pois as leis de zoneamento exigem certo número de vagas. As políticas de seguros para autos não cobrem os caronas ou P2P (exceto na Califórnia), aumentando o risco financeiro quando algum acidente acontece. E estados e cidades impõem taxas iguais às de locação de autos sobre o compartilhamento de veículos, aumentando os custos do serviço.[104]

Crescimento Inteligente

Durante décadas, os moradores de Atlanta buscaram o Sonho Americano – mudar-se para uma bela casa no subúrbio. Mas a expansão urbana resultante arrefeceu o sonho. Os moradores viajam mais para ir ao trabalho do que a maioria dos norte-americanos, e sofrem com congestionamentos intensos. Em 1999, porém, um incorporador na cidade em expansão decidiu construir uma densa comunidade com residências, lojas e escritórios no terreno de uma siderúrgica abandonada no coração de Atlanta, em vez de espalhá-la por três subúrbios. A Atlantic Station, com 52,6 hectares, ofereceu moradia para 10 mil pessoas, empregos para 30 mil, oportunidades de recreação para milhões e acesso fácil ao transporte público. Para Atlanta, sufocada pelos autos, os resultados foram reveladores: o VMT da área caiu em 30%.[105]

Fazer com que 60% do novo crescimento dos Estados Unidos torne-se mais "inteligente" e compacto, como a Atlantic Station, economizaria tanto combustível quanto um aumento de 28% na eficiência de novos veículos em 2020. Longe de elevar os custos (de pagar pelo trânsito), essas incorporações inteligentes reduzem os custos dos compradores, e depois seus impostos. New Jersey descobriu que cada novo proprietário de imóvel num empreendimento distante paga cerca de US$ 10 mil a mais por novas estradas e por infraestrutura ampliada.[106] A maioria dos empreendimentos compactos evita esses custos, aumenta o índice de poupança familiar e o valor das propriedades, mantém muito melhor o valor durante as quedas de mercado e aumenta os lucros dos incorporadores.[107]

O crescimento inteligente também aumenta bastante a qualidade de vida. "A maioria das pessoas acredita que a alternativa para autos é um trânsito melhor... na verdade, são bairros melhores", explica Alan Durning do Sightline Group. Esses bairros, acrescenta, tornam o automóvel "um acessório da vida, e não seu princípio organizador central". Isso reconstrói as comunidades, revertendo décadas daquilo que o arquiteto Andres Duany chamou de "conhecer nossos vizinhos apenas através dos para-brisas".

É fácil perceber por que um crescimento inteligente costuma cortar a extensão e o número de viagens por auto pela metade, e, nos melhores projetos recentes, em três quartos.[108] Esses empreendimentos são densos, e colocam a lavanderia, a padaria, a academia ou até o escritório a uma pequena distância a pé ou de bicicleta (além de facilitar as entregas locais e as compras *on-line* para itens pesados ou volumosos[109]). Normalmente, são construídos em regiões urbanas mal aproveitadas, levando as pessoas para mais perto de seu trabalho e as crianças para mais perto das escolas. Eles evitam as ruas sem saída de muitos condomínios fechados, nos quais a visita a um vizinho na rua ao lado pode implicar subir no carro e dirigir até uma avenida antes de voltar a entrar no condomínio. Eles também podem melhorar a saúde pública graças aos exercícios, tornando a caminhada e o uso da bicicleta seguros. E tornam os ônibus e os trens leves mais eficientes, especialmente em comunidades como Arlington, Virgínia, onde os empreendimentos densos de uso misto se aglomeram em torno das estações do metrô.

As moradias urbanas mais caras podem reduzir os custos totais de vida.[110] Por quê? Porque os custos de transporte nos subúrbios – gasolina, congestionamentos, acidentes etc. – são maiores. Tradicionalmente, a moradia é considerada "acessível" se consome não mais do que 30% da renda; segundo esse critério, 69% das comunidades norte-americanas têm moradia acessível. Mas a inclusão dos custos de transportes reduz a fração acessível das comunidades para 39%.

É por isso que Fannie Mae oferece – caso você consiga uma – "hipotecas localmente eficientes", com qualificações mais simples para residências próximas ao trabalho ou ao trânsito, refletindo um

TRANSPORTE: AUTOMÓVEIS MAIS ADEQUADOS, USO MAIS INTELIGENTE 55 melhor fluxo de caixa e risco de inadimplência menor. Menor até que ponto? O cientista do Natural Resources Defense Council, dr. David Goldstein, pioneiro nesse conceito, comenta que um proprietário de imóvel médio, de difícil locação, ao longo de uma hipoteca de trinta anos, paga cerca de US$ 300 mil para ir de carro até o trabalho e US$ 75 mil em despesas domésticas – no total, duas vezes o preço médio da casa. Uma residência adaptada para a energia, eficiente, economiza pelo menos 63% desse total, ou um terço mais do que o preço da casa. Não é à toa que regiões com muitos veículos têm tido o maior índice de inadimplência de hipotecas, enquanto áreas de crescimento inteligente, compactas e servidas por trânsito, têm o menor índice. As diferenças em índice de inadimplência chegaram a 40 vezes após o desconto de variáveis como classificação creditícia e renda. Se isso fosse aplicado mais amplamente, o crescimento inteligente poderia ajudar a inocular nossa economia contra outra crise financeira causada pelas hipotecas, protegendo os mercados de capital e cortando as taxas de juros.[111]

Juntos, portanto, o crescimento inteligente é importante não apenas para os incorporadores, para os quais os valores das propriedades, as margens, a absorção e a apreciação ele reforça, mas para todos os negócios. Trabalhadores que passam menos tempo indo ou voltando para o local de trabalho chegam menos estressados, conseguem equilibrar melhor o trabalho e a vida familiar, passam mais tempo com os filhos e são mais valiosos e produtivos. Numa área de crescimento inteligente, as empresas podem recrutar melhor e reter os melhores funcionários, mas não precisam pagar tanto para compensar os altos custos de transporte. Menos tráfego e talvez mais exercícios denotam ainda pessoas mais seguras e saudáveis, reduzindo custos com a saúde e licenças por doença. O crescimento inteligente é apenas outra parte dos negócios inteligentes.

Melhorando a Eficiência em Sistemas de Transporte

Qual a parte mais frustrante de se usar transportes públicos? Geralmente, é a falta de informação sobre a chegada do próximo ônibus ou trem.

Muitos empreendedores estão ocupando essa lacuna. Sistemas de transporte como o Massachusetts Bay Transit Authority já transmitem informações sobre ônibus em tempo real. A NextBus vale-se de GPS para proporcionar informações precisas sobre horários de chegada e saída e mapas em tempo real para qualquer passageiro que tenha acesso à Internet. A equipe Mobi de Anna Jaffe no MIT está trabalhando numa integração ambiciosa: você digita seu destino em seu smartphone (que já sabe onde você está) e aparece uma lista e um mapa de todos os meios para chegar lá – transportes públicos, carona solidária, Zipcar, bicicletas gratuitas ou de aluguel, o que for – com seu custo, sua localização e o horário estimado de chegada em tempo real.

Esses "sistemas de transporte inteligente" (ITS – Intelligent Transportation Systems) podem fazer com que o trânsito flua de maneira mais tranquila, controlando os semáforos para se ajustarem às condições do momento, avisando os motoristas da ocorrência de acidentes ou congestionamentos à frente, usando sinalização luminosa nos acessos às estradas para inserir os autos tranquilamente no tráfego, ou cobrando pedágio eletronicamente, para citar apenas algumas. A adoção dessas medidas reduziria em 5% o consumo de combustível e evitaria 308 milhões de pessoas-hora de atrasos por dia, uma economia de US$ 6,5 bilhões.[112]

Com isso, resta apenas um "sistema" que pode ser ajustado para se economizar combustível – os próprios motoristas. Mudar *a maneira* de dirigir pode melhorar significativamente a eficiência de qualquer auto, em qualquer via.

O simples fato de manter os pneus com a pressão recomendada e de usar óleos sintéticos modernos no motor podem reduzir o consumo de gasolina nos Estados Unidos de 1% a 3%. Com o veículo em movimento, a chave para a eficiência em combustíveis é pisar de leve no acelerador e nos freios, desviar de congestionamentos e faróis vermelhos, evitar arrancadas bruscas (exceto em muitos híbridos, nos quais a aceleração forte pode *economizar* combustível) e dirigir mais devagar. Autos híbridos, e alguns não híbridos, conseguem desligar automaticamente os motores quando estão parados. Para manter seu interior mais fresco, podemos tirar tralhas pesadas do porta-malas, abrir as janelas em baixas velocidades em vez de usar o ar-condicionado e colocar protetores no para-brisa quando o automóvel estiver estacionado.

A forma mais eficiente de incentivar essas mudanças no comportamento dos motoristas, segundo se descobriu, é dar-lhes mais informações sobre seu desempenho. Indicadores de quilômetros por litro em tempo real instalados no painel de instrumentos podem transformar o ato de dirigir em um concurso para ver quem consegue consumir menos. Um relatório do governo britânico estima que esforços para promover a "condução ecológica" podem economizar de 10% a 15% de combustível no longo prazo – praticamente sem custo algum.

Juntas, todas essas formas de usar autos de maneira mais produtiva podem economizar um valor líquido presente (de 2010) de mais ou menos US$ 0,4 trilhão, proporcionar o mesmo acesso – ou até melhor – ao nosso destino e melhorar a qualidade de vida e a força de nossas famílias e comunidades. Em vez de perder o acesso conveniente, vamos aprimorá-lo. Vamos descongestionar o trânsito, poupar tempo e tensão, diminuir a poluição e o ruído, salvar vidas que hoje são perdidas em acidentes de trânsito, resgatar terrenos usados em ruas e estacionamentos, reduzir a carga tributária – e dar mais um passo gigantesco para nos libertarmos do petróleo.

O RESTO DA HISTÓRIA: ALÉM DOS AUTOMÓVEIS

Os automóveis usam 60% do petróleo destinado aos transportes nos Estados Unidos – o que representa, de longe, o maior ponto de alavancagem no uso de energia do setor de transportes. Mas e quanto a todos os outros veículos de que dependemos? Quais as oportunidades para projetos e usos mais inteligentes?

Caminhões Pesados

Jimmy Ray é um carismático veterano da indústria de caminhões dos Estados Unidos, com discurso direto e décadas de experiência dirigindo, fazendo manutenção e gerenciando caminhões da Classe 8.[*][113] Ele administra a Mesilla Valley Transportation, uma grande e bem-sucedida empresa de cargas sediada no oeste do Texas e no sul do Novo México. Um dos segredos de seu sucesso é a eficiência. Os grandes veículos da frota de Jimmy, com 800 caminhões, são mais esguios do que os típicos caminhões com 18 rodas, pois dois terços da energia necessária para impelir um caminhão pela estrada devem-se ao arrasto aerodinâmico. Muitos de seus veículos usam pneus largos e esportivos em vez dos dois estreitos adjacentes, reduzindo o arrasto aerodinâmico e cortando a resistência à rolagem que consome o terço restante de carga de tração. Jimmy também oferece recompensas trimestrais para os motoristas mais eficientes (e, todos os anos, o motorista mais eficiente ganha uma moto Harley-Davidson). Há uma projeção oficial de que os caminhões norte-americanos pesados terão um consumo médio de 3,3 km/l em 2050. Mas em 2010,

---

* Caminhões com peso total acima de 14.969 kg. (Fonte: Wikipédia; N.T.)

Fig. 2-16. O Innovation Truck da Daimler (à esquerda) e o Renault Radiance (à direita) ilustram o progresso aerodinâmico, incluindo aletas, painéis sob a carroceria e câmeras de visão lateral no lugar de espelhos.

quarenta anos antes, a frota de Jimmy teve um consumo médio de 3,6 km/l.

Suas inovações são apenas a ponta de um iceberg de melhorias técnicas, operacionais e logísticas para caminhões que podem economizar cerca de um décimo do petróleo dos Estados Unidos, ajudar a poupar a indústria de transportes e seus clientes dos elevados preços do petróleo e manter a economia norte-americana funcionando. Movimentar bens, não pessoas, queima mais de 28% do combustível usado nos transportes. Apesar de uma sofisticada indústria cujos caminhões têm motores a diesel altamente eficientes, a maioria desse combustível é desperdiçada. Isso não precisa acontecer. O foco em projetos e em mudanças operacionais pode cortar o consumo de diesel dos grandes caminhões dos Estados Unidos em 41% até 2050, embora esses caminhões tenham percorrido 88% mais milhas.[114]

Assim como ocorre com autos, a solução começa com a física. Modernos aprimoramentos aerodinâmicos (fig. 2-16) e os pneus atuais, melhores e mais largos, podem fazer com que o típico caminhão da Classe 8 de 2010 ultrapasse drasticamente sua média de 2,6 km/l de diesel.

Outro ajuste consiste em conectar menos eixos ao motor, eliminando centenas de quilos em transmissões, engrenagens e diferenciais. Os eixos livres vão atrás dos eixos presos à transmissão. A economia de peso geralmente vai para a carga transportada – uma característica valiosa.[115] O menor atrito costuma permitir o uso de motores um pouco menores, e por isso mais leves e mais baratos. A suspensão eletrônica ativa pode recuperar um pouco da energia dos pulos sobre buracos e solavancos. Combinar todas essas tecnologias pode produzir um caminhão que faz 3,8 km/l a preços competitivos.[116]

Acrescentar algum hardware provoca outro salto. Para compreender a razão, observe um típico ponto de caminhões, onde dezenas deles ficam estacionados com os motores ligados para alimentar o ar-condicionado, as luzes e o equipamento eletrônico durante as pausas obrigatórias dos motoristas (que devem ser de 10 horas após 11 horas de condução). Esses motores que funcionam com o caminhão parado consomem 12% do combustível de um caminhão pesado típico. Dois terços desse desperdício podem ser evitados com uma unidade de força auxiliar, como um pequeno gerador a diesel, uma célula de combustível ou uma bateria. Valer-se de locais especiais de estacionamento dotados de tomadas elétricas para o recarregamento de baterias (EPS – Electrified Parking Space), como barcos ancorados e aviões parados, evita tudo isso.

Um imenso estacionamento de caminhões no sul do Bronx, que recebe a maior parte da produção da Grande Nova York, oferece um vislumbre daquilo que é possível. A ativista comunitária Majora Carter convenceu os administradores a dobrar a taxa de estacionamento pelo pernoite, elevando-a de US$ 10 para US$ 20, mas também a incluir um local com tomadas para o recarregamento de baterias para eliminar a prática de manter os motores em funcionamento. Os motoristas se beneficiam economizando mais de US$ 10 em combustível, além de evitarem o desgaste do motor, enquanto a vizinhança se beneficia com grandes reduções nos extraordinários níveis de asma provocada por partículas de diesel.

Essas melhorias objetivas em projetos economizariam 1,7 milhão de barris de diesel todos os dias (fig. 2-17). Mesmo com o baixo preço do diesel em 2009, de US$ 0,65/l, isso significa uma economia anual de US$ 64 bilhões.

A economia de combustível por tonelada-milha de carga pode aumentar ainda mais quando os caminhões acoplam uma segunda ou terceira carreta longa atrás da primeira nas estradas em que a maior parte das cargas percorre. Esses veículos gigantescos são controvertidos por causa de seu tamanho e peso, que pode aumentar de 36 até 54 toneladas. Mas o número de eixos aumenta ainda mais, de cinco para nove, e por isso o peso por eixo – a chave do desgas-

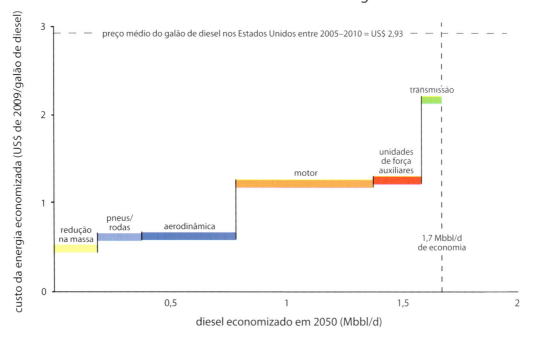

Fig. 2-17. Um projeto aprimorado de caminhão Classe 8 com uma única carreta pode economizar para os Estados Unidos 1,7 milhão de barris de diesel por dia, numa fração do custo do diesel.[117]

te das rodovias – *diminui* em um sexto. Conexões mais inteligentes entre as carretas e os aparelhos de segurança eletrônica ativa tornam as longas carretas desses caminhões – chamados de "caminhões com carreta dupla" – intrinsecamente mais estáveis do que as atuais carretas duplas curtas, e muito mais seguras do que as atuais carretas triplas. Os caminhões com carreta dupla podem aumentar a eficiência nacional dos caminhões pesados em 7% (além das mudanças de projetos citadas na figura 2-17) por causa de sua capacidade de carga duplicada. Mudar para esses longos veículos combinados também pode diminuir os congestionamentos, reduzindo o número total de caminhões nas estradas, e eliminar custos, poupando carretas e motoristas hábeis (dos quais há uma preocupante escassez).[118]

Para colher plenamente esses benefícios, o comprimento permitido dessas carretas deveria ser aumentado no país todo – o que alguns Estados já fizeram – de 16 para 18 metros. Além disso, o peso bruto máximo permitido deveria ser aumentado para 44 toneladas (ainda inferior ao atual limite da Inglaterra, que é de 50 toneladas).[119]

Com esses caminhões de tecnologia avançada deslizando pelas estradas, os Estados Unidos podem movimentar suas cargas com uma espantosa redução de 54% no consumo de combustível sobre a atual média de 2,6 km/l. Outras melhorias podem vir de uma refrigeração mais eficiente das carretas e de controles avançados de emissão, motores supereficientes, híbridos em algumas rotas e maior atenção a cargas auxiliares e acessórias.

A novidade ainda melhor é que todas essas reduções seriam relativamente baratas: um caminhão adequado e aerodinâmico, com pneus largos únicos e motor supereficiente, pagar-se-ia em pouco mais de três anos com o diesel a US$ 0,79/l. Como Jimmy Ray gosta de dizer, "nossos pneus saem de graça" – ou seja, o pequeno custo incremental de pneus supereficientes é compensado quase imediatamente.

SUPERANDO OBSTÁCULOS PARA INOVAÇÕES EM VEÍCULOS PESADOS

A má notícia é que esse corte drástico em combustíveis para caminhões enfrenta mais obstáculos do que o mero custo das tecnologias. Maiores custos de manutenção, como aqueles relativos aos acréscimos aerodinâmicos, às vezes, prejudicam a economia em combustível. Geralmente, as carretas e os caminhões são fabricados por empresas diferentes e têm proprietários diferentes, dificultando a integração do projeto do veículo como um todo para que tenha a melhor aerodinâmica.

Os padrões da indústria, a integração vertical, novos modelos de negócios que compartilham as economias e as demandas de grandes clientes podem ajudar a solucionar esses problemas. Como exemplo, em apenas cinco anos, o Walmart conseguiu reduzir em 60% o uso de combustível por tonelada-milha de seus caminhões pesados, com base em seus níveis de 2005 (antecipando sua meta de 2005 para uma redução de 50% até 2015), e está procurando mais formas de economizar.[120] Com uma das maiores frotas civis de caminhões pesados – 6.400 cavalos mecânicos –, o Walmart poderia compelir os fabricantes de cavalos mecânicos, ou mesmo de caminhões e carretas, a trabalharem juntos para aumentar a eficiência.

Outro problema é a estrutura do negócio de transportes por caminhões. Apenas 20% de toneladas-km de carga são transportadas pelas frotas privadas de empresas como o Walmart, para o qual o aumento na eficiência do combustível faz muito sentido em termos econômicos. A maior parte do restante é conduzida por empresas transportadoras que, por sua vez, valem-se dos serviços de mais de 540 mil caminhoneiros independentes. As empresas que contratam esses caminhoneiros não têm muitos incentivos para investir em eficiência, pois os motoristas pagam seu próprio combustível. E embora os caminhoneiros independentes dirijam caminhões mais antigos e ineficientes, podendo se beneficiar bastante da redução no consumo, eles simplesmente não podem pagar nem pelas tecnologias que economizam combustível, nem para obter caminhões mais novos e mais eficientes.

No entanto, empresários inteligentes estão descobrindo maneiras de levar as melhorias no consumo de combustível para as mãos de pequenos caminhoneiros e frotistas. Jon Gustafson, da Cascade Sierra Solutions, montou uma série de quiosques para caminhoneiros em pontos de parada de caminhões na Costa Oeste, com a finalidade de anunciar tecnologias e boas práticas operacionais. Em 2004, sua colega Sharon Banks lançou o programa "Everybody Wins" ["Todos ganham"], que financia geradores de energia por meio de contrato de *leasing* com opção de compra, juntamente com garantias e taxas de crédito. Desde então, ela financiou melhorias para 350 frotistas, principalmente de pequeno porte, economizando mais de 2,6 milhões de litros de combustível por ano e evitando muita poluição.

Em termos mais amplos, aproveitar a economia de combustível de caminhões pesados com duas ou três carretas por meio de um *leasing* poderia permitir que pequenos frotistas comprassem um novo veículo antes que os grandes concorrentes, que compram primeiro esses caminhões inovadores, acabem com seus negócios – uma grande oportunidade para empresas financeiras e de *leasing*.[121]

Os caminhões também podem economizar combustível se os motoristas tiverem um treinamento sobre eficiência. Rodar pela estrada a 105 km/h em vez de 113 km/h economiza mais de 8% de combustível. A otimização das rotas pode compensar a velocidade mais baixa e ajudar os frotistas a fazer entregas no prazo ou até antes. Velocidades ainda mais baixas reduzem o arrasto do ar, pois o arrasto cresce com o *cubo* da velocidade.

Escolher a marcha certa (e há até 18 marchas num caminhão grande) economiza até 10% de combustível, e com isso o treinamento dos motoristas, junto com luzes indicadoras de mudança de marcha, pode ajudar. Sistemas de controle de viagem inovadores também ajudam: o novo Predictive Cruise Control da Daimler planeja mudanças de marcha ideais com 1,6 km de antecedência.

Jimmy Ray treina seus motoristas para que acelerem lentamente e dirijam com eficiência com a ajuda de controles eletrônicos e painéis que indicam o consumo em tempo real. Ele também limita sua velocidade a 101 km/h com a ajuda de um limitador e acompanha seu desempenho com um sistema de rastreamento instalado no veículo. O resultado? Um aumento de 6% nos quilômetros por litro.

Essas reformas nem sempre são de fácil implementação. Motoristas pagos por viagem têm um poderoso incentivo para correr mais. Os vendedores e as transportadoras nem sempre se organizam de maneira correta, mesmo internamente. Mas podemos adotar algumas medidas eficientes. Pagar os caminhoneiros por hora incentiva a eficiência e economiza mais em combustível do que os custos adicionais de mão de obra. O mesmo fariam as regulamentações, os registradores eletrônicos, o GPS e os limitadores de velocidade que impedem que os caminhoneiros dirijam tempo demais ou depressa demais. Carretas compostas podem ser carregadas acopladas, ou seus motoristas podem ser pagos enquanto aguardam o caminhão ser carregado – sai mais barato do que precisar de um cavalo mecânico extra e seu motorista para a rota da segunda carreta.

USANDO CAMINHÕES DE FORMA MAIS PRODUTIVA

Não precisamos parar nos caminhões com eficiência dobrada. Também podemos ser muito mais inteligentes com relação ao modo como usamos os caminhões. Podemos reduzir o número e a extensão das viagens, imaginar como despachar menos mercadorias e garantir a ocupação integral dos caminhões.

Eis as principais áreas de melhoria.

Logística

Tanto caminhoneiros independentes como grandes frotas abominam a quilometragem "vazia" – viagens feitas sem carga (que atualmente constituem, em média, de 10% a 28% da quilometragem total de um caminhão pesado de frota).[122] A solução é a consolidação da carga entre transportadoras, depósitos e plataformas por meio de empresas de logística terceirizadas (3PL – Third-part Logistics), empresas de TI e iniciativas como o Empty Miles Service [Serviço de Milhas Vazias]. Esse aumento na produtividade dos caminhões por quilômetro rodado economiza de 5% a 15% do combustível de caminhões pesados, com lucro. Um varejista europeu aumentou a carga média por caminhão de 85% para 93% da capacidade plena, economizando 10 mil cargas por ano. As empresas Demeter Environment e Logistics Club do Carrefour ajudam os fornecedores a coordenar as entregas para reduzir os carretos vazios; um de seus varejistas chegou a relatar que apenas 5% da quilometragem de sua frota fica vazia.

Menos Quilômetros

Outro modo de economizar combustível e diminuir custos é percorrer rotas mais eficientes. As cargas de Simply Orange Juice da Coca-Cola ficavam paradas no centro de distribuição da Minute Maid na Flórida para que recolhessem o suco que seria distribuído. Hoje, o produto vai direto da fábrica para centros regionais de distribuição. A eliminação da parada extra ajuda a economizar 545 mil litros de diesel todos os anos, estendendo a vida útil do produto na prateleira por até seis dias.

Fabricar os produtos ou plantar alimentos mais perto dos clientes também pode encurtar as rotas. Alguns fabricantes de refrigerante estão passando a produzir na loja ou investindo em fontes domésticas; o Walmart engarrafa água mineral em seus centros de distribuição, e não em uma fábrica remota. (Melhor ainda: use água da torneira.) Algumas frotas comerciais que fazem entregas leves e médias estão consolidando entregas residenciais em caixas de correio gigantes, seguras e termicamente isoladas, reduzindo ainda mais as viagens.

Menos Espaço Desperdiçado

Surpreendentemente, o ar ainda ocupa o maior volume despachado pelas cadeias de fornecimento de muitas empresas. A IKEA, famosa por tornar desmontáveis seus volumosos produtos, emprega até "caçadores de ar" que projetam os produtos para que sejam empilhados de forma mais densa, ocupando plenamente cada caminhão e mantendo um equilíbrio entre cargas pesadas e leves.[123] Os grandes varejistas estão sugerindo que seus fornecedores reduzam embalagens e projetem novamente os produtos para que caibam mais unidades num caminhão, e também estão ajustando os projetos de *pallets* para minimizar o espaço vazio no alto do caminhão.

Menos Toneladas

Também podemos economizar muito combustível despachando menos carga. Inovação rápida e melhoramentos estão encolhendo inúmeros produtos, desde equipamentos industriais até bens de consumo como aparelhos de MP3. Veja os detergentes concentrados da Procter & Gamble. O grande volume de água que antes havia na garrafa e que tinha de ser transportado por um longo trajeto é posto na torneira da cozinha do usuário. Os produtos estão durando mais e sendo projetados

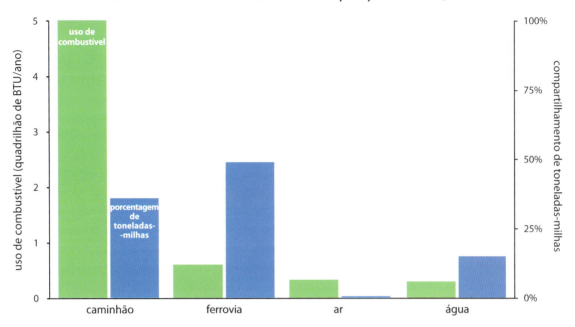

Fig. 2-18. Caminhões transportam menos carga nos Estados Unidos que os trens, mas usam mais do que o dobro de combustível por tonelada-milha.[125]

para passar por consertos, nova fabricação, novo uso e reciclagem. Os pacotes supérfluos estão sendo expulsos do mercado em consequência dos preços mais elevados de hidrocarbonetos e fibras, da rejeição do consumidor e da pressão de empresas que não querem pagar por embalagens desnecessárias, muito menos duas vezes – uma para a compra e novamente para dispor dela. E esses contêineres volumosos – marítimos e ferroviários – estão ficando extremamente mais leves (mesmo antes de compósitos avançados) e mais maleáveis, o que os torna bem mais fáceis de ser armazenados e devolvidos: dobrando-o até deixá-lo com um quarto de seu volume em apenas quatro etapas, o contêiner da Holland Container Innovations pode economizar até 25% do custo operacional da companhia de navegação.[124]

FRETE INTERMODAL: MESCLANDO TRANSPORTES POR CAMINHÃO, POR VIA MARÍTIMA E POR FERROVIA

Os dois meios mais antigos de movimentação de bens pesados – navios e trens – ainda são os mais eficientes em termos de energia. As ferrovias movimentam 49% das cargas dos Estados Unidos, mas usam apenas 9% do combustível do setor de cargas (fig. 2-18). Passar de caminhões para trens reduz quase à metade o custo por tonelada-milha e diminui o uso de combustível em quase cinco vezes. O truque consiste em usar cada modo para fazer o que ele faz melhor.

Trens de carga e navios também são melhores do que caminhões em capacidade, custo e segurança. Isso permite ganhos importantes ao se enviar bens por trem ou navio na maior parte do percurso, transportando-os de ou para caminhões por algumas dezenas de quilômetros em cada extremo – o chamado transporte intermodal. A economia líquida de energia, somada a melhorias nas embalagens e à redução da necessidade de transportar carvão e combustível, pode chegar a 33% do combustível total de caminhões pesados[126] – *além* do importante potencial para levar menos toneladas, metragem cúbica e quilômetros.

O transporte intermodal tornou-se tão popular que ele gera 21% das receitas das ferrovias dos Estados Unidos – o segundo maior segmento após o transporte de carvão (que usou 48% das toneladas-km dos Estados Unidos em 2009). Como os Capítulos 4 e 5 vão descrever, a queima de carvão poderia ser eliminada, dobrando efetivamente a capacidade das ferrovias. A maior capacidade ferroviária poderia reduzir drasticamente o congestionamento e a deterioração das estradas, economizando também mais combustíveis de caminhões e autos.

Transferir um terço do movimento de cargas para o sistema intermodal não é algo que acontecerá da noite para o dia. Trens e navios costumam ser mais lentos do que caminhões e não podem fazer entregas ponto a ponto. A atual infraestrutura ferroviária está desgastada e envelhecida, enquanto os portos marítimos têm seus próprios problemas com infraestrutura e costumam impor elevadas taxas de manutenção.

Entretanto, avanços nos projetos e em ferrovias e portos estão fomentando o transporte intermodal. Terminais ferroviários nos portos reduzem de treze para um o número de transferências de cargas em transportes por trem. Melhoram em

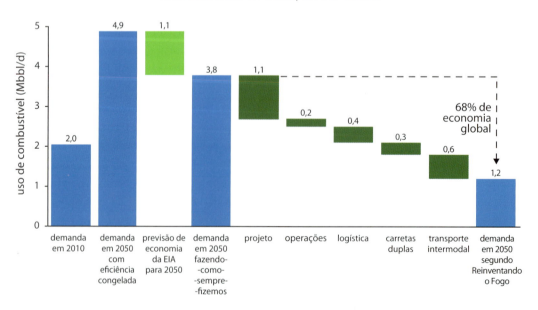

Fig. 2-19. Um conjunto de abordagens para melhoria da eficiência do setor de transporte doméstico de cargas reduz a necessidade de combustível para caminhões pesados em 2050 para apenas 1,2 Mbbl/d — e nada disso precisa ser de petróleo.[127]

97% a eficiência dos terminais, eliminando transportes desnecessários de curta distância entre terminais ferroviários, permitindo a transferência de ferrovia para ferrovia via guindaste, e eliminando a necessidade de armazenar a carga de um dia para o outro fora do terminal. E alguns portos estão trocando seu equipamento a diesel por equipamento elétrico, para evitar custos e poluição.

ECONOMIAS COMBINADAS EM CAMINHÕES

A Energy Information Administration prevê que o consumo de caminhões da Classe 8 vai passar de 2,6 km/l em 2010 para 3,0 km/l em 2035, que podemos extrapolar para 3,3 km/l em 2050 – 29% melhor do que 2010. Mas a figura 2-19 mostra que uma combinação de aprimoramentos em projeto (inclusive a redução da ociosidade), melhores operações e logística, caminhões longos e intermodalidade podem reduzir o uso de combustível a um terço da demanda projetada.

A seguir, vamos estudar o terceiro maior consumidor de petróleo dos Estados Unidos – nos céus.

Aviões

Graças ao milagre do voo, podemos sair dos Estados Unidos e nos reunir com clientes chineses em um mesmo dia, dar um pulo em Paris para um fim de semana romântico ou dar a volta ao mundo em dois dias. Mas voar queima combustível – e muito. Mesmo depois de décadas de melhorias nos projetos de aviões e na logística de companhias aéreas, que cortaram o combustível queimado por assento-milha em 82% entre 1958 e 2010, o transporte aéreo de pessoas e cargas nos Estados Unidos usa 1,3 milhão de barris de petróleo por dia e está projetado para aumentar para 1,8 milhão por volta de 2050. Mas a eficiência continua a melhorar graças

a muitos dos mesmos avanços tecnológicos que tornaram possíveis os veículos Revolucionários+ – e a gestos ousados de empresas como Boeing, Airbus e seus concorrentes menores.

Ao se defrontar com uma decisão crítica de desenvolvimento em 2000, inicialmente a Boeing preferiu um jato de alta velocidade ao qual deu o nome de Sonic Cruiser, mas os clientes das empresas aéreas queriam eficiência. Mesmo sem substituir a forma básica do avião, isso implicava riscos. Com certeza, o peso seria a chave: cada quilograma removido de um jato típico de porte médio economiza 124 kg de combustível por ano,[128] a um valor presente de 30 anos acima de US$ 2 mil. O projeto leve e de alto desempenho que a Boeing idealizou e as companhias aéreas queriam teria de se valer de 50% de compósitos de fibra de carbono por peso (80% por volume). Também precisaria eletrificar mais sistemas e depender de uma cadeia de fornecimento global. Mas a Boeing prosseguiu com aquele que se tornou o 787 Dreamliner. Parte dos riscos de desenvolvimento mostrou-se demasiadamente real: demoras relacionadas a projeto e produção de mais de 3 anos tiraram o foco do avião seguinte da empresa, totalmente novo, provavelmente uma substituição para que o seu principal modelo, o 737, pudesse competir com novos aviões da Airbus e da China. Mas o risco parece ter sido compensado: o 787 tornou-se o avião a jato de vendagem mais rápida da história, colocando a Boeing à frente da sua arquirrival, a Airbus. Espera-se que consuma 20% menos combustível do que um 767-300 comparável, comprovando o apetite do mercado por eficiência, assim como o Prius fez com os automóveis.

Além disso, a Boeing está transformando esse salto tecnológico em uma inovadora estratégia competitiva, usando sua vantagem para levar rapidamente as tecnologias desenvolvidas para o 787 nas plataformas existentes. O próximo 747-8, por exemplo, usará uma asa compósita, no estilo do

787, com a mesma forma supercrítica de aerofólio para reduzir o arrasto em altas velocidades, e, como o 787, eletrificará os sistemas pneumáticos, que drenam energia. O 747-8 atualizado vai usar 16% menos combustível do que seu antecessor.

À medida que os fabricantes de aviões descem pela curva de aprendizado da fabricação de estruturas avançadas em compósitos, descobrem que os novos métodos de fabricação, combinados com princípios "enxutos" de negócios observados na indústria automotiva japonesa na década de 1990, acabam sendo mais baratos do que aqueles empregados para a fabricação de aviões de metal.[129] Agora, os fabricantes de autos procuram se beneficiar, por sua vez, dos progressos do uso de compósitos na aviação.[130]

EFICIÊNCIA DA PRÓXIMA GERAÇÃO

Será possível obter outros ganhos em eficiência? Além da redução de peso, possibilitada por materiais avançados, os pontos mais críticos no desempenho dos aviões são a eficiência do motor, a aerodinâmica e um projeto integrador que maximize as crescentes reduções de peso.

Portanto, o próximo salto em eficiência virá de novos projetos que melhorem a aerodinâmica e façam os motores e a estrutura funcionarem melhor juntos. Três desses projetos de vanguarda oferecem a possibilidade de se reduzir o uso de combustível entre 59% e 80%. O primeiro (fig. 2-20, à esquerda) suporta a asa com uma viga ou suporte triangular, tornando-a mais longa, leve e fina. Uma asa fina suaviza o fluxo do ar e obtém uma relação muito melhor entre a força de sustentação e a de arrasto. O segundo, um projeto sem cauda, integra um único motor traseiro à fuselagem (fig. 2-20, centro). O terceiro projeto (fig. 2-20, à direita) provavelmente foi inspirado em planadores naturais, como as sementes de pepinos de Java, com

algo entre 12 e 13 cm, que conseguem planar por centenas de metros.[131] Os motores traseiros são mais eficientes e reduzem o ruído na cabine. Esse avião feito com fibra de carbono poderia economizar mais da metade do combustível usado pelos aviões mais eficientes da atualidade. A construção usando compósitos também tem o potencial de permitir estruturas "flexíveis", nas quais a asa sem juntas se dobra e assume formas ideais para cada modo de voo, substituindo os *flaps* com dobradiças de hoje e proporcionando mais de 5% a 12% de economia de combustíveis.[132]

O que está detendo essa revolução aeronáutica? Com projetos de asa e corpo combinados (BWB – Blended Wing Body), os fabricantes e as companhias aéreas precisariam de maneiras atraentes de ajustar passageiros e cargas no novo formato. Os aeroportos também precisariam mudar a geometria das alas (como alguns fizeram para o gigantesco A380). Mas o maior obstáculo é que a maioria das empresas aéreas não dispõe de capital para substituir suas frotas, e a rotatividade tende a ser demorada.

Para o transporte a jato, a rota mais rápida para economizar combustível no curto prazo consiste em incentivar a adoção de aviões mais eficientes, como o 787, o que, por sua vez, vai acelerar a inovação dos fabricantes e a troca do maquinário. Novas políticas, como um programa de sucateamento similar ao do "dinheiro por latas-velhas", igualmente associado a garantias de empréstimos federais para a aquisição de novos aviões supereficientes, poderiam suplantar o obstáculo do capital. O mesmo poderia acontecer caso se aumentasse a taxa de pouso para aviões mais barulhentos, poluidores e de alto consumo. Essas políticas já estão sendo testadas na Inglaterra, na Alemanha, na Suíça e na Suécia. Os valores vão de um desconto de 6% nas taxas de pouso para o mais limpo avião em Basel (e reduções para aviões com baixa emissão em Heathrow e Gatwick – pense nos *feebates*) a uma sobretaxa de 40% para o avião mais "sujo" em

Zurique, uma estrutura de taxas acentuadamente graduadas que visa estimular a próxima geração de aviões avançados.

A gama completa de aviões eficientes, se adotada num índice razoável, à medida que ficarem disponíveis os modelos, pode cortar o consumo de combustíveis em aviões civis projetado para 2050 em 47% – ou mesmo em 70%, mais do que triplicando a eficiência, com a adoção plena. Assim como ocorre com caminhões de carga para longas distâncias, não vamos eliminar a necessidade de combustível líquido em aviões. Mas podemos eliminar a necessidade de combustível para aviões à base de petróleo, substituindo-o por biocombustíveis agora: os óleos de muitas plantas – de algas a halófitos – podem ser processados e virar combustível de qualidade aeronáutica que muitos usuários civis e militares estão adotando, como veremos a seguir.

Substituindo Voos e Conservando o Tempo de Voo

Por que ir à China para fechar um negócio se você pode olhar no olho do seu parceiro do outro lado da mesa com o uso de sistemas avançados de teleconferência? Embora sistemas de ponta como o da Cisco, da HP e outros custem US$ 300 mil cada, a gigante do software, SAP, descobriu que eles podem se pagar em apenas um ano com a redução nos custos de viagem. A Lei de Moore está começando a trazer uma nítida telepresença aos computadores de mesa. O uso desses sistemas nos Estados Unidos pode reduzir as viagens aéreas a negócios em 12%, ou seja, 2,5% das viagens aéreas como um todo.

Quando voar é realmente necessário, encontrar meios de economizar 1,3 milhão de barris de combustível de aviação consumido todos os dias é simplesmente um bom negócio. Para companhias aéreas de passageiros ou de carga, o combustível é a maior despesa. Diminuir o consumo de alguns milhares de litros aqui ou ali pode significar a diferença entre lucrar e ficar no prejuízo.

Por isso, não é surpresa que as companhias aéreas estejam sempre procurando melhorar a eficiência. Os aviões estão taxiando mais devagar, por exemplo, usando um motor em vez de dois ou quatro. Estão usando carrinhos de serviço de bordo mais leves, voando um pouco mais devagar, planando em pousos diretos sem manobras que consumam mais combustível e usando novos sistemas eletrôni-

 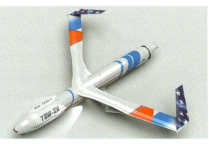 

Fig. 2-20. À esquerda: o SUGAR Volt, da Boeing, com um sistema de propulsão híbrido que combina bateria elétrica e turbina a gás com uma asa reforçada por viga inferior, economizando 70% de combustível; no centro, o projeto da NASA com asa reforçada com suporte triangular e um único propulsor traseiro embutido, que economiza entre 60% e 80% de combustível; e, à direita, o conceito da Série H do MIT, com asa e corpo combinados (BWB), propulsão em nacela e controle ativo de ingestão de camada-limite, que proporcionam uma economia de 59% de combustível.

cos associados ao controle de tráfego aéreo para mapear as rotas mais rápidas e carregar menos reserva de combustível. Essas pequenas medidas somam centenas de milhões de dólares em economias.

A vasta rede de aeroportos e de rotas aéreas também pode ficar mais eficiente. No sistema atual, as companhias aéreas mais poderosas quase monopolizam alguns aeroportos, usando-os como pontos centrais de conexão de muitos de seus outros voos, a fim de controlar melhor a fatia de mercado e cobrar preços mais salgados. Uma exceção é a Southwest Airlines, que tem obtido lucro de forma consistente – numa indústria que, cumulativamente não tem estado no azul desde os irmãos Wright* – simplesmente adotando rotas diretas, ponto a ponto.[133] Embora a Southwest dedique-se principalmente a voos domésticos com aviões de uma só fileira, os avanços em eficiência discutidos antes permitiriam que aviões de todas as classes voassem com custo bem menor, permitindo às companhias aéreas cobrir mais rotas diretas que poderiam expandir o comprovado modelo ponto a ponto para uma escala internacional.[134]

Contudo, uma mudança para o sistema de rotas ponto a ponto enfrentaria barreiras. Alocar terminais e baias de aeroportos por intermédio de leilões periódicos, em vez de permitir que monopólios em "terminais-fortaleza" os acumulem, criaria um cenário mais equânime e ajudaria a passar do modelo de terminais centrais para modelos ponto a ponto, mais eficientes em termos de capital e de combustível.

Os voos curtos entre centros regionais não só consomem muito mais combustível por assento-milha do que voos longos, pelo fato de passarem menos tempo no eficiente voo de cruzeiro, como também acrescentam volume ao congestionamento aéreo, de pistas e de terminais. Uma alternativa mais eficiente para essas viagens entre corredores

densos é o trem de alta velocidade (HSR – High--Speed Rail). Como os trens ficaram mais velozes e as viagens aéreas regionais ficaram mais lentas em virtude do tráfego e de atrasos provocados pela segurança, o trem pode ser melhor do que o avião em termos de tempo de viagem porta a porta em distâncias cada vez maiores. Um estudo prevê que a adoção da atual tecnologia de HSR economizaria para os Estados Unidos 29 milhões de viagens por automóvel e quase 500 mil voos por ano. O HSR tem outros benefícios: redução em congestionamentos causados pelos aeroportos, oportunidades de desenvolvimento de uso misto em torno de estações ferroviárias importantes, aumento do mercado de trabalho com opções de transporte convenientes e acessíveis de média distância e maior produtividade nos negócios graças a viagens mais rápidas.[135]

ECONOMIAS COMBINADAS PARA AVIÕES

A importância global das viagens aéreas faz com que o crescimento dessas viagens, seja a negócios, seja a lazer, pareça certa. Mas podemos cortar o uso de combustíveis mais depressa ainda. A aplicação de melhorias disponíveis e de uso provável e de aprimoramentos relacionados aos projetos de aviões reduziria a demanda de 2050 em 54% (fig. 2-21), embora se percorram 61% mais milhas. Isso reduziria a demanda remanescente a 0,8 Mbbl/d, que poderia ser atendida por biocombustíveis avançados "de adição"[136] a um custo inferior ao do querosene derivado de fósseis já em 2020, e, em última análise, por hidrogênio líquido, se desejado.

Trens, Barcos e Outros Veículos

Os norte-americanos não usam petróleo apenas para impelir autos, voar para reuniões de negócios ou lugares turísticos, abastecer a mobilidade mili-

---

* Que, no entender dos norte-americanos, inventaram o avião antes de Santos Dumont. (N.T.)

tar ou transportar grandes quantidades de carga. A gasolina e o diesel também abastecem os barcos a motor que nos levam para pescarias, os ônibus que levam nossas crianças à escola, os caminhões de entrega que trazem encomendas e os trens e oleodutos que levam de tudo, desde o carvão até hidrocarbonetos e produtos químicos. Esses usos variados têm soma significativa: em 2010, totalizaram 1,7 milhão de barris de petróleo por dia.

Mas os mesmos princípios e as mesmas tecnologias que podem livrar nossos autos do combustível fóssil também podem reduzir o petróleo necessário para esses outros veículos civis em notáveis quatro quintos até 2050. O consumo dos atuais caminhões de entregas urbanas é de 4,3 km/l, gastando em média 19 centavos de dólar por quilômetro em combustível. Se substituirmos esses veículos por versões leves, aerodinâmicas, elétricas com bateria ou híbridas de tomada, recarregadas no depósito, o custo de combustível cairá para apenas 1,6 centavo. O E700, o veículo híbrido de entrega da FedEx, aumentou a economia de combustível em 36%, enquanto a UPS tem pensado em usar um híbrido hidráulico para economizar de 60% a 70%.[137]

Os ônibus também se beneficiam com projetos leves, redução no arrasto aerodinâmico, melhores pneus e eletricidade. Os híbridos são particularmente úteis no trânsito "para e anda" das áreas urbanas. A GM já fabrica ônibus híbridos que aumentam a quilometragem por litro em 55%, e cidades que vão de Albuquerque a Nova York começaram a usar não apenas esses híbridos, mas também eficientes ônibus movidos a biocombustível. Todos esses veículos também são candidatos a usar gás natural, que alimenta de 15% a 20% dos novos ônibus urbanos e caminhões de lixo do mundo. E o ônibus urbano rápido (BRT – Bus

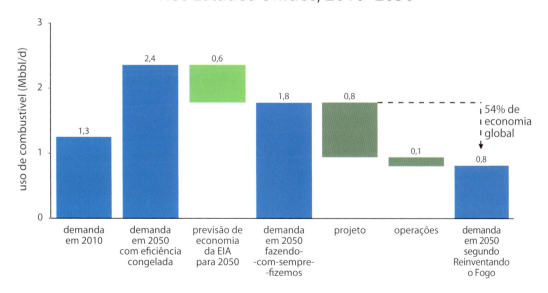

Fig. 2-21. Juntos, projeto e melhoramentos no uso podem cortar em 54% a demanda de combustível para jatos em 2050.[138]

Rapid Transit) – o sistema de "metrô de superfície" que surgiu em Curitiba, no Brasil, proporcionando capacidade similar à do metrô por um décimo do custo até de trens leves de superfície – agora está presente em mais de 80 cidades, principalmente da América do Sul, mas rumando para Los Angeles. O sistema BRT de Bogotá foi construído em três anos e levará um milhão de passageiros por dia até seu sexto ano. Até os sistemas mais onerosos de transporte urbano são bem mais baratos do que sistemas baseados em automóveis.

Uma nova categoria de trem ultraleve, como o CyberTran inventado pelo Idaho National Laboratory, mostra a promessa de grandes reduções nos custos de sistemas de trens leves, com instalação mais fácil e maior versatilidade. Seu veículo engenhosamente leve multiplica as economias em peso e custo graças ao sistema de trilhos com estrutura elevada por suportes triangulares. Ainda há muito espaço para melhorias nos trens leves convencionais. Na década de 1990, a Danish State Railways (DSB, ferrovia estatal dinamarquesa) desenvolveu o trem-S de Copenhagen com peso por assento 46% inferior ao do modelo de 1986. Uma das ideias mais elegantes em termos de trens leves e econômicos é vitoriana: pistas com corcovas que desaceleram a chegada e aceleram a partida nas estações do metrô de Londres.

O transporte de mercadorias por trem já é uma história de sucesso e eficiência. Desde 1980, o frete ferroviário dos Estados Unidos dobrou e o uso de combustível mal aumentou, graças a sistemas computadorizados de velocidade, propulsão híbrida-elétrica, motores a diesel eficientes e controle do tempo em marcha lenta (em 1984, descobriu-se que a locomotiva canadense média estava em marcha lenta entre 54% e 83% do tempo). Mas há outras melhorias possíveis: células de combustível, eletrificação mais presente, aprimoramentos na aerodinâmica, ainda mais reduções do tempo em marcha lenta e frenagem regenerativa.

A Norfolk Southern testou um protótipo de locomotiva de manobras de 1.500 hp totalmente movida a bateria, que roda 24 horas com uma carga e tem o mesmo custo de fabricação de uma locomotiva normal a diesel.[139] Os engenheiros chineses do trem-bala até inventaram um meio de os passageiros entrarem e saírem do trem sem que este pare – uma "cabine conectora" que o trem deixa em cada estação ao recolher uma nova.

Os navios são um modo eficiente de transporte de cargas, mas ainda consomem cerca de 1% do combustível de transportes dos Estados Unidos. Hoje, dados sobre a eficiência de combustível de quase todos os grandes navios de carga, coletados por uma ONG chamada Carbon War Room,[140] ajuda os clientes inteligentes a escolherem os navios mais eficientes. Atualizações de baixo custo também podem aumentar de 20% a 50% a eficiência de cada navio. O simples uso de tinta de baixo atrito quando o navio necessitar de nova pintura aumenta sua eficiência em 9%. Alguns armadores já fizeram experimentos com diversos tipos de velas modernas para poupar combustível em seus cargueiros: a SkySails fala de 35% de economia em combustível.

Projetos de Eficiência Liderados pelos Militares

A principal empresa aérea dos Estados Unidos não é civil, mas sim o Departamento de Defesa dos Estados Unidos (DoD – Department of Defense) – o maior comprador de petróleo (do qual três quartos vão para seus milhares de aviões) e de energia renovável do mundo. O DoD queima diretamente cerca de 0,36 milhão de barris por dia, 1,9% do consumo de petróleo dos Estados Unidos, além daquilo que seus prestadores de serviços consomem. Não é uma quantidade imensa de petróleo – todo ele poderia sair de duas plataformas do Golfo do México –, mas *enviá-lo* para veículos sedentos nas zonas de guerra é imensamente oneroso em sangue, dinheiro e enfraquecimento da capacidade de combate. Na década passada, mais de mil militares norte-americanos morreram em ataques a comboios que levavam principalmente combustível. O mero custo monetário de entregar um litro de combustível no Afeganistão é, em média, de US$ 7 a US$ 12. Em lugares mais remotos, onde um novo suprimento de inverno pode representar um esforço de 45 dias, a entrega pode custar dez vezes mais. Logo, o custo de entrega do combustível totaliza entre 20% e 36% do orçamento total da presença do exército norte-americano no Afeganistão.

A logística – levar as coisas de um lado para o outro, principalmente combustível – emprega cerca de metade do pessoal do Pentágono e um terço de seu orçamento, e por isso a economia de petróleo em combates poderia significar dezenas de bilhões de dólares por ano, liberando divisões inteiras de pessoal de logística e de guardas de combustível para o combate, e eliminar graves vulnerabilidades. Só em 2010, aquecer e resfriar estruturas militares norte-americanas ineficientes no Iraque e no Afeganistão custou US$ 20 *bilhões*. O simples ato de borrifar US$ 95 milhões em espuma de isolamento nas tendas do Iraque, com ar-condicionado ineficiente alimentado pela eletricidade de grupos geradores com 10% de eficiência e movidos a combustível, está poupando cerca de US$ 1 bilhão por ano e tirando 11 mil caminhões de combustível da estrada. No Afeganistão, onde a

Fig. 2-22. Quatro propostas de plataformas militares com excepcional eficiência energética e eficácia em combate (ver texto), no sentido horário, a partir do canto superior esquerdo.

espuma não foi aplicada ainda, ela se paga em 51 dias numa base grande e três dias numa remota – e o custo de construção se *reduz,* porque a espuma custa menos do que a energia, o aquecimento e o equipamento de resfriamento que ela substitui.[141] Essa economia de combustível também protege, multiplica e capacita as forças militares.

Até 2010, o Pentágono não tinha calculado os enormes custos e riscos da entrega de combustível quando adquiria os produtos que utilizavam esse recurso. Agora, ele atribui ao combustível poupado seu custo total *entregue,* que é desde muitas vezes a centenas de vezes maior.[142] Para fornecedores que desenvolvem veículos militares inovadores, essa é uma notícia lucrativa. Há uma corrida em andamento para descobrir e ampliar as vantagens competitivas em projetos energeticamente eficientes. Para aqueles que estão bem posicionados no setor civil, essa corrida pode provocar um progresso doméstico.

Aqueles que estão na indústria aeronáutica ou prestam serviços a ela, por exemplo, vão querer acompanhar o desenvolvimento de estruturas ultraleves, aerodinâmica e de motores avançados e aeronaves militares pesadas com asa e corpo combinado, que podem transportar o dobro do peso pelo dobro da distância usando cerca de 80% a 89% menos combustível por tonelada-km, ou aeronaves controladas a distância que podem patrulhar por 50 horas usando 97% menos combustível (fig. 2-22a). Outras propostas incluem uma aeronave com rotor inclinável e o triplo da velocidade, mas com alcance e eficiência de combustível de 5 a 6 vezes maiores do que plataformas antigas (fig. 2-22b), e uma aeronave que pode flutuar acima de 6 mil metros usando bem menos combustível do que os pesados dirigíveis normais e transportar silenciosamente 20 toneladas, potencialmente centenas de toneladas, de carga sem infraestrutura de solo (fig. 2-22c). Navios de cruzeiro vão querer fazer ajustes propostos que podem economizar um sexto do combustível não destinado à aviação da

Marinha – ou pensar em novos atuadores elétricos que, se substituídos por seis sistemas hidráulicos em um porta-aviões, podem economizar 635 mil kg, 5.700 m², 500 pessoas e de US$ 20 a US$ 25 milhões por ano. E uma nova família de veículos blindados ultraleves (fig. 2-22d) promete proteção "cinco estrelas" contra bombas e agilidade como a de uma grande picape, tudo a custo, peso e combustível inferiores ao de um HMMWV ("Humvee").

Faz tempo que os departamentos militares de pesquisa e desenvolvimento criaram novas indústrias que moldaram toda a economia, desde a Internet e o GPS a microchips e motores a jato. O forte interesse recente do DoD na adequação e frugalidade no combustível de suas plataformas terrestres, marítimas e aéreas parece fadado a ter reflexos nos veículos civis, acelerando a jornada nacional para superar o petróleo e criando o que poderia ser a maior vitória do DoD para a segurança nacional.

Isso, por sua vez, pode transformar os riscos e as responsabilidades de nossas Forças Armadas. Plataformas leves e ágeis podem ir mais longe, mais depressa e por mais tempo, acrescentando capacidades de combate revolucionárias – e acelerando a economia em petróleo que pode tornar essas virtudes menos necessárias.[143] Acabe-se com a dependência do petróleo nos Estados Unidos, especialmente do petróleo importado, e não será mais tão importante proteger as instáveis nações produtoras de petróleo, nem as rotas de fornecimento. Nossos filhos e filhas foram duas vezes combater no Golfo Pérsico em tanques que fazem 0,2 km/l e porta-aviões que fazem o equivalente a 1,4 *metro* por litro em parte porque, em casa, ainda dirigíamos SUVs que fazem 6,4 km/l. Um tributo digno para seu sacrifício seria demonstrar a capacidade militar de eficiência em combustíveis que torna esses sacrifícios menos necessários, alivia a tensão global, solapa tiranos e, enfim, transforma a intervenção no Golfo Pérsico em "Missão Desnecessária".

MOVENDO VEÍCULOS COM ENERGIA MAIS LIMPA

Mesmo que compreendamos todo o potencial para projetos e usos eficientes em toda a gama de veículos, ainda precisamos de combustível para esses veículos ou de fontes de energia que sejam melhores e mais baratas do que o petróleo. Felizmente, quatro opções – eletricidade (que também ficará bem mais limpa), hidrogênio, gás natural e biocombustíveis avançados – oferecem amplas opções e concorrência robusta.

Carregando

Hoje em dia, quando o indicador de combustível mostra que o tanque está quase vazio, raramente você precisa se preocupar com o lugar onde irá reabastecer. Os Estados Unidos têm mais de 110 mil postos de gasolina, juntamente com quase 150 refinarias e as intrincadas redes de oleodutos e rotas de caminhões-tanque que mantêm os postos abastecidos.

Mas o que acontece quando você está no seu carro elétrico indo, digamos, de Los Angeles para San Francisco pela Highway 1? Enquanto você se emociona com o cenário da Big Sur, percebe que está com tão pouca energia que talvez não consiga chegar ao destino, especialmente com algumas das íngremes colinas que encontrará pela frente. E não há um lugar para carregar o automóvel.

Bem-vindo a uma nova preocupação da era do veículo elétrico: a "ansiedade da autonomia".[144] Foi o que aconteceu com o primeiro comprador do Nissan Leaf, Olivier Chalouhi. Depois de todo o oba-oba ao pegar seu carro em Petaluma em dezembro de 2010 e ir dirigindo para sessões de fotografia perto da Ponte Golden Gate, Chalouhi percebeu que tinha apenas 60 quilômetros de autonomia antes de acabar a carga do carro. A dis-

tância até sua casa era de 60 quilômetros. Chalouhi teve de parar na prefeitura para carregar o carro antes de poder prosseguir com segurança até o seu destino. Portanto, não é à toa que, quando 85% dos participantes de uma recente pesquisa Nielsen disseram que comprariam um carro elétrico, eles preferiam claramente os híbridos de tomada, apoiados por um motor de bordo, a carros puramente movidos a bateria.[145]

A lição: abandonar o petróleo e passar para autos Revolucionários+ não é apenas uma questão de desenvolver os autos. Como eles só obtêm eletricidade das baterias a bordo, exigem também uma infraestrutura para recarregá-los, de preferência, com fontes renováveis.

Felizmente, a infraestrutura física para a recarga está amadurecendo rapidamente, com base numa tomada inteligente que se tornou o padrão da indústria. Empresas como AeroVironment, Inc. desenvolveram não apenas estações de recarga para residências e escritórios, mas também uma tecnologia de carga que promete cortar o tempo de recarga, reduzindo-o de muitas horas a uma carga praticamente completa numa fração de hora. A AeroVironment associou-se à NRG Energy, provedora de serviços sediada em Princeton [Estado de Nova Jersey] para criar um "ecossistema" elétrico completo em Houston. A NRG planeja investir US$ 10 milhões numa rede com mais de cinquenta estações de carga rápida ao longo de estradas importantes, em áreas empresariais, em *shopping centers* e em estacionamentos de prédios de escritórios. Em vez de se sujeitarem ao capricho dos preços da gasolina, os clientes da NRG pagam pela assinatura de planos de carga. A Califórnia também está formando em ritmo acelerado uma rede de carga rápida e de estações de troca de baterias espalhada pelo Estado. Outros participantes importantes desse cenário são a Coulomb Technologies, a GE, a Schneider Electric e a Better Place.[146]

Uma forma custo-eficaz de elaborar uma infraestrutura destinada a autos elétricos é incluir a instalação de equipamentos de carga no caminho normal de trabalho nas ruas ou a construção de novos prédios de estacionamento, uma ideia promovida pelo Project Get Ready (PGR) [ou "Projeto Prepare-se"] do RMI, presente em 16 cidades. Uma cidade parceira do PGR, Vancouver, British Columbia, foi pioneira no mundo ao exigir que novos prédios com unidades mistas instalem conduítes elétricos para futuras estações de recarga. Algumas lojas importantes até planejam instalar estações de recarga em seus estacionamentos – frequentemente acionados por células solares para não elevar o consumo diurno da rede – e oferecer a recarga com a finalidade de atrair clientes.

A infraestrutura de recarga poderia trazer um benefício inesperado para os proprietários de veículos elétricos – e para todo o sistema de eletricidade. Automóveis ligados em tomadas poderiam vender de volta à rede sua eletricidade armazenada quando ela é mais valiosa, assim como as empresas fornecedoras estão se desdobrando para atender à demanda das regiões centrais nas tardes quentes de verão. Dessa forma, o segundo bem familiar mais valioso das famílias americanas poderia gerar dinheiro durante parte de 96% do tempo em que fica estacionado. E, como veremos no Capítulo 5, a capacidade das empresas de eletricidade de usar a "armazenagem distribuída" dos autos estacionados e de controlar o tempo de carga para atender às necessidades da rede pode ser muito valiosa para o sistema elétrico. As atuais tomadas padronizadas de carga têm comunicação nos dois sentidos para assegurar que a carga não onere indevidamente a rede em períodos de pico, para que os preços se ajustem à escassez e para que os motoristas que vendem de volta a energia à rede sejam pagos por sua eletricidade e pela leve degradação da vida útil de suas baterias.

Construir uma nova infraestrutura não será barato. Segundo algumas estimativas, cada novo veículo elétrico vai precisar de 1,1 estação de recarga – embora 80% das estações fiquem em residências e sejam pagas (custando cerca de US$ 1.500) pelo dono do auto. As outras (20%) serão uma mescla de estações públicas e em locais de trabalho, variando de US$ 2 mil para uma unidade básica a dezenas de milhares de dólares para uma estação de carga rápida e corrente contínua. Algumas áreas vão precisar de melhoramentos na distribuição da energia elétrica, especialmente se não houver cobrança adicional para carregar em horários de pico. Uma nova infraestrutura financeira permitirá aos usuários pagar com cartão de crédito, tão facilmente quanto sacar dinheiro num caixa eletrônico.

Mas em comparação com a construção de ferrovias ou estradas, acrescentar uma infraestrutura elétrica é relativamente fácil. A eletricidade já é onipresente. Como mostra o Capítulo 5, temos o suficiente dela. Na maioria dos casos, conectar um veículo elétrico não é mais difícil do que comprar e instalar um novo eletrodoméstico.

Abastecendo com Hidrogênio

Outra fonte de eletricidade para veículos elétricos é a célula de combustível. Você se lembra do experimento na aula de química do colegial no qual a corrente elétrica divide a água em hidrogênio e oxigênio? As células de combustível fazem isso ao contrário, reagindo quimicamente hidrogênio e oxigênio (do ar) para fazer eletricidade, água pura, calor e nada mais. Não há combustão. As células de combustível são compactas, eficientes, extremamente confiáveis, onerosas se feitas artesanalmente, mas competitivas se produzidas em massa. Seu hidrogênio é armazenado sob uma pressão de 340 atmosferas em tanques de fibra de carbono ultrafortes e ultrasseguros, de tecnologia datando da década de 1990, e são reabastecidos como o gás natural comprimido (CNG – Compressed Natural Gas) de caminhões pesados (que poderiam usar hidrogênio comprimido em vez do gás).

Diversos estudos oficiais revelaram, e alguns legisladores acreditam, que carros movidos a hidrogênio não são práticos. Mas todos esses estudos presumem veículos inadequados, com grandes e caras células de combustível e tanques de hidrogênio absurdamente volumosos. A adequação veicular resolve esses problemas[147] sem a necessidade de nenhuma revolução na tecnologia de armazenagem, tornando o hidrogênio uma opção tecnicamente viável e economicamente competitiva que é, no mínimo, tão segura quanto a gasolina e, dependendo de sua fonte, um combustível razoavelmente (ou completamente) limpo e climaticamente seguro para autos.[148]

A princípio, o hidrogênio automotivo seria feito na estação de abastecimento a partir do gás natural, usando "reformadores" em miniatura já desenvolvidos e emitindo de 2 a 3 vezes menos CO_2 por quilômetro do que os carros a gasolina de hoje. Biocombustíveis seguros para o clima também poderão ser reaproveitados caso a eletricidade renovável ou o uso direto da luz solar para dividir a água não se tornarem ainda mais baratos. O custo e o tempo não são um problema: há uma década, a Deutsche Shell disse que poderia vender hidrogênio em todos os seus postos de abastecimento na Alemanha num prazo de dois anos[149] – a mesma velocidade com que Portugal acaba de formar sua rede nacional de recarga de carros elétricos.

O problema do "ovo ou a galinha", supostamente insolúvel, da infraestrutura do hidrogênio – não se vendem autos sem ela, mas não há infraestrutura sem clientes – foi solucionado em 1999.[150] A GM e especialistas independentes descobriram que a implementação em escala nacional custaria menos do que sustentar uma capacidade equivalente de abastecimento de gasolina.[151] Um estudo de 2010 da McKinsey confirmou que a produção de hidrogênio e a infraestrutura de abastecimento custam apenas cerca de 5% do valor dos veículos que o utilizam.[152] Quando perguntaram ao gerente geral da Lexus nos Estados Unidos se os carros a célula de combustível sairiam no mercado em 10, 20 ou 50 anos, ele simplesmente respondeu: "Será mais cedo do que você imagina."[153]

O hidrogênio líquido frio também é viável para aviões. Embora seja volumoso, ele tem 2,8 vezes a energia do combustível de jatos por quilograma. A Força Aérea dos Estados Unidos e importantes fabricantes de aviões determinaram a viabilidade e a segurança desses "crioaviões", e a Boeing desenvolveu o "Olho Fantasma", um avião espião movido a hidrogênio, combustível que o mantém 60% mais tempo no ar. A Boeing também testou no ar, com sucesso, um avião de dois lugares alimentado por célula de combustível de hidrogênio, em 2008. O hidrogênio líquido até permite que motores elétricos altamente eficientes, leves e supercondutores acionem hélices modernas – uma receita para eficiência a longo prazo, talvez além do triplo que já está disponível em aviões avançados,[154] e potencialmente ampliável com células solares ultraleves instaladas a bordo.

Pondo o Gás Natural na Estrada

Diferentemente dos autos, mesmo os mais eficientes caminhões de longo percurso ainda não podem ser movidos a eletricidade de forma econômica. Normalmente, eles usariam biodiesel, com uma opção de células de hidrogênio a longo prazo. Mas a curto e médio prazo, passar de diesel para gás natural economizaria dinheiro e diminuiria a emissão de gases estufa dos caminhões de 20% a 30%. Esses caminhões poderiam até se livrar quase que por completo de combustíveis fósseis usando "gás natural renovável" de aterros, usinas de tratamento de esgoto e esterco de gado.

Essa tecnologia está bem estabelecida: mais de 12 milhões de veículos ao redor do mundo usam hoje o GNC (Gás Natural Comprimido), que em 2010 era, em média, 42% mais barato do que o diesel nos Estados Unidos por unidade de energia contida. O GNC tem 4 vezes o volume do diesel, e por isso é volumoso demais para os atuais caminhões pesados de longa distância, mas é bem adequado para caminhões que são de 2 a 3 vezes mais eficientes, encolhendo proporcionalmente os tanques para o mesmo alcance. Em pouco tempo, tanques leves e integrados podem ajudar até caminhões menos eficientes a transportar mais GNC.

Outra solução é o gás natural liquefeito (GNL), mais caro, porém 2,4 vezes menos volumoso do que o GNC e cada vez mais competitivo em termos de custos em relação ao diesel. Estima-se que converter um caminhão de longas distâncias para GNL custa cerca de US$ 70 mil. Com o gás natural custando US$ 0,20 menos do que um litro equivalente de diesel (como é hoje na Califórnia), um caminhão normal de longas distâncias pode recuperar o custo de conversão em aproximadamente 5 anos. Se a diferença for de US$ 0,40, os custos podem ser recuperados em apenas dois anos.[155]

As barreiras? Uma preocupação é a segurança.[156] O GNL precisa ser mantido em tanques isolados a vácuo à temperatura de -163 ºC. Se liberado, pode estilhaçar materiais como o aço e criar uma camada aderente ao solo de gás superfrio, mas altamente inflamável. Novos tanques compactos de compósito de carbono desenvolvidos pela BMW e por outras empresas podem reduzir o custo e melhorar a segurança, mas o gás ainda pode ser liberado propositalmente e causar um incêndio pior do que os produzidos por propano ou

gasolina, cujos caminhões-tanque já fazem parte das preocupações das forças internas de segurança dos Estados Unidos.

Outra barreira é a infraestrutura escassa. Outras dezenas de milhares de postos de abastecimento de gás natural serão necessárias se quisermos que os veículos a gás natural substituam o diesel, e o GNL tem custos de infraestrutura ainda maiores do que o GNC. Os sistemas de abastecimento de gás natural podem, portanto, funcionar melhor em frotas de abastecimento central, como ônibus e caminhões de entrega, em vez de se tentar espalhá-los por todos os lugares onde os caminhões podem ir. Tanto pela segurança como pelo fato de o gás natural (metano) ser 20 vezes mais poderoso como gás estufa do que o CO_2, o abastecimento com gás natural em escala maior exigiria engenharia e procedimentos bem estudados para se evitar vazamentos.

Todos esses desafios para o abastecimento de caminhões pesados que identificamos podem ser vencidos, mantendo as cargas em movimento com bem menos combustível líquido e, num último estágio, sem combustível fóssil. A economia resultante em petróleo – 18% de todo o petróleo usado hoje – seria a forma não automotiva mais importante de, até 2050, livrar a nação do petróleo. E quanto mais combustível para caminhão economizarmos e diversificarmos, menor será o fardo sobre a tecnologia de suporte – os biocombustíveis.

Bombeando Biocombustíveis

Leilani Münter é uma das 10 melhores pilotos femininas de corrida. Começou a correr em Daytona em 2006 e tornou-se participante habitual das corridas de NASCAR – o esporte mais popular da televisão norte-americana, com 100 milhões de espectadores. Mas ela também foi mencionada na *Newsweek* como "surpreendentemente verde" e foi nomeada Ecoatleta nº 1 pelo programa *Planet*

Green do Discovery Channel. Por quê? Para cada corrida, ela compra e protege 0,4 ha de floresta tropical para compensar a pegada de carbono. E agora sua missão é converter totalmente a NASCAR para biocombustíveis.

Não importa a presteza com que busquemos grandes economias de combustível, como descrito neste capítulo, a nação ainda vai precisar de combustível líquido – e muito, declinado ao longo de décadas. Como comentado anteriormente, aviões e caminhões pesados ainda não podem ser eletrificados de forma econômica. Projetos com base no hidrogênio enfrentam barreiras transitórias. Mas onde a eletricidade e o hidrogênio não podem substituir o petróleo, os biocombustíveis podem. Com os recentes avanços tecnológicos, não há nada que o petróleo possa fazer que o etanol, o diesel verde e outros biocombustíveis não podem – inclusive mover carros de corrida como o de Leilani.

E de quanto biocombustível necessitamos? De que tipo ele deve ser? E de onde virá?

Se acelerarmos pela estrada que leva a automóveis Revolucionários+, a outros veículos drasticamente aprimorados e a usos mais inteligentes, podemos cortar a quantidade total de combustível líquido destinado à mobilidade em 2050 para cerca de 3,1 milhões de barris por dia (fig. 2-23). Só 20% dessa demanda remanescente seria destinada a automóveis; 40% iria para caminhões pesados e 25% para aviões. Ônibus, consumo militar, caminhões médios, trens, navios e oleodutos consumiriam os 15% restantes. Será que os biocombustíveis podem suprir essa demanda sem prejudicar o suprimento de alimentos ou o meio ambiente mundial?

DO CHÃO PARA CIMA: BIOCOMBUSTÍVEIS

Nos gigantescos tonéis das usinas de biocombustível espalhadas pelos Estados Unidos, leveduras transformam o açúcar do milho em etanol, no milenar processo da fermentação. Esse biocombustível de primeira geração tornou-se um grande negócio. Os produtores norte-americanos de etanol fabricaram 49 bilhões de litros em 2010, o equivalente a 0,6 milhão de barris de petróleo por dia.[157] Isso é um quinto do combustível total necessário para mobilidade em 2050, e por isso essa tecnologia de primeira geração não seria suficiente para todas as necessidades de mobilidade, nem adequada para alguns usos (principalmente aviões), e poderia interferir na produção de alimentos, apesar de ser coproduzido.

Como pode ser feito a partir dos resíduos das colheitas ou de plantações dedicadas à energia em terras que *não* foram tiradas da produção de alimentos, os biocombustíveis de segunda geração evitam o conflito entre alimento e combustível que pode surgir quando o milho ou a soja são transformados em combustível.[158] A separação entre combustível e alimento também reduz indesejáveis associações entre o preço dos alimentos e o do petróleo.

O etanol de segunda geração pode ser feito do resíduo de colheitas, como folhas de milho, troncos, cascas e sabugos (que coletivamente recebem o nome de "ensilagem") ou de culturas que não se destinam à alimentação, como capim. Esse "etanol de celulose", porém, enfrentaria barreiras. O etanol puro não funciona em climas frios, e por isso sua venda nos Estados Unidos teria de ser sazonal e regional. Mas isso não é motivo para que qualquer automóvel norte-americano novo deixe de ter a capacidade de utilizar etanol como combustível. Um "padrão aberto de combustíveis" (uma proposta bipartidária no Congresso desde 2009) exigiria que novos veículos tivessem a capacidade "flex" – podendo funcionar com diversas misturas de etanol e gasolina.[159] Naturalmente, os padrões de etanol em si nada podem fazer para impedir a volatilidade do mercado de alimentos devida à produção de etanol a partir de gêneros alimentícios. A reestruturação dos subsídios norte-americanos ao etanol de milho e de soja permitiu que fontes celulósicas, intrinsecamente mais baratas, competissem com eles de forma justa, acelerando a troca por combustíveis de origem não alimentícia. Ajudaria ainda mais se fosse retirado o subsídio à agricultura.

Pesquisadores e empresas estão tendo progressos não apenas com o etanol celulósico, mas também com combustíveis "renováveis", que são química e funcionalmente indistinguíveis dos atuais combustíveis de petróleo usados em caminhões e aviões. Esses progressos prometem grandes ganhos na luta contra mudanças climáticas, emitindo de 60% a 120% menos gases vitalícios de efeito estufa do que os combustíveis fósseis – bem melhores do que o etanol ou o biodiesel. (Os 120% refletem o potencial de tirar o CO_2 do ar, colocando-o de volta no solo fértil, onde deve estar, e recompensando os fazendeiros que o produzem.)[160]

No total, biocombustíveis de segunda geração distribuídos pela infraestrutura existente e que funcionem nos motores existentes poderão alimentar todos os nossos veículos terrestres, marítimos e aéreos até 2050 se não forem vencidos pelo gás natural, pela eletricidade ou pelo hidrogênio. A verdadeira mistura entre esses quatro concorrentes é impossível de se prever e será mais bem determinada num mercado justo. Mas teremos terras e água suficientes para cultivar os vegetais necessários para fazer 3 milhões de barris de biocombustível por dia? Poderemos fazê-lo sem roubar terras da produção de alimentos, necessárias para atender à crescente população e à demanda do planeta? E poderemos cultivar esses gêneros de forma sustentável?

Estudos recentes respondem sim às três perguntas. Em uma análise de 2005 do USDA (Departamento de Agricultura) e do DOE (Departa-

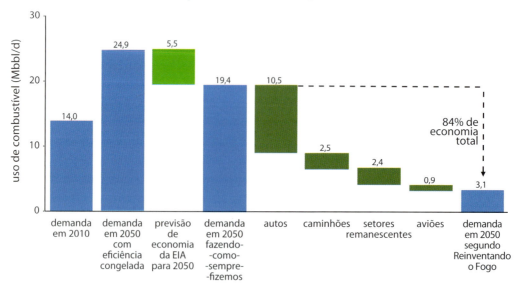

Fig. 2-23. Até 2050, autos, caminhões, aviões, ônibus e trens ainda necessitarão de cerca de 3 Mbbl/d de combustível para operar.[161]

78 REINVENTANDO O FOGO

mento de Energia) concluiu-se que as terras das fazendas norte-americanas poderiam prover sustentavelmente, a cada ano, quase um bilhão de toneladas secas de biomassa coletável e não comestível – suficiente para produzir 3 Mbbl/d de combustível – sem tirar os alimentos da mesa de todas as famílias do mundo. Cerca de metade desse quase bilhão de toneladas seria composta de resíduos de colheitas agrícolas, como ensilagem de milho. O resto seria principalmente de lixo municipal e de culturas perenes como o *Panicum virgatum* ("switchgrass"), um capim nativo do continente norte-americano.[162]

E não precisamos depender apenas das fazendas. Os EUA têm mais de 200 milhões de hectares de florestas, cobrindo um quinto do país. Aparas de troncos, podas e outros tipos de madeira podem produzir 360 milhões de toneladas secas de matéria-prima por ano e gerar mais 1,3 Mbbl/d de biocombustíveis. A figura 2-24 ilustra o volume de cada uma dessas matérias-primas e seus custos relativos com as melhorias em tecnologia projetadas para 2050 em três categorias amplas de processos de conversão.

Produzir biocombustíveis avançados também pode ser mais eficiente do que fermentar milho para fazer etanol. Alguns métodos são de 45% a 75% eficientes na conversão de matéria-prima energética em combustível, contra os 38% do etanol de grãos. E mais: alguns dos processos criam

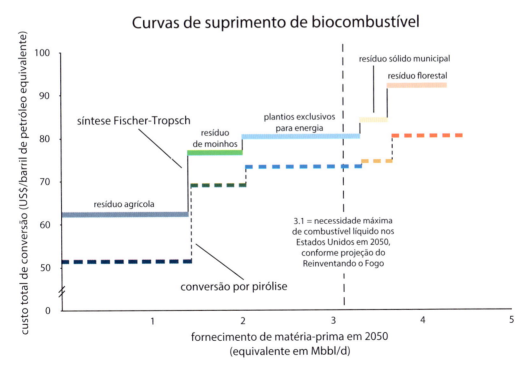

Fig. 2-24. Biocombustíveis de segunda geração (que não incluem combustíveis derivados de algas) têm o potencial de proporcionar um total de mais de 4 Mbbl/d até 2050 a custos não subsidiados (livres de créditos de coprodução) inferiores aos preços projetados para o petróleo no futuro. O etanol de celulose, que não aparece no gráfico, fica entre as duas curvas mostradas de processos termoquímicos e tem um resultado um pouco melhor, com um fornecimento total de 4,7 Mbbl/d. Ver mais detalhes em www.reinventingfire.com.[163]

valiosos subprodutos. A eletricidade da gaseificação termoquímica é um subproduto que reduz o custo efetivo por barril de petróleo em aproximadamente US$ 10. Alguns modos de conversão biológica que transformam açúcar em combustível também produzem uma ampla variedade de substâncias químicas especiais que valem mais de US$ 5 mil por tonelada – bem mais valiosas que o etanol. Mais cedo ou mais tarde, poderá ser possível aplicar o projeto integrador para criar biorrefinarias que combinem tecnologias de conversão de biocombustível, empreendimentos agrícolas, produção de substâncias químicas finas e produção de algas, em instalações altamente lucrativas, com saldo zero de emissão de carbono.

A PRÓXIMA GERAÇÃO: COMBUSTÍVEL DE ALGAS

Empresas como a DuPont Danisco Cellulosic Ethanol estão construindo unidades fabris para produzir etanol a partir do *switchgrass*.[164] Outras empresas importantes como Shell, BP e Dow estão na corrida do etanol de celulose, assim como empresas lastreadas em fundos de investimentos privados, como a Amyris e a LS9. Mas mesmo enquanto se faz progresso com esses combustíveis de segunda geração, investidores como Bill Gates e Pierre Omidyar, empreendedores, as grandes do petróleo[165] (Exxon, Chevron, BP, Valero) e governos começaram a investir em uma matéria-prima mais exótica – algas. Por quê? O combustível produzido a partir de algas fornece a promessa de um grande salto na produtividade de biocombustíveis. Os otimistas afirmam que as algas podem transformar 198 toneladas de CO_2 em quase 38 mil litros de óleo, 16,8 toneladas de proteínas e 16,8 toneladas de biomassa por hectare, contra 1.500 a 1.900 litros de óleo para o milho ou a cana-de-açúcar e 4.200 litros para o *switchgrass*. Se essa produção surpreendente é possível, um hectare de algas pode gerar US$ 120 mil por ano – uma ordem de grandeza maior do que as fontes terrestres de biomassa – e nem é preciso usar terras.[166]

INOVAÇÃO EM BIOCOMBUSTÍVEIS

Dezenas de empresas estão enfrentando os desafios apresentados pelos biocombustíveis de segunda geração ou à base de algas. Eis alguns exemplos:

▶ A Solazyme produz algas com micróbios geneticamente modificados que se nutrem de açúcar em grandes tonéis de fermentação. As algas maduras são prensadas para extração do óleo. Em 2010, a Marinha dos EUA encomendou 568 mil litros de combustível de jatos produzido por algas da Solazyme.

▶ Recentemente, a Sapphire Energy iniciou construção numa unidade de 121 hectares no Estado de Novo México para cultivo de algas geneticamente modificadas em lagoas. Subprodutos das algas, como proteínas e nutrientes, serão mantidos na fábrica para produzirem mais algas. Por volta de 2012, espera-se que essa unidade de testes produza quase 3,8 milhões de litros de combustível de algas por ano.

▶ A empresa alemã Choren construiu uma fábrica de grande porte, capaz de converter 62 toneladas de biomassa por ano em 18 milhões de litros de diesel e 45 mW de eletricidade por meio de uma técnica "biomassa para líquido", ou BPL, que produz gás sintético a partir da matéria-prima e depois converte o gás em combustível de segunda geração por meio da síntese Fischer-Tropsch.

▶ A Rentech, sediada no Colorado, está construindo uma usina-piloto de testes, financiada por verbas de estímulo federais de 2009, que vai produzir 34 milhões de litros de diesel verde sintético por ano e 35 mW de energia limpa.

Assim como acontece com autos Revolucionários+ com célula de combustível, caminhões movidos a hidrogênio e projetos avançados de aviões, a produção e o processamento de algas enfrentam desafios tecnológicos significativos a cada etapa. Em lagoas abertas em "pista de corrida", as algas superam em produção outras fontes convencionais de combustível,[167] mas isso exige terreno plano, água, sol e, o mais importante, CO_2, e isso pode limitar a produção de algas a menos locais adequados do que matérias-primas cultivadas em terra. Outros processos incluem o cultivo de algas em ambientes fechados, com fotobiorreatores usando luz artificial semelhante à solar, e cultivando algas "heterotrópicas" que podem crescer no escuro. Essas técnicas de cultivo em ambiente fechado tendem, até agora, a exigir bem mais capital do que o cultivo em lagoas abertas.

Apesar dos desafios tecnológicos envolvidos na produção econômica e em escala de algas para biocombustível, diversas empresas esperam entrar na escala de produção comercial dentro dos próximos cinco anos (ver o texto em destaque "Inovação em Biocombustíveis"). O progresso continuado da modificação genética deve aumentar a produção. O Departamento de Energia estima que 1,4 Mbbl/d de biocombustível possa ser produzido à base de algas até 2050.

Antevendo a disponibilidade de biocombustíveis de segunda geração e de algas, companhias aéreas e forças militares já começaram a testar a compatibilidade de motores, a consistência do combustível, seu desempenho e sua logística. Algumas companhias aéreas nem estão fazendo testes isolados: a Lufthansa queima uma mistura com 50% de biocombustível em um dos dois motores dos seus quatro voos diários entre Frankfurt e Hamburgo. Com grandes testes de voo já realizados no mundo todo com diversos motores e fuselagens, a ASTM, importante organismo de padronização, aprovou misturas com 50% de biocombustível para linhas aéreas comerciais em dezembro de 2010. A Marinha e a Força Aérea dos EUA já realizaram voos com caças supersônicos avançados com um combustível que era metade de aviação, metade biocombustível derivado de uma erva semelhante à mostarda. A Força Aérea pretende, até 2016, livrar do petróleo metade de seu combustível doméstico de aviação, e a Marinha pretende lançar ao mar um Grupo de Ataque sem derivados de petróleo. Por volta de 2020, a Marinha almeja estar com pelo menos 50% de seu combustível livre do petróleo.

NOVOS MODELOS DE NEGÓCIOS

O rápido crescimento dos biocombustíveis representa, ao mesmo tempo, um desafio e uma oportunidade para a indústria do petróleo – e algumas escolhas difíceis. As empresas petrolíferas e as refinarias devem se manter apegadas aos combustíveis fósseis ou passar também a se dedicar aos biocombustíveis? Se for o caso, devem focalizar o etanol ou devem trabalhar com combustíveis semelhantes aos hidrocarbonetos (como o butanol), compatíveis com sua sólida infraestrutura atual? Cada empresa está fazendo suas próprias apostas. A importante refinadora Valero Energy, por exemplo, adquiriu usinas de etanol a preço de liquidação quando a grande produtora de etanol VeraSun faliu em 2008. E, em 2010, a BP adquiriu uma importante empresa de biocombustíveis de segunda geração, a Verenium.

Do ponto de vista da agricultura, passar para biocombustíveis avançados reduzirá a demanda norte-americana de biocombustíveis feitos de safras comestíveis, mas irá aumentar a demanda por resíduos agrícolas, capim perene e árvores. A entrada potencial de algas poderia reduzir a área necessária para atender à demanda remanescente de combustível para transportes nos Estados Unidos, e simultaneamente aumentar o fornecimento de alimentos para animais. Assim, enquanto o desafio dos biocombustíveis de primeira geração era o combustível ou os alimentos, a promessa dos biocombustíveis avançados é combustível e ração.

CONCLUSÃO: MELHOR MOBILIDADE COM CUSTO MENOR E SEM PETRÓLEO

Neste capítulo foi explicado como podemos manter o vasto sistema de transportes dos Estados Unidos funcionando, crescendo e se aprimorando – tudo sem petróleo. Até 2050, estaremos dirigindo veículos supereficientes alimentados por uma mistura flexível de eletricidade, hidrogênio e biocombustíveis sustentáveis (e, se desejado, um pouco de gás natural para caminhões), e usaremos esses veículos de maneira bem mais produtiva. Para alimentar nossos caminhões pesados e aviões, cada vez mais eficientes, precisaremos, no máximo, de biocombustíveis equivalentes a 3,1 milhões de barris de petróleo por dia. É menos do que cinco vezes o volume da atual indústria de biocombustíveis dos Estados Unidos, que abastece apenas 3% do combustível para mobilidade de 2010.

Esse novo sistema de transportes não só seria mais limpo e eficiente, reduzindo a ameaça ao clima e a dependência do petróleo, mas também custaria trilhões de dólares a menos para ser mantido do que a alternativa fazendo-como-sempre-fizemos. No todo, a transição para autos, caminhões e aviões mais eficientes, além de mudar o modo como usamos todos esses veículos, significa investir US$ 2 trilhões para economizar US$ 5,8 trilhões (fig. 2-25).

Acabar com o uso de petróleo para transporte até 2050 é possível (fig. 2-26), mas será uma tarefa desafiadora. Não será instantânea, nem fácil. A inércia precisará ser superada pela força aceleradora dos fabricantes de veículos, incorporadores imobiliários, empreendedores de TI e outros ansiosos por fazer novas fortunas a partir de ideias melhores. Também vamos precisar de rápida inovação. Não é fácil criar autos adequados, seguros, atraentes e excitantes que conseguem fazer o equivalente a 33-63 km/l sem comprometer – ou até aprimorando – o conforto, a dirigibilidade e a segurança, tudo a preços interessantes. Tampouco é fácil remodelar outros veículos, sistemas de transporte e comportamentos humanos. Mas é mais fácil do que enfrentar as consequências de não fazer isso. Essas metas ambiciosas são possíveis e custo-eficazes, e alguns empreendedores do sistema de transportes dos EUA já começaram a almejá-las.

Há três caminhos fundamentais para que as empresas façam essa transformação:

Liderar a transição para veículos supereficientes. Ainda há muitas formas inexploradas de eficiência. Os fabricantes de aviões deram passos impressionantes, mas precisam projetar aviões radicalmente diferentes. As fábricas de automóveis precisam explorar a virtuosa espiral da ultraleveza, do projeto integrador e da eletrificação para produzir autos Revolucionários+ que sejam seguros e acessíveis; os principais obstáculos são mais culturais do que tecnológicos ou econômicos. Caminhões pesados e outros transportes de carga precisam conduzir mais peso usando menos combustível. Os pioneiros e os seguidores rápidos vão colher as recompensas nesses mercados globais altamente competitivos. Embora os riscos devam ser enfrentados com inteligência, hoje o incrementalismo é a estratégia de alto risco, e a transformação, a de risco menor.

Será preciso uma liderança decidida e inspiradora – e ela está começando a surgir, agora que a recente "experiência de quase-morte" de Detroit concentrou as mentes de forma maravilhosa. En-

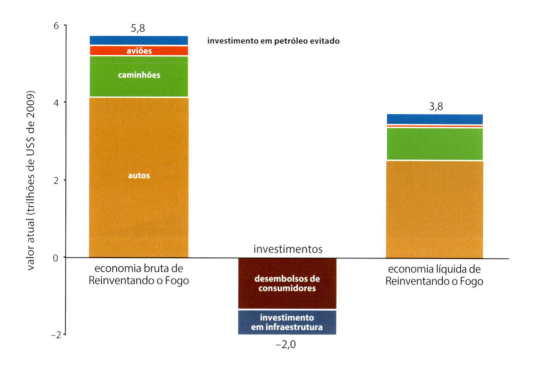

Fig. 2-25. Economia líquida em valor presente de 2010 de US$ 3,8 trilhões, incluindo o custo de construir a infraestrutura de distribuição necessária para dar apoio a uma frota de autos abastecendo-se de uma mistura de eletricidade e hidrogênio até 2050 (a mistura exata não é importante). No período de 40 anos, os autos economizam US$ 4 trilhões em valor atual líquido (US$ 400 bilhões da melhora na utilização); caminhões, mais ou menos US$ 0,8 trilhão; e aviões, por volta de US$ 100 bilhões. Cerca de US$ 270 bilhões em investimentos no sistema doméstico de suprimento de petróleo também são evitados.[168]

gendrar uma cultura de inovação e estabelecer uma visão de longo prazo rumo à produção em larga escala de produtos revolucionários começa no topo. Os retardatários incorrerão em risco de ter de correr para tentar chegar às posições dos concorrentes, que já estarão bem avançados nas três curvas de aprendizado sinergéticas. Os líderes, no entanto, poderão colher os benefícios de poder garantir suas fatias de mercado, as cadeias de fornecimento e a reputação de criar tecnologia de ponta. Qualquer seguidor que não for o mais rápido nessa competição ágil e multidimensional correrá o risco de ser deixado para trás como fabricante de máquinas de escrever.

Investir em tecnologias e tipos de combustível. Provavelmente vamos precisar, em algum grau, de todas as tecnologias de veículos e de combustíveis alternativos apresentadas neste capítulo para livrar o setor de transportes do petróleo. Em última análise, nem todas serão necessárias, mas sua diversidade, especialmente nos sistemas de motor-transmissão e de combustível, proporciona valiosa garantia contra fracassos. Isso significa investir agora em tudo:

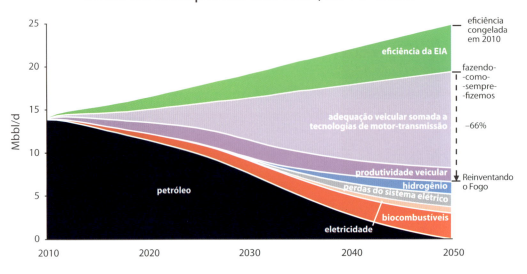

Fig. 2-26. Em 2050, o sistema de transportes dos EUA não precisará de petróleo se veículos supereficientes empregados de forma produtiva forem usados para proporcionar os mesmos serviços a custo e risco mais baixos. A mistura de combustíveis, como eletricidade, hidrogênio, gás natural e biocombustíveis avançados – dos quais uma possibilidade ilustrativa é apresentada aqui –, não pode ser determinada de antemão, mas é bem flexível, dando suporte a uma concorrência robusta até 2050 e bem além dessa data. Se o hidrogênio mostrado for todo produzido pela reforma de gás natural, virá metade de gás e metade de vapor.[169]

desde processos de fabricação de estruturas feitas de compósitos avançados e de motores de roda leves a baterias leves, células de combustível automotivas e biocombustíveis avançados. Lançar uma rede mais ampla reduz os riscos, amplia as oportunidades e esquenta a concorrência.

Para citar um exemplo, investir em precursores de fibra de carbono de baixo custo e em sua produção poderia posicionar os EUA como importante fornecedor dessa vital matéria-prima (concorrendo com o Japão, a China e a Europa), além de reduzir os custos dos fabricantes de veículos. Apoiar o desenvolvimento de fibras naturais e de alternativas a precursores como a olefina seria um modo de desacoplar a produção das fibras de carbono do petróleo e de seu preço.

Os fabricantes precisam de investimentos em novos recursos e nas inovações na forma de fabricação que estão surgindo para reduzir o tempo de ciclo e produzir inovadoras estruturas em compósitos avançados – uma área mal atendida pelo capital de empreendimentos novos. Empresas iniciantes, com apoio adicional de capital, poderiam entrar no mercado projetando e licenciando novas tecnologias automotivas.

Investir em novos empreendimentos voltados para serviços, que proporcionam mobilidade em vez de veículos e combustíveis, e em modelos de negócios de compartilhamento de autos e de caronas, bem como na TI para esses modelos, poderia ajudar as empresas a expandir suas frotas. Isso fomentaria a concorrência entre fabricantes, proporcionando ofertas eficientes em termos de combustível para essas grandes fatias garantidas de mercado.

Tecnologias de biocombustíveis proporcionam oportunidades excelentes para investimento, especialmente de biocombustíveis alternativos para caminhões pesados e aviões. Com diversas matérias-primas e técnicas de conversão já em desenvolvimento, muitas dessas abordagens inovadoras poderiam produzir quantidades substanciais de biocombustíveis já a partir de 2020, quando ganhos rápidos na eficiência de combustíveis aumentarem a participação desses biocombustíveis.

Políticas de apoio para acelerar a transição para eficiência e produtividade radicais em veículos. As políticas certas proporcionariam um empurrão crucial. *Feebates* neutros em tamanho e receita compensariam os preços inicialmente mais elevados dos veículos avançados, estimulando as vendas para que os fabricantes pudessem elevar rapidamente a produção em escala e aumentar os cortes nos custos, acelerados pelas compras de frotas.

Regulamentações harmonizadas para caminhões poderiam permitir que menos caminhões transportassem mais cargas com maior rapidez, com o benefício acumulado de menos tráfego, ruído, congestionamentos, desgaste das rodovias e custos de frotas.

As políticas de uso de terras que hoje subsidiam e obrigam as cidades a se expandir deveriam ser revertidas para recompensar o crescimento inteligente; do contrário, os custos sociais da expansão vão continuar a onerar os negócios, elevando impostos, tempos de deslocamento até os locais de trabalho e os salários necessários para compensar os custos de deslocamento. Financiadores e toda a comunidade empresarial têm grande interesse em hipotecas eficientes em termos de localização, o que pode ajudar a reduzir a inadimplência, aumentar a poupança e melhorar a economia local. Taxando a condução de veículos – e não os combustíveis – poderia recuperar fundos de infraestrutura esgotados, sinalizar os custos sociais da condução de veículos, permitir que quem não dirige invista em sua própria mobilidade e não na dos demais, e nivelar o cenário com outras formas de mobilidade, ou seus substitutos, reduzindo o tempo indesejado de deslocamento para todos.

E para onde essas ações podem levar?

No início da Segunda Guerra Mundial, Detroit passou, *em seis meses*, da fabricação de 4 milhões de carros por ano para nenhum – produzindo, no lugar deles, 24 horas por dia, os tanques e aviões, os jipes e as munições, que venceram a guerra. Até 1945, um quinto de todo o valor monetário do material de guerra dos Estados Unidos saiu da antiga indústria automobilística – que então emergiu da guerra com a escala e o escopo para criar e dominar os mercados globais de veículos.

Essa transformação foi motivada pela mobilização coesa de toda uma sociedade para vencer um conflito global cataclísmico. Na pacífica luta pelo sucesso dos mercados mundiais da atualidade, a transformação emergente será facilitada e acelerada por políticas inovadoras – mas movida fundamentalmente por forças competitivas e realizada pela iniciativa privada. Esse é o tipo de desafio para o qual um século de desenvolvimento industrial nos preparou, as guerras nos aperfeiçoaram e a revolução da TI nos inspirou. Precisamos reagir à altura – ou comprar daqueles que o fazem.

Para ajudar a capturar oportunidades da transição para a eficiência energética e a energia renovável, a seguir veremos algumas recomendações para que os principais participantes mantenham seu foco, além das sugestões sobre mercado imobiliário e projeto comunitário que foram apresentadas anteriormente.

TABELA 2-1. Recomendações para participantes fundamentais do setor de transportes.

	SEM ARREPENDIMENTO	OPORTUNISTA	INOVADOR
Fabricantes de veículos e fornecedores	Reduzir a resistência à rolagem, o arrasto aerodinâmico e massa, com melhorias incrementais convencionais.	Dominar processos de produção de ultraleves e aperfeiçoar sistemas analíticos de decompor massa.	Transformar o processo e a cultura de projetos para se tornar ousado e altamente integrador.
	Fortalecer o capital intelectual (projeto, análise e fabricação) em materiais avançados e conjunto motor-transmissão elétrico.	Experimentar um veículo conceito da classe Hypercar para testar novos modos de organizar pequenas e rápidas equipes de projeto.	Desenvolver e produzir veículos adequados e Revolucionários, de grande volume, movidos por combustíveis não fósseis. Iniciar a fabricação em grande volume de estruturas em compósitos avançados; reeducar as oficinas para trabalharem com eles.
	Valorizar plenamente o motor-transmissão redimensionado na avaliação de adequação veicular aprimorada.	Produzir veículos de nicho não movidos a combustível fóssil.	
		Comercializar a segurança e o desempenho de veículos leves.	Vender ativos obsoletos de estamparia metálica para os concorrentes.
		Começar a integrar partes compósitas nas estruturas existentes.	Iniciar a fabricação em grande volume de conjuntos motor-transmissão elétricos.
		Desenvolver modelos de negócios que vendem mobilidade e não veículos.	Criar empresas de serviços que ofereçam mobilidade e não veículos.
Fornecedores de combustíveis	Avaliar como habilidades importantes podem ser maximizadas na era pós-combustíveis fósseis.	Investir na diversificação da produção e na venda de combustíveis não fósseis.	Comercializar combustíveis não fósseis em larga escala.
	Investir em diversas tecnologias de combustível não fóssil e conhecê-las.	Investir em infraestrutura de abastecimento inteligente e rápido de veículos, aliando-se aos fornecedores de energia elétrica.	Investir em tecnologias de eficiência veicular; se for bem-sucedido, fazer menos dinheiro com petróleo, mais em "negabarris".
	Desenvolver uma estratégia para o pico do petróleo no lado da demanda.	Formar parcerias com frotas de testes para uso de combustível não fóssil.	

	SEM ARREPENDIMENTO	OPORTUNISTA	INOVADOR
Proprietários de veículos e operadores de frotas	Levar em conta o transporte público ao tomar decisões sobre localização. Informar-se sobre veículos que não usam combustível fóssil; se você tiver uma frota, experimente usar alguns.	Testar veículos que não usam combustível fóssil. Testar modelos de negócios que forneçam mobilidade em vez de veículos. Apoiar a integração, o uso de TI e a expansão do transporte público. Pôr em prática o pagamento pelos funcionários pelo uso, e remuneração pelo não uso, de estacionamento.	Passar a usar em grande escala veículos que não utilizam combustível fóssil. Passar, em grande escala, para modelos de negócios que proporcionam mobilidade e não veículos. Implementar estratégias corporativas de mobilidade que usam apenas transportes públicos, ou quase isso.
Governo e ONGs	Elevar os padrões de economia de combustível (CAFE). Oferecer financiamento acessível para inovações, novas indústrias e retreinamento. Ajudar famílias de baixa renda a comprar carros novos bastante eficientes (sucateando os velhos). Incentivar a inovação, privilegiando veículos eficientes e movidos por combustíveis não fósseis, especialmente em frotas cujo porte pode ajudar a acelerar a inovação por parte dos fabricantes. Ajudar a tornar a caminhada e o uso de bicicletas mais seguros, convenientes e populares.	Pôr em prática e em escala *feebates* bem concebidos. Harmonizar regras sobre peso e tamanho de caminhões, chegando à escala nacional. Acelerar a retirada das ruas de veículos velhos e ineficientes (dinheiro por "latas-velhas"). Expandir concursos com prêmios para veículos supereficientes. Pensar em *feebates* para pousos de aviões ou taxas graduadas de acordo com sua eficiência. Proporcionar clareza às políticas de carbono para reduzir a incerteza e os riscos dos investimentos. Facilitar o aluguel de autos e de estacionamentos P2P (pessoa física para pessoa física).	Implementar políticas de longo prazo visando refrear ou reverter a expansão urbana, privilegiando modelos inteligentes de crescimento. Oferecer prêmios multimilionários pela instalação de um dispositivo que melhorará a eficiência da atual frota de veículos em mais de 20% e que custa menos de US$ 500. Sucatear veículos com mais de 15 anos (exceto exemplares de colecionadores). Impor o preço real sobre – ou mesmo taxar – espaços de estacionamentos particulares ou municipais; usar os impostos para modernizar os sistemas de transporte. Experimentar o sistema de transporte rápido de superfície, o CyberTran e outros modos modernos de transporte.

Fig. 2-27. Como agora nossa discussão passará dos transportes para o ambiente construído, este clássico pôster – *Ruimte gebruik* [Uso do Espaço] – da União de Ciclistas da Holanda (www.fietsersbond.nl/english-info) lembra-nos de que as escolhas sobre mobilidade não somente lidam com petróleo, mas também modelam nosso modo de vida. No horário de pico da manhã, na Holanda, com sua postura amistosa diante dos ciclistas, as bicicletas são mais numerosas do que os automóveis e chegam mais depressa. Depois de introduzir o ambicioso conceito do Hypercar, o artigo do RMI na revista *Atlantic*, em 1995, "Reinventando as Rodas", acrescentou: "O maior desafio é saber se teremos a sabedoria para construir uma sociedade na qual vale a pena dirigir – formada ao redor de pessoas e não de carros. Como advertiu T. S. Eliot, 'Mil policiais dirigindo o trânsito / Não podem lhe dizer por que você veio ou aonde você vai'."

CAPÍTULO 3
EDIFÍCIOS: PROJETOS PARA UMA VIDA MELHOR

Fig. 3-1

DESTAQUES DO CAPÍTULO

→ **A META.** Fazer com que, em 2050, 70% dos maiores edifícios dos Estados Unidos usem 54% a 69% menos energia do que foi projetado, aplicando sistematicamente técnicas bem conhecidas (38% de economia inicial) e executando com habilidade projetos integradores (outros 16 a 31 pontos percentuais de economia).

→ **A OPORTUNIDADE DE NEGÓCIOS.** Cortar significativamente as despesas de energia e criar importante valor para as empresas de eletricidade, através do uso eficiente e adequado, aprimoramento da saúde e da produtividade dos ocupantes, aumento do valor das propriedades, reforço das marcas corporativas e – especialmente se a sua empresa fornece novos produtos e serviços eficientes, de fácil acesso – exploração de florescentes mercados novos.

→ **NO FRIGIR DOS OVOS.** Um total de US$ 1,9 trilhão em custos de energia poupado nos edifícios dos Estados Unidos até 2050, a partir de um investimento incremental de US$ 0,5 trilhão (ambos em valor atual de 2010), além de benefícios não energéticos que são frequentemente bem mais valiosos, somados ao potencial de outras economias a partir de projetos integradores.

→ **TIPOS DE NEGÓCIOS QUE PODEM LUCRAR.** Proprietários, investidores e usuários de imóveis; fornecedores atuais e novos de serviços para as empresas de energia (que vão de projetistas a empreiteiros e financistas).

→ **FACILITADORES DE POLÍTICAS.** Códigos de construção e padrões de eletrodomésticos da próxima geração, com aplicação obrigatória; regras que recompensam as empresas de energia pela eficiência, e proprietários e inquilinos por investimentos custo-eficazes; acesso a informações sobre o uso da energia e sobre financiamento de baixo custo; reformas na maneira como os projetos são ensinados, postos em prática e adquiridos.

INTRODUÇÃO

DESENHAR NÃO É O PROBLEMA, *VER* É O PROBLEMA.

— Betty Edwards (1926-)

Num dia cruel, com um vento cortante empurrando nuvens baixas sobre sua cabeça, Anthony Malkin caminha por uma varanda particular no 103º andar do Empire State Building (fig. 3-1). A seus pés, a grande metrópole de Nova York. Malkin aponta para edifícios de todos os formatos e tamanhos, de butiques reluzentes a lojinhas ordinárias, de arranha-céus deslumbrantes a construções lúgubres, com fachadas de pedra gastas pelo tempo refletindo-se em modernas paredes de vidro, o antigo e limoso com o novo e brilhante. Em cada edifício, explica, há uma história.

Contudo, é sob os pés do próprio Malkin que uma das mais notáveis histórias de edifícios da cidade está se desenrolando. Um alto e determinado aristocrata do mercado imobiliário, Malkin e sua família possuem o Empire State Building, o mais famoso prédio de escritórios do mundo. Em 2006, Malkin decidiu fazer o que muitos especialistas do mercado julgavam impossível – reformar o icônico arranha-céu de 1931 e torná-lo um exemplo reluzente de eficiência e conforto modernos. Ele está gastando mais de US$ 550 milhões numa renovação de alto a baixo, do glorioso saguão com seus murais em folha de ouro e alumínio aos seus famosos observatórios.

Originalmente, Malkin planejava gastar US$ 93 milhões desse valor na renovação da envelhecida infraestrutura de energia do edifício – tudo, desde a fiação nas paredes aos motores dos elevadores. Mas depois de perceber que poderia diminuir os custos anuais de energia em US$ 4,4 milhões investindo outros US$ 13 milhões (que se repagariam em três anos), ele aumentou o investimento total em energia para US$ 106 milhões. O prédio recebeu novas janelas, novos sistemas de aquecimento e de ar-condicionado, nova iluminação e outras tecnologias que, combinadas com alguns anos de melhorias nos escritórios, vão eliminar 38% das despesas com energia e emissões de CO_2, reduzir a demanda elétrica de pico em 35% e melhorar o conforto e a produtividade dos locatários.

Malkin, cujo portfólio familiar inclui mais de 929 mil m² em prédios de escritórios na área de Nova York, não está cortando custos de energia porque tem coração generoso ou para melhorar suas credenciais "verdes": ele está fazendo isso para ganhar dinheiro. Os cálculos finais do edifício que já foi escalado por King Kong mostram que Malkin será capaz de obter maiores economias de energia a custos bem menores do que ele considerava possível numa estrutura antiga e difícil. Após os investimentos se repagarem em apenas três anos, os lucros vão se acumular. "Ganho mais dinheiro com a eficiência energética", diz Malkin a seus concorrentes. "Quero lhes mostrar como fizemos isso... e como vocês podem fazê-lo."

Se o país fosse seguir o caminho de Malkin na melhoria de seus 120 milhões de edifícios,[170] as consequências seriam drásticas e vastas. Os edifícios são devoradores de energia, consumindo 42% da energia dos Estados Unidos (mais do que qualquer outro setor) e 72% de sua eletricidade.[171] Boa parte dessa energia é simplesmente desperdiçada. As pressões usuais sugerem que, até 2050, o crescente estoque de edifícios norte-americanos vai consumir, por ano, 53 quadrilhões de BTU de energia primária (ver o texto em destaque "Terminologia do Setor de Construções"). Mas mudanças relativamente objetivas podem cortar esse uso

TERMINOLOGIA DO SETOR DE CONSTRUÇÕES

Energia primária é aquela extraída do solo ou de fluxos naturais de energia, mas que não foi convertida ainda em outras formas. Por exemplo, é a energia contida no carvão antes de este ser queimado na usina, ou o gás natural antes de ser limpo, processado e posto em uma canalização para entrega aos clientes.

Energia entregue é aquela que foi convertida na forma comercial e enviada até o ponto de consumo. É a energia que sobra depois do gás natural (ou algum outro combustível) ter sido queimado para gerar eletricidade e a eletricidade ter sido transportada pela rede de energia. A energia entregue, somada às perdas havidas na conversão e na entrega, corresponde à energia primária.

Dispositivos de uso final convertem a energia entregue em **serviços energéticos** como luz, calor, torque ou movimento. Estes, por sua vez, dão aos **usuários finais** as funções e experiências de que precisam, como visibilidade, conforto, banhos quentes ou cerveja gelada. Note que essas funções e sensações são o que o usuário final realmente deseja – não montes de carvão, metros cúbicos de gás ou quilowatt-hora brutos.

Comissionamento é um processo técnico para garantir que novos edifícios funcionem como foram projetados para funcionar. **Retrocomissionamento** faz com que os edifícios existentes tenham desempenho adequado. O melhor comissionamento é aquele feito por um especialista que não seja o instalador original.

Passivhaus (*passive house*, ou "casa passiva") é um padrão de projetos (criado na Alemanha, mas que está se espalhando rapidamente pela Europa e entrando na América do Norte) para edifícios supereficientes que não precisam de equipamentos de aquecimento ou de ar-condicionado tradicionais, mas que têm custo de construção similar ao de edifícios tradicionais.

Valor-R é uma medida da resistência ao fluxo de calor por meio de um material (apenas 1/20 do calor flui por um material R-20 em comparação com um material R-1). Cientistas da construção costumam usar a unidade recíproca, U = 1/R, para medir o índice de fluxo de calor por uma área específica, movida por determinada diferença de temperatura.

Um **kBTU** (1.000 BTU) é a unidade norte-americana mais comum para uso geral de energia. (É aproximadamente equivalente a 25% de um quilo-caloria ou kCal.) Um BTU é, aproximadamente, a energia contida num fósforo de cozinha. São necessários 2.000 BTU, a energia contida em mais ou menos 0,053 m³ de gás natural, para fazer um bule de café. Em 2010, os Estados Unidos – como um todo – usaram 98 quadrilhões (10^{15}) BTU ou "quads" de energia primária, ou 65 quads de energia entregue.[172]

Um **kWh** (quilowatt-hora) é a unidade mais comum de energia elétrica nos EUA. Um kWh é a quantidade de eletricidade usada por uma lâmpada de 100 watts durante dez horas. Um kWh contém 3,4 kBTU de energia. O kWh não deve ser confundido com um kW (kilowatt ou 1.000 watts), que mede a *taxa* do fluxo de energia. A eletricidade que flui à taxa de um kW durante uma hora fornece um kWh de energia elétrica.

A **intensidade energética** de um edifício nos EUA costuma ser informada em uso de energia entregue por pé quadrado por ano (com sigla em inglês kBTU/sf-y), que é expressado aqui em kCal por metro quadrado por ano, ou kCal/m²-a. Essa unidade nos ajuda a comparar o uso da energia entre edifícios de tamanhos diferentes. O edifício comercial médio dos EUA usou 240 mil kCal/m²-a de energia entregue em 2003.[173] Se o seu edifício comercial usa menos de 140 mil kCal/m²-a de energia entregue, provavelmente você está fazendo razoavelmente bem. Se o seu edifício comercial usa mais de 270 kCal/m²-a de energia entregue, provavelmente você tem oportunidades significativas para economia. A residência média norte-americana usa 120 mil kCal/m²-a de energia entregue.[174] Como veremos, os edifícios mais eficientes usam uma pequena fração dessas quantidades de energia para fornecer os mesmos serviços, ou melhores.

projetado de energia, coincidentemente, em cerca de 38%. Tudo isso se acumula num grande prêmio em 2050: *pelo menos US$ 1,4 trilhão (valor líquido atual) em economia de energia.* Essa economia vale 4 vezes mais do que o custo para obtê-la. E embora a recompensa seja suculenta, sequer considera benefícios normalmente observados, mas raramente levados em conta, de ordem não energética, que vão de melhor produtividade para os trabalhadores a maiores vendas no varejo (pois os clientes preferem fazer compras em espaços bem iluminados pela luz do dia). Viver e trabalhar em edifícios eficientes, segundo as evidências modernas, são ações que nos deixam mais confortáveis e produtivos – talvez até mais saudáveis e felizes. E isso sequer leva em conta valores sociais mais amplos, como segurança e meio ambiente.

A revolução na eficiência energética pode criar novas oportunidades de negócios e novas indústrias fortes, à medida que as empresas se preparam para instalar isolamento térmico em residências do centro das cidades ou para fabricar sistemas de iluminação de escritórios eficientes e de fácil instalação. Essa expansão nos negócios significa que a redução da energia usada em nossas casas, nos escritórios, depósitos, teatros, *shopping centers* e em outras estruturas poderia revitalizar o setor imobiliário e ajudar a rejuvenescer a economia nacional. Leve em conta o efeito multiplicador de colocar todo esse dinheiro (e o valor agregado) novamente nas mãos das empresas e dos consumidores. Num setor que precisa de novas ideias, a eficiência energética nos edifícios cria oportunidades excepcionais para crescimento em empregos, novos bens e serviços, e finanças.

Essa transformação também provoca um ciclo que fortalece outras partes importantes da economia – e suaviza o caminho que conduz para além de combustíveis fósseis. Se conseguirmos cortar em 38% o uso de energia primária nos edifícios até 2050, eles irão usar 19% menos energia do que utilizaram em 2010 – apesar de terem uma área 70% maior.[175] Edifícios mais eficientes liberam eletricidade para transportes e gás natural para indústria, eletricidade e, opcionalmente, transportes. A redução na demanda em edifícios também reduz a pressão sobre o setor elétrico, permitindo uma transição mais rápida e econômica do carvão para fontes mais resilientes e benignas de eletricidade.

É preciso lembrar, porém, que levar os edifícios norte-americanos a níveis econômicos de eficiência é uma tarefa imensamente difícil. Anthony Malkin é um dos mais ferrenhos defensores da ideia. Contudo, mesmo ele considera esse desafio tão ambicioso quanto o Plano Marshall, que reconstruiu a Europa após a Segunda Guerra Mundial. Por quê? Há poucas soluções padronizadas ou aplicáveis amplamente. Atualizar os edifícios existentes é algo que só pode ser feito à razão de um por vez – o que significa 120 milhões de vezes nos Estados Unidos –, e cada edifício tem uma história diferente e, com frequência, um conjunto diferente de exigências. Há imensas barreiras, desde regulamentos que penalizam as empresas fornecedoras de energia por tornarem os edifícios mais eficientes para muitos proprietários até a limitada percepção dos proprietários e dos ocupantes quanto aos diversos benefícios não energéticos da energia eficiente.

Talvez o maior problema seja o fato de o modo para se ganhar dinheiro com a economia de energia nem sempre ser claro. Sim, as melhorias de eficiência pelo menos se pagam sozinhas, geralmente muitas vezes mais, e proporcionam enormes economias para a sociedade. Mas os indivíduos e as empresas podem colher recompensas grandes o suficiente para justificar os inconvenientes em fazer os investimentos? Os donos de edifícios não pagarão para melhorar a eficiência energética, por exemplo, se forem seus inquilinos os beneficiados com menores contas de energia. Os locatários de casas vazando energia para o exterior não gastarão o valor necessário – mesmo que disponham dele – para aprimorar a eficiência de um imóvel que nunca possuirão. E, para muitas empresas e proprietários individuais, o potencial de economia de energia geralmente parece tão pequeno que nem compensa o tempo e o esforço. Não é à toa que estamos apenas arranhando a superfície dos ganhos em economia que agora são possíveis em nossos edifícios.

Mas podemos superar esses desafios com inovações lideradas pelas empresas e com políticas que permitem o aporte rápido de investimentos na eficiência de edifícios. Essas políticas podem ser simples, como exigir *checkups* energéticos quando uma casa é vendida, ou complexas, como a adoção ampla de uma nova geração de códigos de construção – que depois precisam ser mantidos atualizados. Podem ter âmbito nacional, como padrões que requerem pelo menos um certo nível de eficiência em cada TV (hoje, aparelhos eletrônicos domésticos usam mais eletricidade do que geladeiras[176]), ou podem ser locais, como proporcionar capital público ou privado para financiar a adequação de casas com baixas taxas de juros. Essas políticas já têm um histórico de sucesso comprovado, desde leis que elevaram a eficiência de automóveis ou geladeiras até investimentos governamentais em pesquisas que criaram indústrias totalmente novas, como microchips e a Internet. Líderes empresariais que desejam uma fatia das economias de energia deveriam apoiar políticas inteligentes que

PRIMEIRA AULA DE EFICIÊNCIA EM EDIFÍCIOS

O que torna um edifício mais eficiente do que outro em termos energéticos? O uso de energia num edifício depende do casco, daquilo que existe dentro do casco e do modo como as coisas dentro do casco são usadas. Esses três elementos são importantes.

A maioria das pessoas cuida antes das coisas que estão dentro do casco sem perceber que o casco em si afeta bastante o tipo e a quantidade de equipamentos necessários de iluminação, de aquecimento e condicionamento do ar. Se o casco tiver um isolamento térmico inadequado, como uma casa de papelão, ou tão furado quanto um ralador de queijo, será muito caro aquecê-lo e resfriá-lo. Se o invólucro do edifício for como o casco de uma geladeira, será muito mais barato aquecê-lo e resfriá-lo, ou não chegará a custar nada. Além disso, fazer um novo edifício com a forma certa e direcioná-lo no rumo certo pode reduzir bastante suas necessidades energéticas.

Dentro do casco, os edifícios usam energia de seis maneiras principais: no aquecimento dos espaços, no aquecimento da água, no resfriamento dos espaços, na iluminação, nos aparelhos eletrônicos e eletrodomésticos. Os quatro primeiros usam a maior parte da energia entregue, mas, como a iluminação e os aparelhos eletrônicos costumam consumir mais de 3 kWh de combustível na usina geradora para fornecer 1 kWh para seu medidor, e tanto esse multiplicador de combustível como os elevados custos de capital do sistema elétrico tornam a eletricidade a forma mais onerosa de energia, a iluminação e a eletrônica costumam consumir a maior quantidade de dinheiro e de energia primária.

Além do casco e das coisas dentro dele, o modo como usamos nossos edifícios é tão importante quanto a maneira como os projetamos e o que colocamos neles – talvez seja mais importante ainda. As lâmpadas, os computadores e os equipamentos de ar-condicionado mais eficientes são aqueles que se desligam quando não são necessários. Essa postura sensata é surpreendentemente rara.

Quando todos os três fatores são considerados, o uso de energia num edifício comercial típico soma cerca de US$ 23 por m² a cada ano,* 77% do qual é compra de eletricidade.[177] A família média norte-americana gasta diretamente US$ 2.200 por ano em energia, e 67% desse custo é com eletricidade.[178] Esses custos de energia variam não apenas por causa das grandes diferenças na forma como equipamentos eficientes são projetados, construídos, mantidos e especialmente usados, mas também por causa de diferenças entre tipos de edificação – um centro de dados, um hospital ou um depósito refrigerado vão gastar bem mais energia do que um prédio de escritórios ou uma escola – e nos preços de energia e no clima de cada localidade.

---

* Mantive algumas medidas norte-americanas, como esta, para evitar alterar diversos outros índices, valores etc. Para se ter uma referência, há 10,76 pés quadrados num metro quadrado (N.T.).

EDIFÍCIOS: PROJETOS PARA UMA VIDA MELHOR   95

ajudam a abrir portas para essa oportunidade. Transformar o setor de edifícios não pode e não será feito apenas pelas empresas; será preciso um casamento bem pensado entre os investimentos empresariais e o envolvimento do setor público com apoio do setor empresarial.

Mas, numa sociedade tão complexa e politicamente travada quanto a nossa, a inovação empresarial pode e precisa fazer muito mais do que tem feito até o momento. O governo pode mexer no leme, mas não deve – e geralmente não pode – remar. Compete à iniciativa privada idealizar, testar, quebrar, consertar, refazer e dar dimensão ao trabalho árduo que é merecer esse US$ 1,4 trilhão líquido: criar a proposta de valores, construir o mecanismo de funcionamento, treinar o pessoal, fazer a venda, atrair o capital, executar o negócio, medir os resultados e aprimorar continuamente toda a cadeia de valores. Vamos fornecer alguns exemplos dentre milhares de empresas inteligentes que fazem isso todos os dias, criando a próxima frota de edifícios norte-americanos, eficientes e superiores.

Embora a tarefa seja desafiadora, é viável. O Empire State Building é um farol de esperança no imenso oceano do mercado imobiliário norte-americano, e Anthony Malkin está pondo em prática o que ele aprendeu em seu grande portfólio e em outros edifícios de porte. Isso é bom para sua profissão, para sua cidade, seu país e nosso mundo. Como veremos neste capítulo, há grandes necessidades, vastas oportunidades e soluções práticas que pedem para ser exploradas.

COMPREENDENDO O ATUAL LODAÇAL DAS CONSTRUÇÕES

No final do século XIX, quase todos os norte-americanos trabalhavam ao ar livre, principalmente na agricultura. Hoje, o norte-americano médio fica dentro de um edifício 87% do tempo.[179] No início, "modelamos nossos edifícios", disse Winston Churchill, "e depois, nossos edifícios nos modelam". No entanto, a maioria de nossos edifícios – por mais elegantes que possam parecer – desperdiça, de forma exagerada, energia, dinheiro e muitas oportunidades de negócios. Esses edifícios deformam nossa vida, tornando-nos menos felizes, saudáveis, ricos e sábios do que deveriam.

Uma Enorme e Distinta Pegada

Os edifícios norte-americanos consomem uma quantidade prodigiosa de energia – 42% da energia primária do país, 72% de sua eletricidade e 34% do gás natural utilizado diretamente,[180] todos os maiores usos de qualquer setor. Gastamos mais de US$ 400 bilhões por ano para aquecê-los e fornecer-lhes energia – mais até do que o governo federal gasta com seu programa de assistência médica, o Medicare.[181] Em 2007, os edifícios norte-americanos usaram mais energia primária do que o Japão ou a Rússia em seu uso total de energia, e duas vezes o que a Índia usou, com sua população de 1,2 bilhão de pessoas. Se os edifícios norte-americanos fossem um país, seriam o terceiro, depois da China e dos Estados Unidos, em uso de energia primária.[182] E mais: como podemos ver na figura 3-2, as projeções mostram que o uso de energia primária deve continuar a crescer.

Parece um problema? Sem dúvida, sim. Mas esse problema apresenta algumas de nossas oportunidades mais tangíveis para lucrar com novas iniciativas empresariais, para motivar a inovação e para economizar dinheiro – e para a viabilização de benefícios sociais como a criação de empregos, a redução da poluição e o fortalecimento da segurança nacional. As maiores oportunidades estão em projetar corretamente novos edifícios e em reformar os edifícios existentes que desper-

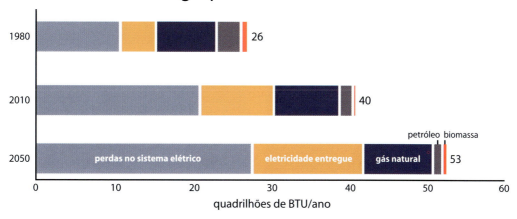

Fig. 3-2. Entre 1980 e 2010, o uso de energia em edifícios residenciais e comerciais dos Estados Unidos aumentou 54%. Entre 2010 e 2050, a projeção é de que cresça mais 33%.[184]

diçam mais energia. Para ver como é possível tirar proveito dessas oportunidades, porém, primeiro você precisa compreender um pouco sobre o modo como nossos edifícios funcionam e o que precisa mudar.

Qualquer esforço de eficiência energética deve nadar contra a corrente de duas tendências poderosas, tanto em edifícios residenciais quanto comerciais: mais edifícios estão sendo construídos e mais usos estão sendo adicionados.

Pouco mais de metade da energia dos edifícios dos Estados Unidos é usada por 115 milhões[183] de casas, apartamentos e outras residências. O uso doméstico de energia está aumentando, em parte, porque nossas casas ficaram maiores: a casa média nova, unifamiliar, mais do que dobrou de tamanho desde 1950.[185] Também estamos enfiando mais coisas – secadoras e fornos, TV de tela plana e carregadores de celulares – nessas casas. Mesmo quando não estão sendo usados, os relógios, controles, fontes de energia e outras cargas em espera podem ser responsáveis por 10% do uso da eletricidade residencial.[186] Provavelmente, seu forno de micro-ondas gasta mais eletricidade para operar o relógio iluminado do que para cozinhar. Como um todo, os Estados Unidos se valem, no mínimo, de oito gigantescas usinas de força para alimentar coisas que estão desligadas.[187] Além disso, estamos simplesmente exigindo mais itens de conforto. Mais da metade das residências norte-americanas tem ar-condicionado central.[188] As previsões do governo são de que o aumento contínuo no uso de energia seja tão inevitável quanto o da área construída, e que os aparelhos continuarão a ocupar o lugar da melhoria na eficiência.

Nossas casas refletem nossa própria diversidade, indo das caixas de sal* da Nova Inglaterra e condomínios de Miami aos projetos de casas populares de Chicago, as fazendas de Wyoming e as mansões de Beverly Hills. Não é à toa que casas antigas em regiões de climas mais frios usam mais aquecimento, enquanto casas em regiões de climas quentes são as maiores usuárias de ar-condicionado.

---

* Recebem esse nome porque lembram antigas caixas de sal, com telhado assimétrico. (N.T.)

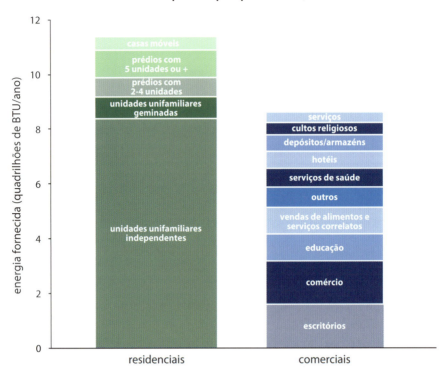

Fig. 3-3. No setor residencial, casas unifamiliares são responsáveis por mais de dois terços do uso total de energia fornecida. No setor comercial, escritórios, varejo e instalações educacionais usam quase metade da energia fornecida.[189]

Os apartamentos usam mais energia por área construída porque neles há a tendência de conjugar os mesmos serviços em menos espaço, mas, como mostra a figura 3-3, casas independentes e unifamiliares usam cinco vezes mais energia entregue porque são maiores e bem mais numerosas.

Vemos as mesmas tendências de crescimento e diversidade nos edifícios comerciais. Os edifícios com uso mais intensivo de energia são os supermercados e hospitais, nos quais lâmpadas e equipamentos ficam ligados 24 horas por dia. No entanto, os usuários dominantes, simplesmente pelo fato de serem muitos, são escritórios, lojas e escolas. Embora as empresas possam ter sistemas de trabalho em casa ou *hotelling* (um modo de compartilhar mesas não designadas por pessoas que viajam com frequência ou trabalham em outros lugares), o espaço total ocupado por escritórios vai continuar a crescer, embora talvez não com a velocidade que se imaginava. Assim como ocorre com as casas, não existe prédio de escritórios "típico". As necessidades e o uso de energia de gigantescos centros de dados informatizados ou de depósitos grandes, e consultórios de dentistas ou franquias de lanchonetes, são mundos separados.

De fato, o pitoresco sortimento de edifícios que Anthony Malkin apontou do posto de observação do Empire State Building somente sugere a

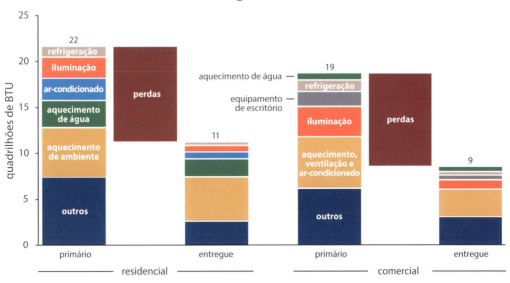

Fig. 3-4. Os seis usos principais de energia são diferentes em prédios residenciais e comerciais. Os usos elétricos consomem bem mais energia primária do que fornecida por conta das perdas, aproximadamente o triplo, na conversão do combustível da usina para eletricidade e das perdas de 7%, em média,[191] no fornecimento da eletricidade até seu medidor (além de alguns pontos percentuais adicionais perdidos na fiação do edifício).[192] O uso da energia primária é o responsável pelo impacto climático de seu edifício; a energia entregue é responsável por seu custo operacional.

diversidade e a complexidade imensamente emaranhadas dos edifícios do país. Não existe uma solução simples. Para se chegar a ganhos possíveis e que valham a pena, será preciso idealizar milhares de estratégias e soluções, cada uma ajustada para tipos específicos de edifícios e regiões diferentes do país.

Apenas Alguns Usos Finais Importantes da Energia

Embora a complexidade do uso da energia em edifícios possa parecer intimidadora, a figura 3-4 revela que quase toda a sua energia atende apenas a algumas finalidades importantes – ar-condicionado, iluminação, aquecimento de água, refrigeração e tomadas. Os edifícios precisam manter-nos confortáveis, iluminar nossas tarefas e alimentar nossos aparelhos, dando suporte para a nossa saúde e o nosso estilo de vida. Assim, não estamos lidando com ciência espacial ou cirurgia cerebral – são apenas alguns usos finais e chaves de energia. Engenheiros inteligentes e empreiteiros bem orientados que implementem políticas e práticas empresariais objetivas podem produzir muito mais com a energia desses usos.

Também é estimulante saber que a nação já fez progressos na melhoria da eficiência energética de seus edifícios. O uso da energia fornecida por metro quadrado caiu quase em um quinto no edifício comercial médio e um terço no edifício resi-

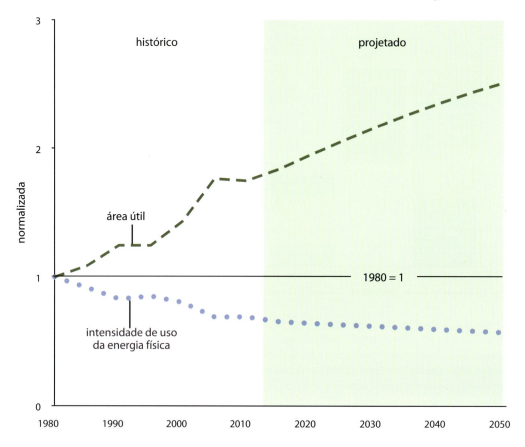

Fig. 3-5. A eficiência energética ajudou a reduzir a intensidade da energia física fornecida nos edifícios nos EUA – energia entregue usada por m² por ano – em aproximadamente 30% desde 1980. Espera-se que outras reduções cortem cerca de quatro nonos do uso de energia do crescimento de 70% em área construída – estimado para o período entre 2010 e 2050.[195]

dencial médio entre 1980 e 2003.[190] Desde então, foram obtidos ganhos adicionais modestos, principalmente graças a padrões de construção, normas de aparelhos eletrodomésticos e programas financiados pelas empresas de energia. Outros aprimoramentos foram motivados pelo sistema de classificação voluntário, mas comercialmente respeitado, Liderança em Projeto Energético e Ambiental (LEED – Leadership in Energy and Environmental Design), do U.S. Green Building Council [Conselho Norte-Americano de Edifícios Verdes], bem como pelo programa federal ENERGY STAR, que economizou US$ 17 bilhões líquidos somente em 2009.[193] Embora esses ganhos, combinados, não tenham sido suficientes para superar o crescimento da área construída ou dos serviços adicionados, foi muito melhor do que o suposto na maioria das previsões anteriores a 1980, que praticamente ignoraram a eficiência.

Os edifícios usam energia não apenas para operar, mas também para fazer e montar seus materiais e instalar sua infraestrutura.[194] Os edifícios

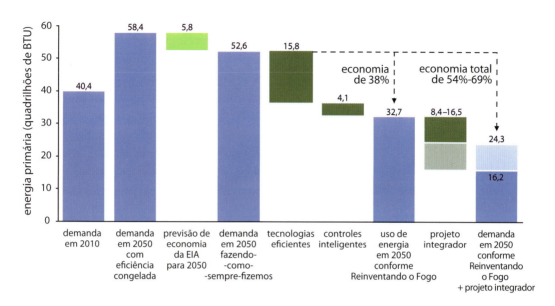

Fig. 3-6. A barra da esquerda mostra que os edifícios dos EUA usaram 40 quadrilhões de BTU de energia primária em 2010. Mais área construída com a mesma intensidade no uso da energia consumiria 58 quads em 2050, reduzidos para 53 por economias oficialmente previstas (extrapoladas para 2050) que não levam em conta a inovação ou as novas políticas. Devemos aplicar, em seguida, as descobertas da National Academy of Sciences [Academia Nacional de Ciências] sobre uma eficiência adicional e viável, e o trabalho do American Council for an Energy-Efficient Economy [Conselho Americano para Economia Energeticamente Eficiente] sobre controles inteligentes para chegar a 33 quads em 2050. O projeto integrador poderia reduzir isso para 16-24 quads.[196]

duram tanto que reduzir sua energia operacional é mais importante do que minimizar sua energia incorporada. Essa relação vai mudar, mas geralmente mantém-se elevada mesmo quando cai a energia operacional. Mesmo assim, a energia incorporada – que, afinal, representa um custo – também deve ser economizada, usando-se materiais que não consomem tanta energia, usando-se materiais de maneira mais frugal, fazendo com que durem mais e reutilizando, reciclando ou refazendo tanto os materiais quanto os edifícios. Atualmente, muitos arquitetos sagazes projetam os edifícios para que se desenvolvam de maneira flexível, com muitos usos ao longo de suas vidas.

Muitas previsões indicam que o uso de energia dos edifícios vai continuar a aumentar. Mas essas previsões não estão fadadas a ser verdadeiras. Podemos acelerar os ganhos de eficiência para superar o ritmo do crescimento e dos serviços adicionados.

Os desafios à implementação são impressionantes. Mas o prêmio é tão grande que seus pré-requisitos – como aprendizado rápido, retreinamento, inovação financeira e política, formação de negócios e a adequação em escala – já começaram. As empresas que ajudarem a conduzir esses esforços vão prosperar; aquelas que ficarem para trás vão perder. O montante de US$ 1,4 trilhão (além de seus importantes benefícios não energéticos) está há um bom tempo sobre a mesa, e apenas alguns pardais se arriscaram a bicar uma migalha. Mas agora há muitos indicadores de que existe um esforço de diversos interessados sérios querendo morder grandes nacos. Todos vão se beneficiar quando o fizerem – especialmente se estivermos participando do processo.

A REVOLUÇÃO NA EFICIÊNCIA: O QUE É LUCRATIVO E O QUE É POSSÍVEL

Que tipo de economia de energia podemos realmente fazer em nossos lares, em nossas escolas, nas torres de escritórios e em milhões de outros edifícios? E como implementá-lo? O primeiro passo consiste em analisar os números.

Há Muita Eficiência Energética Custo-Eficaz à Disposição

A história do que é possível está exibida na figura 3-6. A síntese dela é que podemos, com investimentos significativos e uma transformação da indústria imobiliária, economizar provavelmente 38% e potencialmente 69% do uso projetado de energia primária do setor de edifícios maiores, que é de 70% ou mais, para 2050. Além disso, tudo pode ser feito de maneira eficaz em termos de custo: economizar 38% exige um investimento incremental de US$ 0,5 trilhão (em valor atual de 2010) distribuído ao longo dos próximos 40 anos para um retorno de US$ 1,9 trilhão em economia de custos de energia. O retorno médio sobre o investimento é de mais ou menos 24% ao ano.

Essas metas, se atingidas, são muito impressionantes. Nunca em nossa história a energia empregada em edifícios dos EUA teve uma tendência de queda. O mero fato de manter o uso de energia entre 2010 e 2050 já seria um feito e tanto. Mas por que você deveria se preocupar com isso? Porque um pequeno gasto extra agora (apenas 2% do que os incorporadores imobiliários acabam investindo nas épocas favoráveis[197]) pode criar edifícios melhores e mais valiosos, com pessoas mais saudáveis e produtivas neles, com custos menores no longo prazo (fig. 3-7), ao mesmo tempo que se gerenciam os riscos e as emissões dos combustíveis fósseis. Os dólares que não forem mais desperdiçados com energia fluirão, em última análise, para os ocupantes dos edifícios, seus proprietários ou ambos. Esse grande prêmio e suas implicações em vantagens competitivas para líderes e desvantagens para retardatários merecem esforços vigorosos.

Esses números são importantes porque também reiteram o que muitos outros já disseram – a eficiência energética é custo-eficaz. Algo que merece ser repetido. Mas não estamos apenas dizendo que economias de 10% ou de 20% são custo-eficazes. Estamos dizendo que economizar mais de 30% *além* das previsões oficiais quase sempre é custo-eficaz. Se os planos forem idealizados e executados corretamente, economias custo-eficazes consideravelmente maiores serão possíveis, como veremos.

Uma das mais poderosas conclusões sobre o custo-eficácia da eficiência energética (que, como vamos continuar a aludir, exclui alguns dos mais poderosos benefícios que a torna ainda mais imperativa) é como ela se compara com o custo da energia que ela reduz. Como mostrado na figura 3-8, seja comparada com a eletricidade ou com o gás natural, a eficiência energética nos edifícios costuma custar menos da metade da energia que ela economiza. E as tecnologias e os preços atuais são assim.

É importante – embora talvez seja óbvio – notar que não basta essas tecnologias econômicas estarem disponíveis; elas já estão. Para obter seus benefícios, empresas e proprietários de imóveis terão de adquirir, instalar, operar e manter essas tecno-

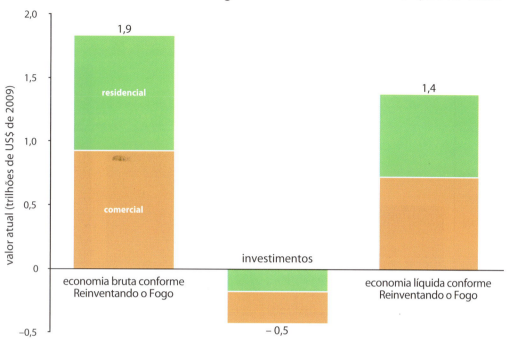

Fig. 3-7. Obter eficiência energética economiza bem mais do que custa. Gastar um valor extra de US$ 0,5 trilhão na eficiência energética dos edifícios dos EUA ao longo dos próximos 40 anos pode economizar US$ 1,9 trilhão em valor atual (com base em economias energéticas de 38% do setor de edifícios e ainda sem levar em consideração os projetos integradores, de que vamos falar depois).[198]

logias. Embora o histórico nacional de implementação da eficiência energética em edifícios tenha sido duvidoso, alguns estados e algumas regiões têm desfrutado sucesso prolongado. Para que nossa visão possa ser fruída, os EUA como um todo precisariam começar a investir na eficiência energética com a mesma consistência e firmeza com que algumas das regiões com melhor desempenho já o fazem. Por exemplo, o noroeste do Pacífico vem investindo em eficiência energética há mais de 30 anos, e por isso a presença de lâmpadas fluorescentes compactas nas residências é 75% superior à média nacional.[199]

No país todo, as empresas estão percebendo a oportunidade de economia de energia ao comprar e vender produtos eficientes. Ganhos impressionantes podem ser obtidos apenas com as tecnologias convencionais atuais, e por isso vamos começar por elas para avaliar o que mais pode ser feito (ver o texto em destaque "Avaliando a Oportunidade de Eficiência Energética em Edifícios").

Projetos e Equipamentos Melhores

Apareça a qualquer hora, por exemplo, no escritório da Toyota Motor Corporation em Torrance, na Califórnia, construído em 2003. A Toyota decidiu projetar e construir esse escritório com 58.000 m² para 2.500 funcionários no sul da Califórnia com a finalidade de mostrar seu compromisso com o

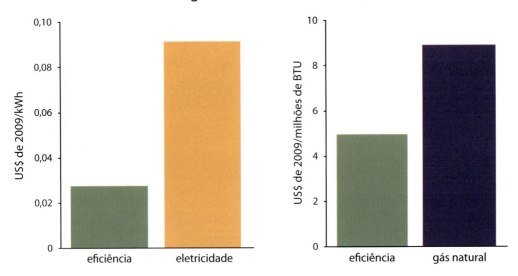

Fig. 3-8. As melhorias na eficiência energética em eletricidade e gás natural analisadas custam muito menos do que a energia que pouparam. Os custos "nivelados" mostrados permitem uma comparação da eficiência energética com o fornecimento de energia evitado, malgrado suas durações e capacidades desiguais.[200]

meio ambiente e demonstrar para os acionistas o valor de um edifício energeticamente eficiente. Medidas normalizadas segundo o clima mostram que ele consome 42% menos energia entregue do que permite o código de construção Title 24 da Califórnia, um dos mais restritos do país. Como? O edifício foi posicionado para receber o máximo de luz e o mínimo de calor, com dupla cobertura de vidro, isolamento extra e um "telhado frio" altamente refletivo no qual a Toyota montou um grande sistema fotovoltaico, elevando sua economia total a 60%. Com os incentivos das empresas de energia e os créditos de impostos, o pacote superou a meta de 10% de taxa de retorno.[201]

Em outro caso, o potencial de economia de energia era simplesmente grande demais para se ignorar por mais tempo. Em 2009, a JCPenney gastou US$ 38 mil em investimentos na eficiência energética de uma loja de 9.300 m² em Orange County, na Califórnia. A empresa substituiu as lâmpadas halógenas por diodos emissores de luz (LEDs), economizando dinheiro e iluminando melhor as mercadorias. As equipes consertaram os controles de iluminação e do ar-condicionado, instalaram guarnições em todas as portas e adicionaram sensores de ocupação. O resultado: hoje, a loja consome 28% menos energia, economizando US$ 41 mil por ano – um retorno bem interessante para um esforço modesto.[202] Com as margens estreitas do varejo, quantos produtos a JCPenney teria de vender para produzir esse resultado líquido? Sem dizer que não dá para comparar a confiança no retorno.

O Momento Certo

Entretanto, economizar energia em edifícios envolve mais coisas do que ter projetos melhores e equipamentos mais novos. Também é importante atualizar e reformar no momento certo. Todo edifício passa por mudanças cíclicas ao longo de sua vida. Áreas importantes como fachadas e sistemas mecânicos se desgastam, aluguéis expiram, vendas, refinanciamentos e mudanças de mercado acontecem. Como resultado, reformas energéticas sabiamente planejadas podem refletir em mudanças que já estão sendo feitas, reduzindo bastante o custo de capital.

Em Sacramento, na Califórnia, casas tomadas de devedores inadimplentes precisavam de melhorias significativas para ser vendidas. Vendo nisso uma oportunidade para incluir a eficiência energética nas melhorias, o Sacramento Municipal Utility District (SMUD), o departamento de energia elétrica do município, com a ajuda do U.S. Department of Energy [Departamento de Energia dos Estados Unidos] e da Sacramento Housing and Redevelopment Agency [Departamento de Urbanização], estabeleceu uma meta: reduzir pela metade o consumo de energia de casas velhas com um simples pacote de atualização. Usando fundos provenientes das contas de eletricidade para bancar os custos adicionais, o pacote de novas janelas, isolamento térmico e sistemas mecânicos conseguiu uma economia de 53%, a um custo que foi US$ 12.800 maior do que o de uma reforma-padrão. A conta de energia elétrica caiu mais do que o aumento na hipoteca para repagar o empréstimo. "Quando você trabalha com casas que sofreram danos de grande monta, aprende que, na verdade, é razoavelmente fácil aumentar o nível de eficiência energética", diz Dennis Lanni, um dos líderes do projeto.[203]

Em outro exemplo de escolha correta do momento, Eng Lock Lee foi chamado ao Hyatt de Singapura quando um de seus gigantescos climatizadores estava para ser substituído em 1999. A maioria dos projetistas teria simplesmente especificado um novo aparelho, do mesmo tamanho. Mas os cálculos cuidadosos de Lee mostraram que o aparelho estava superdimensionado e ineficiente.

AVALIANDO A OPORTUNIDADE DE EFICIÊNCIA ENERGÉTICA EM EDIFÍCIOS

Após décadas de programas e políticas de sucesso, destinadas a impelir a eficiência energética, sabemos que é um modo limpo, barato e confiável de substituir os combustíveis fósseis. Para estimar o potencial de economias das próximas quatro décadas, analisamos três variáveis principais:

Rotatividade do estoque. Todos os anos, novos edifícios são construídos enquanto outros são demolidos, e, com o tempo, o equipamento de todos os edifícios precisa ser substituído. Cada novo edifício erguido ou equipamento vendido é uma nova oportunidade de economizar energia, pois geralmente *novo* significa mais eficiente, e menos dispendioso. Se, por exemplo, um velho aparelho de ar-condicionado de janela quebra, *qualquer* unidade nova que o substitua será mais eficiente. Nossa análise compara a intensidade energética do novo edifício eficiente com aquela que deveria ser, caso o edifício fosse construído apenas conforme o código atual.

Os custos e as economias das medidas de eficiência energética. As economias variam bastante nos novos edifícios e equipamentos, dependendo do projeto e das opções dos equipamentos. Muitas opções com custo e desempenho divergentes podem superar de longe o padrão mínimo. Presumimos que os clientes só vão escolher a eficiência caso ela seja superior ao preço médio da eletricidade ou do gás segundo a taxa real de desconto de 7% ao ano da National Academy of Sciences.

Quantas empresas e quantos indivíduos vão querer investir. Além da quantidade de energia que pode ser economizada a certo custo por um edifício específico, devemos estimar quantos edifícios vão efetivamente obter tal investimento. Os investimentos passados dos EUA foram abaixo do ideal. Projetamos uma participação muito maior, que nos próximos 20 anos se aproximará dos índices obtidos hoje pelos Estados de melhor desempenho, quando a pressão competitiva, as compras internas e as políticas de apoio superarem as tradicionais barreiras dos consumidores para a eficiência.

O sistema menor e mais inteligente que ele projetou cortou o consumo em cerca de 8 milhões de kWh no primeiro ano, economizando mais de US$ 770 mil por ano, com um retorno de 45% sobre o investimento.[204]

Histórias similares de bons projetos e de momento adequado podem ser encontradas em todas as partes, das casas geminadas da cidade de Nova York aos condomínios da Flórida. Algumas oportunidades são perdidas porque parecem simples e óbvias demais, embora tenham efeitos bem vastos. A eficiência energética não diz respeito apenas a equipamentos sofisticados. Telhados e pisos de cor clara, árvores que dão sombra e replantio para ajudar a refletir o calor do sol podem refrescar a cidade de Los Angeles em cerca de 3 ºC, diminuir a carga de ar-condicionado da cidade em cerca de 20% e reduzir em 12% o número de dias em que a cidade desrespeita o padrão de ozônio do Estado. A mera redução do ozônio economizaria cerca de US$ 360 milhões por ano em custos relacionados à saúde.[205] E além de manter os edifícios frescos e os telhados duráveis, cada 93 m² de revestimento de telhado de cor clara refresca levemente a terra, refletindo o calor solar – o equivalente a tirar do ar 10 toneladas de CO_2, como um bônus adicional à valiosa economia de energia.[206]

É fato que esses exemplos não refletem ainda práticas comuns. Vamos explicar a razão mais adiante neste capítulo, e iremos oferecer soluções para os diversos desafios envolvidos na implementação da eficiência energética. Mas, para começar, vamos analisar algumas tecnologias emergentes que podem ajudar a tornar as práticas-padrão de hoje primeiro a norma, e então obsoletas.

Tecnologias Emergentes

Felizmente, as tecnologias de economia de energia já têm décadas – ou melhor, séculos – de história

de reabastecer o "recurso da eficiência" mais depressa do que ele se exaure, e a custo similar ou menor. Por exemplo, uma geladeira nova, média, em 2009, consumia 72% menos eletricidade do que um modelo comparável em 1972, e custava 62% menos, apesar de ter mais e melhores características.[207] Isso acabou poupando, nos EUA, o equivalente a mais de 60 usinas de eletricidade de 1 bilhão de watts.[208] Algumas geladeiras novas são ainda mais eficientes. Condicionadores de ar domésticos adquiridos na Califórnia têm melhorado sua eficiência a uma taxa de 3% a 4,5% ao ano ao longo de décadas, e não há sinais de que isso vá se reduzir.[209]

A história demonstra que vamos continuar a ter melhorias na eficiência até nos aproximarmos do melhor que a física permite. É por isso que as economias que presumimos que irão se acumular entre hoje e 2050 originam-se parcialmente de tecnologias emergentes[210] – aparelhos econômicos que ainda vão ser lançados, mas que já existem e estão prestes a sair.

Tecnologias emergentes, de certo modo, são sempre uma aposta. Se a inovação não oferece benefícios adicionais significativos, nem ajuda a reduzir os custos, talvez nunca ocupe plenamente um lugar no mercado. Mesmo que seja um sucesso, pode levar anos até fazê-lo. Os celulares, uma das tecnologias de mais rápida adoção da história, levaram 15 anos para se aproximarem da saturação do mercado, tornando-se 20 vezes mais baratos. No entanto, assim como os celulares eram uma tecnologia de comunicação disruptiva – pois virava o jogo –, muitas tecnologias disruptivas para edifícios estão surgindo rapidamente. Veja algumas delas na sequência.

Janelas inteligentes. Uma das melhores relações custo-benefício viria de janelas inteligentes. Já existem janelas que escurecem em resposta a uma pequena corrente elétrica ou ao calor, de empresas como Pleotint e RavenBrick, e que são usadas em salas de conferência sofisticadas e no 787 Dreamliner da Boeing.[211] Mas espera-se que uma tecnologia bem mais importante chegue ao mercado. As janelas "AdaptivE" da Serious Energy[212] vão usar um revestimento de cristal líquido imprimível, que vai alterar a quantidade de calor que passa por ela em função da temperatura da lâmina exterior de vidro, mantendo, porém, a entrada da mesma quantidade de luz visível. Essa janela seletivamente "termocrômica" admitiria automaticamente algo acima de 5 vezes mais calor solar em um dia frio de inverno do que em uma tarde quente de verão. Imagina-se que essa tecnologia, isoladamente, reduza em até 30% a energia usada para o aquecimento e o resfriamento de uma casa típica.[213] O custo líquido seria negligenciável, pois a casa precisaria de um equipamento menor e mais barato de condicionamento de ar.

Condicionamento evaporativo realçado. Há milhares de anos, os persas descobriram que borrifar água no ar quente fazia com que a água evaporasse, absorvendo o calor e refrescando o ar. Hoje, essa tecnologia milenar está sendo adaptada para produzir condicionadores de ar bem mais eficientes. Esses condicionadores evaporativos funcionam bem em climas secos – uma versão no laboratório do Carnegie Institute for Global Ecology de Stanford produz 50 unidades de resfriamento por unidade de eletricidade – mas não em áreas mais úmidas, como Miami ou Houston. Por isso, Eric Kozubal, engenheiro sênior do National Renewable Energy Laboratory (NREL), ou Laboratório Nacional de Energia Renovável, idealizou uma versão moderna. Ele projetou um modo inovador de acrescentar uma substância que absorve água (um dessecante) para secar o ar que entra, a fim de permitir que o condicionador possa refrescar o ar em qualquer clima. O processo, que Kozubal chama de condicionamento de ar evaporativo realçado por dessecante (com sigla em inglês DEVap), pode economizar de 50% a 90% da energia usada por um condicionador de ar tradicional, dependendo da zona climática.[214] Empresas como Advantix Systems, Munters, Seibu Giken e Trane começaram a colocar no mercado tecnologias avançadas com dessecantes.

Isolantes radicais. Os principais ganhos poderiam vir de uma atualização radical de um antigo produto – o isolante. Durante décadas, os laboratórios conseguiram produzir géis à base de silicone extraordinariamente leves e macios que conseguem isolar até R-40 – 6 vezes melhor do que a melhor espuma plástica – por polegada. Agora, diversos fabricantes – inclusive Proctor Group Ltd., Aspen Aerogels, Cabot Corporation e NanoPore[215] – estão aumentando a produção, tornando acessíveis

Fig. 3-9. O maçarico não danifica a flor graças às impressionantes propriedades de isolamento dos aerogéis.

esses aerogéis e nanogéis. Esses materiais exóticos podem transformar até espaços finos – como molduras de janelas, paredes pouco espessas e até superfícies que podem receber tinta – em poderosas barreiras térmicas.

Materiais que mudam de fase. Materiais que mudam de fase absorvem calor ao derreter com a elevação de temperatura. Usados em paredes ou telhados, retardam o acúmulo de calor numa casa durante um dia quente. O calor acumulado é liberado gradualmente à noite. Eles estão começando a ser usados em materiais de construção, como o ThermalCORE, da Gypsum, que usa cápsulas de parafina de uma gigantesca empresa química alemã, a BASF.[216]

Diodos emissores de luz (LEDs). O Departamento de Energia dos Estados Unidos espera que, até 2030, os LEDs economizem quase tanta eletricidade quanto aquela que todas as casas dos Estados Unidos usam para iluminação.[217] Analistas preveem que o mercado norte-americano para iluminação geral por LED, comercial e industrial, vai passar de US$ 330 milhões em 2010 a US$ 1 bilhão até 2014,[218] com empresas do porte da Philips, Osram Sylvania, Cree e General Electric competindo por uma fatia. Alguns desses aparelhos semicondutores já são duas vezes mais eficientes do que as lâmpadas fluorescentes compactas (CFL – Compact Fluorescent Lamps), e os preços estão caindo.[219] A Starbucks já as utiliza para reduzir o consumo de energia para iluminação em 80% em mais de 7 mil filiais que são de propriedade da empresa.[220] Uma nova geração de equipamentos de iluminação está sendo desenvolvida para explorar a fonte de luz pontual dos LEDs, que permite controle óptico extremamente preciso, aumentando ainda mais a economia de energia. E novos progressos, de inventores como Tsutomu Shimomura, que descobriu um novo modo de alimentar e controlar LEDs com um mínimo de fiação, podem permitir um controle fino da iluminação de edifícios, reduzindo significativamente tanto a energia como a necessidade de capital.[221] Enquanto isso, LEDs da próxima geração, que substituem semicondutores por compostos orgânicos, chamados OLEDs, já estão aparecendo em celulares e câmeras, e podem tornar amplamente disponíveis televisores supereficientes e de qualidade superior (fig. 3-10). Tecnologias ainda melhores estão a caminho.

Rotores eficientes. O que falar de uma tecnologia que pode reduzir drasticamente os maiores usos da eletricidade? Essa é a promessa de bombas, ventiladores, sopradores, turbinas e hélices na forma da concha de um nautilus. A natureza usa essa forma espiral em muitos pontos e, na verdade, obedece a uma sequência de números chamada série de Fibonacci. O naturalista australiano Jay Harman deduziu que a natureza deve conhecer as coisas, e por isso começou a fabricar rotores com essas estranhas formas biomiméticas (fig. 3-11). Agora, sua tecnologia está começando a aprimorar a eficiência de rotores que movem líquidos na base de de-

Fig. 3-10. A tecnologia OLED está permitindo soluções de alta eficiência – e até mesmo flexíveis – para displays digitais e iluminação. A Samsung espera vender 600 milhões de telas OLED de matriz ativa em 2015.[222] A nova TV OLED da Sony, XEL-1, tem uma relação de contraste de um milhão para um, uma resposta de imagem extremamente rápida, nenhuma luz de fundo, espessura de 3 mm (sem o suporte) e um ângulo de visão total de 178°.

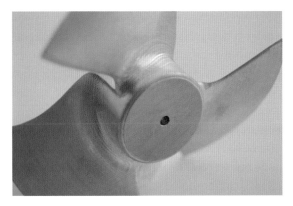

Fig. 3-11. A hélice-espiral-rotor do refrigerador da PAX Scientific (acima) e o impulsor da bomba (abaixo), que obedecem à série Fibonacci, são bem mais eficientes do que os componentes de formato convencional.

zenas de pontos percentuais – às vezes, ainda mais.[223] Essas formas podem economizar 30% da energia usada por hélices de resfriamento de computadores, das quais mais de 1 bilhão são produzidas todos os anos. Ou podem agitar um tanque de 26 milhões de litros de uma unidade de saneamento de água com apenas 320 watts[224] – quase 5 vezes mais eficiente do que seu concorrente mais próximo.[225] A empresa de Harman, PAX Scientific, sediada no norte da Califórnia, está licenciando a tecnologia em diversos setores. Centenas de outros projetos inspirados na natureza prometem, também, aprimorar os componentes de construções e o projeto de edifícios em geral.

Mesmo sem desenho biomimético, as melhorias na aerodinâmica e nos motores reduzem pela metade o uso de energia nos ventiladores de teto disponíveis comercialmente (Gossamer), e três vezes em exaustores de banheiro com o mesmo custo (Panasonic).[226]

Aparelhos eletrodomésticos. E o que dizer das perdas com eletricidade no prosaico forno elétrico? O inventor croata-suíço Dusko Maravic criou um novo tipo de panela cujo fundo, em vez de envergar quando aquecido, mantém-se perfeitamente plano e em pleno contato com o elemento cerâmico de aquecimento controlado por computador.[227] O resultado: cozinha-se melhor e mais depressa, com grande economia nas contas de energia elétrica (medições europeias sugerem cerca de dois terços). Outras economias consideráveis podem provir de controles mais inteligentes e de diversas inovações em panelas e tampas que preservam o calor.[228]

Bombas de calor. Mais adiante, no caminho para a adoção de significativas economias de energia, há inovações como bombas de calor miniaturizadas que podem tanto aquecer quanto refrescar edifícios. O Instituto Federal de Tecnologia da Suíça (ETH Zurique) fez uma demonstração com uma bomba de calor em miniatura, de alta velocidade, que produz espantosamente de 10 até 12 unidades de resfriamento com uma unidade de eletricidade em pequenas quedas de temperatura (por volta de 13 ºC ou menos). Se acionada no reverso, a bomba de calor pode proporcionar cerca de oito unidades de água quente por unidade de eletricidade, tornando-a oito vezes mais eficiente do que um aquecedor de água com resistência elétrica,[229] ou quase três vezes tão eficiente quanto bombas de calor comuns para aquecimento de água.

Esses exemplos são apenas um lampejo da direção para a qual as tecnologias energéticas eficientes estão rumando – e como empresas inteligentes vão encontrar maneiras de ganhar dinheiro vendendo-as. Todas essas tecnologias, e dezenas como essas, vão proporcionar economia de energia no futuro. Aqueles que desejarem obter uma vantagem sobre concorrentes lerdos vão se valer das tecnologias emergentes como uma arma estratégica, derrotando aqueles que não os acompanharem.

Em nossas projeções de economia de energia de Reinventando o Fogo, não postulamos *maiores* economias com base nesse tipo de salto técnico. O que fizemos foi presumir que eles vão continuar a produzir o mesmo percentual anual de economia custo-eficaz entre 2030 e 2040 que pensamos ser possível entre hoje e 2030. A história sugere que essa é uma aposta bem segura.

Comportamento Mais Inteligente

Também esperamos que nossas projeções conservadoras possam ser superadas porque existe outro caminho para importantes economias de energia que não exigem novos projetos ou reformas significativas. O segredo: mudar a forma como os moradores usam os serviços dos edifícios.

Não, não estamos querendo pressionar as pessoas a escolherem ajustes desconfortáveis no termostato ou sugerir que trabalhem no escuro. As mudanças comportamentais que queremos fazer *não* dizem respeito a desconforto, privação ou restrição. Na verdade, estão relacionadas a escolhas inteligentes. A maioria das pessoas não tem noção de quanta energia usa – e de quanto está desperdiçando. Em 1997, mais de mil convidados de uma conferência corporativa da Interface no hotel Grand Wailea, de Maui, receberam *feedback* diário sobre como podiam economizar energia, água e evitar desperdícios seguindo sugestões simples, sem sacrificar o conforto. Com isso, o consumo de energia do hotel caiu 22% em apenas seis dias.[230]

Proporcionar um pouco de informação pode mudar o comportamento das pessoas. Por exemplo, informá-las sobre como está seu consumo de energia em comparação com o de seus vizinhos pode mexer com o instinto competitivo e reduzir acentuadamente o consumo. A Opower, uma empresa fundada recentemente em Arlington, Virgínia, incluiu relatórios nas contas de energia elétrica de Sacramento comparando o consumo entre vizinhos e dando recomendações sobre formas de reduzi-lo, tais como diminuir o aquecimento quando se sai de casa. Os participantes reduziram em 3%, em média, o consumo de energia.[231] Agora, a Opower está implementando esse programa em muitas companhias de eletricidade do país. E novas tecnologias, como medidores inteligentes, estão tornando esse tipo de informação disponível e mais fácil de aplicar.

Até mudanças pequenas de comportamento, do tipo que fica no fundo da memória, podem economizar muita energia, pois o consumo varia drasticamente entre edifícios similares, dependendo de como seus ocupantes se comportam. Muitos estudos já documentaram isso. Com base nas descobertas feitas em 36 programas-piloto residenciais, se 80% dos consumidores tivessem informações de uso até 2050, as mudanças comportamentais resultantes eliminariam mais de 10% do consumo de energia dos edifícios dos EUA a um custo de apenas US$ 0,035/kWh, ou um terço daquilo que normalmente é pago pela eletricidade.[232] Com um programa mais bem elaborado e o uso de pesquisas das ciências sociais, a próxima geração de programas comportamentais pode economizar bem mais, talvez até mais do que 25%.[233]

Ter informações sobre consumo de energia também abre a porta para a redução do consumo sem mudanças no comportamento. Controles inteligentes, por exemplo, podem abaixar automaticamente o termostato quando se sai de casa ou acionar a máquina de lavar pratos num horário que lhe seja conveniente, mas que reduza o custo. Eles também permitem que um prédio de escritórios comece a acumular um resfriamento desde cedo num dia quente, quando a eletricidade custa menos do que nas horas de pico da tarde. (Em edifícios de concreto ou cimento, isso pode reduzir a despesa total de energia para resfriamento, não apenas pela mudança dos horários em que é utilizada.[234]) Essa tecnologia discreta pode produzir serviços iguais, ou até melhores, a custo menor, sem inconveniência ou perda de comodidade.

Como Ir Além do Projeto Convencional

Até agora, vimos como algumas empresas começaram a aproveitar algumas das economias em energia que estão disponíveis para quem quiser, e como a inovação vai sustentar a marcha rumo a tecnologias ainda mais eficientes. Também examinamos maneiras criativas de levar as pessoas a mudar seu comportamento para economizar mais energia, produzindo grandes dividendos sem sacrificar o conforto ou outros valores dos ocupantes. Juntas, essas medidas podem reduzir o uso de energia primária em 38% até 2050. Mais à frente, vamos tratar do imenso desafio prático de espalhar boas medidas cotidianas por toda a imensa frota de edifícios do país.

Primeiro, porém, vamos almejar algo maior. Para dizer a verdade, precisamos fazê-lo. Implementar a visão básica de Reinventando o Fogo que já esboçamos ainda deixaria os edifícios norte-americanos usando 33 quads de energia primária para a eletricidade e o gás natural em 2050. Portanto, como podemos ir além – de preferência, a um custo comparável, e de forma ideal, a um custo ainda inferior?

A resposta: já que vamos nos dar ao trabalho de modificar um edifício, podemos ir um pouco além e mudá-lo de maneira mais eficiente, apli-

cando um projeto integrador. Explorar essa oportunidade pode muito bem aumentar a economia, levando-a além de dois terços do uso energético em edifícios em 2050. Essa é a última etapa – as duas barras à direita – na figura 3-6.

Os custos de um projeto integrador são bem variáveis. Num conjunto pequeno, mas convincente, de edifícios comerciais novos, o projeto integrador gera economias maiores do que um projeto-padrão, sem custo adicional (ou, às vezes, com um custo ainda menor) – custo, aqui, implicando o edifício todo, pois algumas partes podem custar mais, mas podem ser compensadas tornando outras partes menores e mais baratas, ou até desnecessárias. Em outros casos, o edifício pode ter um custo adicional, mas que costuma ser recuperado rapidamente.[235] A ampla variedade em economias e custos relatados reflete diferenças de projeto e na qualidade de execução, pois poucos projetistas têm habilidade nesse método. Essas diferenças tornam o resultado muito incerto – quão rápida e profundamente o projeto integrador pode ser adotado nesses mercados complexos? Mas as diferenças também implicam uma oportunidade de negócios potencialmente importante para colocar em escala, rapidamente, as melhores práticas de projeto integrador.

E o que é exatamente um projeto integrador? E como podemos explorá-lo para transformar os edifícios do país, projetando melhor com tecnologias engenhosamente combinadas em vez de nos valermos de uma lista rotineira de pendências ou de um pacote de ofertas aleatórias?

Projeto Integrador

Em vez de melhorar, digamos, a iluminação convencional ou os sistemas de aquecimento, empregando equipamentos mais eficientes, o projeto integrador começa perguntando se existem maneiras mais inteligentes de projetar o edifício todo e todos os seus sistemas interativos em conjunto. Até agora, esboçamos alguns progressos tecnológicos importantes em tecnologias específicas. O projeto integrador *combina* tecnologias (antigas e novas) de maneiras inovadoras.

Pense nos diversos benefícios colhidos pela Skanska USA quando ela reprojetou, em 2008, seus escritórios de 2.300 m² no Empire State Building já reformado. Em vez de tentar apenas aumentar a eficiência da iluminação convencional e de seu sistema de ar-condicionado, os engenheiros da empresa repensaram o projeto todo. Eles substituíram os dutos convencionais, próximos do teto, por uma ventilação sob o piso que permite que cada empregado controle o fluxo de ar e a temperatura, além de reduzir o ruído, a energia dos ventiladores e a disseminação de doenças. Como os dutos de ventilação antigos costumam cobrir a quinta parte superior das janelas, sua eliminação deixou livre toda a área das janelas. Esse espaço adicional traz luz do dia a 90% do escritório, economizando 35% da energia gasta em iluminação. E os empregados gostam da luz natural e da nova vista: o absenteísmo sofreu uma queda de 14%.

O projeto custou 4,6% a mais do que um escritório convencional ajustado para receber a mais elevada classificação LEED. Mas vai cortar os custos de energia elétrica em 57% em relação ao escritório anterior da Skanska, pagando-se em cinco anos. A vice-presidente sênior Elizabeth Heider também comenta que o uso reduzido de energia é uma proteção contra futuros aumentos no preço da energia elétrica ou do carbono.[236]

Passar a usar projetos integradores não é fácil. Exige que arquitetos, engenheiros, empreiteiros e proprietários colaborem de maneira mais eficaz. Requer que os projetistas reorganizem sua mobília mental e, ocasionalmente, contornem as práticas arraigadas. Mas não é nada complexo. Ele aplica princípios ortodoxos da engenharia, mas costuma fazer perguntas diferentes sobre projetos, numa ordem diferente, para obter uma resposta mais adequada. E algumas das ideias geradas são óbvias quando examinadas posteriormente.

Veja, por exemplo, a típica loja em forma de caixa, cercada por um mar de asfalto preto, sem uma única sombra. O calor absorvido e irradiado por hectares de asfalto nos dias ensolarados de verão força o equipamento de ar-condicionado tanto da loja e como de milhares de carros estacionados. A onda de calor que você sente ao sair do carro com ar-condicionado não é agradável. À noite, a superfície escura exige luzes poderosas para proporcionar iluminação segura. O projeto integrador revelaria rapidamente que uma superfície de estacionamento de cor clara reduziria os custos de refrigeração e iluminação. Nesse caso, a loja manteria os clientes mais confortáveis com menos ar-condicionado. O pavimento mais fresco duraria muito mais. Se for permeável, ele pode reduzir ou acabar com onerosas infraestruturas para gerenciar a água das chuvas. E sombrear o estacionamento com células solares, como alguns comerciantes estão começando a fazer, pode aumentar ainda mais o conforto, e a eletricidade gerada pode ser vendida para a rede ou – o que seria ainda mais valioso – usada para recarregar os carros elétricos dos clientes de graça, incentivando-os a fazer compras mais demoradas.

Do Tamanho Certo

Seja fora do edifício, seja dentro, o projeto integrador tem muitas consequências poderosas. Uma das mais comuns e valiosas é a possibilidade de reduzir ou mesmo eliminar equipamentos mecânicos – uma ideia chamada "right-sizing", ou "do tamanho certo". Foi o que pude fazer em minha própria casa de 370 m² no alto das Montanhas Rochosas. A casa tem superisolamento e 99% de aquecimento passivo, apesar de temperaturas que caem a até -44 ºC, graças em parte às "superjanelas" que parecem ter duas lâminas de vidro, mas que isolam como 16 (ou, em alguns casos, 22). Essas medidas reduziram o custo de construção da casa, pois a eliminação do sistema de aquecimento economizou mais do que as superjanelas, o superisolamento e o custo de recuperação do calor da ventilação. O reinvestimento desse capital economizado reduziu a menos de um ano a recuperação total, pois foram economizados aproximadamente 90% do consumo de energia elétrica da casa e 99% da energia consumida pelo aquecimento da água e do ambiente. Uma reforma recente aumentou ainda mais a economia, atualizando as tecnologias e passando-as de 1983 para a última palavra em 2010. É revelador saber que o sistema de monitoramento que mede as economias parece usar mais eletricidade do que todas as luzes e os aparelhos elétricos juntos.

A abordagem do tamanho certo, reduzindo o tamanho e o custo dos sistemas de aquecimento e resfriamento, está se espalhando. Um engenheiro alemão, o dr. Wolfgang Feist, lançou o movimento Passivhaus, que criou mais de 25 mil estruturas passivas certificadas na Europa[239] (inclusive esco-

PROJETO INTEGRADOR NUM PRÉDIO DE ESCRITÓRIOS

Em um novo projeto de escritórios, ou em uma reforma importante, muitos projetistas avançados preferem a ventilação sob o piso. Feita corretamente, ela é silenciosa, controlável individualmente, mais saudável para os trabalhadores, bem mais eficiente e de custo total comparável ou mais baixo do que um sistema forçado de ar próximo ao teto. Uma canalização sob o piso distribui o ar, substituindo onerosos dutos e ocupando menos espaço vertical. A menor queda de pressão encolhe as hélices de fornecimento e, com isso, os resfriadores (pois a energia das hélices aquece o ar em circulação). Cadeiras de malha ventilada, como a Aeron, da Herman Miller, mantêm frescas as nádegas das pessoas (pois o fato de se sentar sobre uma espuma revestida comum pode esquentar as nádegas de uma pessoa em 7 °C em trinta minutos[237]). Outras inovações expandem a gama de condições nas quais as pessoas se sentem confortáveis.

O envelope do edifício é orientado, dimensionado, assombrado e equipado com superfície para captar fluxos de energia naturais e úteis e desviar fluxos adversos. Superjanelas "sintonizadas" – quase perfeitas, permitindo a entrada da luz sem o calor indesejado – otimizam o fluxo de luz e de calor em cada direção, aumentando o conforto e reduzindo os sistemas de condicionamento de ar. Dutos de teto e tetos rebaixados para ocultá-los desaparecem; os *sprinklers* tornam-se um elemento arquitetônico que não incomoda. O menor espaço entre pisos economiza uma faixa de oneroso revestimento de fachada ao redor de cada andar e pode até acomodar seis andares, no lugar de cinco, dentro do limite de 23 m de altura para prédios baixos, fazendo maravilhas pelo desempenho financeiro e erguendo o teto para melhorar a distribuição de luz solar.

A iluminação indireta proveniente de luz solar dirigida e de lustres pendurados proporciona luz para todos sem reflexos – luz que é bem mais eficiente em termos visuais do que se fosse proveniente de cima para baixo, de pontos de luz tradicionalmente embutidos no teto rebaixado. A iluminação de superfícies – e não o volume da área – economiza boa parte da energia gasta com iluminação, previne a fadiga visual e torna o plano do teto brilhante e animado, e não sombrio e opressivo. (O *projeto* de iluminação é ainda mais importante – porém mais negligenciado – do que um *equipamento* de iluminação eficiente, mas os dois trabalham juntos poderosamente em todos os tipos de edifícios.[238]) Menos energia para luzes, ventiladores e bombas encolhem os sistemas de ar-condicionado e economizam mais capital. Essas economias de capital ajudam a pagar janelas e isolantes melhores etc.

Agora, porém, a ventilação e a iluminação se combinam para criar um novo benefício: o custo de reconfigurar o espaço quando as pessoas modificam seus escritórios – que costuma despender muitos dólares por metro quadrado por ano – é praticamente eliminado. Como? Se todo o plano do teto tem iluminação por igual, não é preciso mover pontos de luz ou fiações e controles quando as pessoas remodelam o escritório. A ventilação está disponível, substituindo-se qualquer piso por um difusor. A energia e a fiação (se é que não é sem fio) podem ser mudadas levantando uma peça do carpete e do piso sob ele – não é mais preciso derrubar tetos ou paredes.

Em síntese: esse edifício pode proporcionar conforto térmico, visual e acústico sem precedentes, usando apenas uma pequena fração da energia anteriormente necessária; pode custar o mesmo valor para ser construído, ou menos; e pode ser construído mais depressa.

las, prédios comerciais, apartamentos e casas) que não precisam de equipamento de aquecimento tradicional, como estufas, mesmo em climas frios e nebulosos, e que por isso não custam mais do que casas comuns. Um arquiteto tailandês, o professor Suntoorn Boonyatikarn, levou o mesmo conceito para a quente e úmida Bangkok, economizando 90%[240] da energia normalmente gasta com ar-condicionado, mas com custos normais de construção e um condicionador de ar muito pequeno. E no Empire State Building de Anthony Malkin, 6.514 janelas com dupla camada de revestimento, transformadas em superjanelas no próprio local, agora bloqueiam pelo menos dois terços da perda de calor no inverno e metade do aumento de calor no verão. Isso reduziu em um terço a carga de ar-condicionado do edifício no pico do verão. Assim, em vez de escavar a Quinta Avenida para retirar, substituir e aumentar os antigos resfriadores, os engenheiros conseguiram renovar e reduzir aqueles já

existentes. A economia em energia elétrica, que diminuiu a carga do horário de pico em um terço, também evitou a onerosa renovação da antiga fiação interna. As economias: US$ 17,4 milhões em investimento de capital evitado, que foi reciclado para ajudar a pagar as janelas e outros melhoramentos relacionados com a eficiência. Foi por isso que os 38% de economia em energia do edifício – na verdade, mais de 40% – repagaram o custo adicional em apenas três anos, e também foi por isso que os planos para uma estação de energia elétrica maior e para uma usina cogeradora no local foram cancelados.[243]

A filosofia do tamanho certo não precisa ser feita na escala grandiosa de um edifício como um todo (ver o texto em destaque "Reformas Caras Podem Custar Menos do Que Renovações Rotineiras"). Pode fazer uma diferença bem grande se for aplicada a aparelhos pequenos, mas presentes em toda parte. Por exemplo, um estudo dinamar-

REFORMAS CARAS PODEM CUSTAR MENOS DO QUE RENOVAÇÕES ROTINEIRAS

Às vezes, combinar o momento certo com o tamanho certo pode produzir economias ainda mais surpreendentes do que aproveitar cada um isoladamente. Por exemplo, uma torre toda envidraçada de escritórios com 18.600 m², construída na década de 1970 perto de Chicago, precisou de janelas novas quando as vidraças instaladas começaram a se deteriorar, assim como fazem a cada 20 anos, mais ou menos. Uma reforma normal trocaria as janelas por unidades idênticas. Os engenheiros da RMI descobriram que novas superjanelas poderiam proporcionar um isolamento quatro vezes melhor, permitindo a entrada de seis vezes mais luz e um décimo a menos de calor indesejado. Melhor luz do dia, iluminação melhor e equipamentos de escritório poderiam cortar a carga de resfriamento de pico em três quartos. A substituição do envelhecido sistema de ar-condicionado por um novo, quatro vezes menor e quase quatro vezes mais eficiente, custaria US$ 200 mil a menos do que a renovação do grande sistema antigo – o suficiente para pagar pelo custo extra de todas as melhorias, com algumas sobras. Logo, foi feita uma simulação que mostrou que uma reforma altamente in-

tegrada e no momento certo economizaria 76% da energia do edifício, por um valor pouco menor do que o de uma renovação normal – que não economizaria nada.[241]

Esse projeto foi aprovado, mas inesperadamente acabou sendo suspenso: o proprietário descobriu tardiamente que o escritório que administrava o edifício, e que estava com pouca verba, não queria parar de receber as comissões advindas dos aluguéis nos vários meses em que a reforma seria executada, e por isso foi preciso fazer reparos convencionais e rápidos, com a perda, por mais 20 anos, da oportunidade para uma reforma no edifício todo. O prédio ficou tão pouco confortável que as salas não foram alugadas, e o edifício teve de ser vendido. Isso ilustra os obstáculos que ficam à espreita em cada um dos 20 e poucos elos na cadeia de valores dos edifícios comerciais.[242] No entanto, o exemplo sugere uma importante oportunidade de projeto de reforma, tanto no momento certo como no tamanho certo. Os Estados Unidos têm mais de 100 mil edifícios semelhantes aguardando tratamento similar. Todos os anos, milhares deles precisam de uma troca de vidraças. Proprietários atentos vão aproveitar a oportunidade para uma reforma profunda no edifício todo.

114 REINVENTANDO O FOGO

quês descobriu que as bombas usadas para a circulação de água quente nas casas europeias normais são de 5 a 10 vezes maiores do que o necessário e 4 a 8 vezes menos eficientes do que deveriam ser. A substituição gradual dessas bombas domésticas em 120 milhões de residências na Europa, ao longo de uma década, eliminaria a necessidade de 8,5 usinas elétricas de um bilhão de watts, e resultaria em um sexto da obrigação de redução de carbono na Europa segundo o tratado de Kyoto.[244] As bombas menores e bem mais eficientes, agora comuns na Europa, entraram no mercado norte--americano em 2007, oferecendo de 70% a 90% de economia potencial, repagando-se de 1,5 a três anos,[245] e são mais baratas do que substituir bombas de grande porte por outras eficientes, mas ainda grandes demais.

Há mais ganhos na aplicação de projetos integradores do que em sistemas que geralmente são do tipo "copia e cola" – numa "repetição infecciosa" –, mas que não são otimizados adequadamente. No Capítulo 4, vamos descobrir como maneiras pouco convencionais de distribuir canos e dutos – seja num edifício, seja numa fábrica – podem economizar em bombas e ventiladores praticamente todo o tamanho, o consumo, o ruído e o investimento.

O projeto integrador tem muito mais etapas e truques do que esses poucos exemplos ilustram. Mas o resultado é simples: em certas situações, grandes economias de energia podem custar *menos* do que uma pequena economia, ou nenhuma. Em outras palavras, os investimentos em eficiência energética não geram retornos decrescentes – quanto mais você economiza, mais e mais custa –, mas sim retornos crescentes. Alguns teóricos acham que isso é impossível, mas os bons engenheiros acham que é divertido. E retornos crescentes, como vemos diariamente em sistemas eletrônicos e de informática, mudam tudo. Podemos não só obter reduções espantosas no consumo de energia de edifícios, mas tais reduções já estão sendo feitas

em escritórios e residências do país e ao redor do mundo. Contar suas histórias, num giro rápido, demonstra nitidamente o que é possível (ver o texto em destaque "Destaques do Projeto Integrador").

Benefícios Adicionais da Eficiência Energética

Defendemos a ideia, como muitos outros têm feito ao longo dos anos, de que, apenas com base no custo de energia evitado, os 120 milhões de edifícios dos Estados Unidos podem se tornar drasticamente mais eficientes, cortando custos que proporcionam um saudável retorno sobre o investimento. Mas a história completa – e a equação econômica – é mais convincente do que a economia de energia poderia indicar. Isso porque as mesmas melhorias que nos levam a economizar energia também trazem outros benefícios valiosos na forma de subprodutos gratuitos.

Na verdade, quando medidos, esses benefícios extras quase sempre superam o valor da energia economizada. Infelizmente, esses benefícios – geralmente na forma de produtividade, satisfação e conforto – são de difícil quantificação e por isso não costumam ser monetizados. As pesquisas mais recentes confirmam que o valor dos benefícios não energéticos é positivo. Mas quão positivos e benéficos são? Essa é uma perguntas que pesquisadores e empreendedores devem responder de maneira mais definitiva. Além disso, cada envolvido vai pesar os fatores diferentemente: os proprietários de imóveis, por exemplo, não se preocupam com fatores relacionados com melhoria da marca ou em atrair talentos. Que valor adicional os proprietários de imóveis pagariam pela eficiência se outros benefícios monetários não energéticos fossem quantificados? Justificaria investimentos mais volumosos? Encontrar formas de estruturar acordos para receber esses benefícios adicionais é uma enorme oportunidade que aguarda para ser ativada.

DESTAQUES DO PROJETO INTEGRADOR

A recente promoção do projeto integrador por arquitetos e engenheiros fornece muitos exemplos. Aqui, apresentamos alguns que consideramos excitantes ou inovadores, tanto em conteúdo técnico quanto em ambição. Apesar dos desafios, esses projetos encontraram formas de ir adiante, provando que cada vez mais projetistas e proprietários podem chegar a resultados similares.

Byron G. Rogers Federal Building (Denver, Colorado). Esse histórico complexo de escritórios da década de 1960, com 46.500 m², sede de onze agências governamentais, está recebendo novas superjanelas, iluminação supereficiente por LED, sistemas mecânicos e encanamentos inovadores, elevadores que reutilizam energia, aquecimento de água com energia 100% solar e diversas características inovadoras. A reforma radical deve atender aos parâmetros federais de investimentos e reduzir em 70% o consumo original de energia, atingindo em 2013 o ponto que deveria ser atingido em 2020 para se chegar à meta de 2030 do governo federal – consumo de energia líquido igual a zero.[246]

National Renewable Energy Laboratory Research Support Facility (Golden, Colorado).* Seria de se esperar que a incubadora de tecnologia energética verde do governo fosse um modelo de eficiência – e ela não desaponta. Janelas com triplo isolamento diurno em todos os escritórios, ventilação abaixo do piso, controles digitais e eficiente equipamento de TI estão entre as diver-

---

* Instalação de Apoio ao Laboratório Nacional de Pesquisas de Energia Renovável. (N.T.)

Fig. 3-12. Apesar de ter um centro de processamento de dados, esse novo escritório da NREL consome metade da energia normal, ou um terço da média dos atuais escritórios nos EUA, e obtém toda a sua eletricidade graças à energia solar do telhado. Esta imagem mostra as janelas da face sul do edifício, nas quais o ar externo é preaquecido passivamente por meio de coletores solares perfurados (uma tecnologia desenvolvida pela NREL).

sas tecnologias que reduzem o consumo de energia fornecida a 95 kCal/m²-a. É um número particularmente impressionante porque o edifício também contém um centro de processamento de dados. Para se manter edifícios com consumo muito baixo de energia, "cada watt tem de ser contado", explica o gerente de projetos de TI Craig Robben. Mas o edifício de 20.400 m², mostrado na figura 3-12, foi competitivo em termos de custos com muitos escritórios governamentais grandes da região.[247]

Lewis and Clark State Office Building (Jefferson City, Missouri). Missouri é o estado do "Mostre-me", e por isso, quando o arquiteto Bob Berkebile propôs construir um escritório eficiente do ponto de vista energético para 400 funcionários do Departamento Estadual de Recursos Naturais na beirada de uma escarpa calcária com vista para o belo rio Missouri, muitos se mostraram céticos. Contudo, sem custo adicional, sua equipe entregou a obra no prazo e dentro do orçamento, um belo, confortável e exemplar projeto que economiza de 55% a 60%[248] do consumo normal de energia.

Center for Health and Healing, Oregon Health & Science University (Portland, Oregon).* Já sei! Você vai dizer: Entendi! Um projeto integrador pode economizar bem mais da metade da energia de um prédio novo de escritórios, sem custos adicionais. E quando se trata de um edifício com consumo intenso de energia, como um hospital? Vamos falar de algo grande – 38.300 m², 16 andares – e colocá-lo num lugar com muitas nuvens. Resultado: ele foi idealizado para economizar 61% do consumo de energia permitido pelos códigos, custando milhões de dólares *a menos* para ser construído. Quantos milhões? Os US$ 30 milhões do orçamento de sistemas mecânicos, elétricos e de canalização caíram em 10%, ou US$ 3 milhões. Todos os outros investimentos em eficiência energética acrescentaram US$ 0,98 milhão. Dois sistemas de coletores solares adicionaram US$ 0,89 milhão. Juntos, esses melhoramentos economizaram US$ 1,6 milhão desde o início, e trouxeram US$ 1,6 milhão em incentivos financeiros e tributários, totalizando US$ 3,2 milhões. A uma taxa de 10%, as economias em energia e em aluguel vão aumentar o valor do edifício em aproximadamente US$ 8,6 milhões.[249] Valor total adicionado com o projeto integrador: por volta de US$ 12 milhões, ou US$ 313 por metro quadrado. Os ganhos em saúde e desempenho humano são extras.

Torres Gêmeas do Deutsche Bank (Frankfurt, Alemanha). A icônica sede do Deutsche Bank – torres gêmeas com 36 e 34 andares – tinha quase 20 anos de idade em 2003 quando uma legislação sobre incêndios mais rigorosa obrigou o banco a uma reforma de porte. Teria sido mais barato vender os edifícios e mudar a

---

* Centro de Saúde e Cura. (N.T.)

sede, diz o gerente de edificações verdes Nils Noack. Mas o banco viu a oportunidade de melhorar sua reputação de líder ambiental mantendo-se no local e transformando as torres em dois dos mais verdes edifícios do mundo. O projeto de três anos custou 200 milhões, boa parte dos quais destinados à reforma comum e não às características verdes. Ele vai reduzir o consumo de energia para climatização em 67% e de eletricidade em 55%, economizando espaço e acomodando mais 600 funcionários. A cada duas janelas, uma é funcional. Sistemas mecânicos menores tornaram disponível todo um andar de uma das torres. Indicadores de LCD nos elevadores mostram como cada andar está se saindo na economia de energia, impelindo uma competição informal. A eficiência e a energia hídrica vão cortar em 91% a emissão de carbono por funcionário – parte da meta do banco de se tornar neutro em carbono em 2012.[250]

Fossil Ridge High School (Fort Collins, Colorado). Em 2005, a escola de Poudre projetou e construiu um colégio de 27 mil m² que é 60% mais eficiente em energia em comparação a outros edifícios escolares, sem custo adicional, economizando US$ 60 mil por ano. O edifício usa sensores de ocupação para a iluminação, um sofisticado sistema de ar-condicionado com recuperação de calor e isolamento adicional. O projeto também enfatizou iluminação natural mais adequada e mais qualidade do ar no interior da escola, ambos aprimorando o ambiente de estudos. O custo? O valor de US$ 1.927/m², inclusive custo de projeto, instalações e equipamento, compara-se favoravelmente com o de outras escolas da região.[251]

Exemplo de Passivhaus (Urbana, Illinois). O movimento Passivhaus nos Estados Unidos está no início, em comparação com a Europa, mas já tem seguidores dedicados. A arquiteta Katrin Klingenberg foi uma das primeiras nos Estados Unidos a fazer projetos obedecendo aos severos parâmetros da Passivhaus, construindo sua própria casa na cidade um tanto fria de Urbana, Illinois, em 2003. Com níveis extremamente altos de isolamento (um valor-R médio de 56) e um envelope superfechado, a casa economiza 76% em energia entregue em comparação com uma casa nova construída segundo o código. Você poderia imaginar que um dos primeiros exemplares de Passivhaus a ser construído teria um custo exorbitante, e com o gasto de US$ 18 mil além do normal não dá para considerar um preço barato, mas Klingenberg comenta: "Foi um protótipo. Houve muita pesquisa, a tradução de certos materiais e experimentação. Mas na verdade a construção é feita com estrutura de madeira comum, e creio que um empreiteiro experiente possa construir essa casa por cerca de 10% a mais do que seria gasto para se construir uma casa comparável – um valor que pode ser recuperado facilmente graças à economia em energia ao longo de dez anos." Outros começaram a seguir os passos de Klingenberg, construindo casas Passivhaus certificadas em climas tão distintos quanto o litoral da Louisiana, o norte de Minnesota e a costa do Oregon.[252] E a experiência alemã confirma a hipótese de Klingenberg, provando como o custo extra inicial de uma construção Passivhaus caiu quatro vezes nos primeiros 15 anos e hoje está quase insignificante.[253] Com efeito, nas melhores casas passivas da Suécia, o custo já está do lado negativo do zero.[254]

Reforma/restauração de casas de arenito vermelho (St. Louis, Missouri).

O bairro histórico do Hyde Park em St. Louis, Missouri, está repleto de casas geminadas de três andares, anteriores à Guerra Civil americana, solidamente construídas com tijolos ou pedras, mas a maioria está abandonada ou vazia. As pessoas da vizinhança precisam de moradia a custo acessível, mas a restauração convencional acarretaria contas de energia elétrica impraticáveis. O incorporador Ted Bakewell III idealizou e demonstrou, em 1981, uma alternativa que poderia ser levada a cabo pelos próprios moradores locais, mesmo os que não tivessem instrução ou talento para construir.[255] No fundo de cada casa, foi erguido um novo piso, usando concreto com espuma de ar que se nivela sozinho. Sobre essa base, painéis vedados, pré-fabricados no local – sanduíches de espuma superisolante com parede de drywall resistente ao fogo – foram encaixados e alinhados com as paredes de tijolos. Foram feitas aberturas para as portas e janelas, cada uma usando duas folhas duplas comuns. O único elemento de aquecimento foi um par de aquecedores de piso, com um custo anual de funcionamento de US$ 100. Essa reforma e a restauração com superisolantes custaram apenas US$ 4.700 a mais do que uma reforma simples e ineficiente. Mas ela reduziu a necessidade de aquecimento em mais de 90% e permitiu que uma casa de 140 m² pudesse ser refrescada com apenas um pequeno condicionador de ar na janela.

Como mostram esses exemplos variados, as economias extras de energia devidas aos projetos integradores podem ser bem grandes. Mas o número de construções desse tipo ainda é relativamente pequeno. Pode ser pouco realista supor que as melhores práticas de hoje serão adotadas universalmente, mesmo ao longo de 40 anos. Por outro lado, as práticas de 2011 são irreconhecivelmente melhores do que aquelas de 1971. Não vemos motivo para que o progresso não continue ou mesmo se acelere, e a prática avançada e esotérica de hoje acaba se convertendo no suculento imperativo competitivo de amanhã. As maiores incertezas sobre a velocidade e o alcance com que o projeto integrador se disseminará não são tão certas quanto suas oportunidades.

TABELA 3-1. Exergando além de custos mais baixos de energia

INVESTIMENTO	RETORNO
Custo do investimento	Custos operacionais e de capital menores
Custo do capital	
Custos de transação	Menor exposição à volatilidade e aos aumentos de preço dos combustíveis
Custos de aprendizado	
Risco na execução e no desempenho	
	Benefícios Adicionais
	Reforço da marca
	Atração e retenção de funcionários
	Aumento na produtividade da equipe
	Melhora nas notas escolares
	Aumento nas vendas
	Redução das despesas com saúde
	Maior satisfação dos inquilinos
	Aluguéis mais competitivos
	Maior valor residual

A eficiência energética cria muitas fontes de valor além da mera redução dos custos com energia. Embora seja difícil de quantificar e monetizar, esses benefícios reais costumam valer bem mais do que a energia poupada.

O mais óbvio benefício não energético da eficiência energética está na economia proporcionada por menores custos de instalação e manutenção. Por exemplo, a maior economia proporcionada por semáforos com LEDs provém do fato de que é muito raro precisar parar o trânsito e mandar uma equipe com uma escada ou um guincho para trocar uma lâmpada. Eles também salvam vidas, pois em cada conjunto de LEDs apenas uma pequena luz falha de cada vez, e os sinais vermelhos continuam em funcionamento, evitando colisões. Nos edifícios, LEDs bem produzidos e instalados duram três vezes mais do que lâmpadas fluorescentes compactas, e 25 vezes mais do que lâmpadas incandescentes. Um estudo da Academia Nacional de Ciências concluiu que em lugares onde é difícil se trocar uma lâmpada (como aqueles que exigem um guindaste especial para se chegar a tetos muito altos), ou onde terceiros remunerados trocam lâmpadas, "a economia na manutenção supera em muito o valor da economia de energia".[256] (No caso de pessoas mais velhas que sobem em uma cadeira para trocar a lâmpada, o preço pode ser uma fratura no quadril.) Essas economias estão por toda parte. Projetos de iluminação indireta (nos quais a iluminação é dirigida para superfícies, e não para espaços) costumam precisar de menos instalações e fiação, economizando em manutenção e em capital. Motores e telhados eficientes trabalham a temperaturas mais baixas; portanto, por mais tempo. O que acontece com o pessoal de manutenção? Alguns gerentes decidem diminuir a equipe; gerentes inteligentes mantêm a equipe, distribuem melhor as horas poupadas para conseguir mais economia e dispensam esses quilowatts-horas ociosos.

Há inúmeras maneiras de melhorar a produtividade dos trabalhadores em escritórios, desde oferecer o pagamento de incentivos até conceder benefícios adicionais. Poucos gerentes pensariam em acrescentar espaços de trabalho confortáveis a essa lista. Mas diversos estudos sugerem que ganhos em eficiência energética, como melhor controle de temperatura e iluminação natural, mesmo que com uma pequena vista pela janela, podem melhorar a produtividade dos trabalhadores. Sistemas de distribuição de ar bem projetados, que impedem a recirculação de germes, podem reduzir doenças e absenteísmo. Quando combinadas, estratégias como iluminação energeticamente eficiente, melhoria da qualidade do ar, tratamento acústico e térmico podem produzir aumentos de produtividade da ordem de 3% a 5%, repagando teoricamente o investimento inicial em eficiência em pouco tempo e reduzindo o consumo de energia.[257] De fato, um aumento de apenas 0,7% de produtividade num escritório de trabalho típico dos EUA teria o mesmo efeito final quanto a *eliminação da conta de energia elétrica*.[258]

Os ganhos vão além da mera produtividade. É mais fácil recrutar e manter empregados que gostem de seu local de trabalho ou que considerem suas empresas responsáveis do ponto de vista ambiental. Lee Scott, ex-CEO do Walmart, diz que o grande esforço encetado por ele para tornar o gigante do varejo mais verde e energeticamente mais eficiente acabou valendo a pena simplesmente pela melhora no moral dos funcionários.

 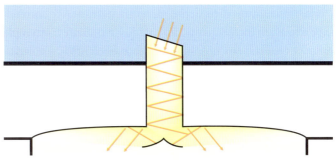

Fig. 3-13. Este supermercado em Foxboro, Massachusetts, irradia a luz solar (mesmo em dias nublados) por meio de uma abertura no teto; a luz desce por um refletor de metal perfurado que reflete a maior parte dela sobre um teto curvo. Funcionários e clientes preferem a luz natural; eles permanecem mais tempo na loja, e, como resultado, há um volume de vendas maior do que a média.

Outro benefício não energético surpreendente: aumentos nas vendas. Acontece que a luz natural pode fazer com que as mercadorias pareçam mais atraentes para os clientes, aumentando os lucros de varejistas como o Walmart e de supermercados como Stop & Shop (fig. 3-13). Um amplo estudo independente de franquias da Costa Oeste para outra empresa descobriu uma pressão de vendas ao varejo 40%[259] maior em lojas bem iluminadas por luz natural – e seus funcionários afirmaram que preferiam trabalhar nelas.

Os diversos benefícios não energéticos da eficiência energética estendem-se para nossos filhos e nosso sistema de saúde. Será que você preferiria estudar em uma sala de aula sem janelas e iluminada por lâmpadas fluorescentes (como muitos lugares onde nós estudamos) ou em uma escola iluminada principalmente pela luz solar, com janelas abundantes e talvez até funcionais? Experimentos realizados em diversos estados analisaram notas de provas e descobriram que o aprendizado é de 20% a 26% mais rápido para alunos que estudam em salas de aula bem iluminadas por luz natural.[260] Ou será que você preferiria recuperar-se de uma cirurgia num quarto de hospital sem janelas ou em um com luz solar e vista para árvores ou parques? Roger Ulrich, conhecido cientista do comportamento, compilou[261] mais de 2 mil trabalhos revistos por pares mostrando que os pacientes se curavam mais depressa, sentiam-se melhor e ficavam menos tempo internados, e tinham menos recaídas, em hospitais verdes e eficientes do que nos convencionais.

Concluindo: melhores condições de trabalho e de vida proporcionam valor maior. Uma análise[262] do pequeno – mas crescente – conjunto de edifícios verdes prova que edifícios norte-americanos rotulados com os sistemas LEED ou ENERGY STAR têm aluguéis 3% mais elevados, maior índice de ocupação e são vendidos por preços 13% maiores se comparados com propriedades pare-

cidas.[263] Essa tendência de valorização reduz o risco de os financiamentos passarem a ser menores que os valores desses imóveis quando os valores de mercado declinam de modo geral, como ocorreu na recessão de 2008-2009. E esses imóveis sofrem menos riscos com picos ou interrupções futuras de fornecimento de combustível.[264] A LaSalle Investment Management é uma das empresas líderes globais de administração de ativos que vê evidências crescentes de taxas de empréstimos diferenciadas para imóveis e portfólios verdes e energeticamente eficientes.[265]

O momento para investir em eficiência energética não podia ser melhor. Na complexa indústria de construções, o edifício verde e energeticamente eficiente tem emergido como um refúgio seguro, com financiamento mais fácil, mais procura, menos problemas e mais atraente para consumidores exigentes.

O ENIGMA E O DESAFIO

Agora, precisamos enfrentar uma imensa e perturbadora questão. Se essa visão de um setor de edificações energeticamente bem mais eficientes, com seu belo prêmio líquido de US$ 1,4 trilhão (e um monte de outros benefícios poderosos), é tão convincente, então os Estados Unidos deveriam estar correndo em sua direção. Mas não estamos. Os exemplos que destacamos são apenas algumas ilhas isoladas num vasto oceano de ineficientes casas geminadas, apartamentos, McMansões, lojas, depósitos, fábricas, galpões, hospitais, escolas e arranha-céus. Sim, o Empire State Building é um farol de esperança, mas a vista do alto é um triste lembrete de oportunidades que ainda não foram exploradas. Por que a adoção da eficiência energética no setor de construções tem sido tão perturbadoramente lenta?

O economista James Barrett explica que isso se deve ao fato de "o tecido conjuntivo que liga as oportunidades à execução ainda estar em desenvolvimento. Não é tanto uma questão de levar o cavalo até a água, mas de obrigá-lo a beber".[266]

Um cético poderia até perguntar, com razão, se a visão em si é excessivamente otimista ou simplesmente errônea. Afinal, proprietários de edifícios e executivos de empresas são líderes sagazes. Eles vasculham constantemente o cenário para achar algum nicho que dê lucros e a palavra final – ou que lhes dê boa vantagem sobre os concorrentes. Empreendedores e empresas igualmente inteligentes e inovadores estão sempre comercializando de forma agressiva as tecnologias, os serviços e projetos necessários para tornar mais eficientes os edifícios do país. Se ainda não foram bem-sucedidos na venda de seus produtos ou de projetos para a maioria dos proprietários de imóveis, então talvez os ganhos econômicos que estamos vislumbrando não existam de fato. Ou, como os economistas podem argumentar, não deve haver notas de US$ 20 espalhadas pela rua, pois, se houvesse, alguém já as teria pegado.[267]

Na verdade, há boas respostas para essa pergunta. As economias de energia e os enormes benefícios não energéticos estão disponíveis para quem quiser. Mas bem no meio do caminho há muitos desafios que desestimulam as ações da maioria (porém, como mostramos, nem todos) das empresas, dos governos e indivíduos.

Para começar, um dos maiores problemas é que qualquer indivíduo ou empresa só consegue aproveitar uma pequena fração dessas economias – tão pequena, na verdade, que em muitos casos o esforço e o transtorno podem não parecer compensadores se comparados com outras opções. Por que despender o tempo, o dinheiro e o esforço de reformar um escritório para economizar poucas dezenas de milhares de dólares por ano, quando uma decisão de negócios ousada, como uma nova campanha de marketing ou o registro de uma patente, pode gerar dezenas de milhões de dólares?

Ou pense nas decisões que os proprietários de imóveis precisam tomar. A casa média norte-americana custa cerca de US$ 175 mil e vai custar cerca de US$ 75 mil em contas de energia elétrica ao longo de uma hipoteca de 30 anos.[268] Mas esse dinheiro escoa muito lentamente, em contas mensais que totalizam quase US$ 2.200[269] por ano. Vamos imaginar que um bom isolamento e revestimento térmico, além de algumas melhorias em equipamentos, poderiam cortar esse valor em 30%. A economia anual seria por volta de US$ 700. Para a maioria das famílias, sinceramente, esse valor parece trivial – menos do que o custo de dois pães com manteiga na chapa por dia. E, para obter essa economia, talvez você tenha de desembolsar mais de US$ 5 mil de cara pelas melhorias (um dinheiro que muitas pessoas não têm ou não querem gastar) e depois esperar vários anos até esse desembolso ser compensado pela economia com energia. Isso sequer inclui o incômodo fator de descobrir o que fazer, encontrar a pessoa certa para fazê-lo, combinar com o empreiteiro e deixar de trabalhar alguns dias para receber essas pessoas.

Francamente, as despesas com energia em edifícios e sua redução ficam numa posição bem baixa na lista de prioridades da maioria das pessoas. Vamos sempre preferir um escritório cercado por um mar de estacionamentos e convenientemente posicionado perto da saída para a avenida, ou uma casa com cozinha grande e um parque próximo, a opções que eliminam a necessidade de um carro ou que otimizam o acesso solar. Vamos preferir grandes TVs de tela plana e geladeiras reluzentes com base em sua aparência e seu desempenho, e não em uma análise meticulosa de seu consumo de energia. Em muitos casos, nem sabemos quanta energia é consumida por uma casa, um escritório, um computador ou outros incontáveis edifícios e produtos. Muitos não têm nem mesmo um medidor próprio: tradicionalmente, alguns apartamentos, muitos prédios comerciais e bases militares inteiras têm apenas um medidor.

Isso leva a outro problema comum – poucas empresas e poucas pessoas acompanham seu consumo de energia como um item de linha associado a departamentos pelos quais o lucro é medido. Empresas que trabalham em espaços alugados costumam ratear as contas com base na área útil e não no consumo energético medido. Se a submedição for adotada, geralmente será feita com base na soma do consumo total do prédio, sem informações para o usuário final que permitam ao consumidor relacionar custos a oportunidades. Muitas empresas, especialmente redes e franquias, sequer veem suas contas de energia, que vão diretamente para um departamento de contabilidade, instalado em outro local, que faz os pagamentos. É espantoso, mas algumas empresas grandes ainda pensam nos custos de energia como despesa fixa, imutável, que não merece exame.

As barreiras são ainda maiores quando há poucas chances de os indivíduos ou as empresas colherem diretamente as economias advindas dos investimentos em eficiência que possam fazer. J. Wayne Leonard, CEO da Entergy, uma usina elétrica de Nova Orleans, diz que muitas casas da cidade estão entre as que mais consomem energia no país, com o uso intenso do ar-condicionado aumentando as contas dos moradores.[270] Mas geralmente as pessoas que moram nessas casas são inquilinos. Seus locadores não têm incentivo financeiro para aprimorar as casas, pois as economias de energia iriam para o bolso dos inquilinos, e não para o deles. É pouco provável que um inquilino, por sua vez, invista centenas de dólares na melhoria de uma casa que não seja dele e na qual talvez não permaneça muito tempo.

O mesmo problema afeta os aprimoramentos em muitos edifícios comerciais, pois 45% deles não são ocupados pelos proprietários.[271]

E se todos esses problemas não o detiverem e você realmente quiser investir num projeto de eficiência energética, para o qual você obteria o financiamento? O capital para reformas em eficiência energética é oneroso, principalmente porque os valores em dólares são pequenos (uma fração relativamente pequena do custo total do edifício), enquanto os custos da transação em si (concessão e manutenção do crédito) são relativamente altos. Como muitos participantes do processo de financiamento – inclusive corretores de imóveis, banqueiros, financistas e até investidores – são remunerados com base no tamanho do investimento, criar negócios de porte combinando projetos geraria economia de escala na concessão e na manutenção, permitindo uma compensação mais significativa para os participantes. Mas sem capital de fácil acesso, projetos econômicos que vão do isolamento de casas a reformas profundas de grandes edifícios comerciais não serão desenvolvidos.

Há algumas reformas financeiras disponíveis, mas não muito utilizadas. Poucos usuários conhecem hipotecas relacionadas à eficiência energética, que Fannie Mae introduziu há duas décadas. Análoga a uma hipoteca eficiente regionalmente (ver Capítulo 2), ela leva em consideração contas menores de energia ao calcular o índice de qualificação, classificando casas mais caras, porém mais eficientes, caso a economia em contas de energia exceda o pagamento mensal extra das hipotecas. Mas, mesmo que você solicite essa hipoteca, provavelmente o banco só vai levar em conta um terço de sua efetiva economia de energia.[272]

Complicando ainda mais a equação, há o fato de que somos todos humanos. Algumas pessoas apagam as luzes, outras não. Um estudo de residências militares no Havaí revelou que o uso de energia em casas com características idênticas de eficiência energética variam em até quatro vezes; um estudo similar feito em residências de Las Vegas revelou uma discrepância ainda maior.[273] Mesmas casas, pessoas diferentes, perfis de consumo de energia muito diferentes.

Compreender melhor as causas ocultas dessas escolhas e desses comportamentos é a primeira etapa para a educação dos moradores. Os desafios em torno do comportamento dos moradores dão outra grande oportunidade para a economia de energia, que agora começa a ser identificada e explorada.

Como podemos ver, apesar de uma lógica econômica aparentemente razoável, muitas barreiras estruturais e não muito bem pesquisadas prejudicam a disseminação de melhorias em eficiência energética. No nível mais elevado, ficamos com um vasto cisma entre os imensos benefícios sociais (inclusive as grandes somas que podem ser ganhas ou economizadas) que se acumularão ao longo de muitos anos nos quais se tornariam mais eficientes os edifícios do país e as recompensas relativamente pequenas e difusas que pessoas ou empresas poderão receber. Ou, como diriam os economistas, existe uma falha de mercado. O fato de a eficiência energética ser econômica não basta para solucionar o problema. A maioria das pessoas não age se a recompensa significa apenas algumas centenas de dólares por ano.

Felizmente, há milhares de estratégias para esclarecer e comercializar os benefícios não energéticos da eficiência energética, oferecendo novos serviços e produtos que não visam apenas à eficiência energética e adotando políticas inovadoras que podem ajudar a cobrir essa lacuna e corrigir a falha de mercado. É uma história complexa em função da imensa diversidade de edifícios e das pessoas que os possuem e os usam. Mas é viável e é mais barata e menos arriscada do que continuar a deixar nossos edifícios sangrando dinheiro.

RESOLVENDO O QUEBRA-CABEÇA DA EFICIÊNCIA

Imensos desafios costumam andar juntos com oportunidades imensas. Resolver o quebra-cabeça

da aceleração da eficiência energética de construções será difícil, mas recompensador. A solução aqui é dúplice – primeiro, empresas, proprietários de imóveis e entidades governamentais buscam soluções para reduzir seu próprio consumo de energia e desenvolver serviços e produtos para ajudar os outros a fazer o mesmo. Segundo, propiciar essas soluções mediante políticas inteligentes que eliminam barreiras persistentes, abrem novas oportunidades, nivelam o cenário e alinham incentivos.

Posições Lideradas por Empresas

Para líderes empresariais, há dois papéis. Primeiro, economizar energia em sua própria empresa. Segundo, encontrar maneiras de expandir seus negócios e de ajudar outros a poupar energia. Embora os cifrões pareçam ainda maiores no segundo papel, são tão grandes no primeiro que muitas empresas vão querer iniciar as medidas em suas próprias operações e aprender na prática.

COMEÇANDO EM CASA

Foi o que fez Gary Christensen, um incorporador, em Boise, Idaho. Ele e seus projetistas e construtores – nenhum deles com treinamento ou experiência específica em eficiência – apostaram US$ 23 milhões no projeto de uma torre de escritórios de 11 andares. Essa obra, o Banner Bank Building, construída em 2006, economizou 38% de energia em comparação com o código, sem custo extra discernível. Christensen também disse ter conseguido quase 90% de ocupação no primeiro ano, um aumento de US$ 1,5 milhão no valor do ativo, custos mais baixos de reconfiguração e aluguéis competitivos com edifícios de vinte a trinta anos mais velhos. Sua próxima meta: casas e pequenos edifícios comerciais "zero líquido", que produzem tanta energia quanto a que consomem. Ambicioso? Sim, mas Christensen acha que isso pode acontecer mais cedo do que as pessoas pensam. "Estamos almejando o nada… e quando chegarmos ao nada, vamos conseguir ainda menos", diz. "Gostamos de pensar que somos grandes preguiçosos."[274]

Empresas de grande porte estão achando a eficiência energética básica mais interessante do que a época em que a energia era barata e abundante. Um estudo de 2010 revelou que 52% dos administradores de edifícios planejavam tornar-se mais eficientes no ano seguinte, e 84% deles disseram que era uma prioridade.[275] Muitas empresas grandes procuram eliminar as emissões de carbono e melhorar sua reputação. A eficiência também está atraindo investidores (e tranquilizando investidores ativistas), retendo inquilinos e aumentando o valor das propriedades. Esses progressos estão ficando bem evidentes. O Carbon Disclosure Project [Projeto de Divulgação do Carbono], por exemplo, solicitou em 2011 que aproximadamente 5 mil líderes empresariais divulgassem informações sobre a emissão de gases estufa, em benefício de mais de 500 investidores institucionais com mais de US$ 70 trilhões em ativos.[276]

Tornar disponível e transparente a informação sobre energia também é importante para edifícios. Dados simples sobre o uso de energia de um sistema de administração de edifícios bem orientado podem revelar tesouros ocultos. Bancar um pouco o detetive pode revelar se os elevados custos de aquecimento são causados por um aquecedor mal ajustado, controles que gerenciam ao mesmo tempo equipamentos de aquecimento e resfriamento ou animais que fazem furos nos dutos. Uma conta de energia elétrica exorbitante pode ser causada por faxineiros noturnos que deixam luzes acesas, funcionários que ligam aquecedores elétricos sob a escrivaninha ou (como encontrei uma vez) um aparelho elétrico para derreter neve de 40 kW esquecido sob o estacionamento, que não aparecia

nas plantas, mas que ficava ligado 24 horas por dia, 7 dias por semana, havia décadas. O acompanhamento e a análise constante dos dados operacionais são essenciais para otimizar o funcionamento de edifícios de porte. As empresas de fornecimento de energia, as principais administradoras de imóveis e companhias especializadas oferecem uma gama crescente de serviços para outras empresas, analisando dados, identificando oportunidades e idealizando, financiando e fornecendo melhorias na eficiência.

Mas isso não é fácil, mesmo para os proprietários de um grande edifício. A eficiência aparece em muitos graus, e a tecnologia, que sempre se aprimora, faz dela um alvo que se move rapidamente; assim, se há muitos (ou poucos) anos você fez alguma reforma visando à eficiência de seu edifício, é hora de revê-la. Com efeito, a tecnologia de iluminação tem mudado tão depressa que faz 20 anos mais ou menos que os gerentes financeiros da Nordstrom reduziram o tempo de depreciação de 10 para 5 anos, pois era essa a frequência com que valia a pena substituí-la.[277]

A eficiência não está apenas relacionada aos materiais em si. Ela depende de modo crucial da maneira como os equipamentos são mantidos (pois, como qualquer outra coisa, sem manutenção eles se deterioram) e da habilidade com que são operados. Um equipamento ruim, bem mantido e bem operado, geralmente terá desempenho melhor do que um bom equipamento malcuidado e mal operado. Mas a boa manutenção não se limita ao ato de se evitar queixas. Ela envolve pessoas, culturas, equipamentos de medição, software e procedimentos que mantêm os edifícios continuamente aprimorados. O retorno é impressionante: um estudo feito com 643 edifícios permitiu concluir que essas medidas economizaram 13% de energia, repagando-se em 4 anos em edifícios novos, mas economizaram 16% e se repagaram em um ano em edifícios antigos.[278]

O QUE OS PROPRIETÁRIOS DE EDIFÍCIOS COMERCIAIS DEVERIAM PERGUNTAR AOS PROFISSIONAIS DA CONSTRUÇÃO

Com perguntas que vão desde a ciência da construção até metas de redução de gases estufa e sistemas de avaliação verde, pode ser fácil perder de vista o que precisa ser feito para reduzir o consumo de energia em edifícios. Para manter o foco naquilo que realmente interessa, eis quatro perguntas que proprietários de edifícios comerciais deveriam fazer a seus engenheiros, consultores, fornecedores e outros provedores:

Como usamos a energia e de que forma ela se relaciona com o modo como meu edifício funciona? Você tem laboratórios que consomem muita energia ou centros de processamento de dados que dominam a pegada de carbono de sua empresa, ou você tem edifícios nos quais a iluminação e o ar-condicionado dominam suas contas? Compreender os elementos básicos do consumo energético de sua empresa é o primeiro passo crucial para identificar onde seus esforços devem se concentrar. Conhecendo o básico, você pode analisar os custos e a viabilidade da implementação das soluções. A menos que algo importante tenha sido deixado de lado (o que é bem comum), pequenas oportunidades podem ser vitórias rápidas, enquanto as maiores economias de energia podem ser mais difíceis de se implementar. Como e quando você pode reunir oportunidades para fazer uma intervenção maior a custo mais baixo (por exemplo, com projeto integrador) pode afetar em muito o que você decidir implementar. Independentemente das atitudes que você tome para reduzir o consumo de energia, esclarecer seu ponto de partida é essencial para o sucesso.

Podemos evitar ou combinar grandes dispêndios de capital com esforços para nos tornarmos energeticamente eficientes? O tempo é o principal motor do custo da eficiência. Se forem realizados no momento certo, projetos que visam à eficiência acabam sendo um pequeno custo adicional sobre esforços despendidos por outros motivos, como novas construções, expansões, conversões ou importantes renovações. Nenhum edifício deveria ser vendido, nenhum inquilino importante deveria entrar ou sair, sem considerar a energia como uma oportunidade singular de acrescentar valor à transação. Se não for realizado no momento certo, como costuma acontecer em reformas incrementais, você pode acabar tendo de tentar justificar todo o custo de uma nova unidade de ar-condicionado ou um isolante para as paredes por meio de economia de energia, e isso raramente funciona. Trabalhar em harmonia e sincronismo com planos de longo prazo de investimento de capital em edifícios, em vez de lutar contra eles, dá a você a oportunidade de aproveitar os benefícios energéticos a

custo bem inferior, embuti-los nos planos e aumentar o valor projetado do edifício.

Como posso recompensar a adoção de melhores práticas em projetos? Uma maneira é o fornecimento de projeto integrador (IPD – Integrated Project Delivery). O IPD organiza as relações e as funções das partes que criam ou reformam edifícios, para que três adversários potenciais – proprietário, projetista, construtor – tornem-se parceiros efetivos, com incentivos plenamente alinhados.[279] Mesmo sem IPD, projetistas profissionais devem ser pagos pelo que economizam, não pelo que gastam. Essa maneira comprovada de recompensar o que você quer ("remuneração de projetos com base em desempenho"[280]) pode melhorar muito o projeto – tanto o novo como o de reforma – e ajuda a distinguir bons projetistas num mercado saturado. Os projetistas devem apresentar propostas dessa forma (pelo menos como uma alternativa) e instruir seus clientes para que exijam propostas baseadas em desempenho; este é um bom modo de afastar projetistas inferiores.

Quero reduzir meu consumo de energia em 30%, no mínimo. Como posso conseguir isso? Às vezes, os proprietários de edifícios fazem as perguntas erradas. Seja claro quanto às suas metas de curto e longo prazo e veja se compreendeu o seu significado. Não peça, por exemplo, uma lista de todas as medidas que se pagam em três anos (pode ser que todos os itens numa lista de medidas que se paguem entre 4 e 20 anos paguem-se coletivamente em um ano como um pacote integrado). Não peça um modelo energético que "preveja" o consumo de energia (eles só podem informar comparações) e não peça uma turbina eólica ou um sistema fotovoltaico de telhado (a eficiência em primeiro lugar). Peça, porém, um pacote de ganhos em eficiência energética que maximize o valor líquido presente ao longo de uma década ou mais: provavelmente, ele vai valorizar mais o seu edifício. Peça um plano de reformas importantes no longo prazo para que você possa dimensioná-lo e implementá-lo no momento certo. Pergunte que outros benefícios o pacote proposto de economia de energia pode proporcionar, como iluminação natural, silêncio, controle e estabilidade térmica e qualidade do ar. Peça conselhos sobre sua implementação e as formas de motivar sua equipe operacional e seus funcionários para que adotem a postura comportamental da consciência energética. E pergunte como você pode transmitir com clareza seus planos e monitorar seu progresso para sua equipe sênior, tornar o progresso visível para os empregados e difundir seus conhecimentos, sua imaginação e seu entusiasmo.

EDIFÍCIOS: PROJETOS PARA UMA VIDA MELHOR   125

Para ajudá-lo a orientar o projeto de *benchmarking* (processo para comparação de indicadores de desempenho) com parâmetros de referência baseados na experiência do RMI, a Tabela 3-2 mostra algumas metas para os parâmetros mais importantes, típicos de um escritório de médio a grande porte, de Classe A, num clima norte-americano médio como o dos estados do meio da Costa Atlântica. Adaptar suas metas específicas para sua zona climática e seu tipo de edifício não costuma prejudicar a análise e pode ajudá-lo. "Melhor prática" é um alvo móvel: segundo consta, uma nova biblioteca conseguiu 203 m²/tonelada.

TABELA 3-2. Comparando um novo prédio de escritórios norte-americano com um padrão de referência

META DE PROJETO	UNIDADES SI	EXISTENTES (EUA)	MELHOR	MELHOR PRÁTICA
Intensidade de energia entregue	kWh/m²-y	280	125-190	<100
Densidade do poder de iluminação: carga ligada	W/m²	16	9	4-6.5
Densidade do poder de iluminação: como usada, líquida de controles	W/m²	16	6.5	1-3
Computadores instalados/aparelhos elétricos, illuminação de áreas	W/m²	45-65	10-20	5
Valor-U do vidro (centro do vidro)	W/m²-K	2,8-5,7	0.6-1.0	≤0.3
Valor-U da janela (inclusive moldura)	W/m²-K	5,7	1.9	0.7-0.8
Seletividade espectral do vidro*	$k_e = T_{vis}/SC$	1	1.2	>2
Absorção solar e emissão infravermelha do telhado	α, ε	0,8, 0,2	0,4, 0,4	0,08, 0,097
Estanqueidade do edifício como um todo	m3/h-m² @ 75 Pa	1,7	0,7	<0,4
Ar-condicionado mecânico instalado	W_th/m²	100-150	60-75	≤30
Eficiência-hora de arrefecimento do projeto**	COP	1,9	2,3-2,9	>6
Nível de aquecimento perimetral instalado	—	amplo	mínimo	nenhum

* Medida da eficiência do vidro de admitir luz sem calor.
** Sistema todo, inclusive bombas, ventiladores e torres de resfriamento, bem como os resfriadores.

Algumas empresas de grande porte têm recursos e ferramentas para fazer projetos de eficiência energética dentro de casa, sem a ajuda de especialistas ou consultores. A Texas Instruments melhorou em 5% a eficiência de sua usina de arrefecimento central de 30 mil toneladas depois de criar uma única medida de eficiência, exibindo-a com destaque em um simples gráfico de barras para os operadores da usina, que continuam estabelecendo novos recordes. Essa competição amigável entre operado-

126   REINVENTANDO O FOGO

res economizou 5 milhões de kWh/ano.[281] Muitas empresas promovem essa rivalidade entre suas unidades, e seus operadores costumam substituir suas melhores práticas regularmente. Muitos até as compartilham com concorrentes, porque descobriram que assim aprendem mais do que ensinam.

Outra estratégia interna: transformar a economia de energia em algo que não apenas os engenheiros vão compreender – lucro final. Há vários anos, a PeaceHealth, um sistema de 8 hospitais na região noroeste dos Estados Unidos, padronizou e aprimorou o gerenciamento energético em suas unidades. "Começamos pelas mudanças mais significativas primeiro, coisas como substituir lustres, trocar filtros, limpar bobinas, substituir gaxetas", diz o gerente de conservação de recursos Scott Dorough. "As pequenas mudanças se somam mesmo, especialmente se forem feitas em todo o sistema." Depois de três anos, a PeaceHealth acumulou economias de US$ 800 mil por ano. Com uma margem operacional de 3,5%, economias anuais de US$ 800 mil equivalem a mais de US$ 22 milhões em novas receitas brutas. "Esses dólares vão diretamente para o lucro final. É como se estivéssemos gerando uma receita totalmente nova", disse Gary Hall, vice-presidente de serviços das unidades.[282] Transformar a economia de energia em medidas práticas – unidades adicionais vendidas, salários evitados ou lucros líquidos – que encontram eco em diversos departamentos e plateias é a chave para vender a eficiência internamente.

Comunicação e incentivos também são importantes recursos internos. Um sinal claro vindo do alto da empresa, como o então CEO do Walmart, Lee Scott, mostrou, faz milagres para transformar a eficiência energética, passando-a de pequena preocupação para a primeira fila, e para a alocação apropriada de recursos. O mesmo acontece quando se inclui a economia de energia aos critérios segundo os quais os gerentes são avaliados e remunerados. Na Microsoft, por exemplo, os bônus anuais para gerentes de centros de processamento de dados são parcialmente baseados na melhoria da eficiência no ano anterior.[283] A Adobe paga a administradora de seus edifícios, a Cushman & Wakefield, em parte pela energia que ela economiza a cada ano e também pode exigir devolução dos honorários administrativos por desempenho insuficiente.[284]

Os primeiros líderes empresariais na adoção autoimposta da eficiência energética vão desde empresas de projetos sustentáveis, ansiosas para demonstrar seu próprio trabalho para corporações globais, como Cisco e Skanska, a agências governamentais, como a General Services Administration [Administração Geral de Serviços], o Department of Defense [Departamento de Defesa] e o FDIC, [Corporação Federal Asseguradora de Depósitos] dos EUA. Mas elas compartilham algo importante em comum – o reconhecimento do valor da eficiência energética, e não só o mero corte de custos de energia. Seja valor da marca, retenção de funcionários, exigência de acionistas, obediência à legislação, eficácia da missão ou meramente fazer o que é certo, essas entidades são motivadas a analisar a eficiência energética com base em bem mais do que um simples período de compensação. Se for mesmo assim, será que empresas e indústrias que não veem a eficiência energética como motivo de valorização da marca ou de retenção de funcionários vão adotá-la algum dia?

Além disso, será que as estratégias de "começar em casa" que acabamos de descrever para grandes portfólios ou edifícios corporativos – criar estratégias, projetar e analisar medidas específicas, ter uma equipe dedicada, financiar e implementar projetos, acompanhar cuidadosamente os resultados – fazem sentido para o típico escritório alugado com 930 m^2 ou para a casa unifamiliar? Não. Edifícios grandes e pequenos precisam de tratamentos diferentes. Muitos proprietários de pequenos negócios estão simplesmente se desdobrando

EDIFÍCIOS: PROJETOS PARA UMA VIDA MELHOR 127

LIBERANDO O PODER DOS GERENTES DE INSTALAÇÕES E DE SUAS EQUIPES

Reduzir o orçamento e o pessoal das equipes de instalações em tempos difíceis é uma forma de economia fácil, mas falsa: é exatamente nesse momento que será necessário que eles tenham mais condições e recursos para eliminar desperdícios – e não deverão ser tratados como custos a serem minimizados, mas como um centro de lucros a ser otimizado. Quando a University of North Carolina em Asheville contratou Paul Braese para gerenciar suas instalações, ele levou junto o talento de formar equipes, desenvolvido na Marinha. Ele encontrou uma equipe de pessoas inteligentes e habilidosas, que não tinham nem equipamentos nem a autoridade para fazer o melhor que podiam. Para começar, foi investido dinheiro na aquisição de uma coleção circulante de ferramentas de medição para que cada membro da equipe tivesse os recursos para "ser o dono", por assim dizer, dos diversos edifícios que precisavam diagnosticar e consertar. Em pouco tempo, as salas de máquinas foram limpas e pintadas, e os canos foram pintados com cores específicas para facilitar a identificação. As bombas foram pintadas depois de serem reparadas. As salas limpas proporcionaram aos membros da equipe uma sensação de orgulho e também lhes permitiu identificar instantaneamente falhas como vazamentos ou problemas nas juntas e conexões das bombas. Passar da troca individual de lâmpadas para trocas coletivas economizou tempo, e as mesmas pessoas puderam assumir mais tarefas. Depois, Braese criou um modo para que sua equipe reservasse e reinvestisse parte do dinheiro economizado, de maneira que pudesse ser mais ágil do que a alocação de verbas públicas e criasse um espírito de empreendedorismo interno. Depois de anos de altos e baixos, as economias ajudaram a fazer desse *campus* um dos mais eficientes no sistema da UNC, sem nenhum dispêndio significativo de capital. Braese acha que a maioria das equipes de instalações pode obter o mesmo desempenho se forem conduzidas adequadamente. Basta uma mudança organizacional e cultural que começa no alto.[285]

---

para manter suas empresas em pé diante das dificuldades econômicas. Eles não têm nem experiência nem tempo para desenvolver estratégias energéticas, contratar os empreiteiros certos e supervisionar o trabalho. O tamanho – do edifício, da empresa, do consumo de modo geral – é importante, tornando as grandes empresas mais aptas a implementar a eficiência energética.

VENDENDO EFICIÊNCIA EM ESCALA

É aqui que se encontra a segunda e maior oportunidade de negócios – vender serviços e produtos para aumentar a eficiência energética para mercados de massa, que talvez ainda não compreendam os métodos e as recompensas da eficiência. Novos e antigos participantes – desde pequenos empreiteiros e fabricantes de medidores inteligentes até gigantes como a área de isolantes da Dow Corning e o abrangente negócio de reforma energética da Johnson Controls – estão fazendo exatamente isso.

Entre 2015 e 2030, o investimento marginal anual em eficiência energética nos Estados Unidos deverá passar de US$ 5 bilhões para US$ 18 bilhões em edifícios residenciais e de US$ 3 bilhões para US$ 13 bilhões em edifícios comerciais.[286] Mesmo uma parte modesta de um mercado de US$ 31 bilhões por ano merece uma análise cuidadosa.

O mercado de pequenos imóveis comerciais é particularmente apto para inovações, pois mais de 70% dos prédios comerciais têm menos de 930 m².[287] Poucos decifraram o código para tornarem-se lucrativos nesse espaço. Nesse mercado, o desafio consiste simplesmente em proporcionar eficiência energética de forma satisfatória. Não é preciso ter familiaridade com a eficiência na cadeia de suprimentos da Walmart, da UPS ou do McDonald's para reduzir os custos de se projetar, instalar e monitorar projetos de eficiência energética e de energia solar para o mercado de massa – tanto para pequenas empresas como para residências. Alguns proprietários de pequenos edifícios similares – escritórios de aluguel de

ONDE ESTÃO OS LUCROS

Hoje, a melhoria da eficiência energética de edifícios é uma indústria em ascensão, repleta de novas ideias e novos modelos de negócios. Há oportunidades para todo tipo de empresa e de profissional – para o faz-tudo, os empreiteiros, os fornecedores de produtos e investidores. Como você pode pegar uma fatia desse bolo?

Rompendo barreiras por meio de produtos. O que dizer de produtos que não apenas proporcionam economia de energia, mas também rompem barreiras? Imagine uma reforma rápida no isolamento da casa que, com US$ 200, acabasse com a barreira dos custos. Afinal, antes era caro detectar vazamentos nos dutos de ar – até o Lawrence Berkeley National Laboratory desenvolver, e um empreendedor levar ao mercado, goma de mascar em aerossol[288] que vai até o ponto do vazamento e tapa o buraco. Ou que tal os adesivos de energia sem fio e baratos que, postos num aparelho, num cano ou num duto, medem o fluxo de energia e enviam um relatório a uma central onde os dados são coletados e apresentam diagnósticos instantâneos? A tecnologia da informação e também os progressos em sensores, materiais, softwares e instalações ainda não foram aplicados à indústria da eficiência energética com o mesmo rigor com que o foram em outras indústrias. Essa é uma imensa oportunidade.

Utilizando estudos e análises de alta tecnologia. A eficiência energética é um desafio principalmente em construções mais antigas, especialmente em casas. Novas e econômicas tecnologias de informação estão permitindo que empresas como a Recurve e a Crowley Carbon reduzam o tempo e os custos de inspeção de um edifício. A Crowley Carbon, sediada na Inglaterra, pode mandar qualquer um de seus profissionais para o edifício de um cliente usando um *smartphone* e ele sairá de lá com a planta energética do prédio.

Então, a planta é confrontada novamente com um banco de dados de produtos energeticamente eficientes. Depois, a Crowley Carbon providencia o financiamento, instala os produtos e monitora as economias.[289] Como diz um engenheiro, falando da prática anterior, "Transformamos a identificação de melhorias em arte, e nós a limitamos às pessoas interessadas em boa arte". Aumentar a velocidade de adoção e a escala de avaliações e modelos de energia (sem perder muita precisão ou profundidade) será fundamental para a redução dos custos. Por que uma rede sem fio de sensores portáteis, com software inteligente, não pode, da mesma maneira, fazer um esboço da maneira como seu edifício está funcionando e usar a inteligência artificial para sugerir como isso pode ser melhorado?

Monitorando energia e sistemas de feedback. O velho ditado que diz que você não consegue consertar o que não pode medir aplica-se também à energia. Para cobrir a imensa lacuna entre o uso da energia e a sensibilidade quanto à energia, algumas empresas estão ajudando proprietários e firmas a identificar e a reduzir o consumo. Empresas como Tendril, Powerhouse Dynamics e Scientific Conservation estão vendendo sistemas de monitoramento de energia que mostram o uso desse recurso em tempo real e sugerem soluções rápidas e fáceis. Para o proprietário comum, porém, esses sistemas ainda não são custo-eficazes somente pela redução nas contas. Mas há uma parte claramente interessada em melhorar a inteligência dos edifícios – as empresas de fornecimento de energia. Integrar sistemas de monitoramento e de *feedback* com sistemas de comunicação é a próxima grande etapa. Isso não apenas diminui os custos (provavelmente as empresas de energia vão pagar boa parcela deles), mas também ajuda a facilitar a transição para uma rede mais inteligente.

automóveis, bancos, franquias de empresas de alimentação – estão seguindo o ritmo da Samba Energy. Se tiverem sucesso, seu modelo poderá espalhar-se rapidamente.

As empresas de eletricidade estão numa posição singular para focalizar edifícios menores e confiam cada vez mais em especialistas externos para ajudá-las. A EnerPath, do sul da Califórnia, está usando plataformas de computação móvel sem papel, administrando o fluxo de trabalho e o consumo para proporcionar economia de escala

no processo de tornar eficientes grandes grupos de pequenos edifícios, desde Los Angeles até o Tennessee. Em Los Angeles, seus representantes foram de porta em porta em pequenas empresas e, usando *smartphones*, geraram um relatório personalizado de economia de energia. O resultado? Obtiveram a adesão de 85% desses clientes e reformaram cerca de 25 mil pequenas empresas em apenas 18 meses.[290] É importante saber que boa parte dessas economias vai voltar para os negócios locais, mantendo empregos ao trazer os dólares despendidos em energia de volta para a Main Street.[291]

Isso ilustra a lição emergente que prova que o custo reduzido está longe de ser o único motivador para a adoção da eficiência energética. Outros fatores – redução dos transtornos, medição de resultados, comparação do consumo com os pares e a atração do capital – são igualmente cruciais para a criação do ambiente certo para a eficiência energética. Esses fatores não financeiros são ainda mais importantes no setor de residências mais antigas, no qual, pode ser argumentado, o avanço da eficiência é lento. Identificando essa oportunidade, diversos empreendedores relacionados à eficiência energética estão criando um jogo no Facebook com apostas, comparações com amigos e sugestões de modificação de comportamento, integradas com a informação de consumo proporcionada por sua empresa de energia elétrica. Tornando alterações no comportamento ou aprimoramentos em eficiência energética mais fáceis, competitivos e compensadores, esses esforços não apenas diminuem o desperdício de energia, mas também proporcionam informação energética.[292]

Surpreendentemente, marketing e serviços igualmente simples funcionam até no superisolamento em massa de casas antigas. Entre 1983 e 1985, o projeto de conservação do rio Hood, no desfiladeiro do rio Columbia, reformou 2.988 unidades habitacionais de graça. Em 85% das quase 3.500 casas avaliadas para reforma, os residentes concordaram em implementar projetos de economia, e os construtores locais foram treinados e organizados para concluir todo o programa em três anos. Formadores de opinião da comunidade ajudaram a manter o interesse no programa, mostrando que seu projeto e a dedicação da comunidade tinham tanto a ver com a implementação do projeto quanto os motivos econômicos.[293]

Duas histórias sugerem maneiras criativas de comercializar as novas casas supereficientes. Na década de 1980, um construtor de Montana ofereceu-se para pagar todas as contas de energia elétrica dos primeiros cinco anos de quem comprasse uma de suas casas; em pouco tempo, ele detinha 60% do mercado em três condados, além de ter uma lista de espera de compradores situados a centenas de quilômetros dali, mas sua aposta era certa porque suas casas eram superisoladas.[294] E a Bigelow Homes, de Perry Bigelow, uma construtora que opera em Chicago e Austin, garantiu o custo anual de arrefecimento ou aquecimento de cada casa que construiu nos últimos 30 anos e teve de pagar aos proprietários apenas algumas vezes. Bigelow faz um teste de estanqueidade em cada casa e medições no condensador do ar-condicionado.[295]

Outra oportunidade de negócio para todos é treinar e educar a crescente força de trabalho em eficiência energética. Como podemos atrair alguns dos melhores engenheiros e gerentes para a eficiência energética? E como podemos ajudá-los a obter as certificações e homologações que refletem seu nível de habilidade e ajudam a assegurar a qualidade? Algumas respostas encorajadoras estão vindo de associações, sindicatos e empreendedores (veja o texto em destaque "Treinando Dentro da Tribo").

Esses sinais empresariais de progresso para transformar os edifícios norte-americanos são encorajadores. Mas serão suficientes? Haverá outras alavancas que deveríamos levar em conta, caso queiramos realmente acabar com nossa dependência de combustíveis fósseis? Sim. Essas alavancas estão nas mãos de formadores de políticas; porém fortemente informada, sintonizadas e exploradas por líderes empresariais. E para chegar aonde queremos, devemos apertar, puxar e virar todos os botões, as alavancas e chaves que pudermos encontrar.

Posturas Orientadas por Políticas

A adoção lenta da eficiência energética em edifícios reflete propostas de valorização pouco compreendidas e o "fator incômodo" da execução. Superar esses obstáculos em 120 milhões de edifícios exige cinco tipos de ação para reduzir as barreiras genéricas e com isso dar continuidade à oportunidade de negócios.

DISPONIBILIZAR INFORMAÇÕES

Políticas inteligentes para autorizar e acelerar a eficiência energética criam muitos benefícios que podem tornar as operações mais fáceis e não mais incômodas. Algumas regras podem melhorar a eficiência do mercado, ajudando a gerar mais oportunidades. Exigir a divulgação de informações sobre o consumo de energia de edifícios, como a União Europeia começou a fazer em 2006 e algumas jurisdições nos EUA também fizeram, proporciona a todos – compradores, locatários, corretores e fornecedores de produtos e serviços de eficiência energética – a orientação de que precisam para fazer escolhas inteligentes. Isso é bom para proprietários de edifícios que procuram se desenvolver e bom para fornecedores de serviços que desejam ajudá-los. E é bom para todos os edifícios e para o país, pois recompensa os proprietários de edifícios eficientes e dá aos outros um incentivo para seguir seu exemplo.

A medição de dados de alta qualidade, em tempo real – especialmente ligando desempenho técnico e econômico – ainda é surpreendentemente rara. Mas sensores mais econômicos e tecnologias de monitoramento, telecomunicações baratas e onipresentes, a aurora da rede inteligente e a crescente demanda dos clientes estão criando fôlego, capacidade e mercados para a coleta e a aplicação de dados de alta qualidade. Empresas que coletam, compartilham ou vendem esses dados, com as devidas proteções à privacidade, podem prosperar, pois a demanda latente é grande. Gráficos simples ajudariam também. Quando a empresa municipal de energia de Osage, Iowa, publicou na

---

TREINANDO DENTRO DA TRIBO

Com o desaquecimento da economia nos últimos anos, profissionais trabalhadores da indústria da construção usaram o tempo ocioso para se reciclar. Steve Jungerberg da Retro Green Homes, de Carmel Highlands, Califórnia, teve uma aula sobre ciência da construção no Building Performance Institute que mudou sua vida. Hoje ele ensina novas técnicas para outros empreiteiros, de igual para igual, sobre melhores maneiras de construir e reformar. Como ex-profissional da área, ele tem conexões com empreiteiros residenciais e grandes incorporadores. Ele também trabalha com proprietários e arquitetos, focalizando principalmente a estrutura externa e o aquecimento: primeiro a eficiência, depois, os renováveis.

"Isso precisa ser local e tem de ser feito com entusiasmo", diz Steve. "Você precisa gostar dos seus vizinhos e de sua comunidade, e querer torná-la melhor. Você pode aprender essas coisas com certa facilidade e aplicá-las, fazendo a diferença em sua comunidade. Olho para cada pessoa, vejo onde estão e fico querendo chegar um pouco mais perto delas."[296]

Estão surgindo outros professores, ainda mais especializados. Eric Walters, da Pool Power, em Modesto, tem difundido a técnica "grandes canos, pequenas bombas" (ver Capítulo 4) para bombas de piscina. (Técnicas simples, como canos mais retos, melhores bombas e controles, e filtros maiores, e por isso com menos atrito e vida mais longa, podem economizar a maior parte da eletricidade das bombas de piscina.) Walters criou sua empresa de piscinas há 10 anos. O equipamento de piscina de seu primeiro cliente tinha juntas em cotovelo por toda parte. Uma bomba imensa e barulhenta empurrava água por um labirinto de canos, mas produzia pouco fluxo. A segunda piscina que ele foi ver tinha o mesmo problema, bem como a terceira e a quarta. Uma semana bastou para que Eric constatasse que seus clientes estavam desperdiçando centenas de dólares todos os meses, ignorando princípios básicos de vazão em suas piscinas. Por isso, ele criou sua própria empresa de reformas enquanto trabalhava no ramo ferroviário – e começou a tentar aprimorar os códigos de construção da Califórnia para reduzir o consumo oculto, mas intenso, de energia das bombas de piscina.[297]

prefeitura uma foto aérea infravermelha tirada no inverno, mostrando claramente o calor vazando pelos telhados, isso chamou a atenção dos desavisados, e em pouco tempo eles resolveram fazer o mesmo que os vizinhos: instalar um bom isolamento térmico.[298]

As diretrizes locais podem ajudar a acelerar essa tendência de melhoria da informação. Empresas de eletricidade de porte têm etiquetas ENERGY STAR comparando seu consumo de energia com a média nacional. Por que não fazer o mesmo com todos os equipamentos e edifícios? Essa informação é poderosa. Todos os proprietários de edifícios comerciais e residenciais da Alemanha[299] com mais de 50 m² precisam estar aptos a apresentar, se solicitado, um "passaporte energético" que detalha a intensidade do consumo do edifício para compradores ou locatários em potencial. O resultado: muitos edifícios ineficientes estão sendo reformados sistematicamente, alguns até ao nível de Passivhaus. Por quê? Porque ter os dados sobre energia à mão mostra que as melhorias são muito mais baratas do que continuar a alimentar com combustível e energia elétrica o desperdício do prédio, para não falar da expansão do suprimento de energia elétrica, com custos e riscos ainda maiores.

A cidade de Austin, no Texas, decidiu que revelar os custos de energia poderia ter um efeito similar nos Estados Unidos. Por isso, em 2008, a prefeitura baixou uma lei exigindo que toda casa posta à venda deve passar por uma inspeção energética, assim como se exige uma avaliação oficial das casas postas à venda. Alguns vendedores reclamam que é mais um obstáculo a ser vencido, mas os resultados são estimulantes. Em quase todas as 5 mil inspeções realizadas no primeiro ano, foi feita pelo menos uma sugestão de melhoria e quinhentos proprietários levaram-na a cabo – uma participação de 10%.[300] Foi bem menor do que a meta de 25% idealizada pela prefeitura, mas foi um

bom começo. Com o reaquecimento do mercado imobiliário, a vantagem de venda das casas eficientes pode incentivar outros proprietários.

No mínimo, a troca de informações pode fazer com que as pessoas pensem no consumo de energia e em maneiras de reduzi-lo – uma etapa importante em si. A triste verdade é que a percepção dos norte-americanos hoje está tão baixa que um estudo recente mostrou que o proprietário de imóvel comum subestimou o consumo de energia num fator de 2,8, tendendo a acreditar que desligar as luzes era mais eficiente do que colocar isolamento na casa (não é).[301]

INCENTIVOS SENSATOS

Regras inteligentes não se limitam a informar opções e suscitar oportunidades, mas também nivelam o cenário e ajudam a garantir a qualidade (caso sejam postas em prática). Se a busca pela eficiência energética tornar-se mais comum, os prestadores de serviços não terão de gastar tanto tempo e dinheiro instruindo clientes e esforçando-se para que ideias sensatas sejam adotadas. Regras bem orientadas também podem aumentar a confiança nos investimentos em energia.

Mais importante ainda, porém, é que padrões inteligentes podem ajudar a realinhar incentivos para que possamos alocar melhor o capital, transformar desperdício em lucro e criar novos negócios e novas oportunidades de emprego. Hoje, quando fabricantes de equipamentos promovem produtos ineficientes, mas talvez aparentemente mais baratos, estão forçando a sociedade a suportar os custos e riscos bem superiores de mais usinas de energia elétrica e tubulações de combustível (ver Capítulo 5). Quando esses produtos ineficientes são equipamentos que serão instalados em residências – a maioria dos quais não é comprada pelas pessoas que pagam as contas, mas pelos em-

132 REINVENTANDO O FOGO

preiteiros, locadores e pelas autoridades ligadas à habitação –, esse incentivo dividido prepara o palco para alocações errôneas de capital social tão grande que o governo passa a ter o dever de intervir para proteger o interesse público.

Foi essa a lógica quando, na crise de energia da década de 1970, o presidente Gerald Ford pôs em prática padrões voluntários de eficiência de equipamentos que o Congresso tornou obrigatórios em 1978, inicialmente sem um único voto dissidente.[302] Em 2010, esses padrões nacionais economizaram cerca de 7% da eletricidade dos Estados Unidos e criaram dois em cada mil empregos.[303] Um estudo de 2011 mostrou que equipamentos padronizados poderiam economizar algo entre 6% e 12% do uso de eletricidade além da previsão federal para 2025.[304] A Califórnia melhorou seu desempenho muito mais do que os EUA como um todo. Implementar seus padrões ainda mais severos, atualizá-los continuamente e apoiá-los com incentivos ajudou o Estado a manter o consumo *per capita* de eletricidade basicamente estável nas últimas três décadas, enquanto o consumo médio *per capita* de eletricidade dos Estados Unidos aumentou quase 50%.[305]

Empresas com tecnologias de ponta para aparelhos domésticos podem obter uma vantagem competitiva sobre rivais menos inovadores. É por isso que algumas empresas, como a Whirlpool, têm apoiado padrões mais agressivos para aparelhos, bem como créditos de impostos que ajudam a compensar os custos mais elevados.[306] Concordamos com eles. As tecnologias existem para fomentar a eficiência de uma ampla gama de produtos e aparelhos – e padrões mais agressivos vão acelerar sua adoção. A alternativa, da mesma forma como se deu com os padrões de eficiência de automóveis (ver Capítulo 2), é continuar a perder fatias de mercado para concorrentes estrangeiros cujos preços de energia mais elevados e cujas políticas mais severas costumam motivar mais as inovações em eficiência. Os fabricantes japoneses de eletrodomésticos, por exemplo, tornaram-se bem mais competitivos com a política do "Top Runner" (agora também adotada para carros), que faz com que a eficiência de todos os aparelhos aumente para acompanhar o modelo mais eficaz do mercado.

PADRÕES DE DESEMPENHO ENERGÉTICO

Outra flecha nessa aljava de soluções políticas é a elaboração de padrões de energia que há muito têm se mostrado capazes de trazer importantes benefícios econômicos. O Northwest Power Planning Council [Conselho de Planejamento Energético do Noroeste] estima que os códigos de construção de edifícios foram responsáveis por um quinto da economia de 20% em eletricidade da região dos quatro estados no período 1979-2009. Códigos atualizados e padrões federais vão se aliar a esforços das empresas de eletricidade e de organizações sem fins lucrativos para reduzir 85% do crescimento da carga de eletricidade da Pacific Northwest nos próximos 20 anos.[307] Se você é um fabricante, fornecedor ou varejista de equipamentos de eficiência energética, esse compromisso a longo prazo de diversas companhias de eletricidade com a eficiência energética ajuda a criar um mercado estável para seu negócio.

Os EUA estão longe de explorar o potencial pleno de códigos de eficiência para fazer com que os edifícios sejam projetados corretamente e não desperdicem energia ao longo de décadas. Onze estados norte-americanos têm códigos de energia anteriores a 1999 para edifícios comerciais ou então nenhum código, enquanto 10 estados não têm código de energia residencial.[308] A Europa está bem à frente dos Estados Unidos. Mesmo o código de construção comercial mais severo dos Estados Unidos permite um consumo de energia mais de duas vezes superior àquele permitido na Dinamarca.[309] O estado de Vorarlberg, na Áustria, obriga as casas novas a seguir o padrão Passivhaus, e diversas cidades europeias importantes pretendem seguir o exemplo. Influenciada por tal liderança, uma instrução da União Europeia datada de maio de 2010 exige que todos os estados-membros determinem que os edifícios consumam "energia quase zero" até 2020.[310] Edifícios de consumo zero não são uma alucinante fantasia verde; são a meta oficial para 2030 (entre outros) da lei Energy Independence and Security [Lei de Independência e Segurança Energética], da American Society of Heating, da Refrigeration, and Air-Conditioning Engineers [Sociedade Americana de Engenheiros de Aquecimento, Arrefecimento e Ar-condicionado], da U. S. Conference of Mayors [Conferência de Prefeitos dos Estados Unidos], da National Governors Association [Associação Nacional de Governadores] e do Exército dos Estados Unidos.[311]

Os códigos norte-americanos podem ser elaborados e implementados mais adequadamente. Os códigos mais eficazes e que mais promovem a inovação estabelecem metas numéricas absolutas de consumo de energia, reduzindo o rigor previsivelmente com o tempo à medida que surgem melhores métodos de fornecimento e tecnologias custo-eficazes (ou que as companhias de eletricidade deem mais descontos e incentivos). Essa abordagem flexível – baseada no desempenho – reduz dores de cabeça advindas de exigências prescritivas (receitando o uso de tecnologias específicas que podem ficar obsoletas em pouco tempo) ou de parâmetros confusos para o cálculo de economias percentuais (como no sistema de classificação LEED). Os códigos não têm levado em conta cargas de tomada como computadores, televisores ou equipamento industrial em edifícios – mas deveriam (ver fig. 3-4) – e raramente lidam com edifícios já construídos. Códigos com metas absolutas podem tratar de cenários extremos de cargas de tomadas (como é feito, por exemplo, com o Geren-

ciador de Portfólio ENERGY STAR) e podem incluir com mais facilidade os edifícios já construídos. E a prioridade deveria ser a eliminação de dispositivos dos códigos que, inadvertidamente, proíbem práticas melhores e mais modernas.

Há motivos legítimos para o baixo índice de adoção, modernização e obrigatoriedade de códigos nos EUA. Os códigos de construção são regulados pelos Estados ou até pelos municípios – no total, há por volta de 7 mil códigos distritais diferentes em prática.[312] Custa dinheiro criar escritórios de controle para os códigos de energia e para treinar (e tornar a treinar) os funcionários. Se para cidades grandes isso representa uma dificuldade em termos financeiros e administrativos, que dirá para pequenas comunidades? Se existe a aplicação de algum código, este se volta mais para a saúde e a segurança – assegurar que os edifícios tenham *sprinklers* funcionando e que não vão ruir durante um terremoto nem ser levados por algum furacão – do que para a eficiência energética. Para governos que se defrontam com crises nos orçamentos e cortes em serviços críticos em áreas como educação, saúde e segurança pública, acrescentar verbas para a inovação de códigos de energia, treinamento de pessoal e aplicação prática dos regulamentos é algo que fica lá no final da lista de coisas a fazer. É aqui que está o benefício de códigos harmonizados ao longo de áreas maiores. Isso não significa que um código serve para todos: a Califórnia tem 16 zonas climáticas e diversos usos e tipos de edifícios.

Estipular metas também é importante. Cerca de 20% de todas as estruturas comerciais dos Estados Unidos estão ocupadas por entidades governamentais,[313] por exemplo, e todos os níveis do governo estão sob forte pressão para cortar despesas. Os governos já se movimentam para isso. Recentemente, o U.S. General Services Administration (GSA), ou Administração Geral de Serviços dos Estados Unidos – o maior locatário do país, gerenciando todas as propriedades imobiliárias federais, exceto as do Department of Defense and the Postal Service [Departamento de Defesa e dos Correios] –, anunciou seu plano de diminuir em um terço a intensidade do consumo energético de instalações federais até 2015. As metas para novos edifícios federais são ainda mais agressivas.[314] Boulder, no Colorado, exigiu recentemente que todas as casas alugadas atinjam determinados índices de eficiência por volta de 2019. A cidade deu margem para o sucesso dos proprietários de casas para alugar, proporcionando um longo período para cumprimento das medidas, oferecendo significativos recursos de apoio e articulando a necessidade para a mudança (aproximadamente 60% das casas dessa cidade universitária são alugadas).[315] Talvez o mais importante seja o fato de que o mercado de Boulder e seus cidadãos estejam querendo tanto essas mudanças quanto os legisladores desejam impô-las. Imagine os enormes lucros – e os benefícios sociais – se as assembleias decidissem que agências em todos os níveis do governo devessem passar a considerar a eficiência energética como uma prioridade maior.

Recompensando Aquilo que Queremos

Talvez o empurrão político mais forte venha de uma profunda mudança regulamentadora no modelo de negócios de empresas de eletricidade e de gás natural. As empresas estão na posição singular de se tornarem parceiras altamente efetivas na construção da eficiência. São as únicas provedoras de serviços para todos os clientes e – com conhecimento do consumo de energia desses clientes – têm ampla escala e acesso a financiamentos de porte e a baixo custo. Com essas enormes vantagens, seria de se esperar que as companhias de eletricidade fossem o principal provedor de eficiência energética dos Estados Unidos. Mas na maioria dos estados elas não são, em alguns são neutras, e

em outros chegam a ver a eficiência como uma ameaça a seu próprio sucesso financeiro.

Historicamente, a regulamentação das empresas de fornecimento de energia tem amarrado a receita à quantidade de energia vendida e ao capital investido para prové-la. Investir mais dinheiro para formar mais infraestrutura de fornecimento energético a fim de vender mais energia era a estrada dourada rumo a receitas e lucros. De fato, as empresas de fornecimento de energia e seus investidores preferiam tacitamente que os clientes fossem ineficientes, pois a ineficiência poderia gerar lucros. Mas esse modelo tradicional de negócios se mostrou com uma falha grande. Quando a demanda aumenta, a empresa de fornecimento de energia precisa de mais capacidade, que é onerosa. Os executivos dessas empresas – e as comissões públicas de energia que supervisionam essas companhias – começaram a perceber que pagar aos clientes para melhorarem a eficiência energética a ponto de eliminar a necessidade de nova capacidade instalada acabava custando menos do que construí-la, ou mantinha o consumo dentro do nível já instalado. "Quando digo a grandes clientes que ficaríamos contentes se lhes vendêssemos menos energia, eles me olham como se eu tivesse queimado alguns neurônios", disse Peter Darbee, então CEO da PG&E, uma importante companhia de energia da Califórnia, em 2009. Mas sua lógica é sólida. "Programas de eficiência energética custam aos consumidores de eletricidade menos da metade do que pagam para ajudar a criar uma nova usina", explicou Darbee.[316]

Embora as contas de energia reduzidas beneficiem seus consumidores, a maior motivação para uma companhia elétrica conservar energia é financeira e regulamentar. Metade dos Estados têm ordenado que as empresas de energia cumpram metas agressivas de eficiência energética.[317] Para ajudar as empresas a cumprir as regras, mantendo-se financeiramente saudáveis, muitas agências reguladoras mudaram a maneira como as empresas são pagas por economizar energia. Talvez o mecanismo mais popular e eficiente tenha sido o desmembramento. O desmembramento rompe o vínculo entre rendimentos e a energia vendida. Para melhorar a oferta, muitas reguladoras também recompensam as companhias por reduzirem as contas dos clientes ou por superarem metas de eficiência. Infelizmente, porém, esse novo modelo de negócios para as companhias de fornecimento de energia tem crescido lentamente. Em mais da metade[318] dos estados nos EUA, as empresas de fornecimento de eletricidade e de gás ainda são penalizadas por reduzirem sua conta e recompensadas por lhe venderem mais energia. É tão estranho quanto parece: o sistema recompensa exatamente o oposto do que queremos, e, portanto, é isso que recebemos. No Capítulo 5 será explicado como resolver esse problema.

Não é à toa que histórias de sucesso de grandes economias em companhias de fornecimento de energia são bem mais comuns em situações em que incentivos perversos foram corrigidos. No noroeste dos EUA, apesar de a eletricidade ser praticamente a mais barata do país, mais de 100 companhias têm atendido, juntas, metade do crescimento da demanda de energia elétrica da região desde 1980 com eficiência energética – a um custo médio de menos de US$ 0,02/kWh, um centavo de dólar abaixo do preço no atacado.[319] Em Vermont, uma inovadora "empresa fornecedora de eficiência" financiou, graças a uma conta de US$ 0,009/kWh em benefício público cobrada nas contas de energia elétrica, significativas economias de escala, experiência interna e conhecimentos que as 22 pequenas empresas de energia atendendo Vermont não conseguiram fazer por conta própria. Em função disso, apenas em 2008, elas foram capazes de fornecer 85 milhões de kWh de eficiência energética (na verdade, reduzindo a demanda) a um quarto do custo do fornecimento elétrico comparável.[320]

MOTIVADORES EMERGENTES

Outra área na qual as políticas podem abrir portas é a do financiamento criativo. O financiamento tradicional tem sido, e continuará a ser, uma importante fonte de recursos para projetos de eficiência. No entanto, em diversas das novas opções de financiamento para clientes, uma empresa de eletricidade financia o projeto de eficiência em seu próprio balancete. Outra nova opção importante de financiamento criada em 2008, a debênture PACE (Property Assessed Clean Energy, ou "Energia Limpa Cobrada sobre a Propriedade"), foi autorizada em 25 Estados no começo de 2011.[321] As debêntures PACE são financiadas exclusivamente por investidores particulares voluntários e usadas exclusivamente por proprietários de edifícios, também participantes voluntários, para economizar energia. Os participantes (e mais ninguém) pagam o empréstimo por meio de impostos sobre a propriedade ao longo de um período bem mais longo do que o de repagamento do investimento em eficiência, de modo que o tomador de empréstimos economiza dinheiro desde o primeiro dia. O repagamento por meio de impostos de propriedade – assim como calçadas, bueiros e muitos outros tipos de infraestrutura têm sido financiados há cerca de um século – transfere automaticamente a obrigação (com seus benefícios) ao próximo proprietário, caso o imóvel seja vendido. Os programas PACE residenciais encontraram inesperadas barreiras regulatórias em 2010, mas os programas PACE comerciais estão crescendo. Como as barreiras serão eliminadas no Congresso ou nos tribunais, ninguém sabe, mas as debêntures PACE são consideradas a mais importante inovação em décadas para financiar a eficiência energética e merecem a oportunidade de brilhar.

Outras políticas promissoras incluem inspeções de eficiência energética nos pontos de venda, rotulagem universal de energia em edifícios, recompensas para aqueles com melhor desempenho (e não apenas penalidades para o pior) e *feebates* em edifícios – taxas de ligação proporcionais para que edifícios novos ou amplamente reformados sejam ligados aos serviços de fornecimento de energia elétrica e gás (bem como água e esgoto). O tamanho da taxa ou do desconto dependeria da eficiência do edifício. Isso assinalaria o valor da eficiência desde o início, quando são feitas opções de projeto – e, diferentemente de padrões estáticos, que começam a ficar obsoletos assim que a tinta seca, o dinamismo dos *feebates* em edifícios impeliria melhorias contínuas e recompensaria inovadores que superam os padrões.

Com isso, vê-se que há muitas alavancas e incentivos poderosos para ajudar a se chegar à visão de um setor de edificações vastamente mais eficiente – desde que os ponhamos em prática e os exploremos.

CONCLUSÃO: MAIS CONFORTO, MAIS PRODUTIVIDADE, MENOS ENERGIA, ECONOMIA MAIS FORTE

Obviamente, não existe uma bala de prata – mas há muitos cartuchos de prata para caça de alces e de aves. Transformar o setor de construções dos Estados Unidos vai exigir atenção e ação nacional, um intenso aumento de investimentos e inovação, e alterações e melhorias em políticas variadas. Pequenas mudanças no cenário fazendo-como-sempre-fizemos não serão suficientes. A agenda para proprietários de imóveis e investidores, usuários de edifícios, provedores de serviços (incluindo companhias elétricas e de gás), governos e legisladores é longa, detalhada, cheia de filigranas e bastante variada.

Sendo assim, os praticantes experientes sabem, na verdade, o que precisam fazer. Há seis imperativos principais:

Atacar as ineficiências dos edifícios com visão transdisciplinar e empreendedorismo. Como a eficiência operacional da Toyota, a capacidade de vendas da Avon, o foco científico do Google, o projeto de produtos da IDEO, o nível de engajamento social do Facebook e as transações simples e fáceis da Amazon são aplicados à eficiência energética para melhorar a demanda e reduzir os custos? Como discutido neste capítulo, há muito espaço para enfrentar grandes e difusos desafios que vão desde acesso a dados até financiamentos, alavacando projetos integradores, e treinamento e educação por meio de estratégias high-tech baseadas em informações. Precisamos que os melhores solucionadores de problemas, que pessoas de marketing e mentes operacionais se dediquem à eficiência energética e criem os produtos e negócios que podem melhorá-la com a velocidade da Internet.

Tornar mais transparente o uso da energia. Precisamos fornecer aos clientes a medida do consumo de energia (até em tempo real) e indicadores de preços. Sensores e sistemas de monitoramento mais baratos, telecomunicações baratas e onipresentes, a aurora da rede inteligente e a crescente demanda dos clientes estão criando o ímpeto, a capacidade e os mercados para a coleta e a aplicação de dados de alta qualidade. Informações sobre o consumo de energia simplificam a eficiência nas empresas acelerando diagnósticos, aprimorando o modelo e a análise da energia e permitindo comparações com concorrentes e a incorporação à avaliação de edifícios. Resumindo: precisamos de uma enorme atualização no modo como os dados medidos de consumo de energia em edifícios são coletados, compartilhados e usados.

Proporcionar financiamento de fácil acesso, a preço compatível com o risco excepcionalmente baixo da eficiência energética. A eficiência energética exige recursos desde o início. Esses recursos podem vir de custos acrescentados à conta de energia elétrica (uma lei de meados de 2011 tornou esse "financiamento em conta" a regra do estado de Nova York), de empresas de engenharia ou de financeiras que compreendem e assumem o risco, de empreiteiros que reformam prédios inteiros, de empresas de serviços de energia que oferecem financiamento ou ajudam a encontrá-lo, ou de inovações como as debêntures PACE.[322] Qualquer que seja a fonte, ela deve ser fácil de usar.

Ensinar e treinar uma força de trabalho de alta qualidade. Uma vasta força de trabalho precisa saber como descobrir as oportunidades de economia em nossos edifícios, projetar e instalar sistemas que se valem das economias e encomendar e financiar adequadamente os projetos, ao mesmo tempo que se controla o risco. Não é uma tarefa simples. A qualidade não pode ser sacrificada pela quantidade: como um velho e sábio empreiteiro disse: "Se você não conseguiu o dinheiro para fazer isso direito da primeira vez, como vai conseguir fazer isso duas vezes?". Certificações e homologações podem assegurar que trabalhadores qualificados estejam envolvidos e podem garantir com orgulho seu trabalho, conquistando a confiança dos clientes. E os treinadores precisam ter bastante experiência prática, de preferência, orientados por colegas confiáveis.

Atualizar-se segundo as políticas da próxima geração de eficiência em edifícios e alinhar os incentivos das empresas de energia. Diferentemente de programas de incentivo ou baseados no mercado, a maioria dos códigos de construção é bastante severa, sob pena de veto à obra. Mas os códigos precisam ser bem apoiados, lastreados, praticados e continuamente reavaliados. Ajudar a progredir e a reduzir os custos de obediência ao código por meio de software e recursos de apoio aprimorados é uma boa oportunidade de negócios. Permitir que as empresas de energia ganhem dinheiro com a efi-

ciência energética (recompensando economias medidas independentemente, e não gastos ou atividades) é crucial. Os estados devem seguir o exemplo de Washington, Massachusetts, Vermont e Califórnia na continuidade de esforços para estabelecer metas de eficiência agressivas para suas empresas de energia, incentivando a implementação flexível e o aprendizado rápido. Isso vai expandir e amadurecer os florescentes mercados para serviços e equipamentos de eficiência, incentivando os empreendedores a participar do negócio.

Começar a modificar a maneira como projetos de construção são feitos, ensinados e construídos. Para transformar o projeto *des-integrador* em projeto altamente integrador, a pedagogia da arquitetura e a da engenharia precisam ser mudadas, os profissionais de projetos já atuantes precisam ser reorientados, os clientes precisam valorizar e exigir projetos integradores experimentando seus benefícios, e posturas de incentivos como custeio de projeto com base em desempenho e fornecimento de projetos integradores precisam tornar-se a regra.

Vimos como as forças do mercado e as políticas bem informadas podem trabalhar juntas para nos introduzir no caminho que conduz a um grupo de edifícios nos EUA radicalmente mais eficientes e lucrativos. Mas este capítulo também deixou claro que essa tarefa é realmente desafiadora. Exige que praticamente cada norte-americano faça escolhas diferentes. Exige dinheiro. Exige a cooperação entre líderes empresariais e formuladores de políticas. Exige uma visão de longo prazo do ambiente construído. Fabricar alguns milhões de carros elétricos ultraleves parece quase trivial em comparação com a reforma ou a substituição de tudo, desde casinhas em terrenos periféricos até arranha-céus em San Jose. Ainda que seja fisicamente possível reformar quase todos os 120 milhões de edifícios do país numa razão média de 8.200 por dia – tornando a mesma proporção de novos edifícios energeticamente eficientes –, será que seus proprietários querem mesmo isso? Você quer?

Deveria querer. Porque também mostramos as imensas oportunidades de negócios por trás desses desafios. Anthony Malkin e seu Empire State Building demonstraram isso. E descrevemos os outros benefícios – que vão de mais velocidade de aprendizado em sala de aula e da cura em hospitais à capacidade de criar mais empregos e recrutar trabalhadores mais qualificados – o que poderia ser bem mais valioso do que o montante de US$ 1,4 trilhão em custos líquidos de energia economizados que vão direto para o resultado final.

Edifícios supereficientes não vão apenas usar menos energia, liberando eletricidade para autos Revolucionários+ e gás para a indústria e para a produção flexível de energia; eles também são a chave para o fornecimento de mais energia de melhor qualidade, mais barata e mais segura para todos os setores. Os edifícios são um futuro centro para os mercados de produção e armazenamento de energia. Edifícios inteligentes podem produzir e talvez armazenar eletricidade. Suas características físicas podem mudar com base no clima e em

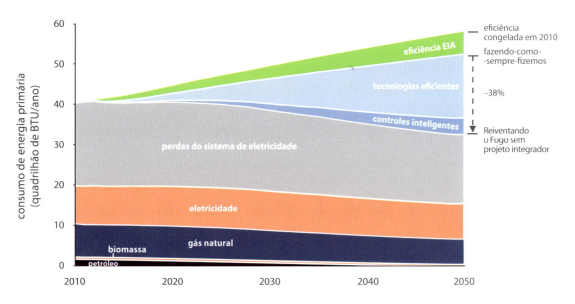

Fig. 3-14. A implementação eficiente das oportunidades básicas descritas neste capítulo de *Reinventando o Fogo* poderia reduzir em 15% o consumo de eletricidade e de gás natural nos edifícios dos Estados Unidos em 2050, em comparação com 2010.[323] Acrescentar o projeto integrador pode reduzir ainda mais o consumo de energia em 2050 – de 33 para 16-24 qBTU/ano, ou de 40% a 60% abaixo do nível de 2010 – como mostra a Fig. 3-6, eliminando boa parte, ou a maior parte, da necessidade remanescente de eletricidade e de gás natural mostrada. Com ou sem projeto integrador, os "outros combustíveis" restantes em 2050 não incluiriam o petróleo – só a lenha e ocasionalmente dejetos, e um pouco de gás de bujão em áreas rurais sem canalização de gás. Como veremos no Capítulo 6, esses combustíveis gasosos poderiam ser descartados a longo prazo graças ao uso pleno da eficiência e de fontes renováveis.

necessidades e ofertas mais amplas de energia. Edifícios inteligentes e eficientes podem tanto aprender como informar quando se deve comprar ou vender energia e seus serviços. Logo, edifícios eficientes podem se tornar a base – e veículos e fábricas eficientes, os pilares – do sistema energético vastamente diferente dos Estados Unidos que já estamos começando a construir – menos arriscado, provavelmente menos oneroso, e bem mais robusto e flexível.

Embarcar nessa aventura energética não diz respeito apenas a realçar os lucros finais das empresas e das famílias de nossa nação; diz respeito ao longo futuro que nós e nossos filhos iremos compor e habitar, e ao tipo de nação e de mundo nos quais queremos viver.

Se realmente nos motivarmos, prestarmos atenção, iniciarmos novos negócios e concretizarmos nossa visão de edifícios norte-americanos que usam energia de tal maneira que economizam divisas, o que isso significaria para os combustíveis fósseis? Até 2050, esses edifícios, mesmo com área construída expandida em 70%, podem estar con-

sumindo de 13% a 55% menos eletricidade e de 24% a 68% menos gás natural do que consumiam em 2010 (fig. 3-14). Seu consumo de petróleo, hoje em 0,84 Mbbl/d, poderia reduzir-se prontamente a zero.[324] Tudo isso deriva da eficiência – e não da opção adicional de geração de energia no local, particularmente renovável, que a eficiência torna bem mais lucrativa (ver Capítulo 5).

Pela primeira vez na história, ainda que seja somente pela eficiência lucrativa, o maior consumo isolado de energia de nossa economia pode decrescer, e não aumentar, enquanto nossa prosperidade, nossa saúde e segurança firmam-se com mais força e consistência. E os lugares em que vivemos, trabalhamos, fazemos compras, brincamos, curamos, aprendemos, veneramos – os espaços nos quais passamos quase 90% de nossa vida – podem se tornar mais mágicos: espaços que dão alegria ao entrar, saúde e serenidade ao ocupar, saudade ao sair e prazer ao se recordar. Nossos edifícios tornar-se-ão, finalmente, não apenas as cascas nas quais vivemos, mas verdadeiramente dignos de quem somos e de quem queremos ser.

TABELA 3-3. Resumo das recomendações para os principais participantes do setor de construções

	SEM ARREPENDIMENTO	OPORTUNISTA	INOVADOR
Proprietários, investidores e usuários	Avaliar o desempenho energético de seus edifícios e confrontá-los com os dos concorrentes. Otimizar o desempenho atual. Buscar espaços para a eficiência energética. Insistir em que as faturas mostrem dados de consumo energético reais, e não médias aproximadas. Treinar os funcionários para gerenciar a energia e tornar isso parte das responsabilidades habituais de todos. Seja sua própria cobaia: reforme antes o seu próprio espaço. Trate as equipes de instalações como centros de lucro e dê-lhes recursos para explorar oportunidades.	Ensinar os avaliadores a valorizar a eficiência e os agentes a vendê-la. Idealizar classificações e etiquetas de eficiência. Expressar as economias de energia de maneira que façam sentido para os envolvidos. Aproveitar a eficiência energética em outros investimentos em infraestrutura. Incluir o custo da rotatividade no custo total da propriedade. Aconselhar e financiar os ganhos em eficiência energética nas casas de seus empregados – um grande benefício colateral. Ajudar a organizar compras no atacado.	Tornar o consumo de energia visível, com *feedback* em tempo real. Antever, apoiar e superar a regulamentação. Alinhar suas metas em melhorias e reformas com as de seus inquilinos. Fazer parceria com as empresas de eletricidade e com as prefeituras para financiar e captar o maior potencial do lado da demanda e, onde possível, da geração distribuída. Adotar taxas de obra adequadas para projetos integradores e baseadas em desempenho. Ajudar seus fornecedores e clientes a se tornarem mais eficientes.
Companhias de energia, provedores de serviços e fornecedores de produtos	Criar e comercializar sua própria marca de eficiência energética. Proporcionar soluções a serem entregues prontas que exijam pouco engajamento do cliente, mas que garantam resultados. Treinar seu pessoal com eficiência e regularidade. Usar indicadores efetivos de consumo energético, inclusive comparações normativas e sugestões de ação. Sucatear e reciclar – em vez de revender – equipamento obsoleto.	Dominar os projetos integradores e aplicá-los onde for apropriado. Alavancar as semelhanças no portfólio de edifícios para ganhar escala por meio da repetição. Adotar e promover estruturas de projetos que alinham incentivos em torno da eficiência. Começar a medir e a contar benefícios não energéticos. Usar mecanismos de financiamento para oferecer soluções sem necessidade de dispêndio inicial.	Ser remunerado pelo desempenho e não pelo esforço: adotar, comercializar e exigir taxas de projeto com base em desempenho. Participar de leilões de mercado de capacidade futura e de energia para obter verbas a fim de aumentar a eficiência. Tratar os desafios dos clientes que vão além de produtos que tornam a eficiência energética livre de entraves. Pensar num modelo de negócios de "economia de serviços" que venda conforto e iluminação, e não equipamentos de ar-condicionado e eletricidade.

EDIFÍCIOS: PROJETOS PARA UMA VIDA MELHOR

	SEM ARREPENDIMENTO	OPORTUNISTA	INOVADOR
Governos e ONGs	Implementar códigos e padrões modernos.	Ajudar a identificar recursos preferenciais e pré-qualificados.	Incentivar análises e reformas em pontos de venda.
	Apoiar investimentos voluntários por meio de incentivos e instrução.	Possibilitar acesso transparente a dados de consumo energético.	Fazer de taxas de projeto baseadas em desempenho, do fornecimento de projeto integrador e de inovações similares as normas nos trabalhos para o governo.
	Criar e manter bancos de dados de edifícios em âmbitos nacional, estadual e local, e buscar oportunidades.	Permitir a contabilização e o tratamento tributário de investimentos em economia de energia como despesas e não como ativos capitalizados.	Reformar a pedagogia e a prática dos profissionais de projetos, centralizando-as no projeto integrador.
	Incentivar as companhias de eletricidade a investir em eficiência.	Permitir que as companhias de eletricidade invistam em eficiência e em geração distribuída, apoiando--as e recebendo as recompensas apropriadas.	
	Financiar cursos de pesquisas e desenvolvimento e de projetos.		

CAPÍTULO 4

INDÚSTRIA: REFAZENDO O MODO COMO FAZEMOS AS COISAS

Fig. 4-1

DESTAQUES DO CAPÍTULO

→ **A META.** Economizar 27% da energia primária consumida na indústria norte-americana em 2050 (além das economias já previstas), implementando de forma realística tecnologias conhecidas e custo-eficazes de eficiência energética e de calor não aproveitado. Há a possibilidade de outras economias advindas de projetos integradores, e mais ainda é possível com inovações radicais no modo como os materiais são feitos e usados.

→ **A OPORTUNIDADE DE NEGÓCIOS.** Fabricantes que consumirem menos combustível vão se beneficiar com menores custos operacionais, menor desperdício, frequentemente com melhor qualidade e com um *hedge* contra preços de combustíveis voláteis e crescentes. Pequenas e grandes empresas têm a oportunidade de desenvolver, vender e implementar novas tecnologias para eficiência industrial avançada.

→ **O RESULTADO FINAL.** Um retorno bruto de US$ 0,9 trilhão (em valores de 2010) sobre um investimento de US$ 0,3 trilhão.

→ **SETORES DA ECONOMIA QUE PODEM LUCRAR.** Fabricantes de todos os portes, pesquisadores, empreendedores e empresas de projeto e implementação.

→ **FACILITADORES DE POLÍTICAS.** Os sinais de preços claros, completos e estáveis de combustíveis e a responsabilidade dos produtores pelos ciclos de vida dos seus produtos vão fomentar inovações contínuas e a adoção mais rápida da eficiência, ajudando a formar a vantagem competitiva.

INTRODUÇÃO

QUANTO AO FUTURO, SUA TAREFA NÃO É PREVÊ-LO, MAS POSSIBILITÁ-LO.

— Antoine de Saint-Exupéry (1900-1944)

Imagine que você está em um dos maiores complexos industriais do mundo. Seus guias são dois sujeitos grandes de capacete: um administra uma usina petroquímica, e o outro, uma siderúrgica integrada. Eles vivem numa selva barulhenta de laminadores, canos, tanques de armazenagem, fornos, torres de refino, montanhas de minério bruto e de carvão coque – um cenário industrial pesado, tão vasto e emaranhado que mesmo o turista industrial mais calejado teria dificuldade para distinguir fluxos básicos de energia, produtos e despejo. Sobre uma área de 260 km², há refinarias, fábricas de produtos químicos, de papel e outros complexos industriais de grande escala. Gigantescos pátios ferroviários, aeroportos e navios imensos proporcionam a ligação com fornecedores e clientes do mundo todo.

Você está dirigindo há horas em meio a quilômetros de canos e esteiras, fazendo pausas para ver metal incandescente cair de gigantescos caldeirões e ser moldado em lingotes e enrolado em chapas finas, ou petróleo cru e gás natural sendo transformado em plásticos e resinas que estarão nos assentos de automóveis e em válvulas cardíacas. Por toda parte, há temperaturas 260 °C mais quentes do que os dias mais escaldantes do deserto do Saara e pressões tão grandes quanto aquelas encontradas no fundo do mar. À noite, você vê as luzes e operações incessantes a uma distância de 80 quilômetros. Elas iluminam uma foto de satélite.

Esse cenário, no qual aquecemos, conquistamos e preparamos nosso caminho rumo à prosperidade, parece-se com o maior dos infernos da Terra, 24 horas por dia, sete dias por semana. E é uma goela escaldante e insaciável por energia que, diretamente ou pela eletricidade, vem principalmente do carvão, do petróleo e do gás natural. Algumas das fábricas e usinas estão constantemente fazendo esforços valorosos para se tornarem mais eficientes, e algumas fábricas até usam calor excedente e CO_2 despejado para manter vastas estufas produzindo alimentos ao longo do ano. De modo geral, porém, o complexo todo, como o restante do mundo industrial, é absolutamente dependente de um prodigioso fluxo de combustíveis fósseis.

Uma semana depois, e bem longe dali, imagine que você está caminhando discretamente por outro tipo de selva com dois novos guias, biólogos que têm dedicado suas vidas a compreender os fluxos e os vínculos ecológicos dessa vasta região selvagem. Nela, os gritos roucos de aves e macacos se misturam com o murmúrio do rio e uma sinfonia de ruídos de insetos. Essa floresta tropical é sufocantemente quente e úmida. Sua cobertura viva é tão espessa e entrelaçada que só ao meio-dia a luz passa em quantidade suficiente para que se possa ler algo; o resto é captado no alto para mover um tipo de produção bem diferente e bem mais antigo, desenvolvido ao longo de bilhões de anos.

Nesse ambiente, grandes quantidades de matérias-primas – ar, água, solo, luz do sol e organismos que foram feitos a partir delas – são convertidas em produtos refinados. Aranhas transformam insetos em teias sedosas mais resistentes do que Kevlar, plantas emitem perfumes mais atraentes do que Chanel nº 5 e árvores e seus simbiontes captam e convertem CO_2 em madeiras preciosas, fibras mais fortes do que aço, remédios poderosos e inúmeros outros produtos. Os biólogos estimam que em apenas 2,6 km² de selva há mais de 90 mil toneladas de biomassa[325] que é continuamente processada e refinada, convertendo-se em uma imensa variedade de produtos sofisticados, sem minas, chaminés, combustíveis fósseis ou poluição. Além disso, todos esses processos se dão em temperatura e pressão normais, sem operadores humanos, sem manutenção, sem ruídos e com desperdício zero: os produtos de cada etapa são alimentos para a próxima.

É um contraste forte com a indústria humana, na qual extraímos minérios e os transformamos em produtos que usamos rapidamente, jogando todos fora mais tarde. Nossos processos usam elementos exóticos de toda a tabela periódica, muitos deles raros e tóxicos, para alimentar processos químicos artificiais em condições severas dentro de dispendiosas caldeiras e frascos de reação, e depois separamos e descartamos em forma de lixo a maior parte dos resultados.

Mas a natureza nos mostra como podemos satisfazer as nossas necessidades com uma pequena fração da energia e dos materiais que consumimos hoje, sem esgotar recursos escassos ou nos sufocarmos em nossos próprios dejetos. A natureza cria milhares de produtos improváveis, até aqueles que se autorreproduzem e autorreparam, como os seres humanos, apenas a partir de ar, água, solo e luz do sol. Sua química incrivelmente complexa usa apenas um punhado de elementos comuns, com reações catalisadas por enzimas em velocidades alucinantes, em condições ambientais.

Esses dois mundos são incompatíveis? Surpreendentemente, não. Industriais visionários podem aprender lições fundamentais com a floresta tropical: não tome nada, não desperdice nada, não prejudique. E muitas das empresas de maior sucesso de hoje descobriram que a Natureza tem respostas a perguntas de projeto que mal estamos aprendendo a fazer. Seguir a orientação da Natureza não é apenas bom para a Terra; também pode trazer vantagens competitivas cruciais para os negócios.

Enquanto isso, a indústria pode aprimorar seu trabalho e reduzir seu apetite por energia – e o começo foi bom. Nos últimos 40 anos, a indústria norte-americana reduziu a intensidade da energia – a quantidade de energia necessária por unidade de saída – pela metade, limpou suas chaminés para aplacar a chuva ácida, reduziu muito a quantidade de descargas venenosas na água e diminuiu a queima licenciosa de gases "desperdiçados". Fez também inovadoras descobertas sobre catalisadores e enzimas que provocam reações químicas em baixa temperatura, aprendeu a extrair produtos valiosos de detritos e até começou a integrar indústrias diferentes numa nascente "ecologia industrial". Em Kalundborg, na Dinamarca, por exemplo, materiais e energia fluem numa dança simbiótica entre uma refinaria, uma usina de eletricidade, uma indústria farmacêutica, uma fábrica de *drywall* e uma fazenda de peixes, transformando os resíduos de uma operação em valioso alimento para a outra, chegando mesmo a fornecer calor para a cidade de Kalundborg e fertilizantes para as fazendas vizinhas.[326]

Mas apesar de toda essa engenhosidade, da força motora da concorrência e das exigências de clientes mais esclarecidos, ainda estamos longe dos parâmetros de comparação da natureza. Por quê?

A resposta vem do complexo jogo entre Investimentos, Incentivos e Inovação. As soluções são retardadas por mais um "I" – Inércia. Nessas grandes indústrias, nas quais centavos gastos ou economizados podem significar a diferença entre perdas e lucros, legiões de engenheiros e executivos sagazes estão perpetuamente procurando melhorar o equilíbrio entre benefícios e custos. Eles somam cuidadosamente o capital e os custos operacionais ao escolher um produto ou processo, ao dimensionar um trocador de calor ou ao escolher uma temperatura de reação. Depois, para maximizar o valor das ações para investimentos que podem somar bilhões de dólares, grupos de especialistas se debruçam sobre simulações feitas em computador, buscando um equilíbrio entre a eficiência energética e a produção, a recompensa contra o risco.

Porém, a economia dos investimentos não surge num vácuo. A sociedade estabelece regras sobre impostos, emissões e comportamentos permitidos. Tudo isso afeta custos, preços, riscos e retornos – e por isso, escolhas. Mudar essas regras pode gerar mais do que a sociedade quer e menos do que ela não quer. Muitos dos progressos da indústria nas três últimas décadas vieram diretamente da Lei do Ar Limpo e da Lei da Água Limpa, da era Nixon (e de muitas outras leis e regras) que forçaram as indústrias a diminuir a poluição e provocaram a busca por formas inovadoras de transformar lixo em lucro. Agora, podemos prosseguir com os incentivos, como a retirada de subsídios, novas regras tributárias que criam um campo equilibrado

---

TERMINOLOGIA DO SETOR INDUSTRIAL

Para definições de **energia primária**, **energia fornecida** ou **local**, **aparelhos de uso final** e **kBTU** (1.000 BTU), veja o texto em destaque "Terminologia do Setor de Construções" do Capítulo 3 (p. 93).

Matérias-primas são os materiais brutos usados em processos e que ficam embutidos no produto final. Elas não provocam calor ou vapor (os tipos de **energia de processo** necessários para operar o processo de produção) e não geram eletricidade. Muitos processos industriais usam combustíveis fósseis como matérias-primas para fabricar produtos finais. O gás natural, por exemplo, costuma ser processado para criar os materiais para fertilizantes e plásticos. Além disso, o carvão costuma ser usado para produzir o carvão coque da siderurgia. Esses usos de matérias-primas são omitidos da análise de *Reinventando o Fogo*.[328]

A **intensidade energética** de um processo industrial é a quantidade de energia fornecida e usada por unidade de produção. Os valores de intensidade energética são ferramentas úteis para monitorar a tendência ao consumo de energia dentro de um subsetor industrial. Contudo, podem variar muito entre subsetores em função de necessidades diferentes para cada processo (por exemplo, a indústria de cimento tem uma intensidade energética muito superior à de polpa e celulose porque seu processo tem muito mais fome de energia).

Calor e energia combinados (CHP – Combined Heat and Power) – que também se denominam **cogeração** – produzem eletricidade e calor utilizável num único sistema integrado. Há dois tipos principais: o ciclo superior gera eletricidade e depois usa o calor residual elevado para mover o processo, enquanto o ciclo inferior converte o calor residual de baixa temperatura em eletricidade. O primeiro é mais eficiente, o segundo, mais abundante. Geralmente, CHP economiza no mínimo metade do combustível, dos custos e das emissões em comparação com o processo de produção de eletricidade e de calor separadamente.

A **troca de combustível** substitui um combustível pelo outro para realizar a mesma tarefa. A escolha depende de custos, necessidades de processo, regulamentação ambiental, limitações de equipamentos e outros fatores. Um tipo comum de troca de combustível é a passagem do carvão para o gás natural – uma fonte barata e conveniente de calor para muitos processos, mas que às vezes é substituída pela eletricidade, que é mais cara, para obter maior precisão e operação limpa.

entre a economia e o consumo de energia, exigências para que a indústria assuma a responsabilidade pelo ciclo de vida total de seus produtos (como se faz em praticamente todos os países industrializados, menos nos Estados Unidos[327]) ou um piso para o preço da energia. Mudando-se as regras, muda-se o jogo. Muitos outros países já fazem muitas dessas coisas, e isso os ajuda a garantir competitividade no longo prazo.

A indústria está sempre inovando ao longo de caminhos que fazem sentido em termos econômicos. Quando o jogo muda, geralmente a inovação troca a marcha por uma mais alta. Essas leis de limpeza da década de 1970, longe de prejudicarem a economia, deram aos norte-americanos pulmões mais saudáveis, florestas mais produtivas e preços de energia elétrica que são dos mais baratos do mundo – e, ao mesmo tempo, tornaram a indústria mais – não menos – competitiva no cenário global, por conta dos ganhos em eficiência estimulados por essas leis. Como de costume, engenheiros inteligentes competindo para solucionar problemas

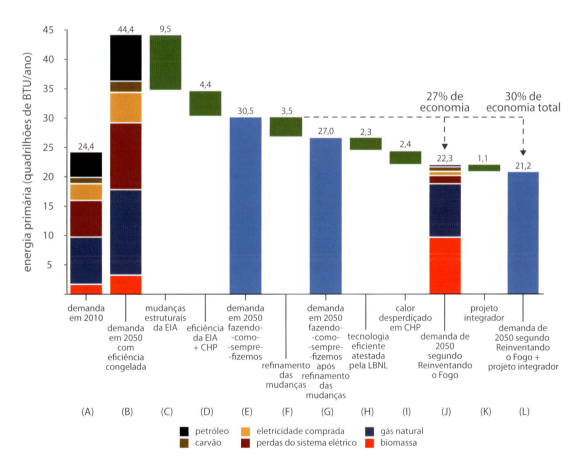

Fig. 4-2. Até 2050, a mudança nos padrões industriais, somada à eficiência energética, tanto prevista quanto adicional, podem reduzir praticamente pela metade o consumo de energia primária nas indústrias dos EUA, apesar de uma produção 84% maior.[329]

de projeto encontraram soluções melhores e mais baratas do que qualquer um poderia imaginar.

Uma nova onda de engenhosidade e de política inteligente pode transformar também a indústria nas próximas quatro décadas. Vamos analisar o que é possível (fig. 4-2). Em 2010, a indústria dos EUA consumia 24,4 quads de energia primária por ano – aproximadamente um quarto do total da nação (como de costume, contando apenas a energia consumida para combustível, não como matéria-prima). Se mantivermos o *status quo*, o consumo de energia industrial poderá atingir 44,4 quads em 2050. Mas não vamos fazer isso; o conjunto industrial dos Estados Unidos vai se afastar do segmento pesado e se dirigir para produtos de maior valor agregado. Essas mudanças, em si, vão reduzir em 21% as necessidades energéticas industriais dos EUA. Além disso, a indústria tem uma história antiga, motivada pela incessante concorrência, de conseguir a cada ano reduções na intensidade energética. Essa tendência durável, incluindo mais calor e energia combinados (CHP), já está inserida nas previsões oficiais e reduz a necessidade energética de 2050 em mais 4,4 quads, ou 10%. Até onde as recomendações deste capítulo podem nos levar?

Os 3,5 quads economizados no processo energético necessário para produzir menos combustível para transportes, bem como para mudar esse combustível (ver Capítulo 2), vai deixar 27 quads de energia industrial em 2050. É um valor apenas 10% maior do que em 2010, apesar de uma produção industrial 84% superior – um fato louvável. Mas técnicas de eficiência tecnicamente factíveis, economicamente viáveis e competitivamente necessárias podem economizar ainda mais. Elas aparecem em dois sabores: tecnologias emergentes que entraram no mercado recentemente demais para terem sido adotadas de forma ampla ou incluídas em análises prévias, e reutilização mais eficaz e disseminada do calor desperdiçado em pro-

cessos. Respectivamente, elas economizam 2,3 e 2,4 quads, levando o consumo total de energia em 2050 quase 9% abaixo da linha-base de 2010. Finalmente, estimativas conservadoras para projetos integradores (apenas em força motriz e sistemas de manuseio de líquidos) podem economizar mais 1,1 quad.

Portanto, até 2050, presumimos que o setor industrial terá crescido aproximadamente 84%, mas mesmo assim descobrimos maneiras de reduzir seu consumo de energia a um nível de 9% a 13% inferior ao de 2010, usando tecnologias conhecidas ou emergentes de boa relação custo-benefício. Um investimento adicional em torno de US$ 283 bilhões acima da previsão convencional produziria um retorno mais de três vezes maior – cerca de US$ 949 bilhões (ambos com projetos integradores).

Esses resultados, embora sejam impressionantes, ainda nos deixam com um prodigioso apetite industrial por energia. Deveríamos seguir mais uma dieta? Achamos que sim, por dois motivos. Primeiro, num mundo no qual demanda e concorrência continuam a crescer, enquanto recursos naturais ficam mais caros, os mercados vão recompensar aqueles que estiverem mais aptos a administrar custos, e a energia é um componente crítico e gerenciável dos custos industriais. Segundo, o gerenciamento de riscos climáticos – como as políticas públicas estão exigindo de um número cada vez maior de estados dos EUA e de todos os principais países industrializados, exceto dois – demanda uma redução de 80% nas emissões fósseis de CO_2 na economia como um todo, e por isso uma redução de 9% no consumo energético não seria suficiente.

A próxima questão óbvia é: podemos seguir outra dieta e emergir até mais magros e em melhor forma? Este capítulo apresenta um cardápio de opções saborosas, mas emagrecedoras, que vão desde tecnologias mais inteligentes a projetos revolucionários e políticas criativas. Aproveitar o vasto potencial adicional para novas reduções no consumo exigirá um esforço coordenado para priorizar as inovações certas, cobrar engenhosidade e recompensar liderança.

COMO A SELVA INDUSTRIAL MOVIMENTA A DEMANDA DE ENERGIA DOS EUA

A indústria produz quase todas as necessidades e todos os confortos diários que consideramos líquidos e certos, desde o papel e as canetas com que escrevemos até os carros e caminhões que dirigimos, os combustíveis que alimentam nossas viagens e aquecem nossa casa, os materiais de que essas casas são feitas, os equipamentos e aparelhos que há nelas e os alimentos que comemos. É um setor imensamente diversificado da economia – mais até do que o dos edifícios. Além disso, é uma parte crucial da economia, empregando quase 20 milhões de pessoas e gerando mais de 40% (US$ 6 trilhões) do PIB dos Estados Unidos.[330]

Fazer tudo isso exige imensas quantidades de energia – três quintos da queima direta de combustíveis fósseis (fig. 4-3). A indústria também se vale de grandes quantidades de petróleo, de gás e de outros hidrocarbonetos como matérias-primas para coisas que vão do náilon aos DVDs (veja o texto em destaque "Usando Combustível Fóssil como Matéria-prima").

Diversos Usos da Energia

O consumo industrial de energia é diferente do consumo de energia em outros setores. Os transportes movem pessoas e bens em tipos relativamente padronizados de carros, caminhões, aviões e outros veículos. Os edifícios, embora sejam imensamente variados, proporcionam abrigo, conforto, luz, comida, entretenimento e outros serviços relativamente padronizados por intermédio de uma gama limitada de tecnologias: estrutura, isolamento, vidros, arrefecimento por meio da compressão de vapores e aquecimento pela queima de combustíveis. O setor elétrico tem essencialmente um produto, criado principalmente pela geração de vapor, que faz girar turbinas e geradores.

Em contraste, os produtos da indústria proporcionam milhões de serviços e são produzidos em milhares de processos básicos, cada um com centenas de variações. Não há duas fábricas idênticas. Contudo, embora a indústria tenha centenas de subsetores, apenas 11 deles usam mais de dois ter-

---

USANDO COMBUSTÍVEL FÓSSIL COMO MATÉRIA-PRIMA

O combustível usado como matéria-prima – e não como fonte de energia – representa o equivalente a 15% do consumo energético da indústria, ou 5% do consumo total de energia dos EUA. A dependência do combustível fóssil, tanto como matéria-prima quanto para a energia necessária para processá-la, torna o setor industrial particularmente vulnerável à volatilidade dos preços de combustíveis fósseis, o que ajuda a explicar por que empresas como Dow Chemical, DuPont e muitas outras têm se esforçado tanto para tornar seus processos os mais eficientes em termos energéticos e moleculares quanto possível. E embora nossa análise não tente medir reduções potenciais em combustíveis fósseis como matéria-prima, algumas das medidas de economia de energia que vamos discutir têm o efeito virtuoso de usar menos combustíveis fósseis como matéria-prima, ou mesmo nenhum.[331] De fato, em 1999, o National Research Council [Conselho Nacional de Pesquisa] previu que os biomateriais poderiam, em última análise, atender mais de 90% das necessidades de matéria-prima industrial com base em carbono.[332] Essa transição já está a caminho.

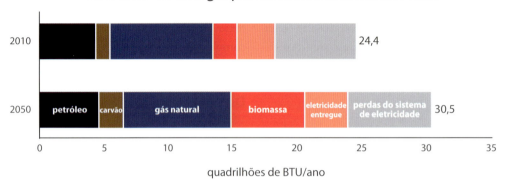

Fig. 4-3. Em 2010, os combustíveis fósseis forneceram 79% da energia da indústria dos EUA. Dois quintos da energia primária da indústria foram usados como eletricidade, três quintos, como combustíveis de queima direta (52% gás natural, 28,5% petróleo, 7% carvão, 12,5% biomassa). Matérias-primas não foram incluídas nesta análise, mas acrescentariam quase 5 quads de combustível fóssil não utilizado como combustível por ano.[333]

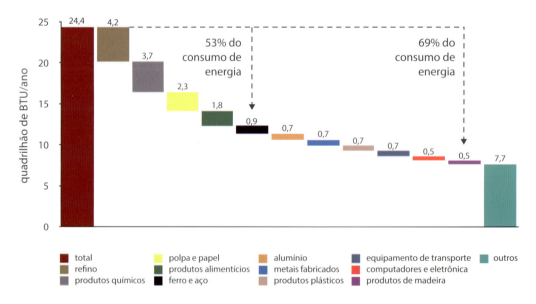

Fig. 4-4. A indústria é complexa e diversificada, mas os cinco subsetores nos quais o consumo é mais intenso respondem por mais da metade da energia primária total da indústria.[334]

152 REINVENTANDO O FOGO

ços de toda a energia industrial (fig. 4-4), e por isso o portfólio de soluções precisa focalizá-los sem deixar de ser aplicado à indústria como um todo. É um obstáculo imenso, pois cada subsetor tem suas próprias prioridades na maneira de conseguir preços melhores em mercados globais cruelmente competitivos. Na selva industrial, os nichos abrigados de mercado são pouco numerosos, a mudança é constante e os riscos são altos, e por isso os gerentes são muito sensíveis aos custos (veja o texto em destaque "Como a Atenção Industrial à Eficiência está Centrada nos Preços de Combustíveis").

Há uma outra maneira de pensar nos tipos de consumo de energia – aquilo para que a energia é

COMO A ATENÇÃO INDUSTRIAL À EFICIÊNCIA ESTÁ CENTRADA NOS PREÇOS DE COMBUSTÍVEIS

A intensidade energética da indústria química dos EUA, principalmente do gás natural, despencou (fig. 4-5) até os ganhos de eficiência por todo o país abaixarem os preços do gás natural em meados da década de 1980 e entupirem os mercados de energia. Então, a intensidade energética do setor químico estagnou ou até subiu durante aproximadamente 15 anos, até a atenção dos gerentes recobrar novamente o foco a ponto de tornarem a contratar os especialistas em energia que eles haviam despedido em 1986. Para um setor de dois terços de trilhão de dólares que fabrica mais de 70 mil produtos, empregando mais de 800 mil pessoas e fabricando 19% dos produtos químicos,[335] tal agilidade é impressionante – mas seria mais ainda se estivesse associada a uma grande consistência estratégica, como as políticas podem ajudar a reforçar. Vamos voltar a esse ponto no final deste capítulo.

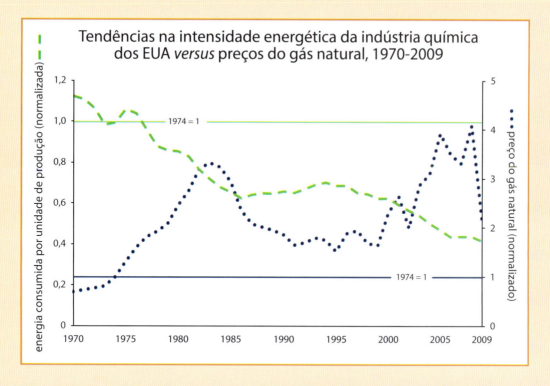

Fig. 4-5. Os preços relativos são importantes. A impressionante queda na intensidade energética da indústria química dos EUA (linha verde tracejada) chegou a 10 centavos em 1986, quando os preços dos combustíveis despencaram (ilustrados pelos preços do gás natural, a linha azul pontilhada) – e depois precisou de 15 anos para retomar o impulso quando os preços subiram novamente.[336]

INDÚSTRIA: REFAZENDO O MODO COMO FAZEMOS AS COISAS   153

usada. Nesse caso, apesar da incrível diversidade de produtos, processos e fábricas, apenas dois propósitos respondem por mais de três quartos do consumo de energia primária da indústria dos EUA. Nas instalações fabris, mais de dois quintos da energia primária são usados para aquecer coisas, sejam gigantescos tonéis de aço ou pequenas gotas de solda em placas de circuitos. Outros dois quintos giram eixos que movem máquinas, desde a barulhenta esteira nas fábricas de refrigerantes até os braços robóticos nas linhas de montagem automotivas. O resto vai para milhares de processos e funções de apoio, inclusive fundições, redução, iluminação e condicionamento do espaço.

Esses serviços podem ser acionados de diversas maneiras, e por isso as empresas escolhem aquela que funciona melhor e custa menos. As raízes históricas do carvão nos Estados Unidos fizeram com que, há muito, a siderurgia se baseasse no carvão; é por isso que os grandes complexos siderúrgicos do Meio-Oeste ficam entre as minas de carvão dos montes Apalaches e as minas de ferro de Minnesota. O Catar, por sua vez, tem abundante gás natural barato, e por isso o processo de "redução

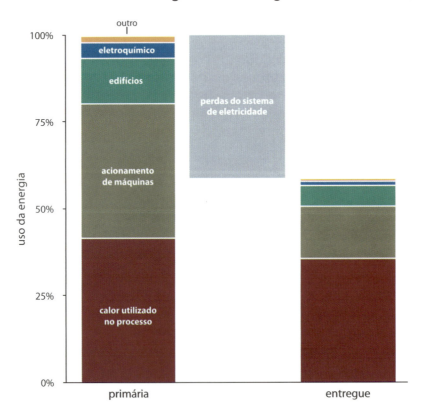

Fig. 4-6. Dois usos finais importantes – calor utilizado no processo (geralmente pela queima direta de combustíveis fósseis) e acionamento de máquinas – dominam os usos industriais finais. As perdas dos sistemas elétricos consomem quase tanta energia primária quanto o calor utilizado no processo.[337]

direta" da Qatar Steel para produção de ferro, desenvolvido pela Midrex, uma empresa sediada na Carolina do Norte, vale-se de gás. A Suécia é rica em força hídrica, e por isso suas empresas têm desenvolvido a redução do ferro com base em eletricidade ou em hidrogênio. Essas opções diferentes fazem com que o cenário energético industrial acumule complexidade. Na selva industrial, como na floresta tropical, a maior compreensão revela apenas maior diversidade.

Implementando Melhorias num Setor em Constante Evolução

A história de Reinventando o Fogo torna-se ainda mais interessante quando levamos em conta que a indústria está sempre mudando – e aprimorando – o modo como usa a energia. Globalização, competição e tecnologia avançada motivaram duas tendências encorajadoras: a redução da intensidade energética (a quantidade de energia necessária para uma unidade de produção) e a passagem para produtos mais valiosos, mas que necessitam de menos energia para sua produção.

Por quê? Quando uma economia amadurece, necessita de uma parcela menor de produtos de uso energético intenso, como aço e cimento.[338] Isso se aplica particularmente aos EUA, onde a maioria dos edifícios e da infraestrutura já foi construída. É por isso que o cimento usado por dólar de PIB atingiu o pico na década de 1920. Os EUA também estão importando cada vez mais materiais de uso energético intenso (petroquímicos do Oriente Médio e aço da China), cujos preços mundiais costumam ser bem inferiores aos dos produtores domésticos. Se esses produtores estrangeiros usam a energia de maneira menos eficiente do que os produtores domésticos, esse comércio eleva o consumo global de energia (veja o texto em destaque "Energia Embutida no Comércio Internacional"), e se eles também obtêm sua energia de combustíveis de uso intenso de carbono, as emissões globais de carbono aumentam ainda mais.

Além dos benefícios de uma eficiência energética em constante evolução, também conseguimos uma grande redução no consumo de energia pela indústria simplesmente como um subproduto da redução do consumo de petróleo no setor de transportes. Se carros e caminhões leves não precisam

ENERGIA EMBUTIDA NO COMÉRCIO INTERNACIONAL

Em 2002, os EUA importaram cerca de 5 quadrilhões de BTU ("quads") líquidos na forma de bens e serviços produzidos fora do país, equivalentes a 5% do consumo total de energia primária dos Estados Unidos.[339] Isso, por sua vez, significa que, em 2004 (a mais recente análise disponível), a participação dos EUA nas emissões globais de carbono de combustíveis fósseis não foi 22% de queima doméstica de combustível, mas na verdade algo entre 25% e 26%[340] graças à energia embutida nos negócios destinados ao consumo dos EUA.[341] Entre 1997 e 2004, com o crescimento do comércio, especialmente com mais economias intensas em carbono como a da China, essas importações de "energia cinzenta" parecem ter elevado mais a cota norte-americana de emissão global de carbono do que a por-

ção doméstica que foi diminuída pelos ganhos em eficiência.[342] A exteriorização da produção industrial pode ser problemática não apenas em função da perda de empregos, mas também por causa do clima, à medida que os EUA continuam a passar para uma economia de serviços. A análise dessas mudanças na divisão internacional da mão de obra na produção mundial de bens e de serviços é complexa e repleta de incertezas.[343] Portanto, limitamos nossa análise industrial à produção doméstica. Mas a indústria não se limita a fronteiras nacionais. É o único setor que pode fornecer muitos de seus produtos e serviços a partir do exterior. Sem condições de estimular a produção limpa nos EUA, corremos o risco de exportar, e não de eliminar, o consumo de combustível fóssil.

de gasolina ou de diesel, as refinarias industriais não precisam queimar 5 quads por ano de combustíveis fósseis para produzi-los. Embora a energia derivada da biomassa ainda será necessária para produzir combustíveis sustentáveis para transportes à base de biomassa – processo energético responsável pela maior parte da barra vermelha de biomassa na figura 4-2 (coluna J) –, o efeito líquido é uma economia total de 3,5 quads por ano. Por isso, transformar o setor de transportes afeta o consumo energético de outros setores, principalmente da indústria. Com metade dos autos de 2050 movidos a hidrogênio, metade a eletricidade, e todos os caminhões e aviões a biocombustíveis, as operações das refinarias podem mudar sua fonte de combustível, passando dos atuais 76% de combustíveis fósseis para 84% de biomassa em 2050. Alternativamente, mais automóveis podem mover-se a eletricidade enquanto caminhões e aviões podem usar hidrogênio, reduzindo ainda mais esse processamento de energia. Além disso, muitos biocombustíveis avançados, como combustíveis à base de algas que são colhidas, mas precisam de pouco ou nenhum processamento, não vão exigir etapas industriais com essa intensidade energética.

O efeito líquido da reestruturação da indústria,[344] as tendências históricas da eficiência e a eliminação virtual do refino de petróleo para transportes se devem à manutenção do consumo de combustíveis fósseis da indústria dos EUA quase estático nos próximos 40 anos, ao mesmo tempo que deverá dobrar a produção industrial.

OBSERVANDO A INDÚSTRIA PELAS LENTES DA EFICIÊNCIA

A Dow Chemical Company usa uma quantidade descomunal de energia para tudo, desde milhões de toneladas de plásticos até lâminas de energia fotovoltaica solar para telhados. Ela necessita de mais de 3,7 GW de eletricidade, equivalente a toda a produção de três grandes usinas nucleares. Ela queima mais petróleo do que a Holanda. Assim, até pequenos incrementos em eficiência produzem um grande benefício na última linha do balanço. Logo, a Dow tem sido uma incansável caçadora de economia de energia. A empresa tomou medidas tão simples quanto a substituição dos fornos de etileno em sua refinaria de Freeport, Texas, por unidades mais eficientes e tão complexas quanto o desenvolvimento de processos totalmente novos de produção de óxido de propileno (a matéria-prima do plástico poliuretano) em Antuérpia usando 35% menos energia.[345]

Por meio de milhares de projetos como esses, a Dow cortou a intensidade energética de seus processos em mais de 38% entre 1990 e 2005, aumentando sua eficiência e seus lucros. A empresa calcula que economizou US$ 9,4 bilhões entre 1994 e 2010, com uma eficiência energética que custou US$ 1 bilhão. Isso aumentou a crucial vantagem de custos da Dow sobre concorrentes menos eficientes quando os preços de energia subiram em 2008.

Na verdade, a eficiência energética mostrou-se uma estratégia de negócios tão boa para a Dow que a empresa quer ainda mais. Agora, ela almeja uma redução adicional de 25% da intensidade energética para 2015. E em fevereiro de 2011, seus executivos anunciaram um investimento de US$ 100 milhões em diversos esforços novos para aumento da eficiência. Os projetos que a empresa vai custear "fornecem excepcional retorno financeiro", explicou Doug May, vice-presidente da Dow para energia e mudanças climáticas.

A Dow não está sozinha em seu foco na eficiência. Outra empresa pioneira é o conglomerado fabril United Technologies: focalizando o consumo de energia, ela reduziu em 45% a intensidade energética da companhia como um todo entre

2003 e 2007 e em 62% a emissão de gases estufa entre 2006 e 2010 (enquanto as vendas cresceram 13%, o lucro por ação aumentou 28% e os dividendos por ação cresceram 67%).[346] Ou então veja a 3M, uma empresa inovadora por trás de inúmeros produtos, desde películas de proteção até blocos de notas Post-it. Desenvolvendo um programa para identificar equipes que aumentam substancialmente a eficiência energética, a 3M aumentou-a em 22%, economizando mais de US$ 100 milhões entre 2005 e 2009.[347]

Dessa forma, no mesmo período, a 3M teve lucros acumulados de mais de US$ 20 bilhões, e por isso seus projetos de eficiência energética ainda são apenas uma pequena fração (mais ou menos 0,1%) do investimento total. Essa lacuna sugere que a 3M só tenha arranhado a superfície da oportunidade. Mas a 3M e muitas outras companhias empreendedoras estão indo mais fundo rapidamente e descobrindo que podem não só economizar mais energia, mas também desenvolver e comercializar novas tecnologias que economizam ainda mais.

Compreendendo as Alavancas da Eficiência

O que há por trás da aparente magia da eficiência energética da Dow, da 3M e de outras indústrias importantes? Em meio aos milhares de processos e de produtos industriais, a eficiência energética pode ser reduzida a uma receita simples (embora não seja sempre aplicada em sua totalidade) que deveria ser o mantra de executivos industriais, de seus capitães de projetos e de operações, e dos investidores que detêm suas ações. A receita é a seguinte:

Primeiro, reduza a energia necessária para alimentar processos fundamentais. Depois, reduza as perdas nos sistemas que distribuem os serviços de energia dentro da unidade industrial. Em terceiro lugar, aprimore a eficiência de equipamentos como caldeiras e motores que convertem a energia em serviços úteis. Finalmente, passe a usar a energia que atualmente é desperdiçada.

ALAVANCA 1: REDUZA A ENERGIA NECESSÁRIA PARA ALIMENTAR PROCESSOS FUNDAMENTAIS

Pense em um dos principais desafios na fabricação de produtos químicos e remédios: muitas reações são meticulosas. Se os reagentes não forem misturados perfeitamente, ou se a pressão, a temperatura ou o momento não forem ideais, muitas outras reações vão ocorrer também, criando subprodutos indesejados. É por isso que alguns processos de química fina geram apenas de 2% a 20% do produto desejado, e é por isso que a produção em indústrias farmacêuticas pode ser muito baixa, chegando a 1%. Energia e capital em quantidade – geralmente, a maior parte da unidade industrial – devem ser gastos para separar os produtos puros e úteis dos resíduos. Mas "microrreatores"[348] modulares, do tamanho de cartões de crédito, cujos pequenos canais e cujas câmaras permitem que as condições da reação sejam controladas com exatidão, podem fazer produtos quase puros em maior velocidade, com menos despesas e mais segurança, com ordens de magnitude de uso menor de energia e desperdício. Empilhados às centenas ou aos milhares,[349] sua química precisa pode fazer com que os estágios posteriores de separação da unidade industrial praticamente desapareçam. Conversões químicas em múltiplos passos, sem recuperação intermediária, também são possíveis, assim como em células vivas, "reduzindo drasticamente custos e tempo de operação, bem como a quantidade de produtos químicos auxiliares e o consumo de energia".[350] Até as olefinas – o produto químico de maior volume – podem ser produzidas de maneira mais econômica em microrreatores.[351] Surpreendentemente, reformadores de hidrogênio e destilarias "distribuídas",[352] com produção em massa – pequenas versões de equipamentos que normalmente são enormes – também podem ser mais baratos e mais eficientes do que os centralizados.

Em muitas indústrias, membranas que só permitem a passagem de certas moléculas podem substituir a destilação bruta, que consome cerca de 3% de toda a energia dos Estados Unidos para purificar petróleo e produtos químicos. Mas onde a destilação é necessária, ela pode ser aprimorada. Moléculas de produtos enviadas por uma refinaria podem ter sido fervidas e recondensadas de 15 a 20 vezes. Por quê? Em primeiro lugar, a maioria dos operadores não monitora a qualidade continuamente, mas periodicamente, e por isso, entre medições, eles estão operando às cegas. Eles precisam redestilar o produto a um nível de pureza desnecessariamente elevado para se certificarem de que ele atenderá às especificações. Esse "excesso de refluxo" costuma usar de 30% a 50% mais energia do que um processo com monitoramento contínuo. Em segundo lugar, as unidades de processamento geralmente controlam as condições de fluxo e das reações com base em medidas do que *já aconteceu*, e não usando algoritmos que antecipam e otimizam o que está *por acontecer*. Isso reduz o controle de qualidade, desperdiça materiais e capacidade e torna necessário um processamento adicional para restaurar a qualidade degradada do produto. A solução? Acrescentar sensores e controles para garantir que os processos sempre ocorram de maneira ideal: faça certo, faça uma vez e pare.

Esse princípio só funciona se os operadores puderem ver e compreender o que estão fazendo. Numa grande fábrica de discos rígidos da Ásia, operadores em salas limpas começaram a economizar milhões depois que um indicador de queda de pressão que mostrava quando os filtros sujos deviam ser trocados foi rotulado não com zonas verdes e vermelhas, mas com "centavos por disco"

e "lucro de mil dólares por ano". Em outra fábrica, o simples ato de colocar rótulos indicadores nos interruptores de luz economizou US$ 30 mil no primeiro ano. Rápidos progressos em sensores, computação e monitores gráficos coloridos ajudam a aplicar a inteligência dos operadores a seus processos, com efeito revolucionário.

Frequentemente, equipamentos de alta tecnologia geram tanto desperdício quanto equipamentos obsoletos. Uma reforma num laboratório da Caltech está economizando de 50% a 60% da energia anteriormente usada por equipamentos como espectrômetros de massa, típicos de muitos equipamentos de laboratório nas indústrias. Melhoramentos simples como controles de gerenciamento de energia, bombas a vácuo de eficiência dupla e o uso da água resfriada do edifício no lugar de minirresfriadores foram bem recebidos pelos fabricantes, que nunca foram cobrados pela eficiência.[353] Ou pense nas 750 mil coifas que estão zumbindo em laboratórios químicos e de biotecnologia, desperdiçando de 50% a 75% de suas contas de energia elétrica que somam em torno de US$ 3 bilhões por ano. Cada uma consome tanta energia quanto três casas.[354] A reforma paga-se em dois a cinco anos, ou imediatamente em novos laboratórios, quando combinada com controles de "faro" que reduzem o fluxo quando o ar está limpo.[355] Até coifas ineficientes usam bem menos energia quando estão fechadas. O melhor mesmo é: nada de coifas. Tire do projeto a toxicidade.

ALAVANCA 2: REDUZA AS PERDAS NOS SISTEMAS QUE DISTRIBUEM OS SERVIÇOS DE ENERGIA DENTRO DA UNIDADE INDUSTRIAL

As grandes economias costumam vir de simples melhoramentos e manutenção técnica, como isolamento de canos, manutenção de sistemas de vapor e de filtros de ar, ajuste de fatores de potência ou da instalação apropriada de bombas e ventiladores, para que o fluido possa entrar e sair suavemente. Na verdade, algumas das economias mais lucrativas – mas menos evidentes – não estão em equipamentos visíveis, mas nos canos, dutos e fios que os conectam.

Quem, por exemplo, poderia pensar em economizar os poucos pontos percentuais de eletricidade perdidos na fiação de distribuição de fábricas e edifícios? A Copper Development Association (CDA) ou Associação de Desenvolvimento do Cobre pensa, porque quer vender mais cobre. Na década de 1990, ela publicou um novo manual para bitolas de fios. O antigo – que todos usavam antes e a maioria ainda usa – visava apenas prevenir incêndios. O novo manual da CDA visa economizar dinheiro. Num circuito de iluminação típico de um escritório de 1996, a substituição pelo fio de diâmetro imediatamente superior gerou um retorno anual de 169% depois dos impostos. Agora, o Japão planeja adotar um padrão similar, sugerindo sua adoção global. A indústria e as empresas de eletricidade dos Estados Unidos ainda alocam erroneamente cerca de US$ 1 bilhão por ano pelo simples fato de adquirirem transformadores elétricos ineficientes, com cobre insuficiente e ferro propenso a perdas.[356]

Às vezes, a identificação de desperdícios no sistema de distribuição de energia requer apenas um ouvido aguçado. Se um visitante ocasional conseguir ouvir o compressor de ar, mesmo que ninguém mais o ouça, é porque deve haver um vazamento de ar comprimido. Esses vazamentos se acumulam. O ar comprimido está por toda parte, consumindo 9% da eletricidade industrial dos Estados Unidos. Ele aciona máquinas como parafusadeiras pneumáticas, antigos controles pneumáticos da era pré--digital e seca produtos como placas de circuitos, entre outros usos. Mas a geração e distribuição de ar comprimido é um processo de baixa eficiência, apenas 10%,[357] e por isso é extremamente onerosa

e deve ser eliminada. O mero reparo de sistemas de ar comprimido costuma economizar metade de sua energia com retorno do investimento em seis meses.[358] Quando a Modern Forge, do Tennessee, reduziu em 8% seu consumo total de eletricidade otimizando seu equipamento de ar comprimido, o custo foi menor do que zero, pois a fábrica evitou ter de comprar um novo compressor.[359]

ALAVANCA 3: APRIMORE A EFICIÊNCIA DE EQUIPAMENTOS COMO CALDEIRAS E MOTORES QUE CONVERTEM A ENERGIA EM SERVIÇOS ÚTEIS

A indústria nos EUA usa mais de 13 milhões[360] de motores para acionar furadeiras, arrefecedores, moendas, misturadores, sopradores e outros incontáveis equipamentos. Os motores usam três quintos de toda a eletricidade industrial. Em poucas semanas, um motor que funciona constantemente consome uma quantidade de eletricidade que custa mais do que o motor. Na verdade, um motor de 100 hp, que custa cerca de US$ 10 mil, gasta meio milhão de dólares em eletricidade em 20 anos. Uma fábrica grande pode ter centenas desses motores. Um ganho de um único ponto percentual na eficiência de um motor representa mais de US$ 60 por hp em valor presente. Por isso, é fácil ver como se pode economizar muita energia e dinheiro escolhendo motores bastante eficientes e desligando os que não são usados. O agressivo sistema de gerenciamento de energia da japonesa Mori Seiki Company desliga as funções não utilizadas de ferramentas e máquinas e fala em corte de consumo de aproximadamente 80%, com economia de 40% mesmo durante a operação normal.[361]

Poucos gerentes percebem isso, porém, porque os motores não têm um dispositivo como um taxímetro indicando o fluxo de caixa em tempo real. Por isso, talvez não usem motores apenas quando necessário, ou do tamanho estritamente necessário. A simples adição de controles de velocidade variável pode representar um corte no consumo de 15% a 30%, e às vezes muito maior. Ganhos adicionais provêm da instalação de motores mais eficientes. Curiosamente, para o tipo mais comum de motor, o preço de mercado nos Estados Unidos em 2010 era completamente independente da eficiência em potências até 100 hp, e pouco correlacionado com 400 hp.[362] Um comprador astuto pode conseguir um motor muito eficiente por um preço inferior ao de outros ineficientes – economizando desde o início, obtendo melhor duração e qualidade e economizando quase US$ 20 mil de eletricidade, em valores presentes, num motor de 250 hp. E a eficiência dos motores continua a melhorar: os modelos mais recentes de 2011 são de dois a três pontos percentuais melhores do que os motores de "eficiência premium" de 2010.[363] Alguns podem até ser mais baratos, pois seu porte menor economiza bastante cobre e ferro.[364]

Isso também acontece com bombas e ventiladores, os maiores usuários da energia de motores. Bombas europeias[365] e norte-americanas têm uma gama de eficiência de seis pontos percentuais nos modelos maiores e de 15 a 20 pontos nos menores. E mesmo entre os ventiladores mais eficientes, de um tipo particularmente eficiente, uma pesquisa realizada nos EUA em 1996 revelou lacunas de eficiência de 4 a 10 pontos percentuais.[366] A maioria dos compradores presume que a eficiência custa mais e não vale a pena, mas uma busca cuidadosa pode inverter as duas suposições.[367] "Em Deus confiamos"; os demais, apresentem dados comprobatórios.

Ganhos similares em eficiência são possíveis para todos os outros equipamentos de conversão de energia, como fornos, compressores, arrefecedores, sopradores e caldeiras. A Supercaldeira do Gas Technology Institute e da Cleaver-Brooks, por exemplo, tem metade do tamanho e do peso das caldeiras atuais, a maioria da década de 1960, e é um quinto mais eficiente. Mas seja qual for sua eficiência em operação constante, a maioria das caldeiras ainda carece de controles inteligentes. Muitas caldeiras menores usam algo entre 25% e 45% de seu combustível apenas para ligar, se aquecem para fornecer muito calor em pouco tempo, depois se desligam e o ciclo se repete, pois seus controles simples não sabem nada a respeito da carga e fornecem apenas temperatura. Controles inteligentes sentem e ajustam-se à carga real. Uma caldeira do Jordan Hall da Butler University corta seus ciclos de seis por hora para dois por dia. A economia de combustível típica desses controles, entre 20% e 50%, repaga-se entre alguns meses e dois anos.[368]

ALAVANCA 4: PASSE A USAR A ENERGIA QUE ATUALMENTE É DESPERDIÇADA

As instalações industriais produzem quantidades titânicas de calor que são desperdiçadas, excesso de pressão e subprodutos inúteis, e tudo isso consome energia e dinheiro. Frequentemente, elas precisam gastar mais energia para resfriar e tratar esses fluxos de calor desperdiçados antes de poder liberá-los. Lingotes quentes de aço costumam ser movidos tão longe para rolagem que acabam precisando ser reaquecidos. Numa refinaria de metal, o material estava sendo aquecido a 1.200 ºC – esfriada com água, secado com ar aquecido eletricamente e depois passava novamente pelo mesmo ciclo mais uma ou duas vezes: os operadores ainda não tinham aprendido a manter quentes as coisas quentes e secas as coisas secas. Aprenderam rapidamente.

Como já foi mencionado, um uso especialmente apropriado de resíduos está atrelado à vasta quantidade de calor produzida pela geração de eletricidade. As usinas de força dos EUA transformam o combustível em eletricidade (um terço) e calor (dois terços), e esse calor costuma ser desperdiçado, gastando mais energia do que o Japão usa para tudo, pois não há uso produtivo para ele por perto, e as antigas práticas dos EUA (que não oneram a maioria dos concorrentes estrangeiros) incentivam ou obrigam as usinas a gerar apenas energia. Mas a indústria necessita de imensas quantidades de calor. A cogeração de energia e calor nas fábricas – calor e energia combinados (CHP) – pode mais do que dobrar a eficiência, economizando energia, dinheiro e emissões. É a prática-padrão na Europa. Triplicar a capacidade de CHP dos EUA, levando-a a 240 GW, cortaria em 12% a emissão total de CO_2 do país.[369] Além disso, muitas fábricas poderiam vender calor de baixa temperatura (que normalmente não é uma função regulamentada) para outras fábricas ou edifícios dentro de uma distância razoável, o que também é uma prática europeia comum, mas não em nossa análise – economizando potencialmente cerca de 30% da energia industrial dos Estados Unidos ou 11% de sua energia total.[370]

A beleza desses quatro passos é que eles não só podem atingir praticamente qualquer ganho em eficiência imaginável (além de poderem apontar para alguns ganhos que ainda não imaginamos), mas eles também se reforçam mutuamente. Reduza a quantidade de calor de vapor necessária para uma reação química, por exemplo, e você também reduzirá as perdas por levar o vapor a aquecer a reação, podendo usar uma caldeira menor, mais barata e mais eficiente. E se você tornar a captar parte desse calor, os ganhos em eficiência se acumularão ainda mais.

Além disso, como em edifícios, a eficiência costuma trazer benefícios não energéticos. O professor Ernst Worrell, da Utrecht University, descobriu que contar os valores não energéticos de 47 etapas de reforma visando economizar energia na indústria siderúrgica *dobra* as economias, fazendo com que 11 etapas ficassem custo-eficazes. Ele encontrou outros 76 estudos de caso de benefícios não energéticos, 52 dos quais monetizados e reduzindo a menos da metade o período de repagamento.[371] Se a indústria levasse em conta esses benefícios extras, poderia adquirir bem mais eficiência – outra economia deixada conservadoramente de fora de nossa análise, que será vista mais adiante, quando tratarmos de uma parte da oportunidade do projeto integrador.

Logo, tirando proveito desses quatro princípios fundamentais, empresas como a Dow e a 3M fizeram grandes progressos, usando menos energia para produzir a mesma quantidade de produto. Além de tudo isso, ainda houve ganhos adicionais.

Tecnologias de Eficiência Emergentes

Na verdade, continuam a surgir novas tecnologias ao longo de todo o cenário industrial. Essas tecnologias aperfeiçoam o potencial de eficiência além da eficiência "básica" da Energy Information Administration (EIA) dos EUA, mas sua implementação vai exigir atenção e cuidado. Cientistas do Lawrence Berkeley National Laboratory (LBNL)[372] avaliaram um vasto portfólio de tecnologias emergentes que vão de caldeiras supereficientes a secagem por ultrassom e novos eletrodos para processos eletroquímicos.

Até 2050, essas tecnologias emergentes devem reduzir o consumo anual de energia em 2,3 quads (fig. 4-2, coluna H). Com a adoção progressiva dessas medidas atuais, presumimos que a inovação continuará a melhorar, a aumentar e irá substituí-las por outras, permitindo que seu uso continue. Vimos no Capítulo 3 que tecnologias de economia de energia têm séculos de história no revigoramento do recurso da eficiência a uma velocidade superior à sua exaustão, e percebemos que isso se aplica também à indústria.

A Califórnia, por exemplo, avaliou o potencial de economia em eletricidade em suas indústrias em 2006[373] e concluiu que ele era de 5,5 TWh/ano ("TW" significa terawatts, ou trilhões de watts). Uma reavaliação feita em 2008[374] mostrou que o potencial técnico tinha aumentado para 5,6 TWh/ano, embora 1,9 TWh/ano já tivesse sido economizado.[375] De modo análogo, os 26 Centros de Avaliação Industrial do Departamento de Energia dos EUA têm oferecido, sem custo, pesquisas de consumo de energia industrial a empresas qualificadas desde 1976.[376] Uma análise de 2006[377] feita em dois períodos separados de cinco anos revelou que a economia recomendada de energia aumentou em 9% entre 1985 e 2005, embora a intensidade energética da indústria tenha caído em 7% nesse período.[378] O período médio de repagamento das recomendações também aumentou, mas apenas de 3,2 meses para 5,2 meses (uma taxa interna de retorno de 230%).

Além da Cogeração

Expandir a combinação de calor e energia (CHP) além das previsões oficiais é outra enorme oportunidade. Projeções baseadas na EIA elevam a CHP de 78 GW em 2010 para 123 GW em 2050, mas acreditamos que a indústria possa atingir, com lucro, 187 GW – o que é suficiente para substituir quase 60% da eletricidade gerada por queima de carvão em 2010.[379] A maioria da CHP queima gás natural ou lixo do próprio local.

Além da cogeração, devemos analisar aterros, chaminés e efluentes líquidos, pois eles também vão revelar muitos BTU prontos para uso. Extrair elétrons de calor relativamente pouco intenso ou de pressões modestas pode gerar mais eletricidade. Por exemplo, a maioria dos sistemas de caldeiras industriais produz vapor a pressões variadas, para processos diferentes, gerando o vapor na maior pressão requerida e jogando fora a energia extra para válvulas de redução de pressão. Uma simples turbina de contrapressão pode, em vez disso, converter o excesso de pressão em eletricidade e repagar-se em poucos anos.

Algumas dessas oportunidades já foram exploradas. Fábricas de papel e celulose, por exemplo, costumam atender boa parte de – ou toda – sua necessidade de energia e de vapor com as sobras de biomassa. Além disso, estão surgindo empresas no país que desenvolvem tecnologias para captar maior quantidade dessa preciosa energia. A Alphabet Energy, uma empresa recém-criada em Berkeley, na Califórnia, por exemplo, está trabalhando em aparelhos termoelétricos de estado sólido avançados que produzem eletricidade diretamente a partir do calor desperdiçado.

No total, o Pacific Northwest National Laboratory (PNNL) estima[380] que mais de 3,5 quads de energia desperdiçada são recuperáveis, valendo mais de US$ 5 bilhões em valor líquido presente. Analisando as técnicas de CHP do LBNL,[381] descobrimos que cerca de 580 TWh/ano de eletricidade, equivalentes a 5,9 quads de combustível primário por ano, podem ser técnica e economicamente recuperáveis da pressão e do calor desperdiçados. A captação agressiva desse potencial e da CHP em 2050 economizaria 2,4 quads a mais por ano do que a EIA ou o LBNL presumiram (fig. 4-2, coluna I).

Esses ganhos são imensos, mas o caminho está repleto de obstáculos: limitações tecnológicas, bloqueios regulamentórios e a ambivalência histórica de muitas indústrias com relação à CHP (gerar eletricidade não é sua principal competência). Assim, o grande potencial inexplorado não deve surpreender. Mas essas oportunidades são viáveis, e muitos concorrentes estrangeiros já as aproveitam. O Departamento de Energia dos EUA dedica quase um quarto do orçamento de seu Programa de Tecnologias Industriais (ITP – Industrial Technologies Program) à produção de energia distribuída e CHP,[382] com progresso gratificante tanto

162 REINVENTANDO O FOGO

em suas aplicações como em tecnologias aprimoradas, como motores e microturbinas.

Mas o governo não é o único participante que apoia esses progressos. Em 2000, um grupo de empresas e de participantes no processo de CHP estabeleceu uma meta ambiciosa: dobrar a capacidade instalada de CHP nos Estados Unidos em 2010 – e atingiu 95% dessa meta. Acreditamos que o setor possa quase triplicar a capacidade de CHP nas próximas quatro décadas. Nosso modelo presume que as barreiras serão desmontadas com o tempo, como discutiremos mais profundamente no final deste capítulo.

Combinando as Alavancas: Projeto Integrador

Contudo, como já sugerimos antes, a eficiência energética ainda tem outras surpresas no estoque. A verdadeira magia – e o potencial pleno do conceito Reinventando o Fogo na indústria – provém de se acionar duas ou mais de nossas quatro alavancas na ordem correta, associando-as por meio de projetos integradores.

Pense num centro de dados alimentado pela eletricidade gerada por uma usina termoelétrica tradicional (fig. 4-7). Dois terços do combustível da usina nem chegam ao medidor do centro de dados – somem como calor desperdiçado. Metade da eletricidade que a usina produz é usada para alimentar os arrefecedores e o equipamento de fornecimento de energia do centro de dados. Da energia remanescente fornecida ao equipamento que realmente interessa ao cliente – os servidores –, metade é perdida em fontes de força ineficientes e nos milhares de ventiladores que levam o calor (principalmente o calor desnecessário) das placas-mãe para a sala. E a maior parte da energia que chega aos *chips* não alimenta aplicações, pois a maioria dos servidores fica ociosa

grande parte do tempo, e todos os recursos de computação são pouco utilizados. Mas a coisa fica ainda pior: boa parte da computação trata de programas e processos que não são realmente necessários, e por isso os resultados podem endossar processos empresariais ineficientes. No final, menos de 1% do combustível da usina inicial gera valor para o cliente.

Agora, porém, vamos começar a acionar as alavancas, iniciando à direita da fita verde. Primeiro, vamos reduzir o trabalho de computação exigido, escrevendo códigos curtos e elegantemente compilados, para que cada ciclo de computação seja necessário e desejado. A seguir, vamos escolher servidores quatro vezes mais eficientes, mas que custam o mesmo que os atuais. Eles vão precisar de pouco arrefecimento e fonte de energia, e há maneiras bem mais eficientes de fazer as duas coisas. Finalmente, as perdas de energia podem ser reduzidas pela metade substituindo-se a subestação e a fonte de força ininterrupta por uma célula de combustível ultraconfiável e instalada no local, com aquecimento e arrefecimento como subprodutos. Começando pela direita, e realizando economias no sentido oposto ao do fluxo de energia, pequenas economias se multiplicam e geram uma economia de energia e de capital cada vez maior quando nos dirigimos para a esquerda.

Esse é o efeito composto do projeto integrador. Essa técnica pode ser aplicada a qualquer tipo de projeto industrial. Pense nos sistemas de bombeamento, com seus labirintos de canos e motores, encontrados por toda parte, desde refinarias e fábricas de celulose a fábricas de quinquilharias. A mera adição de motores mais eficientes é apenas um pequeno passo simples para tornar essas fábricas mais eficientes – e, na verdade, é o lugar errado para se começar. Primeiro, para encolher o sistema de motores e usá-lo com mais eficiência, é preciso começar mais adiante no fluxo, com o sistema que o motor está acionando. Metade da força de um motor

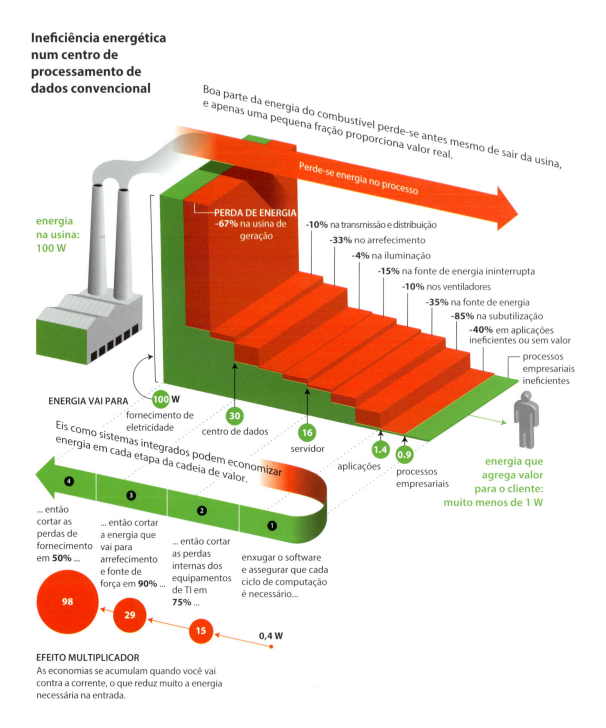

Fig. 4-7. Dar início às economias no final do fluxo pode exercer um efeito multiplicador de 10 ou de até 100 vezes na economia de energia na usina.

industrial aciona bombas e ventiladores, ambos com a mesma física e oportunidades similares.

Em 1997, o chefe da engenharia da Interface Nederland, Jan Schilham – um incansável caçador de eficiência e fã de futebol – redesenhou um sistema de bombeamento para fazer circular um fluido de aquecimento por toda uma nova fábrica de tapetes em Xangai. A principal empresa europeia de engenharia nesse ramo havia projetado o sistema de bombeamento com um total de 95 hp. Schilham reprojetou-o para usar não mais do que 13 hp. E seu sistema custou menos para ser construído, foi adaptado num espaço menor, era mais fácil de construir e de manter e teve melhor desempenho.[383]

Como ele conseguiu isso? Com duas grandes reorganizações de sua mobília mental.

Primeiro, ele usou grandes canos e pequenas bombas, não pequenos canos e grandes bombas. Quanto menor o cano, maior a energia necessária para fazer um fluido circular por ele. O custo de canos aumenta com o quadrado do diâmetro, mas seu atrito cai quase que pela *quinta* potência do diâmetro – e o mesmo acontece com o tamanho, e, portanto, com o custo de capital, das dispendiosas bombas, dos motores, dos inversores e do fornecimento de energia.

Em segundo lugar, Schilham projetou primeiro a disposição dos canos, *depois* acrescentou os equipamentos aos quais estão conectados. Normalmente faz-se o contrário, e com isso o equipamento conectado acaba ficando distante, obstruído por outros objetos, na altura errada e na direção errada; assim, os canos têm de 3 a 6 vezes o atrito que teriam se fossem dispostos em linha reta. Canos grossos, curtos e retos têm muito menos atrito do que canos finos, longos e tortos.

Seu projeto foi inspirado pelas lições que o RMI lhe passou do discreto, paternal e astutamente hilário gênio da engenharia de Cingapura, Eng Lock Lee. Lee fez uma pergunta simples, mas provocante: Por que, quando uma bomba principal precisa ser ligada a uma bomba de reserva, a canalização que as conecta é disposta de tal maneira que o fluido precisa passar por dois ângulos retos, diversas juntas e duas ou três válvulas, todas causando atrito que rouba energia? Por que não dispô-los sem dobras, sem válvulas ou apenas com uma válvula? (Ver fig. 4-8.)

O motivo: um velho hábito decorrente da facilidade de desenho. Encanadores também gostam dos ângulos retos, pois são pagos por hora e lucram com os canos e as juntas adicionais – e não pagam sua conta de eletricidade ou seu equipamento de bombeamento mais caro. Mas todas essas curvas acentuadas maximizam o atrito e com isso elevam os custos de energia elétrica – e exigem equipamento maior e mais caro de bombeamento para superar esses atritos desnecessários. Hoje em dia, o desenho é feito em computadores, e por isso os ângulos retos são totalmente desnecessários. Canos grossos e curtos, com apenas algumas curvas suaves, proporcionaram a Schilham essa significativa melhoria na fábrica de tapetes. E recentemente, quando Lee projetou a canalização de uma fábrica de biotecnologia em Singapura, ele conseguiu economizar 69% da energia da canalização com menor investimento (fig. 4-9).

Essas técnicas podem proporcionar a melhor relação preço-qualidade em reformas. Um aluno de Lee, o engenheiro Peter Rumsey, mudou a distribuição dos canos no sistema de bombeamento de água do condensador em sua cidade natal, no Oakland Museum of California. Ele eliminou 15 bombas que nunca mais vão desperdiçar energia e manutenção. Agora, o sistema consome 75% menos energia de bombeamento, com um tempo de repagamento do novo projeto que vai de um a dois meses. E, naturalmente, quanto mais eficiente um edifício, de menos arrefecimento necessita – se é que necessita de algum –, e haverá menos água precisando de bombeamento.

Projeto de canalização energeticamente eficiente

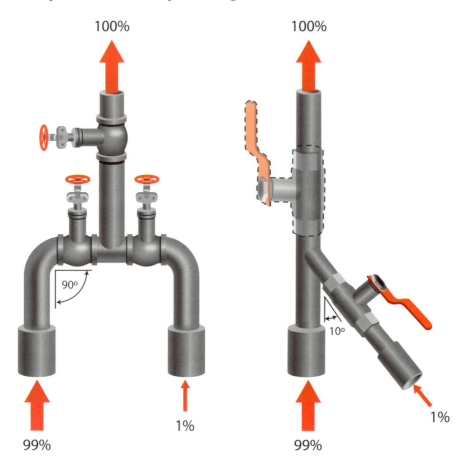

Fig. 4-8. Entroncamentos numa canalização costumam ser irracionalmente dispostos em ângulos retos (à esquerda), e não numa geometria que minimiza o atrito e os custos (à direita).

Multiplique todas essas economias advindas do processo final e do sistema, e quase nenhuma energia será necessária no ponto inicial. Esse poderoso modo de captar sistematicamente a eficiência energética essencial em qualquer sistema complexo pode ser aplicado a quase qualquer coisa que utilize energia, água ou outros recursos. Por exemplo, cada unidade de fricção ou de fluxo economizada num cano ou sistema de dutos economiza cerca de *10* unidades de combustível, de emissões e de custo na usina geradora (fig. 4-10). É que as perdas, compostas 10 vezes desde o combustível na usina geradora até o fluxo no cano, se transformam, por outro lado, em *economias* compostas. Ao se começar a economizar no final do fluxo, os componentes ao longo desse fluxo vão ficando cada vez menores, mais simples e mais baratos, economizando muito capital. Assim, uma unidade de fluxo ou de atrito a menos no final do circuito torna o motor aproximada-

166 REINVENTANDO O FOGO

Fig. 4-9. Um sistema de bombeamento com 69% menos energia, porém mais barato, projetado por Eng Lock Lee. Observe as curvas, poucas e suaves ("doces"), os canos grossos, as juntas diagonais e em Y, e – refletindo o elevado preço de terrenos em Singapura – os canos dispostos verticalmente. A disposição é absolutamente fora do tradicional; é por isso que economiza energia e dinheiro.

mente 2,5 vezes menor – e embora motores de maior eficiência não custem mais, o tamanho custa. Essa é a mesma ideia que vimos no centro de processamento de dados da figura 4-7. É como a alavancagem de 7 vezes que vimos no Capítulo 2, com a energia economizada nas rodas de um automóvel voltando para o combustível economizado no tanque, reduzindo o conjunto de motor e transmissão para ajudar a pagar pelo peso mais leve. É também como o uso das economias em sistemas mecânicos menores, que ajudam a pagar as superjanelas que proporcionam a redução de despesas dos edifícios. Seja qual for o sistema, *comece a economizar de cima para baixo*.

Será que podemos aplicar a mesma lógica não ao projeto dos sistemas de canalização e bombeamento de uma gigantesca instalação industrial, mas sim a seus processos industriais básicos? De fato, podemos – e essa é a próxima grande fronteira do projeto integrador. É uma oportunidade surpreendentemente comum porque muitas fábricas grandes com sistemas de processamento foram construídas quando a energia era barata, e por isso o incentivo econômico para ser mais eficiente cresceu juntamente com os custos da energia. Infelizmente, muitos gerentes não tiveram o luxo do tempo para pensar em melhorias, e por isso as oportunidades não foram exploradas.

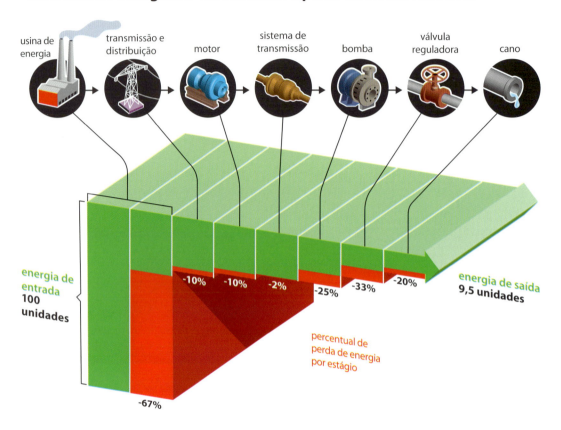

Fig. 4-10. Economizar energia no final do fluxo, no ponto de uso – como no fluxo de um cano neste sistema de bombeamento –, transforma perdas compostas (da esquerda para a direita) em economias compostas (da direita para a esquerda), tanto de energia quanto de capital.

O Centre of Material and Process Synthesis [Centro de Síntese de Materiais e Processos], um grupo sul-africano da Universidade de Witwatersrand liderado pelos professores David Glasser e Diane Hildebrandt, observou que *etapas* individuais em processos de engenharia química produzem CO_2, mas que *processos* bem integrados não precisam produzi-lo. Aplicando essa ideia, idealizaram processos que transformam gás natural num combustível líquido que, em vez de produzir mais CO_2 do que combustível, não produz nenhum – e construíram uma unidade-piloto modular de transformação de carvão em líquidos em Baoji, na China, para comprovar isso.[384]

Recentes projetos e reprojetos integradores de diversas unidades industriais feitos pelo Rocky Mountain Institute e seus parceiros geraram economias em reformas na parte energética na faixa de 30% a 60%, pagando-se em poucos anos, e economias de energia em novas instalações na faixa de 40% a 90%, com custo geralmente inferior. A amplitude de aplicação dessas descobertas ainda não está clara; os valores podem variar. Mas esses exemplos de melhoria numa prática que já era considerada correta sugerem uma grande oportunidade:

- Um centro de processamento de dados da Electronic Data Systems (agora HP) construído em 2009 está usando 73% menos eletricidade não destinada a TI e 98% menos energia para arrefecimento e bombeamento do que o normal, com três vezes mais processamento por watt, a um custo de capital normal – mas seu potencial pleno teria economizado aproximadamente 95% da eletricidade e metade do custo de capital.[385]
- A fábrica de microchip da Texas Instruments em Richardson, Texas, reduziu o consumo de energia nos sistemas fabris (e não em suas ferramentas – o equipamento que produz os *chips*) em 38%, a energia total em 20%, a água em mais de 35% e o custo de capital em 30% ou US$ 230 milhões[386] – permitindo sua instalação no Texas, e não na Ásia. A fábrica seguinte da Texas Instruments foi mais além e descartou a necessidade de toda uma unidade de resfriamento usando dessecantes para eliminar a umidade do ar externo.

- Uma reforma que está sendo feita no principal complexo de mineração de platina do mundo deve economizar aproximadamente 43% de energia, pagando-se em dois ou três anos.
- Seminários de projetos na Shell desenvolveram reformas esquemáticas para sua refinaria mais eficiente, para a segunda maior fábrica de liquefação de GNL do mundo e uma plataforma de petróleo do Mar do Norte que deveriam economizar respectivamente 42%, 40% ou mais e cerca de 100% de seus consumos de energia, pagando-se em poucos anos, enquanto um novo projeto de fábrica de conversão de gases em líquidos, de US$ 5 bilhões, deverá economizar mais de 50% de energia e aproximadamente 20% em custo de capital.

Esses exemplos evidenciam que as fábricas têm muito a ganhar com projetos integradores. Contudo, que economias são possíveis ao longo da indústria? Nossa análise presume, ao contrário de vários exemplos mencionados, que a indústria é tão forte na otimização de processos térmicos que só sistemas auxiliares elétricos podem ganhar muito

REFORMANDO COM LUCRO UM MOTOR INDUSTRIAL *ANTES* QUE ELE FALHE

Normalmente, presume-se que a troca de um motor de indução comum por um modelo de eficiência máxima, sem que se espere por sua queima, pague-se lentamente, de 6 a 10 anos. Mas muitos motores usados nos Estados Unidos são tão grandes que provavelmente metade nunca passa de 60% e um terço nunca passa de 50% de sua carga prevista. Esse sobredimensionamento costuma fazer com que sejam menos eficientes do que sua categoria estipula, aumentando ainda mais o desperdício de energia, fazendo com que ventiladores e bombas atuem depressa demais,[388] e geralmente podem ser trocados por unidades menores e, portanto, mais baratas. Fazer com que o motor novo seja do tamanho certo reduz o tempo médio de repagamento da troca para cerca de três anos ou menos. Se considerarmos a vida mais longa do motor novo (uma vez que ele trabalha em temperatura menor, reduzindo aproximadamente pela metade a energia que o esquenta em vez de fazê-lo girar, além de ter rolamentos de

qualidade superior), a troca imediata fica ainda mais lucrativa, pois o tempo parado tende a causar sérias perdas de produção.

Além disso, o motor novo elimina automaticamente quaisquer aumentos de perda magnética que possam ter sido causados por algum reparo inadequado do motor velho – uma prática disseminada que, segundo cálculos da GE, costumava custar aos Estados Unidos entre US$ 1 bilhão e US$ 3 bilhões ao ano, e provavelmente ainda custa. Esse dimensionamento correto do motor proporciona economias diretas em energia elétrica que são aproximadamente duas vezes maiores do que seria esperado apenas pela maior eficiência do motor novo. O motor de grande eficiência também tem um melhor fator de potência e maior tolerância harmônica (e por isso opera melhor em velocidade variável). Logo, proporciona várias vantagens operacionais principais (além de dez menores) – mas só precisa ser pago uma vez.

em projetos integradores. Para sermos conservadores, portanto, aplicamos princípios de projeto integrador apenas a sistemas motores elétricos (veja o texto em destaque "Reformando com Lucro um Motor Industrial *Antes* que Ele Falhe") e a sua principal função – mover fluidos. Com base em estudos de caso e em detalhadas análises publicadas desses sistemas de movimentação e manuseio de fluidos,[387] esperamos até 1,1 quad de oportunidade de eficiência adicional para 2050, sem falar em seus incontáveis benefícios econômicos (especialmente custos reduzidos de capital). Nossa experiência de campo sugere que essa estimativa é conservadora.

Muitos benefícios dependem de outros. Por exemplo, não apenas a eficiência – mas também a vida do motor – depende de outras formas de economia de energia: reduzir desequilíbrio na voltagem, alinhar o eixo e fazer a lubrificação, evitar cargas desbalanceadas (puxões laterais) sobre o eixo (por exemplo, substituindo correias "síncronas" denteadas, rígidas e de baixa tensão por correias em V) e melhorar a manutenção – não deixar motores ao sol ou próximos de canos de vapor, não abafá-los com múltiplas camadas de tinta. A escolha do motor, sua vida, seu tamanho, seus controles, a manutenção e os elementos elétricos e mecânicos a ele associados interagem de forma complexa. Algumas interações são desfavoráveis, mas a maioria torna as economias do sistema motor bem maiores e mais eficazes do que pareceria caso fossem levadas em conta apenas algumas medidas fragmentadas, como a maioria das análises faz.

QUANTO MAIS PRODUTIVA A INDÚSTRIA AINDA PODE SER?

Resumindo até aqui: a adoção de tecnologias vantajosas de eficiência que não fazem parte das projeções da EIA[389] pode eliminar 2,3 quads (7,5%) do consumo industrial de energia em 2050. O acréscimo de técnicas econômicas de recuperação do calor desperdiçado, ao ritmo da rotatividade dos equipamentos, economiza mais 2,4 quads (7,9%) do consumo industrial de energia em 2050. No total, a demanda de energia industrial dos EUA pode cair 8,6%, indo de 24,4 quads de energia primária em 2010 para 22,3 quads em 2050, enquanto a produção industrial poderá aumentar aproximadamente 84%. E a energia restante virá de fontes bem diferentes.

▶ A parcela do combustível fóssil, seja como combustível direto, seja via eletricidade adquirida (que hoje é 70% produzida por combustível fóssil), vai cair de 81% da energia industrial em 2010 para 53% em 2050.

▶ O consumo de eletricidade comprada vai cair 75% com relação ao nível de 2010, seja por meio de maior eficiência, seja porque a indústria está cogerando muito mais.

▶ A parcela da biomassa no fornecimento de energia primária da indústria vai passar de 8% em 2010 para 45% em 2050, principalmente para a energia de processo (e não a matéria-prima) para produzir[390] os biocombustíveis necessários para caminhões e aviões (figs. 2-19 e 2-21) e para a mobilidade industrial – de tratores e empilhadeiras a movimentadores de contêineres e equipamentos agrícolas.[391]

▶ As projeções da EIA, extrapoladas para 2050, sugerem que o gás natural vai custar cerca da metade do preço do petróleo, e por isso a maioria do petróleo que ainda é queimado para processar o calor deverá ter sido substituída por gás natural nessa época.[392]

▶ O carvão e o gás natural que restarem também produzem calor de processo e podem ser substituídos pelo calor recuperado via CHP, biogás, biocombustíveis, biomassa, lixo, calor solar ou eletricidade. Essa substituição é tecnicamente possível com as tecnologias de que dispomos hoje. Algumas já são custo-eficazes e ocorrerão naturalmente. O restante pode precisar de uma força externa. A seguir, vamos explorar a maneira como essa troca de combustíveis pode funcionar.

Essas conclusões parecem convincentes e pouco sujeitas a efeitos "rebote" (veja o texto em destaque "Aproveitando o Efeito Rebote").

Lidando com os Combustíveis Fósseis Remanescentes

Se a maioria das empresas industriais se tornar tão agressiva nas próximas quatro décadas quanto os pioneiros estão hoje na busca da eficiência energética e na implementação da CHP e da recuperação de calor desperdiçado, e se novas tecnologias apenas mantiverem o ritmo histórico de adoção das anti-

gas, então, até 2050, a indústria norte-americana vai produzir 84% a mais com 9% menos energia e 41% menos combustíveis fósseis primários. Embora isso seja custo-eficaz com as regras atuais e com os preços atuais e projetados, sem precisar de inovações ou leis, a adoção será um desafio, como veremos a seguir – mas o prêmio parece capaz de chamar atenção e de fazer por merecer o esforço.

Porém a indústria dos EUA ainda estará usando uma quantidade considerável de combustível fóssil; 77% do qual será gás natural. Teremos a oportunidade e a motivação para substituir ainda mais combustíveis fósseis? Cremos que sim, por três motivos. Primeiro, num mundo em que a concorrência aumenta e os recursos naturais ficam mais caros, os mercados vão recompensar aqueles mais capazes de administrar os custos, e a energia é um custo industrial crucial e gerenciável. Segundo, a redução ou a eliminação de preços voláteis ou de possíveis interrupções no fornecimento

APROVEITANDO O EFEITO REBOTE

De maneira muito similar à de outros setores da economia, a indústria tem incontáveis oportunidades para um uso mais produtivo da energia – e o potencial, pelo menos em princípio, para diversas formas de "rebote" que afetam algumas das economias de energia por meio de novos gastos, elasticidade de preços ou outros efeitos. O efeito rebote é mal compreendido e avaliado na indústria, e depende muito de modelos macroeconômicos teóricos e controvertidos.

Pense num fabricante de celulares que economiza energia na fábrica. Ele vai reinvestir as economias para economizar ainda mais, aproveitando o sucesso obtido, ou vai comprar um novo forno de consumo muito intensivo? Vai vender mais telefones (porque custam alguns centavos a menos), vai expandir a fábrica e usar mais energia para fabricar ainda mais telefones (talvez economizando energia, porque um concorrente energeticamente menos eficiente vende menos aparelhos)? Essas mudanças vão alterar levemente o preço da energia? Vão fabricar celulares tão baratos que vão criar e conquistar mercados totalmente novos?

É provável que os rebotes da energia sejam segurados por diversos fatores lógicos. Primeiro: como a energia costuma ser apenas uma pequena parte do custo total de fabricação, economizar parte

desse pequeno percentual não deve tornar os produtos bem mais baratos, estimulando as vendas. É pouco provável que o gasto dos dólares economizados com a energia, quer sejam dirigidos a gerentes, acionistas ou clientes, aumente muito o consumo de energia, porque apenas de 6% a 8% do dólar médio do PIB compra energia. Além disso, a indústria só produz aquilo que pode vender. Inovações, novidades, marketing, entre outros fatores, podem aumentar significativamente as vendas, mas um processo de fabricação energeticamente mais eficiente é um motivo um tanto pequeno e oblíquo.

Contudo, os dados de rebote medidos são limitados, especialmente no setor industrial. Estudos definitivos realizados em 2000[393] e 2007[394] revelaram que a literatura econômica é tão disparatada que não é possível tirar conclusões significativas. Por isso, embora o efeito rebote não seja zero, parece muito pequeno e pouco provavelmente reduzirá materialmente as economias feitas com a energia industrial. Alguns analistas afirmam o oposto com base em modelos teóricos, mas ainda não foram capazes de explicar ou de demonstrar sua realidade material, e há bons motivos para acreditar que grandes rebotes industriais são um artefato de modelos e não um fenômeno real e observável.

QUÃO BAIXO PODEMOS CHEGAR?

No limbo da energia industrial, podemos chegar muito mais perto do piso, como revela uma pergunta simples: qual a quantidade mínima de energia necessária para fazer um lingote de aço, uma resma de papel ou outros milhares de produtos que a civilização requer? Apenas uma modesta fração do que a indústria usa hoje. Na verdade, em comparação com processos teoricamente perfeitos, a economia dos EUA é apenas 13% eficiente, aproximadamente;[395] a economia global, cerca de 10%.[396] Até os mais eficientes processos industriais atuais usam duas ou três vezes a energia teoricamente necessária.[397] Portanto, a economia de energia potencial (fig. 4-11) é enorme.

Por que a indústria usa muito mais energia do que necessita teoricamente? Em geral, porque operam a temperaturas ou pressões maiores do que o necessário. O uso de energia de alta qualidade quando a energia de baixa qualidade serviria – como aquecer um cômodo com resistência elétrica – usa 100% de sua quantidade, mas apenas 6% de sua qualidade, razão pela qual um arquiteto disse que "é como cortar manteiga com uma serra elétrica". A maioria das fábricas faz o mesmo em muitos de seus processos.

Naturalmente, pesquisadores dedicados têm se esforçado para lidar com esses mínimos, com sucesso considerável. No século XX, os industriais cortaram a intensidade energética da produção de amônia em quase oito vezes, e o da produção integrada de ferro e aço em mais de três vezes (quatro, no caso do melhor forno).[398] Esperamos que a indústria continue nessa tendência, acionando com mais vigor as quatro alavancas esboçadas anteriormente.

Entretanto, mesmo com os ganhos obtidos até agora, ainda há um grande excesso de energia. Claro, não é prático e nem razoável atingir a mínima quantidade teórica absoluta de energia necessária para a fabricação de produtos. Mas a figura 4-11 sugere que algumas das lacunas têm um potencial suculento – e uma equipe de Cambridge que revelou o potencial prático de economizar aproximadamente 85% da energia do mundo mostrou que parece razoável chegar à metade da perfeição teórica.[399] Um veterano holandês praticante da eficiência concluiu também que, pelo menos nos próximos 10 a 20 anos, ganhos de eficiência energética superiores a 5% por ano "são viáveis e em 50 anos podem reduzir pela metade o consumo total de energia dos países industrializados".[400]

É difícil quantificar o impacto das descobertas futuras – como disse o físico Niels Bohr, "a predição é muito difícil, especialmente sobre o futuro" –, mas temos confiança no fato de que a continuidade do progresso técnico possa fazer com que nossas atuais projeções de consumo industrial de energia para 2050 pareçam conservadoras. E isso sem contar algumas oportunidades ainda mais revolucionárias de que vamos falar mais adiante, transformando não os processos industriais, mas o que fazemos com eles.

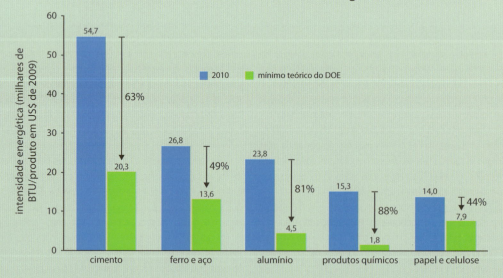

Fig. 4-11. As barras azuis mostram a projeção de energia fornecida em 2010 para fabricar um dólar em produto em diversos setores da indústria. As barras verdes mostram a energia mínima exigida teoricamente. O setor de produtos químicos mostra uma análise feita para apenas 44 produtos cuja fabricação consome cerca de 60% da energia das indústrias químicas.[401]

reduzem os riscos do negócio. Terceiro, a gestão ativa dos riscos climáticos num grau consistente com o Tratado do Rio assinado pelo presidente George H. W. Bush e ratificado pelo Senado dos EUA implica aproximadamente 80% da descarbonização da economia como um todo, e por isso uma economia de 41% em combustíveis fósseis na indústria vai ficar longe disso.

A boa notícia é que, com os incentivos certos, parece que a inovação pode nos levar lá. Especificamente, há mais oportunidades à mão para reduzirmos ainda mais nossa dependência de combustíveis fósseis. Química e física básicas (veja o texto em destaque "Quão Baixo Podemos Chegar?") mostram que estamos longe do fundo do barril de inovações.

Entre as maneiras de chegarmos perto do fundo do barril, temos a substituição de combustíveis, abordagens inovadoras e redução do consumo de materiais virgens. Contudo, todas as abordagens que descrevemos aqui enfrentam barreiras técnicas, logísticas ou econômicas para uma adoção em grande escala. Sua adoção ampla, rápida, portanto, vai se beneficiar de iniciativas políticas, e pode até exigi-las.

Substituição de Combustíveis

As economias advindas da eficiência energética e dos projetos integradores até 2050 vão afastar o petróleo da indústria (exceto por quantidades muito pequenas que ainda não terão sido substituídas em virtude de um giro incompleto dos estoques) e vão afastar principalmente o carvão, além de economizar 8% do gás natural industrial. A substituição dos combustíveis parece um modo óbvio de desfossilizar ainda mais a indústria. A indústria muda de combustível rotineiramente (veja o texto em destaque "História Recente da Substituição de Combustíveis"), em resposta aos preços relativos ou à escassez, e procura cortar custos e proteger-se contra os riscos de todos os combustíveis, comprando eficiência quando esta é mais barata.

HISTÓRIA RECENTE DA SUBSTITUIÇÃO DE COMBUSTÍVEIS

A crise de energia da década de 1970 fez com que o petróleo custasse muito mais do que o carvão ou o gás natural. Isso praticamente eliminou o emprego de combustíveis à base de petróleo no uso industrial não voltado para transportes e na geração de eletricidade, exceto nas usinas e refinarias químicas e petroquímicas que queimavam seus próprios hidrocarbonetos residuais. A lei do Ar Limpo de 1970 também classificou o gás natural como o único combustível fóssil suficientemente limpo para muitas aplicações industriais, especialmente em fábricas de pequeno porte. Grandes consumidores de energia como siderúrgicas, fábricas de cimento, fundições de cobre e fábricas de papel e celulose se apegaram ao carvão graças a instalações muito antigas, e por isso isenta da lei, e localizações remotas, ou fecharam e mudaram a produção para outro lugar. A indústria teve sorte porque, na época dessa transição, o gás natural na América do Norte era basicamente um subproduto da produção de petróleo bruto e era, por isso, relativamente barato, e o único custo material da substituição se dava na construção de gasodutos e na reforma dos queimadores.

As usinas elétricas levaram mais tempo para passar para o gás natural, deixando mais para a indústria, pois a lei de 1978 sobre Uso de Combustível em Usinas e Indústrias proibiu novas usinas à base da queima de gás. Isso reforçou a lentidão natural das usinas, como monopólios regulamentados, para trocar carvão e energia nuclear por unidades acionadas a gás com CHP ou de ciclo combinado quando se tornaram superiores. Mas como a proibição legal para a geração de energia elétrica a gás foi revogada em 1987 e a transição das usinas ganhou velocidade na década de 1990, os preços do gás natural começaram a subir, desacelerando a passagem das indústrias pesadas para o gás natural. Só a perspectiva a longo prazo de preços de gás mais baixos e mais estáveis, com base na grande produção de gás de xisto, fez com que o gás começasse, desde 2010, a ser novamente um combustível atraente em longo prazo para usinas e indústrias.

Acabando com o Vício do Carvão Barato

O carvão restante em 2050 (0,7 quad) poderá proporcionar calor de processo de siderúrgicas[402] e fábricas de cimento. Na verdade, nenhuma delas *exige* carvão para gerar calor, que pode ser produzido por gás natural, biogás, biocombustíveis, resíduos industriais, calor solar ou eletricidade, mas esses processos ainda usam carvão porque é sua fonte mais barata de calor. Entretanto, como complexos siderúrgicos na China, na Índia, na Coreia e no Brasil ajudam a aumentar os preços do precioso carvão metalúrgico, com baixo teor de enxofre, o gás natural está começando a substituir o carvão como fonte de calor. Cada tonelada de aço produzida segundo o processo de produção de ferro de redução direta a gás (DRI – Direct-Reduced Iron) usa 30% menos energia do que os processos tradicionais, alimentados a carvão.[403] A vantagem econômica do DRI não está apenas no Catar, banhado em gás barato: a inovadora siderúrgica Nucor[404] anunciou recentemente que vai construir o primeiro projeto nos EUA de DRI em grande escala perto de New Orleans, queimando gás do Golfo do México. O fato de se esperar que essa nova siderúrgica com energia gerada por gás vá competir com as mais antigas acionadas a carvão é um bom augúrio para que essa substituição de combustível se espalhe. Enquanto isso, a longo prazo, os preços de gás natural nos Estados Unidos estão se moderando, enquanto a aplicação tardia das leis ambientais da década de 1970 está forçando os preços do carvão a subir.

Substituir carvão por gás para geração de calor de processo não é mais algo incomum: mesmo na África do Sul, rica em carvão, a Mondi substituiu caldeiras acionadas a carvão por cogeradores com turbinas a gás numa fábrica de papel e celulose. A construção de caldeiras a gás é mais barata e elas costumam ser mais eficientes e confiáveis do que caldeiras a carvão. O último reduto significativo são as velhas fábricas de cimento a carvão, nas quais um terço dos custos operacionais é de energia[405] – 90% para o calor[406] que mantém o forno em torno de 1.400 ºC. Usando as projeções feitas pela EIA para os preços de combustíveis, a substituição do carvão pelo gás nas fábricas dos EUA de cimento dobraria o custo dos combustíveis em meados da próxima década, elevando os custos do cimento em impensáveis 30%. Na década passada, porém, grandes fabricantes de cimento, como a Holcim, substituíram 12% do carvão que queimavam por combustíveis alternativos descartados de outras indústrias, como pneus velhos e resíduos de solventes, pois todos são mais baratos do que o carvão e têm riscos – normativos e de reputação – administráveis. A indústria do cimento representa uma oportunidade única na ecologia industrial: a flexibilidade dos fornos permite uma variedade de combustíveis, inclusive resíduos industriais difíceis de descartar. Na verdade, atualmente, uma fábrica na Alemanha usa resíduos para suprir 75% de seu combustível, e pleiteia uma licença para usar 100%.[407] A lacuna entre a média de 12% de combustíveis alternativos da Holcim e os 100% é a disponibilidade de resíduos. Regulamentações que apoiam uma ordem de descarte de resíduos para dar prioridade a seu melhor uso podem ajudar a tirar lixo de aterros, direcionando-os para fornos de cimento. Combinar incineradores de resíduos sólidos municipais (que estão aparecendo por toda a China) com fornos de cimento resolve outro problema, o da emissão de dioxinas, pois o cimento capta qualquer cloro presente em lixo plástico. Essa fábrica integrada pode também ser cogeradora de eletricidade.[408]

Fazendo a Transição do Gás Natural

O gás natural também deve ser substituído, pois seus preços aumentam, especialmente se o carbono já tiver atingido seu preço final real. Há dois substitutos óbvios: o calor gerado pela eletricidade cada vez mais renovável, diretamente ou por meio de bombas de calor, e o calor de processo solar.

Uso Direto da Eletricidade para Aquecimento

Em princípio, a eletricidade, sendo única como forma de energia de alta qualidade, pode gerar calor em qualquer temperatura. Na prática, normalmente custaria várias vezes mais do que a queima de combustíveis, pois as perdas de conversão e a intensidade elevada de capital de usinas de força e redes de transmissão fazem com que a eletricidade custe mais por BTU do que os combustíveis fósseis. Mesmo assim, a eletricidade é usada com vantagens para gerar calor numa gama cada vez maior de aplicações específicas, pois ela pode fornecer calor instantaneamente, com precisão e intensidade, sem contaminação química. A indústria de semicondutores, por exemplo, usa quase exclusivamente aquecimento elétrico para derreter e moldar o silício e para processos feitos em salas limpas. Mas o aquecimento elétrico também está sendo usado cada vez mais em aplicações que antes eram dominadas por combustíveis diretos.

A indústria do alumínio usa gigantescas fornalhas reverberatórias para fundir o alumínio que já foi produzido a partir da alumina. Geralmente, a eficiência dessas fornalhas é menor do que 30% – como seria de esperar, pois o processo é semelhante ao de tentar ferver água segurando a chama de um maçarico acima da superfície, para que algum calor irradie para baixo. Mas agora é possível mergulhar, diretamente no alumínio líquido, aquecedores elétricos especiais protegidos da corrosão por finas coberturas cerâmicas. Esse processo, chamado fusão isotérmica, tem uma eficiência de 97%. Além disso, o metal produzido é de qualidade superior, com perda por oxidação 6 vezes menor, 80% menos poluição atmosférica, área de fábrica 80% menor (tornando-a apta a passar por reformas) e um potencial de economia de energia de 50% a 75%, ou 19 trilhões de BTU por ano com uma adoção de 60% nos EUA.[409] A argumentação é imperativa do ponto de vista econômico. Embora a eletricidade custe de 4 a 7 vezes mais do que o carvão ou do que o gás por BTU (aos preços praticados em 2010), uma fundição típica economizaria US$ 1 milhão por ano em consequência dos ganhos em eficiência, adoçados pelos importantes benefícios não energéticos.

Instalações industriais total ou parcialmente elétricas produziriam bem menos poluição atmosférica, ou nenhuma, com suas próprias chaminés de combustão, lançariam menos calor sobre ecossistemas sensíveis, com produtos de melhor qualidade, gastando menos recursos. Adicione essas características de boa vizinhança à precisão e ao controle da eletricidade, e industriais visionários, com necessidades de processamento desafiadoras, poderão adotar o calor da eletricidade, não por causa de seu custo, mas em razão de seu valor.

Bombas de Calor

Em processos mais comuns que precisam apenas de muito calor, a eletricidade pode ficar mais competitiva em relação à queima de combustíveis fósseis com o uso de bombas elétricas de calor que reciclam e "amplificam" o calor residual ou o calor que já se encontra no ambiente, na água ou no solo. Pequenas bombas de calor já aquecem e refrescam casas e acionam geladeiras, movendo o calor de um lugar para outro e concentrando-o ali. Na indústria, bombas de calor de maior porte podem triplicar – ou aumentar ainda mais do que isso – a eficácia de aquecimento elétrico de processos. Isso economiza combustível, pode reduzir custo de capital e poluição atmosférica, e reduz o custo de eliminação do calor indesejado. Hoje, bombas de calor industriais são usadas em processos e fábricas específicas, onde a eletricidade é barata com relação a combustíveis e onde é possível aproveitar o calor residual do processo de fabricação (veja o texto em destaque "Recompressão Mecânica do Vapor Reduz em 89% o Consumo de Energia de Evaporação").

Na maioria das aplicações ordinárias atuais, produzir um BTU adicional com uma bomba elétrica de calor custa o mesmo que recuperar esse BTU numa fábrica com cogeração a gás. Produzir um BTU de vapor pela queima de carvão custa a metade de ambos, mas essa margem vai se reduzir com o aperfeiçoamento das bombas de calor ou quando o carvão se tornar (ou for tornado) mais caro com relação ao gás. A vantagem do carvão sobre o gás já desapareceu na geração de eletricidade nos Estados Unidos (ver Capítulo 5) e está encolhendo em seus poucos usos remanescentes na indústria pesada. Criar regras mais rigorosas sobre emissão de carbono reduziria ainda mais essa vantagem.

Calor de Processo Solar

Sistemas térmicos por concentração solar receberam muita divulgação em virtude de seu potencial de geração de eletricidade com base no vapor solar.

Mas outra aplicação menos divulgada dessa tecnologia está se tornando competitiva em termos de custo[410] hoje em dia: sistemas térmicos solares para calor de processo industrial. Substituir a etapa de conversão de eletricidade, com eficiência entre 20% e 30%, por um trocador de calor com eficiência de 95% para proporcionar calor de processo e não eletricidade fornece mais de três vezes a energia de um sistema com investimento similar. Atualmente, o mercado está na sua infância, e apenas um punhado desses sistemas está instalado nos EUA. Com a redução do custo de investimento e o aumento da experiência enquanto os preços do gás natural tendem a subir, a faixa competitiva do calor solar vai se expandir – uma oportunidade de migração para empresas de concentração de energia solar (CSP – Concentrating Solar Power), à medida que células fotovoltaicas cada vez mais baratas chegam ao mercado. Com efeito, um cálculo preciso da volatilidade dos preços do gás natural[412] acrescenta US$ 2/milhão de BTU ao preço aparente do gás (só nos próximos cinco anos) quando comparado em termos justos com o calor solar, que não se vale de combustível e que por isso tem preços estáveis depois de instalado. Isso torna viáveis alguns geradores solares de vapor que estão surgindo agora mesmo.

RECOMPRESSÃO MECÂNICA DO VAPOR REDUZ EM 89% O CONSUMO DE ENERGIA DE EVAPORAÇÃO

Fazer massa de tomate significa concentrar os tomates, passando-os de 5% para 33% de conteúdo sólido – normalmente, fervendo a água. No Vale Central da Califórnia, essa etapa singela usa mais de 10 trilhões de BTU de gás natural por ano para processar 11 milhões de toneladas de tomate (um terço da produção mundial).[411] Boa parte acaba como vapor de baixa qualidade, que uma bomba de calor chamada de sistema de recompressão mecânico de vapor (MVR – Mechanical Vapor Recompression) pode aprimorar para ser reutiliza-

do. Por exemplo, o produtor de massa Ingomar introduziu o MVR durante uma melhoria nas instalações. A recompressão do vapor desperdiçado tornou-o quente o suficiente para aquecer os tomates. Na verdade, o acréscimo de apenas 50 BTU por libra de água evaporada pode evaporar outra libra. Isso economizou 89% da energia empregada por uma alternativa mais complexa, que teria de usar ainda mais energia para resfriar o vapor desperdiçado antes de liberá-lo no ambiente.

A Frito-Lay* já está usando os benefícios do calor solar de processo. Em 2008, a empresa instalou um sistema de 2,4 MW térmicos para proporcionar vapor a 20 atm. para a linha de processamento de SunChips em sua fábrica de Modesto, na Califórnia. O sistema evita que a Frito-Lay tenha a necessidade de gerar 15 bilhões de BTU/ano[413] de calor por meio de gás natural, permitindo o uso de um novo lema: "SunChips agora são feitos com o sol".

Apesar dos benefícios para empresas como a Frito-Lay e por permitir recuperar melhor o petróleo, o calor solar não será capaz de atender a todas as necessidades industriais de calor para processos. Operações ininterruptas precisariam se valer de calor solar armazenado – as fábricas com CSP costumam investir em muitas horas de armazenamento de calor a alta temperatura – ou, se não houver armazenamento, queimando combustível à noite, economizando gás apenas durante o dia. Coletores solares também ocupam espaço: os coletores da Frito-Lay ocupam mais de 4.000 m². Alguns sistemas podem ser instalados nos tetos das fábricas, minimizando a limitação de espaço, mas acrescentando custos estruturais. E embora algumas tecnologias não exijam tanto isolamento quanto as versões concentradas, todos os métodos de calor solar de processo são mais econômicos em climas ensolarados. Malgrado essas limitações, o fato de se evitar emissões e de se estabilizar o preço do calor com a fonte solar serão atraentes para a indústria. Em função do conservadorismo, como reflexo da grande sensibilidade do impacto de se adotar o calor solar de processo sobre o capital e sobre os futuros preços de gás natural, nossa análise não prevê calor solar para processos em 2050 – nem mesmo sua etapa lógica seguinte, a cogeração de calor solar e de eletricidade para processos. Mas ambos parecem prováveis, e ambos vão reduzir ainda mais nossas necessidades de gás natural nas próximas décadas.

---

* Fábrica norte-americana de salgadinhos. (N.T.)

Abordagens Revolucionárias

A médio prazo, a substituição de combustíveis pode ser acompanhada ou trocada por abordagens revolucionárias para reduzir a demanda subjacente de produção industrial. Veja os dois exemplos a seguir.

NOVO PROJETO DE UM PROCESSO

Aproximadamente 12% da energia industrial é usada para secar tecidos, tintas de carros e muitos outros materiais, utilizando enormes fornos a gás ou luz infravermelha.[414] Mas será realmente necessário esquentar toda a carroceria do automóvel só para secar a tinta? Há um modo bem mais eficiente: usar feixes de elétrons dirigidos para o solvente da tinta, aquecendo apenas esse componente. Uma estufa comum de pintura da indústria automotiva consome de 3 a 5 milhões de BTU/h. Mas uma unidade de secagem a feixe de elétrons que pode substituí-la consome apenas 0,04-0,08 milhão de BTU/h – extraordinariamente, 98% a menos. É fato que a tecnologia de feixe de elétrons custa mais do que a estufa, mas o retorno proporcionado pela economia em energia pode ser rápido.

De modo semelhante, feixes de elétrons podem esterilizar alimentos, embalagens de bebidas ou produtos médicos, eliminando o processo normal com calor, produtos químicos e enxágue com água. E a tecnologia está progredindo rapidamente. Antigamente, uma unidade de feixe de elétrons carregada com grandes bombas a vácuo e fontes de energia de alta tensão era do tamanho de um ônibus escolar. Agora, com seu gabinete contendo fonte eletrônica e emissor miniaturizado, projetado para se encaixar em equipamentos de processos já usados e fornecer calor exatamente onde este é necessário, ele pode caber facilmente no tanque de combustível do ônibus escolar.[415]

Pense também na mistura, no processo que consome vários pontos percentuais de eletricidade industrial. Dentro de inúmeros tanques de reação química, pás giram para misturar os reagentes. Reagentes pegajosos são misturados em canos cheios de obstruções propositais para causar um fluxo turbulento. Os dois métodos usam muita energia. Uma equipe australiana inventou um cano grosso, sem obstruções e com ranhuras, que gira dentro de um cano liso. Esse "misturador com arco rotativo" cria um movimento que mistura tão bem ou melhor, consumindo de 80% a 96% menos[416], e pode homogeneizar a temperatura com 60% até 80% menos aquecimento.[417]

Como a maioria das indústrias baseia-se no calor, trocadores de calor que transferem-no de fluxos mais quentes para fluxos mais frios estão por toda parte. A simples criação de convexidades nos tubos de metal cria pequenos vórtices que, num teste em refinaria, melhorou entre 50% e 60% o fluxo de calor e reduziu a queda de pressão (e com isso a energia de bombeamento) de 30% a 40%.[418]

Embora a iluminação consuma apenas 4% da eletricidade industrial, normalmente ela é ineficiente, não apenas do ponto de vista da energia, mas também para a produtividade dos trabalhadores, pois o projeto de iluminação não faz parte do vocabulário tradicional das indústrias. Visualize uma linha de montagem automotiva tradicional, iluminada por conjuntos de lâmpadas fluorescentes de 2,5 metros em ambas as laterais. Os trabalhadores veem principalmente luzes brilhantes, sombras ou reflexos – não o que estão fazendo. Agora, pendure um refletor branco ou de tecido acima da linha de montagem e aponte as luzes para cima, e a iluminação indireta permitirá que os trabalhadores enxerguem apropriadamente, melhorando a qualidade e reduzindo a fadiga. Ou em fábricas ou armazéns com iluminação alta tradicional, substitua lâmpadas a vapor de alta intensidade – que iluminam principalmente onde e quando não são necessárias – por redes de LEDs inteligentes, auto-organizados e com orientação precisa, fabricados por empresas como a Digital Lumens, e você terá illuminação melhor com um consumo de energia 90% menor.

Estão surgindo projetos de processos ainda mais inteligentes para aquecer, agitar e tratar materiais usando menos energia (veja o texto em destaque "Processos Reprojetados Economizam 30% da Energia de uma Fábrica de Polietileno"). Mas por que essas coisas medievais? Não haveria um modo melhor de fazer o que queremos?

PROCESSOS REPROJETADOS ECONOMIZAM 30% DA ENERGIA DE UMA FÁBRICA DE POLIETILENO

Mesmo com equipamento convencional, um processo reprojetado pode ser um grande sucesso. Felipe Tavares, fundador da Intratec Solutions LLC, de Houston, descobriu que uma reação importante numa fábrica de polietileno empregava uma pequena quantidade de "desativador", apenas 0,02% do fluxo do processo, para deter uma reação-chave no momento certo. Mas o desativador precisava ser dissolvido num solvente cancerígeno e tóxico para poder funcionar. Mais tarde, esse solvente precisava ser removido por destilação, usando 70% da energia total da empresa.[420]

Tavares idealizou uma solução perfeita. Ele substituiu o desativador e seu solvente por um produto químico igualmente eficiente e seguro, que não precisava ter solvente próprio. Na verdade, era solúvel na solução da reação. A troca permitiu simplificar bastante o processo – exigindo 35% menos calor de vapor. Aliás, a mudança reduziu o consumo total de energia da fábrica em mais de 30%. A economia? Em uma unidade industrial, chegou a 3 trilhões de BTU/ano.[421]

Biomímica: Lampejos da Arte do Possível no Mundo Natural

O falecido Ernie Robertson, pioneiro em fontes renováveis de Winnipeg, disse que há três maneiras de transformar calcário em material estrutural. Uma é cortá-lo em blocos – bonito, mas nada excitante. Outra é aquecê-lo a 1.370 ºC para fazer cimento Portland – eficiente, mas deselegante. Um terceiro modo é moê-lo e dar como ração às galinhas. Horas depois, ele reemerge como uma casca de ovo, mais forte do que cimento Portland. Se fôssemos espertos como galinhas, teríamos dominado essa sofisticada tecnologia de baixa temperatura. E se fôssemos espertos como ostras e mariscos, poderíamos até fazer a mesma tarefa mais lentamente a 4,5 ºC, ou transformar a fria água do mar em microestruturas tão impressionantes quanto a casca interna do abalone, resistente a lontras – mais dura que a cerâmica que forma o nariz cônico dos mísseis atuais.[419]

Os projetos da vida vêm sendo aperfeiçoados em 3,8 bilhões de anos de evolução e rigorosos testes com os produtos. Aqueles que não passam nos testes (provavelmente 99% de todos os projetos da vida) sofrem um *recall* do fabricante. O restante 1% que sobrevive pode ensinar profundas lições sobre o modo como as coisas deveriam ser feitas, como elas funcionam e como se encaixam.

O gênio projetista da natureza já criou bengalas ultrassônicas para cegos inspiradas nos morcegos, abas de tendas que coletam o orvalho levado pelo ar, como fazem os besouros do deserto da Namíbia, e tinta autolimpante, como a folha do lótus. Discos de película plástica do tamanho da palma da mão, usando uma tecnologia não adesiva semelhante à da lagartixa, permitem que placas de tapete da Interface sejam movidas e dispostas em rolos, apesar de cada placa poder ser removida do resto. E as placas têm padrões muito bonitos, como o desenho fractal de folhas sobre o chão de uma floresta, de modo que você não vê suas extremidades. Isso facilita a instalação (não há necessidade de ajustar cores ou padrões) e produz menos desperdícios na substituição (pois troca-se apenas uma placa, e não o tapete todo).

Agora, imagine uma época em que produziremos células solares como as folhas, ou uma cola subaquática como a utilizada pelos moluscos. Ou em que produziremos fibras à prova de bala da mesma forma como as aranhas fazem seda – em condições favoráveis à vida, em suas barrigas, a partir de moscas digeridas. Talvez possamos fazer fibras de celulose com enzimas bacterianas, da mesma maneira que beija-flores transformam açúcar e luz do sol em ninhos. Talvez fiquemos inteligentes como florestas. Cada vez mais empresas de grande porte estão começando a entender isso e a ter um biólogo na mesa de projetos.

A coordenar essa revolução nos projetos que imitam a vida ou são "biomiméticos", temos Janine Benyus, guarda-florestal e autora de livros sobre a natureza.[422] Ela mora nas Montanhas Rochosas, faz observações profundas e ministra palestras de tirar o fôlego. Reorganizando a literatura biológica em torno da função, e não do organismo, ela tem revelado que organismos sabem resolver seu problema de projetos, sabem de que maneira e sabem quem está tentando imitá-los. Janine e seus colegas na Biomimicry Guild e no Biomimese Institute estão começando a ajudar o mundo do que é produzido a tornar-se parecido com o mundo do que é nativo, e a viver em harmonia com esse mundo. Biomimese e projeto integrador são as duas grandes revoluções vindouras em projetos. Cada um é importante por si mesmo. Juntos, eles vão transformar a indústria e reconstruir nosso mundo.

Frugalidade Harmoniosa: Desmaterialização e Reutilização

Até agora, vimos um imenso potencial para eficiência energética e para inovação na eficiência renovável. Mas, no caso de veículos e edifícios, seria um grave erro pensar apenas nas tecnologias. Para começar, por que estamos produzindo tanta coisa? Uma produção menor, somada a um uso mais inteligente, poderia fazer a mesma tarefa de maneira mais econômica?

Vamos ainda mais longe e, antes de entender *como* produzir alguma coisa, nos perguntaremos *por que* a estamos produzindo. A indústria produz coisas – muitas coisas. Hoje, a indústria global produz quatro vezes o peso dos principais materiais de engenharia – metais, plásticos e cimento – que produzia há 50 anos. Há uma previsão de que a quantidade deve dobrar novamente em 40 anos.[423] Isso, apesar de uma queda de 26% na quantidade de materiais usados por dólar de PIB global durante 1980-2007. Muitas economias amadureceram, e por isso os gastos passaram para itens de baixa intensidade material, como eletrônica,[424] entretenimento e serviços médicos, financeiros e recreativos.[425] Mas o trambolho que toma-faz-desperdiça segue trôpego sua marcha. O que isso gera?

Lixo, principalmente. A economia dos EUA extrai, move, processa e usa mais de 20 vezes o seu peso corporal por pessoa por dia (sem contar a água, a menos que ela fique suja demais para ser usada).[426] Desse fluxo entre o planeta e a indústria, cerca de 83% é extraído em minas, e o restante cresce na forma de alimentos e fibras. Do total, 93% se perde na extração e na manufatura – na forma de sobrecarga, refugos, sucata ou perdas em processos. Depois, seis sétimos dos produtos que chegam a ser feitos são descartados após uma única utilização ou sem serem usados: são produtos efêmeros de consumo. Apenas o último ponto percentual do material extraído originalmente chega a ser de bens duráveis – e desses, apenas um quinto é reciclado. No total, portanto, apenas 0,02% da massa extraída originalmente retorna à natureza como composto orgânico ou para a indústria como "nutriente técnico" para reciclagem e nova produção. Os outros 99,98%, boa parte dos quais são tóxicos, são de lixo puro. É difícil encontrar um sistema projetado de maneira que cause mais desperdício – ou uma oportunidade maior para negócios – na face da Terra.

Algumas das maiores economias materiais podem ser subprodutos gratuitos de melhorias das quais já falamos. Morar, trabalhar, fazer compras e divertir-se nas proximidades pode consumir quatro vezes menos lenha, cinco vezes menos canos de cobre, 15 vezes menos asfalto ou pavimento de concreto, e 70 vezes menos água (bombeada e tratada por empresas que utilizam energia industrial e são feitas de concreto e aço).[427] Não é à toa que a dispersão urbana eleva os custos de infraestrutura e os projetos do Novo Urbanismo nos limitam. Depois, pense nas implicações para veículos: a redução de 46% a 84% em tempo gasto com o transporte que vimos no Capítulo 2 poderia resultar (embora não tenhamos presumido isto aqui) em menos autos; logo, menos toneladas de materiais para produzi-los e manter a sua infraestrutura.

Depois, em meio a toda uma gama de materiais industriais e de produtos finais, a desmaterialização pode reduzir ainda mais os fluxos de materiais. Podemos descartar o desperdício em minerações e manufaturas, recuperar recursos que hoje são perdidos na extração e na produção e fazer produtos que duram mais – depois, recuperá-los, reutilizá-los, repará-los, tornar a fabricá-los e reciclá-los. A eliminação sistemática – por meio de projetos – de desperdícios e de toxicidade, com o aumento radical na eficiência dos recursos utilizados, pode gerar mais serviço por quilo de material. Num mundo no qual a produção de uma série de coisas é um negócio com *commodities* e pequenas margens, há uma vasta gama de oportunidades na sofisticação de projetos e de processos que oferecem mais e melhores serviços por menos custo e por mais tempo. E um modelo de negócios de "soluções de economia" pode recompensar tanto produtores quanto consumidores por esse resultado – tal como quando a Dow lhe aluga um serviço de dissolução em vez de vender um solvente.[428]

Cada aspecto de nossa vida cotidiana apresenta oportunidades similares para multiplicar a economia de materiais, com um estilo de vida mais leve e mais inteligente, fechando circuitos materiais. Pense nos seguintes exemplos:

RECICLAGEM

Alumínio, vidro, aço, plástico e produtos de papel já passaram por processos de consumo intenso de energia, como extração, separação e transformação química. Eles podem voltar a ser utilizados em vez de serem refeitos do zero, economizando, dessa maneira, dinheiro, energia e recursos, além de reduzirem as emissões. O alumínio, em particular, requer 95% menos energia para ser reciclado do que para ser feito, mas os Estados Unidos ainda jogam fora quantidades suficientes para reconstruir sua frota de aviões comerciais em apenas alguns meses. Na Suécia, em contraste, latas de alumínio e garrafas PET (tereftalato de polietileno) devem ser 90% recicladas ou ser banidas.

Com efeito, para a maioria dos materiais, a reciclagem nos EUA é alarmantemente baixa. Poderia chegar ao nível do Japão – que eliminou 40% da intensidade de materiais em apenas 11 anos após o choque do petróleo – ou da Áustria ou da Alemanha, que reciclam ou fazem composto com 70% ou 66% de seu lixo e talvez sejam os recordistas mundiais.[429] Em muitos países europeus e cada vez mais no Japão, por lei, os fabricantes assumem a responsabilidade vitalícia por seus produtos e, por isso, têm um grande incentivo para torná-los fáceis de reparar, reutilizar, refabricar ou reciclar. A responsabilidade do fabricante torna os produtos bem projetados não um ônus a ser descartado, mas uma fonte lucrativa de valor e, com isso, uma vantagem competitiva.

Produzir aço a partir de sucata é um poderoso exemplo de como a indústria do aço está minimizando o desperdício. Reciclar o aço em uma dada estrutura exige apenas um terço da energia e emite um quarto do CO_2 de sua produção a partir de minério primário. A indústria do aço já capta 65% do aço disponível para reciclagem. Outras indústrias poderiam acompanhá-la. A reciclagem de produtos eletrônicos pode ser uma verdadeira mina de ouro,[430] de 60 a 70 vezes mais rica do que minério de ouro.

A reciclagem é uma mudança não apenas na prática, mas também na mentalidade de projeto. Em 1988, Hanns Fischer e C. H. Eugster, professores da Universidade de Zurique, decidiram repassar a química elementar aprendida em laboratório em 1971. Todos os anos, os alunos estavam transformando US$ 8 mil em reagentes puros e simples em US$ 16 mil em custos de eliminação de materiais perigosos. Portanto, o curso ensinava o pensamento linear – obsoleto – do descarte. Os professores simplesmente redesenharam alguns exercícios de laboratório para ensinar como transformar novamente os detritos tóxicos em reagentes originais, puros e simples, economizando custos em ambas as pontas. Os alunos ofereceram finais de semana e períodos de férias para recuperar reagentes – o que era bem mais divertido do que desperdiçá-los –, e em três anos a demanda por detritos para reprocessamento ultrapassou a oferta. Desde então, os materiais lançados ao lixo têm correspondido a apenas 1% do nível original. Os custos líquidos da operação reduziram-se em US$ 130 por aluno, por ano.[431] E esses alunos são muito procurados, pois o "pensamento em ciclo" que eles aprenderam pode ajudar a salvar a indústria química, eliminando o próprio conceito de resíduos descartáveis e criando apenas valor.

Refabricação

Quando reciclamos, o material usado costuma ser derretido a uma forma intermediária antes de ser aproveitado novamente em produtos. Isso economiza muita energia, mas não tanto quanto reparos e recondicionamentos que reutilizam o produto intacto, como se levássemos vigas de aço de um edifício demolido para um novo. Não derreter e não dar nova forma economiza energia e dinheiro.[432] Em termos mais amplos, muitos produtos, especialmente aqueles feitos de metais duráveis, são descartados quando saem de moda, quebram ou são substituídos. Geladeiras raramente são jogadas fora porque suas estruturas de aço se desgastaram demais. Então, por que não refabricá-las com partes atualizadas?

Isso já está acontecendo. Uma fábrica especial com iluminação natural da Herman Miller, segunda maior fábrica de móveis dos EUA, devolve à condição de novo todo móvel que ela já fabricou. Sua rival de maior porte, a Steelcase, vale-se de refabricantes particulares para ver quem abocanha esse negócio lucrativo. A IBM refabrica seus computadores, a Kodak refaz suas câmeras "descartáveis", a Xerox, suas copiadoras e seus cartuchos (o projeto verde da empresa, uma fotocopiadora da qual nada vai para o aterro, deve economizar US$ 1 bilhão a longo prazo). O Departamento de Defesa dos EUA é o maior refabricante do mundo: os gigantescos bombardeiros B-52 da época da Guerra Fria, cuja idade é duas vezes a de suas tripulações, ainda estão em serviço, e suas estruturas de meio século volta e meia são recondicionadas com novas partes e tecnologias. A divisão de películas da DuPont, que quase faliu, restabeleceu-se como participante importante do mercado graças, em parte, ao fato de coletar mais de US$ 1 bilhão por ano em películas de poliéster de seus clientes para refabricação – tornando a película ainda mais fina e mais forte, o que a faz ficar mais barata de se produzir e ser vendida por preço maior. Os químicos sagazes da DuPont acham que podem manter esse truque do "menos é mais" para sempre.

Reduzindo os Desperdícios no Processo

Lembra-se de que falamos que era preciso começar a economizar de trás para a frente? Fabricantes de automóveis e fundidores de metal costumam comprar duas vezes o metal, e os fabricantes de fuselagens, 10 a 20 vezes o metal usado em seus produtos. Acabar com esse desperdício por meio de projetos economiza toda a energia e evita os dispendiosos processos anteriores, chegando até a mina. A Pratt & Whitney costumava desperdiçar na usinagem 90% de seus caros lingotes moldando lâminas de turbinas – e depois parou com o desperdício, pedindo a seus fornecedores para moldarem essas ligas exóticas na forma de lâminas. Estruturas de fibras de carbono podem ser feitas com menos de 10% de aparas (reaproveitáveis) e com furos moldados – desperdício zero – em vez de feitos posteriormente. Formas e projetos mais inteligentes podem economizar dezenas de pontos percentuais do aço e do concreto de uma viga; mas por que usar uma viga? O estádio de Stuttgart, do mago alemão das estruturas Michael Schlaich, e muitos outros depois cortaram a massa estrutural de 8 a 10 vezes com menor custo de capital e maior resistência, simplesmente substituindo o projeto baseado na tensão pelo projeto baseado em compressão.[433]

O Advento da Manufatura Adicional

Outro avanço emergente, que há muito era um chavão da ficção científica, agora é real: a fabricação informatizada chegou um quarto de século depois da publicação informatizada. Se você puder imaginar algo, pode desenhá-lo digitalmente numa tela e apertar "Imprimir arquivo". Em vez de imensas fábricas barulhentas que subtraem a maior parte de uma coisa para deixá-la na forma que você quer, aparelhos muito menores podem rapidamente formar os mesmos produtos, camada fina por camada fina, assim como as impressoras a jato de tinta formam palavras no papel. A manufatura aditiva, que usa apenas aquilo de que precisa, pode criar produtos melhores com até 90% menos material.[434]

Uma MakerBot encomendada pelo correio, do tamanho de um forno de micro-ondas, custa menos de mil dólares e pode "imprimir" em plástico 3-D praticamente qualquer forma do tamanho de uma mão ou menor em poucos minutos. Até o hobbysta pode criar de uma só vez, sem montagem, coisas que seriam inimagináveis por métodos tradicionais: um navio numa garrafa, engrenagens dentro de engrenagens ou trocadores de calor superpostos e supereficientes tornam-se brincadeira de criança. O controle digital sobre cada detalhe do processo pode abrir as portas para personalização em massa. Os clientes podem se tornar cocriadores, intercambiar projetos de fonte aberta ou mesmo concorrentes.

"Fábricas domésticas", com preços que começam em US$ 5 mil (mas que estão caindo rapidamente), podem imprimir um objeto grande e complexo – uma motocicleta ou um motor de avião a pistão, inclusive com hélice – de maneira tão realista que você precisa olhar bem de perto para ver que ele é de plástico. Ele pode competir com molde a injeção para produzir lotes de mil itens, um número que está crescendo. Não vai tardar para que uma complexa peça de plástico necessária para consertar seu carro possa ser fabricada no local, no balcão da oficina, em vez de ser despachada de uma fábrica distante. O resultado? Serviço melhor e mais rápido, só aquilo de que você precisa, quando precisa, custo menor,

em tempo de 50% a 80% menor, e consumindo muito menos energia.

Sem nos determos nas orelhas de silicone e em membros protéticos, em breve a impressão biológica poderá imprimir suas próprias células em órgãos como vesículas, rins, até mesmo corações. *The Economist* publicou que uma fábrica doméstica "agora custa menos do que uma impressora a *laser* custava em 1985" e que, solapando as economias da escala de produção, "pode ter um impacto sobre o mundo tão profundo quanto o do advento da fábrica... Assim como ninguém poderia ter previsto o impacto do motor a vapor em 1750 – ou da imprensa em 1450, ou do transistor em 1950 – é impossível antever o impacto que a impressão em 3D terá no longo prazo. Mas a tecnologia está chegando e provavelmente vai mexer com todos os campos que tocar".[435]

Em última análise, a manufatura aditiva pode atingir a escala atômica de "montadores moleculares".[436] Sabemos que isso funciona, pois é assim que a vida transforma a luz em folhas e o leite da mãe em bebês. Com o tempo, nossa manufatura chegará lá também, pois tudo que existe é possível. Os mercados se esforçam para eliminar o desperdício. E desperdiçar o desperdício é uma coisa terrível.

TRANSFORMANDO A SELVA INDUSTRIAL

O estudo feito pela McKinsey & Company sobre oportunidades custo-eficazes de eficiência energética mostra que as indústrias nos EUA podem economizar de forma razoável 5 quads por ano atualmente.[437] E por que não o fazem? Se as oportunidades de eficiência e de economia são tão imperativas, por que muitas empresas motivadas pelo lucro deixam de usar a energia para economizar dinheiro?

Barreiras à Realização da Eficiência Radical

A primeira barreira – e a mais importante – é que muitas empresas têm capacidade limitada – e falta de experiência – no gerenciamento da eficiência energética (que não costuma ser vista como uma habilidade indispensável). Isso não deve nos surpreender, pois os preços de energia foram tão baratos durante tanto tempo que a eficiência energética costumava ser a última coisa na lista de preocupações dos CEOs. Como disse o CEO de uma empresa incluída na lista "das 100 Melhores Empresas para se Trabalhar" da revista *Fortune* em meados da década de 1990: "Não consigo me entusiasmar com a energia – ela é um pequeno percentual do custo dos meus negócios." Esse CEO despreocupado deixou de lado um cálculo simples: se um gerente de energia que acabou de reduzir o custo anual de energia de uma de suas fábricas em US$ 38 por m^2 tivesse duplicado esse sucesso na empresa inteira – 8,4 milhões de m^2 ou mais –, o lucro líquido total da empresa naquele ano teria sido 56% maior. Quando isso foi mencionado, esse engenheiro foi promovido rapidamente e disseminou suas melhores práticas pela empresa. Para muitos CEOs, porém, a ficha não caiu.

Essa falta de experiência e de foco interno reduz o número de boas ideias que entram em projetos, desenhos e processos de tomada de decisões – e a probabilidade de que alguém defenda essas ideias. E geralmente isso se traduz em falta de atenção para com o assunto. Uma empresa famosa que não usava vapor havia anos ainda tinha uma grande caldeira, com operadores contratados em 24/7, apenas para aquecer canos de distribuição (muitos dos quais sem isolamento térmico e com vazamentos), para que não falhassem devido à ciclagem térmica; ninguém foi lá para desligar o antigo sistema que não seria mais necessário. E geralmente a eficiência energética simplesmente assinala um descuido em relação à melhoria contínua. Muitas empresas vão construindo suas fábricas do mesmo modo linear (requerer, projetar, construir, repetir) em vez de fazê-lo num ciclo de aprendizado – requerer, projetar, construir, *medir, analisar, aprimorar*, repetir –, e por isso nunca melhoram.

Em segundo lugar, as empresas têm capital de investimento limitado. No afã de aproveitar o orçamento, os investimentos necessários para manter a qualidade do produto e a licença para funcionar (como, por exemplo, a obediência às legislações de segurança, do meio ambiente e trabalhistas) são feitos primeiro. Depois, a maioria das empresas divide o capital entre departamentos, de modo que os investimentos de maior retorno em toda a empresa não podem competir além dos limites das divisões: eles esgotariam o orçamento de seu vice-presidente enquanto outros departamentos ficariam reclamando que não receberam nenhum.[438] Só então é que projetos opcionais dentro de cada departamento serão executados segundo a ordem de taxa de retorno, até esgotar o capital disponível. Os projetos que costumam ganhar a corrida pelos dólares investidos são aqueles que melhoram o volume de produção, nos quais a eficiência raramente tem algum crédito, e repagam-se rapidamente – geralmente em meses, no máximo um ou dois anos. Hoje, poucas empresas chegam a esgotar essa lista, mas, se o fizessem, ainda deixariam de lado muitos projetos de eficiência energética lucrativos, mas com prazo de repagamento mais longo, enganando os acionistas. A maioria dos CEOs também não vai tomar mais dinheiro emprestado para gerar um belo retorno com a eficiência, a menos que violem índices financeiros escolhidos pelos analistas setoriais de Wall Street. E se os gerentes de energia sequer conseguem verbas para seus projetos vencedores e há muito analisados, por que perderiam tempo pensando neles?

Além disso, muitas das indústrias dos EUA que consomem intensamente energia são maduras e crescem lentamente, com poucas oportunidades de construir novas instalações eficientes; por isso, mesmo quando as soluções e as habilidades estão disponíveis, são poucas as ocasiões para se tomar decisões quanto a investimentos. Em indústrias com altos e baixos acentuados como a de semicondutores, quase não há tempo de projetar corretamente a próxima fábrica: ou os projetistas estão ocupados demais tentando concluir a próxima fábrica, ou acham-se tão preocupados com uma queda nos negócios que nem conseguem ver a oportunidade de ouro que terão com um projeto vencedor quando os negócios melhorarem novamente.

A terceira barreira é que são espantosamente altas as taxas reais de retorno exigidas pelas empresas para justificar investimentos em fábricas que ficam velhas. O mundo industrial é volátil, e ninguém consegue prever de fato como um investimento de longo prazo vai se comportar. Uma fábrica pode ser fechada por um novo proprietário, ou pode ser criada uma nova fonte de energia, como o gás de xisto, que reduz drasticamente os preços, ou pode haver a preocupação com o fato de os futuros gerentes não conseguirem operar e nem manter sistemas pouco familiares. Não surpreende o fato de gerentes industriais poderem exigir retorno rápido de investimentos em eficiência energética. As empresas industriais também estão sob constante pressão de investidores e acionistas para maximizar o retorno sobre os investimentos. Esses investidores querem retornos mais rápidos e riscos inferiores aos que muitas das técnicas de eficiência energética emergentes – e, portanto, ainda com baixo volume – podem proporcionar desde o início.

É por isso que existe um papel crucial para que governos e consórcios industriais ajudem a desen-

CONCURSO EM CHÃO DE FÁBRICA COM RESULTADOS SIGNIFICATIVOS E CRESCENTES

Ken Nelson é um engenheiro astuto, simpático e discreto, que antes cuidava da eficiência energética da Dow USA. Durante 12 anos, Nelson organizou um concurso entre os 2.400 funcionários da divisão de Louisiana da empresa, nunca acima do nível de supervisor. O objetivo do concurso era que fossem apresentadas sugestões de projetos para economizar energia ou reduzir o desperdício, que pudessem pagar-se no prazo de um ano e que (inicialmente) custassem menos de US$ 200 mil. Depois de 936 projetos aprovados e quase 900 implementados, embasados por auditorias que constataram com precisão a média das economias feitas, o benefício final foi surpreendente: uma economia anual de US$ 110 milhões, com 204% de retorno anual (números de três algarismos em todos os anos, exceto um), com retornos e economias *sempre crescentes*. É como se cada nota de US$ 100 mil que eles pegassem revelasse outras duas sob ela.

O primeiro ano do concurso resultou em 27 projetos que custaram um total de US$ 1,7 milhão e um retorno médio sobre o investimento de 173%. Muitos acharam que tinham esgotado as oportunidades fáceis. Estavam enganados. No ano seguinte, 32 projetos custando um total de US$ 2,2 milhões geraram um retorno médio de 340% sobre o investimento. Aprendendo depressa, Nelson mudou as regras para eliminar o limite inicial de US$ 200 mil do valor do projeto – com oportunidades tão lucrativas, por que ficar só nos menores? – e para incluir projetos que incrementariam a produção. Em 1989, 64 projetos custando US$ 7,5 milhões levaram à economia de US$ 37 milhões no primeiro ano e em todos os anos subsequentes, com um ROI (Retorno sobre o Investimento) de 470% (o melhor até o momento). Em 1992, décimo ano do concurso, quase 700 projetos depois, os 109 projetos vencedores obtiveram um ROI médio de 305%, e, em 1993, 140 projetos geraram um ROI médio de 298%. Os engenheiros, como de costume, aprenderam novos truques mais depressa do que esgotaram os antigos.

Esse maná dos céus foi colhido por trabalhadores comuns, sem recompensa especial, exceto o reconhecimento dos colegas, e não por causa da intervenção do CEO, mas porque o CEO não sabia dele e por isso não podia interferir no concurso. Embora tenham sido meticulosamente medidas e documentadas, as contribuições de Nelson para a Dow não passaram de extravagantes teorias administrativas, círculos de qualidade, processos de poder, comissões ou outras preocupações gerenciais. Saíram de um processo prático de chão de fábrica, que converteu a engenhosidade voluntária em dinheiro economizado e aprendizado contínuo.[440]

volver e a demonstrar tecnologias de eficiência energética, reduzindo seus riscos e abaixando seus custos. Esses grupos também podem disseminar o evangelho da eficiência energética – ajudando a identificar soluções de boa relação custo-benefício – para empresas que não têm tempo de fazer isso sozinhas. Como exemplo, o U.S. Department of Energy's Industrial Technology [Programa de Tecnologias Industriais do Departamento de Energia dos EUA] ajudou seus participantes a economizar cumulativamente, até agora, 9,3 quadrilhões de BTU de energia (aproximadamente o consumo anual de toda a Califórnia), no valor de US$ 65 bilhões; até 2008, tinha dado suporte a 118 tecnologias de eficiência estabelecidas e a 104 novas tecnologias, e estava prestes a comercializar outras 135.[439]

Fazendo o Serviço

Fica claro que a implementação da eficiência energética não é fácil. Mas também não é magia, e o prêmio é grande. A indústria ganharia mais de meio trilhão de dólares em valor líquido presente de 2010, com economias brutas correspondentes a 2,5 vezes o custo de ser energeticamente eficiente, com ganhos diretos e indiretos ainda mais valiosos em qualidade, produção e outros benefícios não energéticos, além, é claro, da competitividade global. Ademais, o bom gerenciamento da energia é uma chave para a boa gerência, ponto. Projetos de gerenciamento de energia não apenas produzem economias em custos e em energia, mas também levam a uma melhor compreensão de processos e estimulam a inovação numa frente maior, apontando o caminho para melhores resultados com menores custos.

Grandes economias de energia, a custo razoável, não exigem apenas liderança e habilidade, mas também persistência inabalável. Porém alguns gerentes descobriram maneiras inovadoras de levar o progresso para suas empresas. O especialista em

eficiência energética Ken Nelson idealizou um concurso para motivar os funcionários a descobrir oportunidades de economia, poupando ao longo do tempo centenas de milhões de dólares para seu empregador, a Dow USA (veja o texto em destaque "Concurso em Chão de Fábrica com Resultados Significativos e Crescentes"). Mas culturas diferentes exigem táticas diferentes.

Anita Burke, por exemplo, levou uma refinaria da Texaco de seu lugar como unidade de pior desempenho ambiental do país para a posição de melhor no ranking. Um dia, seu chefe recusou-se a lhe conceder o capital para um projeto bastante lucrativo nos postos de abastecimento porque os benefícios iriam para uma conta diferente, e ela pôs fogo em uma nota de US$ 20 na frente dele. "Apague isso!", ele gritou. "Você está queimando dinheiro!" Ela explicou tranquilamente que sua hesitação estava queimando muito mais dinheiro. Ela obteve o capital.

Em uma escala menor, outro pioneiro da eficiência é Paul Rak, presidente da siderúrgica canadense VeriForm Inc. Rak gastou US$ 46 mil entre 2006 e 2008 para aprimorar a iluminação de sua fábrica, automatizar seu aquecimento e acionar suas ferramentas com mais eficiência. Suas economias de 58% em eletricidade e de 90% em gás natural reduziram as contas de energia em US$ 90 mil, um retorno anual de quase 200% sobre o investimento. Alguns itens se repagaram em uma semana e meia – e ele apenas começou.[441]

O que pioneiros como Ken Nelson, Anita Burke e Paul Rak têm em comum? Coragem, criatividade e perseverança. Mas reduzir consideravelmente o vasto consumo de energia da indústria vai exigir o aproveitamento desses sucessos, tornando essas histórias fatos corriqueiros. Para isso, recomendamos que líderes da indústria atuem em diversas frentes. Antes de qualquer coisa, eduque e inspire sua força de trabalho. Um trabalho amplo de raízes, com reconhecimento da importância da energia e atenção a ela, produz uma poderosa alavancagem para solucionar um problema difuso como o gerenciamento de energia. As pessoas que trabalham no chão de fábrica costumam ter boas ideias sobre como economizar energia em sua unidade, e se souberem que serão reconhecidas (talvez até recompensadas) por sua iniciativa em vez de serem punidas por mudar o *status quo*, o vírus da eficiência pode se espalhar. Para isso é preciso uma estrutura de gerenciamento de energia de tamanho apropriado, recompensando o que você quer e criando uma cultura de fortalecimento e descoberta.

Segundo, os líderes empresariais precisam tratar da taxa mínima de rentabilidade de projetos da eficiência energética, que costuma ser proibitivamente elevada, permitir – na verdade, criar oportunidades para – que projetos concorram entre departamentos e olhar para além dos lucros trimestrais. Empresas industriais que planejam operar a longo prazo devem ajustar as metas de curto prazo e as taxas mínimas de rentabilidade para chegarem lá. Isso significa proporcionar consistentemente capital ou financiamento para projetos em reconhecimento dos benefícios a longo prazo, tanto energéticos como não energéticos, de modo que uma cultura da eficiência como a da Dow possa ficar tão fortemente entranhada quanto a segurança e a qualidade.

Por último, é fundamental que os líderes empresariais trabalhem ao lado das empresas de energia locais. Essas devem fazer com que seus lucros sejam desatrelados das vendas de energia e reforçados por uma pequena parcela daquilo que ajudam a economizar, permitindo-lhes acolher e acelerar a eficiência de seus clientes (ver Capítulo 5). As empresas de energia não devem sobrecarregar a indústria com regras proibitivas de interconexão e custos para CHP ou outras técnicas que geram eletricidade no local com mais eficiência do que as usinas exclusivamente elétricas das concessioná-rias. Os líderes empresariais devem procurar aprimorar a eficiência energética em casa, mas, no caso do CHP, eles vão precisar trabalhar com as empresas de energia para criar uma estrutura de sucesso.

CONCLUSÃO: COMPETITIVIDADE POR MEIO DA PRODUTIVIDADE COM ENERGIA RADICAL

Entre oportunidades que em termos tecnológicos, logísticos e econômicos já estão maduras hoje e outras que podem amadurecer ao longo dos próximos 40 anos, temos mais do que suficiente tecnologia existente e emergente para afastar a indústria dos combustíveis fósseis, e, em última análise, superar sua necessidade. Isso vai exigir uma postura diferente, mais próxima dos princípios – e uma visão de longo prazo – que norteiam uma floresta tropical do que os de um operador de motosserra.

A chave para a sobrevivência das florestas tropicais e das empresas industriais é a adaptabilidade, a capacidade de sobreviver nos anos difíceis e de florescer nos bons anos, aprendendo com o estresse a nos tornarmos cada vez mais flexíveis. E uma parte crucial da adaptabilidade é a frugalidade. Para a indústria, a eficiência é a chave para sobreviver a recessões, e as empresas mais eficientes voltam a crescer mais cedo, geralmente com menos competição pelos clientes e por escassos recursos. As árvores não criam subprodutos que possam danificar seu ecossistema; pelo contrário, apoiam e são sustentadas pela rica biodiversidade à sua volta. Essas são lições que a indústria deveria aprender, caso esperemos criar um sistema que dure – superando as várias centenas de milhões de anos de tentativa e erro suportados pelas árvores gigantescas de outras eras.

Algumas pressões evolutivas que tornariam a indústria mais robusta e adaptativa, em maior harmonia com o ecossistema cuja saúde está por trás de sua própria sobrevivência, são óbvias. Elas incluem a retirada dos subsídios aos combustíveis; tornar obrigatória a responsabilidade do fabricante pelo ciclo de vida dos produtos; permitir e incentivar a recuperação e o reúso do calor residual, inclusive todas as formas de cogeração; eliminar distorções que favoreçam materiais virgens em vez de reciclados; permitir que as empresas tratem investimentos em economia de energia como despesa (assim como hoje lançam a energia desperdiçada) em vez de terem de capitalizá-los; e colocar preços adequados nos ativos de uso comunitário dentro dos quais as pessoas jogam as coisas "fora", seja sujeira na água, lixo nos aterros, fuligem em nossos pulmões ou carbono no ar.

Tais estímulos deliberados e externos à inovação e adoção têm motivado, há muito, a capacidade competitiva de países como Alemanha e Japão. O custo elevado de sua energia e regras ambientais severas aperfeiçoaram sua eficiência, ajudaram-nos a reduzir seus custos de saúde e sua dependência de recursos, fortaleceram a transparência e as escolhas de suas economias e aceleraram a ampla adoção da eficiência energética. Contudo, a adoção da eficiência tem sido precária nos Estados Unidos, detida por indicadores de preços propositalmente falsos, subsídios e outras políticas desiguais que prejudicam toda a economia. Uma América viciada em combustíveis artificialmente baratos tem problemas para concorrer com países cujos preços fixos de combustíveis motivaram maiores ganhos pela extração de mais trabalho do mesmo litro.

Sejamos claros. Dobrar a produtividade energética da indústria em 2050 exigirá grande comprometimento e atenção contínua. Exigirá medições, curiosidade, riscos engenhosos, incentivos alinha-

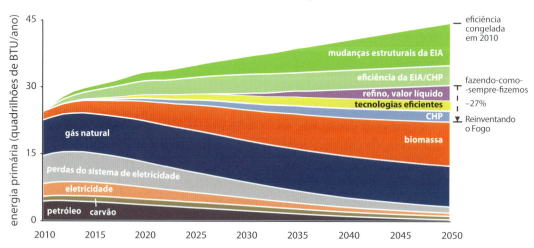

Fig. 4-12. Ganhos de eficiência vão reduzir pela metade o consumo de energia primária da indústria, enquanto os requisitos de energia restantes vão se afastar dos combustíveis fósseis. As economias limitadas dos projetos integradores analisados poderiam elevar a economia de 27% para 30%.[442]

dos, comunicação clara, persistência, coragem, diplomacia, certa astúcia e talvez um toque de teatralidade e carisma. Exigirá o manuseio vigoroso das quatro alavancas de que falamos, a exploração de projetos integradores e talvez até exija que comecemos a extrair mais trabalho de menos coisas.

E mesmo depois disso, é bem provável que as empresas exijam a ajuda de novas políticas para se afastarem inteiramente dos combustíveis fósseis. Carvão, petróleo e gás natural ainda parecem ser relativamente baratos, desde que possam impor custos sociais excluídos de seu preço. A incerteza ainda mais devastadora e persistente sobre regras e preços futuros está desacelerando todas as decisões de investimentos da indústria. E acelerar investimentos significa mudar as regras.

A meta global é clara e viável. Podemos reduzir radicalmente a quantidade de energia utilizada pela indústria e liberar as empresas do carvão, do petróleo e, finalmente, do gás natural.

São substanciais as melhorias na eficiência industrial e a substituição de combustíveis que recomendamos. E não saem de graça. Calculamos que para atingir esse potencial a indústria deverá investir cerca de US$ 283 bilhões em valor atual de 2010. Não é fácil para um setor que contabiliza centavos e só faz investimentos de capital quando necessário. Mas, para essas empresas dispostas a apostar no futuro, a recompensa é fenomenal. Só as tecnologias conhecidas como custo-eficazes, com retorno mínimo real de 12% ao ano, gerariam mais de US$ 665 bilhões em valor atual líquido

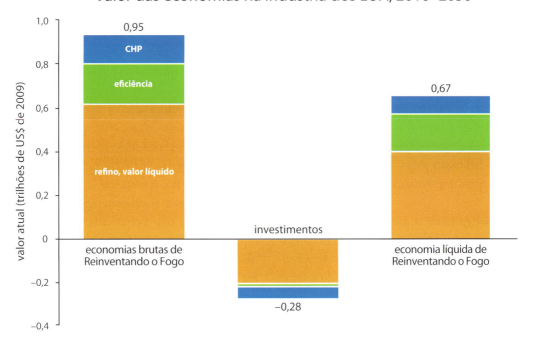

Fig. 4-13. Necessidade de investimentos e potencial de economia da eficiência energética na indústria dos EUA.[443] Essas economias provêm apenas das quatro alavancas convencionais e das avaliações tecnológicas do Lawrence Berkeley National Laboratory, e não de projetos integradores.

(fig. 4-13). Se os combustíveis fósseis se tornarem mais caros do que prevê o governo, esse retorno vai aumentar.

Esse caminho que conduz a uma eficiência espantosa começa com os três conceitos introduzidos no início deste capítulo: investimento, inovação e incentivos.

Investir em fábricas e nas pessoas no chão da fábrica. Para explorar ao máximo as quatro alavancas, as empresas vão precisar atualizar suas instalações, com projetos e processos altamente eficientes – e, portanto, vão precisar treinar e dar poderes às legiões de pessoas que estão prontas para trabalhar na economia de energia e na geração de riquezas. Desde questões a curto prazo (aprender a quantificar o consumo de energia numa fábrica ou a procurar as mais recentes tecnologias eficientes) a investimentos de longo prazo (financiar P&D para comercializar novos processos, ou formar e equipar uma estrutura de gerenciamento de energia para encontrar cada vez mais ineficiências energéticas, como fez Ken Nelson), há muitas formas de investir dinheiro para economizar dinheiro. Na verdade, muitas dessas oportunidades talvez não custem muito logo no início. Especialmente quando dominarmos o projeto integrador, essas etapas na jornada podem custar pouco mais do que o tempo e a dedicação para ver o desperdício como uma fonte quase inesgotável de lucros.

Inovar para garantir a competitividade a longo prazo. As empresas são conhecidas por sua capacidade para desenvolver novos mercados. Provavelmente, são as instituições mais flexíveis do mundo, e sua capacidade de inovar deve ser prestigiada, reforçada e alavancada. A inovação surge quando as condições tornam-na necessária e nutrem seu desenvolvimento. Com o advento de uma nova era energética, as empresas serão forçadas a inovar para que se mantenham competitivas. Por exem-

plo, com a relação correta entre os custos dos vários combustíveis, a indústria será compelida a atender uma parcela de suas necessidades de calor de processo por meio da substituição de combustíveis, como a eletrificação e o calor de processo solar. Com a escassez ou a elevação dos preços de matérias-primas, os empreendedores vão reduzir o lixo enviado aos aterros com novos modelos de negócios que diminuem o lixo e proporcionam serviços em vez de produtos. Com o apoio suficiente de financiamentos para P&D (de universidades, governos e das próprias empresas), as companhias vão encontrar formas de dar continuidade a processos inovadores que vão apoiar a produtividade e a competitividade continuadas das indústrias dos EUA. Há muito em jogo quando os líderes empresariais fazem escolhas que podem permitir a lucratividade a longo prazo e um futuro robusto.

Incentivar o comportamento correto. A inovação não se dá no vácuo. Para desatrelar o sucesso das indústrias da dependência continuada em combustíveis fósseis sujos, os governos devem permitir e incentivar a competição plena e justa entre combustíveis fósseis, fontes concorrentes (como as renováveis e a eletrificação) e o uso mais produtivo da energia – todos com preços plenos e honestos. Manter regras claras não substitui a necessidade de reformas gerenciais e culturais, mas pode ajudar a acelerá-las, reforçá-las e mantê-las. Reconhecendo que a regulamentação excessiva e as consequências não pretendidas podem ser uma espada de dois gumes, não recomendamos nenhum conjunto de políticas como a única solução mais apropriada. Entretanto, a incerteza quanto a políticas futuras inibe os investimentos nas indústrias de amanhã, e isso precisa parar. Medidas específicas para o setor industrial poderiam incluir a exigência de responsabilidade de ponta a ponta sobre produtos, maiores custos para aterros, tratamento contábil como despesa de investimentos em eficiência, verbas para P&D, projetos de demonstração ou verbas para o primeiro usuário para redução de riscos, um piso para preços de combustíveis ou algo como o preço de carbono aplicado sobre toda a economia que já motiva a vantagem competitiva dos rivais. Sejam quais forem as políticas ou regras, elas precisam de decisões transparentes, consistentes e de longo prazo para que a indústria possa planejar durante décadas. Só então elas irão liberar investimentos acumulados e renovar a corrida por negócios que desenterrem tesouros ocultos.

Um pioneiro desse caminho, o falecido Ray C. Anderson, fundador da Interface, teve uma epifania em 1994 na qual sentiu "a lança no peito". Sua empresa estava desperdiçando recursos transformando petróleo em 2,3 bilhões de quilos de tapetes que, após um breve uso, iam para aterros e apodreciam lentamente ao longo de milênios. Anderson – um brilhante engenheiro formado pela Georgia Tech, empreendedor, ex-jogador de futebol americano e extraordinário líder empresarial – dispôs-se a consertar isso, reconciliando o que ele fazia no trabalho com o que ensinava na escola dominical sobre a responsabilidade pela Criação. Dezesseis anos depois, mais de 90 mil toneladas de tapete foram desviadas de aterros para refabricação, reciclagem e recuperação de energia. Oito das nove unidades industriais da Interface passaram a ser movidas por eletricidade 100% renovável, e 40% das matérias-primas empregadas tinham base biológica ou eram recicladas. O consumo de energia por unidade de produto caiu 43%. A emissão absoluta de gases estufa reduziu-se em 35%, o lixo para aterros foi cortado em 82%, o consumo de água, em 82%. Os custos relacionados ao lixo caíram em 42%, economizando US$ 438 milhões. A Missão Zero da empresa estava bem alinhada com suas metas visionárias para 2020, de "não tomar nada, não desperdiçar nada e não causar mal – e fazer o melhor fazendo o bem, não à custa da Terra, mas de concorrentes menos alertas".[444]

Anderson imaginou que essas medidas não apenas economizariam grandes custos em energia, mas também ajudariam a conquistar e a manter a participação no mercado. E em suas fábricas, seus caminhões e seus instaladores, a Interface desfruta a maior independência do petróleo e dos preços voláteis de qualquer empresa em seu segmento industrial.[445]

Assim como na Interface, a transformação do setor industrial dos Estados Unidos começa com uma visão e continua com trabalho árduo, desde o reprojeto e o repensar de processos fundamentais até um ajuste nas regras, para que todos nós possamos economizar energia, multiplicar riquezas e proteger nosso *habitat*. Nada temos a perder, exceto nosso desperdício.

TABELA 4-1. Resumo das recomendações para os principais participantes do setor industrial

	SEM ARREPENDIMENTO	OPORTUNISTA	INOVADOR
Clientes	Projetar para eliminar, reduzir, reutilizar, refabricar, reciclar. Pedir aos fornecedores análises de ciclo de vida.	Testar modelos de negócios de serviços em vez de comprar produtos. Afinar a engenharia dos produtos utilizados para garantir que você só está comprando aquilo de que realmente necessita.	Embasar as decisões de compras determinando o impacto de combustíveis fósseis. Passar da compra de produtos à locação de serviços.
Proprietários e gerentes de fábricas	Medir o consumo de energia da fábrica/do processo. Otimizar o desempenho atual da fábrica/do processo e implementar o "pensamento magro" em todas as áreas. Pesquisar práticas e tecnologias de eficiência energética. Testar as análises de ciclos de vida. Treinar os funcionários no gerenciamento da energia e torná-lo parte das responsabilidades normais de todos. Investir em equipes de eficiência, dando-lhes poderes. Valorizar o baixo consumo de energia e a substituição de combustíveis fósseis junto aos clientes. Informar os clientes sobre oportunidades de eficiência. Comparar sua eficiência energética e sua independência de combustíveis fósseis com os respectivos parâmetros de seus concorrentes.	Pôr em prática uma estrutura de aprendizado contínuo de gerenciamento de energia. Refletir a energia economizada em sistemas de recompensas. Desenvolver capital intelectual voltado para a eficiência e para fontes renováveis. Cortar taxas mínimas de projetos de eficiência (até o custo marginal de capital, ou menos) e permitir que concorram entre eles na empresa como um todo, não apenas em cada departamento, para que toda a oportunidade lucrativa seja financiada ativamente. Formar parceria com fornecedores de produtos para adotar inovações eficientes. Testar modelos de negócios de serviços em vez de comprar ou vender produtos. Fazer experimentos com projetos integradores e biomiméticos. Antecipar a regulamentação e os preços do carbono. Ficar acima dos parâmetros dos concorrentes.	Financiar P&D para comercializar eficiência e inovações renováveis (tanto em processos quanto em tecnologia). Executar estratégia energética de longo prazo nas unidades existentes e nas novas. Aplicar sistematicamente projetos integradores e biomiméticos na empresa toda. Mudar para modelos de negócios de serviços em vez de comprar ou vender produtos. Formar parcerias com governos e empresas de energia a fim de otimizar regras para eficiência, CHP e fontes renováveis, aproveitando plenamente a resposta da demanda. Esquecer os parâmetros dos concorrentes — crie sua própria trilha e deixe-os bem para trás.

	SEM ARREPENDIMENTO	OPORTUNISTA	INOVADOR
Governos e ONGs	Educar e treinar para a competitividade. Eliminar barreiras das empresas de energia com relação à eficiência, CHP, recuperação e revenda de calor desperdiçado e de geração no local. Financiar P&D a fim de comercializar tecnologias promissoras e realçar a ciência básica.	Dar clareza à política de carbono a fim de reduzir os riscos e as incertezas para investidores. Exigir responsabilidade do fabricante pelo ciclo de vida dos produtos. Permitir o tratamento contábil e fiscal de investimentos que economizam energia como despesas e não como ativos capitalizados. Permitir que as empresas de energia invistam na eficiência e na geração distribuída e as apoiem, com as devidas recompensas.	Internalizar todos os custos nos preços de combustíveis. Eliminar subsídios sobre combustíveis fósseis; em última análise, tirar todos os subsídios da energia. Estender o suporte de energia renovável à recuperação de calor dissipado e de calor por processo solar.

CAPÍTULO 5
ELETRICIDADE: NOVA ENERGIA PARA A PROSPERIDADE

Fig. 5-1

DESTAQUES DO CAPÍTULO

→ **A META.** Eliminar combustíveis fósseis de forma custo-eficaz do sistema elétrico dos EUA. Para fazê-lo, produzir pelo menos 80% da eletricidade dos EUA com recursos renováveis até 2050, e depois, mais – talvez tudo, em última análise –, enquanto se aumenta a segurança, a confiabilidade, e se melhora a adaptabilidade e a saúde pública.

→ **A OPORTUNIDADE DE NEGÓCIOS.** A energia renovável está ficando cada vez mais custo-competitiva com a geração convencional. Ela também administra riscos financeiros, evita a volatilidade dos preços de combustíveis fósseis e reduz a poluição. Fontes renováveis, somadas à geração local modular, são um mercado crescente e aberto para muitos concorrentes, não apenas para fornecedores de eletricidade.

→ **O RESULTADO FINAL.** Os custos iniciais seriam superiores aos convencionais, mas a economia em combustíveis os supera (e mais), e o investimento reduz ou evita riscos importantes de maneira atraente.

→ **SETORES EMPRESARIAIS QUE PODEM LUCRAR.** Empresas de eletricidade, provedores de TI, agregadores de recursos, fornecedores de tecnologia de geração e de gerenciamento de eletricidade e outros inovadores podem encontrar oportunidades lucrativas de negócios. Os clientes também vão se beneficiar com custos e riscos bem geridos e com escolhas mais amplas.

→ **FORMADORES DE POLITICAS.** Mudanças na regulamentação do modelo de negócios das empresas de energia elétrica, alinhando incentivos para dar apoio à eficiência energética e a uma demanda responsiva, cooperação regional sobre operações e planejamento de sistemas e incentivos para investir em novas tecnologias.

INTRODUÇÃO

VOCÊ NUNCA MUDA AS COISAS COMBATENDO A REALIDADE ATUAL. PARA MUDAR ALGUMA COISA, CONSTRUA UM MODELO NOVO QUE TORNA OBSOLETO O MODELO EXISTENTE.

— Buckminster Fuller (1895–1983)

Logo ao sul das Montanhas Wasatch, em Utah, há uma colônia de faias que é considerada o maior e mais antigo organismo vivo do planeta. Ela vive lá há mais de 80 mil anos, desde antes de os humanos saírem da África. As 47 mil árvores da colônia, todas com o mesmo DNA, são sustentadas e unidas por um único, maciço e altamente interligado sistema subterrâneo de raízes capaz de transportar água e nutrientes de uma parte da colônia para a outra.[446] Raízes próximas de abundantes suprimentos de água fornecem o líquido para árvores em áreas mais secas, enquanto aquelas que têm acesso a nutrientes fundamentais em outras regiões retribuem o favor. Essa rede subterrânea tem ajudado a colônia de Utah a sobreviver a milênios de secas e enchentes, a ondas de calor e de frio e a uma paisagem mutável de disponibilidade de recursos.

Hoje, a eletricidade – juntamente com a informação digital e com os sistemas de comunicação que ela possibilita e exige – proporciona o sistema de raízes vitais que sustenta nossa economia. A eletricidade tornou-se o tecido conjuntivo da Era da Informação. Praticamente todas as transações da nossa vida cotidiana são mediadas, em tempo real, por informações eletrônicas. Até bem recentemente, em 2000, 75% de todas as informações armazenadas pelas sociedades humanas do planeta estavam em formatos analógicos, como documentos de papel, fotos, livros, fitas e filmes de raios X. Em 2007, 94% de toda a informação armazenada estava em forma digital eletrônica.[447]

A eletricidade não apenas alimenta os depósitos de conhecimento humano; ela também viabiliza comunicações e controle e fornece energia com precisão para bilhões de aparelhos espalhados pela economia. Ela é espantosamente versátil: a eletricidade é um portador de energia que é produzido por qualquer fonte primária praticamente a qualquer distância de seu uso final, e pode fornecer a energia para praticamente qualquer produto ou serviço. Ela é limpa, eficiente, precisa e flexível,

196 REINVENTANDO O FOGO

assegurando que sistemas importantes de infraestrutura, inclusive comunicações, edifícios, indústria e até transportes continuarão a buscar na eletricidade sua fonte energética mais interessante.

Por trás do fornecimento de energia elétrica há uma rede de energia que se espalha pelos Estados Unidos como uma colossal versão manufaturada desse arvoredo de faias, uma complexa rede de um quarto de milhão de milhas de vibrantes cabos de alta tensão, ligados a mais de 5 mil instalações de geração de eletricidade.[448] Ela chega a quase todas as casas e empresas do país, desde remotas cabanas nos Ozarks e elegantes coberturas em Manhattan a fábricas de automóveis no Tennessee e arranha-céus de San Francisco. Ela carrega nossos celulares, ilumina nossos escritórios e estádios de beisebol, e alimenta nossas fundições de alumínio e centros de processamento de dados. Ela é, como diz a National Academy of Engineering [Academia Nacional de Engenharia], a maior realização da engenharia do século XX.[449]

Porém, por mais crucial e onipresente que tenha se tornado, a eletricidade está prestes a dar um profundo salto em importância como o principal habilitador das transições em transportes, edifícios e indústria descritas neste livro. Para reinventar o fogo na economia dos EUA, nosso sistema elétrico precisa acelerar a transição que já está ocorrendo para tornar-se renovável, diversa, distribuída, adaptável e orientada para o cliente. Isso vai realçar a flexibilidade física, operacional e de tomada de decisões necessária para a sobrevivência num mundo em rápida mutação.

IMAGINANDO O PRÓXIMO SISTEMA DE ELETRICIDADE

Um aumento drástico na eficiência energética em edifícios e na indústria, como discutimos nos Ca-

pítulos 3 e 4, vai manter a demanda geral por eletricidade no mesmo nível ou em declínio – mesmo eletrificando veículos. Também podemos continuar a substituir a maior parte de nossas velhas usinas elétricas alimentadas por combustíveis fósseis por fontes renováveis de energia por todo o país. Uma modelagem extensiva do sistema elétrico dos EUA sugere que podemos captar e integrar a energia renovável para atender a 80% ou mais de nossas necessidades até 2050. Essas fontes renováveis fornecem elétrons não apenas de áreas ricas em energia como as ventosas Dakotas e o ensolarado Sudoeste, mas também da geração de eletricidade em escalas distintas porém mais próxima dos consumidores, reduzindo a necessidade de nova transmissão a longa distância.

Integrar a tecnologia da informação com a eletricidade permite que a rede tenha maior inteligência e transparência nos preços, fazendo com que o funcionamento de cada parte do sistema seja mais barato e tenha melhor coordenação. Um sistema elétrico rico em informações também expande imensamente a gama de ofertas a partir das quais provedores de serviços tradicionais e novos podem estruturar novos pacotes de valor para cada gosto e carteira. E permitindo projetos menores, mais granulares e com menor prazo para implementação, essa mudança nas fontes e na escala da eletricidade pode ajudar as companhias de energia e os mercados de capital a administrar os riscos financeiros relacionados com ativos, cada vez mais preocupantes.

Esse sistema elétrico mais interativo, moderno e em rápido desenvolvimento não está planejado de maneira centralizada, nem de cima para baixo. Ele pode se desenvolver igualmente de baixo para cima por intermédio da competição e de inovações radicalmente ampliadas, profundas e aceleradas. Essa competição não se limita aos Estados Unidos: os custos de tecnologias emergentes de geração de energia, de rápida maturação, estão sendo

COMO MODELAMOS NOSSOS CENÁRIOS DE ELETRICIDADE

Para avaliar as implicações de possíveis caminhos futuros para o setor elétrico dos EUA, o RMI desenvolveu e analisou quatro cenários ou "casos" com base em premissas diferentes sobre o modo como a eletricidade pode ser gerada, fornecida e utilizada entre 2010 e 2050 (fig. 5-2). Analisamos o desempenho do sistema elétrico dos EUA usando dois modelos. Primeiro, o próprio modelo de fornecimento de eletricidade do RMI calculou os custos para atendimento à demanda horária de eletricidade num ano qualquer, oferecendo uma mistura

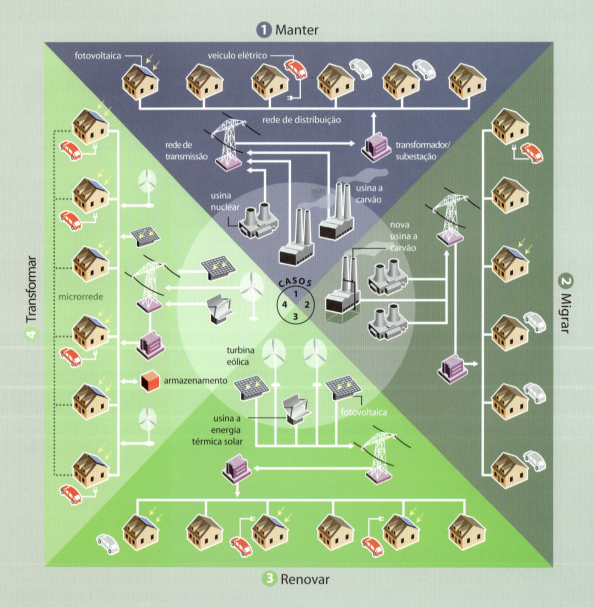

Fig. 5-2. Nossos quatro casos destacam as principais diferenças nas maneiras pelas quais a eletricidade pode ser produzida, fornecida e utilizada no futuro.

confiável de recursos ao menor custo dentro dos portfólios presumidos. Segundo, determinamos o custo e o desempenho total de cada caso para cada uma das sete regiões dos EUA usando o modelo do Sistema Regional de Fornecimento de Energia (ReEDS – Regional Energy Deployment System) do National Renewable Energy Laboratory [Laboratório Nacional de Energia Renovável], uma sofisticada ferramenta que simula a capacidade de expansão da eletricidade nos EUA e sua utilização para geração e transmissão de eletricidade, usando suposições simplificadoras para equilibrar oferta e demanda numa escala de tempo horária (ver detalhes em www.reinventingfire.com).[451]

Avaliamos cada caso segundo cinco critérios:

▶ **Viabilidade técnica**: Há recursos disponíveis e suficientes, as tecnologias existem comercialmente e a escala necessária é realista?

▶ **Acessibilidade econômica**: Como são os custos se comparados com fazendo-como-sempre-fizemos?

▶ **Confiabilidade**: O sistema pode ser operado de maneira confiável? O sistema é vulnerável a desligamento natural ou proposital e pode voltar a operar rapidamente?

▶ **Responsabilidade ambiental**: O caso minimiza impactos sobre a saúde e o ambiente?

▶ **Aceitação do público**: Esse caso pode ser implementado em condições políticas realistas?

Os quatro casos que analisamos e comparamos são:

▶ **Manter** presume que o sistema futuro se parecerá muito com o sistema atual, tanto no mix de oferta quanto no de demanda.

▶ **Migrar** presume que a antecipação de legislações que visem reduzir as emissões de gases estufa provocará a passagem da geração convencional, baseada em combustíveis fósseis, para usinas nucleares e novas usinas a carvão equipadas com captura e sequestro de carbono (CCS – Carbon Capture and Sequestration).

▶ **Renovar** examina de que forma fontes renováveis, como solar, eólica, geotérmica, biomassa e hídrica, podem proporcionar 80% da eletricidade dos EUA.

▶ **Transformar** começa onde *Renovar* para. É o caso acionado por alguns recursos de escala variada, incluindo, porém, geradores mais distribuídos, como solar de teto, CHP, células de combustível e eólica em pequena escala.

---

forçados para baixo pelos mercados globais, especialmente por causa da agressiva produção e dos investimentos da China – hoje, líder mundial em cinco tecnologias renováveis e almejando estar presente em todas elas.

A transformação do setor elétrico terá implicações profundas para empresas e consumidores, e para a competitividade da economia dos EUA. Primeiro, o setor de energia elétrica dos Estados Unidos pode exigir investimentos da ordem de US$ 3,5 trilhões nos próximos 40 anos para substituir uma infraestrutura que está envelhecendo.[450] O mercado global será muitas vezes maior, pois nações emergentes estão crescendo rapidamente em PIB e eletrificação. Mas *o modo* como o sistema se desenvolve não é predestinado: pode ser escolhido num cardápio bastante extenso e em rápida expansão. Países que liderem essa transição com mais adaptabilidade serão capazes de vender tec-

nologias e serviços no mundo todo, conseguindo uma vantagem competitiva.

Segundo, o maior uso de eletricidade e a maior integração da tecnologia digital em muitos setores significam que uma parcela crescente da economia vai depender da confiabilidade e da qualidade do fornecimento de eletricidade. Mercados, transações, cadeias de fornecimento e operações vão exigir um fornecimento ininterrupto de elétrons. Isso significa maiores riscos econômicos com a interrupção no fornecimento de energia elétrica, grandes ou pequenos – desde panes locais em um edifício ou num *campus* universitário a blecautes regionais. Assim como a crise financeira global pegou muita gente desprevenida, as empresas poderiam ficar surpresas com a vulnerabilidade da complexa e altamente interligada rede de energia elétrica. Uma mudança para fontes de eletricidade mais distribuídas, acopladas a controle, armazena-

ELETRICIDADE: NOVA ENERGIA PARA A PROSPERIDADE   199

TERMINOLOGIA DO SETOR ELÉTRICO

Potência é a quantidade de energia transferida por unidade de tempo. A potência é medida em watts (W), quilowatts (kW ou 1.000 W), megawatts (MW ou um milhão de watts), gigawatts (GW ou um bilhão de watts) e terawatts (TW ou um trilhão de watts). A maior quantidade de potência que um gerador elétrico pode fornecer é a sua **capacidade**. Por exemplo, a capacidade de um reator nuclear costuma ser de 1 GW, enquanto a capacidade de um painel fotovoltaico solar é de aproximadamente 200 W.

Energia é a capacidade de realizar um trabalho. A energia elétrica é medida em quilowatts-hora (kWh). A energia é calculada multiplicando-se a taxa de transferência da energia (a potência) pela duração da transferência. Se, por exemplo, uma lâmpada fluorescente compacta consome 13 W de potência durante 75 horas, ela consome aproximadamente 1 kWh de energia elétrica. A **carga** é a intensidade com que um ou todos os consumidores demandam energia do sistema elétrico, seja na média, seja num momento específico.

Recursos de fornecimento geram eletricidade. Podem ser **centralizados** – unidades grandes, geralmente na escala de GW, ligados ao sistema de transmissão de **alta voltagem**. (A voltagem é análoga à pressão numa mangueira, enquanto a corrente é análoga à intensidade do fluxo.) Ou podem ser **distribuídos** – unidades menores, ou grupos delas, ligadas ao sistema de distribuição de baixa voltagem. Cada gerador tem um **fator de capacidade** – quanta eletricidade cada um produz num ano, dividida por quanto ele produziria se funcionasse em sua capacidade máxima todas as horas do ano. Às vezes, os geradores são desligados propositalmente; em geral, para manutenção (**parada planejada**), mas às vezes isso acontece de forma inesperada (**parada forçada**). Caso contrário, podem fornecer energia se estiverem ligados. O resto do tempo ficam **disponíveis** para serem **despachados** quando exigido.

Recursos de demanda ajudam os consumidores a usar menos eletricidade, ou a usá-la em momentos mais econômicos, para a obtenção dos serviços desejados. Em termos amplos, os recursos de demanda incluem a eficiência energética e a resposta da demanda. **Eficiência energética** significa consumir menos eletricidade e de forma mais produtiva para produzir o mesmo serviço, ou maior, com a mesma qualidade, ou melhor. Eficiência diz respeito a tecnologias mais inteligentes que fazem mais com menos – e não privação, desconforto ou decréscimo. A **resposta da demanda** altera voluntariamente os padrões de consumo dos clientes em resposta ao preço mutável da energia elétrica ao longo do tempo, de pagamentos de incentivo ou de outros sinais de escassez ou abundância, economizando dinheiro tanto para os consumidores quanto para os provedores.[452] Em nosso modelo, presumimos apenas métodos de resposta da demanda que não sejam invasivos, para que o consumidor não se incomode ou sequer os perceba.

A **rede** é a infraestrutura que leva a eletricidade do gerador para o consumidor. Ela inclui o **sistema de transmissão** – grandes torres de aço ligadas por cabos de alta tensão que levam a eletricidade por longas distâncias, ligadas por transformadores e chaves especiais. Quando a eletricidade se aproxima do consumidor, transformadores, geralmente em **subestações**, reduzem sua voltagem para alimentar o **sistema de distribuição** de baixa voltagem (postes e fios ao longo das ruas ou em dutos subterrâneos), até ser transformada na voltagem da linha, medida e fornecida aos consumidores. Juntos, esses ativos constituem a rede.

"Rede inteligente" significa variadas coisas para diversas pessoas, mas usamos a expressão para descrever as centenas de tecnologias e aplicações que proporcionam novos níveis de comunicação, informação e controle para concessionárias e consumidores. Por exemplo, **medidores inteligentes** e a infraestrutura relacionada a eles podem enviar informações de preços para os consumidores, permitindo-lhes adaptar seu uso para economizarem dinheiro, caso assim desejem. A rede inteligente também pode corrigir uma antiga limitação de projeto das redes clássicas: normalmente, as linhas de transmissão conduzem o fluxo de energia nos dois sentidos, mas as linhas de distribuição não o fazem porque seu equipamento de proteção é projetado apenas para fluxo unidirecional, dos geradores centrais para consumidores dispersos. Um sistema de distribuição inteligente vai transformar essa estrutura de "árvore" em uma "rede" que pode conduzir com equilíbrio o fluxo de energia nos dois sentidos.

Uma **concessionária** ou companhia de energia gera, transmite ou vende eletricidade (e talvez gás natural). Há muitos tipos de concessionárias, que se distinguem pelos proprietários e/ou pelos serviços prestados. **Concessionárias de propriedade de investidores (IOUs – Investor-Owned Utilities), cooperativas (co-ops)** e **concessionárias públicas (POUs – Public Owned Utilities)** distinguem-se pela estrutura de propriedade: acionistas no caso das IOUs (e muitos chamam-nas hoje de **"concessionárias de acionistas"**), consumidores nas co-ops e governo federal, estadual ou municipal no caso das POUs. Concessionárias integradas verticalmente realizam todas as funções, da geração à transmissão de energia e até a distribuição para venda no varejo. Alguns estados separam essas funções: uma **companhia geradora** apenas gera eletricidade para um mercado atacadista operado de forma independente, e uma **companhia de transmissão** possui os cabos de transmissão, enquanto uma **companhia de distribuição** possui ativos de distribuição, contratos com provedores para energia e com companhias de transmissão para fornecimento por atacado, e vende eletricidade a consumidores individuais.

mento e gerenciamento de energia nos aparelhos poderia ajudar a mitigar esses riscos.

Terceiro, as opções dos consumidores de energia elétrica vão aumentar drasticamente, levando mais oportunidades e riscos para empresas, assim como ocorreu com as telecomunicações. Não só as concessionárias e outros provedores tradicionais de serviços vão oferecer uma gama mais ampla de serviços e de estruturas de preços, mas as opções de geração, armazenamento e gerenciamento no local vão aumentar rapidamente. Muito mais consumidores de energia elétrica irão, na verdade, produzir sua própria eletricidade. Esses "prosumidores" (junção das palavras produtor e consumidor) serão capazes de comprar, vender e armazenar eletricidade segundo flutuações em suas próprias necessidades e os sinais econômicos provenientes da rede.

Neste capítulo, vamos explorar possíveis caminhos para a transformação do sistema elétrico dos EUA. Primeiro, vamos montar o cenário descrevendo um futuro "fazendo-como-sempre-fizemos" e as principais forças que estão provocando o afastamento dele. Depois, vamos explorar três cenários possíveis para mudanças e avaliar seus custos e benefícios de pontos de vista econômicos, ambientais e sociais. Com base nessas avaliações, vamos recomendar um caminho e identificar as etapas para dominar as tendências emergentes de reinvenção do fogo no setor elétrico.

MANTER: A INCOMPREENSÍVEL NATUREZA DA FORMA CONVENCIONAL DE PRODUZIR ENERGIA

Talvez o futuro mais fácil de imaginar para o setor elétrico dos EUA seja aquele que se parece com o de hoje – o passado ainda manda bastante, conforme expressa nosso caso *Manter* (veja o texto em destaque "Caso 1: *Manter*"). O sistema de hoje é

uma história de 120 anos que ainda está sendo escrita, movida pelo complexo jogo entre as leis da física, os princípios da engenharia prudente, a evolução da tecnologia e as mudanças na economia e na legislação. Lidando com esses parâmetros físicos e institucionais, as concessionárias de energia elétrica trabalharam diligentemente para construir um sistema complexo que oferece eletricidade confiável pelo menor preço.

Em 2010, quase 86% da eletricidade dos Estados Unidos foi gerada em grandes usinas de força acionadas a carvão, gás natural e combustível nuclear,[455] depois enviada a centenas de quilômetros por meio de linhas de transmissão de alta voltagem, chegando às linhas de distribuição de baixa voltagem que finalmente se conectam com o consumidor. Alimentar esse sistema consumiu 885 milhões de toneladas de carvão e 184 bilhões de metros cúbicos de gás natural, produzindo 2.060 milhões de toneladas de CO_2 – 40% das emissões de carbono provenientes de combustíveis fósseis dos EUA naquele ano.[456] Dois terços desse combustível primário, em média – quase metade, mesmo nas usinas mais eficientes –, são descartados como calor residual ou usados internamente antes de a eletricidade sair da usina.

O setor elétrico dos EUA e de boa parte do mundo ainda é uma indústria muito regulamentada. Comissões dos estados individuais geralmente regulam as concessionárias de acionistas, que atendem a cerca de três quartos do consumo nacional.[457] A Comissão Federal de Regulamentação de Energia (FERC – Federal Energy Regulatory Commission) regula o comércio de eletricidade e as linhas de força interestaduais. As regulamentações ditam, em grande parte, a maneira como o mercado se desenvolve e, portanto, o comportamento dos participantes do mercado privado. Nos EUA, cerca de 70% dos clientes são atendidos por concessionárias integradas verticalmente e regulamentadas por comissão de concessionárias

CASO 1: *MANTER*

Nosso primeiro caso, *Manter*, expande um sistema muito parecido com o nosso tanto em tecnologias de demanda quanto de fornecimento. É pequena a presença de redes inteligentes ou de resposta da demanda. A maioria das concessionárias continua a ser penalizada financeiramente por ajudar os clientes a usar a eletricidade de forma mais eficiente, e por isso elas tentam não fazê-lo. Nesse cenário, o carvão e o gás natural gerariam 71% da eletricidade dos Estados Unidos até 2050, um acréscimo em relação aos 67% de 2010. Do custo total em valor atual do fornecimento de eletricidade dos Estados Unidos em 2010-2050, quase a metade iria para a compra de combustível.

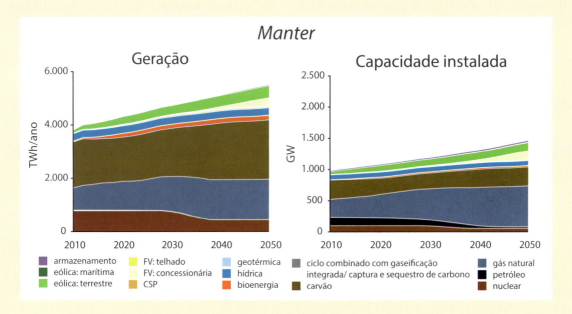

Fig. 5-3. Usando o modelo ReEDS, *Manter* tenta reproduzir o portfólio da *Análise Anual de Energia* da EIA (2010), usando, na maior parte, as suposições básicas de Caso de Referência da EIA extrapoladas para 2050.[453]

Fig. 5-4. O custo da eletricidade dos próximos 40 anos em valor atual de 2010 é de aproximadamente US$ 6 trilhões, e quase metade desse valor vai para combustíveis. O segundo maior custo é operação e manutenção (O&M) sem relação com combustível.[454]

públicas (PUCs – Public Utility Commisions), enquanto alguns mercados são servidos por concessionárias públicas ou permitem que os consumidores individuais escolham entre fornecedores de eletricidade concorrentes.[458] O conjunto de leis que governa a maior parte da indústria exige que a concessionária de eletricidade proporcione serviços adequados a todos os seus clientes, e, em troca, dá a ela o direito de recuperar custos razoáveis e de ter a oportunidade de obter uma taxa de retorno justa. Cabe aos regulamentadores estaduais, eleitos ou nomeados, que têm bastante autoridade discricionária dentro das leis estaduais e federais, repartir benefícios e custos de forma equânime entre clientes e acionistas e manter as concessionárias segundo padrões prudentes de investimento e operacionais.

Como resultado, o setor elétrico é considerado um refúgio financeiro seguro, mas sem imaginação. Do ponto de vista do regulamentador e do consumidor, os guias têm sido a consistência e a confiabilidade. Nem um nem outro gostam de surpresas na forma de aumentos de preços (reduções, tudo bem). Num ambiente assim, o progresso incremental é arauto da inovação, evitar riscos é a palavra de ordem e proteger o *status quo* torna-se a norma. Como indica a Standard & Poor, "Níveis menores de risco [acoplados ao] ambiente altamente regulamentado resultaram em menor lucratividade e retorno sobre o capital do que em muitos outros setores industriais. No mercado regulamentado, o nível e a margem de lucro têm sido basicamente uma função da flexibilidade legislativa, e a eficiência operacional e o crescimento da receita assumiram um lugar secundário".[459]

Essa estrutura normativa recompensa a formação de uma grande base de ativos e a venda de mais eletricidade. Compreensivelmente, as concessionárias fogem de estratégias que põem em risco os interesses financeiros de seus acionistas. Essa estrutura institucional foi útil em épocas nas quais a demanda crescia firmemente, aumentando as economias de escala das usinas. Se essas condições não mudarem e riscos maiores não interferirem, atender às futuras necessidades de fornecimento de eletricidade proveniente de combustíveis fósseis, como em nosso caso *Manter*, teria a virtude de se basear em tecnologias maduras e comprovadas, com combustíveis domésticos aparentemente abundantes (carvão e gás natural) para alimentar o sistema, pelo menos até 2050.

Mas o futuro não é o passado, e as tendências atuais mostram que não existe isso de "fazendo-como-sempre-fizemos". O sistema elétrico está diante de uma convergência – alguns diriam uma tempestade perfeita – de mudanças, incluindo-se desenvolvimento tecnológico, confiabilidade e preocupações com a segurança nacional (blecautes elétricos prolongados são tão sérios quanto interrupções no fornecimento de petróleo) e questões ambientais que, juntas, criam algumas das maiores oportunidades para inovação e investimentos vistas desde que a indústria começou, há mais de um século.

Portanto, vamos estudar alguns desafios que nosso caso fazendo-como-sempre-fizemos irá enfrentar nos próximos 40 anos.

Demanda Estável ou em Queda

Diferentemente do que se viu em décadas anteriores, o crescimento da demanda não pode servir de base para o aumento de receitas. Embora a demanda dos EUA por eletricidade tenha aumentado em todos os anos, exceto quatro, desde 1949, o ritmo do aumento tem caído regularmente, e por isso a EIA prevê um pálido crescimento anual de 1% em 2035.[466] A implementação bem-sucedida da eficiência energética em edifícios e na indústria que discutimos neste livro pode fazer esse crescimento cair para -1% e mantê-lo nesse nível. Embora a eletrificação dos veículos represente uma nova fonte de demanda, ela só vai interferir em parte com ganhos de eficiência projetados (fig. 5-5).

Algumas concessionárias provaram que podem ter programas agressivos de eficiência,[467] e não são os únicos participantes do mercado a poder fazê-lo.

COMO CHEGAMOS AQUI?

O desenvolvimento da indústria de eletricidade no final do século XIX e início do século XX moldou suas estruturas institucionais até hoje. O primeiro salto evolutivo veio de um lendário debate entre dois titãs da indústria, Thomas Edison e George Westinghouse. Na década de 1890, ambos discutiram ferozmente o melhor método para transmitir eletricidade – a corrente contínua (CC) ou a corrente alternada (CA). Edison preferia a CC, que, na época, só podia ser transportada localmente sem incorrer em grandes perdas de potência. Desde então, semicondutores de alta potência eliminaram essa limitação, e agora linhas de corrente contínua de alta voltagem podem competir com a corrente alternada em distâncias bem longas, mas, na década de 1890, essa limitação forçou Edison a usar um sistema altamente distribuído, no qual as usinas ficavam próximas dos consumidores. Westinghouse defendia a CA, que podia ser transformada facilmente em altas voltagens e ser transmitida por grandes distâncias com pequenas perdas, mas com o ônus de se manter todos os geradores em sincronismo exato para não se danificarem mutuamente. Com o tempo, prevaleceu a posição de Westinghouse, assentando as bases para a arquitetura centralizada que domina o sistema elétrico de CA hoje.[460]

O segundo salto evolutivo ocorreu apenas alguns anos depois e solidificou os modelos de negócio da indústria que ainda estão operantes. No início do século XX, muitos fornecedores de eletricidade competiam para construir infraestruturas de geração e de distribuição em cidades do mundo todo. Muitas cidades dos EUA buscavam preços mais baixos e melhor qualidade de serviço concedendo franquias não exclusivas para controlar a "mão invisível" de Adam Smith e permitir a competição entre fornecedores de energia elétrica. Entretanto, como as empresas investiram e competiram para servir aos mesmos consumidores, às vezes, essa competição levou à duplicação de usinas e de cabos, com custos fixos bem elevados. Na verdade, por unidade de energia fornecida, o sistema elétrico tem sido historicamente de 10 a 100 vezes mais oneroso do que os tradicionais sistemas a gás e a petróleo sobre os quais, em grande parte, as economias modernas se basearam.[461] Esse uso intenso de capital, associado à incerteza do investimento, criou um significativo desafio para os participantes do mercado que quisessem garantir seu capital e operar com eficiência.

Em razão da natureza desses investimentos e do custo decrescente de produção por kWh gerado, a eletricidade foi declarada um "monopólio natural",[462] no qual a regulamentação deveria ter o papel ocupado pela concorrência num mercado livre: "controle da entrada, fixação de preços, definição da qualidade e condições de serviço".[463] Por isso, a questão foi *como* regulamentar o setor elétrico, e não *se* isso deveria acontecer.

Como a eletricidade atravessa divisas entre cidades, estados e regiões e se mistura livremente na rede, independentemente de sua origem, o sistema federal de governo dos EUA apresentou diversas opções para a regulamentação. Embora a Cláusula Comercial da constituição dos EUA dê ao governo federal o poder de regulamentar o comércio entre Estados, a 10ª Emenda reserva a cada Estado o direito de ter regulamentações internas. Enquanto isso, diversas prefeituras começaram a tomar as rédeas da situação e a municipalizar a infraestrutura da eletricidade em suas jurisdições para elas próprias poderem possuir e gerenciar o sistema. Hoje, as prefeituras controlam 10% dos sistemas elétricos do país.[464] Algumas prefeituras ainda ameaçam assumir seus sistemas quando o monopólio das concessionárias privadas (IOU) sobre as franquias expirar.

Percebendo a iminência da regulamentação e a ameaça da municipalização que os provedores de eletricidade da época iriam enfrentar, Samuel Insull – sucessor de Thomas Edison – liderou o *lobby* da indústria das concessionárias de eletricidade para que as comissões de concessionárias públicas (PUCs – Public Utility Commissions) fossem as principais supervisoras da indústria. As primeiras PUCs foram criadas em 1907 e proliferaram rapidamente. Todos os estados, exceto Nebraska (onde todas as concessionárias são públicas), têm uma. O efeito dessa estrutura institucional não pode ser enfatizado em demasia. Como diz Richard Hirsch, historiador da eletricidade, o fato de se tornar legítimas as concessionárias de eletricidade como monopólios naturais sem concorrência "permitiu-lhes almejar consolidação e crescimento contínuos, sem a indignação do público ou [principalmente] moções para que as prefeituras assumissem empresas privadas". Os monopólios legalizados "eliminaram os medos dos investidores de que as concessionárias perderiam a liderança do mercado" e reduziram a competição pelo capital e o custo das verbas necessárias.[465]

204 REINVENTANDO O FOGO

Envelhecimento da Infraestrutura

Embora seja provável que a demanda se estabilize ou diminua, a necessidade de se construir novas fontes de geração vai continuar, pois as usinas e a infraestrutura de energia dos EUA estão ficando velhas e obsoletas. Mais de 70% das usinas a carvão dos EUA – metade da capacidade de carvão do país – têm mais de 30 anos, e 33% têm mais de 40.[468] Se todas puderem ser mantidas e funcionarem a custo viável até os 60 anos, o dobro de sua vida contábil normal, 94% da capacidade atual de carvão terá sido desativada em 2050 apenas por velhice (fig. 5-6).

Usinas de força a carvão, bem como todas as usinas que utilizam o ciclo do vapor, superaram há muito suas economias históricas de escala. Pararam de ficar mais eficientes na década de 1960, maiores na década de 1970, mais baratas na década de 1980 e compradas na década de 1990, quando o ritmo de encomendas dos EUA voltou ao nível da época vitoriana.[469] Usinas altamente eficientes acionadas a ciclo combinado de gás e derivadas de motores de aeronaves produzidos em massa assumiram boa parte de seu mercado na década de 1990, e hoje, como veremos, fontes renováveis de energia com volume de produção ainda maior estão explorando vantagens similares.

Restrições Ambientais

Impactos ambientais e sobre a saúde são levados cada vez mais em conta nas decisões ligadas ao sistema elétrico. No caminho convencional do *Manter*, o crescimento esperado ainda elevaria as

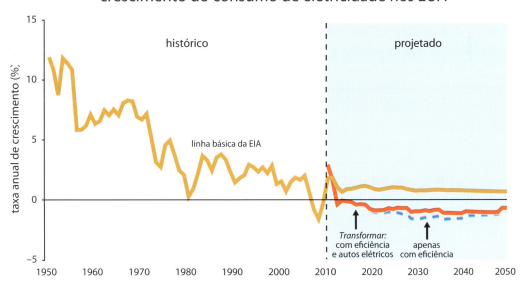

Fig. 5-5. A taxa de crescimento da demanda por eletricidade nos EUA caiu de forma razoavelmente consistente durante 60 anos, e, com os ganhos em eficiência descritos nos Capítulos 3 e 4, vai ficar negativa, apesar de um modesto aumento devido aos autos elétricos do Capítulo 2.[470]

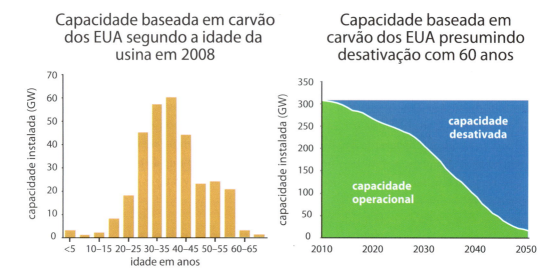

Fig. 5-6. As usinas de força a carvão dos EUA estão envelhecendo e, a menos que sua durabilidade aumente significativamente, estarão desativadas em 2050.[471] A capacidade "oficial" mostrada está em condições nominais, mas a capacidade real pode diminuir quando a água de arrefecimento ficar anormalmente quente.

emissões de carbono do setor elétrico de 38%, em 2050, a níveis quase 600% acima dos que seriam exigidos caso os EUA se alinhassem com as metas de redução global de 80% abaixo dos níveis de 2000 em 2050.[472] Embora o futuro da legislação dos EUA relativa a mudanças climáticas ainda esteja incerto, é prudente apostar no risco de que os EUA vão acabar taxando o carbono, como quase todos os países membros da OCDE já fazem. Em 2007, mais de 20 CEOs de empresas listadas entre as 500 maiores pela *Fortune* admitiram suas emissões de dióxido de carbono (CO_2) e as contribuições resultantes para as mudanças no clima global. Eles criaram a U.S. Climate Action Partnership (USCAP) ou Parceria de Ação Climática pelos Estados Unidos, e começaram a fazer *lobby* por uma legislação federal relacionada ao carbono.[473] Em seu 12º Plano de Cinco Anos, publicado em 2011, até a China reduziu suas futuras emissões de carbono. No caso *Manter*, um preço de US$ 27 a US$ 90 por tonelada de CO_2 pode elevar o preço médio da eletricidade dos Estados Unidos em US$ 0,01 a US$ 0,05 por kWh (aproximadamente de 10% a 30%) em 2050.

Além das mudanças climáticas, a probabilidade de futuras restrições ambientais com base em necessidades da saúde pública prevê riscos e custos significativos e potencialmente proibitivos à geração a carvão. Segundo a Academia Nacional de Ciências, os danos anuais totais relacionados à saúde causados por dióxido de enxofre, óxido de nitrogênio e matéria particulada, gerados pela queima de carvão nos Estados Unidos, foram de US$ 68 bilhões em 2005[474] – sem contar os danos ao ecossistema ou os efeitos sobre a saúde de outros poluentes atmosféricos como o mercúrio.[475] Estimativas independentes feitas pela Clean Air Task Force (Força-Tarefa do Ar Limpo) revelaram em 2010 que a poluição atmosférica causada por usinas a carvão levou a mais de

13 mil mortes prematuras por ano nos Estados Unidos, elevando os custos hospitalares em US$ 100 bilhões por ano.[476]

A maioria das usinas a carvão é antiga e não consegue obedecer às leis ambientais da era Nixon destinadas a regular a emissão desses nocivos poluentes atmosféricos. Em 2010, metade das usinas a carvão dos Estados Unidos não tinha sistemas para a remoção de dióxido de enxofre, 57% não possuíam redutores de óxido de nitrogênio, 96% não tinham controles modernos para a emissão de partículas e de mercúrio.[477] A mera obediência a regras sobre mercúrio, óxido de nitrogênio e óxido de enxofre da Agência de Proteção Ambiental dos Estados Unidos (EPA – Environmental Protection Agency) custaria US$ 120 bilhões,[478] que recairiam de forma desproporcional sobre as usinas mais velhas e mais sujas.[479] Já existem várias medidas para aplicar leis que há muito têm sido evitadas ou ignoradas, e quase todas vão elevar o custo da mineração e da queima de carvão. O Brattle Group estima que mais de 50 GW de usinas de carvão poderiam ser desativadas em vez de pagar pelas melhorias necessárias.[480] Isso já começou a acontecer. Em 2009, por exemplo, a Progress Energy decidiu sucatear 11 geradores a carvão e adquiriu US$ 1,5 bilhão em novos geradores a gás, em vez de pagar quase US$ 2 bilhões para limpar suas usinas a carvão.[481]

Outro problema que deve piorar, com o potencial de limitar a geração de energia por combustíveis fósseis nas próximas décadas, é a escassez de água. A cada hora, uma usina de 1 GW a carvão queima 450 toneladas de carvão, mas também consome 91 milhões de litros de água de arrefecimento e evapora 3,8 milhões de litros.[482] Os especialistas esperam que a escassez de água limite em 2025 a produção de energia em 10 estados com pouca água, inclusive a Califórnia, a Flórida e o Texas,[483] e isso pode piorar com as mudanças climáticas. Atualmente, 49% de toda água extraída nos Estados Unidos serve para arrefecer energia térmica; desse total, cerca de 2,5% evapora – quase metade de todo o consumo doméstico e comercial.[484] *Manter* elevaria a extração em 30%, de pouco mais de 8 trilhões de litros em 2010 para mais de 11 trilhões de litros em 2050. Muitas jurisdições estão começando a cobrar taxas de mercado por esse privilégio, que por muito tempo foi gratuito ou barato. E em 2010, a Califórnia limitou o arrefecimento por ciclo aberto de água do mar, e por isso um quarto da capacidade do estado deve ser reformado, trocar de fonte ou ser desativado até 2022.[485]

É pouco provável que essas usinas desativadas sejam substituídas por outras iguais: Wall Street está cada vez mais relutante em financiá-las. Kevin Parker, diretor mundial de gerenciamento de ativos do Deutsche Bank, diz: "[A geração a] carvão é um

---

QUAL A QUANTIDADE DE CARVÃO QUE PODE SER EXTRAÍDA ECONOMICAMENTE?

Mesmo o suprimento doméstico de carvão dos Estados Unidos, tradicionalmente considerado líquido e certo, não é garantido. Há carvão suficiente no subsolo dos Estados Unidos para mais de cinco séculos no atual ritmo de consumo, mas apenas um quarto dele é considerado economicamente aproveitável.[490] Até essa estatística pode ser otimista. Acreditava-se que a mina de carvão Gillette na bacia do rio Powder, no Estado de Wyoming, que produz hoje quase metade do carvão do país, continha mais de 180 bilhões de toneladas de carvão. Mas, como noticiou o *Wall Street Journal* em 2009, o serviço geológico dos Estados Unidos reavaliou a reserva economicamente extraível, reduzindo-a em 94% e limitando-a a pouco mais de 9 bilhões de toneladas.[491] Dave Rutledge, professor da Caltech, prevê uma reavaliação substancial de todas as minas domésticas de carvão. Ele estima que a reserva economicamente extraível do país represente apenas um suprimento de 60 anos segundo o atual índice de consumo dos EUA.[492]

morto-vivo. Os bancos não vão financiá-la. As seguradoras não vão assegurá-la. A EPA vai atrás dela... e os cálculos econômicos para torná-la limpa não funcionam."[486] Em 2010, 6 GW de usinas a carvão fundadas muitos anos antes entraram em funcionamento, nenhuma usina nova começou a funcionar, 38 usinas a carvão planejadas foram abandonadas e 48 suspenderam suas operações.[487] Mesmo o maior consumidor de carvão dos Estados Unidos, a gigantesca American Electric Power, planeja usar gás em suas novas operações.[488] Em 2010, a EIA previu que apenas 10 GW de novas usinas a carvão seriam acrescentados até 2035; em 2005-2010, o carvão perdeu 25% de sua participação na geração de serviço de energia elétrica ao gás natural, à eficiência e às fontes renováveis.[489]

Mudanças Globais em Tecnologia

Não surpreende o fato de preocupações com mudanças climáticas, poluição e volatilidade dos preços de combustíveis terem levado governos do mundo todo a aumentar a demanda por tecnologias renováveis mediante investimentos em P&D, incentivos fiscais, subsídios e leis. Essas políticas suscitaram novas tecnologias que não apenas podem resolver muitos dos problemas das antigas usinas a combustíveis fósseis, mas também provocam uma intensa concorrência econômica.

Trinta e dois estados dos EUA[493] têm padrões de portfólios renováveis (RPS – Renewable Portfolio Standards), estipulando 775 TWh/ano de renováveis em 2020 e 900 TWh/ano – aproximadamente 20% da demanda projetada de eletricidade – até 2030.[494] Em parte, graças a essas políticas, a capacidade de energia eólica dos Estados Unidos cresceu 1.300% na última década, e a capacidade de energia solar, 8.800%.[495] E essas mudanças, algumas iniciadas nos EUA, ultimamente têm ganhado mais impulso ainda no exterior. Me-

tade das adições totais de capacidade de geração entre 2008 e 2010 no mundo é de fontes renováveis. No início de 2011, mais de 118 países tinham algum tipo de política obrigando ou incentivando a energia renovável, contra 55 no início de 2005.[496] Hoje, os mercados renováveis são imensos, globais e dominados por países em desenvolvimento, e vão crescer ainda mais. O crescimento mundial da população e da economia, especialmente em países em desenvolvimento, está motivando um crescimento rápido da infraestrutura elétrica. Até 2035, as projeções oficiais dizem que a China e a Índia, juntas, vão acrescentar quase duas vezes mais capacidade instalada do que a Europa e os EUA combinados, continuando a movimentar os mercados de fontes renováveis.[497]

Em função disso, o desenvolvimento tecnológico será alimentado por mudanças e inovações que acontecem tanto *fora* do mercado dos EUA quanto *dentro* dele. À medida que a experiência, a escala e a inovação tecnológica continuarem a reduzir custos em mercados globais ferozmente competitivos (fig. 5-7), a competitividade em termos de custos irá acelerar a adoção. Isso já está acontecendo em velocidade espantosa, como veremos em nosso caso *Renovar*.

Os avanços tecnológicos não se limitaram ao *fornecimento* de eletricidade, nem à sua eficiência no uso final. A tecnologia da informação trouxe inovações notáveis na maneira como a eletricidade pode ser monitorada, controlada e fornecida. Essas tecnologias de "rede inteligente" podem não apenas deixar a rede mais confiável e segura, mas também podem torná-la mais eficiente, reduzindo a quantidade necessária de energia gerada.

Por outro lado, a competição introduzida pela onda de reestruturação do mercado de eletricidade na década de 1990 permitiu que muitos participantes novos entrassem no negócio da energia elétrica. Há ainda mais oportunidades para empresas e consumidores que podem fazer investimentos

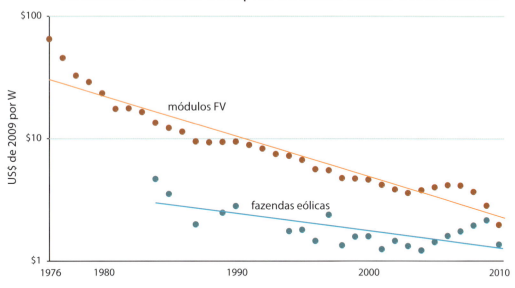

Fig. 5-7. Tecnologias renováveis têm acompanhado em grande parte as curvas de aprendizado de redução de custos, assim como usinas de força a combustíveis fósseis e centenas de produtos manufaturados. Os recentes saltos nos preços de energia eólica e fotovoltaica solar ocorreram graças a gargalos temporários enquanto a oferta se esforçou para atender à grande demanda; desde então, esses saltos desapareceram.[498]

não regulamentados em eficiência e em fontes renováveis locais. Algumas empresas estão oferecendo produtos muito inovadores. Os provedores de tecnologia da informação estão infiltrando rapidamente o negócio da eletricidade com produtos que melhoram muito o nível de informação fornecido aos consumidores e às concessionárias, permitindo comunicações avançadas entre consumidores, concessionárias e até aparelhos que utilizam energia.

Por isso, mesmo que por algum motivo queiramos manter a atual abordagem familiar, a inovação nos leva inexoravelmente a um novo mundo.

Novas Preocupações com Segurança

Finalmente, a confiabilidade e a adaptabilidade do sistema elétrico estão se tornando mais vitais e valiosos. Em agosto de 2003, linhas de energia em Ohio, sobrecarregadas por uma pane numa usina nuclear mal mantida, caíram sobre os galhos de árvores insuficientemente cortadas, provocando uma sucessão de falhas que apagou as luzes de 24.000 km² entre Toronto e a cidade de Nova York. Cinquenta milhões de pessoas ficaram sem energia. O apagão fechou 13 aeroportos e causou prejuízos entre US$ 5 bilhões e US$ 14 bilhões por perdas na produção e em salários, alimentos estragados, serviços de emergência e outros. Das empresas pesquisadas, 24% perderam mais de US$ 58 mil por hora, e 4% – inclusive automobilísticas, refinarias, siderúrgicas e petroquímicas – perderam mais de US$ 1,2 milhão por hora.[499]

Esse apagão – e eventos similares em 1965, 1977 e 1996[500] – ilustra como empresas podem perder milhões de dólares[501] mesmo se o fornecimento de energia for cortado por apenas alguns minutos. Cientistas do Lawrence Berkeley National Laboratory estimam que esses blecautes custaram coletivamente a empresas e residentes dos Estados Unidos cerca de US$ 160 bilhões anuais.[502] Por quê? Os sistemas tecnológicos interdependentes que se entrelaçam por intermédio da economia – comunicações, finanças, petróleo e gasolina (nem mesmo uma bomba de gasolina funciona sem eletricidade), água, tratamento de esgotos, controle de tráfego aéreo e terrestre –, todos precisam de um fornecimento contínuo de eletricidade.

O fato de tais apagões regionais serem raros – cerca de um por década – é um grande tributo à habilidade e à dedicação da indústria de fornecimento de energia. Mas as perturbações à rede estão em alta,[503] e novas ameaças de blecautes muito mais extensos e prolongados representam novos desafios que não podem ser totalmente resolvidos no paradigma de projeto que os criou. Qualquer cenário da eletricidade que dependa das frágeis artérias aéreas da rede de transmissão – sem a capacidade de isolar os centros de demanda das perturbações da rede – representa um risco à segurança nacional.

Na verdade, a vulnerabilidade física do atual sistema de transmissão, identificado inicialmente para o Pentágono em 1981,[504] persiste até hoje (fig. 5-8). Em 2009, as concessionárias e as agências de segurança norte-americanas fizeram uma parceria com os departamentos de Energia e de Defesa para simular um ataque à rede elétrica. Nessa simulação de jogo de guerra, os atacantes se apoderaram de transformadores de voltagem extremamente alta e causaram um apagão em uma cidade. Depois, ameaçaram fazer o mesmo com outras 10 cidades nas seis horas seguintes, caso suas exigências não fossem atendidas. Foram deslocadas forças para tentar proteger 2 mil transformadores de voltagem extremamente alta espalhados pelo país. Após seis horas, o grupo atacou os sistemas de controle e de comunicação em vez de atacar os transformadores, tirando 36 GW da capacidade de uma concessionária importante. Ameaçaram repetir a façanha em cinco horas, mas havia muito pouco tempo para proteger os sistemas de controle. *Game over* [fim de jogo].[505] As ameaças não precisavam sequer provir dos atacantes: a rede ainda não está protegida contra severas tempestades geomagnéticas que, em seu nível de 1921, poderiam deixar às escuras 130 milhões de pessoas e custar de US$ 1 trilhão a US$ 2 trilhões por ano durante 4 a 10 anos.[506]

Os ataques cibernéticos foram acrescentados à lista de problemas de segurança da rede quando muitos de seus controles foram passados para a Internet com precauções de segurança inadequadas. O Idaho National Laboratory, o Defense Science Board (Comitê Científico de Defesa) e especialistas da indústria identificaram vulnerabilidades que poderiam deixar ciberatacantes remotos e anônimos destruir instantaneamente geradores e turbinas muito caros – possivelmente, de forma simultânea e em grandes números. Substituí-los levaria anos e dependeria de um punhado de fábricas estrangeiras com capacidade ociosa limitada. Profissionais de segurança de TI das concessionárias responderam a uma enquete em 2009, e cada um disse que estava lidando com 150 c/berataques "sérios" por semana.[507] Ciberataques em outros países já haviam causado blecaute em cidades, e os ataques – disse o diretor de Inteligência Nacional em sua Avaliação Anual de Ameaças da Comunidade de Inteligência de 2009 – estavam se tornando "mais sofisticados, direcionados e sérios". Essas ameaças já estão sendo usadas em guerras veladas, como o vírus de computador Stuxnet de 2010 que visou as usinas de enriquecimento de urânio do Irã.

Diversas características inerentes ao sistema de energia conferem-lhe, ao mesmo tempo, confiabilidade normal e fragilidade preocupante. Para começar, uma usina térmica gigante pode perder

Magnitude qualitativa *versus* probabilidade de ameaças à segurança

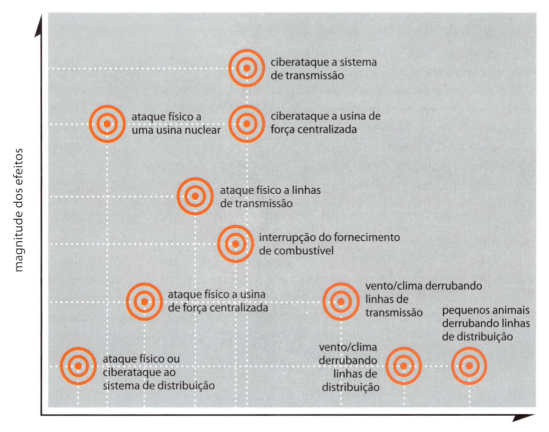

Fig. 5-8. As diversas ameaças à segurança e à confiabilidade da rede variam muito em probabilidade e gravidade.

1 bilhão de watts num piscar de olhos, até por semanas ou meses, e sem aviso prévio. O mesmo, ou pior, aplica-se a uma grande linha de transmissão. É exatamente por isso que se exige que as concessionárias tenham capacidade de reserva suficiente para compensar pela perda do maior recurso do sistema. De fato, de 98% a 99% dos apagões ocorrem na rede de transmissão e de distribuição – e mais de 90% deles devem-se ao clima, a falhas no equipamento ou a pequenos animais.[508] E como a atual "rede muda" não proporciona qualquer visibilidade além da subestação, geralmente a empresa de energia elétrica não sabe sequer se houve um apagão na rede de distribuição local enquanto alguém não liga para fazer uma reclamação. Embora essas perturbações aparentemente simples e locais costumem desencadear apenas pequenos blecautes, podem provocar falhas na rede em cascata, com consequências bem mais danosas.

Finalmente, se a rede falha, o tempo para sua recuperação pode ser longo. A rede precisa ser minuciosamente remontada para evitar novos colapsos, gerando um delicado equilíbrio entre oferta e demanda à medida que cada segmento recebe energia. Infelizmente, muitas unidades geradoras térmicas grandes levam um dia para que sejam religadas, e a maioria precisa de energia da rede para fazê-lo. É particularmente difícil religar usinas nucleares que sofreram panes bruscas, e por isso, quando nove reatores perfeitamente operacionais foram desligados instantaneamente para serem protegidos no blecaute de 2003 na região nordeste dos Estados Unidos, foram necessárias duas semanas para que voltassem à sua capacidade máxima.[509]

A Inação é um Risco

Embora a previsão do futuro do setor elétrico esteja cercada de incertezas, parece extremamente improvável que *nenhuma* dessas várias contingências diferentes vá acontecer. Já estamos começando a ver nuvens no horizonte. Até hoje, a atenção da mídia e da indústria tem se concentrado na ameaça das mudanças climáticas e da legislação sobre o carbono, e o debate sobre a ciência das mudanças climáticas tem superado discussões construtivas a respeito de formas lucrativas de minimizar esse risco. Sendo assim, por que os CEOs que criaram o U.S. Climate Action Partnership fizeram *lobby* pela legislação climática? Esses sábios CEOs reconheceram implicitamente que, quando o texto estiver sacramentado, haverá três opções principais: torcer para que desapareça, esperar a tinta secar ou pegar a caneta e ajudar a escrever a história. Se você é um dos maiores emissores do país, não importa se acredita que a atividade humana está mudando o clima da Terra; só importa se você acha que suas emissões podem ser restringidas ou taxadas. Nesse caso, a incerteza de *Manter* em relação ao tema impõe riscos e custos sobre seus proprietários e clientes. Por isso, embora haja muitos riscos na navegação pelo sistema elétrico, apostar no risco do carbono parece um primeiro

passo prudente – que o caso *Migrar* assume de maneiras bastante respaldadas.

MIGRAR: A POSTURA CONVENCIONAL DIANTE DA ELETRICIDADE "SEM CARBONO"

Quando se procuram soluções para o clima e para a poluição, o foco costuma recair sobre fontes nucleares e sobre o "carvão limpo" (captura e sequestro do carbono de usinas a carvão). A abordagem parece objetiva – aposentar usinas antigas que emitem carbono, construir mais usinas nucleares e investir em nova tecnologia que captura e sequestra (armazenando em segurança e de forma permanente) as emissões de carbono de novas usinas a carvão e até a gás. Essa visão, isoladamente, pode solucionar o problema climático da eletricidade, além de reforçar, em vez de minar, muitas das instituições centenárias do setor energético. Ela dá apoio aos atuais modelos de negócios das concessionárias, reforça o papel tradicional dos legisladores estaduais e até preserva a indústria da mineração de carvão e as ferrovias que transportam o carvão. Não surpreende, portanto, o fato de ter sido grande o interesse de políticos e de concessionárias em levar os EUA por esse caminho. É um conceito atraente. Poderíamos nos tornar livres do carbono sem fazer mudanças drásticas no sistema que tem nos servido bem há mais de um século. Logo, por que não?

Um futuro que se baseia nas tecnologias nucleares e em CCS de *Migrar* teria como alicerce os paradigmas regulatórios, institucionais e operacionais já familiares. Mas qual a viabilidade de um grande acúmulo de usinas nucleares dotadas de CCS para descarbonizar o sistema elétrico? Atualmente, a energia nuclear é um importante fornecedor de eletricidade nos Estados Unidos – em

2010, um quinto[510] da eletricidade norte-americana saiu de 104 usinas nucleares.[511] Em contraste, não há nenhuma usina com CCS em escala comercial – apenas quatro projetos de demonstração (um nos Estados Unidos e três no exterior) que guardam as emissões de carbono das usinas a carvão no subsolo.[512] E, embora o porte total do investimento não seja inviável, o grau do risco financeiro que ele envolve concentra-se num número modesto de projetos grandes e complexos, que

CASO 2: MIGRAR

Migrar presume que a antecipação da legislação para reduzir as emissões de gases estufa irá provocar a troca da geração convencional a combustíveis fósseis por usinas nucleares e novas usinas a carvão equipadas com captura e sequestro de carbono (CCS), todas movidas pelos incentivos dos atuais modelos regulatórios e de negócios. Isso exigiria uma ativação em grande escala, com quase três usinas nucleares e nove usinas a carvão equipadas com CCS por anos durante os próximos 40 anos, com custo total, em valor atual, de US$ 6,5 trilhões. As emissões de carbono do setor elétrico cairiam 64% por volta de 2050. O aumento da capacidade nuclear exigiria uma capacidade de armazenar resíduos de alto nível, com cerca de duas vezes o tamanho da instalação abandonada na montanha Yucca em Nevada.

As metas de redução de carbono também movimentam o uso parcial da eficiência e da energia renovável, mas as concessionárias regulamentadas e seus acionistas estão em conflito porque seus investimentos em usinas de grande porte extremamente onerosas e com longo tempo de construção precisam se assegurar da recuperação do investimento, reforçando os atuais incentivos para vender mais energia. O fornecimento de eletricidade, a arquitetura do sistema e as operações mantêm-se similares aos de hoje, com pouco uso de redes inteligentes.

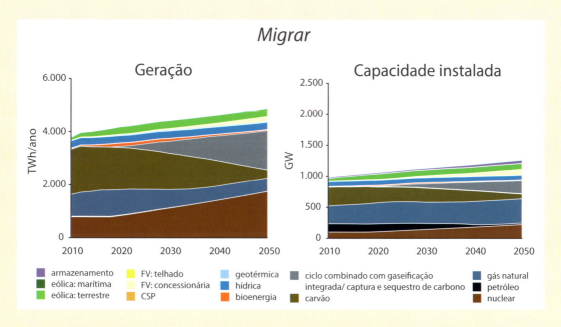

Fig. 5-9. *Migrar* reduz os riscos do carbono com novas usinas nucleares e "carvão limpo" – usinas a carvão com ciclo combinado e captura e sequestro de carbono (IGCC/CCS). Como em *Manter*, o caso *Migrar* aumenta de forma modesta a eficiência de uso final, e por isso o consumo de eletricidade ainda aumenta, mesmo que lentamente.[513]

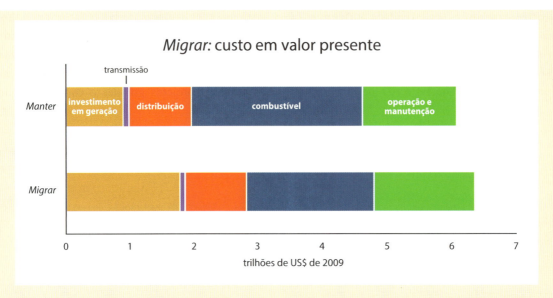

Fig. 5-10. O custo de eletricidade de 2050 em valor presente é modestamente maior do que para *Manter*, com o dobro de custo de capital, mas custo de combustível inferior.[514]

podem fazer com que o financiamento pare tudo. Até agora, foi o caso com os dois principais componentes mais maduros de *Migrar* – expandindo a geração nuclear.

O Desafio de se Financiar a Energia Nuclear

Nos três anos seguintes a agosto de 2005, quando a energia nuclear desfrutou o maior apoio político e legal e teve à disposição os mais robustos mercados da história, nenhum dos 34 projetos propostos de usinas nos Estados Unidos conseguiu financiamento privado, apesar de subsídios federais iguais ou maiores do que seu custo de construção.[515] O veredito do mercado foi similar no exterior. Dos 64 projetos de usinas nucleares atualmente em construção pelo mundo, todos ficam em sistemas de energia planejados centralmente, geridos principalmente por autoridades que detêm o controle sobre verbas públicas.[516]

Por que a energia nuclear nos EUA não conseguiu atrair o capital privado? O histórico de construção dessas usinas nos EUA não dá aos investidores a confiança necessária para apostar bilhões. Desde o início da década de 1960 até 1978, quando o impulso cessou, um ano antes do acidente na usina Three Mile Island, as concessionárias dos EUA dedicaram-se a um agressivo programa de construção de usinas nucleares. Dos 253 reatores encomendados, três quintos foram abandonados por excederem três vezes o custo (fig. 5-11) ou foram fechados prematuramente como péssimos negócios.[517] Os estouros maçicos dos orçamentos, totalizando centenas de bilhões de dólares, foram causados por fatores interligados, inclusive regulamentações de segurança em rápido desenvolvimento, projetos não padronizados e instáveis, desafios de se administrar projetos muito grandes e complexos e finanças em deterioração por conta da redução da demanda e do aumento de custos.[518] A dívida das concessionárias participantes se deteriorou em média em 4 graus, afetando 40 entre 48 emissões de debêntures.[519]

Evidências globais recentes mostram que esse não é um fenômeno unicamente norte-americano. A AREVA, a maior construtora nuclear do mundo, viu o fracasso de seus dois empreendimentos nucleares mais recentes: suas ações caíram 71% em quatro anos e seu CEO foi despedido. Sua usina Olkiluoto 3, na Finlândia, está demorando o dobro ou mais que o tempo previsto para sua construção e seu custo também está duas vezes maior, sem data prevista para conclusão. A Électricité de France, a mais experiente concessionária nuclear do mundo, está sofrendo atrasos similares com o projeto Flamanville 3, cuja construção se iniciou na França em 2007: em meados de 2011, estava

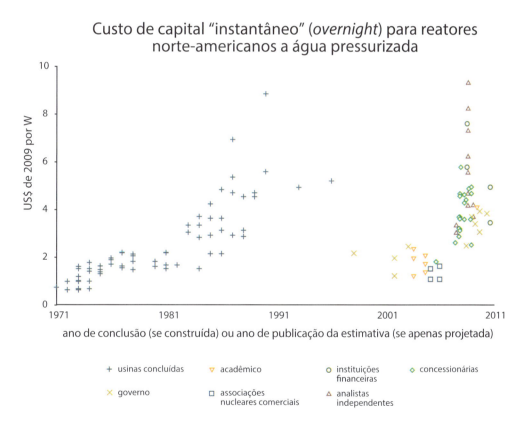

Fig. 5-11. O custo de capital "instantâneo" (*overnight*) de reatores a água pressurizada (o principal tipo no mercado mundial) aumentou com o tempo, em vez de cair.[522] (O custo "instantâneo" é o que a usina custaria para ser construída caso pudesse ser concluída da noite para o dia. O custo real de projeto é quase duas vezes maior, pois inclui financiamento e aumento real durante a construção.) O forte aumento entre 2007 e 2009 reflete a mudança entre as alegações promocionais iniciais dos vendedores e as propostas realmente apresentadas, colocando o vendedor em risco por uma parte ou por todos os excessos de custo. Projeções analisadas por Molly M. Ward do RMI em 2010, no estilo do professor Mark Cooper (Vermont Law School).

quatro anos atrás do cronograma e US$ 2,6 bilhões acima do orçamento.[520]

Os custos elevados e incertos das novas usinas nucleares poderiam ser toleráveis a curto prazo se houvesse razões para acreditar que um importante programa de construção dessas usinas poderia reduzi-los. No entanto, nenhum país demonstrou uma curva de aprendizado significativa ou sustentada para custos de usinas nucleares instaladas. Para citar um exemplo, quando o Dr. Arnulf Grübler do International Institute for Applied Systems Analysis [Instituto Internacional para Análise Aplicada de Sistemas] analisou cuidadosamente os custos oficiais do programa nuclear francês, singularmente ambicioso,[521] descobriu que os custos não caíam com a experiência. Na verdade, quanto mais usinas eram construídas, mais elas custavam. O custo real de capital por kW no esforço francês de construção entre 1974 e 1990 aumentou 2,4 vezes, e o tempo de construção, embora 30% inferior ao dos Estados Unidos, quase dobrou.

Admitindo os desafios financeiros da energia nuclear, os legisladores tentaram atrair o capital privado com incentivos, como garantias de empréstimos federais. Essas garantias de empréstimos reduzem o custo do crédito, assegurando o principal para o credor e substituindo o financiamento direto do Tesouro por empréstimos do mercado de capitais. O orçamento do ano fiscal de 2012 do Departamento de Energia dos Estados Unidos requisitou US$ 34 bilhões, triplicando sua autoridade de 2005, em garantias de empréstimos para novas construções nucleares.[523] Contudo, o programa gerou o comprometimento condicional de apenas US$ 7,9 bilhões para garantir dois reatores na Georgia.[524] Um empreiteiro da Carolina do Sul espera ter melhores ofertas no mercado privado. Dois outros projetos caíram porque os proprietários não queriam pagar as taxas avaliadas pelo DOE, como exige a lei, para compensar os contribuintes por seu risco. O DOE espera que surjam outros candidatos, mas os poucos dispostos a correr o risco apresentando 20% do custo de seus projetos sem garantias já o fizeram – por assim dizer.[525]

Para escapar do risco remanescente para seus acionistas, as concessionárias com ambições nucleares fizeram pressão sobre os deputados estaduais e sobre as concessionárias públicas a fim de obter a autorização para cobrar os consumidores por "obras em andamento" (CWIP – Construction Work in Progress), antes de as usinas entrarem em funcionamento. Alguns poucos concordaram. As duas unidades gêmeas da Georgia Power obtiveram garantias federais de empréstimos, financiamento barato (algumas por intermédio de fundos de estímulo) por sócios majoritários das concessionárias públicas, *e* por CWIP. Depois, porém, a Comissão de Serviços Públicos da Georgia, movida pela reação dos consumidores (especialmente indústrias de grande porte) às altas dos preços e ao elevado ritmo com que a Georgia Power procurou restaurar sua classificação em queda, quis resguardar os consumidores dos custos e a concessionária rejeitou essa abordagem, lançando sombras sobre o futuro do projeto.[526] De modo similar, o CEO da Duke Energy disse que se os deputados da Carolina do Norte rejeitassem a taxa CWIP, estariam "dizendo não ao futuro nuclear neste Estado".[527] Conforme os reguladores recomendaram,[528] a assembleia adiou a análise para 2012, no mínimo.[529] Em outras palavras, proteger os investidores à custa dos consumidores está ficando difícil até mesmo para concessionárias com grande influência política.

A Radiação de Fukushima

As finanças já desafiavam o renascimento nuclear antes de março de 2011, com o terremoto de magnitude 9,0 e o *tsunami* que devastou a costa nordeste do Japão, provocando o pior desastre nuclear desde Chernobyl. O desastre natural derreteu três e destruiu quatro dos seis reatores da usina Fukushima 1, danificou os outros e causou a desocupação de quase 100 mil pessoas.[530] Enquanto este livro é escrito, seis meses depois, os reatores não estão nem um pouco estáveis, confinar suas emissões radioativas ainda é um desafio, e sua abalada proprietária, a Tokyo Electric Power Company (TEPCO), comunicou ter tido uma perda inicial de US$ 14 bilhões – com mais perdas a caminho em consequência de anos de custos de limpeza e indenizações – e passou a ser controlada diretamente pelo governo.[531]

Como ondas sísmicas, os efeitos de Fukushima deram a volta ao globo. Em semanas, a Comissão de Regulamentação Nuclear dos Estados Unidos (NRC – Nuclear Regulatory Commission) fez uma análise rápida e começou a estruturar outra mais detalhada para definir se os 104 reatores norte-americanos – seis idênticos e 17 muito parecidos com os de Fukushima – precisavam de melhorias na segurança ou nos procedimentos.[532] Notícias diárias detalhavam perturbadores paralelos entre fraquezas nas regulamentações de segurança do Japão e dos Estados Unidos. Um quinto dos reatores do mundo está em zonas sísmicas importantes. A NRG Energy abandonou um projeto – proposto no Texas (supostamente com financiamento da TEPCO) – de US$ 10 bilhões com dois reatores nucleares e registrou uma perda contábil de meio bilhão de dólares.[533] A China suspendeu todas as construções nucleares e os projetos que aguardavam análise e aprovação.[534] A Alemanha suspendeu as extensões de licenças nucleares e fechou oito reatores. Então a chanceler conservadora anunciou em maio de 2011 que a Alemanha iria abandonar a energia nuclear (que fornecia 23% de sua eletricidade) na próxima década, mudando o mais rápido possível para a eficiência energética e fontes renováveis.[535] Um dia antes, o primeiro-ministro do Japão (país em que a energia era 30% nuclear antes de Fukushima) cancelou todos os 14 reatores planejados do país e anunciou uma reavaliação da política energética, acrescentando dois novos pilares: como os alemães, eficiência e energia renovável.[536] Depois, ele acrescentou: "Nosso país colocará todos os seus recursos para tornar a energia renovável a base de nosso fornecimento energético", como parte do impulso para reformas estruturais na economia como um todo.[537] O homem mais rico do Japão propôs a construção de fazendas solares em quantidade suficiente para substituir a TEPCO e anunciou o apoio de pelo menos 36 das 47 prefeituras.[538] A Suíça[539] acelerou sua saída da energia nuclear, e a Siemens – agora um líder em energia a gás, eólica e solar – também anunciou sua saída.[540] Os italianos rejeitaram uma reativação nuclear por quase 95-5.[541] Outros dominós podem cair.

A tragédia japonesa também reviveu a persistente questão do armazenamento de resíduos nucleares. Muito da radioatividade liberada em Fukushima veio de combustível usado, superaquecido ou queimado, armazenado sobre os reatores. Como no Japão, a maioria do combustível gasto nos Estados Unidos é armazenada no local, em reatores espalhados pelo país, pois não existe ainda uma instalação para armazenamento permanente, nem um processo confiável para sua construção. Alguns especialistas acreditam que essas piscinas de combustível nuclear usado podem representar um perigo maior do que os próprios reatores; o reprocessamento do combustível usado aumentaria seus custos e riscos.[542]

Fundamentalmente, porém, a energia nuclear foi preterida no mercado muito antes de Fukushima, assim como suas encomendas norte-americanas sofreram com a economia um ano antes de Three Mile Island. Seus custos e riscos são simplesmente pouco atraentes para os investidores, que votaram com seus dólares.

ELETRICIDADE: NOVA ENERGIA PARA A PROSPERIDADE 217

CAPTURA E SEQUESTRO DE CARBONO (CCS)

A captura e sequestro de carbono (CCS) formam um processo em três etapas. Primeiro, separam-se e capturam-se os gases estufa que normalmente escapam das chaminés da usina, depois se transporta por canos o gás comprimido ou liquefeito e finalmente sequestram-no de forma permanente, preferivelmente no subsolo profundo. Os empreiteiros esperam encontrar formas lucrativas de agregar valor (talvez na forma de substitutos para o cimento ou para outros materiais de construção) às enormes quantidades de CO_2 que podem ser capturadas, mas até agora o CCS é simplesmente um custo extra e improdutivo com que as concessionárias precisam lidar para cumprir restrições futuras ou para evitar taxas sobre emissões de carbono.

O CCS pode ser acrescentado às usinas a carvão existentes, embora geralmente, como neste capítulo, o CCS seja discutido em conjunção com o ciclo combinado com gaseificação integrada (IGCC – Integrated Gasification Combined-Cycle) – uma usina a carvão mais eficiente. Primeiro, a usina IGCC aquece o carvão para criar um gás rico em hidrogênio, que alimenta uma usina a ciclo combinado como se fosse gás natural. Em si, o IGCC não reduz drasticamente as emissões de CO_2, mas em combinação com o CCS ele pode remover o CO_2 antes da combustão, tornando a captura mais conveniente e eficiente. Mesmo assim, a captura completa do CO_2 consome até 30% da energia produzida pela usina – uma "taxa" que os engenheiros esperam reduzir para 15%.[543]

Um dos primeiros projetos-piloto de CCS plenamente integrados começou a operar em 2009 numa usina a carvão de 1.300 MW da American Electric Power (AEP) no estado de Virgínia Ocidental. O projeto captura carbono de uma fração experimental – aproximadamente 1,5% – do gás da chaminé e bombeia o CO_2 para 2,4 km abaixo da superfície da terra. Numa operação a pleno vapor, esse processo de CCS tornaria a eletricidade da usina cerca de 80% mais cara.[544]

A AEP planejou dar o próximo salto em 2014 – construindo e operando uma solução de CCS plenamente integrada que capture 240 MW ou 18% do gás emitido a um custo estimado de US$ 668 milhões. Mas, em julho de 2011, a AEP arquivou o projeto, apesar de uma verba de 50% do Departamento de Energia, porque as duas PUCs disseram que os consumidores de seus Estados não deveriam pagar os outros US$ 334 milhões sozinhos. Na falta de uma política climática federal, o investimento não tinha justificativa empresarial.[545]

Esses processos onerosos usam reações químicas para capturar o CO_2 – uma tarefa desafiadora, pois uma usina a carvão de 1 GW produz cerca de um quarto de tonelada de CO_2 a cada segundo. Mas um processo não químico mais simples, originalmente financiado pela Shell, foi testado na Universidade de Tecnologia de Eindhoven, na Holanda,[546] e está prestes a ser demonstrado e comercializado em escala maior.

"Carvão Limpo": Conheça os Mercados

Como a energia nuclear, a captura e sequestro de carbono (CCS) poderiam ser usados para eliminar as emissões de carbono, mas também enfrentam desafios por causa de seus elevados custos e de seu desempenho incerto, que limita seu acesso ao capital. Como o nome implica, o CCS é a capacidade tecnológica de extrair o dióxido de carbono do gás lançado por usinas a combustíveis fósseis e de armazená-lo permanentemente para impedir que chegue à atmosfera.

Transportar CO_2 capturado é um processo relativamente fácil e bem compreendido, mas capturá-lo e sequestrá-lo são processos complexos que foram pouco testados na escala necessária para usinas típicas a carvão. Demonstrou-se que o CCS funciona em usinas numa escala-piloto, mas ainda não foi comprovado numa demonstração em escala funcional, que equivale a aumentar a escala das demonstrações-piloto em 6 a 10 vezes.[547] Um armazenamento malfeito poderia permitir que grandes quantidades de carbono voltassem à atmosfera. Ainda há questões importantes em torno dos arranjos regulatórios e gerenciais do armazenamento. Como o operador poderá lidar com direitos geológicos em todos os lugares para os quais o CO_2 subterrâneo migrar? Quem será responsável por comandar o local durante os séculos nos quais ele deve ser monitorado para garantir que o CO_2 não irá vazar? De quem seria a responsabilidade, caso isso acontecesse?

Essas incertezas dificultam o financiamento de projetos-piloto ou de projetos singulares em plena escala com capitais privados. O governo dos Estados Unidos entrou em cena com quase US$ 1,5 bilhão em verbas para ajudar a financiar o CCS em seis usinas a carvão novas e existentes, com capacidade entre 60 MW e 400 MW.[548] Projetos similares estão sendo planejados ao redor do mundo. Se forem bem-sucedidos, serão necessários muitos bilhões em capital privado para inserir o CCS em novas usinas a carvão. Fazer bastante diferença para o clima pode exigir investimentos vultosos bem antes de se solucionar algumas das incertezas básicas.

Riscos Além do Carbono

Apesar dos benefícios relativos ao carbono prometidos por este futuro de *Migrar*, buscar a energia nuclear e o CCS não faz nada para lidar com outras questões críticas da indústria sobre combustível, segurança, estabilidade financeira e, acima de tudo, a concorrência. Empresas que fazem apostas multibilionárias que atravessarão décadas precisam estar cientes de que estão pisando sobre uma falha sísmica ativa. E se a maior ameaça não for a regulamentação do carbono, mas tecnologias desarranjadoras como o vento solar a US$ 0,03/kWh vendido em meados de 2011, ou a energia solar com preço inferior ao da eletricidade no varejo, levando mais clientes à geração distribuída? E se inovações nas tecnologias de eficiência no uso final, no valor, no marketing e nos sistemas de fornecimento transformarem o crescimento da demanda em uma destruição durável da demanda? E se a ameaça pendente não for os legisladores em Washington, mas uma nova geração de consumidores sagazes que não leem revistas como *Congressional Quarterly* ou *Public Utilities Fortnightly*, mas usam pagamento automático de contas, vivem na Internet e estão grudados no Facebook e no Twitter?

Além disso, colocar grandes ativos em uma aposta supostamente segura cria fortes incentivos para assegurar que a receita será gerada e os custos desproporcionais de capital serão recuperados. O emprego mais rápido de recursos renováveis de consumidores ou de terceiros, em menor escala e do lado da demanda, poderia ameaçar a segurança financeira de concessionárias que se comprometeram fortemente com projetos nucleares ou de energia movida a carvão. Na verdade, toda a aura da concessionária como um investimento seguro para viúvas e órfãos poderia perder seu atrativo. Uma demanda estagnada ou em queda, pressão para um aumento nos preços e investimentos improdutivos são fardos na modernização ou na limpeza de antigos ativos que são o domínio em declínio da estabilidade financeira das concessionárias. Construir usinas grandes, lentas, complexas e onerosas pode reduzi-las ainda mais – ou mesmo provocar uma repetição da "espiral da morte" de preços crescentes e demanda em declínio que afetou muitas concessionárias na década de 1980.

A energia nuclear e o "carvão limpo" não apenas carecem da atratividade como investimento, mas também da flexibilidade operacional[549] necessária para integrar as fontes renováveis que já estão se juntando à rede. Como o combustível de geradores eólicos e solares tem custo zero e essas são as fontes mais baratas, sua contribuição crescente faz com que geradores a combustíveis fósseis funcionem menos tempo, reduzindo os preços no atacado e os lucros das usinas movidas a combustível. Na Alemanha, o aumento no uso de energia solar já cortou o tempo de operação das usinas movidas a combustíveis fósseis e com isso seus custos de combustível, a ponto de diminuir os preços da eletricidade no atacado de US$ 4 a US$ 16/MWh. (Em quatro dias de 2010, superávits de energia eólica fizeram com que os preços da energia no atacado ficassem

ELETRICIDADE: NOVA ENERGIA PARA A PROSPERIDADE   219

abaixo de zero.[550]) Estudos na Dinamarca, na Bélgica, na Irlanda e no Texas confirmam que os investimentos em energia eólica reduzem os preços médios no atacado.[551] Isso beneficia os consumidores, mas reduz receitas e lucros de geradores existentes.

Logo, embora o benefício de se reduzir os riscos do carbono com poucas mudanças em modelos de negócios e institucionais familiares tenha seus atrativos, seus custos e riscos parecem elevados. Que alternativas temos? O rápido crescimento do mercado de energia renovável nos EUA e no mundo requer que analisemos o potencial desses recursos para o atendimento de nossas futuras necessidades elétricas.

A ideia não é nova. Em 1952, a Paley Comission previu a falta de petróleo na década de 1970 e recomendou ao presidente Harry S. Truman uma mudança maciça para fontes renováveis de energia.[552] A respeito disso, em 1931, Thomas Edison disse a Henry Ford:

> *Somos como inquilinos de uma fazenda que derrubam a cerca em volta da casa para usar como combustível, quando deveríamos usar as fontes inexauríveis da Natureza – sol, vento e marés... Eu apostaria meu dinheiro no sol e na energia solar. Que fonte de poder! Espero que não tenhamos de aguardar até o petróleo e o carvão se esgotarem antes de trabalharmos com isso.[553]*

Ele também foi ignorado. Porém, agora, a mensagem não tem vindo de sábios do passado, mas do mercado atual, e ele tornou-se insistente demais para ser ignorado. Como afirmou a Agência Internacional de Energia em 2010,[554] "Estamos diante de uma mudança profunda na maneira pela qual geramos eletricidade... entrando num período de transformação", passando de usinas centrais, movidas pelo vapor gerado por combustíveis fósseis, para fontes distribuídas e renováveis. As fontes renováveis, segundo a AIE, "terão de desempenhar um papel central, levando o mundo para um caminho energético mais seguro, confiável e sustentável". Nossos dois próximos casos exploram esse caminho.

RENOVAR: ACESSANDO AS INESGOTÁVEIS FONTES ENERGÉTICAS DA NATUREZA

Em sua longa e agitada história como o estado da Estrela Solitária, o Texas ficou conhecido por muitas coisas. A firme independência dos texanos é

CASO 3: *RENOVAR*

Nosso caso *Renovar* examina um futuro em que fontes renováveis como solar, eólica, geotérmica, biomassa e hidrelétrica de pequeno porte (além das existentes de grande porte) proporcionam, no mínimo, 80% da eletricidade dos Estados Unidos em 2050. O aumento na geração por fontes variáveis – eólica e fotovoltaica solar (com sigla FVs) – torna mais valiosa a demanda responsiva de residências e empresas, e por isso essas fontes de energia espalham-se mais depressa. Esses consumidores usam redes das suas áreas bases para responder de forma automática e sem distúrbios a sinalizações de preços de comunicações bidirecionais de redes inteligentes habilitadas para isso. O potencial de eficiência energética fica mais fácil de ser capturado na medida em que os consumidores obtêm mais informações sobre seu consumo energético, podem reagir a alterações nos preços e adquirem o conforto da nova tecnologia. O aumento na eficiência energética reduz o crescimento da demanda por energia elétrica, levando muitos legisladores e concessionárias a tratar do modelo de negócios cuja regra é "construa e cresça", agora em declínio, com reformas regulamentares e novas propostas de valor.

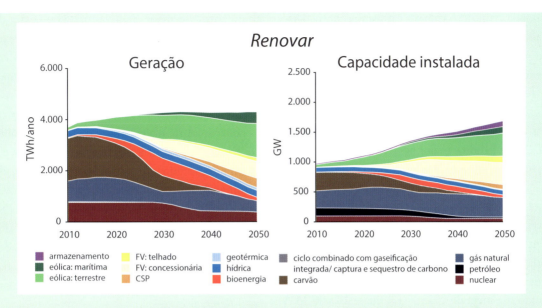

Fig. 5-12. O caso *Renovar* nivela o consumo de eletricidade mediante a adoção agressiva da eficiência energética, mas a capacidade instalada cresce substancialmente graças aos menores fatores de capacidade de muitas das fontes renováveis.[558]

Fig. 5-13. O custo em valor atual de 2010 da eletricidade de *Renovar* é levemente inferior ao de *Manter* – em parte, por causa da maior adoção de eficiência –, com uma incerteza levemente maior em função da dependência de reduções contínuas no custo da tecnologia, mas bem menos dependente dos preços incertos dos combustíveis.[559]

Se os custos das principais tecnologias continuarem a cair ao longo da curva de aprendizado conforme projetado, essa transição para 80% de energia renovável necessitará cerca de duas vezes o investimento de *capital* de *Manter* (ou, se os custos das fontes renováveis forem mantidos nos níveis de 2010, *Renovar* poderá custar US$ 7,3 trilhões). O investimento maior é compensado, porém, pelo menor custo dos *combustíveis*, e por isso o custo da eletricidade dos próximos 40 anos poderá ser inferior ao de *Manter*.

ELETRICIDADE: NOVA ENERGIA PARA A PROSPERIDADE   221

lendária, o que levou até sua campanha contra o lixo a proclamar "Não mexa com o Texas".* Os campos de petróleo e de gás do Estado, um terreno fértil para petroleiros no início do século XX, estabeleceu o Texas como a capital do petróleo e do gás dos EUA durante boa parte desse século. E não é apenas a sua área ou sua postura que leva as pessoas a dizer que "Tudo é maior no Texas": se o Texas fosse um país, seria a 14ª economia do mundo.[555]

Mas o Texas – movido pelo lucro – também está conquistando outra reputação: a de líder no desenvolvimento energético renovável dos EUA. Em 2010, o Texas tinha mais energia eólica instalada do que qualquer outro Estado – um fator de três vezes –, gerando 8% de sua eletricidade e superando sua meta de 2025.[556] Os quase 10.000 MW de energia eólica fazem do Texas o sexto no mundo entre *países*, depois da China, do resto dos EUA, da Alemanha, da Espanha e da Índia.[557] Isso é mais impressionante ainda porque, há menos de 20 anos, o Texas não tinha projetos eólicos comerciais e produzia menos energia renovável por pessoa do que qualquer outro Estado.

O que provocou essa ascensão meteórica na geração de eletricidade renovável? De uma hora para outra, os texanos adotaram a religião ambientalista? Nada disso. Como diz Jim Suydam, assessor de imprensa do Texas General Land Office,** "Aqui, tudo diz respeito a ganhar dinheiro".[560] Essa é uma declaração forte sobre uma indústria que, na maior parte do século passado, foi considerada somente um participante do nicho. Se a questão é simplesmente ganhar dinheiro, por que todos os outros Estados não estão compartilhando essa suposta mina de ouro? Qual é o ingrediente mágico do Texas?

A verdade é que o Texas não tem um ingrediente mágico; tem vários. O primeiro é óbvio –

---

* É um jogo de palavras: *mess* tanto significa "bagunçar" como "provocar", "mexer". (N.T.)

** Órgão responsável pelas terras públicas. (N.T.)

abundantes recursos renováveis. Da costa do Golfo até o Panhandle, o estado tem duas vezes mais potencial eólico continental do que o segundo estado mais ventoso, o Kansas,[561] e mais potencial solar do que a Califórnia.[562] Mas se o acesso aos recursos é a chave, isso é apenas parte da equação. A rápida expansão da indústria eólica no Texas deve tanto à política, aos negócios e à cultura do Estado, que permitiram a esse Estado dominar de forma eficiente seus recursos renováveis, quanto ao próprio recurso natural em si. Na verdade, a experiência do Texas proporciona uma janela para se entender as oportunidades e os desafios de se acelerar o crescimento rápido das fontes renováveis no resto do país – como nosso caso *Renovar* examina.

Fontes Renováveis Abundantes

O Texas pode ter uma capacidade abundante de fontes renováveis, mas e o resto do país? Haverá energia renovável suficiente para atender às necessidades de eletricidade de todo o país? Uma estatística muito citada mostra que uma área com 150 km x 150 km, coberta com painéis solares ou com usinas de concentração solar, poderia produzir toda a eletricidade anual de que os EUA necessitam hoje.[563] Entretanto, isso é apenas parte da história. Estudos do National Renewable Energy Laboratory (NREL), ou Laboratório Nacional de Energia Renovável, e do Departamento de Energia dos Estados Unidos mostram que o país foi abençoado com vento, biomassa, água, sol e vapor natural abundantes e geograficamente dispersos. Só a energia eólica terrestre, em locais adequadamente ventosos de terras disponíveis, poderia gerar 9,5 vezes mais eletricidade do que os EUA usaram em 2010.[564] No total, esses recursos têm potencial para gerar 75.000 TWh/ano de eletricidade[565] usando as atuais tecnologias comercialmente viáveis – mais de 20 vezes o consumo nacional em 2010.

É claro que a base de recursos energéticos renováveis dos Estados Unidos é grande e diversificada. Mas poderá ser administrada de maneira econômica e transmitida com confiabilidade? E as operações do sistema elétrico tradicional poderão ser adaptadas a esses recursos fundamentalmente diferentes de forma viável? Esses desafios são reais, mas não são insuperáveis. Na verdade, muitos estão sendo enfrentados hoje em salas de controle, salas de reunião de diretorias e laboratórios espalhados pelo país e pelo mundo.

Custos Ultrapassam o Ponto de Não Retorno

Geralmente, as tecnologias renováveis têm tido custo de capital maior do que os custos de usinas movidas a combustíveis fósseis, mas seu combustível é gratuito, o preço de sua energia estará fixado durante décadas e seu custo de capital está caindo. A figura 5-7 mostrou reduções históricas de custos para energia eólica e fotovoltaica solar, que são movidas por – e que por sua vez movem – sua rápida ascensao em capacidade e produção energética nos Estados Unidos e no exterior. A contínua, rápida e substancial redução de custos será a chave para o crescimento continuado (ver fig. 5-14). As tecnologias solares – tanto as fotovoltaicas quanto a concentração de energia solar (CSP – Concentrating Solar Power) – e o vento captado no litoral devem promover grandes reduções, em linha com seu histórico e com suas oportunidades reconhecidas de cortes em custos (veja o texto em destaque "Tornando Reais as Reduções de Custos de Fontes Renováveis). Diversas tecnologias renováveis promissoras, mas ainda não comerciais – geotérmica avançada, eólica colhida em alto-mar, ondas, energia das marés –, são muito mais incertas em

relação a seus custos futuros e por isso foram excluídas conservadoramente de nossa análise, assim como a nova energia hidrelétrica pequena foi excluída por falta de dados confiáveis. Enquanto isso, muitas tecnologias renováveis maduras, como biomassa e combustão de detritos, geotérmica convencional e hidrelétrica provavelmente terão apenas modestas melhorias em custos e desempenho.

A passagem para fontes renováveis deve levar em conta mais do que custos brutos. Usinas antigas que são desativadas prematuramente podem representar reduções contábeis bem como reposições de capacidade antes do prazo esperado. As receitas podem mudar, caso usinas a carvão ou nucleares sejam desativadas ou funcionem menos ao serem substituídas por fontes renováveis. Mas isso libera a capacidade já construída de usinas a combustíveis fósseis, especialmente as usinas a gás, mais flexíveis, para servir de reserva do sistema quando as renováveis variáveis produzirem mais energia. Segundo nossa análise, até 2050, a capacidade disponível cai muito menos do que sua própria produção, pois as usinas antigas deixam de ser geradores convencionais e passam a ser reservas flexíveis – ou são desativadas, mas mantidas em prontidão, caso eventos extremos prejudiquem outros recursos. Essa mudança pode exigir novas regras para a recuperação do capital, de modo a adequar-se ao sistema de valores dos recursos a longo prazo.

Mantendo as Luzes Acesas

O custo historicamente superior das tecnologias renováveis não foi o único motivo para o ceticismo das concessionárias acerca de sua viabilidade em grande escala. Uma preocupação importante é saber se as fontes de energia renováveis não são confiáveis e imprevisíveis demais para que as luzes sejam mantidas acesas e as fábricas continuem

Projeção de custos de sistemas instalados

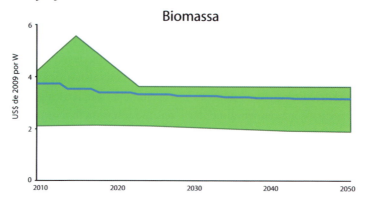

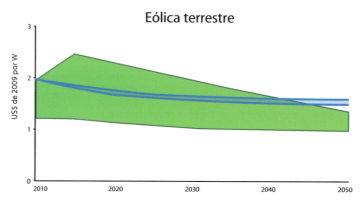

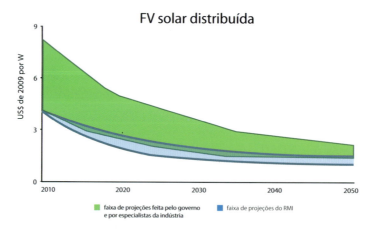

Fig. 5-14. Longe de serem teóricas, as trajetórias futuras de reduções de custos estão assentadas na observação de ganhos históricos reais e nas avaliações de alavancas práticas que podem provocar reduções contínuas. Em meados de 2011, o preço de mercado da eólica e da fotovoltaica já estava abaixo das projeções conservadoras mostradas aqui, que refletem a bolha de preços da fig. 5-7 infiltrando-se na cadeia de fornecimento; alguns projetos eólicos de 2011 custam menos de US$ 1,5/W. Nossos custos de fotovoltaica (em azul) estão na faixa de outras projeções (em verde) ou levemente abaixo dela simplesmente para refletir os mais recentes dados de mercado (veja o texto em destaque "Tornando Reais as Reduções de Custos de Fontes Renováveis).[566]

TORNANDO REAIS AS REDUÇÕES DE CUSTOS DE FONTES RENOVÁVEIS

A indústria da energia fotovoltaica solar oferece alguns dos exemplos mais convincentes da contínua redução de custos. Desde a década de 1970, cada aumento de 10 vezes na produção de módulos cristalinos de silício tornou 50% mais barata a produção dos módulos.[567] Hoje, esses módulos vendem no atacado por menos de US$ 1,4 por watt, menos do que os preços dos melhores módulos em 2009 (mais de US$ 2,5 por watt).[568] Uma grande rede de instalação[569] informou em abril de 2011 que os preços no atacado estariam em torno de US$ 1,0 em meados de 2012. Em maio de 2011, o diretor de pesquisas globais da GE disse que a fotovoltaica solar "pode ser mais barata do que a eletricidade gerada por combustíveis fósseis e por reatores nucleares dentro de três a cinco anos em função das inovações".[570] Confirmando isso, em maio de 2011, as concessionárias na Califórnia de investidores privados contrataram 8,6 GW de nova energia FV, dos quais 4,4 GW são mais baratos do que o preço de referência (de uma nova usina a gás a ciclo combinado), mas deve ser construída entre 2012 e 2017, antes que se possa construir uma usina a gás. Mais outros 45 GW de energia FV devem ser licitados no leilão de energia do Estado, muitos a preços competitivos na rede.[571]

Essas reduções drásticas de custos foram movidas por uma combinação de processos de fabricação aprimorados, economias de escala e avanços tecnológicos que possibilitaram criar células solares mais eficientes com menos elementos de entrada e saída sensíveis à temperatura e ao ângulo e à intensidade do sol. Espera-se que essas tendências continuem. A maioria dos fabricantes de FV usa tecnologias e equipamentos emprestados da indústria altamente refinada e hipercompetitiva de microchips. Os transistores tornaram-se 100 milhões de vezes mais baratos nos últimos 40 anos;[572] a fotovoltaica solar tornou-se cerca de 10 mil vezes mais barata nos últimos 55 anos. Hoje, uma empresa líder de células PV pode fazer 1 a 3 GW de módulos por ano e construir usinas padronizadas em um ou dois anos. O mundo acrescentou 17 GW de FVs em 2010[573] e a partir do final de 2011 provavelmente poderá gerar mais 50 GW *a cada ano*.[574] Não há motivo óbvio para que essa indústria não possa ganhar em escala como a indústria dos *chips*, tornando-se ainda maior e produzindo uma parcela substancial da eletricidade global até 2050. Fazendas fotovoltaicas da ordem de vários GW já estão sendo planejadas nos desertos chineses e foram propostas no norte da África, e a Califórnia, no ritmo em que está indo, pode ter 20% de energia solar já em 2020.

Enquanto isso, um incessante fluxo de novas tecnologias solares está mantendo os investidores na ponta dos pés, usando tanto o silício em suas diversas formas quanto uma estonteante gama de outros materiais e estruturas. A empresa First Solar, que produz módulos a um custo (não ao preço) de US$ 0,72/W,[575] comercializou uma tecnologia de produção rápida, fina como película e frugal em materiais. Outros métodos com materiais finos e de grande eficiência, concentrando aparelhos e integrando aplicações com materiais de construção (agora algo comum na Europa e no Japão), prometem reduções de custos significativas. Estão sendo inventadas classes totalmente novas de aparelhos.[576]

Mesmo antes de essas novas tecnologias chegarem ao mercado, os preços atuais de sistemas fotovoltaicos instalados declinaram (pela metade desde 1995, com um terço desse declínio desde 2008)[577] a ponto de os custos não modulares serem a maior parte do custo instalado total dos melhores projetos fotovoltaicos em escala prática. Felizmente, esses custos de "saldo do sistema" (BoS – Balance of System) também estão prontos para uma redução significativa (fig. 5-15).[578] Graças a componentes eletrônicos de força mais inteligentes e menores, tecnologias e processos de instalação mais simples e métodos de desenvolvimento de projeto que maximizam o capital de baixo risco e informam melhor o consumidor, esses custos de projeto vão declinar juntamente com a maturidade do mercado. Em paralelo com inovações na área financeira e do consumidor, novos projetos de sistemas com engenharia pré-pronta oferecem a possibilidade de ganhos porque não exigem engenharia elétrica específica para cada local. Algumas empresas, por exemplo, estão usando o próprio módulo como estrutura de suporte, atendendo às exigências de aterramento elétrico sem peças adicionais.[579] Isso elimina componentes adicionais do chassi e corta a complexidade da instalação.

Outras fontes renováveis também estão se inovando rapidamente. Entre 1999 e 2009, as turbinas eólicas dos Estados Unidos aumentaram em 69% o diâmetro do rotor e em 39% a altura do eixo central, e uma melhora nos componentes, nas operações e no posicionamento também aumentou a produção.[580] Em 2010, a Siemens lançou turbinas de 3 MW sem engrenagens e com potência 25% maior, mais leve e com menos manutenção, com metade do número de peças e uma fuselagem que cabe em veículos comuns;[581] em 2010, 18% do mercado mundial já não usava engrenagens. Mas o melhor ainda pode estar por vir. Grupos de rotores menores agrupados para captar o vento em uma área maior, como aqueles que a Flodesign está desenvolvendo, podem reduzir drasticamente o custo por kWh. Aerofólios de compósito de carbono sem emendas cuja forma se altera numa fração de segundo, otimizando a aerodinâmica a cada rajada de ar, podem reduzir o desgaste das lâminas, permitindo o emprego de lâminas maiores que melhoram em 10% a 15% a captura de energia, elevam a capacidade em 20% a 45% e cortam o custo da energia eólica em 5% a 9%.[582] O projeto Aero-Cam de sistema eólico da Broadstar Wind Systems tem mais área de asa num conjunto menor para ser instalado em beiradas de telhados comerciais, gerando energia num espaço de duas a três vezes menor e com metade do custo, enquanto protege as células PVs da força do vento, que elevaria o custo de montagem das FVs.[583] É um dentre

ELETRICIDADE: NOVA ENERGIA PARA A PROSPERIDADE   225

diversos novos projetos adequados a situações urbanas e ventos de velocidade moderada.

Projetos geotérmicos que exploram leitos rochosos quentes e profundos podem se beneficiar com novos desenhos que empregam trocadores de calor verticais (uma inovação da empresa Geothermic Solutions), além de perfuração mais barata para se atingir um reservatório de calor e para fazer o acabamento superior do poço empregado para explorar esse reservatório. A Foro Energy está alavancando avanços com *lasers* de alta potência para obter melhorias radicais na perfuração de rocha cristalina ultradura e para melhorar o fluxo em projetos inovadores de poços completados.[584] Usando recursos de água quente encontrada em profundidades menores, o setor geotérmico alemão está florescendo agora e, segundo o CEO de sua associação empresarial, "pode atender 600 vezes as necessidades de energia elétrica da Alemanha"[585], apesar da completa falta de recursos geotérmicos vulcânicos.

Nossa análise *Renovar* não leva em conta inovações tão radicais – mas nos dá confiança para dizer que as curvas de aprendizado, baseadas nos melhores dados da indústria e de laboratórios nacionais, provavelmente são realistas com relação às tecnologias que incluem, e conservadoras, por omitirem tantas outras que estão surgindo rapidamente.

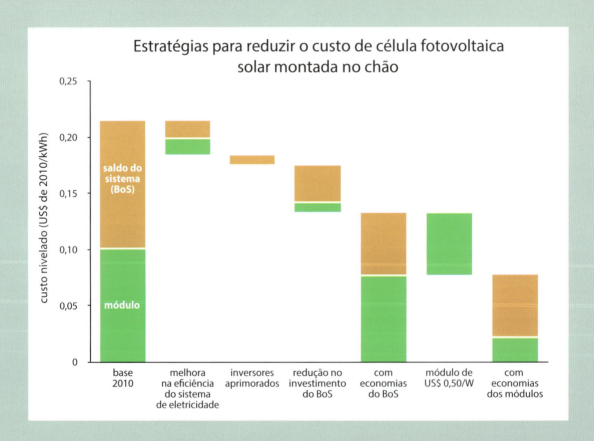

Fig. 5-15. Embora o custo dos módulos fotovoltaicos solares esteja declinando firmemente, os custos do saldo do sistema não estão, mas podem cair – pela metade, aproximadamente – se as diversas alavancas forem acionadas de maneira vigorosa, como já começou a acontecer.[586]

funcionando em nossa moderna economia. Fazendas eólicas e painéis solares não podem gerar eletricidade quando o vento para de soprar ou o sol se põe; sua produção flutua com o clima (fig. 5-16).

Tendo passado mais de meio século confiando principalmente em usinas de porte e com energia controlável, os operadores de rede consideram a geração eólica e solar preocupantes por dois motivos distintos – sua variabilidade e sua incerteza. A energia eólica e a solar são variáveis porque a produção de energia flutua ao longo do dia, fora do controle dos operadores da rede, e são incertas porque não é possível prever, com precisão absoluta, qual o nível de produção num momento futuro. Muitos acreditam que, por isso, as fontes renováveis nunca podem fornecer de maneira confiável mais do que alguns pontos percentuais de energia à rede. Chegar a 50%, para não falar em 80% ou mais, é considerado uma fantasia.

Mas na verdade os operadores de rede já têm considerável experiência em lidar com a variabilidade e a incerteza. Durante um século, lidaram com uma demanda que muda constantemente, em todos os momentos de todos os dias. Além disso, todas as usinas de força sofrem panes – usinas elétricas movidas a combustíveis fósseis ficam paradas aproximadamente 14% do tempo em função de falhas inesperadas em equipamentos (responsáveis por 6% a 8% dos desligamentos) ou de manutenção planejada.[587] Para administrar essas fontes diárias de variabilidade e de incerteza, os operadores de redes baseiam-se em diversificação, flexibilidade e, às vezes, armazenamento, todos explorados a seguir.

O sistema elétrico tira proveito da diversidade da demanda e da oferta. Diversidade de demanda significa que decisões individuais – acender a luz ou ligar a máquina de lavar pratos, por exemplo – se fundem em formas de carga mais suaves, que as concessionárias aprenderam a prever com razoável precisão. De modo similar, a diversidade no fornecimento significa que a rede não se baseia apenas em uma, mas em diversas usinas geradoras trabalhando juntas. A produção de *um gerador* isolado é

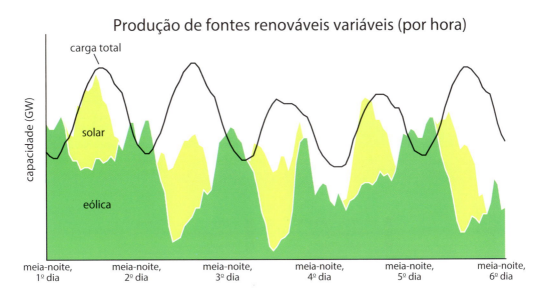

Fig. 5-16. A produção de eletricidade por energia eólica e solar flutua ao longo do dia nesta ilustração esquemática, baseada em dados reais.[588]

ELETRICIDADE: NOVA ENERGIA PARA A PROSPERIDADE 227

CARTILHA DA OPERAÇÃO DE SISTEMAS ELÉTRICOS

A eletricidade é o único "portador energético" importante que ainda não pode ser armazenado ou estocado de forma simples e econômica. Portanto, a eletricidade deve ser produzida e usada no mesmo instante; é o paradigma das *commodities* perecíveis ou do sistema de produção "just in time". Historicamente, isso tem significado que os operadores especializados precisam coordenar, programar e gerenciar a rede numa dança complexa para acelerar ou retardar a produção de energia de grandes geradores, adequando-a instantaneamente à magnitude e ao ritmo da demanda. Tudo que está ligado à rede deve funcionar num ritmo harmonioso, numa sinfonia de frequência, voltagem e qualidade da energia. Se em excesso ou em escassez, o sistema sofre pane.

Todos os dias, milhões de consumidores acendem as luzes, secam suas roupas, ligam fornos em siderúrgicas ou acionam linhas de produção. O ritmo diversificado dessas demandas individuais produz padrões amplos, chamados de "formas de carga", que mudam com as horas, os dias, as estações e os anos (fig. 5-17). Geralmente, os operadores conseguem planejar com razoável precisão esses padrões, mas eventos inesperados podem acontecer, e acabam acontecendo, por isso os operadores precisam manter uma reserva de energia que pode ser solicitada em questão de minutos.

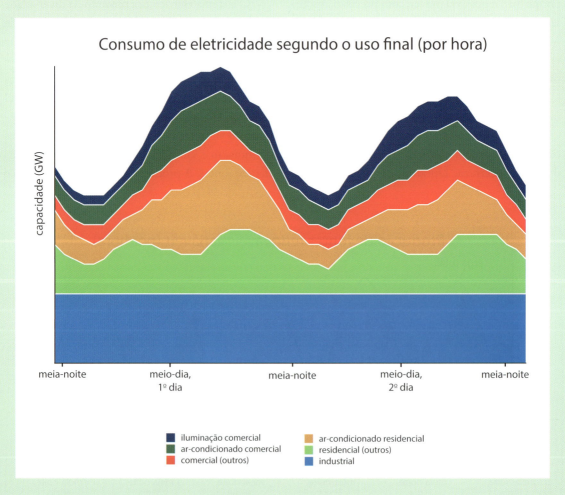

Fig. 5-17. A forma de carga lisa reflete o ritmo distinto das cargas ao longo do território servido por uma grande concessionária. As curvas ficam mais denteadas e voláteis se forem examinadas mais de perto no tempo ou no espaço.[589]

Para atender essa demanda em constante mutação, os operadores de sistema usam primeiro os geradores com os mais baixos custos operacionais. Esses geradores costumam ser chamados de "carga básica" porque são usados para atender ao menor nível esperado de demanda agregada contínua. Tradicionalmente, as usinas de carga básica eram grandes usinas a vapor, como as usinas a carvão e nucleares, cuja construção é onerosa, mas que custam alguns centavos por quilowatt-hora para funcionar, e que operam de maneira mais eficiente com uma produção constante e elevada. Quando a demanda sobe moderadamente – a chamada *shoulder demand* (demanda-ombro) –, os operadores se valem de geradores com custo operacional maior. Quando a demanda atinge o pico, os operadores podem precisar usar os geradores de custo mais elevado, normalmente turbinas a combustão. Esses geradores são flexíveis, têm partida rápida e são capazes de acompanhar a demanda flutuante com agilidade.

Nas horas mais quentes do ano, quando a carga dos aparelhos de ar-condicionado força a capacidade das concessionárias, as usinas menos eficientes podem custar até US$ 0,80/kWh para funcionar[590] (ou nove vezes o preço médio da eletricidade norte-americana no varejo em 2008)[591] – e até vários dólares por um kWh em sistema de pico, *fornecido* a consumidores em trechos congestionados do sistema de distribuição.[592]

Uma combinação de usinas básicas, "ombro" e de pico otimiza o custo do fornecimento ao longo do ano (ver fig. 5-18). Logo, o custo de produção do próximo quilowatt-hora de eletricidade muda ao longo do dia, aumentando com a maior demanda horária. Tradicionalmente, os consumidores não enxergam esses custos flutuantes, pois as concessionárias cobram um preço único com base nos custos médios de produção somados à recuperação do capital, aos custos trabalhistas e ao lucro.

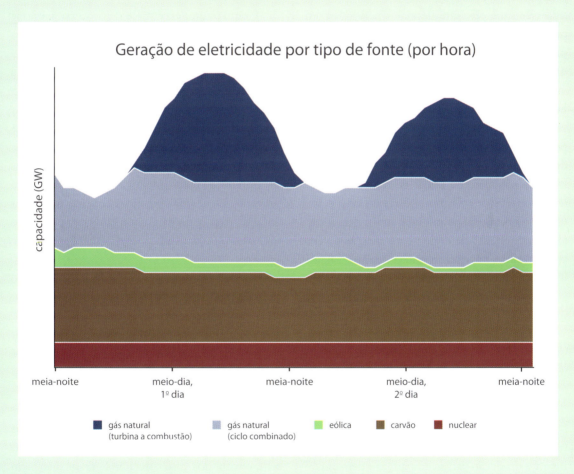

Fig. 5-18. A energia elétrica é produzida por uma série de recursos de geração, na ordem crescente de custo operacional, para atender a demanda em todas as horas do dia.[593]

pouco relevante; o que importa é a confiabilidade *do sistema*. Assim como um portfólio diversificado de ações gera um retorno mais suave e previsível, um portfólio diversificado, com muitas usinas de força, que falham em momentos diferentes por motivos diferentes, cria um fornecimento de energia elétrica mais confiável e previsível. É esse efeito de portfólio que levou Jon Wellinghoff, presidente da Federal Energy Regulatory Commission (FERC), Comissão Federal de Regulamentação de Energia, a dizer à U.S. Energy Association (Associação de Energia dos Estados Unidos): "As pessoas falam: 'Puxa, precisamos de [usinas com] carga básica [de produção firme]!' É como se elas dissessem que precisam de maior poder de computação e por isso precisam de *mainframes*. Não precisamos de *mainframes*, temos a computação distribuída."[594]

O mesmo princípio da diversidade pode facilitar muito a integração das fontes renováveis variáveis. A produção de energia eólica e de FVs[595] pode se tornar menos variável com a interconexão de renováveis de áreas diferentes – e de tipos diferentes – por meio de linhas de transmissão para enviar ou receber energia numa região mais ampla. O vento pode estar calmo num lugar, mas forte a algumas centenas de quilômetros dali; se o vento estiver calmo, talvez o sol esteja intenso. Lugares bem diversificados podem reduzir até pela metade a variação do vento.[596] E outros tipos de fontes renováveis – hidrelétrica pequena e grande, biomassa e combustão de lixo, geotérmica e termoelétrica solar com armazenamento de calor – são acessíveis mediante demanda.

Os operadores também precisam de flexibilidade. Geradores flexíveis incluem usinas de força de partida rápida, como turbinas a combustão ou hidrelétricas de pico, que podem modular rapidamente a produção para acompanhar a demanda.[597] Essas mesmas usinas de força versáteis, que ficam prontas para substituir usinas maiores ou linhas de

força que falham repentinamente, também podem ajudar a atender as variações causadas pela flutuação do vento ou do sol. Além disso, normalmente as concessionárias mantêm pelo menos 15% de capacidade extra como reserva.[598] Isso faz parte do custo de integração confiável entre usinas e linhas de força tradicionalmente grandes. As fontes renováveis variáveis também incorrem nesses custos, mas eles podem ser aproximadamente comparáveis ou mesmo mais baixos, pois um portfólio com muitas unidades menores de tipos diferentes não deve perder tanta capacidade de maneira inesperada e simultânea, e as unidades podem estar mais próximas dos usuários.

Como muitos executivos de concessionárias já perceberam, eles têm muito mais flexibilidade nos sistemas existentes do que podem imaginar. Mas a flexibilidade das concessionárias não se limita a ligar ou desligar suas próprias usinas flexíveis, o que pode ser dispendioso. Elas podem cooperar com outras concessionárias e repartir essas reservas flexíveis. Elas podem programar energia a cada cinco minutos em vez de a cada hora, e em "áreas de equilíbrio" mais amplas. E podem integrar a previsão de eventos climáticos em suas operações em rede para se prepararem melhor para períodos nublados ou sem vento.

Flexibilize sua Energia

Uma nova fonte de flexibilidade pode se originar da própria demanda. Até agora, a demanda dos consumidores, especialmente residenciais, tem sido considerada relativamente inflexível, previsível apenas em parte e sem muito retorno. Os consumidores podem ligar seus computadores e suas geladeiras e sabem que terão energia elétrica. Porém, em muitos casos, decidir ligar ou não nem sempre é a única opção de que dispõem. Eles não podem decidir usar a eletricidade quando ela é mais barata, por exemplo, uma vez que a maioria das residências e das empresas paga o mesmo preço pela eletricidade independentemente de quando está sendo usada, embora o custo da concessionária para fornecê-la possa variar dezenas de vezes no decorrer de um dia.[599] Para a maioria das pessoas, a energia elétrica é mais ou menos como um antigo Ford Modelo T: você pode comprá-lo em qualquer cor, desde que seja preto.

Mas esse consumo passivo da eletricidade está prestes a passar por uma mudança radical. Avanços na tecnologia da informação (TI) e nas tecnologias de redes inteligentes, que combinam a TI com a rede elétrica, estão permitindo controle bidirecional, inteligência distribuída, comunicação nos dois sentidos, informações de preço em tempo real e por toda a rede e resposta da demanda. Essas novas tecnologias estão criando a oportunidade de oferecer novos valores para os consumidores e provedores, antigos e novos. Por exemplo, controles automatizados podem responder imperceptivelmente a sinalizadores de preços ajustando o uso dos aparelhos, permitindo que os consumidores minimizem seus custos sem transtornos e com segurança, assim como os caixas automáticos e a Internet fizeram no universo bancário.

Essa nova fronteira de demanda responsiva vale-se de programas convencionais das concessionárias, que pagam grandes consumidores para reduzir sua demanda a fim de diminuir a demanda de pico do sistema durante apenas algumas horas por ano. Esses programas têm sido recursos extremamente valiosos para atender, com boa relação custo-benefício, às necessidades de equilíbrio da rede em momentos de sobrecarga do sistema. A experiência no Texas mostra que esses recursos de resposta da demanda podem ser valiosos no futuro. A operadora de rede do Texas, o Electric Reliability Council of Texas (ERCOT), Conselho de Confiabilidade Elétrica do Texas, administra um programa voluntário de resposta da

demanda, o Loads Acting as Resources (LaaRs), ou Cargas que Atuam como Recursos. Em 28 de fevereiro de 2008, o ERCOT detectou um significativo desequilíbrio entre oferta e demanda, provocado por um aumento imprevisto na demanda associado a um decréscimo na produção de energia em diversas usinas de força convencionais e a uma queda na produção eólica (justificando 5% do desequilíbrio, e corretamente prevista). O evento provocou uma reação de emergência que ativou o sistema LaaRs, acrescentando aproximadamente 1.100 MW de recursos em dez minutos. Além dos clientes que participam do sistema LaaRs, nenhum cliente perdeu energia e o equilíbrio do sistema foi restaurado.[600]

Com base nessa história, empresas que oferecem recursos do lado da demanda cada vez mais avançados estão conquistando consumidores. Residências e edifícios comerciais estão recebendo displays digitais que mostram o preço real da eletricidade naquele instante, para que as pessoas possam decidir se desejam secar suas roupas naquele momento ou esperar um pouco para pagar alguns centavos a menos. Os preços por "horário de uso" podem variar diversas vezes por dia, e os preços "em tempo real" variam de hora em hora, indicando o custo mutável do serviço prestado pela concessionária. Em 2009, 169 concessionárias, da PG&E à PPL Electric, estavam implementando tarifas residenciais por horário de uso, e dezenove concessionárias estavam implementando tarifas em tempo real, destinadas a promover a resposta da demanda.[601] Nesse mesmo ano, mais de um milhão de consumidores residenciais espalhados pelo país estavam participando de programas de preços por horário de uso.[602] Coletivamente, esses recursos do lado da demanda podem proporcionar uma nova e valiosa fonte de flexibilidade que os operadores de redes podem usar para integrar fontes renováveis variáveis e gerenciar uma rede elétrica continuamente dinâmica.

Visitando o Armazém

Outra fonte de flexibilidade é o armazenamento de eletricidade. Já existem sistemas para armazenar grandes quantidades de energia, como os 21 GW armazenados de energia hidroelétrica[603] ou o ar comprimido guardado em cavernas.[604] A American Electric Power demonstrou o ilhamento (atendimento a necessidades locais por fontes locais, ambas isoladas da rede circunvizinha) com armazenamento distribuído, estabelecendo a meta de instalar até 1 GW – inicialmente por motivos convencionais como o de poupar as cargas de pico das subestações para estender a vida dos transformadores, mas visando propiciar a distribuição de energia renovável e a troca com a energia automotiva.[605] O novo armazenamento, com milhares de autos elétricos ligados a tomadas, pode se tornar economicamente viável em apenas uma década. Se os pesquisadores e os empreendedores conseguirem baratear o armazenamento de eletricidade, isso facilitará o futuro das fontes renováveis. Contudo, ao contrário do que se costuma acreditar, a falta de armazenamento barato não é um obstáculo importante para um futuro renovável – a flexibilidade necessária, como acabamos de ver, pode provir de diversas fontes.

Conduzindo a Sinfonia

A combinação de fontes renováveis variáveis e diversificadas por tipo e localização, a previsão de sua variação e sua integração com fontes renováveis controladas, geradores flexíveis movidos a combustível e resposta da demanda podem produzir uma caixa de ferramentas muito poderosa, criando um sistema de geração de energia com o potencial de atender às nossas necessidades de maneira confiável. A figura 5-19 mostra como essas estratégias combinadas podem parecer na prática. Primeiro, a eficiência energética reduz a carga total a ser atendida, e reduz desproporcionalmente o pico. Nesse exemplo, o vento que sopra principalmente à noite e a energia solar que atinge o pico ao meio-dia proporcionam a maior parte da demanda de eletricidade, mas sua soma não se ajusta perfeitamente à forma da carga. Formas de flexibilidade física que vão de autos híbridos elétricos de tomada ao armazenamento centralizado de ar comprimido são usadas para preencher as lacunas, solicitando energia quando há um excesso e fornecendo energia quando há uma escassez. Juntos, esses recursos podem atender às cargas horárias e minimizar a quantidade de eletricidade renovável que seria "desperdiçada" – disponível, mas desnecessária.

A integração de níveis cada vez maiores de fontes renováveis está sendo demonstrada com sucesso no mundo real. Em 2009, oito autoridades norte-americanas e três europeias afirmaram na principal revista profissional de engenharia elétrica que não encontraram "um limite técnico confiável e firme para a quantidade de energia eólica que pode ser acomodada nas redes elétricas".[607] Na verdade, nenhum dos mais de 200 estudos internacionais, nem estudos oficiais das regiões leste e oeste dos Estados Unidos[608] nem a International Energy Agency [Agência Internacional de Energia][609] encontraram barreiras técnicas ou financeiras importantes para a integração confiável de até 30% de fontes renováveis variáveis à rede, e em alguns estudos, para um número bem maior.[610]

Enquanto isso, o fornecimento de eletricidade por fontes renováveis na faixa de 20% a 50% ou mais já foi implementado em diversos sistemas europeus, embora no contexto de uma rede europeia integrada. Em 2010, quatro Estados alemães, totalizando 10 milhões de pessoas, serviram-se de energia eólica para atender algo entre 43% e 52%

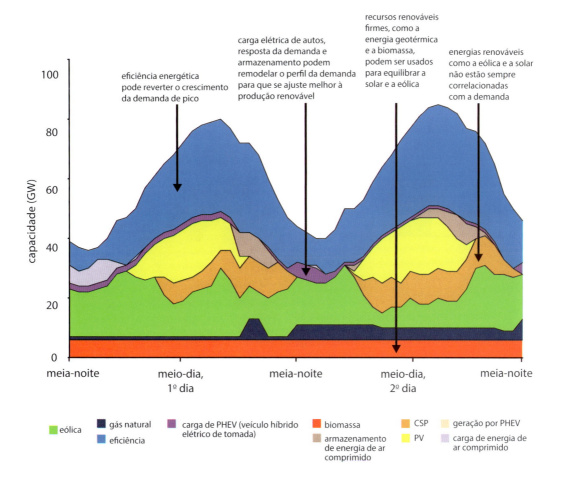

Fig. 5-19. Esta ilustração usa dados renováveis reais e formas de carga projetadas para 2050. Nesse caso, as fontes renováveis diversificadas podem atender com confiabilidade a 80% da necessidade anual de energia elétrica, harmonizando fontes de flexibilidade que vão do armazenamento em quantidade (quando justificado) à resposta da demanda a automóveis elétricos.[606]

de sua necessidade anual de eletricidade.[611] A Dinamarca não fica muito atrás, gerando 22% de sua energia a partir do vento em 2010 (26% num ano com ventos médios).[612] A região da Estremadura, na Espanha, está gerando até 25% de sua eletricidade com fontes solares, enquanto o país como um todo atende a 16% de sua demanda com a energia eólica.[613] Só entre 2005 e 2010, Portugal saltou de 17% para 45% de energia elétrica renovável.[614] A Minnkota Power Cooperative, a principal concessionária de energia eólica dos Estados Unidos em 2009, obteve com a energia eólica 38% de suas vendas no varejo.[615]

Atingir e exceder esses níveis exige mudanças – não na física do funcionamento da rede, mas nas estratégias, nas regras e nos procedimentos que os

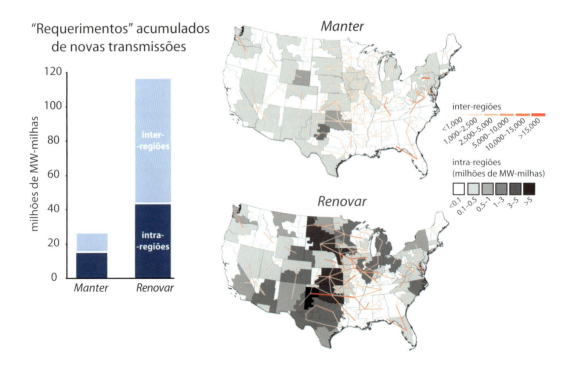

Fig. 5-20. Há uma quantidade substancialmente maior de transmissão em *Renovar* para conectar os melhores locais renováveis aos centros de demanda.[616]

operadores usam para gerenciá-la –, um grande desafio institucional.

Tristeza das Linhas de Transmissão

Outro desafio físico espera do lado de fora da sala de controle. Um risco sério para um futuro que se baseia principalmente na energia renovável em grande escala faz parte da infraestrutura que conecta esses recursos – a transmissão em grande escala. Alguns dos melhores ventos ficam nas Grandes Planícies, parcamente povoadas, e no mar aberto, enquanto a maior energia solar se encontra nos desertos do Sudoeste. Para aproveitarmos esses ricos recursos, levando-os para centros de consumo litorâneos, precisaríamos construir novas linhas de transmissão. Como dissemos, a transmissão permite a diversificação geográfica e facilita o equilíbrio ao longo do sistema, pois a variabilidade se suaviza em áreas maiores. Uma pergunta-chave é: de quanta transmissão precisamos? Nossa análise mostra que 187 milhões de MW-km (de novas linhas de transmissão de alta voltagem, custando cerca de US$ 166 bilhões, seriam necessários até 2050 nesse cenário *Renovar* (fig. 5-20). (*Manter* e *Migrar* também precisam de mais transmissão, mas cerca de 58% menos do que *Renovar*.)

O desafio é significativo. Projetos de transmissão que cruzam fronteiras entre concessionárias ou Estados têm localização e aprovação difíceis e lentas. A exigência de mais transmissão para interligar as melhores regiões renováveis a centros de carga distantes representa um risco significativo, pois posicionar e obter a permissão para projetos de transmissão é demorado e cansativo, e já está representando desafios ao redor do país.

Um modo de aliviar esses riscos é atingir novos níveis de cooperação regional e federal, bem como parcerias no planejamento, na localização, no financiamento, na construção e manutenção da nova transmissão. Outro, ainda não bem analisado, é o potencial da eficiência, da resposta da demanda e da geração local para liberar parte da capacidade das linhas atuais ou evitar a necessidade de linhas adicionais, o que é mais barato do que construí-las. Essas linhas liberadas podem fazer com que recursos mais próximos (como o vento dos Grandes Lagos e não das Dakotas para atender à região superior do Meio-Oeste) sejam mais baratos do que novos recursos mais distantes, mas que precisam de novas linhas. Finalmente, projetos criativos de transmissão podem representar alguns desafios de transmissão, como as redes submarinas de transmissão entre Nova York e Virgínia anunciadas pelo Google e pela Good Energies,[617] ou aquelas que a Europa pretende construir por baixo do Mar do Norte e do Mediterrâneo.[618]

Já Chegamos Lá?

Por isso, o caso *Renovar* tem muitos atrativos. Há muitos recursos renováveis disponíveis para gerar 80% da eletricidade dos Estados Unidos de maneira custo-eficaz com fontes renováveis centralizadas, com um amplo equilíbrio entre oferta e demanda a partir de um portfólio de fornecimento diferente em cada região (fig. 5-21).

Almejar esse futuro iria basicamente nos livrar dos riscos do esgotamento, da logística, da saúde, do ambiente e do clima apresentados pelo carvão. As tecnologias renováveis necessárias são modula-res, na maioria, produzidas em massa, e podem ser construídas mais depressa do que grandes usinas nucleares e a carvão, utilizando menos capital por períodos mais curtos e oferecendo mais valor de opções para reagir às mudanças. Isso diminui o risco financeiro para as concessionárias e para os investidores. Embora sejam necessários estudos e experimentação contínuos, a evidência apresentada pelos experimentos atuais ao redor do mundo e por modelos detalhados convencem-nos de que as fontes renováveis centralizadas podem ser integradas de forma eficiente e confiável à rede, mesmo em frações muito altas, tendo em vista as "novas regras da estrada" e o conforto da experiência.

Renovar, porém, suscita algumas questões, fazendo-nos pensar. Primeiro, a localização e a construção da transmissão ainda serão desafios no país todo. Segundo, um sistema dominado por fontes renováveis centralizadas tem os mesmos riscos de segurança e de confiabilidade que *Manter* e *Migrar*: uma rede altamente centralizada e uma transmissão vulnerável. Terceiro, as condições operacionais e tecnológicas necessárias para um futuro centralizado renovável assentam as bases para uma nova fronteira no setor elétrico – uma fronteira que põe o poder de escolha e de controle nas mãos do consumidor.

Diversas tendências – o crescimento de fontes renováveis modulares, a rápida inovação das tecnologias de redes inteligentes e o valor da flexibilidade na rede – criam novas possibilidades que permeiam os dois lados do medidor elétrico do consumidor. Pense no mercado de energias renováveis. A demanda global, rapidamente crescente, por tecnologias elétricas renováveis, especialmente em instalações em grande escala, vai aumentar a experiência acumulada e sua adoção, que vão beneficiar não só suas aplicações centralizadas, mas também as aplicações em menor escala. Afinal, um conjunto centralizado de células PV solares é construído com os mesmos módulos que você usa

ELETRICIDADE: NOVA ENERGIA PARA A PROSPERIDADE   235

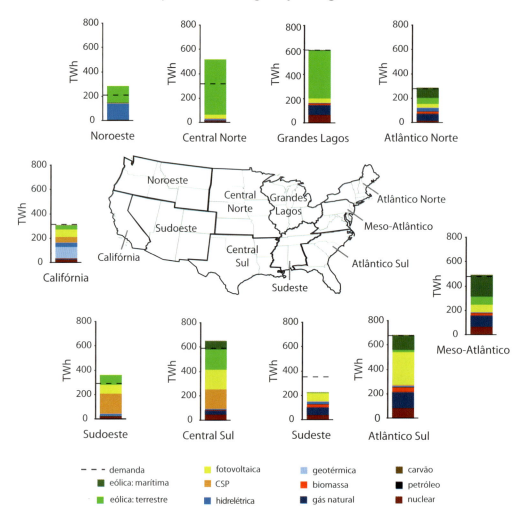

Fig. 5-21. Toda região dos EUA tem amplo potencial de geração elétrica por fontes renováveis. Sua composição varia bastante entre regiões, e algumas, como os estados do Sudoeste e da Central Norte, têm grandes excedentes se comparados com cargas plausíveis, de modo que o excesso pode ser exportado para regiões menos ricas em fontes renováveis. Esses portfólios ilustrativos de recursos para um cenário centralizado com 80% de renováveis, usado em nosso caso *Renovar*, mostra que esses recursos renováveis podem variar muito de acordo com a geografia.[619]

no seu telhado. Isso significa que *um mercado crescente para fontes renováveis centralizadas também vai motivar a redução de custos para a geração mais pontual*. E embora uma rede inteligente possa facilitar a integração centralizada de fontes renováveis variáveis, provoca ao mesmo tempo um aumento na geração e na resposta da demanda no local do consumidor. O *consumidor* vai se tornar um *prosumidor* que tem muito mais formas de economizar – e de produzir – energia e dinheiro.

A atual abordagem em "tamanho único" e de cima para baixo poderia começar a almejar um futuro mais sutil, altamente diversificado e mais centrado no consumidor, acelerando a transição de mercados regulados para mercados de energia mais competitivos e abertos. A centenária *cadeia de valor* linear do setor elétrico poderia se transformar numa complexa *rede de valor*, na qual os papéis tradicionais se misturem, diminuindo o modelo de negócios da tradicional regulamentação do custo dos serviços e do "monopólio natural".

Com efeito, o sistema elétrico dos Estados Unidos pode estar se dirigindo para um ponto de não retorno que vai abalar até a medula o modelo tradicional de negócios das concessionárias de energia elétrica. O resultado será funcional, seguro, certo, confiável e viável? Embora as respostas exatas a essa pergunta estejam no limiar da compreensão dos maiores especialistas da atualidade, podemos descrever os perfis emergentes desse revolucionário novo mundo pela complementação das informações de exemplos específicos.

TRANSFORMAR: UMA MUDANÇA SÍSMICA NA ESCALA

Uma ideia contagiosa está se espalhando rapidamente pelo mundo da eletricidade: a ideia de que as usinas de energia não precisam ser necessariamente grandes, e que, para muitas aplicações, é até melhor que sejam do tamanho certo para a tarefa.[620] Como observou Malcolm Gladwell, "Gostamos de usar palavras como contagioso ou infeccioso apenas no âmbito médico... As ideias podem ser contagiosas, assim como um vírus... E o que acontece quando você analisa uma ideia contagiosa ao microscópio?"[621] Vamos descobrir ao explorar nosso quarto caso, *Transformar*.

Esse tipo de mudança revolucionária não costuma começar de cima para baixo – começa de baixo para cima, nas raízes. Estão surgindo mui-

tas sementes de mudança em bases militares, centros de processamento de dados, *campus* universitários e empreendimentos imobiliários, à medida que os consumidores assumem um controle maior da qualidade e dos custos de sua energia. Pense no seguinte:

▶ Encontrar espaço para uma fazenda solar no meio de um bairro empresarial de Chicago pode parecer um desafio, mas só se você estiver procurando um terreno desocupado. A Willis Tower de Chicago, com 108 andares, está explorando agora a possibilidade de se tornar a maior fazenda solar vertical do país, com até 2 MW de capacidade solar fornecida pela Pythagoras Solar. No térreo, 2 MW cobririam 4 hectares. Além de painéis PV e solares de aquecimento de água no telhado, as janelas da face sul serão substituídas por vidros fotovoltaicos que preservam a vista, impedem o calor e o brilho excessivos e também geram eletricidade. Reformas de eficiência energética somadas à geração solar vão reduzir o consumo de eletricidade em até 80%.[622]

▶ Leis estaduais e regulamentos das concessionárias costumam dificultar, se não impossibilitar, que qualquer um que não seja uma concessionária autorizada venda a energia gerada numa localidade a um comprador situado em outra localidade. Em New Jersey, porém, os legisladores aprovaram um programa-piloto que vai permitir que uma fazenda solar seja construída num aterro recuperado e que sua energia seja vendida dentro da área. A fazenda solar de 6,5 MW, com 24.600 módulos solares, vai ocupar cerca de 14 hectares em Stafford. Sua eletricidade vai atender a 216 apartamentos, nove edifícios do governo local, uma loja Target já construída e 23 mil m² de lojas novas.[623]

▶ Um condomínio de casas supereficientes e de preço acessível em Sacramento, na Califórnia, vai usar uma microrrede privada e comercial, a

ELETRICIDADE: NOVA ENERGIA PARA A PROSPERIDADE   237

primeira de seu gênero, para administrar e distribuir de forma inteligente a geração e o armazenamento de energia solar entre 34 casas unifamiliares. O projeto, conhecido como "2500 R Street", visa atingir uma eficiência líquida zero, pois cada casa gera tanta energia limpa quanto consome. A tecnologia da rede inteligente da Sunverge Energy vai permitir que a concessionária administre a geração e o armazenamento de forma individual ou agregada – facilitando a transmissão e a distribuição da concessionária, adiando o investimento de capital, aumentando a confiabilidade da rede e reduzindo as emissões de gases estufa.[624]

CASO 4: *TRANSFORMAR*

A confluência de tendências de *Renovar* é a base e o impulso para se ir além da arquitetura de rede centralizada desenvolvida na época de Edison e se chegar a *Transformar* – alimentado por recursos de escala variada, mas com uma parcela maior de fornecimento proveniente de fontes distribuídas, como solar de telhado, CHP, células de combustível e eólica de pequena escala. Nesse cenário futuro, a rede explora a diversidade geográfica e tecnológica das fontes renováveis, assim como *Renovar*, mas necessita de metade de sua transmissão (sujeita a incertezas sobre a distribuição que ainda não foi plenamente modelada), pois a geração distribuída está nos consumidores ou perto deles. Essas miniusinas de energia podem permitir que a rede se agregue em "microrredes" interligadas que podem funcionar sozinhas dependendo da necessidade e que, por isso, poderiam suportar melhor falhas da rede, recuperando-se delas. Analisemos esse caso usando a seguinte mistura de recursos a título de ilustração.

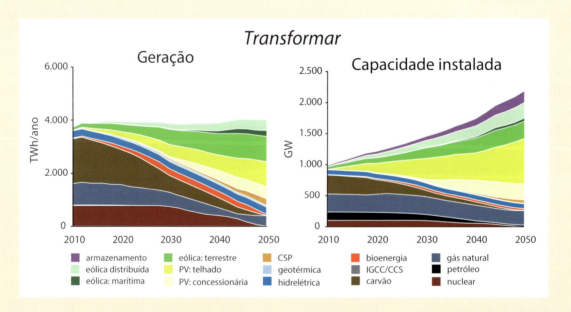

Fig. 5-22. Uma eficiência energética agressiva (fig. 5-23) aplaina as cargas elétricas no caso *Transformar*, mas a capacidade instalada cresce substancialmente em função do fator de capacidade inferior de certas fontes renováveis. Esse crescimento (e o uso do gás natural) poderia ser reduzido caso o CHP também fosse modelado em edifícios; de modo bastante conservador, o CHP foi modelado apenas na indústria.[626]

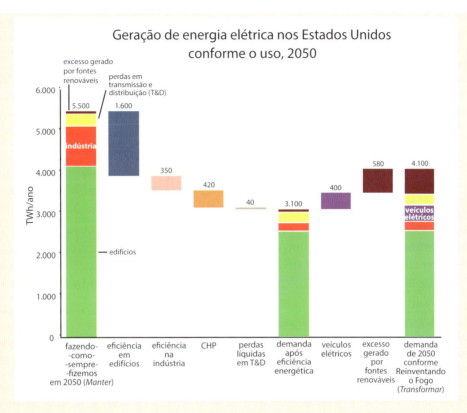

Fig. 5-23. Medidas tomadas pelos consumidores podem preparar o setor elétrico para a transformação do fornecimento. Os ganhos na eficiência de uso final discutida para edifícios e para a indústria nos Capítulos 3 e 4 podem reduzir os requerimentos da geração tradicional. O mesmo pode fazer a adoção ampla da cogeração. Veículos elétricos usam mais eletricidade, no entanto, menos do que as economias proporcionadas por outros setores. O uso total cai 25%. De modo conservador, as economias de projetos integradores não foram incluídas.[627]

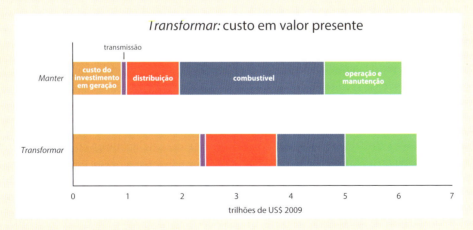

Fig. 5-24. O custo em valor presente (2010) de *Transformar* é levemente superior ao de *Manter*, embora com uma incerteza um tanto maior em seu custo de capital (que depende de reduções contínuas no custo da tecnologia), em parte compensado por evitar-se certa incerteza em seus custos de combustível, muito inferiores.[628] Entretanto, a economia financeira (veja o texto em destaque "O Valor Oculto dos Recursos Distribuídos") muda esse quadro.

▶ No outro lado da cidade, a sede administrativa da Sacramento Municipal Utility District (SMUD), ou Concessionária Municipal do Distrito de Sacramento, está instalando um tipo diferente de microrrede. Três sistemas modulares de calor e energia combinados (CHP), cada um gerando 100 kW, vão suprir parte das suas necessidades de eletricidade, de arrefecimento e de água quente ao longo do ano. As unidades podem funcionar normalmente em conjunto com a rede, mas, no caso de um blecaute, podem se desconectar de forma imperceptível e continuar a operar como uma "ilha", fornecendo energia para uma parcela selecionada da sede administrativa. A reconexão com a rede também é imperceptível. O reúso do calor previamente desperdiçado vai propiciar uma eficiência geral mais de duas vezes superior à das usinas convencionais.[625]

O que esses exemplos têm em comum? Refletem o potencial para uma mudança fundamental, passando de uma abordagem centralizada – e de cima para baixo – para uma localizada, que combina a geração distribuída, aparelhos com demanda inteligente e infraestrutura com capacidade digital. O alicerce dessa mudança é o mercado de geração distribuída, que está captando uma parcela cada vez maior da nova capacidade de geração. Com o estímulo de políticas que vão de créditos em taxas de investimentos nos EUA a tarifas "feed-in"* na Alemanha e leilões ainda mais baratos no Brasil, o mercado global de geração distribuída cresceu 91% apenas em 2010, chegando a US$ 60 bilhões.[629] Na década passada, a microgeração – CHP mais renováveis menos hidrelétrica de grande porte – mais do que trocou com a energia nuclear suas respectivas

_____
* Pagamento de uma tarifa mais vantajosa para as centrais geradoras que utilizam fontes renováveis de energia, em comparação com as fontes convencionais. (Fonte: http://www.aerbraxpower.com.br/ Tarifa_Feed-in.html; N.T.)

parcelas de produção global de eletricidade, e em 2008 a microgeração proporcionou aproximadamente 90% das adições mundiais de geração de eletricidade.[630] E o mercado potencial é grande. Com efeito, a mera instalação de painéis solares planos PV em telhados adequados nos EUA poderia gerar eletricidade total suficiente para atender a um terço da demanda anual do país.[631] Além disso, os custos em queda (fig. 5-25) vão expandir drasticamente os mercados, tanto para os recursos centralizados apresentados quanto para as versões distribuídas, que usam muitos dos mesmos componentes.

As Operações de Rede Tornam-se Mais Distribuídas

A mudança para um futuro mais distribuído diz respeito tanto à rede quanto às tecnologias de geração. O uso disseminado de fontes renováveis vai criar uma demanda para maior flexibilidade a fim de que haja uma adequação à flutuação da oferta e da demanda. Em resposta, as redes inteligentes e os sistemas avançados de controle vão atender a uma parcela maior da responsabilidade pelo equilíbrio, pois edifícios, fábricas e residências reagirão automaticamente às necessidades do sistema.

Atualmente, as redes elétricas são acionadas por operadores – profissionais sentados em salas repletas de painéis e chaves, comandando o fornecimento de elétrons que vão de gigantescas usinas de energia para milhões de consumidores. Mas, com a tecnologia das redes inteligentes, a coordenação distribuída pode proporcionar a operacionalidade num nível de sistema que antes exigia um controle de cima para baixo. Isso representa uma transição entre um sistema planejado centralmente e um sistema baseado no mercado, que se pode governar e se estabilizar por intermédio de milhões de *chips* inteligentes em conversa digital, assim como ecossistemas gerenciam os complexos fluxos de nutrientes, de energia e

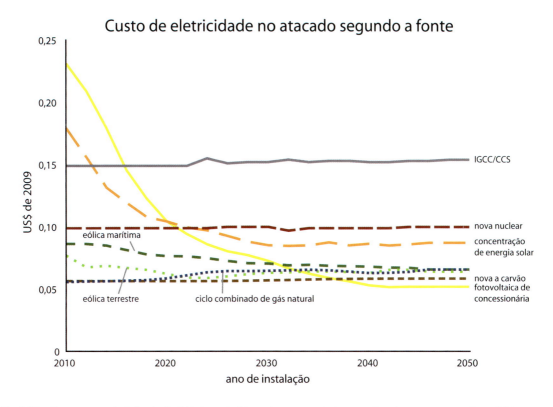

Fig. 5-25. Nossos custos nivelados da eletricidade produzida por fontes renováveis mostrados acima parecem exceder, no início, os custos das não renováveis, mas as fontes renováveis ganham com o tempo, em virtude do declínio de seus custos de investimento. Os custos renováveis mostrados *excluem* créditos de impostos e subsídios similares, enquanto os custos de combustível e de financiamento mostrados para as fontes não renováveis *incluem* implicitamente muitos subsídios complexos. Essas comparações também subestimam a competitividade das fontes renováveis, pois não levam em conta a estabilidade de seus preços, as perdas e os custos de fornecimento evitados pela distribuição dos recursos e outros "benefícios distribuídos"[632] (veja o texto em destaque "O Que São Recursos Distribuídos?").

de sinais sem um gestor, ou como muitos produtos de consumo não têm seu preço ditado por um autocrata, mas pela dança diária da oferta e da procura.

Imagine um prédio de escritórios com orçamento limitado para a energia elétrica. Quando os aparelhos são ligados, comunicam-se por meio de um gerente computadorizado que analisa a prioridade dos novos pedidos, compara-os com as outras cargas do edifício e leva em conta a temperatura e os ajustes feitos no ar-condicionado. Depois, o gerente decide como manusear as cargas, chegando até a acionar geradores locais e aparelhos de armazenamento para atender ao novo pedido e manter-se dentro do orçamento. Se for necessário exceder o orçamento, o gerente solicita um fornecimento adicional à rede. Essa complexa tomada de decisões acontece imperceptivelmente e por trás dos bastidores. Empreendedores ambiciosos já estão criando e adotando esses sistemas.

A Mudança para uma Rede Granular

A inteligência distribuída também pode abrir caminho para uma rede mais granular. Como a geração distribuída tem localização pontual, atender aos serviços básicos de eletricidade não depende da rede de energia maior. E, como 98-99% das falhas originam-se na transmissão e na distribuição (especialmente nesta última),[633] a geração distribuída representa um potencial singular de melhoria na confiabilidade. Para isso, deve-se permitir que os geradores distribuídos funcionem em "ilha" – ou seja, funcionem com ou sem a rede. Essa "insularidade" deve ser a escolha-padrão para que os recursos distribuídos tornem a rede flexível. Uma revisão da Norma 1547 do IEEE – Institute of Electrical and Electronic Engineers [Instituto de Engenheiros Eletricistas e Eletrônicos dos Estados Unidos], atualmente em curso, permite especificamente essa insularidade planejada.[634]

À medida que mais e mais recursos de geração distribuída e do lado da demanda são adotados, e as comunicações inteligentes, aprimoradas, o agrupamento desses recursos para se tirar proveito da diversidade tecnológica pode se tornar o próximo passo lógico. Geradores individuais distribuídos – acionados por fontes renováveis variáveis ou outras – podem sofrer com rápidas oscilações no fornecimento, mas grupos deles estão menos propensos a isso. Um modelo potencial é uma microrrede – um pequeno subconjunto da rede elétrica que tem geração, armazenamento e inteligência suficientes para operar de maneira confiável, independentemente da rede maior. Imagine um *campus* de edifícios de escritórios ou um bairro onde os prédios não só estão conectados diretamente à rede, mas também uns com os outros (fig. 5-26). Assim como você pode diversificar um portfólio financeiro apenas com meia

O QUE SÃO RECURSOS DISTRIBUÍDOS?

Quando dizemos "distribuídos", estamos na verdade nos referindo a diversas características distintas de um recurso elétrico, cada uma importante para seus propósitos. Em geral, "distribuído" costuma se referir a uma dispersão geográfica conectada com o sistema de distribuição, em vez do sistema de transmissão, e por isso os recursos estão mais próximos dos consumidores, economizando custos da rede e reduzindo perdas e falhas. Mas os recursos "distribuídos" também costumam ser modulares – feitos em pequenos blocos similares que podem ser interligados. As tecnologias modulares proporcionam economia graças à produção em massa e ao aprendizado rápido, não à escala por unidade, e melhoram a confiabilidade substituindo grandes unidades vulneráveis por um portfólio diversificado de muitas unidades menores, cuja falha simultânea é muito pouco provável. Finalmente, em alguns contextos, os recursos "distribuídos" são pequenos, na faixa de alguns quilowatts a vários megawatts, contra as centenas ou milhares de megawatts produzidos por uma usina nuclear ou a carvão. A escala menor pode economizar dinheiro graças a um melhor ajuste à maioria das necessidades; em meados da década de 1990, três quartos das cargas residenciais dos EUA não excediam a 1,5 kW, e tampouco três quartos das cargas comerciais excediam a 12 kW.

Em alguns ou em todos esses sentidos, os recursos distribuídos podem incluir uma grande variedade de tecnologias, inclusive a eficiência de uso final, a resposta da demanda e recursos do lado do fornecedor que já definimos. Recursos distribuídos relevantes incluem:

Armazenamento – tudo, desde baterias distribuídas (como aquelas de milhares de carros elétricos ligadas a tomadas, aquelas usadas por centros de processamento de dados para aumentar a confiabilidade da energia ou mesmo aquelas dos laptops ou celulares) até aparelhos mais exóticos, como ultracapacitores e *loops* supercondutores.

Geração distribuída – embora formas tradicionais incluam CHP alimentado por gás natural ou calor residual, nosso foco aqui recai sobre formas renováveis, inclusive a PV solar de telhado; turbinas eólicas menores e de alto desempenho; hidrelétrica de pequeno porte; cogeração alimentada por gás de aterro, biogás, lixo ou calor solar; e talvez muitas outras, as quais ainda nem imaginamos.

Microrredes – subconjuntos da rede elétrica que têm capacidade suficiente de geração, armazenamento e inteligência para operarem independentemente da rede maior, caso esta falhe, mas que normalmente trabalham em intercâmbio cooperativo com ela.

dúzia de ações, pode também diversificar as cargas (e os fornecimentos locais de diversos tipos), ligando um número surpreendentemente pequeno de consumidores próximos.

De várias maneiras, uma microrrede é exatamente o que seu nome indica – um microcosmo da rede maior. E embora uma microrrede, em si, perca um pouco da escala e das vantagens de diversidade da rede maior, ela melhora a confiabilidade de várias outras maneiras. Como as microrredes podem ser isoladas do sistema maior, a energia para cargas críticas vai ficar acessível para os consumidores locais enquanto os recursos locais estiverem disponíveis, mesmo que a rede regional falhe. E como microrredes menores podem ser acomodadas em microrredes maiores, o sistema pode tirar proveito da diversidade em grande escala, mesmo funcionando como ilha em diversos níveis.

Sozinha, uma microrrede costuma ser menos confiável por causa de sua escala – talvez seus recursos não estejam disponíveis durante 10% do

O VALOR OCULTO DOS RECURSOS DISTRIBUÍDOS

Embora tecnologias renováveis de geração distribuída, como a PV solar distribuída e a eólica de pequeno porte, tenham sido historicamente mais caras do que suas alternativas centralizadas, economias de escala da produção em massa e as reduções de custo provocadas pelas fontes renováveis centralizadas vão reduzir os custos dos recursos distribuídos, passando-os de acentuadamente superiores para levemente maiores do que aqueles de recursos centralizados. Mas essa nem de longe é a história completa, pois eles competem em circunstâncias bem diferentes. Como os recursos distribuídos são menores individualmente, podem ser construídos em menos tempo e ser instalados perto da demanda, podem produzir custos e benefícios que normalmente não são contabilizados e nem refletidos em custos simples de construção de ligações à rede.[635]

Primeiro, recursos distribuídos podem evitar as perdas da energia entregue. As perdas totais na rede norte-americana ficam entre 6% e 7%[636] em média, mas podem chegar a 14%[637] em tardes quentes, com o sistema no pico. Evitar custos de distribuição é até mais importante, porque esses são o maior dispêndio de capital para a maioria das concessionárias.

Segundo, os geradores locais não competem com a energia elétrica de alta voltagem no atacado, como fazem as grandes usinas; eles competem com a energia elétrica de baixa voltagem, bem mais cara, aquela indicada no medidor do consumidor. Geradores térmicos locais, como miniusinas CHP ou células de combustível (ou módulos FVs com características de captação de calor) também podem reutilizar o calor desperdiçado nas imediações, substituindo combustível e equipamento.

Terceiro, a combinação entre um pequeno período de instalação e um reduzido tamanho unitário dos recursos distribuídos permite que as concessionárias diminuam o risco financeiro, construindo a capacidade de geração em incrementos mais bem ajustados às mudanças de demanda dos consumidores, elevando ou reduzindo os investimentos segundo as novas informações de demanda. Em contraste, unidades nucleares e a carvão exigem um longo tempo de construção, não têm saídas flexíveis para preservar valor e se justificam por meio de previsões que precisam tentar enxergar através de nevoeiros durante décadas. O menor risco financeiro das unidades pequenas pode aumentar várias vezes seu valor.

Quarto, recursos distribuídos podem ser alocados estrategicamente no sistema de distribuição em áreas congestionadas e de alto custo, retardando o investimento em distribuição. Com o desenvolvimento do sistema, esses recursos podem ser realocados para manter seu valor num nível máximo. Quinto, recursos renováveis e do lado da demanda oferecem uma garantia gratuita contra os preços voláteis do gás natural. Sexto e último, como exploraremos a seguir, alguns recursos distribuídos podem proporcionar serviços auxiliares como reserva girante (os geradores ficam girando na sua velocidade operacional, mas sem carga, prontos para se conectarem instantaneamente e atenderem a necessidades inesperadas).

Naturalmente, alguns desses recursos também podem acrescentar custos. Por exemplo, grandes frações de recursos distribuídos podem adicionar mais custos de distribuição do que aqueles que evitam. Além dos custos de energia entregue evitados, porém, esses custos e benefícios não são representados em nossa análise porque dependem do local e da tecnologia. De modo geral, acreditamos que a avaliação adequada desses benefícios, usando os recursos tradicionais da economia financeira e da engenharia elétrica, podem melhorar muito o perfil de custos e de riscos de *Transformar*.

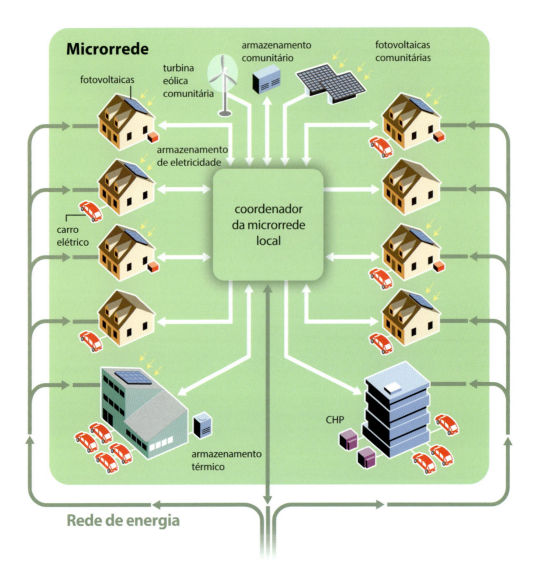

Fig. 5-26. Cada microrrede inteligente liga uma gama variada de recursos do lado da demanda e da oferta. Normalmente, ela se interliga com a rede principal, mas pode isolar-se dela se for necessário. O armazenamento comunitário distribuído pode ser até mais valioso do que o armazenamento individual. Algumas unidades de armazenamento se parecem com uma caixa ou um armário de transformador; outras são montadas em caminhões para facilitar o reposicionamento e aumentar seu valor.

tempo. Acopladas, porém, a rede central e a microrrede podem reduzir a falta de energia a trinta minutos por ano, em média.[638] Isso significa que uma linha de transmissão derrubada por uma nevasca não precisa mais causar blecautes disseminados e em cascata. E embora apagões de duas horas não pareçam significativos para a maioria das famílias, podem ser muito graves para as empresas, que podem perder milhões de dólares por hora sem energia elétrica.[639]

Há pelo menos 20 experimentos importantes com microrredes no mundo,[640] inclusive diversos nos EUA, com resultados estimulantes. Veja, por exemplo, o caso da University of California, em San Diego. Enquanto muitas universidades ainda dependem de usinas de energia a carvão, 82% do *campus* da UCSD é movido por energia gerada no local, com uma unidade a gás que combina arrefecimento, aquecimento e geração de energia (CCHP – Combined Cooling, Heating, and Power Unit), responsável por 95% das necessidades de arrefecimento e aquecimento e que se paga em cinco anos, e com mais de um megawatt de células FVs, cuja produção é prevista com precisão por um novíssimo sistema de monitoração espacial que acompanha os padrões de nuvens por 65 quilômetros quadrados. Uma célula de combustível a gás de lixo, de 3 MW, está sendo acrescentada. A microrrede elétrica inteligente de 42 MW do *campus* também está equipada com um tanque com capacidade de 14 milhões de litros que armazena água fria para que a usina CCHP possa funcionar continuamente (e com eficiência máxima – em média, 66%) em vez de ser acelerada ou desacelerada para atender à demanda. A qualidade e a confiabilidade da energia melhoraram. Quando incêndios florestais derrubaram as turbinas de picos da concessionária local, em meia hora o *campus* conseguiu passar da utilização de 4 MW da concessionária ao envio de 2 MW para ela. E, com um gerenciamento integrado de geração e demanda criado pelas empresas de rede inteligente Power Analytics e Viridity Energy, a universidade pode controlar tanto a demanda quanto o fornecimento, reduzindo custos e aumentando a confiabilidade.[641]

Os Desafios de se Desbravar um Novo Território

Analisar a economia de mudanças transformadoras na infraestrutura de redes é uma tarefa um tanto nova e desafiadora. Programas-piloto de rede inteligente têm tido um custo que vai de US$ 0,8 milhão a US$ 610 milhões,[642] dependendo em parte do nível da tecnologia empregada e também do fornecedor e da localização. Indo além da rede inteligente, a Galvin Electricity Initiative estima que o custo anual por cliente para implementar e modernizar microrredes seria de aproximadamente

---

OPERAÇÕES NUM MUNDO DESCENTRALIZADO: DINAMARCA

Em apenas duas décadas, o sistema elétrico dinamarquês passou de um punhado de usinas geradoras de grande porte para um sistema integrado de duas partes, no qual mais da metade é movido por milhares de fontes distribuídas, principalmente turbinas eólicas e usinas de calor e energia combinados (CHP).[643] Tradicionalmente, fontes distribuídas de geração, especialmente fontes renováveis, criam "fluxos de energia não planejados" que são péssimos para métodos convencionais de despacho de recursos de geração. Para um engenheiro de concessionária com postura tradicional, pode parecer que esse sistema não funciona e está destinado a blecautes. Mas para os engenheiros que desenvolvem os novos sistemas de controle para gerenciar a rede dinamarquesa, a presença cada vez maior de recursos distribuídos é o impulso para criar um novo paradigma operacional que divide a rede existente em "células" de controle que podem funcionar como ilhas.

Em vez de acionar usinas centrais para sustentar a rede, o sistema dinamarquês – equipado em 2010 com 36% de fontes renováveis num ano com ventos médios – vale-se de sistemas de medição e de controle em tempo real, ligados através da infraestrutura de telecomunicações existente, para monitorar e controlar os recursos distribuídos. Esse sistema, chamado de controle celular, agrega esses recursos distribuídos em blocos de fornecimento que se comportam como grandes usinas de energia virtuais, permitindo-lhes prover serviços de apoio à rede. Conforme projetadas, as ilhas de geração que apoiam a rede maior podem se isolar dela, suportando sérias perturbações ao sistema. Enquanto isso, mecanismos de mercado – auxiliados por comunicações digitais e por *feedback* em tempo real – determinam as maneiras menos onerosas de gerar energia e proporcionar apoio aos serviços da rede.[644]

US$ 200 – na compra de equipamento integrado de comunicações, equipamento de medição e sensores automáticos, medidores e comutadores inteligentes, mas não na tecnologia de geração – enquanto os benefícios anuais totalizariam cerca de US$ 870.[645] Mas são necessários mais dados de exemplos do mundo real.

Outro desafio é a possível resistência do público. A PG&E, uma das líderes norte-americanos em redes inteligentes, teve consideráveis problemas com clientes, principalmente pela preocupação com os efeitos da radiação eletromagnética de medidores inteligentes sobre a saúde. Diversos governos locais na Califórnia, inclusive os dos condados de Santa Cruz e de Marin, proibiram a instalação de novas redes inteligentes.[646] No outro lado do país, a proposta inicial de rede inteligente da Baltimore Gas and Electric foi rejeitada devido à preocupação de que as famílias e os idosos talvez não conseguissem responder a sinais de preços dinâmicos.[647] Esses episódios são úteis para nos lembrar de que mesmo simples inovações tecnológicas requerem um projeto cuidadoso e uma ampla participação dos interessados para conquistar a aceitação do público.

Além disso, ter mais opções também representa alguns riscos adicionais para os clientes. Pagar preços em tempo real pode significar aumentos na conta da energia elétrica – caso seja inevitável usar a energia de pico. E há ainda algumas questões sérias quanto ao real interesse dos consumidores por mais opções. Algumas famílias e alguns proprietários de pequenas empresas podem simplesmente não ter interesse em um sistema mais ativo, com emprego intensivo de tecnologia, ou podem não querer em suas casas aquilo que alguns consideram como a tecnologia do "big brother". E os incentivos financeiros que as concessionárias oferecem para reduzir ou alterar a demanda podem não ser grandes o suficiente para despertar o interesse de vários consumidores – a eletricidade é uma parte pequena das despesas da maioria dos usuários. Existem barreiras para a transição: hoje, muitos consumidores ainda não podem vender eletricidade para a concessionária (a preço justo, ou sequer podem fazê-lo), nem operar suas próprias microrredes. E embora a geração distribuída, a resposta da demanda e as microrredes tenham o potencial para aumentar a confiabilidade da rede, especialmente em conjunto, a grande dependência das redes inteligentes e da TI de *Transformar* tem o

OS MILITARES ALMEJAM AS MICRORREDES

Percebendo as vulnerabilidades das redes, uma força-tarefa do Defense Science Board [Comitê Científico de Defesa], coliderada pelo dr. James R. Schlesinger, ex-secretário de Energia e Defesa, recomendou que o Pentágono pare de utilizar a rede de energia elétrica comercial em suas instalações militares e recorra à geração de energia local ou próxima, preferivelmente renovável, em microrredes insulares.[648] Constatou-se que cerca de 90% das 584 bases militares continentais dos EUA podiam fazer isso, geralmente com vantagens econômicas. O Departamento de Defesa (DoD – Department of Defense) começou sua transição para a maior confiabilidade. Nove bases militares estão projetando e implementando microrredes, e outras seis devem começar a fazê-lo em breve, como parte do projeto SPIDERS – Smart Power Infrastructure Demonstration for Energy

Reliability and Security [Demonstração de Infraestrutura Inteligente para Confiabilidade e Segurança Energética].[649] O DoD já é o maior comprador mundial de energia renovável, e está expandindo suas compras para bases operacionais avançadas, nas quais sistemas de energia com 10% de eficiência queimam combustível cujo fornecimento custa inúmeras vidas e até centenas de dólares por litro. Agora, o DoD também pode impor seu ritmo na adoção nacional de microrredes adaptáveis – e está começando a fazê-lo.[650] Isso sugere tanto uma pergunta quanto uma possível resposta para usuários não militares: se os militares se preocupam com redes de energia confiáveis para suas instalações, o que isso representa para a segurança de uma economia nacional que utiliza o mesmo sistema? Não deveríamos pensar em uma solução estrutural similar?

potencial de aumentar as ameaças cibernéticas à segurança da rede. A segurança rígida precisa estar embutida no sistema desde o começo.

Futuros Variados e Adaptáveis

Apesar desses desafios, o caso *Transformar* oferece o potencial para reduzir muitos dos riscos inerentes aos três casos anteriores. Além disso, seus recursos, mais modulares, podem se adequar a várias necessidades dos consumidores e se adaptar de maneira rápida e ágil às mudanças. Embora a geração no local e as microrredes possam ser a opção certa para alguns consumidores ou algumas comunidades, outros podem preferir instalar módulos PV solares no telhado, mas mantendo-se conectados apenas à rede centralizada. E outros podem não escolher a geração distribuída, usando, porém, controles automatizados para reagir sem esforço a variações de preço da concessionária em tempo real.

Algumas das tecnologias que poderiam facilitar um futuro mais distribuído necessitam de contínuos testes e desenvolvimento tecnológico. Os diversos projetos de tecnologia e de infraestrutura que concorrem entre si e são explorados atualmente poderiam impelir a evolução do sistema em direções bastante variadas. Isso não é ruim; a concorrência motiva a inovação e melhorias. Mas significa que a sociedade e as empresas terão de fazer algumas apostas bem-informadas, aprender rapidamente e adaptar-se amigavelmente. Tendo em vista essa grande variedade de custos, riscos e opções, como podemos escolher?

QUATRO CASOS, UMA DIREÇÃO AMPLA

Para ajudar a esclarecer e enquadrar as escolhas dos Estados Unidos com relação à eletricidade, apresentamos e analisamos quatro futuros ilustra-

tivos (fig. 5-27). Em *Manter*, a combinação de fontes de fornecimento ainda é semelhante à atual. Em *Migrar*, a estrutura do sistema mantém-se basicamente a mesma, mas passa gradualmente para fontes livres de carbono como a nuclear e o "carvão limpo". Em *Renovar*, por sua vez, a transição dá-se para uma proporção de 80% de fontes renováveis, principalmente eólica em escala de concessionária, solar, geotérmica e biomassa, e exige recursos flexíveis tanto do lado da oferta como da demanda para integrar fontes renováveis variáveis. Em *Transformar*, o sistema é construído a partir da carga até a fonte (p. 259), reduzindo a carga total graças à eficiência energética e a recursos distribuídos, e permite que recursos de todos os portes concorram com equilíbrio.

Embora tenhamos modelado quatro casos ilustrativos, há na verdade uma variedade infinita de opções. Assim, como decidir o curso de ação? Aplicamos seis critérios principais para medir o sucesso: custo acessível; viabilidade técnica; segurança; confiabilidade; responsabilidade ambiental e saúde pública; e aceitabilidade pública. A avaliação que fizemos desses critérios leva-nos a crer que o melhor caminho a seguir é *Transformar* o sistema elétrico em uma combinação de fontes renováveis centralizadas e distribuídas, com forte ênfase na eficiência e na resposta da demanda, facilitadas por melhores comunicações e pela inteligência da rede. Vamos explorar o porquê.

Custo acessível. Apesar da grande variação entre as fontes de geração, o custo em valores atuais varia apenas 12% entre os quatro casos (fig. 5-28). Os elevados custos de investimento da energia nuclear e do "carvão limpo" elevam o custo de *Migrar*; a necessidade de capacidade adicional e de maiores custos de capital das fontes renováveis distribuídas elevam o custo de *Transformar*; e, em graus distintos, esses custos adicionais são compensados pela economia em combustível. Embora

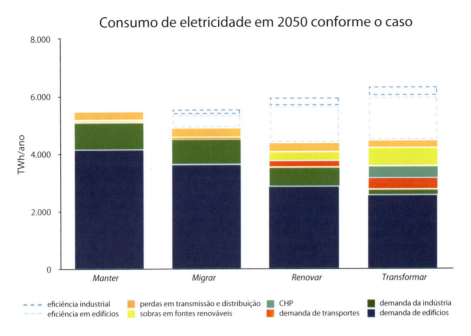

Fig. 5-27a. A capacidade e a energia dos quatro casos diferem em virtude de sua combinação de tecnologias e do impacto de confiabilidade dessas combinações. A demanda subjacente total por serviços elétricos não muda, mas as eficiências mudam a eletricidade total necessária para atender esses serviços.[651]

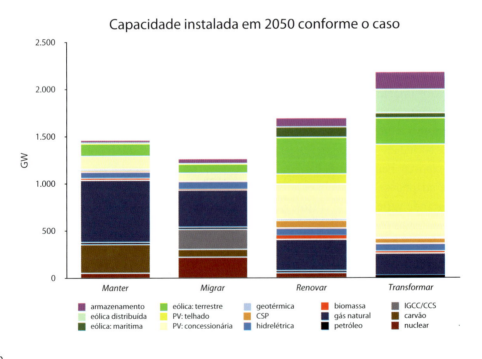

Fig. 5-27b.

248 REINVENTANDO O FOGO

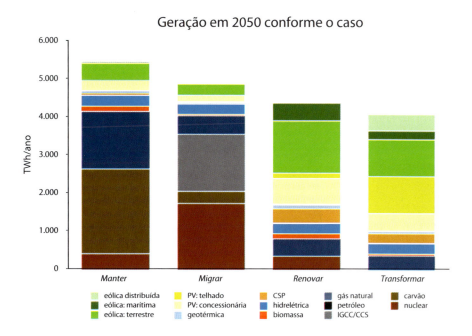

Fig. 5-27c.

os detalhes sejam imprevisíveis, as tecnologias de *Transformar* têm potencial maior tanto para uma redução equilibrada de custos quanto para alterações radicais. Além disso, se levarmos em conta o menor risco financeiro dos recursos distribuídos, essa opção pode aumentar consideravelmente o seu valor.

O custo total do sistema é, evidentemente, apenas parte do quadro. Enquanto os casos *Manter* e *Migrar* baseiam-se em investimentos grandes, feitos em blocos, *Renovar* e *Transformar* baseiam-se em tecnologias modulares, pequenas, que podem ser construídas rapidamente para se ajustarem com precisão à carga, reduzindo assim o risco financeiro para as concessionárias e, em última análise, para os consumidores. Além disso, faz-se entre casos a passagem do combustível para o capital como o principal motivador do custo, reduzindo o risco do preço do combustível. Emerge assim uma conclusão ampla e fundamental: *as escolhas entre tais futuros devem recair muito menos sobre os* custos, *todos incertos e basicamente similares, do que sobre os* riscos, *cuja natureza, gravidade e gerenciamento diferem profundamente.*

Viabilidade técnica. Nenhuma questão excessivamente bloqueadora torna qualquer dos casos absolutamente inviável. O desenvolvimento tecnológico é importante em todos os casos – especialmente em *Migrar* e *Transformar*, pois ambos se baseiam em algumas tecnologias que ainda não foram comprovadas comercialmente. Dito isso, experimentos práticos nos EUA e no exterior demonstraram que tecnologias tanto do lado da demanda como do lado da oferta para o caso *Transformar* funcionam. Na verdade, já são um grande negócio global. Em 2010, as fontes renováveis (exceto a hidrelétrica de porte) receberam investimentos de US$ 151 bilhões, somaram cerca de 60 GW de capacidade e atingiram 388 GW de capacidade

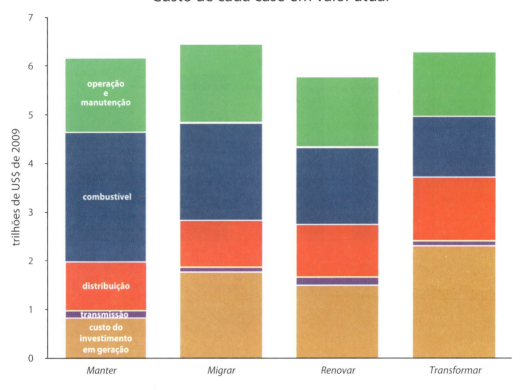

Fig. 5-28. Os custos totais dos sistemas, em valores de 2010, variam em até 12% entre os casos, mas todas as previsões são errôneas por natureza, e essas estimativas têm incertezas substanciais.[652]

instalada total, excedendo levemente a capacidade nuclear global.[653]

Segurança. Nenhum cenário depende materialmente do petróleo, e na atual economia dos EUA sua relação com a eletricidade é de menos de 1% (e, no mundo, menos de 5%).[654] *Manter* e *Migrar* dependem muito do carvão e do urânio, e todos os cenários dependem do gás natural (embora para finalidades diferentes). Todos esses combustíveis suscitam tipos diferentes de preocupação com a segurança que, em geral, são muito menores em *Renovar* e *Transformar*. Tecnologias à base de combustíveis fósseis, energia nuclear e fontes renováveis estão sujeitas a eventos extremos, mas, de modo geral, as renováveis podem falhar com consequências menores, especialmente se distribuídas. Os quatro casos dependem da rede de transmissão (*Transformar*, nem tanto), com suas vulnerabilidades físicas intrínsecas mesmo depois que os nodos principais são fortalecidos e a cibersegurança é assegurada. Só *Transformar*, com sua opção de contornar falhas da rede, oferece uma arquitetura de rede bem mais resistente. Quanto mais distribuídos os geradores e mais granulares e insuláveis os recursos, mais as falhas de rede em cascata e em grande escala, que hoje são quase inevitáveis, poderiam ficar quase impossíveis por projeto, e mais a rede que sustenta a economia e as forças militares de nossa nação poderia parar de sofrer cortes.[655]

Confiabilidade. O atual sistema elétrico costuma ser confiável – mas existem poucas evidências de que *Renovar* e *Transformar* também não o possam ser (fig. 5-29). Ambos os casos exigiriam controles bem mais sofisticados, previsibilidade e o emprego de recursos flexíveis do lado da demanda. Mesmo assim, em todos os meses vemos novidades no gerenciamento de renováveis variáveis, e em todos os anos estabelecem-se novos recordes para a parcela de energia elétrica gerada por essas tecnologias – que em alguns lugares vai de um quinto a até mais da metade –, e por isso o futuro é luminoso. Os recursos distribuídos de *Transformar* também podem, em princípio, reduzir os apagões, contornando parcial ou totalmente a rede praticamente no ponto onde eles ocorrem, e proporcionando ener-

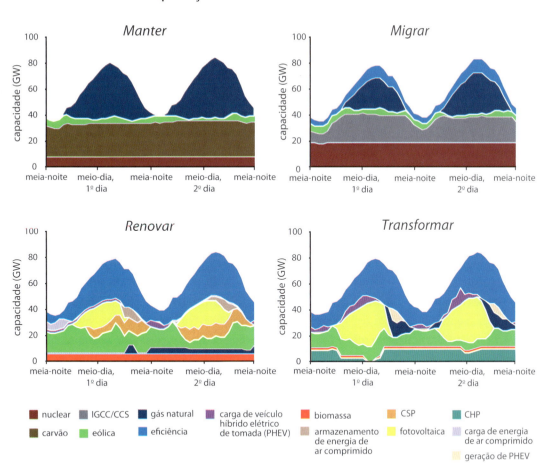

Fig. 5-29. Simulações horárias indicam que o equilíbrio entre oferta e demanda pode ser atingido operacionalmente em todos os casos.[656]

ELETRICIDADE: NOVA ENERGIA PARA A PROSPERIDADE   251

gia de reserva em locais com necessidades cruciais durante os apagões.

Responsabilidade ambiental e saúde pública. Só *Renovar* e *Transformar* tratam da gama completa de questões ambientais e de saúde pública. Embora o caso *Manter* possa parecer confortavelmente familiar, basicamente ele deixa de tratar de riscos importantes, como alterações climáticas, degradação ambiental e danos à saúde pública, cada vez mais notórios por imporem sérios custos privados e sociais. Enquanto *Migrar* reduz o risco do carbono, aumenta a demanda pela água e a produção de lixo nuclear – impactos cuja provável eliminação está entre os atrativos das fontes renováveis e da geração distribuída.

Aceitabilidade pública. Durante décadas, a eficiência energética e as fontes renováveis desfrutaram de grande apoio do público, tanto nos EUA como no mundo inteiro (embora não em todas as localidades). Arquiteturas distribuídas, que tendem a alocar benefícios energéticos e seus efeitos colaterais para as mesmas pessoas ao mesmo tempo – não para outras pessoas do outro lado da linha de transmissão ou para gerações futuras –, minimizam conflitos e desigualdades potenciais entre pontos geográficos e tendem a devolver bons empregos à comunidade. Entretanto, opções de fornecimento mais localizadas e refinadas transformam as opções remotas, abstratas, longe da visão e do alcance da mente em escolhas reais bem à nossa frente, e por isso elas acarretam maior responsabilidade para os cidadãos informados e para uma vibrante discussão na comunidade. Aqueles que têm uma propensão mais jeffersoniana* vão achar que isso provavelmente traz melhores resultados, mas o processo não é simples, fácil, claro ou previ-

_____
* Menção a Thomas Jefferson, um dos presidentes norte--americanos, e à sua tendência a fortalecer os governos locais. (N. T.)

sível: ele tem toda a vitalidade confusa da democracia real. Para escolhas tão fundamentais quanto a energia, é assim que deveria ser. Por outro lado, medidores inteligentes e preços dinâmicos, se não forem projetados levando-se em conta a equidade, podem causar desvantagens para aqueles que não estiverem equipados para usá-los, ou podem criar transtornos relacionados com a privacidade.

Manter uma extrapolação da forma convencional e tradicional do passado não garante resultados convencionais. Expõe os EUA a riscos financeiros, à aceleração das mudanças climáticas e a outros problemas de saúde, de segurança e de meio ambiente, aumentando ainda a probabilidade de blecautes. Tratar do problema climático *Migra*ndo para a energia nuclear e para o "carvão limpo" pode reduzir o risco do carbono, mas nada faz para lidar com as necessidades dos consumidores, que têm mudado rapidamente, nem com as propostas de valores variáveis dos provedores de serviços elétricos, e tem riscos técnicos e financeiros ainda maiores do que *Manter*.

Em vez disso, almejar um futuro dominado por *Renová*veis de grande escala permite o acompanhamento dos atuais desenvolvimentos tecnológicos e das tendências de custos, e reduz as emissões de carbono, sem as incertezas técnicas e de custos apresentadas pela energia nuclear e pela captura de carbono. Enquanto esse caso se desenvolve à nossa frente, e deve ser estimulado a florescer, vemos diversos obstáculos, inclusive a dificuldade em situar transmissão suficiente, e sua vulnerabilidade ao desligamento por coisas tão pequenas quanto uma bala de rifle. Assim, o futuro *Transformar* pode proporcionar as vantagens de um caso de fontes renováveis centralizadas e a maximização das opções do consumidor, de oportunidades para empreendedores e da inovação. Com a evolução desse sistema diversificado, o mercado pode alterar a mistura de tecnologias e de escalas para produzir as opções de menor risco e de maior custo-eficácia.

"Tudo Isso Junto": Uma Receita para o Fracasso

Alguns vão dizer que não precisamos escolher, que deveríamos acolher igualmente todas as opções. Com efeito, a sabedoria convencional de hoje – tanto entre as concessionárias elétricas quanto em Washington – acolhe a ideia de que o melhor caminho para um futuro limpo e acessível para a eletricidade nos EUA deve ser a adoção de todas as opções de fornecimento que evitam o carbono: energia nuclear, "carvão limpo", gás natural e fontes renováveis. Nós discordamos. Cenários do tipo "tudo isso junto" são fáceis de se elaborar, mas nenhum mostrou-se necessário até agora, muito menos preferível. Na verdade, são indesejáveis por vários motivos.

Primeiro, usinas térmicas centrais são inflexíveis demais para funcionar bem com fontes renováveis variáveis, e seus preços e lucros caem quando as fontes renováveis conquistam fatias do mercado. Segundo, se os recursos conseguem competir equilibradamente em todas as escalas, parte, e talvez uma boa parte, da transmissão construída para uma visão centralizada da rede futura pode ficar supérflua em pouco tempo. Terceiro, investimentos de porte, lentos, feitos em blocos grandes podem prejudicar a estabilidade financeira das concessionárias e de outros provedores, enquanto investimentos pequenos, ágeis e granulares podem melhorá-la. A competição entre esses dois tipos de investimento pode transformar as pessoas que tentam recuperar aqueles primeiros investimentos em inimigas desses últimos – ameaçando a estabilidade financeira dos proprietários de usinas de porte. Quarto, futuros renováveis, e especialmente os distribuídos, exigem modelos de negócios e de estrutura regulatória bem diferentes. Finalmente, os custos de fornecimento não são independentes da escala de instalação, e por isso os sistemas fotovoltaicos instalados na Alemanha em 2010 custam entre 56% e 67% menos do que sistemas comparáveis dos EUA, apesar do acesso aos mesmos módulos e a outras tecnologias aos mesmos preços globais.[657]

As concessionárias e os sistemas políticos tendem a preferir futuros que combinam eficiência e renováveis ou carvão e nuclear, mas não ambos ao mesmo tempo, porque cada futuro cria sua própria realidade de instituições, hábitos culturais, percepções e políticas. Na Europa e nos EUA, a dependência de estações centrais não é compatível com o desempenho da combinação eficiência e renováveis, pois aquela invade esta com orçamentos finitos e espaços de políticas.[658] Para que o setor elétrico dos EUA tire pleno proveito dos recursos distribuídos e permita as transições em transportes, edifícios e indústria descritas nos Capítulos 2 a 4, faz-se necessária uma estratégia focalizada. Combinar futuros fundamentalmente divergentes por conta da hesitação em escolher uma estratégia consistente e eficaz tende a criar uma mistura incoerente, deixar as pessoas confusas, fazer com que os recursos sejam desperdiçados e o tempo – o recurso mais precioso – seja perdido.

COMO VAMOS DE CÁ PARA LÁ?

Transformar o setor elétrico dos EUA para tirar pleno proveito de recursos distribuídos e renováveis conforme as linhas que descrevemos vai provocar um conjunto de mudanças de grandes proporções em tudo, desde a tecnologia empregada para gerar eletricidade até o modo como a rede é gerenciada. Algumas das mudanças que virão, como melhorias contínuas no custo e no desempenho da geração eólica e solar, serão inexoravelmente impelidas pelas forças da concorrência econômica global. Mas a extensão até a qual os EUA podem desenvolver e integrar com eficiência e confiabilidade esses recursos vai depender de modo crucial das "regras da estrada", que determinam como o sistema elétrico altamente regulamentado opera.

O ritmo do progresso pode ser bastante acelerado ou retardado por regulamentos e estatutos que criam um campo de jogo nivelado ou irregular. Como muitas das mais importantes regras e políticas são determinadas em âmbito estadual, para que os EUA como um todo consigam uma mudança importante será necessário um grau razoável de alinhamento e de coordenação nas políticas estaduais e federais, juntamente com o desenvolvimento de padrões técnicos industriais para comunicações e eletrônica de energia, que facilitam opções "plug and play" (PnP) de baixo custo e princípios de projeto padronizados, como a insularidade, sempre que possível.

Nos próximos anos, os participantes dos setores público e privado vão precisar mudar as regras do jogo para o setor elétrico dos EUA, com o objetivo de:

▶ abrir o mercado para novos participantes;
▶ realinhar os modelos de negócios das concessionárias;
▶ coordenar os mercados de energia e as operações do sistema.

Em cada uma dessas áreas, mudanças significativas que já estão tendo lugar nos EUA e no exterior poderiam acelerar o desenvolvimento de recursos distribuídos e renováveis, como se discute a seguir.

Abrir o Mercado para Novos Atores

Quase três quartos[659] das instalações solares em escala de concessionária e 85% dos projetos eólicos foram construídos por empresas independentes, em grande parte porque conseguiram captar melhor a economia de produção em massa e de-

senvolver competências vitais em torno de tecnologias renováveis que diferem acentuadamente dos concorrentes movidos a combustível fóssil.[660] Os membros desse movimento vão desde gigantes como a subsidiária da NextEra Energy, Inc., a NextEra Energy Resources, a maior geradora renovável na América do Norte,[661] a sequiosos estreantes como a Cogenra Solar, cujos painéis fotovoltaicos produzem tanto eletricidade quanto água quente.[662] A Clarian Power, uma estreante sediada em Seattle, Washington, oferece até um novo sistema de painéis solares que evita completamente as conexões normais com a rede da concessionária. Você simplesmente liga um fio do sistema fotovoltaico e sua "Caixa Inteligente" em qualquer tomada de parede em sua casa e seus microinversores permitem que a eletricidade dos painéis solares flua para todas as lâmpadas e os aparelhos da casa, usando apenas a fiação existente.[663] Algumas dessas empresas são notavelmente inovadoras. SolarCity, SunRun, Sungevity, SunPower e um número crescente de concorrentes oferecem painéis fotovoltaicos de telhado sem pagamento inicial – eliminando o choque do preço que frequentemente detém os consumidores.[664] Hoje, as pessoas podem procurar qualquer uma dessas empresas ou diversos sites de provedores de serviços e provedores independentes de informações para obter um orçamento de instalação de energia solar no telhado, e em alguns estados é possível até conseguir um sistema de pequeno custo ou custo zero, assim como quem se filia a um plano de telefonia celular sem custo inicial. Usando imagens de residências geradas por satélites, bancos de dados de tarifas de concessionárias e informações sobre programas de incentivos e de crédito de impostos, as empresas podem proporcionar, num período que vai de minutos a dias, estimativas detalhadas ou até propostas plenamente desenvolvidas para a compra ou o aluguel de sistemas fotovoltaicos solares. Em alguns casos, quando o telhado não é adequado para uma instalação solar, o consumidor pode participar de um projeto de "comunidade solar" perto de sua residência, com todos os benefícios, mas com a economia adicional da escala de instalação e a manutenção profissional. De qualquer forma, os consumidores podem, cada vez mais, tornar-se prosumidores. E o caso de negócio da energia renovável fica mais forte quando vem acompanhado de investimentos do lado da demanda,[665] como os empreendedores estão começando a fazer em todas as escalas.

A importância de criar as regras e os incentivos certos para alinhar os mais lucrativos com capacidades tecnológicas e desejos sociais fica evidente no Texas. Em 1999, o Estado da Estrela Solitária adotou um dos primeiros padrões de portfólio renovável (RPS – Renewable Portfolio Standards) como parte da lei que reestruturou a indústria da eletricidade no estado. O RPS obrigou os provedores de eletricidade do estado a instalar coletivamente 2.880 MW de energia renovável até 2009. A lei permitiu que os provedores comprassem e vendessem créditos de eletricidade renovável (RECs – Renewable Electricity Credits) para atingir a meta da maneira mais custo-eficaz. Segundo Jim Marston, diretor regional do escritório do Fundo de Defesa Ambiental do Texas, "as concessionárias disseram que não ia funcionar, que ia custar um zilhão de dólares". Contudo, não só as concessionárias do Texas cumpriram a meta em 2005, bem antes do estipulado pelo RPS, como a lei fomentou a criação da indústria de energia renovável do estado. Quando os legisladores do Texas quiseram subir a aposta aumentando o RPS para 5.880 MW em 2015 e 10.000 MW em 2025, houve pouca resistência. Marston diz que, apesar de "as concessionárias espernearem e gritarem na primeira vez que baixamos a lei... em 2005, eles sequer se deram ao trabalho de se opor às exigências mais severas, porque viram que na verdade poderiam ganhar dinheiro com elas".[666]

Além disso, está nascendo uma indústria em torno do gerenciamento e do uso da eletricidade, proporcionando aos clientes recursos do lado da demanda e soluções para redes inteligentes. Companhias empreendedoras como a EnerNOC e a Comverge estão instalando e gerenciando equipamentos que permitem aos consumidores reduzir a demanda de pico – e as contas de energia elétrica. As empresas juntam as economias com as reduções de outros consumidores e vendem a resposta da demanda agregada em grande escala para uma concessionária ou no mercado. É um bom negócio. Hoje, a EnerNOC é uma empresa pública com US$ 280 milhões em receitas em 2010 e uma demanda de 5,3 GW que ela pode gerenciar para 3.600 consumidores em 8.600 locais.[667]

A PJM Interconnection, uma organização regional de transmissão da região central da costa atlântica, usa um mercado com indicadores claros de preços para atender às suas necessidades de eletricidade ao menor custo. Esse mercado da PJM permite a resposta da demanda na forma da flexibilidade de carga de cada consumidor, agregada por empresas como a EnerNOC, promovendo leilões tal como uma grande usina. Dentre os leilões vencedores da PJM para 2014/2015, mais de 9% foram de recursos do lado da demanda, e 68% da nova capacidade disponível veio de recursos renováveis e do lado da demanda.[668]

Novos controles e novas tecnologias de sistemas de energia podem proporcionar níveis diferentes de qualidade e de confiabilidade energética para diversos usos finais. Seu servidor da internet pode obter mais energia confiável do que a caldeira de água (que pode ficar desligada de 15 a 30 minutos sem que você perceba, graças ao calor armazenado). O corpo de bombeiros pode ter uma prioridade maior do que as bombas das piscinas. Serviços de gerenciamento automatizado para edifícios, oferecidos por empresas como Viridity Energy, tornaram-se ainda mais valiosos, pois podem integrar imperceptivelmente a demanda, a geração e o armazenamento locais, e as interconexões.

O sucesso desses negócios emergentes vai depender em parte das regras estabelecidas pelos legisladores, reguladores e pelas concessionárias que determinarão como a geração renovável e os recursos distribuídos podem ser conectados à rede, e em que termos. Atingir a transição para um futuro principalmente renovável e distribuído vai exigir regras transparentes, justas e não discriminatórias, garantindo a segurança e a confiabilidade da rede e minimizando as barreiras de entrada. Essas regras do jogo afetam profundamente a economia do projeto, e, por sua vez, o escopo da concorrência.

Para a geração de energia renovável em pequena escala, as regras mais importantes são aquelas estabelecidas por governos estaduais e prefeituras, e pelas concessionárias. Segundo a Public Utility Regulatory Policies Act (PURPA), Lei de Políticas Regulatórias de Concessionárias Públicas, de 1978, os Estados criam políticas em duas áreas importantes, afetando a geração distribuída: procedimentos de interconexão e de medição na rede. Políticas que visam simplificar os procedimentos de interconexão, preservando a estabilidade e a segurança da rede, ajudam a remover barreiras para o desenvolvimento de energia renovável no ambiente do consumidor e outras formas de geração distribuída. Muitos Estados já implementaram procedimentos de interconexão simples e rápidos para certos tipos de geração distribuída. Novas evoluções e o emprego de melhores práticas nos projetos e na implementação dessas políticas irão facilitar o caminho dos recursos distribuídos e renováveis.

Enquanto isso, as regras de medição da rede determinam os termos nos quais os geradores distribuídos podem fazer o "medidor girar ao contrário", vendendo energia para a rede. Novamente, o problema está nos detalhes, e os termos específicos e as regulamentações das concessionárias podem fazer a diferença entre um mercado próspero e um estéril para a geração distribuída. Embora 43 estados já tenham programas de medição da rede em larga escala no final de 2010, a qualidade desses programas varia muito.[669]

Apesar disso, etapas aparentemente simples como o fortalecimento de padrões técnicos e de protocolos de comunicação podem ajudar. Padrões "plug and play" permitem que se instalem equipamentos certificados com revisão e aprovação expressas – ou sem aprovação nenhuma. Esses padrões removem o fardo tradicionalmente imposto sobre os instaladores de tecnologia distribuída de provar, geralmente por meio de estudos de engenharia de custo proibitivo, que seu equipamento é seguro, adequadamente configurado e não é nocivo à rede. Do lado da concessionária, a distribuição precisa tornar-se segura, omnidirecional e capaz de receber microrredes insulares. De fato, os geradores do lado do consumidor devem, por definição, ser seguramente insulares, a menos que haja uma forte razão para que não o sejam.

Os governos locais também têm um papel fundamental na determinação das regras que afetam recursos distribuídos em pequena escala, como, por exemplo, na determinação dos procedimentos de permissão e de inspeção para sistemas solares de telhado. Essas regras e esses procedimentos afetam significativamente o custo das instalações solares.[670]

Finalmente, no caso de fontes renováveis em grande escala, as regras feitas por órgãos reguladores federais e estaduais, tipicamente interpretadas e implementadas por concessionárias elétricas, são as mais críticas. Particularmente importantes são os procedimentos e as regras de interconexão controlando o acesso à rede. Com o aumento da parcela renovável de geração, sem dúvida irão surgir novas questões sobre acesso à rede e prioridade, preços de "serviços auxiliares" de geradores e como os custos de transmissão, armazenamento e outros ativos da rede serão alocados entre geradores.

Realinhando os Modelos de Negócios das Concessionárias

O processo de transição para um sistema elétrico dependente – em grande parte, de recursos renováveis e distribuídos, e com eficiência bem maior no uso final – pode ser acelerado por mudanças nos regulamentos das concessionárias estaduais que permitem que as concessionárias de energia elétrica adotem novos modos de fazer negócio. Essas mudanças podem abrir novos caminhos para que as concessionárias criem valor para seus clientes e participem plenamente de vários novos setores de negócios de crescimento rápido, que vão de serviços de eficiência energética ao desenvolvimento de recursos distribuídos para consumidores.

Uma primeira etapa importante seria a adoção mais ampla de políticas que eliminem o desincentivo para que as concessionárias forneçam eficiência energética e recursos distribuídos do lado do consumidor. Na década passada, doze Estados e o distrito de Colúmbia mudaram o antigo código regulamentar, "desacoplando" as receitas das concessionárias elétricas de suas vendas, para que as concessionárias não sejam mais recompensadas por vender mais eletricidade, nem penalizadas por venderem menos.[671] Isso é obtido ajustando os preços periodicamente, para cima ou para baixo, com base em vendas reais, para que as receitas da concessionária não sejam nem mais nem menos do que os reguladores autorizaram. Dezenas de concessionárias que desacoplaram na década passada descobriram que os ajustes típicos de preços montavam a menos de US$ 2 por mês em cargas maiores ou menores para clientes residenciais, sendo cancelados ao longo do tempo. Mas o impacto do

desacoplamento sobre os incentivos, o comportamento e a cultura das concessionárias é poderoso.

Contudo, o desacoplamento não vai muito longe sozinho, pois ele não recompensa a concessionária por adquirir eficiência energética barata em vez de construir novas fontes geradoras mais onerosas, e por isso alguns Estados estão fazendo experiências com uma segunda reforma vital – economias compartilhadas. Elas permitem que as concessionárias mantenham, como lucro extra, uma pequena parte – geralmente um décimo – das economias feitas graças à eficiência que tornaram possível.[672]

Recompensar as concessionárias por reduzirem contas, e não por venderem mais energia, alinha seus interesses com os interesses dos clientes e com as metas maiores da sociedade. Isso pode mudar profundamente as opções das concessionárias e seu desempenho. A Califórnia é líder nesses novos modelos regulatórios. Os reguladores permitem o aumento das economias compartilhadas (até 12%) com sucesso, e as concessionárias enfrentam penalidades quando não atingem pelo menos 65% de suas metas de eficiência.[673] Hoje, uma campanha nacional liderada pelo Natural Resources Defense Council (NRDC) [Conselho de Defesa de Recursos Naturais] e apoiada pelo Edison Electric Institute e pela American Gas Association levou o desacoplamento e as economias compartilhadas, em graus variados, a 14 Estados pela eletricidade[674] e a 21 pelo gás, e tais regras estavam pendentes em outros 8 Estados.[675]

Segundo, em vez de tratar a geração distribuída como uma ameaça competitiva, as concessionárias podem vê-la como um ativo sendo financiado, controlado e operado por elas mesmas, mas no local do cliente. A PG&E, a Idaho Power e algumas outras concessionárias fizeram exatamente isso para residências remotas, onde é mais barato construir geradores locais do que estender linhas de transmissão.[676] Em meados de 2010,

ELETRICIDADE: NOVA ENERGIA PARA A PROSPERIDADE   257

cerca de 12 concessionárias de porte tinham planos para construir um total de 1,1 GW de módulos FVs distribuídos em locais comuns, não remotos,[677] financiando os projetos com o acréscimo de seu custo às tarifas de energia elétrica. Essa oportunidade é imensa para as cooperativas elétricas rurais dos Estados Unidos, que em breve enfrentarão reinvestimentos da ordem de muitos trilhões de dólares.

As concessionárias e outros participantes capazes de sair na frente, repensar sua relação com os consumidores e fazer mudanças sérias podem ganhar mais dinheiro com menos riscos, proporcionando melhores serviços a custo menor, mais do que sonharam antes. Pode até existir um novo modelo de negócio: agindo como um provedor de acesso à internet, a concessionária pode ser uma fonte aberta para milhares de geradores de força e outras empresas, permitindo que esses provedores obtenham sua eletricidade e seus serviços, como resposta da demanda, para consumidores ligados à rede da concessionária. Serão necessárias reformas reguladoras inovadoras e novas políticas de preços para fazer esse modelo funcionar, mas abordagens como essa já estão sendo desenvolvidas e aplicadas em partes da Europa e na Nova Zelândia.

Agora, as concessionárias enfrentam a concorrência de empreendedores que elas não conseguem controlar. Os atuais monopólios de franquias não garantem uma receita continuada, pois os consumidores não são obrigados a comprar a eletricidade da rede. Lentamente, estão percebendo que negawatts (watts economizados) costumam ser mais baratos do que megawatts, e por isso vão querer comprar menos elétrons e usá-los com mais produtividade. A questão é: quem irá lhes vender esse produto?

O lado do fornecedor tem o mesmo potencial para contornar o sistema, mas a um custo consideravelmente maior, na opinião de muitos consumidores. Um "serviço de concessionária virtual", que pode ser vendido sem uma permissão regulatória ou de concessionária, pode ser montado com recursos distribuídos do lado da oferta e da demanda, com TI e telecomunicações, instalação e manutenção confiáveis, com garantias de confiabilidade e seguros, certificados verdes ou créditos para revenda, e novas propostas de valor para segurança e estabilidade de preços. Esses serviços do mercado independente, sem regulamentações, se bem executados e vendidos com confiança, podem ser uma opção atraente para um pequeno mas crescente número de consumidores nos próximos anos.

A conexão com a rede e a relação com as concessionárias ainda deverão ser a melhor resposta para a maioria dos consumidores no futuro próximo. O benefício é criar um sistema que pode tirar proveito da diversidade e do gerenciamento de riscos do lado da oferta e da demanda mediante um variado portfólio de recursos. Mas as concessionárias terão de ficar de olho aberto para os provedores de serviços independentes, cujo portfólio de tecnologias e de soluções vai continuar a crescer.

Coordenando Mercados e Operações do Sistema

Um futuro sistema elétrico, com parcelas muito maiores de recursos renováveis e distribuídos, iria operar de forma muito diferente do atual. Com níveis superiores de inteligência e controles distribuídos pelo sistema, o gerenciamento operacional vai depender menos de comandos e controles hierárquicos e mais de respostas distribuídas a sinais indicadores do estado do sistema. No futuro, sistemas solares de telhado e fazendas eólicas podem ajudar a corrigir automaticamente flutuações de voltagem nas linhas de transmissão e distribuição, veículos elétricos vão carregar e descarregar inteligentemente suas baterias em momentos otimizados e controladores de microrrede vão gerenciar os recursos locais em resposta a sinais dinâmicos de preços da rede.

As chaves para que isso aconteça são:

▶ Mercados de energia eficientes, competitivos e transparentes;
▶ Disseminação de sinalizadores de preço que variam com o horário para pequenos consumidores;
▶ Comunicações seguras e confiáveis para permitir interações em níveis diferentes do sistema, desde dispositivos de uso final para microrredes e usinas de força virtuais à rede de alta voltagem e grandes mercados de energia.

Com o aumento da parcela das fontes renováveis variáveis de geração, os grandes mercados de energia, transparentes e competitivos, terão um papel fundamental, tanto no gerenciamento de recursos a curto prazo sobre o sistema como na visibilidade de oportunidades econômicas para novos investimentos. A estreita integração entre esses mercados e as operações permitirá que as forças do mercado lidem com muitos dos problemas mais desafiadores sobre o modo de integrar elevados níveis de renováveis, ao mesmo tempo que se mantém confiável o sistema. A programação de energia de poucos em poucos minutos, em vez de uma vez por hora, e numa área de balanceamento mais ampla – mercados mais rápidos e extensos – torna o sistema como um todo mais flexível. Essa programação "sub-horária" está sendo usada na Costa Leste (exceto no Sudeste), no Texas e na Califórnia, e está programada para implementação no Sudeste em 2013 e 2014.[678] Além disso, esses mercados permitem recursos do lado da demanda, inclusive a resposta da demanda, para competir diretamente no atendimento das necessidades de flexibilidade do sistema. Essa concorrência está começando a ficar mais justa. Em 2011, a Instrução 745[679] da FERC exigiu que a resposta da demanda seja paga a pre-

ço justo, e uma regra proposta valoriza mais os serviços auxiliares rápidos do que os lentos. A seguir, a FERC pode atribuir paridade plena com o mercado para a eficiência em uso final, permitindo que essa concorra em pé de igualdade com o fornecimento em muitos dos 37 estados nos quais ela ainda não pode fazê-lo.

Com níveis superiores de recursos distribuídos pelo sistema, a variação de preços no varejo conforme o horário vai facilitar o uso ideal desses ativos. Embora muitas concessionárias já tenham preços que variam com o tempo, a implementação disseminada dos preços dinâmicos, apoiada e facilitada por comunicações e controles avançados, será um importante canal para permitir que os recursos distribuídos tenham um papel importante, proporcionando a flexibilidade necessária para gerenciar um sistema suprido, em grande parte, por recursos elétricos renováveis.

Outra reforma poderosa pode vir dos CEOs das concessionárias: virar a concessionária do avesso, planejando da distribuição para a geração, e não o contrário. Três experimentos norte-americanos[680] descobriram que quando as concessionárias focalizaram seus investimentos do lado da demanda como um rifle, não como uma espingarda de cartucho, do lado do uso final e em regiões nas quais podiam retardar ou evitar investimentos imediatos em distribuição (seu maior ônus de capital), puderam manter o mesmo serviço com um décimo do investimento. Para investidores hesitantes e CFOs, é uma notícia muito auspiciosa.

CONCLUSÃO: O CAMINHO QUE LEVA AO PORVIR

Já nos debruçamos sobre mapas que descrevem o possível panorama futuro do setor elétrico dos Estados Unidos. Embora algumas partes do terreno sejam bem conhecidas, outras são rotuladas como *terra incógnita* ou "Aqui há dragões". Observando com amplidão o que é conhecido e o que é desconhecido, a melhor solução que encontramos é um híbrido de fontes renováveis centralizadas e distribuídas, integradas por comunicações avançadas e controles que garantem a coreografia do fornecimento – e recursos do lado da demanda acessíveis quase que em tempo real, usando microrredes insulares quando necessário para assegurar a resiliência. Essa solução vai permitir que os EUA liderem novas ondas de progresso tecnológico, fornecendo-o a mercados globais.

A transformação vindoura da eletricidade será complexa e talvez confusa. A convergência entre eletricidade e informação, com rápidas inovações em ambas, faz com que as tecnologias e os modelos de negócios do século XXI colidam com as culturas e instituições do século XX e até do XIX, geralmente engessadas por estruturas e regras regulatórias que não atendem mais às atuais necessidades em evolução.

Embora não possamos prever eventos e causas inéditas, além de nossa visão imediata, podemos apostar que aqueles que já estão agitando o horizonte vão se multiplicar rapidamente. Hoje, a escolha inteligente exige uma visão firme e de longo prazo, e uma escolha flexível de caminho para nossa jornada.

Assim como as decisões feitas nos primeiros dias da eletricidade moldaram o sistema atual, os investimentos que fazemos hoje em instalações e arquitetura de sistemas vão afetar nossa capacidade de captar oportunidades e gerenciar os riscos depois. Felizmente, os fatores tecnológicos e de escala que moldaram o atual sistema elétrico estão, em sua maioria, no passado: a tecnologia nos deu escolhas imensamente maiores e melhores, bem a tempo de evitarmos sérios problemas. A inovação rápida, combinada com a urgente necessidade social de reduzir o consumo de combustíveis fósseis,

criou uma oportunidade de ouro para reinventar o sistema elétrico – para a grande vantagem de empresas inteligentes e ágeis.

Diversas lições e ações cruciais emergiram de nossa exploração. Primeiro, atingir a transformação no sistema elétrico que descrevemos aqui, permitindo as transformações elencadas nos capítulos anteriores, não é apenas uma questão de escolher a tecnologia de geração certa entre o carvão, a energia nuclear, as fontes renováveis e outras opções. Trata-se de escolher um *sistema* que pode explorar melhor toda a gama de opções do lado da oferta e da demanda de forma integrada e menos onerosa. A integração é a arte do mestre-cuca, não do encarregado de compras do restaurante. E, no setor elétrico, como na culinária, a melhor solução não está na combinação de todos os ingredientes possíveis, mas de uma combinação astuta e harmoniosa apenas daqueles de que você necessita.

Usinas nucleares e a carvão de muitos bilhões de dólares não coexistem bem com grandes quantidades de fontes renováveis variáveis ou mesmo distribuídas. Os melhores complementos para as renováveis, aqueles cuja flexibilidade pode ajudar o sistema a funcionar da maneira mais econômica, estão do lado da demanda. A integração entre a carga (e, com o tempo, a descarga) de veículos elétricos e o sistema elétrico é uma parte importante da solução. A eficiência avançada, as tecnologias de resposta da demanda e o poder facilitador das comunicações e dos sistemas de controle baseados em microrredes também são parceiros vitais, especialmente quando estão juntos. Algumas opções que antes não eram consideradas importantes, como as PVs distribuídas, podem mostrar-se valiosas, até vitais.

Segundo, os desafios econômicos e técnicos são muito menores do que as mudanças institucionais necessárias. Os modelos de negócios e as estruturas regulatórias das concessionárias de eletricidade vão precisar de reformas para nivelarmos o palco entre investimentos em soluções do lado da oferta e da demanda, entre fontes não renováveis e renováveis, e entre opções centralizadas e distribuídas. Muitos participantes privados e públicos em jurisdições regulatórias variadas, e mesmo sobrepostas, vão precisar idealizar novas regras e atitudes. Realizar essas mudanças institucionais vai exigir persistência, paciência e processo. A perseverança triunfa.

Finalmente, boa parte do poder para mudar o sistema está nas mãos dos consumidores de energia elétrica. *Eles* vão decidir se e quando adotarão novas tecnologias, informar-se-ão sobre suas opções, mudarão seu comportamento. Uma análise econômica convencional não pode descrever ou prever plenamente essas mudanças. Um vislumbre da economia comportamental da adoção de tecnologias vai ajudar a estruturar o marketing, mas os consumidores são complexos e surpreendentes, e, como a mídia social, mudanças bruscas que fundem novas ideias, comportamentos e tecnologias podem transformar radicalmente o cenário competitivo.

Leonard S. Hyman, que há muito tempo é líder do grupo de pesquisa de concessionárias da Merrill Lynch, anteviu essa turbulência em 1993. Ele escreveu o seguinte no *The Electricity Journal*: "O futuro trará metamorfoses, convergências, desintegrações. Vai causar úlceras, perdas, riquezas, confusão. Tudo isso é certo. Nada mais é." Agora essa mudança tumultuosa acelerou seu ritmo. A rigidez e a adesão aos costumes vão perder para a flexibilidade e a adaptação rápida.

O domínio humano do fogo começou em escala micro há alguns milhões de anos, nas mãos de indivíduos, famílias e tribos. As atuais redes sociais e econômicas globais, altamente interconectadas, aceleraram até a velocidade da luz a difusão de novas ideias, tecnologias, projetos e sistemas. As sementes da mudança para a próxima revolução, o novo fogo, ainda são locais, mas estão crescendo e se espalhando. Novas soluções para muitos de nossos mais desafiadores problemas já estão em funcionamento ao redor do planeta. Nossa tarefa consiste em encontrar e ampliar essas soluções, pondo-as em harmonia uma com a outra. O futuro da eletricidade é nosso.

TABELA 5-1. Resumo das recomendações para participantes-chave do setor elétrico

	SEM ARREPENDIMENTO	OPORTUNISTA	INOVADOR
Consumidores individuais	Assumir a responsabilidade pessoal pelo consumo. Participar dos programas existentes.	Aprender mais sobre recursos distribuídos que podem funcionar para você. Avaliar seu potencial para prover resposta da demanda. Deixar prontos os edifícios para redes inteligentes e resposta da demanda. Segregar circuitos críticos ao reformar ou trocar a fiação de edifícios e construir deixando-os prontos para geração distribuída.	Defender a medição justa, controlar e operar microrredes e sistemas de geração distribuída insular, e alcançar níveis de confiabilidade diferenciados. Instalar sua própria eficiência e fontes renováveis, de forma ideal, sem investir dinheiro antecipadamente.
Empresas (não concessionárias)	Compreender o mercado de recursos distribuídos e outras tecnologias. Continuar a inovar, tanto desenvolvendo novas tecnologias como reduzindo os custos das existentes.	Formar parcerias para explorar novos modelos integradores de negócios entre antigas cadeias de valor. Considerar a insularidade como uma importante característica da resiliência. Segregar circuitos elétricos críticos, física ou virtualmente. Busque e se prepare para ter suprimentos resilientes.	Defenda a reforma regulatória (começando pelo desacoplamento e por economias compartilhadas) e um acesso maior aos mercados. Fazer da insularidade o padrão de projeto. Instalar melhorias de eficiência e geração no local.
Concessionárias	Resguardar-se plena e imediatamente contra ciberataques, ataques físicos e tempestades geomagnéticas. Explorar o valor e as fontes de flexibilidade operacional em seu sistema. Dominar os recursos do lado da demanda e construir boas capacidades. Estudar continuamente as tecnologias renováveis e distribuídas. Fazer um teste de estresse do planejamento financeiro para demanda estagnada ou em declínio. Criar e preservar a possibilidade de optar.	Maximizar a flexibilidade da rede para facilitar a integração dos renováveis. Investir agora para obter experiência com renováveis e recursos distribuídos. Investir na rede inteligente – com segurança e privacidade. Oferecer preços conforme o horário de uso. Formar alianças e buscar a aprovação para rápidas reformas regulatórias com o objetivo de alinhar os incentivos dos investidores com os incentivos dos consumidores.	Repensar o relacionamento com os clientes e explorar novos modelos de negócios. Pensar em agir como um canal de entrada para novos participantes. Começar o planejamento dos recursos pela ponta da distribuição. Eliminar obstáculos à insularidade e às microrredes e começar a instalar ambas. Oferecer preços em tempo real. Forçar a plena competição entre opções do lado da demanda e da oferta.

	SEM ARREPENDIMENTO	OPORTUNISTA	INOVADOR
Reguladores	Instituir o desacoplamento com economias compartilhadas. Permitir a medição justa dos recursos distribuídos da rede. Apoiar investimentos em P&D. Buscar uma completa simetria de políticas entre recursos do lado da oferta e da demanda, grandes ou pequenos, independentemente de tecnologia, tipo ou propriedade. Insistir para que as concessionárias protejam rápida e completamente seus principais ativos de ciberataques, ataques físicos e tempestades geomagnéticas.	Passar a usar medições inferiores a uma hora e maiores áreas de balanceamento. Planejar em âmbito regional. Prover acesso equitativo à transmissão e fazer com que a nova transmissão concorra com a eficiência, a resposta da demanda e a geração distribuída; recompensar esses recursos por liberarem a capacidade de transmissão. Fortalecer padrões e protocolos de comunicação seguros, flexíveis e interoperáveis. Permitir que participantes que não sejam concessionárias criem ilhas de carga e operem microrredes. Eliminar subsídios ou seu efeito das decisões usando preço sombra. Permitir que as concessionárias invistam prudentemente em tecnologias de maior risco. Permitir que as concessionárias invistam em eficiência e na geração distribuída, apoiem-nas e ganhem com isso.	Criar transparência de preços e de informações. Explorar a transformação do mercado, inclusive implementando mais amplamente os mercados e deslocando energia para os mercados de capacidade. Permitir que as concessionárias proporcionem serviços do lado do consumidor. Tornar a interconexão "plug-and-play" e a insularidade as opções padronizadas de projeto. Experimentar microrredes interligadas e explorar o melhor modo de estimular seu uso.

CAPÍTULO 6
MUITAS ESCOLHAS, UM FUTURO

Fig. 6-1

Os argumentos a favor de danças marginais incrementais, não são convincentes – não nesta data e era. O futuro, afinal, não é linear. A história está repleta de fagulhas que incendiaram o *status quo*.

— Peter Bijur
(*Chairman* e CEO da Texaco),
Discurso no World Energy Council,
Houston, 14 de setembro de 1998

INTRODUÇÃO

Do carvão que alimentou os poderosos motores a vapor da Revolução Industrial ao petróleo do poço de Edwin Drake e seus muitos sucessores, que se tornou o fluido essencial dos transportes e do comércio, até o gás natural que superou o carvão entre os combustíveis norte-americanos, os combustíveis fósseis transformaram a civilização humana. Tornaram possíveis cidades enormes e infinitos subúrbios arborizados e dispersos, gigantescas fazendas industrializadas e vastas transferências de água, aviões a jato e rodovias lotadas, e uma profusão cotidiana de bens baratos despachados tranquilamente de todo o planeta. Com a engenhosidade e a ambição humanas sendo como são, a industrialização e o progresso econômico ainda teriam acontecido sem combustíveis fósseis,[681] mas a evolução da industrialização e da história humana teriam sido bem diferentes, talvez focalizadas em culturas diferentes,[682] e provavelmente mais lentas e mais árduas.

Contudo, o impacto em nossa economia proveniente da injeção na veia de combustíveis fósseis acarretou custos crescentes para a nossa vitalidade e a nossa segurança. Como vimos, nosso sistema energético está exacerbando a turbulência daquilo que os planejadores militares chamam de VUCA*, sigla em inglês para volatilidade, incerteza, complexidade e ambiguidade, mais do que nos protegendo dela. Isso não se aplica apenas ao nosso país, mas ao mundo. Como explicou Thomas Friedman com um exemplo, "O mundo foi pego num ciclo de *feedback* perigoso – preços mais elevados do petróleo e problemas climáticos levam a alimentos mais caros, alimentos mais caros levam a mais instabilidade, mais instabilidade leva a preços mais elevados do petróleo. Esse ciclo está abalando as bases da política em todos os lugares".[683]

Felizmente, não estamos fadados ao castigo eterno, como aconteceu com Prometeu por furtar o fogo para dá-lo à humanidade. Tampouco a extinção do velho fogo dos combustíveis fósseis significa um retorno à Era das Trevas. Podemos, em vez disso, criar um mundo mais seguro, mais forte e livre de combustíveis fósseis recorrendo a uma fonte bem melhor do que hidrocarbonetos fósseis. O verdadeiro combustível por trás dos Estados Unidos e da civilização moderna é a inovação e a engenhosidade.

Este livro nos levou por uma jornada através de muitas das possibilidades criadas pelo florescimento da inovação. Vimos como os fabricantes de automóveis e seus fornecedores estão começando a construir carros elétricos ultraleves, como superjanelas e projetos integradores podem transformar edifícios, fazendo com que sorvedouros de energia se tornem sovinas energéticos, como as fábricas estão criando produtos com uma quantidade drasticamente menor de energia e como empresas gigantes e empreendedores solitários estão

---

* Em inglês: *volatility, uncertainty, complexity, and ambiguity*. (N.T.)

266 REINVENTANDO O FOGO

idealizando novos projetos de redes elétricas e formas inteligentes de saber quando o próximo ônibus chegará.

Embora estejamos apenas na beira dessa transformação para um mundo livre de combustíveis fósseis – e embora a transformação só vá se processar caso ponhamos nisso força e vontade – ela já está criando vastas novas oportunidades de negócios e ameaçando as indústrias mais renitentes. Quem será a Microsoft da transformação da demanda elétrica em algo ágil, por exemplo? Será que a microenergia continuará a tirar do mercado os projetos seculares de usinas centralizadas? Os insurgentes continuarão a incomodar as atuais concessionárias? As empresas de petróleo vão se perder na história como os fabricantes de chicotes para carruagens e baleeiros ou vão se tornar participantes dominantes na produção de biocombustíveis e de energia limpa? Com o desenrolar da maior transição na história da indústria, os Estados Unidos vão liderar essa transformação ou seguirão outros, condenados a perder a oportunidade por um pensamento antiquado e má política?

Não temos todas as respostas a perguntas como essas. Tampouco podemos prever inovações que ainda não foram sonhadas, mas cujo rumor distante fica cada vez mais claro. Como sempre acontece com transformações tecnológicas e sociais, o futuro pode ser bem diferente daquilo que podemos conceber agora. Porém, estamos convencidos de que transformar o sistema de energia Reinventando o Fogo vai fortalecer a economia e tornar o mundo mais seguro, mais fresco e melhor.

Mesmo que nossa bola de cristal ainda esteja enevoada, vamos tentar visitar o futuro que seria criado seguindo os caminhos traçados neste livro. Esse futuro verá a concretização de nossas metas elevadas? Vamos avançar para uma manhã nos Estados Unidos daqui a quase 40 anos.

OLHANDO EM RETROSPECTO A PARTIR DE 2050

O café ainda tem o mesmo aroma e a vista da janela da casa, que se abre para um bairro tranquilo, parece razoavelmente igual. Mas a casa é tão bem projetada e termicamente isolada que ela não precisa de fonte central de calor. Seus aparelhos e dispositivos utilizam uma pequena fração da energia consumida por seus antecessores na primeira década do século XXI. A casa não sofre mais de calafrios ou febres e não precisa dos equipamentos mecânicos barulhentos e caros de antigamente. Sem essas complexidades antiquadas, essa casa custa pouco menos para ser construída do que a antiga e ineficiente. Embora hoje as pessoas paguem mais para morar perto de seus destinos favoritos, pagam bem menos pela energia e pelo deslocamento, e por isso, como um todo, as casas representam uma parcela menor do orçamento familiar do que representavam em 2011.

E não é só: nossa casa tornou-se uma modesta fonte de renda. Em vez de pagarmos mais de US$ 100 por mês em contas de energia elétrica, todo os meses nós recebemos um cheque pela energia extra produzida pelas telhas solares do telhado, pelos elétrons que nosso provedor de serviços Interrede compra da bateria de nosso carro elétrico para atender a raros picos de demanda e pela inteligência que coordena invisivelmente a carga desse carro e parte dos serviços elétricos da casa para usar, comprar ou vender energia nos momentos mais lucrativos, sinalizando controles inteligentes sobre os preços variáveis em tempo real. E quando a nevasca recordista do ano passado derrubou as linhas interestaduais de transmissão, as luzes ficaram acesas porque a microrrede da comunidade desligou-se instantaneamente da rede, funcionou anonimamente e depois reconectou-se imperceptivelmente quando a ligação foi restaurada. Blecautes em grande escala são um resquício de uma era passada.

MUITAS ESCOLHAS, UM FUTURO   267

Embora nosso automóvel elétrico seja três vezes mais leve, custe um pouco menos para comprar e seja muito mais econômico para rodar do que os autos de 40 anos atrás, ele é mais seguro, mais rápido, tão espaçoso quanto os antigos e até mais luxuoso do que estes – fruto da feroz competição por novos materiais, métodos de fabricação, propulsão e projeto. Mas agora que organizamos nossas comunidades em torno de pessoas e não de automóveis, dirigimos muito menos, pois os lugares onde moramos, trabalhamos, nos divertimos e fazemos compras ficam quase sempre a uma confortável distância a pé. Alguns dos bairros dispersos mais antigos sobreviveram porque os automóveis elétricos facilitaram o deslocamento, mas muitos foram reurbanizados e transformados em comunidades em blocos, de uso misto, cercadas por novos parques e fazendas. Muitos compram a maioria dos alimentos de fazendeiros conhecidos, num raio de 16 km – e o sabor desses alimentos é melhor.

Faço parte da minoria que ainda possui carro pessoal. Muitos de meus vizinhos e nossos dois filhos adolescentes conseguem melhor acesso a menor custo de um dos serviços garantidos de transporte, cujos pacotes de assinatura integram um rico cardápio de maneiras para nos movimentarmos – ou não. Hoje, a telepresença de uso manual é tão boa que ir visitar alguém é realmente opcional, e, caso prefira fazê-lo, seu menu de formas para chegar lá fica ainda mais diversificado e atraente.

Além de nosso carro elétrico familiar, minhas opções de mobilidade física incluem pular num carro elétrico de meu programa de compartilhamento veicular, tomar um táxi ou van ou o trem aéreo ultraleve que passa a dois minutos de caminhada daqui, ou ainda usar uma rede social para me conectar com outros motoristas que vão passar por perto. Agora mesmo, porém, percebo no meu *smartphone* que o ônibus silencioso a célula de combustível vai passar num ponto aqui perto. Por

isso, é hora de sair de casa. O passeio de ônibus vai me dar a oportunidade de trabalhar um pouco com a rede wi-fi gratuita, e depois pegarei uma bicicleta híbrida-elétrica compartilhada para completar minha curta – mas íngreme – viagem até o trabalho.

Dentro do ônibus, outras diferenças se destacam. As estradas estão bem menos congestionadas do que em 2011. As antigas leis de zoneamento que acabaram segregando as moradias por nível de renda, causando isolamento e dispersão, exigindo que você tivesse um oneroso carro particular para ir aonde quisesse, foram extintas há muito tempo. A dispersão das construções também não é mais subsidiada: os incorporadores pagam todos os custos que impõem à infraestrutura e aos serviços públicos. Há menos caminhões nas rodovias. Os postos de abastecimento vendem biocombustíveis e hidrogênio, complementando os onipresentes pontos de carga de carros elétricos. O ar está claro e limpo. O ronco dos motores deu lugar ao canto das aves. As mortes causadas pelo trânsito, que antes eram uma ameaça à saúde pública tão grande quanto o câncer de mama, tornaram-se raras, e os ferimentos costumam ser leves.

Os automóveis de hoje, em fibra de carbono, não enferrujam mais. Ainda sofrem batidas, mas danos reais às suas carrocerias ultrafortes são raros e a manutenção é quase nula. Lembro-me vagamente da época em que os autos precisavam ser alimentados com mais de 20 tipos de fluidos e outros produtos de consumo; hoje, precisam apenas do fluido do limpador de para-brisas. Diagnósticos sem fio e ajustes feitos em segundo plano tornam as falhas algo quase desconhecido. Uma van faz em domicílio os raros reparos materiais no carro. Tanto o fabricante quanto a loja autorizada de aplicativos oferecem downloads sem fio para ajustar tudo, desde a suspensão até a aparência do veículo, pois toda a funcionalidade do auto está no software.

Reproduzidas por todo o país, essas mudanças significam que combustíveis líquidos para autos foram reduzidos a um ou dois pontos percentuais de seu nível de 2011, e quase todas as relíquias que precisam deles funcionam com biocombustíveis avançados. A reluzente relíquia-dinossauro metálica que queima líquidos e pertence ao clube do carro é abastecida por caminhões-tanque enviados pelas empresas químicas especializadas. Na década de 2040, os Estados Unidos chegaram a exportar parte do petróleo doméstico excedente, mas agora tantos outros países economizaram e substituíram seu próprio petróleo que ele está se tornando rapidamente algo como óleo de baleia após a invenção da lâmpada elétrica – uma curiosidade que mal vale a pena comercializar.

As tropas norte-americanas não guardam mais petróleo, não precisam dele e ficam felizes por não valer mais a pena brigar por esse recurso. Embora o mundo ainda seja um lugar perigoso, parece estar ficando mais seguro: hoje, as missões militares são principalmente humanitárias, de auxílio a catástrofes ou, acima de tudo, servem para prevenir conflitos, o que tornou-se algo tão rotineiro quanto prevenir incêndios. A maioria dos exportadores de petróleo está se adaptando a economias mais diversificadas e a sociedades mais abertas. Os antigos conflitos em torno da energia que antes provocavam centelhas no Oriente Médio foram resolvidos ou, pelo menos, estão se tornando irrelevantes para o resto do mundo, e aquilo que aprendemos sobre soluções energéticas está ajudando com a questão da escassez de água. Os petrodólares ficam em casa, aprimorando a educação e a saúde, e custeando P&D que reforça o renascimento dos Estados Unidos na inovação.

Em 2050, os trabalhadores ainda vão ao escritório, geralmente três ou quatro dias por semana (e quando não vão, trabalham em casa), mas os edifícios mudaram. Meu local de trabalho está banhado no brilho cálido da luz natural, filtrado pelas árvores e nutrindo os jardins verdejantes internos. Não há sistema de ventilação ruidoso, mas muito ar fresco que flui naturalmente, e todas as salas têm janelas operáveis. Nosso edifício, como a maioria, exporta eletricidade para a rede com seu teto e suas paredes solares. O hospital da comunidade, com grande necessidade de energia apesar de sua eficiência, obtém todo o condicionamento de ambientes, água quente e eletricidade pela cogeração acionada por biogás do antigo aterro. Mais de 100 milhões de edifícios como esses reduziram o consumo de energia do setor de construções em quase três quartos dos níveis de 2011, e o índice ainda está diminuindo.

Novas indústrias surgiram, enquanto algumas antigas desapareceram. Só nas proximidades do meu escritório, sumiu a antiga empresa projetista de poços de petróleo, substituída por uma firma de manutenção de turbinas eólicas. A empresa geofísica parou de localizar depósitos de petróleo e agora procura fontes geotérmicas. O escritório de locação de carros tornou-se uma agência de mobilidade. Diversas novas empresas gerenciam a demanda energética, instalam isolamento térmico em casas do centro da cidade e monitoram a saúde da rede elétrica. E algumas oferecem fabricação no local, não apenas torradeiras e geringonças feitas por encomenda com preços de produção em massa – agora que é tão barato fazer um item quanto um milhão –, mas também sapatos e roupas com caimento perfeito, produzidos com suas medidas tomadas digitalmente em 15 minutos.

Quando a transformação rumo a um mundo livre de fósseis começou seriamente na segunda década do século, os principais fabricantes de aparelhos importantes, como módulos solares elétricos, eram chineses. Mas quando os Estados Unidos ficaram sérios, apoiando as forças existentes no mercado para acelerar a transição, seu poderoso motor inovador entrou em funcionamento. Pesquisadores idealizaram painéis solares ainda mais eficientes e modos ainda mais baratos de produzi-los. Pontos quânticos, plasmons, nanoantenas, baterias solares pintáveis e outras maravilhas triplicaram, depois quadruplicaram a eficiência, hoje risível, de 20% dos principais produtos do mercado em 2011. Eletrônica de energia, controles inteligentes e até armazenamento ficam embutidos não apenas em módulos solares, mas também em células de combustível retráteis – ou em ambos ao mesmo tempo. Por isso, os Estados Unidos tornaram-se novamente um importante fornecedor para um mundo que está seguindo rapidamente as suas pegadas.

E fazemos negócios de maneira diferente. Ainda voamos para nos reunirmos com clientes e fornecedores, mas em novas e supereficientes asas voadoras alimentadas pelo óleo de algas, que dominou o mercado na década de 2020. Assim que o relacionamento é estabelecido e selado após um grande jantar – essas interações humanas ainda importam tanto quanto antes –, os futuros negócios precisam apenas da telepresença, economizando tempo, dinheiro e vida familiar para todos.

Em todos os EUA, o calor residual de processos industriais é capturado e reutilizado repetidamente (e até usado para eletricidade) até que reste apenas um calor pouco interessante. Canos mais grossos e curtos fazem curvas graciosas entre os poucos microrreatores e outros equipamentos compactos de processamento. Processos químicos imitam os naturais, com base em intrincadas reações entre um punhado de elementos comuns, catalisados por enzimas à temperatura ambiente. A fabricação também se tornou mais ágil, flexível e local. Fabricantes cujos produtos e projetos de processos não imitam a natureza costumam encerrar suas atividades. O mesmo acontece com aqueles que não percebem que projetar produtos para valor a longo prazo, e não com obsolescência planejada, traz vantagens competitivas. E nossa economia floresce com um terço dos materiais virgens de que necessitava antes.

Essas usinas industriais de cogeração funcionam com lixo ou gás natural, cujo uso continua a diminuir à medida que a eficiência e o calor de processos solares reduzem seu preço gradualmente crescente. A eletricidade renovável também é transmitida de longe, de lugares nos quais é mais barata. Mas cada vez mais eletricidade vem de perto, especialmente dos edifícios que utilizam a maior parte dela. Com camadas solares e materiais de construção cada vez mais eficientes, os edifícios de saldo energético zero que tomaram conta do novo cenário de construção na década de 2020, e estão lentamente substituindo os edifícios mais antigos, exportam muito mais eletricidade do que usam. Guiados pela magia invisível de milhares de *chips* e de agentes de software, trocando silenciosamente suas mensagens digitais de valor e de substituição, os geradores bem distribuídos e as demandas a que atendem coreografam uma dança contínua de trocas de energia que nivelam as cargas e maximizam valor através da Inter-rede. Edifícios antigos e não inteligentes, incapazes de fazer isso, não valem muito.

Logo, aqui em 2050, os Estados Unidos não usam mais petróleo e você não espera comprá-lo no lugar onde recarrega ou reabastece o seu carro. Alguns caminhões usam gás natural, mas agora os biocombustíveis são mais baratos. Os últimos resíduos de carvão para aquecimento de processos industriais estão sendo descartados. A última usina de energia acionada a carvão tornou-se um museu industrial em 2036. A última usina nuclear vai ser desativada este ano. O uso de gás natural caiu um terço desde 2011. Primeiro, ele substituiu o carvão na geração de eletricidade, depois competiu como um recurso flexível. Mas esse valioso combustível transicional, que superou controvérsia na década de 2010 em função da adoção de severos padrões operacionais de cuidado e transparência, finalmente está em lento declínio com a eficiência e as fontes renováveis ocupando seus últimos mercados. Embora hoje se acredite que tenha estoques adequados até 2100, pelo menos, seus últimos rastros de uso devem chegar quase a zero bem antes disso, e por esse motivo ele pode ser poupado para usos especiais e como matéria-prima química – embora alguma capacidade de geração a gás seja mantida conectada como uma "reserva ativa", normalmente não utilizada, para casos de emergências raras como erupções vulcânicas que escurecem os céus.

Em suma, dando um passo de cada vez, reinventamos discretamente o fogo. Isso já foi uma curiosidade rara.[684] Hoje é natural, uma estrutura de suporte invisível, mas onipresente – como a água para um peixe.

COMO A REINVENÇÃO DO FOGO PODE ACONTECER COM SUAVIDADE?

Essa visão de 2050 é um futuro radicalmente diferente daquele projetado pelo pensamento fazendo-como-sempre-fizemos. Mas a transição vai parecer muito mais lenta à medida que for se desenvolvendo. E ainda mais profundas são todas as outras coisas que vão desaparecer quando reinventarmos o fogo. Finalmente, teremos combustível sem medo. A maior parte do experimento climático global vai parar. Plataformas de petróleo não vão mais explodir, navios petroleiros não vão mais quebrar e vazar. Não haverá mais famílias lamentando a morte de parentes em minas de carvão, topos de montanhas não se inverterão, mercúrio e fuligem não vão mais sujar o ar. Não haverá mais guerras em torno do petróleo. Os petrodólares não vão mais escoar da nossa economia, alguns para financiar inimigos. A diplomacia do petróleo poderá ser apenas a diplomacia. Blecautes de energia podem se tornar locais, breves e raros. A energia pode fazer nosso trabalho sem nos prejudicar.

A figura 6-2 mostra como os combustíveis fósseis podem ser deixados de lado – petróleo e carvão até 2050, o resto do rabo de gás natural

(veja o texto em destaque "Gás Natural: Perspectiva Futura para um Versátil Combustível de Transição") depois. E com a garantia de energia abundante, benigna e economicamente acessível, não haverá a preocupação com o fim da festa da energia – ou da civilização que depende dela. Combustível sem medo, combustível sem fim, a energia finalmente em harmonia.

Esse futuro é realista? Vamos testar se nossa visão passa pelas exigências mais sensatas para que um sistema energético seja duradouro.

A Visão de Reinventando o Fogo é Econômica e Tecnologicamente Viável?

Na longa e variada história das tecnologias energéticas, uma frase aparece sempre: uma nova tecnologia poderia salvar o mundo – mas só com uma ruptura tecnológica. No entanto, nossa análise, coerente com muitos outros estudos oficiais e independentes,[695] sugere que a visão de Reinventando o Fogo já é viável, não com base em milagres ou magia, mas com a aplicação determinada daquilo que já foi comprovado. Nossa análise não se baseou em tecnologias revolucionárias ou novas invenções. Embora Reinventando o Fogo inclua alguns avanços tecnológicos baseados em curvas de aprendizado agressivas, especialmente para fibras de carbono, baterias e tecnologias renováveis, os avanços acelerados nas ciências materiais e biológicas sugerem que nossas premissas podem ser conservadoras.

Para ser economicamente conservadores, escolhemos apenas a eficiência e as tecnologias renováveis que possam atrair investimentos usando atuais critérios e práticas empresariais. Não invocamos isenções econômicas especiais como menores taxas de desconto, empréstimos governamentais garantidos, reduções fiscais ou ajustes na

MUITAS ESCOLHAS, UM FUTURO **271**

GÁS NATURAL: PERSPECTIVA FUTURA PARA UM VERSÁTIL COMBUSTÍVEL DE TRANSIÇÃO

O gás natural é uma importante fonte doméstica de energia (apenas 11% do gás consumido em 2010 foi importado), e isso está se acentuando. De modo geral, é mais benigno do que o petróleo ou o carvão. Essencialmente livre de enxofre e de emissões metálicas, sua combustão pode ser controlada para que libere pouco óxido de nitrogênio (NO$_x$) e, por unidade de energia, ele emite cerca de 29% menos carbono do que o petróleo e 43% menos do que o carvão. Como combustível de transporte, o gás natural emite cerca de 20% a 30% menos carbono de ciclo vital do que o petróleo.

Nos Estados Unidos, o gás natural é transportado naturalmente em onipresentes tubulações subterrâneas que são seguras desde que sejam mantidas adequadamente. A infraestrutura do gás precisa de proteção, mas é menos vulnerável do que a do carvão ou a do petróleo em especial.[686]

A perfuração em busca de gás natural convencional tem impactos locais mais ou menos comparáveis aos da perfuração de poços de petróleo (alguns campos produzem ambos). No entanto, os poços de gás esgotam-se rapidamente,[687] e por isso é sempre necessário perfurar. Hoje em dia, os maiores problemas com perfuração provêm de um recurso novo que está cada vez mais em uso, chamado gás de xisto. A produção de gás de xisto nos EUA aumentou 14 vezes na última década e agora representa um quarto da produção total de gás. Como recurso, significa um terço do gás norte-americano e a maioria das reservas de gás tecnicamente recuperáveis no país. A EIA prevê que o gás de xisto vai representar declínios em outras fontes domésticas e que pode até atender ao leve crescimento da demanda, quase eliminando as importações norte-americanas de gás até 2035.[688] Os recursos estrangeiros de gás de xisto também são vastos. Sua extração bem-sucedida pode desacoplar de forma duradoura o gás dos preços mundiais de petróleo (na Europa e no Japão, eles ainda estão associados contratualmente) e ajudar a libertar a Europa da dependência do gás russo.

A extração de gás de xisto exige a perfuração horizontal em enormes bacias de xisto impermeável, injetando-se depois água em alta pressão várias vezes para fraturar a rocha e liberar pequenas bolhas de gás.[689] (A maioria dos poços convencionais de gás também se vale dessa fraturação hidráulica, "fracking" – uma técnica desenvolvida na década de 1940 – mas de forma menos intensa.) Se mal aplicada, essa técnica faz com que a água que retorna contamine lençóis freáticos ou águas superficiais, mas ela não é necessária, e antigos aditivos tóxicos têm substitutos benignos, como a glicerina no lugar do óleo diesel. Os poços também precisam ser bem vedados, para que o metano não vaze. Alguns operadores cometeram erros evidentes e alguns reguladores não souberam controlar a situação, tornando a prática da fraturação hidráulica controvertida até mesmo em lugares que normalmente não apresentam obstáculos às perfurações, como o Texas e o oeste do Colorado. (A França, com interesses nucleares para proteger, também a está banindo.) Além de controlar melhor a situação, a indústria dos Estados Unidos também precisa assegurar que a produção adequada de gás seja sustentada economicamente[690] após o declínio inicial, geralmente acentuado, e deve mostrar que a fraturação hidráulica não vai causar pequenos terremotos, os quais podem danificar edifícios mais antigos na região leste.

Provavelmente, vai levar uma década para resolver as controvérsias da fraturação hidráulica, afastar os maus operadores e formar um regime regulatório estável, que obtenha a confiança do público. Um estudo feito em 2010 pelo MIT[691] mostrou que os impactos ambientais são "controláveis, mas desafiadores... é essencial que tanto as grandes como as pequenas empresas sigam as melhores práticas da indústria, que o suprimento e a eliminação da água tenham uma coordenação regional e que sejam desenvolvidos métodos aprimorados para a reciclagem de fluidos que retornam das fraturas". Ainda não se sabe quão bem tudo isso pode ser feito, se as alegações de produtibilidade podem se sustentar e qual será o preço a longo prazo. Algumas camadas de xisto sendo fraturadas também são as rochas selantes ou capeadoras que devem conter o carbono capturado que, é proposto, precisa ficar sequestrado por baixo delas.

Deve consolar-nos o fato de que a eficiência e as fontes renováveis podem reduzir gradualmente as necessidades de gás natural, e que há alternativas baseadas em biomassa que não necessitam de perfuração.[692] A transição energética descrita aqui pode, portanto, tirar proveito do desenvolvimento bem-sucedido do gás de xisto, mas sem depender dele.

E quanto vai custar o gás natural? Após uma bolha e uma queda, os preços de gás natural ficaram, em 2010, por volta de US$ 4 por milhão de BTU (ou, aproximadamente, por mil pés cúbicos ou gigajoule), equivalente a US$ 23/bbl. Isso é apenas um quarto do preço mundial de petróleo, um recorde inédito em termos de proporção. Na primavera de 2011, os preços voltaram aos níveis de 2000, e a volatilidade dos preços diminuiu muito. Hoje, o gás é um concorrente separado e de preço independente nos Estados Unidos.[693] Analistas independentes esperam que o gás fique na faixa de US$ 4 a US$ 7 até 2020, pelo menos. A EIA projeta preços de US$ 7 para o gás natural em 2035, US$ 3 abaixo da previsão feita dois anos antes.[694] Com esses preços moderados, o gás natural estabelece um importante parâmetro nacional para combustíveis com pouco carbono, e vai se manter como forte concorrente das fontes renováveis sem carbono, embora sua volatilidade de preços feche qualquer lacuna entre ele e as renováveis em US$ 2, pelo menos. Mesmo assim, as incertezas em torno dos impactos e da durabilidade do gás de xisto sugerem que é prudente usar o gás de maneira frugal. Isso é importante, pois geralmente a eficiência custa menos do que qualquer tipo de gás, além de evitar seus efeitos externos.

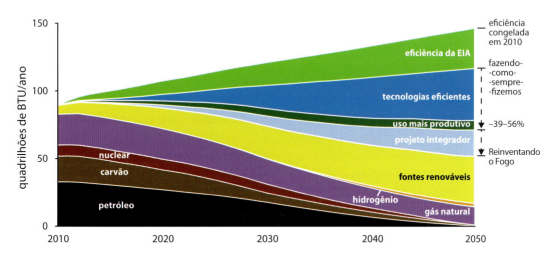

Fig. 6-2. O caminho mapeado neste livro pode eliminar com vantagens o petróleo, o carvão e a energia nuclear até 2050. O uso de gás natural em 2050 seria de 14% a 36% abaixo do nível de 2010, dependendo do nível de projeto integrador, de nenhum a elevado (ou 9% a 30%, caso todos os caminhões pesados sejam movidos a gás natural). Se o hidrogênio mostrado for todo alterado a partir de gás natural, ele virá com metade do gás e metade do vapor.[685]

depreciação. Muitas das oportunidades de eficiência pagam-se sozinhas hoje, e se as fontes renováveis e os veículos elétricos Revolucionários+ ainda não concorrem em termos de custo com alternativas baseadas em combustíveis fósseis, vão fazê-lo assim que a economia de escala e o ritmo normal da inovação entrarem em cena. A política de estímulos governamentais à economia que sugerimos para se superar a barreira inicial de descontos – os *feebates* para autos novos – deve ser neutra com relação à receita e temporária. Políticas similares podem ser aplicadas em outros setores, mas, mantendo-se conservadora, nossa análise não o fez. Em vez disso, assim como fizemos com caminhões pesados, sugerimos alguns novos produtos financeiros que a indústria financeira poderia oferecer. Mencionamos a possibilidade de empréstimos federais garantidos para a aquisição acelerada de novas aeronaves supereficientes, mas não presumimos que eles seriam liberados.

Entretanto, em virtude de todas as barreiras que não as econômicas e as tecnológicas mencionadas no livro e resumidas a seguir, as tecnologias eficientes e renováveis ainda não estão sendo adotadas tão depressa quanto o caminho de Reinventando o Fogo mostrado na fig. 6-2 exigiria. Para chegar lá, será preciso fazer aprimoramentos tremendos na sua aplicação e adoção. Estipulamos políticas que podem assegurar que as novas tecnologias sejam desenvolvidas e adotadas, e mostramos como adotar essas políticas apesar das restrições federais – especialmente usando a diversidade de nossos estados e regiões como um laboratório de aprendizado rápido.

Esses "estímulos" políticos serão necessários para possibilitar e acelerar o potencial de transformação de cada setor. Por exemplo, os investimentos necessários em cada nova cadeia de fornecimento significam que sem um *feebate* é pouco provável que os carros Revolucionários+ dominem o mercado em 2050 – pelo menos, entre os fabricantes norte-americanos. Elevado nível de informação, diagnósticos e custos das transações também tornam duvidosos os custos de reforma e adequação de edifícios sem que haja padrões e treinamento energético mais agressivo e disseminado. A rotatividade dos ativos industriais e sua atualização seriam muito mais rápidas com a responsabilidade do produtor pelo ciclo de vida do produto, algo que já leva concorrentes a projetar em ciclo fechado. O desacoplamento e as economias compartilhadas podem estimular muito os investimentos em eficiência das concessionárias.

Reinventando o Fogo Vai Prejudicar a Economia?

A resposta clara é não. Segundo nossa análise, tirar os EUA dos combustíveis fósseis investindo sistematicamente na eficiência energética e em fontes renováveis vai, na verdade, estimular a economia e criar mais riqueza para muitos outros participantes.

Para começar, a economia dos EUA desperdiça mais de meio trilhão de dólares em energia todos os anos. A eficiência energética com boa relação custo-benefício pode fazer com que boa parte desse dinheiro perdido volte a circular. Isso, além da passagem de combustíveis fósseis para a energia renovável, economizaria US$ 9,5 trilhões brutos (fig. 6-3). Essas economias não saem de graça, é claro. A análise do RMI mostra que Reinventando o Fogo vai exigir US$ 4,5 trilhões em investimentos de capital a mais do que o caminho convencional. Isso deixa uma economia líquida de US$ 5 trilhões.

Cerca de US$ 5 trilhões em economias ao longo de 40 anos podem parecer pouco numa economia de US$ 15 trilhões por ano. Mas é o oposto do colapso econômico que alguns comentaristas preveem.

Quem paga e quem ganha nessa loteria de vários trilhões de dólares? Reinventando o Fogo supõe que as empresas de cada setor investem em condições de mercado assim que as regras lhes são úteis ou, pelo menos, neutras.

A saída da escala e a recapitalização podem ser necessárias em setores nos quais os investimentos são efetivamente desagregadores, como carrocerias automotivas de fibra de carbono, redes inteligentes ou algum desenvolvimento imobiliário inovador. Os financiamentos mais tradicionais podem ser suficientes para mudanças incrementais, como controles de edifícios, equipamento de CHP e infraestrutura de biocombustíveis. De modo geral, com a política certa e a estrutura regulatória em funcionamento, esperamos que os investimentos de Reinventando o Fogo sejam levados a termo por empresas que terão retornos mensuráveis segundo as normas de suas respectivas indústrias.

No entanto, nem todas as economias em combustível beneficiam as empresas. Por exemplo, embora os fabricantes de automóveis retornem ao cenário lucrativo vendendo veículos Revolucionários+, o petróleo será economizado pelos proprietários – na maioria, indivíduos. É por isso que, quando agregamos todas essas economias, usamos uma taxa de desconto mais baixa, de 3%, ao calcular seu valor presente. Isso também parece apropriado, porque sair do petróleo e do carvão tem um valor estratégico muito grande para a sociedade como um todo em função dos enormes investimentos de capital que são evitados,[697] do menor tempo de recuperação do investimento, de um aprendizado mais rápido, amplificando a economia de capital, de preços estáveis, da localização da

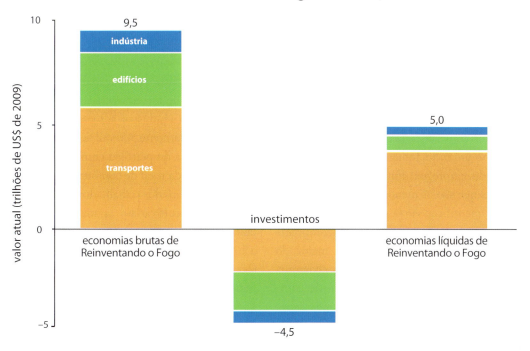

Fig. 6-3. Trazida a valor atual (2010) à base de 3% a.a. de taxa de desconto real, a estratégia delineada nos Capítulos 2 a 6 exigiria US$ 4,5 trilhões de investimentos extras acumulados (além dos convencionais), mas proporcionaria um retorno de US$ 9,5 trilhões em economia de combustível, criando US$ 5 trilhões de riqueza líquida acumulada.[696] Esses valores não incluem os benefícios proporcionados por projetos integradores e não energéticos.

produção de energia (evitando grandes investimentos para sua entrega), de novo desembolso e de reinvestimento de dólares economizados com a energia (tão estimulante quanto diminuir um imposto penetrante e regressivo sobre a sociedade), de maior vantagem competitiva internacional e de melhores balanças comerciais, de pessoas mais saudáveis[698] com menores custos de saúde, custos menores de segurança doméstica e militar,[699] custos evitados por acidentes graves e riscos climáticos reduzidos. Alguns desses ganhos, juntamente com custos economizados com energia pelo governo, podem reduzir, direta e indiretamente, déficits no orçamento federal.

Como Reinventando o Fogo Vai Afetar os Empregos?

Os empregos são o ponto no qual a borracha da economia toca a estrada; são o modo tangível pelo qual muitas pessoas vão vivenciar a transição que nos afastará dos combustíveis fósseis e beneficiar-se com ela. Nossa análise prevê que o impacto final sobre os empregos será neutro, na pior hipótese, mas é mais provável que seja sensivelmente positivo. Embora as previsões sobre empregos sejam complexas e incertas – o emprego depende menos de mudanças entre setores mais e menos demandantes de mão de obra do que da política fiscal e monetária do país –, algumas conclusões estimulantes parecem claras.

Reinventando o Fogo cria empregos diretos de duas maneiras principais: pela eficiência energética (trabalhadores que instalam isolamento térmico numa casa) e substituição de combustíveis (trabalhadores que constroem ou operam uma fazenda eólica). De forma menos tangível, o que foi economizado com a energia pode ser gasto na economia como um todo, fomentando o crescimento da oferta de empregos. Finalmente, os maiores efeitos, mas que são os menos certos e os mais difíceis de se quantificar, são os novos empregos criados por uma produção industrial mais competitiva, por uma parcela potencialmente maior do mercado global de veículos e por uma economia nacional mais competitiva. A indústria de combustíveis fósseis vai perder empregos, mas, felizmente, essas indústrias (da extração e o refino de combustíveis até a geração de eletricidade) são muito pouco intensivas em mão de obra, enquanto a eficiência e as fontes renováveis têm intensidade acima da média, por isso os ganhos em ofertas de emprego devem ser maiores do que as perdas.

No nível setorial, custos menores de energia e volatilidade de preços devem criar mais empregos nas áreas da construção e da indústria, embora em números relativamente modestos. Atualmente, há um milhão de empregos diretos e indiretos só no setor de eficiência energética em edifícios.[700] Os setores de transportes e de eletricidade devem ser relativamente neutros em termos de criação de novas vagas.

Nos transportes, como os norte-americanos dirigirão quase 50% menos para chegar ao mesmo destino, e com os automóveis ficando bem mais simples e confiáveis, é difícil imaginar um cenário no qual os empregos relacionados a autos não vão diminuir, principalmente em peças, manutenção e reparos. (A evolução da fabricação de veículos e de sua cadeia de fornecimentos vai depender do ga-

nho ou da perda de parcelas de mercado dos fabricantes de automóveis norte-americanos.) Enquanto isso, porém, a demanda acentuada pelo transporte público deve proporcionar meio milhão de empregos estáveis, urbanos e de faixa salarial média. Além disso, a produção de biocombustíveis de segunda e de terceira geração para caminhões pesados e para a indústria aeroespacial deve absorver aproximadamente 300 mil empregos – mais do que a indústria do petróleo emprega para atender à atual demanda total de combustível para mobilidade. Dois terços dos trabalhadores na área de biocombustíveis cultivariam as matérias-primas em fazendas, cuidariam de florestas ou transportariam a biomassa para as biorrefinarias mais próximas (ou vice-versa, no caso de unidades portáteis), beneficiando economicamente áreas rurais carentes. E, finalmente, como a indústria do petróleo é muito pouco intensiva em termos de mão de obra, os bilhões de dólares que os norte-americanos vão economizar anualmente na bomba de combustível em 2050 serão liberados e gastos em outras áreas graças a uma economia com mão de obra mais intensiva, de modo geral, criando entre 500 mil e 1 milhão de empregos.

Nos setores da construção e da indústria, a eficiência energética cria empregos para instaladores, projetistas, auditores e fabricantes – seus salários são pagos pelo investimento nessa eficiência. Em 2010, os Estados Unidos tinham mais instaladores de isolamento térmico (cerca de 112 mil provedores de eficiência residencial em tempo integral[701]) e instaladores de energia renovável (mais de 100 mil[702] em tempo integral, instalando energia solar e eólica, ambas crescendo rapidamente) do que mineiros de carvão (87 mil, e em queda[703]).

No setor elétrico, o debate público em torno de empregos verdes tem sido intenso. O ponto central é que a energia renovável tem mais empregos por kWh do que a geração baseada em combustíveis fósseis. Apesar de produzir quase a

276 REINVENTANDO O FOGO

metade da eletricidade dos EUA, o carvão (mineração, transporte e combustão) representa diretamente apenas um oitavo de 1% dos empregos no país. A energia eólica, por exemplo, já emprega mais pessoas.[704] Escolher um caminho transformador para produção de eletricidade gera duas vezes mais empregos do que a manutenção da geração convencional. Os EUA já estão começando a ver o tipo de criação significativa de empregos na área da energia limpa que tem auxiliado a economia de países como a Alemanha e a Dinamarca.[705] E muitos dos novos empregos em áreas como eletricidade, construção e indústria não estão disponíveis apenas para especialistas, mas também para muitos trabalhadores de renda mais baixa e com menos qualificações que agora estão sendo treinados na climatização de residências, na instalação de fontes renováveis de energia e em novas ocupações similares.

O amadurecimento dos setores renováveis irá, sem dúvida, produzir mais alguns empregos, mas é estimulante saber que, dos novos empregos norte-americanos recentes nas áreas de energia eólica e solar, quase 80% estão na fabricação e em P&D – ambos com altos salários, de modo geral. Malgrado a perda de empregos na área de instalação à medida que esta se tornar mais eficiente, ela será necessariamente local. Em edifícios e indústrias, os provedores de eficiência, principalmente pequenas empresas, também fazem a instalação, tornando esses novos empregos altamente resistentes à influência do exterior. Normalmente, o treinamento no emprego é suficiente para os trabalhadores mais velhos (que são particularmente numerosos na área de construção), enquanto as oportunidades para trabalhadores mais jovens e sem experiência aumentam.

E o que falar dos trabalhadores que irão perder seus empregos nessa transição? Transformar empregos que antes eram da mineração de carvão em empregos na área da energia limpa não será suficiente, e as abaladas comunidades de carvão da região de Appalachia merecem uma transição justa. Mas a folha total de salários dos mineiros de carvão, cerca de US$ 5 bilhões por ano, é uma fração de 1% das contas de energia do país, muito menos do que os ganhos espontâneos de eficiência economizados num ano normal, deixando muita flexibilidade para se encontrar soluções justas. As políticas climáticas ameaçam muito menos os empregos dos mineiros do que as próprias empresas de carvão, que reduziram pela metade as vagas desde 1983, enquanto a produção aumentou 37%.[706]

O que importa não é apenas o número de empregos, é claro, mas também sua qualidade. Nesse setor, as previsões também são encorajadoras. Esperamos uma variedade maior de ocupações, habilidades e salários na força de trabalho; em parte, em consequência de um aumento na produção doméstica (97% dos novos empregos dos EUA desde 1990 não eram manufatureiras, reduzindo as exportações e polarizando salários). Os empregos devem ficar mais estáveis e bem menos provavelmente serão transferidos para o exterior. Haverá mais oportunidades para empreendedores, pequenas empresas, comunidades rurais e – como toda comunidade precisa de eficiência – regiões e populações carentes. As comunidades mais pobres, em particular, podem se beneficiar com a eficiência, pois os dólares da energia que antes deixavam as cidades sem nunca retornar podem voltar a circular na Main Street, gerando empregos e multiplicadores locais.[707]

Como Reinventando o Fogo Vai Afetar as Mudanças Climáticas?

Para você acolher a tese deste livro e suas recomendações, não foi preciso aceitar o consenso científico global sobre a realidade e severidade dos riscos das mudanças climáticas. Ao longo deste livro, destacamos muitos benefícios econômicos, ambientais e de segurança decorrentes do abandono dos combustíveis fósseis. Mas se você concorda que é bom ganhar dinheiro, deveria gostar de proteger o clima usando a energia de forma a economizar dinheiro, pois economizar combustível é mais barato do que adquiri-lo. Isso torna a proteção climática algo lucrativo, e não oneroso – uma verdade muito conveniente.

Como vimos anteriormente, Reinventando o Fogo economiza muitos trilhões de dólares líquidos – e reduz em mais de 80% as emissões de CO_2 em relação ao nível de 2000. Isso supera um pouco as metas internacionais (fig. 6-4), refletidas no Tratado do Rio de 1992, ratificado pelos EUA, estabelecidas para evitar mudanças climáticas "perigosas".

A conferência sobre o clima de Copenhagen, em dezembro de 2009, provou novamente que é difícil colocar um preço no carbono e obter a colaboração internacional se os legisladores, os formadores de opinião e a maioria dos cidadãos *presumem* que a proteção climática será onerosa. Mas os Capítulos 2 a 5 mostram que essa suposição está errada. Mudar o assunto para a geração de riqueza e de empregos e para vantagens competitivas agrada tanto os políticos que qualquer resistência restante pode derreter mais depressa do que as geleiras.

Desde a conferência de Kyoto em 1997, muitos dos esforços para se tratar dos riscos climáticos foram acompanhados por quatro erros graves: presumir que as soluções serão onerosas, e não lucrativas (pelo menos em sua maior parte); insistir em que devem ser motivadas por preocupações com o clima e não com segurança, lucro ou desenvolvimento econômico; presumir que exigem um tratado global;[709] e presumir que as empresas norte-americanas podem fazer pouco ou nada antes da definição de preços do carbono. Como percebe-se gradualmente, a proteção climática tem mudado de curso. Ela será liderada mais por países e empresas do que por tratados e

organismos internacionais, mais pelo setor privado e pela sociedade civil do que por governos, mais por economias em desenvolvimento do que por aquelas plenamente maduras, e mais pelos fundamentos econômicos da eficiência e da energia limpa do que pelo possível preço futuro do carbono, cuja possibilidade e cujo preço são desconhecidos (mas não iguais a zero). (Esses benefícios energéticos serão aumentados ainda por economias em carbono e gases-traço da agricultura biologicamente informada, que vai da policultura perene[710] a reformas no universo da carne[711] e novos modos de restaurar florestas tropicais devastadas e suas comunidades rurais empobrecidas[712], revertendo as imensas emissões de gases estufa de países como a Indonésia e produzindo biocombustível em abundância.[713] Em suma, embora esteja além de nosso escopo aqui, essas notícias são boas, pois mostram formas vantajosas de reduzir as emissões de gases estufa, originários de combustíveis fósseis e não fósseis.)

Realizar essas mudanças no cenário energético – e, portanto, atingir as reduções necessárias nas emissões – com velocidade suficiente é um desafio. Mas é possível, assim como foi em 1977-1985, quando a intensidade do petróleo nos EUA caiu 5,2% ao ano. Hoje, com base no crescimento econômico-padrão e nas previsões de descarbonização, cortar a intensidade *energética* global (a energia primária usada por dólar de PIB real) em 3% a 4% ao ano, contra o 1% histórico, pode mais do que compensar o crescimento líquido do carbono e minimizar rapidamente novos danos climáticos. Isso parece viável. Há muito tempo que os EUA conseguiram reduções anuais de intensidade de 2% a 4% sem foco nacional e sem um esforço grande, enquanto a China conseguiu mais de 5% num quarto de século até 2001 e de 4% a 5% nos últimos anos. Algumas empresas obtiveram de 6% a 16%. Por isso, por que 3% a 4% seria uma tarefa difícil – especialmente se a maior parte do cresci-

278 REINVENTANDO O FOGO

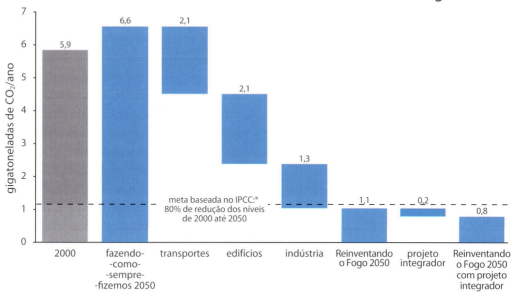

* Intergovernmental Panel on Climate Change ou Painel Intergovernamental sobre Mudanças Climáticas.

Fig. 6-4. As economias de energia dos capítulos anteriores e as mudanças de combustível podem reduzir as emissões de carbono proveniente de combustíveis fósseis nos EUA em mais de 80% com relação aos níveis de 2000 – a redução nominal necessária para manter abaixo de 450 ppm a concentração de CO_2 na atmosfera. (Em 2011, o nível real era de 390 ppm, e recentemente tem aumentado cerca de 2 ppm por ano; na verdade, já equivaleria a cerca de 450 ppm se fossem incluídos os efeitos de outros gases-traço.) O ano-base usado anteriormente – 1990, em vez de 2000 – dá resultados equivalentes. A leve diferença, no máximo, 5 ppm, seria mais do que coberta pelas reduções nas emissões de CO_2 não advindas de combustíveis fósseis.[708]

mento se dá em países como a China e a Índia, que podem criar com eficiência suas novas infraestruturas desde o início em vez de consertá-las mais tarde, como nós precisamos fazer? E se praticamente todos que lidam com a eficiência energética ganham dinheiro com ela, por que essa prática deve ser onerosa?

O esforço contínuo compensa. Usando números que vão desde antes da Grande Recessão do final da década de 2000 para evitar distorções, no período 1990-2006, a Califórnia reduziu em 30% suas emissões de gases estufa por dólar de PIB. Entre 1980 e 2006, a Dinamarca reduziu em 39% a intensidade energética e em 50% a intensidade de carbono, tornando sua eletricidade 28% renovável e três quartos gerada por microenergia, criando uma indústria de fontes renováveis de primeira classe.[714] Agora, o país está almejando a energia 100% renovável para fortalecer sua economia e sua segurança.

Impossível? Henry Ford disse: "O que é digno e correto nunca é impossível." E acrescentou: "Se você pensa que pode, ou pensa que não pode, você tem razão."

Reinventando o Fogo Vai Afetar a Competitividade e o Poder de Nossa Nação?

Existe uma opinião estranhamente persistente que diz que um país pode competir melhor na economia global se mantiver baixos os preços da energia. Segundo essa visão, se os preços aumentassem nos EUA, como pode ocorrer num processo de afastamento dos combustíveis fósseis (só que, nesse caso, as contas de energia elétrica seriam menores, pois estaríamos usando a energia com muito mais eficiência), as empresas procurariam lugares com energia mais barata.

Mas isso é um mito.[715] Se fosse verdade, os Estados Unidos, a atual capital mundial da política de energia barata,[716] não teriam problemas para ultrapassar países como a Alemanha e o Japão, cujos preços de energia têm sido mais do que duas vezes mais altos do que os dos Estados Unidos. Os fatos mostram que os preços mais altos da energia desses países (especialmente por conta dos impostos sobre combustíveis automotivos) tornaram suas economias mais eficientes, mais produtivas e mais inovadoras, conduzindo até a padrões de habitação mais inteligentes. Um estudo realizado pela Shell em 20 países revelou que a principal razão para a Europa ter reduzido em mais da metade o uso de veículos *per capita* se deve aos padrões de uso da terra moldados pelos preços mais elevados da energia.[717] Naturalmente, os preços da energia, embora sejam importantes, não são tudo; a capacidade de responder aos preços é mais importante ainda.[718]

O caminho de Reinventando o Fogo se aproveita do maior talento dos Estados Unidos – seu poderoso motor de inovação, que nunca decepcionou a nação. Você se lembra, por exemplo, dos obituários lamentando o fim da competitividade dos EUA no final da década de 1980, quando o Japão parecia decidido a levar os videocassetes, os Walkmans e outros produtos à dominação econômica mundial? Então, veio a Internet, com suas vastas oportunidades para novos negócios, e de repente os Estados Unidos voltaram a ser o líder mundial.

Estando claro que as forças do mercado, auxiliadas por políticas sensatas, estão se alinhando por trás da eficiência energética e da energia limpa, os trilhões de dólares que serão ganhos vão provocar outra explosão de inovação. Assim como ocorreu com regulamentações ambientais anteriores, baseadas no mercado, os ganhos viriam com custos menores do que o previsto (veja o texto em destaque "Concorrência e Mercado Funcionam"). E as soluções criativas resultantes, inventadas e desenvolvidas nos EUA, ajudariam o país a se tornar o líder global em novas tecnologias energéticas e eficientes. Ademais, políticas globais de substituição do carbono baseadas no mercado permitiriam que empresas dos EUA adquirissem em primeira mão reduções de emissão em países em desenvolvimento, sempre que fosse mais barato. Essa flexibilidade de "melhor compra primeiro" aumentaria os lucros de empresas dos EUA e aceleraria o desenvolvimento econômico global.

Os benefícios para os EUA vão além dos ganhos econômicos. A dedicação e os esforços sérios para sair dos combustíveis fósseis proporcionariam uma intangível, mas forte, melhoria para a liderança do país. Agora, os EUA estão sendo severamente criticados por ser o segundo maior emissor de gases estufa e, apesar disso, não quererem liderar o curso para as reduções globais. Os EUA também foram forçados a manter boas relações diplomáticas com governos que nem sempre são amigáveis ou palatáveis, simplesmente porque precisamos do petróleo deles. Ficamos atados a fontes de energia ultrapassadas, assim como a Inglaterra ficou em 1807, quando a grande fonte de energia barata daquela época – a escravidão – movimentava um quarto da economia – um número importante demais para ser alterado. Mas os antiabolicionistas estavam errados, não apenas em termos morais, mas também econô-

CONCORRÊNCIA E MERCADO FUNCIONAM

Há uma estranha ironia por trás da discussão climática. Por que as mesmas pessoas que preferem mercados competitivos em outros contextos são contrárias ao seu uso para reduzir o consumo de combustíveis fósseis? O fato é que o mercado funciona. Você se lembra da antiga discussão de 1990 sobre o sistema "cap-and-trade"* para reduzir as emissões de dióxido de enxofre, que causavam a chuva ácida? Os ambientalistas previram que as reduções custariam cerca de US$ 315 por tonelada. Os modelos econômicos do governo previram de US$ 450 a US$ 675. A indústria afirmou que o custo seria de US$ 900 a US$ 1.350 por tonelada. Todos estavam errados, pois o mercado encontrou formas inteligentes, econômicas e não estudadas anteriormente para reduzir as emissões (inclusive o uso de mais carvão com baixo teor de enxofre da região oeste). O mercado de permissão de emissões do enxofre começou em 1992 a US$ 250 por tonelada; em 1995, caiu para US$ 130 por tonelada; em 1996, estava em US$ 66. As emissões caíram 60%, e mais depressa do que o necessário, porque incentivos simples recompensaram os primeiros a explorá-los. Os benefícios foram cerca de 40 vezes maiores do que os custos. Excedendo as esperanças dos legisladores, principalmente republicanos, que idealizaram esse mercado de permissões de emissões, o gênio da iniciativa privada descobriu um modo que era mais barato em US$ 20 bilhões por ano do que o custo com regulação por comandos e controles. E ele faria o mesmo novamente caso competíssemos para economizar a maior quantidade de carbono da forma mais barata, como agora faz a Europa em mais de 10 mil grandes instalações industriais. Na verdade, surgiria para as empresas um bônus ambiental duplo: também atenderíamos, automática e lucrativamente, à maior parte dos novos e severos padrões de ozônio e de partículas finas, com a mesma combustão reduzida que protege o clima e reduz as contas de energia.

---

* Sistema de comércio limitado de decrescentes direitos de emissão. (cf. notícia na Folha.com – N.T.)

---

micos: abolir a escravatura representou um grande impulso para a economia britânica.[719]

Reinventando o Fogo resolveria esse dilema ético e assim ajudaria a restaurar a autoridade e a posição moral dos Estados Unidos. Para vencer os conflitos atuais e prevenir outros no futuro, precisamos nos guiar por estrelas fiéis: liberdade, democracia, justiça, empreendedorismo, transparência, diversidade, tolerância e humildade. Precisamos almejar ser o tipo de sociedade que os outros admiram, imitam e com a qual desejam fazer negócios. O que poderia ser melhor para nos tornarmos bastiões da moral e revigorarmos nossas próprias aspirações do que ajudarmos a conduzir o mundo ao futuro mais limpo e seguro que este livro vislumbra?

Reinventando o Fogo Vai Afetar a Segurança Nacional?

É fácil ver que o fim de nossa dependência do petróleo vai tornar a nação mais segura e forte.[720] Como disse R. James Woolsey, ex-diretor da CIA, antes as nações guerreavam por causa do sal, mas a refrigeração tornou o sal obsoleto como conservante alimentar. Hoje, não nos preocupamos mais com a maneira como vamos encher os saleiros em nossa mesa. Não fazemos alianças profanas com países produtores de sal. Não gastamos trilhoes de dólares com uma presença militar em regiões do mundo com reservas salinas. Uma trajetória clara para longe do petróleo, de modo análogo, vai fazer com que a escassez do petróleo se transforme em obsolescência e com que o ouro negro se torne uma massa de baixo valor. Com isso, tiraríamos o poder do cartel do petróleo e amenizaríamos as tensões e instabilidades globais.

A rivalidade em torno do petróleo – e em especial com um gigante como a China – é um problema que não precisamos ter, e é mais barato não tê-lo. Imagine o espanto e o choque se os Estados Unidos tratassem os exportadores de petróleo como se eles não tivessem petróleo – e não dessem ao mundo razões para crer que as ações dos EUA são motivadas pelo petróleo.[721]

A morte do petróleo teria milhares de efeitos colaterais benéficos. Ironicamente, o petróleo é um dos motivos pelos quais nos preocupamos hoje com a proliferação nuclear, que a maioria concorda que é a mais grave ameaça à nossa segurança. O aumento no emprego de energia nuclear das décadas de 1970 e 1980 derivou substancialmente do desejo de substituir as usinas elétricas movidas a petróleo. Em última análise, isso facilitou e disfarçou[722] a rede do empreendedor A. Q. Khan, que criou um *shopping center* com tudo para programas clandestinos de armas nucleares – financiado pela venda de petróleo. Os EUA invadiram o Iraque, rico em petróleo, sob a alegação de que haveria lá armas de destruição em massa financiadas pelo petróleo; tentaram, sem sucesso, comprar o programa nuclear da Coreia do Norte com petróleo; e fracassaram na tentativa de deter o programa nuclear do Irã, custeado pelo petróleo, porque esse país podia facilmente controlar o envio do combustível pelo Estreito de Hormuz.

Enquanto isso, os militares norte-americanos perceberam que substituir o petróleo pela eficiência e por fontes renováveis em suas próprias operações pode proteger os soldados, ganhar guerras e ajudar a impedir outros conflitos. E, como já vimos, eliminar o uso até mesmo do petróleo produzido domesticamente nos isola dos choques de preços que abalam a economia e de uma infraestrutura frágil no país.

Portanto, é óbvio que livrar a nação do petróleo trará enormes benefícios à segurança nacional. Mas por que não usar o carvão e o gás natural? Ambos são recursos domésticos abundantes, e o gás natural cria uma pegada de carbono menor.

Eliminar o consumo de petróleo cria apenas uma ilusão de segurança. A verdadeira segurança energética exige que nos afastemos de uma rede elétrica que ficou vulnerável por causa de suas usinas de energia centralizadas e de milhares de quilômetros de linhas de transmissão. Até as usinas a carvão, normalmente confiáveis, não estão imunes a grandes falhas: problemas em estradas ou pontes podem bloquear grandes ferrovias, enquanto o frio excessivo pode impossibilitar a queima ou a remessa de carvão. Um sistema assim não só está propenso a onerosos blecautes, como também fornece muitos alvos tentadores.

Reinventando o Fogo Vai Destruir as Empresas que Dependem de Combustíveis Fósseis?

Provavelmente não, mas elas terão de mudar quando suas muralhas forem atingidas por ondas de inovação radical.

Veja o petróleo, que pode estar completamente obsoleto em 2050.[723] As empresas de petróleo são, quase todas, empresas diversificadas na área da energia. Muitas passaram ou estão passando para o gás natural ou fontes renováveis. Mas tradicionalmente cerca de dois terços de seu valor de mercado provêm de suas reservas de hidrocarbonetos. Esse valor poderia cair tremendamente caso parássemos de usar o petróleo – e já há fortes sinais de que a *demanda* por petróleo está no pico. Em outubro de 2009, por exemplo, o Deutsche Bank previu que o consumo mundial de petróleo vai atingir um pico por volta de 2016 e que, em 2030, vai cair para 40% abaixo da previsão consensual ou 8% abaixo do nível de 2009[724] – só por conta dos automóveis elétricos –, e concluiu: "Acreditamos que a demanda em queda vai encerrar a era do petróleo."

Assim, a indústria petrolífera enfrenta o que o economista Joseph Schumpeter chamou de "destruição criativa" – uma mudança arrasadora que ocorre quando negócios inteiramente novos substituem os antigos. As empresas de petróleo não controlam mais o seu próprio destino.[725] Muitas empresas importantes de petróleo anteviram essa situação há mais de uma década e diversificaram suas atividades e seus portfólios para se adequar ao problema. A Shell, por exemplo, já é a maior distribuidora mundial de biocombustíveis. A indústria também pode usar sua experiência em perfuração e manutenção de reservatórios para oferecer serviços de sequestro de carbono – cujo sucesso pode exigir muitas vezes o volume anual de produção que o petróleo demanda hoje – e para explorar a energia geotérmica avançada.

Talvez a maior oportunidade para a indústria petrolífera esteja, contudo, no mercado potencial de hidrogênio, que a indústria já conhece bem e que pode atender por intermédio de seus canais de varejo. O hidrogênio pode gerar para os proprietários de petróleo preços mais elevados num mundo que não adquire mais petróleo, pois o hidrogênio pode valer mais sem o carbono do que com ele, mesmo que ninguém pague para manter o carbono fora do ar. Assim, os proprietários podem ganhar mais dinheiro *tirando* o hidrogênio de seus hidrocarbonetos de uma reformadora do que *colocando* o hidrogênio de seus hidrocarbonetos em uma refinaria. É que a alta eficiência das células de combustível nos veículos e a eficiência energética ainda mais elevada em cogeradores estacionários tornam o hidrogênio mais valioso do que o hidrocarboneto por unidade de serviço fornecido ao usuário final.

A mudança para o hidrogênio como combustível não deve aumentar significativamente o consumo total de gás natural dos EUA e pode, como a GM percebeu, reduzi-lo,[726] mas o hidrogênio deve proporcionar margens mais elevadas do que a gasolina. Passando para o hidrogênio, biocombustíveis e substâncias químicas "verdes", as empresas de petróleo poderiam continuar a usar algumas de suas refinarias, de seus oleodutos, de suas instalações de armazenamento e outras infraestruturas. Seu amplo conhecimento técnico, sua infraestrutura diversificada, suas informações sobre o mercado, seus sólidos balanços e fluxos de caixa, marcas

globais, relacionamento com clientes e funcionários talentosos podem ajudá-las a participar e a vencer vários desses novos jogos. Mas elas vão precisar ficar hábeis em fazer muitas pequenas coisas, não apenas algumas coisas de porte, terão de jogar tão habilmente com a eficiência e a eletricidade quanto com combustíveis, e provavelmente terão de se alinhar melhor com os clientes, fazendo *leasing* de serviços (como acesso e mobilidade) em vez de venderem *commodities*.

Muitos investimentos convencionais que as empresas petrolíferas estão fazendo na exploração de fronteiras e em produção, particularmente onerosos e de alto risco, parecem pouco prudentes hoje. Como em qualquer época de mudanças, o sucesso de uma empresa depende da diversificação de opções, mantendo-se ágil e fazendo escolhas na hora certa, adquirindo as habilidades necessárias para competir no novo mundo. Quanto a isso, pelo menos, muitas empresas petrolíferas parecem estar adiante de suas equivalentes mais antigas e tradicionais na indústria do carvão, que já está perdendo espaço na geração de eletricidade para o gás natural e que pode ser substituído completamente nos EUA por fontes renováveis e pelo gás em 2050. Os proprietários de carvão devem migrar para outros negócios ou descobrir um modo de usar o carvão como reagente e redutor de grande valor e baixo volume, e não como um combustível de baixo valor e grande volume para caldeiras. Algumas empresas, ao que parece, já começaram a fazê-lo.

Os Estados Unidos Terão Parceiros para Reinventar o Fogo ou os Demais se Negariam a Ajudar?

Alguns afirmam que, se os Estados Unidos se esforçassem para desfossilizar os combustíveis, os benefícios seriam prejudicados pela hesitação de outros países (especialmente a China), tornando inúteis seus esforços. A verdade é justamente o contrário disso. Todo o mundo industrializado, *exceto*, no momento em que escrevo, os EUA e a Austrália, está se unindo a importantes países em desenvolvimento nesse esforço comum, com a Europa bem na dianteira,[727] mas com a China avançando depressa.

No século XIX, os inovadores e as empresas norte-americanas assentaram as bases do moderno sistema elétrico. Hoje, os EUA, com menos de 5% da população mundial, ainda produzem quase um quarto da eletricidade do planeta. Mas em 2050 essa parcela vai cair para um oitavo ou menos, à medida que países como a China e a Índia crescerem e a eletricidade finalmente chegar ao restante de um bilhão e meio de pessoas do mundo. Juntas, a China e a Índia queimam metade do carvão mundial, e em 2008 estavam construindo 75% da nova capacidade de geração movida a carvão. Até 2050, imagina-se que terão gasto US$ 5 trilhões para instalar cerca de duas vezes mais capacidade de geração do que os Estados Unidos e a Europa terão acrescentado – mas boa parte dessa nova capacidade será renovável. Os investimentos asiáticos em fontes renováveis superaram os das Américas em 2009 e estão mais acelerados do que os europeus desde 2010. A Índia superou o Japão e a Grã-Bretanha em investimentos, está firmemente instalada como uma das 10 nações com mais geração por fontes renováveis, quadruplicou sua meta nessas fontes e pretende instalar 20 GW de fotovoltaica até 2022[728] – tudo para substituir o carvão.

A China superou os EUA no consumo de energia e de eletricidade e nas emissões de carbono, mas também na eficiência das usinas de carvão, na energia eólica instalada e até na política climática nacional. Ela está executando o esforço de US$ 0,77 trilhão (RMB 3 trilhões) para descarbonização, anunciado em 2010. O país programou outro corte de 18% na intensidade energética e de carbono para 2015 (além do corte de 16% no período 2006-

2010), limitou a mineração de carvão em 3,8 GT em 2015, limitou eficientemente as emissões de carbono, adotou o comércio de emissões com base no mercado juntamente com tarifas de consumo de recursos e impostos ambientais e estabeleceu suas 12 primeiras bolsas ambientais para começar a negociar. Ao contrário dos EUA, a China estabeleceu a base para que suas emissões de carbono atinjam o pico antes de 2030,[729] em consonância com um mundo de 450 ppm, quando sua demanda de energia se aproximar da saturação.[730]

Entre 2006 e 2010, a China fechou 71 GW de usinas a carvão ineficientes e reduziu pela metade as adições anuais de capacidade instalada à base de carvão (dois terços dos quais, entre 2005 e 2007, foram projetos pirata, não autorizados por Pequim). Os custos ocultos do carvão chinês somam cerca de 7% do PIB, sem contar o congestionamento das redes ferroviárias que faz com que valiosos produtos de exportação demorem para chegar aos portos marítimos do sul. Acredita-se que a poluição do ar provocada pelo carvão cause a morte de mais de 1 milhão de chineses por ano. Os hábitos e as burocracias relacionados ao carvão ainda são fortes na China, mas sua estrela começa a esvanecer. Seus preços estão aumentando, as concessionárias movidas a carvão estão perdendo dinheiro,[731] as normas ambientais estão ficando mais rigorosas e o custo da energia solar chinesa deve atingir o custo do carvão por volta de 2015.[732] Na verdade, a China tem planos para que entre 33% e 39% de sua capacidade de geração e 15% de sua eletricidade sejam renováveis em 2020.[733] Essa transição já começou: as adições de capacidade da China em 2010 foram apenas de 59% de carvão, 38% renováveis e 2% nuclear.[734]

Em 2006, as fontes renováveis da China, exceto a hidrelétrica de grande porte, tinham 7 vezes a capacidade de sua energia nuclear e estavam crescendo 7 vezes mais depressa; desde então, a lacuna aumentou.[735]

284 REINVENTANDO O FOGO

De modo geral, a China investiu US$ 54 bilhões em energia limpa em 2010 – 60% mais do que os Estados Unidos (e 139% mais em relação ao PIB), e mais do que todo o investimento mundial em energia limpa em 2004. O país também aumentou os gastos em pesquisa e desenvolvimento, programados para atingir 2,2% do PIB.[736] A China já domina os pedidos de patentes de tecnologias de energia limpa,[737] é hoje o principal fabricante de cinco tecnologias renováveis (eólica, fotovoltaica, hidrelétrica de pequeno porte, biogás e aquecedores solares de água) e está quase dominando outras. Como os EUA cortaram novamente seu orçamento de P&D,[738] o desenvolvimento tecnológico será liderado cada vez mais pela China e por seus rivais.

O mesmo acontecerá com os preços. A China já promoveu reduções acentuadas nos preços globais de módulos fotovoltaicos em 2009-2011 e está começando a afetar o mercado de turbinas eólicas.[739]

Os líderes chineses também estão aterrorizados com a possibilidade de cair na armadilha da dependência do petróleo, e por isso estão revendo as políticas que estimularam a posse e o uso de carros particulares. Seus padrões tornaram os novos carros chineses surpreendentemente eficientes, e o país ofereceu forte apoio político e uma verba de US$ 15 bilhões para estimular os veículos elétricos, e esperava-se que de 5 milhões a 10 milhões (sem contar os híbridos comuns) estivessem nas ruas em 2020. É uma ordem de magnitude mais do que necessária para deslizar pela parte íngreme das curvas de aprendizado, tornando-se uma potência no mercado global. Mas, embora a China seja o maior mercado automobilístico do mundo, o percentual de carros *per capita* do país é comparável ao dos EUA em 1915. Aproximar-se dos atuais níveis dos Estados Unidos parece pouco prudente, simplesmente porque a China não tem lugar para acomodar 600 milhões de carros.[740] Os consumidores chineses mais sagazes já

reagiram comprando mais de 120 milhões de bicicletas elétricas baratas, eficientes, que ocupam pouco espaço e podem ser estacionadas com facilidade, dando início a um inesperado mercado mundial de US$ 11 bilhões por ano.[741] Isso também pode significar o prenúncio de alterações no mercado automobilístico.

Menos visível, mas tão importante quanto o novo domínio da China em fontes renováveis, é o impressionante progresso do país em eficiência energética. Entre 1980 e 2001, a diminuição na intensidade energética reduziu em 70% o aumento na demanda de energia da China. Depois, em 2004, a eficiência energética tornou-se a principal meta estratégica. Líderes como Wen Jiabao compreenderam que a China não pode se desenvolver sem eficiência, pois o suprimento de energia necessário consumiria o orçamento. Enfrentando uma queda de um ponto percentual em sua meta de eficiência para 2010, o governo central fechou 2 mil fábricas que não cumpriram suas metas de economia de energia – um método infalível para estimular as outras –, mas ainda ficou um pouco abaixo, e não há a intenção de tornar a fazer isso. Com suas estabelecidas perspectivas de eficiência e de fontes renováveis, a economia chinesa poderia até crescer mais do que hoje, sem usar mais energia e abrindo mão de um quarto do carbono.[742]

Equilibrar tantas realizações e planos impressionantes é um desafio igualmente grande. Urbanização, desenvolvimento rural precário e eletricidade residencial subsidiada ainda são problemas graves. É séria a falta de água e de terras rurais, e a falta de carvão desponta no horizonte.[743] O que Wen Jiabao chamou em 2011 de "estrutura industrial irracional" vai distorcer, durante muito tempo, o uso da energia.[744] Contudo, para os tecnocratas que lideram a China – como grupo, provavelmente estão mais versados em energia do que os líderes de qualquer outro país –, a energia renovável e a revolução na eficiência do país podem ajudar a enfrentar esses problemas, proporcionando uma melhoria de vida para uma China mais rica e um mundo mais seguro. Os ganhos em energia renovável também significam exportações prósperas, pois a China continua a almejar a dianteira das tecnologias de energia limpa.

Para os Estados Unidos, duas lições sobre a China ficam claras. Primeiro, com cientistas, empresários e legisladores norte-americanos associados construtiva e respeitosamente com um parceiro vital que está fazendo um esforço sem precedentes para solucionar problemas extraordinários, deveríamos nos inspirar nos esforços da China, procurar seguir seu exemplo e superar o país em nossa sociedade tão diferente. Nossos dois grandes países precisam combinar nossos melhores talentos, compartilhar nossos êxitos e erros e aprender rapidamente juntos. Embora também estejam em jogo interesses competitivos que irão moldar as gigantescas indústrias da energia renovável do futuro, os interesses compartilhados são ainda mais duradouros e vitais.

A segunda lição é mais dramática. Se não nos movermos com a velocidade da luz no mercado global, outros irão fazê-lo. A China já se movimenta. A Índia também. A Coreia e o Brasil não estão muito atrás. O dinamismo do setor privado norte-americano e sua poderosa capacidade de inovar deram-lhe o potencial para acompanhar ou mesmo ficar na frente e aproveitar a maior oportunidade empresarial de nossa era. Vamos tornar real esse potencial? Nossa própria prosperidade e a do mundo estão na balança.

Reinventando o Fogo Vai Prejudicar os Pobres do Planeta?

Se os Estados Unidos se livrarem dos combustíveis fósseis, veremos o crescimento de nossa economia e poderemos nos dar tapinhas nas costas

por nossa liderança. Mas isso vai deixar o resto dos 6,7 bilhões de habitantes do mundo, especialmente em países em desenvolvimento, lidando com esses mesmos combustíveis que eles ainda não podem ter?

A boa notícia é que Reinventando o Fogo ajuda a criar prosperidade, principalmente para os desvalidos, de formas consistentes com nossos valores mais elevados e adaptáveis a diversas culturas e condições. E também libera tantos dólares desperdiçados com energia que uma pequena fração – cerca de US\$ 40 bilhões por ano, segundo o Programa de Desenvolvimento da ONU – poderia, se reinvestida adequadamente, proporcionar água limpa, esgotos, saúde básica, nutrição, instrução e cuidados médicos[745] para todos os homens, as mulheres e crianças que passam privações na Terra.

A melhor prova de que isso não é apenas uma bela teoria é aquilo que alguns países em desenvolvimento já fizeram. Na época da conferência de Kyoto sobre o clima, em 1997, eles estavam retirando os subsídios dos combustíveis fósseis duas vezes mais depressa do que os países ricos tinham se comprometido a fazer – na verdade, provavelmente estavam economizando mais carbono em termos absolutos do que os países ricos esperavam fazer – e por motivos *econômicos*. Eles estavam fomentando seu próprio crescimento e colhendo discretamente os benefícios ambientais decorrentes disso. E, hoje, os países em desenvolvimento também possuem a maioria das fontes renováveis de energia do mundo, novamente por motivos econômicos sólidos.

Alguns dizem que só pessoas e nações ricas podem se dar ao luxo da eficiência energética. É exatamente o contrário. Os países pobres tendem a ter a *mais baixa* eficiência energética; em média, três vezes pior do que os países ricos. Eles ficam com o equipamento menos eficiente, inclusive a sucata dos países ricos. Os pobres usam pouca energia, mas desperdiçam mais do que usam, com um ônus econômico maior: o quintil mais pobre pode pagar 30% ou mais de sua renda disponível pela energia, contra menos de 5% da população em geral.[746]

Mas os países pobres têm a maior *oportunidade* para se tornarem eficientes formando sua infraestrutura do zero. Construir corretamente é bem mais barato do que consertar depois. E os países pobres têm a maior *necessidade* de eficiência energética. Sua falta é uma das causas importantes de sua pobreza. Ficar preso a uma ineficiência persistente perpetua os gastos com combustível, tanto no nível pessoal quanto no nacional. As compras de petróleo estão por trás de boa parte da dívida dos países em desenvolvimento. Os custos inflados do combustível enviado a regiões rurais e remotas aumentam ainda mais o fardo econômico, tornando a eficiência ainda mais valiosa.

Levar a eficiência ao mundo em desenvolvimento libera uma quantidade extraordinária de capital.[747] Construir fábricas para produzir superjanelas ou lâmpadas LED, em vez de construir usinas e redes de energia para fornecer o mesmo frescor ao ambiente e a mesma iluminação, exige quase mil vezes menos capital[748] e recicla o custo desse capital numa velocidade 10 vezes maior. O capital economizado poderia fluir para outras necessidades fundamentais de desenvolvimento, como redes de esgoto, saúde e produtividade agrícola.

Além disso, cerca de 1,6 bilhão de pessoas carecem de acesso à eletricidade, e outro bilhão têm serviços de energia pouco confiáveis ou caros demais. No total, dois quintos da população do planeta vive na pobreza energética.[749] Isso deixa muitas necessidades básicas sem atendimento, potenciais econômicos não realizados e aspirações educacionais frustradas, especialmente entre mulheres e meninas. Construir usinas elétricas térmicas e redes convencionais para atender àqueles que precisam de energia não é a resposta. Essa abordagem não só é lenta e cara demais, mas também, se

for bem-sucedida, vai implicar décadas de custo desnecessário para o usuário, dependência de combustível e emissões de carbono.

Seria bem mais rápido, econômico e melhor para os pobres do mundo evitar o modelo centralizado, tanto na tecnologia quanto no fornecimento de energia. E isso já está acontecendo. Quando uma aldeia do sul da Índia mudou da iluminação a querosene[750] para lâmpadas fluorescentes, a iluminação melhorou 19 vezes, o consumo de energia decresceu 9 vezes e os gastos residenciais com iluminação foram reduzidos à metade.[751] Ainda na Índia, cuja política solar em grande escala é menos útil para os empreendedores que atendem aos pobres que não têm acesso à rede, o Barefoot College de Sanjit "Bunker" Roy treina em engenharia solar avós africanas analfabetas para que elas possam voltar para casa e estimular o uso de energia solar em suas aldeias. Esforços como o Lumina Project estão levando lâmpadas LED eficientes, alimentadas por energia solar, para milhões de pessoas pela África, um projeto liderado pela iniciativa privada: os consumidores descobriram que a luz solar é mais barata do que as lâmpadas a querosene, e agora as meninas aprendem a ler à noite e, com a economia, as famílias podem comprar redes contra mosquitos, irrigadores, obter água limpa e outras ferramentas básicas para sair da pobreza.

Em 1947, o general George Marshall disse "Não pode haver estabilidade política e garantia de paz sem segurança econômica", e por isso a política dos EUA deveria ser "dirigida contra a fome, a pobreza, o desespero e o caos, e não contra qualquer país ou doutrina". Ele tinha razão na época e tem ainda mais razão hoje. Armas e soldados não podem nos manter em segurança se bilhões de outros seres humanos carecem dos elementos essenciais de uma vida decente e de uma perspectiva razoável de vida melhor para seus filhos. Reinventando o Fogo pode ajudar a construir um mundo no qual os outros vivem melhor e todos podem dormir melhor.

COMO CONQUISTAR A RECOMPENSA DE 2050?

Há um enigma que percorre este livro como um ponto de interrogação vermelho. Se a visão de Reinventando o Fogo é tão convincente, se a recompensa é tão grande e as tecnologias já estão disponíveis, então por que mais empresas, empreendedores, indústrias, órgãos governamentais e pessoas comuns não correm para adotá-la?

Barreiras para Reinventando o Fogo

Não é porque a recompensa não existe. Na verdade, a razão é que esse caminho que há pouco foi aberto tem uma lista de barreiras tão longa que pode se tornar excessiva: complexidades enervantes, escolhas que podem paralisar. Nove barreiras são as principais:

▶ *Resistência passiva ou ativa dos participantes atuais*. A maioria das organizações tem um conjunto de ativos de uso e geração de energia baseado em combustíveis fósseis. Afastar-se dele é ou parece ser arriscado e oneroso.

▶ *Economia e tecnologia*. Barreiras econômicas e tecnológicas estão se retraindo à medida que soluções de eficiência e renováveis de grande valor são oferecidas ao mercado, mas ainda há obstáculos em alguns setores.

▶ *Conhecimento e cultura*. A energia não é uma prioridade para a maioria das empresas, e por isso muitas não têm o conhecimento, a disposição ou a capacidade para se afastar dos combustíveis fósseis.

▶ *Financiamento*. Investimentos em energia, geralmente com custos iniciais significativos e tempo de retorno relativamente longo, competem com outros investimentos mais próximos das prioridades centrais da empresa.

▶ *Complexidade da cadeia de valor*. Os investimentos em energia costumam ligar diversos interessados ao longo de extensas cadeias de valor, nas quais, às vezes, os incentivos estão desalinhados, canalizando custos e benefícios para outros participantes.

▶ *Proposta de valor pouco clara*. Energia é energia, limpa ou não, e por isso a venda de eficiência e de fontes renováveis para clientes que não percebem a diferença pode ser difícil.

▶ *Falta de liderança a longo prazo*. Mudar a estratégia energética de uma empresa, de um Estado ou uma nação exige planejamento e liderança por décadas – um período bem mais longo do que os horizontes eleitorais ou financeiros.

▶ *Estruturas políticas e regulatórias*. Algumas estruturas políticas e regulatórias impedem a transformação da energia, e por isso devem ser alteradas ou substituídas para permiti-la e acelerá-la.

▶ *Comprometimento com posições políticas*. Por exemplo, a hesitação do Congresso prejudicou gravemente, em quatro ocasiões, a indústria de energia eólica dos EUA e acabou com todos os fabricantes de turbinas eólicas de porte do país, exceto a GE, e por isso a China, a Dinamarca e a Alemanha lideram a indústria criada por Charles Brush, de Ohio, em 1888 – parte de uma longa e triste história de perdas em energia renovável.[752] Aparentemente, os políticos não conseguem resistir à tentação de manter as políticas fiscais de curto prazo como reféns de outras questões, ainda que o resultado cause sérios danos a algumas das mais vibrantes e florescentes indústrias de alta tecnologia dos Estados Unidos.

Superar essas barreiras não é uma tarefa fácil. Vai exigir instrução, inovação, liderança e mudanças em políticas e regulamentação. Por exemplo, organizações de vários setores da economia vão precisar treinar sistematicamente seus funcionários sobre questões energéticas e incentivar comportamentos que os levem para além dos combustíveis fósseis. Empreendedores inteligentes vão precisar criar soluções que minimizem os transtornos e maximizem os benefícios da eficiência e das fontes renováveis. Os Estados vão precisar dar uma volta por cima do engessamento no governo federal.

Uma conclusão central se ergue acima de todos os detalhes: a transformação *Reinventando o Fogo* baseia-se em tecnologias que demonstraram que funcionam economicamente ou que estão claramente inclinadas a fazê-lo. *Portanto, a verdadeira barreira é o ritmo lento da adoção, e não a inadequação tecnológica.*

As dinâmicas essenciais são simples. Como mostra a figura 6-5, as tecnologias necessárias são adotadas bem lentamente nos primeiros quatro anos, enquanto as empresas ajustam seu conhecimento, suas estratégias, sua capacidade física e seu treinamento. As tecnologias e os participantes do setor elétrico, com relativa maturidade, são um ponto de partida útil. Não esperamos que o setor de transportes venda muitos autos Revolucionários+ tão depressa, e, mesmo em 2030, os autos Revolucionários+ ainda não vão dominar o mercado; mas, em 2050, a quase três giros de 15 anos nos estoques a contar do presente, a tartaruga vencerá a corrida. O grande problema está em setores de giro lento, como edifícios, indústria e eletricidade. Se esses setores não atingirem aproximadamente 40% de índices de adoção em 2030, é pouco provável que a adoção em anos posteriores compense esse atraso inicial.

Como podemos acender um fogo sob milhões de pessoas, milhares de empresas e dezenas de órgãos governamentais para que adotem a eficiência e fontes renováveis bem mais depressa, transformando nosso sistema energético?

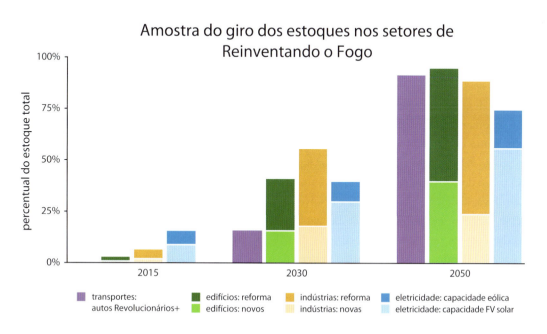

Fig. 6-5. Cada barra mostra qual parcela do estoque total de veículos, edifícios, fábricas ou usinas de força vai atingir, nos períodos indicados, os níveis de eficiência ou de fornecimento renovável descritos nos Capítulos 2 a 5.[753]

Emoldurando a Visão

A resposta começa com uma visão poderosa. Henry Ford nunca teria revolucionado os transportes sem sua ideia simples e convincente: "Vou construir um carro para a grande multidão", jurou. John F. Kennedy disse: "Decidimos ir à Lua." E fomos.

A visão de *Reinventando o Fogo* é igualmente transformadora. Podemos nos libertar de nossa barganha faustiana com os combustíveis fósseis e criar um mundo mais seguro, mais eficiente e limpo. Sem tal meta clara à frente, são poucas as chances de que o país encontre o caminho para uma grande solução energética ou que evitemos fortuitamente mais erros graves. Basta ver como todos os presidentes dos Estados Unidos, desde Richard Nixon, juraram acabar com a dependência do petróleo importado. Na verdade, as importações só pararam de aumentar em 2005-2006, e em 2010 ainda eram quase metade do total, embora sólidos progressos estivessem emergindo.

O que procuramos criar neste livro, e de que precisamos, é uma clara expressão do que pode ser considerado um melhor futuro energético, de quais são os seus benefícios e de como poderemos superar os desafios do caminho. Não devemos manter os olhos voltados para baixo e ficarmos com um plano de 20 anos em vez de uma meta para o século XXI. E não devemos colocar antolhos. O mago do software Bill Joy, que inventou o Unix e o Java, disse: "Se não conseguir resolver o problema, torne-o maior." A maioria das pessoas tenta lidar com os problemas mais difíceis dividindo-os e limitando-os. Mas o motivo pelo qual esses problemas pareciam insolúveis é que não dispunham de um espaço de projeto suficientemente grande para criar os graus de liberdade necessários, e por isso a solução ficou invisível, fora dos limites do sistema. Como vimos, é bem mais fácil resolver, digamos, os problemas dos automóveis livres da gasolina e da eletricidade renovável em conjunto do que em separado. Soluções energéticas duradouras exigem um foco nítido, mas uma lente de ângulo maior.

Liderando a Mudança

Tendo a visão, a exigência seguinte é a liderança. Se nossos representantes eleitos continuarem a tomar decisões com base nos mutáveis ventos políticos, se interesses especiais ficarem bloqueando reformas significativas, se capitães da indústria evitarem dar passos ousados por precaução, então teremos o sistema energético medíocre que merecemos. Mas sabemos que os Estados Unidos ainda são uma terra de líderes: políticos que compreendem a necessidade de mudanças transformadoras, CEOs que apostam o futuro de suas empresas em produtos arriscados, mas potencialmente revolucionários, e reguladores com coragem suficiente para enfrentar *lobbies* poderosos. Convocamos esses líderes empresariais e governamentais para que adotem a visão de Reinventando o Fogo, mantenham passo firme e façam-na acontecer.

Já vimos exatamente o que esses líderes precisam fazer primeiro. Como descrevemos neste livro, as empresas são o motor com o poder, a velocidade, a abrangência e a escala para levar adiante essa transformação energética. Mas para que o poder das empresas seja liberado, é preciso haver políticas que permitam e recompensem aquilo que desejamos, e não o oposto. Também devemos repensar nosso sistema fiscal, porque ele não só é arcaico, quase rococó, mas também fundamentalmente mal orientado. Se taxássemos coisas ruins como a poluição, em vez de coisas boas como empregos e renda, assim como alguns países europeus já fazem, poderíamos demitir as toneladas, os litros e os quilowatts-hora improdutivos e empregar mais pessoas, que por sua vez teriam mais e melhores empregos.

Os capítulos anteriores mostraram quais são as reformas e os incentivos necessários. Agora, é hora de nossos líderes nacionais, no nível que for necessário, pô-los em prática. E quando dizemos líderes, não estamos nos referindo apenas a legisladores e reguladores, nem a presidentes, chefes tribais, governadores, prefeitos, vereadores ou deputados. Os líderes empresariais precisam aceitar o fato de que essa grande recompensa vai ficar fora de seu alcance e do nosso, a menos que liberemos a oportunidade por meio de coordenação e esforços públicos e privados. Pelo menos dessa vez, os dois setores podem conseguir o que desejam: os políticos podem receber o crédito por uma postura supraideológica e resultados claros, e os líderes empresariais podem criar valores duradouros visando a vantagens privadas – em vez de serem forçados, como tantas vezes no passado, a cometer atos antinaturais no mercado por força de decretos governamentais.

Assim que esses incentivos para se fazer escolhas sensatas existirem, atenção! O poderoso motor norte-americano da inovação, que a *National Security Strategy* de 2010 chamou de base do poder e da liderança de nosso país, vai entrar em ação. Ele trará não apenas novas tecnologias ao mercado, mas também vai moldar nossos conceitos a respeito do uso da energia. O mais impressionante vai ser o encontro entre a TI e a energia, inundando o sistema energético com inteligência distribuída, sensores onipresentes e informação atualizada. A energia enriquecida pela TI vai coreografar a convergência entre veículos, edifícios, fábricas e fontes de eletricidade. Ela vai "transformar cada aparelho que consome energia, fazendo com que uma entidade isolada e de propósito singular se torne uma rede interconectada de múltiplos propósitos, que em última análise vai otimizar a eficiência de todo o sistema energético", como explica o presidente da FERC

Jon Wellinghoff. E acrescenta: "é uma revolução que está chegando e vai mudar tudo."[754]

Sabemos aonde precisamos chegar. Para isso, devemos enfrentar seis desafios cruciais. Juntos, precisamos:

▶ *Transformar a indústria automobilística*. Nada de imensas banheiras que bebem gasolina. Nosso mundo mais limpo, mais seguro e livre de petróleo – e a riqueza desse setor vital – depende da possibilidade de a indústria produzir veículos bem mais adequados e aproximadamente ao mesmo preço, antes que seus antigos e novos concorrentes o façam.

▶ *Reduzir radicalmente as distâncias percorridas por nossos autos e o comprimento, peso e volume das cargas transportadas por nossos caminhões*. Isso não vai ocorrer com sacrifícios, privações ou redução da vitalidade econômica. Na verdade, acontecerá gradualmente com o novo cenário de nossas comunidades e empresas, visando aumentar as opções, economizar tempo e dinheiro, e tornar a vida bem mais fácil, saudável e segura.

▶ *Construir edifícios eficientes e reformar os já existentes em uma escala gigantesca*. Somente um edifício energeticamente eficiente já faz diferença. Multiplique isso por 120 milhões de edifícios e teremos uma revolução. Naturalmente, é uma tarefa desafiadora e vai exigir de tudo, de instrução e orientação para projetistas a códigos de construção mais rígidos e financiamento inovador.

▶ *Manter e acelerar a economia de energia e a cogeração na indústria*. Essas duas atitudes e as fontes renováveis de calor e de eletricidade cada vez mais instaladas nos locais são as chaves para o futuro duradouramente competitivo e flexível desse motor da economia nacional.

▶ *Manter a redução de custos da energia renovável*. Fontes renováveis como a eólica, a solar e outras já estão na parte descendente da íngreme curva de aprendizado. Porém, quanto mais longe elas forem – e é possível ir bem mais longe –, mais depressa poderemos reinventar o fogo no setor com a maior alavancagem para a economia, a segurança e o clima.

▶ ***Rever as regras e os modelos operacionais das concessionárias.*** Nunca iremos criar um futuro livre de combustíveis fósseis se os lucros das concessionárias dependerem da quantidade de eletricidade que vendem, ou se as fontes distribuídas renováveis não conseguirem injetar eletricidade na rede. As comissões de concessionárias públicas precisam mudar as regras e recompensar a rápida adoção das melhores opções (eficiência, CHP e renováveis), fechando usinas obsoletas que merecem uma aposentadoria tranquila, sem impor aos consumidores os riscos de projetos duvidosos que não vão receber investimentos dos acionistas.

Com a liderança certa, Reinventando o Fogo vai dar início a ondas e ondas de inovação e de empreendedorismo, diferentes de quaisquer outras que já ocorreram no setor energético em mais de um século. Temos a esperança – na verdade, a expectativa – de que essa onda nos leve muito mais longe do que nossa análise cautelosa considera possível. Então, poderemos descansar e nos maravilhar observando a magia de empresas e empreendedores operando em mercados sensatos. Haverá falhas e erros, riscos e incertezas. Os mercados são imprevisíveis, assim como Deng Xiaoping deve ter sentido na monumental transição para uma economia socialista de mercado, a ponto de dizer: "Estamos atravessando o rio sentindo as pedras."[755] No final, os mercados tendem a fazer corretamente as coisas. Como disse Churchill sobre a democracia, é o pior sistema que conhecemos – à exceção de todos os demais.

ACENDENDO A CHAMA DO NOVO FOGO

O modelo Reinventando o Fogo oferece mais do que a promessa de libertar os Estados Unidos e a humanidade da dependência de combustíveis fósseis. Ele também contém a promessa de realizar nosso antigo sonho de energia sem-fim para a nação e o mundo. Sua melhor parte soluciona muitos de nossos problemas mais prementes, não piora o resto, torna-nos mais ricos e felizes, cria mais opções e oportunidades e pode servir às pessoas de todos os lugares, com segurança e abundância, enquanto vivermos na Terra.

Bem, e como começamos a transformar essa visão em realidade? Podemos escrever este livro e fazer discursos, mas não podemos fazer tudo sozinhos. Precisamos que a sociedade jogue seu peso sobre a eficiência e as fontes renováveis, sobre mudanças de projeto, de estratégia, de tecnologia e de política para que tudo isso aconteça.

Assim, fazemos um chamado à ação, um desafio para você – trabalhador na linha de montagem, CEO no escritório enorme, empreendedor em sua garagem, regulador no cargo de decisão, engenheiro tentando manter o trânsito andando, projetista de automóveis, fazendeiro, avó, membro do Congresso e, sim, o presidente. Juntos, representamos nossa esperança para um mundo no qual a energia se transformou: de preocupante em livre de preocupações, de risco em recompensa, e de custo em lucro.

Com suas ideias, sua determinação e sua coragem, podemos tornar real essa visão. Pode ser esse o momento em que finalmente assumimos nosso destino energético, dando à nossa futura civilização os inesgotáveis recursos do sol, do vento, da água, das plantas verdes e do calor da Terra.

Esta não é uma ideia verde ou de esquerda. Foi Rupert Murdoch que disse recentemente que a News Corporation tinha se tornado neutra em carbono e que, com isso, "economizou milhões de dólares".[756] Foi seu filho James que sugeriu uma agenda energética Vermelha-Azul-Verde* baseada em segurança nacional, vigor econômico, novos empregos com custos mais baixos a longo prazo, comunidades mais limpas e mais saudáveis e uma concorrência que supera a regulação.[757] Essa postura parece boa para a cidade bastante conservadora de Salina, Kansas,[758] e para 11 estados eminentemente republicanos com padrões de portfólio de energia elétrica renovável,[759] bem como em estados democratas.

De fato, a postura fundamental de que mais necessitamos com relação à energia não é diretiva, mas permissiva. Precisamos permitir e exigir que todas as formas de economizar ou fornecer energia concorram com equidade, a preços honestos, independentemente de seu tipo, de sua tecnologia, seu tamanho, sua localização ou sua propriedade. Que defensor da iniciativa privada e do livre mercado não seria favorável a isso? Por que não procuramos saber?

Em meio à cacofonia energética, ao rodamoinho de opiniões e a agendas conflitantes, essa simples postura ganha ênfase: se nos concentrarmos juntos nos resultados, e não nas motivações, isso já será ótimo, pois as coisas que precisam realmente ser feitas são as mesmas, e não importa se nos preocupamos principalmente com a segurança nacional, com empregos e lucros, clima e meio ambiente ou seja o que for. Precisamos apenas parar de querer que os outros adotem nossos *porquês* divergentes para que, juntos, prossigamos na obtenção de um *o que* compartilhado. E se realizarmos com vigor *o que* concordarmos em fazer, então aqueles que talvez discordem de nós podem se tornar supérfluos. Juntos, podemos redescobrir a verdade do seguinte provérbio africano: "Se qui-

ser andar rápido, ande sozinho. Se quiser andar e chegar longe, ande com outras pessoas."

Assim como a intenção compartilhada pode unir facções de nossa vasta e diversificada nação, os Estados Unidos não estão sozinhos nessa transição global. Há pessoas inteligentes e habilidosas em todas as partes, em todos os níveis de todas as sociedades, e o emergente sistema nervoso global está ajudando as boas ideias a se difundir mais depressa. Hoje, há mais de 1 bilhão de transistores para cada pessoa no planeta. O Facebook tem mais usuários do que a população dos Estados Unidos. Acontecem revoluções no Twitter e no YouTube. O livro de Paul Hawken, *Blessed Unrest* [*Inquietação Abençoada*], registra o espantoso surgimento de milhões de organizações sem fins lucrativos de cidadãos espalhados pelo planeta – o maior movimento social da História. Como as instituições centrais foram se tornando mais travadas e moribundas, uma nova vitalidade começou a se espalhar a partir das raízes, chegando ao caule e à flor. A procura por vida inteligente na Terra continua, mas estão aparecendo muitos espécimes promissores aqui e ali, justamente quando se mostram mais necessários.

Assim, aplique sua inteligência inata, esse espantoso dom humano que nunca traiu a nossa espécie em toda a sua história, à seguinte pergunta: devemos continuar a trilhar o caminho em que nos encontramos e que leva à estagnação econômica, a custos crescentes, a riscos desagradáveis, a convulsões sociais e a um mundo ainda mais perigoso, ou devemos fazer uma pausa ousada e começarmos a assentar as bases energéticas de um mundo sem desperdício, necessidades e guerras?

Só podemos escolher uma vez. Escolha bem.

---

* Uma referência, respectivamente, a tendências políticas republicanas, democratas e "verdes". (N.T.)

AGRADECIMENTOS

Pesquisas e análises com o escopo e a profundidade de *Reinventando o Fogo* valem-se necessariamente do trabalho de muitos outros, publicados em milhares de referências, das quais quase 800 – fundamentais – são citadas a partir da página 338. Mas boa parte das informações de que necessitávamos não tinha sido publicada antes. Algumas provieram de nossas pesquisas e práticas ao longo de mais de três décadas e com diversos parceiros nos quatro setores descritos entre os Capítulos 2 e 5. Outras originaram-se de um grupo variado de colegas ao redor do planeta, que gentilmente compartilharam seus estudos e suas redes, corrigiram nossos erros e foram esplêndidas companhias durante nossa caminhada em meio à perplexidade. A equipe do RMI deve muito a todos esses colaboradores, inclusive a muitos que pediram para não ser citados ou aqueles aos quais devemos pedir desculpas por tê-los esquecido inadvertidamente. Naturalmente, nenhum deles é responsável pelo conteúdo deste livro, que reflete apenas as opiniões dos autores.

O conselho de curadores do RMI autorizou este esforço e proporcionou orientação e críticas úteis em diversos estágios da pesquisa e da redação. Seus conselhos astutos tornaram possível todos os nossos trabalhos, e somos gratos pelo indispensável serviço e pelo apoio de nossos curadores.

DOADORES

A pesquisa por trás deste livro – o mais ambicioso esforço dos 30 anos de existência do Rocky Mountain Institute, ocupando a maior parte de nossa equipe de profissionais por cerca de um ano e meio – e sua campanha de lançamento tornaram-se possíveis graças à generosa filantropia de Alice e Fred Stanback, Nationale Postcode Loterij, Robertson Foundation, o conselho de curadores do RMI, Rachel e Adam Albright, Anonymous (1), Foster e Coco Stanback, Reuben e Mindy Munger, Peter Boyer e Terry Gamble Boyer, Mary Caulkins e Karl Kister, Ayrshire Foundation, Schmidt Family Foundation, RMI National Solutions Council, Sidney E. Frank Foundation, Tom Dinwoodie, Caulkins Family Foundation, Eleanor N. Caulkins, George P. Caulkins III, Mary I. Caulkins, Maxwell Caulkins, John N. Caulkins, David I. Caulkins, Mac e Leslie McQuown, Sharman e David Altshuler, Pat e Ray C. Anderson, Wiancko Family Advised Donor Fund of the Community Foundation of Jackson Hole, Concordia Foundation, Libra Foundation, Interface Environmental Foundation, Inc., Earth-Share, Markell Brooks, Craigslist, Inc., Anonymous (2), Arkay Foundation,

Bunting Family Foundation, Unifi, Inc., Amory B. e Judy Hill Lovins, Suzanne Farver e Clint Van Zee, Argosy Foundation, Sue e Jim Woolsey, Pacific Gas & Electric Company, William Laney Thornton e Pasha Dritt Thornton, Arntz Family Foundation, "Anonymous" Trust, Arjun Gupta, a Moses Feldman Family Foundation, MAP Royalty, Inc., Richard D. Kaplan, AIA, Moore Charitable Foundation, Sandra Pierson Endy, Judith e C. Frederick Buechner, David e Patricia Atkinson, Peter H. e E. Lucille Gaass Kuyper Foundation, Chris Sawyer e Julie Ferguson Sawyer, Energy Future Holdings, Ralph Cavanagh, advogado, Family Capital Corp., Elaine e John French, e Martin e Margaret Zankel, bem como o significativo apoio coletivo de muitos outros doadores. Somos muito gratos a todos.

REVISORES

O Rocky Mountain Institute expressa sua profunda gratidão aos seguintes especialistas (e a muitos outros que preferiram manter-se anônimos) por fazerem generosamente a revisão de diversos rascunhos desta obra ou de seus quatro capítulos centrais. O livro beneficiou-se muito de suas perspectivas e suas ideias. Quaisquer erros remanescentes e todo o conteúdo são de responsabilidade exclusiva dos autores. Os revisores estão relacionados alfabeticamente em cada grupo. Suas atuais atividades estão indicadas apenas para fins de identificação e as listas não implicam nenhum endosso.

Livro todo: Emily Grubert (University of Texas), Bill Joy (Kleiner Perkins Caufield & Byers), dr. Larry Keeley (Doblin, Inc.), Phil Klein (TEDxRainier), Jane e Bill Knapp, Katherine Lorenz (Mitchell Foundation), William F. Martin (Washington Policy and Analysis, Inc.), Reuben Munger (Bright Automotive), dr. Arthur H. Rosenfeld

(University of California em Berkeley), a equipe do Shift Project, dr. Paul Sullivan (Georgetown University), LTG Michael Vane (U.S. Army Training and Doctrine Command).

Transportes: Dr. Stephen R. Brand (Conoco-Phillips), Bill Browning, Hon. AIA (Terrapin Bright Green), dr. Dennis Bushnell (NASA), John Casesa (Guggenheim Partners), Robin Chase (Go-Loco), David R. Cramer (Fiberforge), dr. Mike Gallagher (Westport Innovations), Billy Glover (Boeing), dr. Christoph Grote (BMW), dr. David Hart (EPFL/Lausanne & Imperial College), dr. Nicholas Lutsey (University of California em Davis), Glenn Mercer (ex-sócio e especialista sênior em práticas automotivas na McKinsey & Company, atualmente consultor independente), Mike Ogburn (Clean Energy Economy for the Region), Clay Phillips (General Motors), Michael Roethe e colegas (North American Council for Freight Efficiency), Don Runkle (EcoMotors), dr. Roger Saillant (Case Western University), Mike Simpson (National Renewable Energy Laboratory), Bill White (ex-prefeito de Houston e vice-secretário de Energia dos EUA), Steve Williams (Maverick Transportation).

Edifícios: Jamy Bacchus, PE (Natural Resources Defense Council), Phil Bernstein, FAIA (Autodesk AEC Solutions), Ralph Cavanagh, advogado (Natural Resources Defense Council), dr. Henry Cisneros (CityView), Robert Clarke (Serious Energy), Hannah Granade (Advantix Systems), Ronald Herbst, PE (Deutsche Bank AG), Donald Horn, AIA (U.S. General Services Administration), Donna Hostick (Pacific Northwest National Laboratory), dr. Karl Knapp (MAP), Christian Kornevall (World Business Council for Sustainable Development), John A. "Skip" Laitner (American Council for an Energy-Efficiency Economy), Anthony E. Malkin (Malkin Holdings), Steven Meyers (Rational Energy LLC), Natalie

Mims (Southern Alliance for Clean Energy), Scott R. Muldavin, CRE, CMC, FRICS (Green Building Finance Consortium), Clay G. Nesler, PE (Johnson Controls Inc.), Arah Schuur (Clinton Foundation), Gail Sturm (ProTen Realty Group), Terry Temescu (The Tanager Group), John Weale, PE (Integral Group), R. Peter Wilcox, AIA (Northwest Energy Efficiency Alliance).

Indústria: Dr. Mike Bertolucci (Interface), dr. Ron Brown (Agenda 2020 da Technology Alliance), Kevin Fallon (Breosla LLC), Kenneth W. Nelson (DuPont Engineering Polymers Department), Ron Perkins, PE (Supersymmetry USA, Inc.), James K. Rogers, PE, CEM, CEA, Dan Trombley (American Council for an Energy-Efficient Economy), Cindy Voss, Paul Westbrook (Texas Instruments), dr. Tim Xu, PE (Lawrence Berkeley National Laboratory).

Eletricidade: Ralph Cavanagh, advogado (Natural Resources Defense Council), Thomas Dinwoodie (SunPower), dr. Andrew Ford (Washington State University), TJ Glauthier (TJG Energy Associates), dr. Ray Gogel (Current Group), Michael Greene, PE (ex-vice CEO da Energy Future Holdings), Keith Hay (Colorado Public Utilities Commission), David Ismay, advogado (Farella, Braun and Martel LLP), Koof Kalkstein (fundador da prática de energia no Boston Consulting Group), Brendan Kirby, PE (antes no Oak Ridge National Laboratory), dr. Karl Knapp (MAP), Reuben Munger (Bright Automotive), capitão Scott Pugh, reformado da Marinha dos EUA (Departamento de Segurança Interna dos EUA).

CONTRIBUIDORES TÉCNICOS

A análise realizada por Josh Agenbroad sobre a produção de combustíveis fósseis a longo prazo na figura 1-3 – feita porque, para nossa surpresa, não conseguimos encontrá-la na literatura – tornou-se possível graças aos generosos conselhos do prof. Kjell Aleklett, do dr. Mikael Höök, Jean Laherrère, prof. Tadeusz Patzek e em particular do prof. David Rutledge. O trabalho pioneiro do dr. David Greene e de seus colegas no Oak Ridge National Laboratory está por trás de nossa análise dos custos econômicos da dependência do petróleo. Reuben Munger gentilmente obteve para nós os dados sobre como o mercado põe um preço na volatilidade do petróleo e do gás. Os diversos mentores militares que tivemos ao longo de décadas, tanto em uniforme quanto civis, ajudaram-nos a compreender o ônus que o petróleo impõe à segurança nacional. Nossos parceiros dinamarqueses de décadas, os professores Niels Meyer e Jørgen Nørgård, esclareceram seus dados nacionais. Boa parte da pesquisa detalhada sobre a história do óleo de baleia foi feita por Jeff Bannon. Nossa compreensão da repercussão dos problemas da energia nos capítulos sobre transportes, edifícios e indústria foi muito enriquecida pelo falecido dr. Lee Schipper, dr. Jonathan G. Koomey, Danny Cullenward, Steve Sorrell e dr. James Barrett. Os vislumbres profundos e variados dos drs. Schipper e Koomey, como os de E. Kyle Datta, reverberaram por todo o livro.

Nossos diversos professores, clientes e amigos espalhados pela indústria automobilística global durante duas décadas contribuíram mais do que podem imaginar para o Capítulo 2. Os extraordinários conhecimentos de Glenn Mercer sobre custos de componentes automotivos e estruturas de custos de fabricação, generosamente compartilhados conosco, possibilitaram a análise econômica e do modelo de negócios. John Casesa, Maryann Keller, dr. David Cole e muitos outros analistas sênior contribuíram durante anos para nossa compreensão dessa indústria, bem como Clay Phillips, Derrick Kuzak, Sandy Munro, Alan

Mulally, Bill Ford, dr. Christoph Grote, Michael Brylawski, JB Straubel e dezenas de outros líderes automotivos. Nossos clientes proprietários de indústrias automobilísticas e nossos amigos na National Automobile Dealers Association (NADA) ou Associação Nacional de Concessionárias Automotivas foram maravilhosos professores e parceiros. Somos muito gratos a Dave Cramer, dr. Jon Fox-Rubin e sua equipe na Fiberforge, bem como a Dave Taggart e Burt Rutan, pela permanente e inspiradora orientação sobre compósitos avançados, ampliada por Martin O'Connor e muitos outros. Carol e Eddie Sturman e Don Runkle falaram sobre motores avançados, e Bill Joy, John Waters e Mujeeb Izaz sobre baterias. Dr. Lee Schipper, Charles Komanoff, dr. Mark Delucchi, dr. David Greene, dr. David Goldstein e dr. John DeCicco foram nossos mais valiosos informantes sobre políticas. Dr. Jon Hykawy, prof. Paul Sullivan e Walter Benecki ampliaram nossa compreensão sobre mercados e usos de terras raras. Yasushi Santoh nos manteve informados sobre notícias do Japão. Nicholas Lutsey compartilhou seus trabalhos sobre processos de redução de peso de componentes. A ADEME de Paris compartilhou gentilmente dados sobre seu programa de *feebate*; Laura Schewel, sobre compras e trânsito; Anna Jaffe, sobre TI em viagens. Nossa análise de caminhões, baseada em trabalhos anteriores do RMI de Odd-Even Bustnes, Mike Ogburn, Hiroko Kawai e outros, foi orientada por nossos parceiros no North American Council for Freight Efficiency que o RMI ajudou a formar em 2010, por Jeff Byrne e sua equipe do Walmart, e por Jimmy Ray, Majora Carter, Tom Wieringa, Sharon Banks, John Gustafson e dr. Mike Gallagher. O principal cientista da NASA, dr. Dennis Bushnell, e Billy Glover e Dave Daggett, da Boeing, foram indispensáveis por causa de suas percepções sobre aviões; o prof. Sridhar Kota, por suas inovadoras superfícies de alteração morfológica; e o prof. Jim Womack, por suas rotas ponto a ponto. Jigar Shah nos atualizou sobre os esforços de eficiência de transporte do Carbon War Room. Nosso trabalho de eficiência no âmbito militar foi possível graças a centenas de colegas e conferencistas em dois painéis do Defense Science Board – especialmente Tom Morehouse (que fez parte da equipe do primeiro e foi o relator do segundo), Scott Badenoch, Jim Woolsey, Chris DiPetto, VADM Denny McGinn (reformado da Marinha), RADM Phil Cullom (Marinha), Mike Aimone, Alun Roberts, Drexel Kleber, Drew Sloan e Ken Krieg (que sugeriu enquadrar os dois novos vetores estratégicos). A dra. Sandy Thomas foi nossa mais perspicaz informante sobre o hidrogênio, repleta de dados. Nossos tutores sobre biocombustíveis foram muitos, inclusive Graham Williams, nossos amigos da Shell e de outros setores da indústria, e o mestre das algas, dr. Walter Adey.

Para nossa análise de edifícios no Capítulo 3, Scott Muldavin, CRE, CMC, FRICS, compartilhou seus conhecimentos enciclopédicos sobre o modo como a eficiência afeta o valor em imóveis comerciais, e o prof. Roger Ulrich, sobre como os edifícios verdes melhoram a saúde e o desempenho humanos. Greg Kats, Ron Herbst, PE, Clay Nesler, PE, Rob Watson e Rick Fedrizzi abriram muitas portas para seus mundos analíticos e práticos. Steven Meyers compartilhou suas opiniões sinceras sobre o que é preciso para aumentar a eficiência energética com boa relação custo-benefício em pequenos edifícios comerciais. Inovações tecnológicas do dr. Brandon Titianov e Kevin Surace, do dr. Steve Selkowitz em revestimentos, Tsutomu Shimomura, John Gage, Nancy Clanton, PE, FIES e Robert Sardinsky em iluminação, dr. Alan Meier e Dusko Maravic em aparelhos, e Onno Koelman, Jay Harman e seus colegas PAX em máquinas turbinadas mantiveram-nos a par de desenvolvimentos espantosos. O prof. dr. Wolfgang Feist, sua colega Katrin Klingenberg, AIA, e os arquitetos Hans Eek e Christer Nordström nos ajudaram a explorar a economia das casas passivas. Praticantes como Paul Braese, PE e Perry Bigelow, Ted Bakewell III e dr. David Strong, CEng, FCIBSE, FEI e Bill Browning, Hon. AIA, no setor comercial (que há muitos anos deu início ao trabalho com edifícios dentro do RMI), e Bob Fox, AIA, Gary Christensen, Tara Darrow, Elizabeth Heider e Rob Keller compartilharam suas histórias inspiradoras. Lee Scott e sua equipe do Walmart nos ajudaram a compreender o varejo de grande lojas. Norman Crowley explicou o modelo de negócios da Crowley Carbon. Steve Jungerberg e Eric Walters nos ajudaram a compreender o retreinamento dos empreiteiros. Nosso parceiro favorito em engenharia mecânica nos Estados Unidos, Peter Rumsey, PE, FASHRAE, e sua equipe no Integral Group responderam infalivelmente a nossos pedidos de dados, assim como seu professor (e nosso) Eng Lock Lee em Singapura. Richard G. Kidd IV, John Simpson, PE e diversos outros amigos no governo ajudaram-nos a compreender seus singulares desafios e suas realizações. O prof. Robert H. Socolow e seu grupo de Princeton forneceram-nos muitas informações. Boa parcela do trabalho do RMI com edifícios é um legado de Greg Franta, FAIA – talentoso líder do setor de edifícios até sua morte prematura em 2009.

Na indústria (Capítulo 4), alguns de nossos parceiros de longa data como Eng Lock Lee, Frigyes Lestak, dr. Gunnar Hofstadius, Paul Westbrook, dr. Ernst Worrell, Michael Shepard, prof. Thomas B. Johansson, dr. David Goldstein, Anita Burke, Dale Hoenshell, Ken Nelson, Jim Clarkson, PE, e James K. Rogers, PE, CEM, CEA, generosamente compartilharam seus dados e suas posições. O dr. Tim Xu, PE, ajudou-nos a interpretar a

análise essencial de eficiência de sua equipe no Berkeley Lab. Gil McCoy e sua equipe da Washington State fizeram uma análise especial de custo de motores para nós. O dr. Graham Sinden e o prof. Christopher Weber forneceram gentilmente seus dados mais recentes sobre energia no comércio internacional; Martha Moore, sobre a indústria química norte-americana; Jay Stein, sobre coifas; Philipp Schmidt-Pathmann, sobre reciclagem na Europa; dr. Bernie Bulkin, sobre refino; Lars Nilsson, sobre bombas; prof. Julian Allwood e sua equipe de Cambridge, sobre eficiência e materiais em processos. O falecido Ray C. Anderson, Jim Hartzfeld e dr. Mike Bertolucci ajudaram-nos pacientemente a compreender as realizações em eficiência da Interface; o falecido dr. Levi Leathers, dr. Claude Fussler e Ken Nelson, as realizações em eficiência da Dow; dr. Ron Brown, os detalhes da eficiência em papel e celulose; Ruksana Mirza, dr. Luiz Carlos R. de Sousa e Bruno Fux, os desafios de se substituir a queima de carvão nos fornos de cimento; e prof. Hanns Fischer, seu curso de laboratório de química do avesso. Jonathan Knowles e seus colegas na Autodesk, graças à cortesia de seu CEO e curador do RMI Carl Bass, ajudaram a posicionar e informar nossa discussão sobre manufatura aditiva. Janine Benyus e sua equipe foram nossa fonte de sabedoria sobre biomímica, e dr. Paul Anastas, sobre química verde. Agradecemos a liderança do prof. Alan Fuchs em nosso concurso conjunto de projeto AIChE, que proporcionou diversos casos.

Nossa análise sobre a eletricidade (Capítulo 5) valeu-se de décadas de lições de muitos parceiros. Trieu Mai e dr. Walter Short criaram o exemplo de nossos quatro casos usando o modelo ReEDS do NREL – um componente vital de nossa análise – e apresentaram importantes considerações sobre a dinâmica das operações em rede. Bill Joy aguçou nosso pensamento sobre economia e tecnologias renováveis. Michael Liebreich e sua equipe na

Bloomberg New Energy Finance compartilharam generosamente seu singular banco de dados global sobre o valor de transações renováveis, e o dr. Eric Martinot, os dados igualmente importantes do REN21 sobre sua capacidade. Thomas Dinwoodie, pioneiro da energia solar e curador do RMI, e Shayle Kann (GTM Research) mantiveram-nos atualizados sobre os custos em queda de módulos fotovoltaicos solares e sobre a dinâmica do mercado solar. Jack Hidary e Aaron Zubaty falaram sobre as finanças da energia renovável. Joel Moxley apresentou a promissora tecnologia de perfuração geotérmica da FORO; lord Oxburgh, a tecnologia de captura de carbono da Shell/Eindhoven. Ralph Cavanagh, advogado, dr. Peter Fox-Penner, Jon Wellinghoff, Jack Riggs, prof. Michael Dworkin e Richard Cowart há muito nos ajudam a estudar o futuro das concessionárias e de seus modelos de negócios. J. Wayne Leonard explicou as necessidades dos consumidores de baixa renda; Dan Eggers e Kevin Parker, os efeitos da regulamentação do carvão pela EPA. O dr. Ray Gogel, Rob Pratt e Graham Hodge ofereceram importantes ideias sobre o futuro da rede e o potencial para microrredes. Holger Kley ajudou-nos a compreender as operações de microrredes e a rede da Dinamarca. Ed Comer, advogado, ofereceu *feedback* crítico sobre a integração das fontes renováveis e a segurança da rede e também *feedback* sobre como elaborar um argumento convincente. O capitão Scott Pugh (reformado da Marinha) apresentou-nos importantes pontos de vista sobre segurança na rede. Os profs. Mark Jacobson e Dan Kammen aprimoraram nosso modelo de fornecimento do sistema elétrico e muitas outras coisas. O prof. Andrew Ford trabalhou de perto conosco no desenvolvimento de um modelo de dinâmica de sistema de investimentos e finanças de concessionárias, enquanto Brad Tirpak apresentou ideias e dados financeiros sobre concessionárias. O dr. Klaus

Töpfer ajudou-nos a compreender a política nuclear alemã; Peter David Pedersen, prof. Yoichi Kaya, Susumu Yoda e Takashi Kiuchi, a política nuclear japonesa. Mycle Schneider, Peter Bradford, dr. Victor Gilinsky, Robert Alvarez, prof. Mark Cooper, prof. Frank von Hippel e Jim Harding foram sempre úteis com suas profundas análises e seus dados nucleares. O dr. Darrin Magee, o dr. Mark Levine e o dr. David Friley nos forneceram dados sobre a China que seriam difíceis de ser encontrados para os Capítulos 5 e 6, suplementados por Wang Shuxiao, Li Yuqi, Barbara Finamore e Yi Shenshen.

Nossa conclusão no Capítulo 6 valeu-se da expressão de Jeremy Rifkin, "inter-rede", bem como da experiência do dr. Skip Laitner sobre empregos, do trabalho sobre eficiência de aparelhos do dr. Amol Phadke e o projeto SEAD, das inovações em iluminação do projeto LUMINA do dr. Evan Mills, dos dados da dra. Sarah Emerson sobre o subproduto de óleo cru do gás de xisto, das orientações de Robert A. Hefner III sobre gás natural, das lições estratégicas de quase quatro décadas de conversas com parceiros do grupo de planejamento da Shell, das perenes inovações policulturais da equipe do dr. Wes Jackson no Land Institute, da restauração ecológica e econômica apresentada por diversos praticantes talentosos (dr. eng. Willie Smits, Paolo Lugari e John Liu), e da ampla inspiração de Thomas L. Friedman, Adam Kahane e do dr. Eric Rasmussen.

O título do livro surgiu durante minha conversa com a diretora executiva do RMI, Marty Pickett. Eu estava pensando em chamá-lo *Desinventando o Fogo*. Ela disse: "Não, *Re*inventando o Fogo!". E assim ficou.

As exímias profissionais de Margo Baldwin na Chelsea Green Publishing – especialmente a editora de desenvolvimento Joni Praded, a preparadora de textos Nancy Riger, a revisora Eileen

Clawson, a indexadora Margaret Halloway e a gerente de projeto Patricia Stone – ajudaram a transformar nosso trabalho neste belo livro, realçado pelo *design* inspirado de Maureen Forys. Nem as enchentes e faltas de energia do norte de Vermont, causadas pela tempestade tropical Irene, atenuaram sua dedicação e seu espírito. Nossa equipe do RMI é grata a todas.

Finalmente, este trabalho nunca poderia ter sido realizado sem o apoio dedicado de todo o Rocky Mountain Institute e de nossos cônjuges e parceiros, e, acima de tudo, minha esposa, Judy.

— AMORY B. LOVINS

SOBRE OS AUTORES

Amory B. Lovins, físico, cofundador, *chairman* e cientista chefe do RMI, estudou em Harvard e Oxford (onde foi um *dom**) e é o autor de 30 livros e mais de 450 trabalhos acadêmicos. Recebeu os prêmios Blue Planet, Zayed, Volvo, Onassis, Nissan, Shingo e Mitchell, títulos da MacArthur e da Ashoka, as medalhas Benjamin Franklin e Happold, tem 11 doutorados honorários, títulos honorários da AIA e da FRSA, é membro estrangeiro da Real Academia Sueca de Ciência da Engenharia e recebeu os prêmios Heinz, Lindbergh, Right Livelihood (chamado de "Nobel alternativo"), National Design e World Technology. A mais recente de suas dez cátedras como visitante foi em 2007 na faculdade de engenharia de Stanford e mais recentemente na Naval Postgraduate School. Durante quase 40 anos, foi consultor de governos (inclusive os departamentos de energia e de Defesa dos EUA) e de grandes empresas internacionais, especialmente sobre energia avançada e eficiência, estratégia, segurança e projetos integradores de recursos. Em 2009, a revista *Time* listou-o como uma das 100 pessoas mais influentes do mundo, e a revista *Foreign Policy* o incluiu entre os 100 maiores pensadores globais. É também coautor de *Capitalismo Natural*, publicado pela Editora Cultrix.

Robert "Hutch" Hutchinson é diretor-gerente do setor de prática de pesquisas e consultoria do RMI, enfatizando edifícios e transportes. Há 18 anos é consultor, diretor e sócio do Boston Consulting Group, com um título *summa cum laude* em engenharia mecânica e matemática (Vanderbilt), recebeu a bolsa de estudos Churchill em Cambridge e o título de mestre em Stanford (engenharia mecânica e administração, com a bolsa Arjay Miller). Tem prestado consultorias no mundo todo, criou um fundo de investimentos de tecnologia limpa e dirigiu programas no Pacific Northwest Lab do Departamento de Energia dos Estados Unidos.

Stephen Doig, membro sênior, foi diretor de programas no RMI entre 2007 e 2011, realizando trabalhos na área de eletricidade, colaborações industriais e ambiente construído. Ele teve um papel importante de aconselhamento no conteúdo e nas principais mensagens do esforço de criação de *Reinventando o Fogo*. Antes de unir-se ao RMI, Ste-

---

* Professor. O título deriva da época em que algumas universidades, como Oxford, eram instituições eclesiásticas, e é semelhante ao *dom* usado por sacerdotes católicos. (Fonte: Wikipédia; N.T.)

phen teve cargos de liderança na Força Aérea dos Estados Unidos e na McKinsey & Company e foi professor adjunto da Wharton School of Business. Ele é formado em química no Dartmouth College e tem um PhD em química física da University of California em Berkeley, além de cargos de pós-doutorados na Clínica Mayo e na Caltech.

James Newcomb, diretor de programas no RMI, chefia a prática de eletricidade do instituto. Ele é escritor, consultor e idealizador de cenários com 25 anos de experiência em conduzir pesquisas de vanguarda e dar consultoria a organizações. Antes de filiar-se ao RMI, James foi gerente de grupo para mercados, políticas e análise de impactos no Centro de Análise de Energia Estratégica do National Renewable Energy Laboratory. Antes, foi diretor e cofundador da Bio Economic Research Associates (bio-era), presidente/fundador e CEO da E Source, um desdobramento do RMI com fins lucrativos, e fundou e dirigiu a prática de gás natural da Cambridge Energy Research Associates. O senhor Newcomb é formado em economia na Harvard University e tem um mestrado em energia e recursos da University of California em Berkeley.

Lionel Bony é ex-diretor do departamento científico do RMI, onde dirigiu a iniciativa de Reinventando o Fogo, coordenou o processo estratégico da organização, bem como o trabalho de equilíbrio do sistema de módulos fotovoltaicos solares. Antes disso, foi cofundador da prática de transportes do RMI, concentrando-se na eficiência e na eletrificação dessa plataforma. Antes de filiar-se ao RMI em 2006, trabalhou para a L'Oreal como analista financeiro em Madri e foi gerente de produto em Paris; atuou também na Conservation International, na Bolívia. Recebeu o mestrado em finanças e marketing da SciencesPo (Paris) e um MBA da Harvard Business School. Em setembro de 2011 ele voltou à França e deu continuidade a essa linha de trabalho.

Outros colaboradores importantes são:

Mathias Bell é consultor do RMI, onde trabalha na eficiência energética em edifícios, focalizando projetos de programas e fornecimento. Suas principais responsabilidades nesta publicação incluem a modelagem econômica e a análise do setor de construções, bem como a avaliação desse mercado e de posturas políticas para acelerar a adoção da eficiência energética. Ele foi pesquisador da equipe de Clima e Energia do World Resources Institute e orientou empresas e instituições com relação a energia e sustentabilidade. Ele é formado no Carleton College em relações internacionais com foco em estudos ambientais e tecnológicos.

Albert Chan é consultor de práticas industriais e elétricas do RMI, e sua principal especialidade é a energia solar, bem como a eficiência energética industrial. Ele ajudou a conduzir a análise e as recomendações para o capítulo sobre indústria de *Reinventando o Fogo*. Antes, trabalhou na SunPower, onde otimizou processos de fabricação e introduziu os módulos solares da próxima geração. Albert formou-se e fez mestrado na Stanford University em engenharia e ciência dos materiais e trabalhou em pesquisas sobre fotovoltaicas orgânicas, células de combustível de óxidos sólidos e fios supercondutores.

Nate Glasgow foi diretor principal do RMI e liderou a pesquisa sobre transportes para *Reinventando o Fogo*. Foi coautor do livro *Winning the Oil Endgame* (2004) do RMI e implementou suas ideias nos setores automotivo, aeronáutico e de caminhões pesados. Antes de seu mandato no RMI, foi gerente de projetos numa construtora energeticamente eficiente no Napa Valley e um especialista em investimentos em tecnologias de edificações verdes. Ele é formado em biologia humana na Stanford University, onde também obteve um

MBA, e tem mestrado em economia pela University of California em Santa Barbara. Em abril de 2011, assumiu um cargo na SunEdison.

Lena Hansen foi coautora do capítulo sobre eletricidade de *Reinventando o Fogo* e conduziu as análises e pesquisas desse setor. Ela é diretora da prática de eletricidade do RMI, e seu trabalho concentra-se em planejamento de recursos, estratégia de carbono, recursos do lado da demanda e integração de fontes renováveis variáveis. Lena é formada em astrofísica pela University of North Carolina em Chapel Hill e tem mestrado em gerenciamento ambiental na economia e na política, com foco em energia, pela Duke University.

Virginia Lacy foi coautora e participou da análise que deu respaldo ao capítulo sobre eletricidade de *Reinventando o Fogo*. Consultora sênior no RMI, Virginia orienta concessionárias, empresas e governos sobre estratégias da eletricidade, inclusive sobre a integração à rede de fontes renováveis variáveis, fornecimento de energia e tendências no mercado de *commodities* e avaliação financeira de eficiência energética e de fontes renováveis. Anteriormente, ela trabalhou como analista de pesquisas em uma empresa socialmente responsável de pesquisas sobre investimentos, onde analisou o desempenho ambiental de empresas do índice S&P 1500 para alguns dos maiores investidores institucionais dos Estados Unidos. Ela é formada em política governamental na University of Virginia e tem mestrado em gestão ambiental pela Yale University.

Eric Maurer é consultor no RMI, onde participou de projetos de pesquisa e de consultoria nos setores de eletricidade e de construção. Ele auxiliou a pesquisa e a redação do capítulo sobre eletricidade de *Reinventando o Fogo* e, em sucessão a Lionel Bony, coordenou a produção pós-submissão de *Reinventando o Fogo*. Eric é formado em finanças pela Miami University e tem mestrado em gestão ambiental pela Duke University.

Jesse Morris é analista da prática de transportes do RMI, aplicando projetos integradores a sistemas de transportes, concentrando-se em quando, onde, por que e como usamos veículos. Ele fez pesquisas para o capítulo sobre transportes para *Reinventando o Fogo*, do qual foi coautor. Trabalhou antes com grupos ambientais sem fins lucrativos e, no setor privado, para um fabricante de módulos fotovoltaicos, antes de receber seu diploma em política ambiental internacional do Colorado College.

Greg Rucks é consultor no RMI, onde procurou desenvolver e implementar soluções de projetos energeticamente eficientes nas áreas de transportes e indústria. Ele foi coautor do capítulo sobre transportes de *Reinventando o Fogo* e contribuiu para a pesquisa e análise do livro. Antes de filiar-se ao RMI, Greg trabalhou como voluntário em Gana e para a Boeing na área de otimização estrutural e com projetos leves do programa 787. Ele é formado em inglês pelo Colorado College e em engenharia mecânica pela Columbia University.

Caroline (Fluhrer) Traube foi consultora sênior no RMI, onde concentrou-se em projetos de edifícios energeticamente eficientes, modelos de energia para edifícios, análise de custo de ciclo de vida e certificados verdes para edifícios novos e antigos, inclusive no projeto de reforma do Empire State Building. Caroline conduziu a pesquisa do setor de edifícios para *Reinventando o Fogo*, identificando as principais alavancas empresariais e políticas que precisariam ser acionadas para se aprofundar a eficiência, aumentando sua escala. Ela é formada em engenharia pela Stanford University, onde também fez seu mestrado na mesma área.

Reinventando o Fogo baseou-se muito no trabalho de dois idealizadores de modelos do RMI:

Mark Dyson foi analista na área de eletricidade do Rocky Mountain Institute, onde ajudou a desenvolver e a aplicar recursos computacionais para criar modelos dos problemas técnicos e das implicações comerciais da integração entre a energia renovável e os sistemas de eletricidade regionais. Mark e a equipe do RMI aplicaram esses recursos para auxiliar concessionárias parceiras a desenvolver estratégias para redução de carbono e para informar a pesquisa do RMI sobre os futuros sistemas, dominados pelas fontes renováveis. Mark é formado em ciência da computação e geologia pelo Carleton College e trabalhou como pesquisador em geofísica no Carleton College e na Harvard University. Em meados de 2011, ele saiu do RMI para dar prosseguimento a seu curso no grupo de energia e recursos da University of California em Berkeley.

Mark Gately é um analista do RMI especializado em modelagem e análises quantitativas. Ele liderou o desenvolvimento dos modelos de *Reinventando o Fogo* nas áreas automotiva, de edificações e industrial, bem como a integração geral de modelos entre os setores. Ele tem mestrado em economia aplicada na University of Vermont e é formado em ciência da computação pela Cornell University.

Reinventando o Fogo também se beneficiou muito com as contribuições de quatro consultores e conselheiros externos:

John Carey é escritor independente sobre ciência e editor. Durante duas décadas antes de 2010, foi correspondente sênior da revista *BusinessWeek*, cobrindo desde energia e aquecimento global a genoma humano e remédios para redução do colesterol. Antes de trabalhar na *BusinessWeek*, John foi editor da *The Scientist* e repórter na *Newsweek*. Suas histórias receberam prêmios da American Association for the Advancement of Science [Associação Americana para Progresso da Ciência], do Wistar Institute e de outras organizações. Ele também foi finalista do National Magazine Award. John é formado em bioquímica pela Yale University e tem mestrado em biologia marinha pelo University College of North Wales e em ecologia florestal pela Yale School of Forestry & Environmental Studies.

E. Kyle Datta, membro sênior do RMI, é sócio da Ulupono Initiative, uma organização de investimentos sociais focada no Havaí e dedicada a melhorar a qualidade de vida dos residentes das ilhas criando energia renovável, aumentando a produção local de alimentos e reduzindo o lixo. Antes, Kyle foi CEO do U.S. Biodiesel Group. Foi ainda diretor-gerente de pesquisa e consultoria do Rocky Mountain Institute e coautor dos livros *Winning the Oil Endgame* e *Small Is Profitable*. Foi vice-presidente da Booz Allen Hamilton e sócio-gerente da prática de energia dessa empresa em Singapura, bem como líder da prática de Concessionárias nos EUA. Kyle tem mestrados em administração pública e privada pela Yale School of Organization and Management e em ciência ambiental em economia de recursos da Yale School of Forestry & Environmental Studies.

Jason Denner tem 14 anos de experiência profissional em muitos aspectos da engenharia mecânica e da engenharia industrial sustentável, inclusive na análise e no aprimoramento de sistemas industriais para concessionárias, no desenvolvimento de projetos de eficiência energética, no fornecimento de energia distribuída e renovável, nas operações de produção e logística de distribuição. Ele usou sua experiência para liderar ambiciosos projetos de eficiência energética para empresas internacionais das áreas de alimentos e bebidas, manufatura, papel e celulose, mineração, petróleo e gás e indústrias metalúrgicas. Anteriormente, Jason foi diretor de engenharia da DOMANI Sustainability Consulting LLC e engenheiro sênior de projetos do grupo de pesquisa e consultoria do Rocky Mountain Institute. Ele liderou projetos para melhorar a eficiência da água e da energia de diversas instalações industriais em quatro continentes.

Jonathan G. Koomey, membro sênior do RMI (www.koomey.com), é professor visitante da Stanford University e trabalhou mais de duas décadas no Lawrence Berkeley National Laboratory, além de ter sido professor visitante na Yale University. Ele foi também professor visitante da University of California em Berkeley durante o outono de 2011. O dr. Koomey tem mestrado e doutorado no grupo de energia e recursos da University of California em Berkeley e formação em história da ciência pela Harvard University. É autor ou coautor de oito livros e mais de 150 artigos e relatórios, e é um dos maiores especialistas internacionais na economia da redução das emissões de gases estufa e nos efeitos da tecnologia da informação sobre o uso de recursos. Seu mais recente livro solo é a segunda edição de *Turning Numbers into Knowledge: Mastering the Art of Problem Solving* (www.analyticspress.com).

Este livro recebeu orientação e revisões internas pertinentes de dois líderes do RMI:

Brad Mushovic, vice-presidente de marketing e comunicações do RMI, responsável pelo *branding* e pelas comunicações do instituto. Recentemente, foi vice-presidente de marketing durante cinco anos na Outward Bound USA e teve cargos de liderança na First Advantage SafeRent. Além disso, sua experiência em marketing e gestão de

marcas inclui a Qwest Communications e a Procter & Gamble, onde começou como engenheiro de processos e gerente de operações. Ele é formado em engenharia mecânica (*summa cum laude*) e concluiu seu MBA com Alta Distinção na University of Michigan. É alpinista e participa de corridas de bicicleta.

Michael Potts, presidente e CEO do RMI, foi curador ativo do instituto antes de passar para a equipe de gestão do RMI no início de 2007, após mais de 25 anos como executivo de alta tecnologia orientado para o crescimento. Seu mais recente cargo comercial foi o de CEO da American Fundware, que quase triplicou as receitas durante sua gestão e produziu a suíte de softwares Fundware, ganhadora de vários prêmios, para organizações sem fins lucrativos e governamentais. A AFW foi adquirida em 2002 pela Intuit, fabricante de Quickbooks e TurboTax. Antes, Potts trabalhou em cargos de vendas, de marketing e de gestão geral na IBM, BancTec e Recognition International. Ele passou vários anos trabalhando em diversos países e durante algum tempo foi diretor-geral de uma subsidiária australiana. Atualmente, faz parte de um conselho de empresas comerciais e sem fins lucrativos alinhadas com sua paixão pela inovação e pelo crescimento espiritual.

Finalmente, dois executivos seniores da área de energia escreveram gentilmente prefácios para este livro:

Marvin E. Odum é presidente da Shell Oil Company e diretor das empresas subsidiárias da Royal Dutch Shell para as Américas. Odum exerce cargos de liderança em conselhos de administração e participa do Business Roundtable, da U.S. Climate Action Partnership e do American Petroleum Institute. Além disso, é membro do conselho diretor da John F. Kennedy School of Government na

Harvard University e do conselho da Cockrell School of Engineering na University of Texas em Austin. Ele também é membro de diversas organizações de caridade na área de Houston. Odum é formado em engenharia mecânica pela University of Texas e tem mestrado em administração pela University of Houston. Ele começou sua carreira na Shell como engenheiro em 1982, e desde então trabalhou em diversos cargos gerenciais de responsabilidade crescente, tanto nos aspectos técnicos quanto nos comerciais da energia.

John W. Rowe é *chairman* e presidente do conselho da Exelon Corporation, uma *holding* de concessionárias com sede em Chicago. A Exelon tem a maior capitalização no mercado dentre as concessionárias de energia elétrica dos Estados Unidos. Suas afiliadas atendem no varejo a 5,4 milhões de consumidores em Illinois e na Pensilvânia, e sua afiliada de geração opera o maior conjunto de usinas nucleares da indústria de concessionárias dos Estados Unidos. Rowe é o CEO mais antigo da indústria de concessionárias do país, tendo trabalhado nessa posição desde 1984 e dirigido a Exelon desde sua formação, em 2000. Antes, Rowe foi CEO da New England Electric System e da Central Maine Power Company, foi conselheiro geral da Consolidated Rail Corporation e sócio no escritório de advocacia Isham, Lincoln e Beale. Rowe é ex-presidente do conselho do Nuclear Energy Institute e do Edison Electric Institute. É copresidente da National Commission on Energy Policy, uma organização industrial e ambiental que lida com mudanças climáticas. É membro das diretorias da Sunoco, da Northern Trust Company e da UChicago Argonne LLC, entidade que preside o Argonne National Laboratory. Em 2008 e em 2009, a Institutional Investor nomeou Rowe como o melhor CEO de concessionárias de energia elétrica dos Estados Unidos.

SOBRE O ROCKY MOUNTAIN INSTITUTE

O Rocky Mountain Institute é um catalisador de ideias e realizações independente, empreendedor e de benefícios públicos, organizado como uma empresa sem fins lucrativos e isenta de impostos conforme a legislação norte-americana.* Seu cofundador foi Amory B. Lovins, em 1982, que se manteve bastante ativo como líder intelectual, *chairman* e cientista chefe. Sua diretoria, sua equipe com mais de 80 pessoas e seu conselho diretor estão descritos no website do RMI (www.rmi.org), onde são postadas as diversas notícias e publicações do instituto.

Para realizar sua visão de um mundo próspero, verdejante e seguro para todos, para sempre, a missão do RMI é motivar o uso eficiente e restaurador dos recursos. O RMI mostra como obter bem mais benefícios da energia, da água, de materiais e de outros recursos por intermédio de projetos inovadores, tecnologia, estratégia empresarial e políticas públicas – engenhosamente combinados, rigorosamente aplicados e vigorosamente promovidos. Esse esforço assume três formas principais: transformação de projetos, derrubada de barreiras e difusão da inovação. O foco estratégico do RMI para 2010-2015 é Reinventar o Fogo: mapear a transição empresarial do petróleo, do carvão e, em última análise, do gás natural, para a energia eficiente e renovável, conforme descreve este livro. O RMI também está implementando essa transição graças a iniciativas focalizadas e mantidas pelo próprio mercado nos setores de transportes, de edificações, industrial e elétrico. Geralmente, o trabalho do RMI aplica projetos integradores e a estrutura do "capitalismo natural" (para aprender mais sobre esse conceito, visite www.natcap.org).

Sediado em Old Snowmass e em Boulder, no Colorado, o RMI trabalha principalmente nos Estados Unidos, mas tem contexto e alcance global, espalhando-se por 60 países. Suas pesquisas e práticas transdisciplinares granjearam-lhe a reputação de integridade, qualidade, originalidade, academicismo, clareza e eficácia.

O RMI cria soluções, e não problemas; prática, e não teoria; transformação, e não incrementalismo. Seu estilo não é partidário nem de oposição, é supraideológico, envolvendo diversos parceiros e colaboradores nos setores privado, público e de ONGs. O instituto é apolítico e não promove *lobbies* ou litígios.

---

* §501(c)(3)/§509(a)(1).

O RMI foi pioneiro em empreendimentos sem fins lucrativos através de 11 modelos de receita – todos bem-sucedidos, 10 deles no empreendedorismo e a maioria ainda funcionando. Sua abordagem híbrida usa primeiro a inovação lastreada em filantropia para criar novas soluções para antigos problemas complexos. Sua equipe integrada de pesquisadores e praticantes então testa e refina as ideias (e alavanca o investimento filantrópico em fontes de receita para apoiar novas pesquisas) por meio de atividades de consultoria localizadas que apoiam a missão. Ou seja, os especialistas do RMI colaboram com hábeis e motivados parceiros do setor privado, geralmente empresas grandes e influentes, para transformar conceitos inovadores em rápido aprendizado mútuo, provas práticas, ideias e credibilidade em negócios, casos acadêmicos, pressão competitiva para emulação e escala ampliada com parceiros poderosos. Esse modelo costuma render de 30% a 70% da receita anual do RMI, aproximadamente de US$ 13 milhões, e até agora gerou cinco organizações semelhantes com fins lucrativos (três formais e duas informais) e três sem fins lucrativos.

OUTRAS PUBLICAÇÕES DO ROCKY MOUNTAIN INSTITUTE

Centenas de publicações gratuitas sobre temas variados, com nível que vai do popular ao muito técnico, estão disponíveis gratuitamente no website do instituto: www.rmi.org. Eles datam desde a formação do RMI em 1982 e em alguns casos remontam à década de 1970. O site tem um mecanismo de busca. Os boletins do RMI, *Solutions Journal* e *Spark*, tanto impressos como *on-line*, também estão acessíveis pelo website. Livros anteriores incluem:

- P. G. Hawken, A. B. Lovins e L. H. Lovins, *Natural Capitalism: Creating the Next Industrial Revolution* (Little Brown, 1999); www.natcap.org. [*Capitalismo Natural – Criando a Próxima Revolução Industrial*, publicado pela Editora Cultrix, São Paulo, 2000.]
- A. B. Lovins, E. K. Datta, T. Feiler, K. R. Rábago, J. N. Swisher, A. Lehmann e K. Wicker, *Small Is Profitable: The Hidden Economic Benefits of Making Electrical Resources the Right Size* (RMI 2002), que recebeu o prêmio de livro do ano da *Economist*, disponível em www.smallisprofitable.org.
- A. B. Lovins, E. K. Datta, O.-E. Bustnes, J. G. Koomey e N. J. Glasgow, *Winning the Oil Endgame: Innovation for Profits, Jobs, and Security* (RMI, 2004); www.rmi.org/WTOE.
- A. B. Lovins e org. por C. W. Burns, *The Essential Amory Lovins* (Londres: Earthscan, julho de 2011); uma antologia 1962–2010; www.earthscan.co.uk/?tabid=102749.

Para saber sobre a tradução de quaisquer dessas publicações para outras línguas, por favor, entre em contato pelo e-mail outreach@rmi.org.

Conforme explicado em "Sobre este livro" na página ix, o suporte técnico desta obra foi postado e as iniciativas setoriais para implementar suas teses estão descritas em www.reinventingfire.com/rfknowledgecenter.

CRÉDITOS DAS IMAGENS

Agradecemos aqui a gentil permissão das seguintes fontes de imagens para reprodução de materiais com direitos reservados.

CAPÍTULO 1

Fig. 1-1, Foto de Laurin Rinder/Shutterstock.com.

CAPÍTULO 2

Fig. 2-1, Foto de ricardoazoury/istockphoto.com; Fig. 2-4, Foto e imagem por cortesia do RMI, com agradecimentos à Fiberforge Corporation; Fig. 2-5, Imagem por cortesia da Toyota Motor Corporation; fig. 2-6, Imagem por cortesia da Volkswagen; fig. 2-9, Imagem por cortesia da BMW NA; fig. 2-10, Imagem por cortesia da Bright Automotive; fig. 2-16, Imagens por cortesia da Daimler Trucks North America (esquerda) e Renault Trucks (direita); fig. 2-20, Imagem por cortesia da NASA e da The Boeing Company (2-20a), NASA e NIA (2-20b), e NASA, Massachusetts Institute of Technology e Aurora Flight Sciences (2-20c); fig. 2-22, Imagens por cortesia da Força Aérea dos EUA (2-22a), Karem Aircraft (2-22b), © U.S. Army (2-22c), Badenoch LLC (2-22d); fig. 2-27, © Fietsersbond.

CAPÍTULO 3

Fig. 3-1, Foto de Doubleclicks, Inc./iStockphoto.com; fig. 3-9, Imagem por cortesia da NASA/JPL-Caltech. Reproduzida com a permissão de Merrilee Fellows (NASA Policy/Program Management), 4 de abril de 2011; fig. 3-10, Imagem por cortesia da Sony Electronics Inc.; fig. 3-11, Reproduzida com a permissão de Kasey Arnold-Ince, 11 de abril de 2011. Direitos da imagem, PAX Scientific. Todos os direitos reservados; fig. 3-12, Reproduzida com a permissão de Heather Lammers, National Renewable Energy Laboratory, 16 de março de 2011; fig. 3-13, Imagem por cortesia do RMI.

CAPÍTULO 4

Fig. 4-1, Foto de Oknebulog/Dreamstime.com; fig. 4-7, Gráfico do Stanford Kay Studio; fig. 4-8, Gráfico do Stanford Kay Studio; fig. 4-9, Imagem por cortesia de Eng Lock Lee; fig. 4-10, Gráfico do Stanford Kay Studio.

CAPÍTULO 5

Fig. 5-1, Foto de Fedorov Oleksiy/Shutterstock.com; fig. 5-2, Gráfico de Stanford Kay Studio; fig. 5-8, U.S. Department of Homeland Security, conceito do RADM Jay M. Cohen (reformado, Marinha dos Estados Unidos), cortesia do cap. Scott Pugh (reformado, Marinha dos Estados Unidos); fig. 5-26, Gráfico de Stanford Kay Studio.

CAPÍTULO 6

Fig. 6-1, Foto do James Group Studios/istockphoto.com.

NOTAS

SOBRE ESTE LIVRO

1   O *valor atual* é um modo padronizado de expressar uma série de custos ou benefícios futuros como um único valor atual (neste caso, em 2010), ajustado para o valor do dinheiro ao longo do tempo. Para esse fim, descontamos os custos e benefícios futuros à base de 3% reais (tirando a inflação) por ano. O valor presente líquido subtrai custos dos benefícios, todos expressados dessa mesma forma. As decisões empresariais costumam usar taxas de desconto superiores a essa baixa taxa "social", e o mesmo fizemos quando analisamos se um investimento em eficiência energética ou em energia renovável pode atender a critérios financeiros de um determinado setor, conforme explicado na página x.

PREFÁCIO

2   Temple, 1986.
3   Lovins, 2010a.
4   Mullen, 2011.
5   Owen, Inderwildi e King, 2010. Sir David King foi o principal conselheiro científico do governo britânico entre 2000 e 2007.
6   U.S. Energy Information Administration (EIA), 2010a, 6-7.
7   U.S. Joint Forces Command, 2010, 29, 3; Parthemore e Nagl, 2010
8   Rutledge, 2010; Rutledge, 2011; Patzek e Croft, 2010.
9   Quase 90% se excluirmos biomassa tradicionalmente recolhida, como madeira e esterco.

CAPÍTULO 1. DESFOSSILIZANDO OS COMBUSTÍVEIS

10   McNeill, 2011.
11   Koplow, 2007, 93-110, tabela 1.
12   Lovins, *et al.*, 2004, notas 137-44.
13   U.S. Energy Information Administration, 2010d; 2011a, tabela 3.5. Como aproximação, o valor de US$ 0,818/litro de produto médio refinado, multiplicado por 19,498 Mbbl/d de derivados de petróleo fornecidos produz US$ 929 bilhões. A EIA só publicará as estimativas mais precisas sobre energia e consumidores relativas a 2008 no relatório anual de energia em agosto de 2011.
14   Goldstein, 2010, 73.
15   Greene, 2010; Greene e Hopson, 2010.
16   Greene e Tishchishyna, 2000. O modelo é descrito em Greene e Leiby, 2006.
17   Engemann, Kliesen e Owyang, 2010. O St. Louis Federal Reserve Bank concluiu em 2010 que, com um choque médio de petróleo, com preços reais apenas 13 pontos percentuais acima do preço máximo dos três anos anteriores, a probabilidade de uma recessão aumentou quase 50 pontos percentuais no período de um ano, de quase 90 pontos em dois anos e mais de 100 pontos após dez trimestres, com os demais parâmetros sendo iguais.
18   Munger, 2011, analisando os valores de opções do dia de compra e venda de petróleo cru e de gasolina RBOB (Reformulated Gasoline Blendstock for Oxygen Blending ou mistura de gasolina reformulada para mistura com oxigênio). Esses valores de volatilidade foram de 40% e 47%, respectivamente, do preço *spot* dessas *commodities* num horizonte de cinco anos, ou 23% e 22% num ano.

19 Avaliando de forma conservadora todo o consumo de petróleo – mas não de gasolina – no valor de volatilidade do petróleo cru há um acréscimo de US$ 0,15 trilhão.

20 Greene e Hopson, 2010.

21 Com base numa leitura conservadora da análise de Orszag, 2007, resumida em Reuters, 2007, mas incluindo apenas custos de orçamentos federais. O relatório Orszag comenta diferenças de Stiglitz e Blimes, 2010, uma estimativa macroeconômica de mais de US$ 3 trilhões.

22 Lovins, *et al.*, 2004, nota 132.

23 *Ibid.*, notas 132-33.

24 Stern, 2010.

25 O U.S. Office of Management and Budget [Departamento de Administração e Orçamento] calcula o custo da função de defesa nacional em dólares nominais como sendo US$ 661 bilhões em 2009, US$ 694 bilhões em 2010 e uma previsão de US$ 768 bilhões em 2011 (Office of Management and Budget, 2011). Se incluirmos dispêndios de departamentos além do Departamento de Defesa, o total de 2010 aumenta para US$ 0,9 trilhão, e incluir os juros relacionados à defesa na dívida nacional eleva esse valor para algo entre US$ 1,2 ± 0,2 trilhão, em dólares de 2009 (Higgs, 2010).

26 Lovins e Lovins, 1982.

27 Sullivan, 2011a, 2011b.

28 Woolsey, 2001; Woolsey, Lovins e Lovins, 2002; Lovins e Lovins, 2001, 73.

29 Análise do RMI comparando a Freedom House, 2011 com a British Petroleum, 2010a.

30 Arezki e Bruckner, 2011; Kolstad, Wiig e Williams, 2008.

31 *The Economist*, 2005.

32 Esse lugar de rebelião e terrorismo contra a Rússia não possui petróleo próprio, mas é um importante ponto de trânsito para os oleodutos do Mar Cáspio.

33 Epstein, *et al.*, 2011.

34 World Resources Institute, 2005. O quinto final vem da queima do carvão usado diretamente e do gás natural. As emissões de carbono da queima de combustível fóssil totalizam mais ou menos 65% dos gases estufa; outros 12% provêm de alterações terrestres como queimadas; e os últimos 23%, da emissão de gases-traço como metano e clorofluorcarbonetos (CFC).

35 U.S. Department of Defense, 2010.

36 Mullen, 2011.

37 **Supondo recursos recuperados** (área total sob curvas): carvão, cerca de 2.500 Gboe (680 gigatoneladas ou Pg de classe mista); líquidos, 3.000 Gboe (1 boe equivale a cerca de 308 GJ); gás, 3.700 Gboe (cerca de 500 bilhões de m^3, do relatório de 2010 do MIT, mais do que os 340 bilhões de Laherrère em 2010). Carvão convertido em Gboe entre 1850-2010 usando fatores de conversão anual de Laherrère, e para 2010 em diante, usando o recente valor típico de 0,5 toe por tonelada de carvão. (Gboe = gigabarris de equivalente em petróleo; Pg = petagramas ou 10^{15} g; GJ = gigajoules; toe = equivalente em tonelada de petróleo; tonelada = tonelada métrica = 1.000 kg.)
Fontes dos dados: **Dados e projeção de carvão**: Rutledge, 2010 e Rutledge, 2011; ver também Patzek e Croft, 2010. **Dados de líquidos e gás natural**: Laherrère, 2010. Projeção de líquidos: Laherrère, 2010, aproximando seu recurso recuperado de 3 Tboe. **Projeção de gás**: Massachusetts Institute of Technology, 2010. **Sumário metodológico**: Veja Knowledge Center no endereço www.reinventingfire.com.

38 Greene, 2010.

39 Usando os ajustes oficiais para clima e para fornecimento de eletricidade: Danish Energy Agency, 2010 e 2009; Energi Styrelsen, 2009. A atualização de PIB foi feita segundo o Danmarks Statistik, 2010.

40 Renewable Energy Policy Network for the 21st Century [Rede de Política de Energia Renovável para o Século XXI], 2011, 21, 28, 98 n 61.

41 Danish Energy Association, 2009, 46, 23, 25.

42 Regeringen, 2011; ClimateWire, 2011; Richardson, *et al.*, 2011.

43 Friedman, 2011.

44 Renewable Energy Policy Network for the 21st Century, 2010; Pew Charitable Trusts, 2010, 2011.

45 U.S. Energy Information Administration, 2010b.

46 U.S. Energy Information Administration, 2011b.

47 Análise do RMI usando dados próprios.

48 Análise do RMI.

49 Butti e Perlin, 1980.

50 Lovins, *et al.*, 2004, 4-5.

CAPÍTULO 2. TRANSPORTE: AUTOMÓVEIS MAIS ADEQUADOS, USO MAIS INTELIGENTE

51 Se as leis federais não harmonizarem os limites de peso das estradas federais com os das estaduais, aproximadamente 0,26 Mbbl/d de economias em combustível de caminhões pode ser perdido, mas ela poderia vir facilmente de biocombustíveis ou gás natural.

52 U.S. Energy Information Administration, 2010b.

53 U.S. Energy Information Administration, 2010b.

54 Edmunds, 2011. Ver também Lutsey, 2010.

55 Taggart, 2000.

56 Como uma estrutura de avião, a estrutura foi suspensa por anéis, o que a tornou rígida, forte e leve. Foi também no estilo de um monocoque, embora painéis cosméticos termoplásticos adesivos assegurem acabamento e reparabilidade de primeira classe. Num monocoque autêntico, como a casca de uma lagosta, a casca é a estrutura.

57 Os primeiros carros conceito da classe Hypercar de que se têm notícia, construídos por fabricantes de porte, foram lançados antes – o Ultralite da GM, de 1991, e um esforço similar, mas não difundido, de um concorrente japonês, vários anos antes.

58 Análise do RMI.

59 White, 2010.

60 Lovins e Cramer, 2004. Em um estudo do Oak Ridge National Laboratory (Boeman e Johnson, 2002) descobriu-se que pode-se cortar o peso do chassi em 60%, contra 57% de um SUV Hypercar com 14 partes, ambos com rigidez superior.

61 Fuchs, *et al.*, 2008.

62 As curvas de aprendizado são um modo matemático simples de descrever como produtos manufaturados e muitos serviços ficam mais baratos à medida que são mais produzidos ou fornecidos. A teoria por trás disso – que data do século XIX – foi elaborada e popularizada na década de 1960 para líderes empresariais por Bruce Henderson do Boston Consulting Group. A teoria se ajusta de perto aos dados empíricos para centenas de bens manufaturados de diversos tipos e foi observada praticamente em todos os setores industriais, desde semicondutores a operações hospitalares, e por isso costuma ser aceita como sendo um resumo razoa-

velmente preciso do modo como a inovação e a produção em maior escala barateiam as coisas. A métrica típica define quantos pontos percentuais uma unidade barateia – geralmente de 15% a 30% para a maioria dos produtos tecnológicos – para cada dobra do número acumulado de itens produzidos.

63 A curva de aprendizado do custo do material de fibra de carbono supõe um preço atual de cerca de US$ 35/kg para fibra de grau automotivo, módulo-padrão, grande carga (cerca de 50 k), e um preço de 2050 de US$ 11/kg, com base na adoção de melhorias no processo e de alternativas precursoras indicadas por pesquisas do Oak Ridge National Laboratory e do Departamento de Energia sobre fibra de carbono de baixo custo (Warren, 2010). Nós interpolamos entre esses dois pontos de preço e expressamos o resultado como uma função do volume de produção acumulado. O preço cai abaixo de US$ 22/kg com o primeiro meio milhão de veículos produzidos, US$ 18/kg para 5 milhões e, no final, US$ 11/kg com 193 milhões de veículos produzidos por volta de 2050. Recentemente, a produção de autos nos Estados Unidos ficou entre 9 e 18 milhões/ano.

64 Warren, 2010.

65 Análise do RMI com base em Fuchs, *et al.*, 2008 e Boeman e Johnson, 2002.

66 Kahane, 2003.

67 Van Auken e Zellner, 2003.

68 Ross e Wenzel, 2001.

69 Chan-Lizardo, Lovins, Schewel e Simpson, 2008; Schewel, 2008.

70 Mitchell, Borroni-Bird e Burns, 2010.

71 Kromer e Heywood, 2007. A curva da bateria supõe um preço de US$ 400/kWh em 2015, caindo para US$ 200/kWh com 22 milhões de pacotes de bateria produzidos, chegando enfim a US$ 165/kWh com 193 milhões de pacotes produzidos por volta de 2050. A curva da célula de combustível supõe um preço de US$ 200/kW em 2015, caindo para US$ 100/kW com 1,2 milhão de unidades produzidas, chegando a US$ 48/kW (consistente com antigas análises da GM), com 193 milhões de unidades produzidas por volta de 2050. Mais detalhes em www.reinventingfire.com.

72 Lovins, 2010b. O relatório da American Physical Society/Materials Research Society 2011 oferece algumas recomendações gerais sensatas,

mas tende a subestimar a eficiência e o potencial de substituição.

73 Long, *et al.*, 2010.

74 Fickling, 2011.

75 McCoy, 2010.

76 Tibbits, 2010; Loveday, 2011.

77 Shirouzu, 2010; Bradsher, 2010.

78 Análise do RMI.

79 Princípios conceituais do *feebate* que sejam atraentes para a indústria e para todo o espectro político foram idealizados no seminário da indústria do RMI em 2007 (Mims e Hauenstein 2008). Os *feebates* reparam o erro de mercado que faz com que os interesses dos compradores de autos divirjam das metas da sociedade, pois os compradores particulares têm um valor atual do dinheiro bem mais elevado (taxa de desconto) do que a sociedade. Ampliando a diferença de preço entre autos menos e mais eficientes, os *feebates* podem cobrir essa lacuna, para que os compradores possam escolher os autos que tragam mais benefícios para eles e para a sociedade. Sendo cobrados ou pagos no momento da compra, os *feebates* são um motivador bem mais forte do que os custos ou as economias de combustível ao longo de 15 anos, que somam apenas alguns dólares por dia, uma pequena fração do custo total do veículo, e são pesadamente descontados.

80 Callonec e Blanc, 2009. O *feebate* austríaco (Normverbrauchsabgabe ou NoVA) é um pouco diferente.

81 Bunch e Greene, 2010 fazem uma valiosa análise de opções brandas de *feebate* para a Califórnia.

82 Os *feebates* permitem, a todos os compradores de autos, valorizar as economias de longo prazo tão plenamente quanto a sociedade, e por isso não precisamos especular sobre sua taxa de desconto implícita. No entanto, seguindo a teoria econômica convencional, presumimos conservadoramente que todos os compradores de autos insistem num prazo de três anos ou menos para recuperar a economia em combustíveis, embora uma pesquisa realizada em 2010 pela Federação de Consumidores dos Estados Unidos (Cooper, 2011) tenha descoberto que 64% ficariam satisfeitos com um prazo de cinco anos num auto que fizesse 26 km/l. A elevada taxa de desconto implícita que presumimos é conservadora de três outras maneiras. Pri-

meiro, ela presume que os compradores de carros agem como se estivessem pagando em dinheiro vivo, embora, de fato, a maioria das compras seja financiada, frequentemente com taxas de juros incentivadas. Segundo, muitos compradores de autos pagam até US$ 9 mil por "características de acabamento" – a diferença entre a versão básica e a versão repleta de opcionais. Esse valor é bem maior do que o custo adicional associado à mudança para um dos atuais e eficientes híbridos, e essas características não se pagam ao longo do tempo, como ocorre com os híbridos, e por isso o preço claramente não é fundamental. Terceiro, o custo extra, inicial, dos autos Revolucionários+ seria parcialmente compensado por importantes propostas de novos valores e por "elementos excitantes" de marketing. Um auto que faz perfeitamente tudo o que é esperado dele, e nada mais, geralmente vende menos do que um modelo que faz adequadamente o que é esperado, mas que também contém um "elemento excitante", mesmo que de maneira mediana.

83 Análise do RMI.

84 General Services Administration, 2010.

85 Electrification Coalition, 2009. Examinamos como as compras de frotas podem provocar uma aceleração plausível, embora ainda não provada, de cinco anos nas mudanças em ferramentaria para início e quatro em duração.

86 Atualmente, os híbridos são a melhor opção de compra para táxis em Nova York; em parte, por conta de seus baixos custos de manutenção.

87 Lovins, *et al.*, 2004, 194-95.

88 Isso já foi feito para que a nova ferramentaria atendesse a padrões federais de eficiência que foram elevados recentemente. O empréstimo à Chrysler em 1979-1980 deu lucro aos contribuintes por meio de garantias em ações, e os empréstimos de 2008 à Chrysler e à GM foram pagos com juros, embora persistam elementos importantes de seus pacotes de garantia cuja recuperação vai depender dos futuros preços de ação.

89 A fabricação de autos (como as companhias aéreas) é uma grande indústria, mas um mau negócio. Suas margens débeis têm, há muito tempo, limitado os investimentos e o recrutamento, tornando sua cultura mais avessa a riscos, desencorajando seus engenheiros mais inovadores. O mercado

global de autos ficou maduro demais: produtos convergentes brigando por nichos cada vez menores em mercados nucleares e saturados, um terço acima da capacidade e com inovação e cultura básicas estagnadas. Na época do ataque cardíaco de advertência das Três Grandes, entre 2008-2009, já era hora de fazer algo completamente diferente.

90 Schipper, 2010.

91 Tabuchi, 2010.

92 Em tese, um veículo elétrico leve será mais usado do que um normal em virtude de seu baixo custo de combustível por quilômetro. Embora esse efeito "rebote" do uso mais frequente não anule os ganhos em eficiência dos autos Revolucionários+, ele também não pode ser ignorado: as evidências mais recentes sugerem que a troca para veículos altamente eficientes pode elevar o uso em aproximadamente 3% a 22% (Small e Van Dender, 2010; Hymel, Small e Van Dender, 2010). No entanto, o custo mais baixo de combustível dos autos eficientes por quilômetro provavelmente será parcialmente compensado pela necessidade, como veremos, de transferir o custeio das estradas, que irão dos impostos da gasolina para taxas de condução. Dois outros fatores também reduzem o efeito rebote. Primeiro, o rebote diminui quando a renda média se eleva com relação ao custo de combustível. Apesar da disparidade crescente de rendas, projeta-se que a renda média real dos EUA aumentará nas próximas décadas, reduzindo rebotes historicamente observados. Um fator ainda maior é o tempo que efetivamente gastamos atrás do volante, que já soma mais ou menos 1,1 hora por dia e está saturado. Mais autos rodando mais quilômetros aumentariam ainda mais os congestionamentos e o trânsito. Isso iria compelir as pessoas a dirigirem menos, e não mais: as pessoas não ligam para a economia de combustível se o custo é desperdício de tempo. Essas tendências já são observáveis (Millard-Ball e Schipper, 2011). Assim, nossa análise de transportes considera como algo desprezível o aumento no uso de combustível de autos vindo do rebote.

93 Delucchi e McCubbin, 2010.

94 Gráfico baseado na análise do RMI sobre Delucchi e McCubbin 2010.

95 Cairns, *et al.*, 2004.

96 O potencial para reduções nacionais do VMT baseia-se na análise do RMI para o seguinte: Oregon DOT, 2007, Litman, 2005, Urban Land Institute and Cambridge Systematics, 2009, Urban Land Institute, 2007, TIAX 2006, e Shaheen e Cohen, 2006.

97 *Ibid.*

98 Portanto, é comum na Europa sinalizar custos relacionados a veículos por meio de taxas de registro baseadas no peso, na capacidade do motor ou na intensidade do consumo de combustível.

99 Congressional Budget Office [Escritório de Orçamento do Congresso], 2011. A Europa está explorando tais taxas de estradas: Rosenthal, 2011.

100 Oregon DOT, 2007.

101 Bordoff e Noell, 2008; Edlin, 2002.

102 Goldstein, 2010. PAYD em oferta progressiva.

103 Para mais informações sobre políticas de estacionamento, uso de veículos e VMT, ver Shoup, 2005.

104 Felizmente, algumas organizações encontraram pouca resistência para convencer governos locais a isentar até o compartilhamento comercial de carros da taxa de carros de locação, como fizeram para a Zipcar no Texas e em Chicago.

105 Urban Land Institute, 2007.

106 Burchell, 1998.

107 Goldstein, 2010.

108 Goldstein, 2010, 114.

109 Schewel e Schipper, 2011.

110 Center for Neighborhood Technology, 2010.

111 Goldstein, 2010, 75-9.

112 Texas Transportation Institute, 2009.

113 Nesta análise, "caminhões pesados" são caminhões da Classe 8 com um peso bruto (GVWR – Gross Vehicle Weight Rating) superior a 15.000 kg. GVWR é o peso máximo permitido para um caminhão quando carregado.

114 Com base na análise do RMI de Bockholt e Kromer, 2009 e do Northeast States Center for a Clean Air Future, *et al.*, 2009. A análise TIAX é a base do National Research Council, 2010, a mais recente análise feita pelo NRC para tecnologia de caminhões pesados nos EUA.

115 O proprietário e projetista de caminhões Tom Wieringa diminuiu tanto o peso de seus caminhões "Spud Lite" que ele pode transportar em três cargas as batatas que seus concorrentes levam em quatro.

NOTAS   315

116 Bockholt e Kromer, 2009; Vyas, Saricks e Stodolsky, 2002.

117 Curva baseada na análise feita pelo RMI de Bockholt e Kromer, 2009; Northeast States Center for a Clean Air Future, *et al.*, 2009; Vyas, Saricks e Stodolsky, 2002; e U.S. Energy Information Administration, 2010c.

118 Ogburn, Ramroth e Lovins, 2008.

119 Harmonizar uma imensidão de leis estaduais e até municipais conflitantes deve ser tarefa federal, e as leis federais sobre estradas também precisam ser atualizadas (não fazê-lo sacrificaria uma economia de um quarto de milhão de barris de petróleo por dia: ver nota 51). Grupos da indústria de transportes como o North American Council for Freight Efficiency (NACFE) ou Conselho Norte-Americano para Eficiência em Transportes de Cargas, que reúne quase 300 empresas e do qual o RMI foi cofundador em 2010, estão começando a convergir para esse programa. O NACFE vai compartilhar avaliações técnicas de tecnologias de economia de combustível, dando a todos os operadores uma fonte confiável de dados medidos independentemente por e para seus pares.

120 Walmart, 2010.

121 Shpitsberg, 2010.

122 VICS Empty Miles, 2011; SmartWay Transport Partnership, 2004.

123 BestLog, 2008.

124 Holland Container, 2011.

125 U.S. Energy Information Administration, 2010b; U.S. Bureau of Transportation Statistics, 2007.

126 Com base na análise feita pelo RMI de Lanigan, *et al.*, 2006, Global Insight, 2006 e Walmart, 2010.

127 Análise do RMI.

128 Daggett, 2003. Para um avião com fileira dupla, são 50 kg por ano. Os dois números dependem de muitos detalhes do avião e do perfil da missão. Foi tomado por base o preço *spot* de US$ 0,82/litro de combustível Jet A em 23 de maio de 2011, e uma taxa de desconto real de 3% a.a.

129 Newhouse, 2007.

130 Assim, o principal projetista do carro híbrido Insight da Honda conduziu sua incursão no mercado de jatos executivos em fibra de carbono – os motores instalados na parte superior proporcionaram uma economia de 20% de combustível – e depois voltou aos carros, enquanto o projetista da máqui-

na que tecia filamentos para a fuselagem de fibra de carbono do 787 foi para a Fiberforge.

131 Para ver o voo do pepino de Java, visite http://news.bbc.co.uk/earth/hi/earth_news/newsid_8391000/8391345.stm. Esses projetos aeronáuticos foram amplamente estudados desde que foram usados num bombardeiro da Força Aérea dos Estados Unidos no final da década de 1940. Ultimamente, a Boeing tem testado em voo um modelo em escala chamado de X-48B.

132 Kota, 2011.

133 Ball, 2007.

134 Norris e Wagner, 2009.

135 Center for Clean Air Policy e Center for Neighborhood Technology, 2006.

136 Biocombustível de adição é um combustível que não tem como base o petróleo e que pode ser "adicionado" a tanques de combustível e sistemas de propulsão sem qualquer modificação na infraestrutura ou em seus componentes.

137 Electrification Coalition, 2010.

138 Análise do RMI.

139 Norfolk Southern, 2009.

140 Carbon War Room, 2011.

141 Anderson, 2011; Synovision Solutions, 2010.

142 Defense Science Board, 2008.

143 Lovins, 2010a.

144 No momento em que este texto é escrito, a General Motors está procurando registrar essa expressão de uso amplamente disseminado.

145 E Source, 2011.

146 Provavelmente, o recorde mundial de instalação deve ser de Portugal, que instalou mais de 1.100 estações de carga em apenas dois anos – a menos de 130 km uma da outra, pelo país todo – e planeja fazer com que 10% de todos os carros nas ruas sejam elétricos por volta de 2020 (Socrates, 2011).

147 Lovins e Cramer, 2004; Lovins, *et al.*, 2004, 230-42.

148 Lovins, 2003.

149 Lovins, *et al.*, 2004, 237.

150 Lovins, 2003.

151 Lovins, *et al.*, 2004, 237; Thomas, 2004-2010.

152 McKinsey & Company, 2010a. O hidrogênio é uma tecnologia madura; com efeito, dois terços dos átomos de combustível fóssil queimados hoje são de hidrogênio. O mundo já produz hidrogênio suficiente, principalmente para refino e outras aplicações químicas, para abastecer uma frota bas-

tante eficiente de veículos nas estradas norte-ame-ricanas, embora tal produção centralizada tenha um custo de entrega mais elevado do que a produ-ção descentralizada (Lovins, 2003).

153 *The New York Times* 2010; Lovins e Cramer, 2004, 50-85; Lovins, *et al.*, 2004, 230-42.

154 Lovins, *et al.*, 2004, 239.

155 Krupnick, 2010.

156 Lovins e Lovins, 1982, 87-99.

157 Renewable Fuels Association, 2010.

158 Apesar de subprodutos tão valiosos quanto grãos secos para destilarias, são um resíduo da matéria--prima da produção de etanol.

159 Muitos fabricantes já produzem carros "total flex" – capazes de queimar qualquer coisa, desde etanol puro até gasolina pura – para mercados estrangei-ros como o Brasil, cujo governo tem exigências para o etanol. Isso aumenta a concorrência entre combustíveis, pois ninguém tem clientes cativos que não possam trocar de combustível.

160 International Energy Agency, 2010b.

161 Análise do RMI.

162 Perlack, Wright e Turhollow, 2005.

163 Análise do RMI da International Energy Agency, 2010b, e Perlack, Wright e Turhollow, 2005.

164 DuPont Danisco Cellulosic Ethanol LLC, 2010.

165 Korosec, 2010; British Petroleum, 2010b; Fo-roohar, 2010.

166 O Curador de Algas do The Smithsonian Institu-tion, dr. Walter Adey, desenvolveu um método ainda mais barato para fazer combustíveis com algas, limpando, ao mesmo tempo, lagos e rios po-luídos (Adey, 2008-2009).

167 Mas não necessariamente açúcar de palma (*Arenga pinnata*), mencionada no Capítulo 6; nota 712.

168 Análise do RMI.

169 Análise do RMI.

CAPÍTULO 3. EDIFÍCIOS: PROJETOS PARA UMA VIDA MELHOR

170 U.S. Energy Information Administration, 2010b, 1999, 2006a.

171 U.S. Energy Information Administration, 2010d.

172 *Ibid.*

173 *Ibid.*

174 *Ibid.*, 2008a.

175 U.S. Energy Information Administration, 2008a, 2008c, 2010b.

176 D&R International Ltd., 2010.

177 *Ibid.*

178 *Ibid.*

179 Klepeis, *et al.*, 2001, 231-52.

180 U.S. Energy Information Administration, 2010d.

181 *Ibid.*; GPO, 2011.

182 U.S. Energy Information Administration, 2008b, 2010d.

183 U.S. Energy Information Administration, 2010b.

184 Análise do RMI usando dados da U.S. Energy In-formation Administration, 2010b e 2010d.

185 National Association of Home Builders, 2006 [Associação Nacional de Construtores de Casas].

186 Ross e Meier, 2000.

187 Meier, 2011.

188 U.S. Energy Information Administration, 2010d.

189 Análise do RMI usando dados da U.S. Energy In-formation Administration, 2010b e D&R Inter-national, Ltd., 2010.

190 U.S. Energy Information Administration, 2010d, 2008a.

191 U.S. Energy Information Administration, 2010d.

192 Análise do RMI usando dados da U.S. Energy In-formation Administration, 2010b.

193 U.S. Environmental Protection Agency, 2010.

194 Milne e Reardon, 2008. Pesquisas da Common-wealth Scientific and Industrial Research Organi-sation [Organização de Pesquisas Científicas e Industriais da Comunidade, uma organização aus-traliana] revelaram que a energia incorporada usa-da para construir uma casa normal é equivalente a mais ou menos 15 anos do uso energético opera-cional normal.

195 Análise do RMI usando dados da U.S. Energy In-formation Administration, 2008a, 2008c, 2010b e 2010d.

196 Análise do RMI usando dados da U.S. Energy In-formation Administration, 2010b, National Aca-demy of Sciences, 2010, e Ehrhardt-Martinez, Donnelly e Laitner, 2010.

197 U.S. Census Bureau, 2010.

198 Análise do RMI usando dados da U.S. Energy In-formation Administration 2010b, National Aca-demy of Sciences, 2010, e Ehrhardt-Martinez, Donnelly e Laitner, 2010.

199 Northwest Energy Efficiency Alliance, 2009.

200 Análise do RMI usando dados da U.S. Energy Information Administration, 2010b, National Academy of Sciences, 2010, e Ehrhardt-Martinez, Donnelly e Laitner, 2010.

201 U.S. Green Building Council, 2006a.

202 Keller, 2011.

203 U.S. Department of Energy, 2010a; Brooke Hammett, comunicação pessoal com o autor, 11 de março de 2011.

204 Singapore National Energy Efficiency Committee, 2010.

205 Rosenfeld, *et al.*, 1997.

206 Akbari e Rosenfeld, 2008.

207 Neubaurer, *et al.*, 2009; Goldstein, 2010, 132-37. Goldstein defende convincentemente a posição de que o custo inferior *deveu-se* aos ganhos em eficiência, e não que teria ocorrido *apesar* dele.

208 U.S. Energy Information Administration, 2008a.

209 Goldstein, 2010, 41.

210 Desroches e Garbesi, 2011.

211 PPG Aerospace, 2010; RavenBrick LLC, 2009, Pleotint, 2007.

212 Tinianov 2011; Apte, *et al.*, 2003.

213 Tinianov 2011; Apte, *et al.*, 2003.

214 Scanlon, 2010. O Lawrence Berkeley National Laboratory diz que na média mundial o ar-condicionado de ambiente proporciona 2,8 unidades de resfriamento por unidade de eletricidade; a melhor unidade japonesa proporciona 7,1; sua melhoria convencional viável é 8,4 (SEAD Group, 2011).

215 Aspen Aerogels 2011; Proctor Group Ltd., 2010; Cabot Corporation, 2011; NanoPore Inc., 2008.

216 National Gypsum, 2011.

217 Navigant Consulting, 2010.

218 Pesquisa GTM, 2010.

219 U.S. Department of Energy, 2010b.

220 Kanellos, 2009.

221 Shimomura e Gage, 2009–2011; Beyer, 2011. Mais informações em www.neofocal.com.

222 Rose, 2010.

223 PAX Scientific, 2008; Belko e Smith, 2008.

224 PAX Water Technologies, 2011.

225 Koelman, 2011.

226 Gossamer Ceiling Fans, 2008; Eley Associates, 1996.

227 WIPO, 1999; Nuveco AG, 2011.

228 Por exemplo, Belkraft, 2005; Kuhn Rikon, 2011; a nova chaleira "Simplex" da Newey & Bloomer; Thermal Cookware, 2008. O mais simples: basta colocar uma tampa em uma panela comum para evitar que quatro quintos do calor escape na forma de vapor (Cullen, Allwood e Borgstein, 2011, S24).

229 Wyssen, *et al.*, 2010.

230 Browning, 2011.

231 Cooney, 2011.

232 Ehrhardt-Martinez, Donnelly e Laitner, 2010.

233 Laitner, 2011.

234 Xu, 2009.

235 Kats, 2009.

236 Sandborg, 2010; W&H Properties, 2009; ENR New York, 2009; Schneider, 2011.

237 Herman Miller, 2008.

238 Goldstein, 2010, 103. Goldstein obteve aproximadamente 95% de economia na energia voltada para a iluminação em sua cozinha e 85% em seu dormitório – com melhor estética e visibilidade – combinando luminárias eficientes com a iluminação direta/indireta normalmente usada em edifícios comerciais.

239 Zeller, 2010.

240 Hawken, Lovins e Lovins, 1999.

241 Lovins, 1995, 79-81.

242 Lovins, 1992.

243 Empire State Building Company LLC, 2010; Lockwood, 2009; Empire State Building Company LLC e Rocky Mountain Institute, 2009.

244 Tommerup e Nørgård, 2007.

245 Desroches e Garbesi, 2011.

246 LeClaire, 2011.

247 National Renewable Energy Laboratory, 2010a; Kiatreungwattana e Salasovich, 2010; National Renewable Energy Laboratory, 2009.

248 Rocky Mountain Institute, 2008.

249 Interface Engineering, 2009.

250 Aster, 2010; Deutsche Bank Corporate Real Estate & Services, 2011.

251 U.S. Green Building Council, 2006b; City of Fort Collins Utilities, 2004.

252 Parker 2009; Aspen Publishers, 2004; Klingenberg, 2011.

253 Feist, 2011.

254 Eek, 2011.

255 Bakewell, 2011.

256 National Academy of Sciences, 2010.

257 Kats, 2009.

258 D&R International, 2010.

259 Heschong Mahone Group, 2003a.

260 Heschong Mahone Group, 1999, 2001 e 2003b.

261 Ulrich, 2011.

262 Eichholtz, Kok e Quigley, 2010.

263 Malin, 2010.

264 Cochran e Muldavin, 2010.

265 LaSalle Investment Management, 2010.

266 Barrett, 2010.

267 Em contradição a esse ditado, porém, o economista Ken Arrow, ganhador do Prêmio Nobel, disse-me que, certa vez, ele encontrou e apanhou uma nota de US$ 20 na calçada.

268 Goldstein, 2010, 49.

269 D&R International, 2010.

270 Leonard, 2009.

271 U.S. Energy Information Administration dos Estados Unidos, 2006a.

272 Goldstein, 2010, 51-3.

273 Norton, 2010. Separadamente, outra base militar descobriu que sua casa menos eficiente tinha o menor consumo de energia, enquanto a mais eficiente tinha o maior consumo, pois o comportamento dos ocupantes sobrecarregava fatores técnicos.

274 BetterBricks, 2006; U.S. Green Building Council, 2006c; Idaho Business Review, 2007; Christensen, 2011.

275 Johnson Controls, 2010.

276 Carbon Disclosure Project, 2011.

277 Darrow, 2011.

278 Mills, 2009.

279 Bendewald e Franta, 2010; Edmonson e Rashid, 2009.

280 Eubank e Browning, 2004.

281 Westbrook, 2011.

282 BetterBricks, 2011.

283 Gohring, 2008.

284 Flex Your Power, 2011.

285 Braese, 2011.

286 Análise do RMI com apoio da U.S. Energy Information Administration, 2010b, National Academy of Sciences, 2010, e Ehrhardt-Martinez, Donnelly e Laitner, 2010.

287 U.S. Energy Information Administration, 2006a.

288 Bell, 2008.

289 Crowley, 2010.

290 Meyers, 2011.

291 Kinsley, 1997.

292 Segall, 2011.

293 Bonneville Power Administration, 1992.

294 Lovins, 1992.

295 Bigelow, 2011.

296 Jungerberg, 2010.

297 Walters, 2010.

298 Hawken, Lovins e Lovins, 1999.

299 Bundesministerium der Justiz, 2009.

300 Mayerowitz, 2009; Novak, 2010.

301 Attari, *et al.*, 2010.

302 Nadel e Goldstein, 1996; Neubaurer, *et al.*, 2009.

303 Gold, *et al.*, 2011.

304 Rohmund, *et al.*, 2011.

305 California Energy Comission, 2007 [Comissão de Energia da Califórnia]. Essa e outras políticas inteligentes ajudaram os consumidores da Califórnia a evitar pelo menos US$ 60 bilhões em investimentos em usinas (Bernstein, *et al.*, 2000; Roland-Holst, 2008), valor para o qual sua economia certamente encontrou usos mais produtivos – investir em infraestrutura e empreendedorismo em vez de fazê-lo na capacidade de gerar e desperdiçar mais eletricidade. O estudo Roland-Holst de 2008 mostra que as residências da Califórnia economizaram US$ 56 bilhões graças à eficiência energética entre 1972-2006, ajudando a criar cerca de 1,5 milhão de empregos equivalentes ao período integral.

306 Business Wire, 2000.

307 Northwest Power and Conservation Council, 2010a.

308 Online Code Environment and Advocacy Network, 2011a e 2011b.

309 U.S. Department of Energy, 2010c; Laustsen, 2008; Thomsen, *et al.*, 2008.

310 European Union, 2010.

311 Architecture, 2030 2011; Stand-To!, 2011.

312 City of Sioux Falls Building Services, 2010.

313 Reed, *et al.*, 2004.

314 U.S. General Services Administration, 2011.

315 Cidade de Boulder, 2011.

316 Carey, 2009.

317 Pew Center sobre Global Climate Change, 2011a.

318 American Gas Association, 2010; Institute for Electric Efficiency, 2010.

319 Northwest Power and Conservation Council, 2010b.

320 Efficiency Vermont, 2010.

321 Database of State Incentive for Renewables & Efficiency (DSIRE; Banco de dados de incentivo estadual para eficiência e fontes renováveis), 2011; PACEnow, 2011.

322 Aparentemente, a SMUD colateraliza esses cupons usando uma cláusula de penhora do Código Comercial Uniforme.

323 Análise do RMI.

324 Agência de Energia da Dinamarca, 2009, 33. Por exemplo, nos últimos 30 anos a Dinamarca cortou em 6 vezes o aquecimento doméstico acionado a petróleo.

CAPÍTULO 4. INDÚSTRIA: REFAZENDO O MODO COMO FAZEMOS COISAS

325 Terborgh, 1992.

326 Indigo Development, 2003.

327 Biddle, 2011.

328 U.S. Energy Information Administration, 2005.

329 Análise do RMI com base em dados da U.S. Energy Information Administration, 2010b, National Academy of Sciences, 2010, Xu, Slaa e Sathaye, 2010, Martin, *et al.*, 2000, e Bailey and Worrell, 2005.

330 U.S. Energy Information Administration 2010a.

331 Outra opção: adicionar lascas de borracha de pneus velhos ao processo de pavimentação pode reduzir metade do asfalto ou um oitavo do petróleo usado como matéria-prima, a um custo marginal bastante negativo e com muitas vantagens. Ver Lovins, *et al.* 2004, 93-4.

332 Committee on Biobased Industrial Products, 2000.

333 Análise do RMI com base em dados da U.S. Energy Information Administration, 2010b.

334 *Ibid.*

335 American Chemistry Council, 2010a.

336 U.S. Energy Information Administration, 2010e; American Chemistry Council, 2010b; equipe do American Chemistry Council, 2011.

337 U.S. Energy Information Administration, 2006b.

338 Williams, Larson e Ross, 1987; Larson, 1991; Wernick e Ausubel, 1995a. Segundo Larson 1991,

em 1990, o consumo *per capita* de aço nos Estados Unidos voltou ao seu nível de 1880.

339 Weber, 2008, citado em National Academy of Sciences 2010.

340 Análises feitas em 2011 pelo The Carbon Trust sobre dados de 2004 revelaram 25%, pressupondo que as emissões de carbono fóssil dos Estados Unidos foram 13,5% superiores na base de consumo do que na de produção (Sinden, 2011).

341 Se os produtos são feitos de maneira energeticamente mais intensa no exterior do que seriam nos Estados Unidos, como geralmente acontece com as atuais técnicas chinesas, então a produção externa pode aumentar o consumo de energia. Como exemplo, Xu, Allenby e Chen, 2009 estimam que os produtos exportados para os Estados Unidos pela China entre 2002 e 2007 foram responsáveis por aproximadamente 12% a 17% do consumo energético do país.

342 Weber e Matthews, 2007, excluindo até 10% de petróleo empregado em navios. A transferência de "energia cinzenta" para a conta dos Estados Unidos iria reduzi-la para seus parceiros comerciais, como a China.

343 Weber, 2008, descreve muitas das fontes de incerteza. Algumas são metodológicas; por exemplo, Xu, Williams e Allenby, 2010, analisam a energia necessária para sustentar os trabalhadores chineses. Normalmente, nas análises energéticas, isso não é levado em conta porque os trabalhadores precisariam tocar suas vidas, quer estivessem exportando para os EUA ou não.

344 Nossa análise também inclui a mudança para a fibra de carbono em autos ultraleves (Capítulo 2) e os grandes aumentos em energia fotovoltaica e produção de energia eólica (Capítulo 5), mas seu efeito líquido no consumo de energia industrial é pequeno.

345 Dow, 2009.

346 United Technologies Corporation, 2010.

347 U.S. Department of Energy, 2010d.

348 Fletcher, *et al.*, 2002 é um resumo inicial útil. Essa área está mudando muito depressa e microrreatores modulares estão disponíveis comercialmente, mas poucos resultados são publicados em virtude de seu valor revolucionário, se mantidos em exclusividade.

349 Tucker, 2009.

350 Bruggink, Schoevaart e Kieboom, 2003.

351 Wirth, 2008.

352 Essa proposição foi demonstrada pela empresa H2Gen, do dr. Sandy Thomas: a integração térmica mais adequada dos reformadores compensa o escalonamento geométrico menos favorável (Thomas, 2004-2010).

353 Burns, 2011.

354 Mills e Sartor, 2005.

355 Rumsey, 2011, ilustrado por um laboratório de ensino com 16.300 m² que sua empresa projetou para a Politécnica da Califórnia em San Luis Obispo, onde o sistema de "faro" permitiu uma ventilação de 30% a 40% menos intensa, com a mesma qualidade interna do ar ou até melhor, reduzindo o sistema de ar-condicionado e com isso economizando cerca de 15% a 20% da energia total do laboratório, com custo total menor.

356 Howe, 1993.

357 U.S. Department of Energy, 2003.

358 U.S. Environmental Protection Agency, 1998.

359 Galitsky e Worrell, 2008.

360 Scheihing, 2009.

361 E Source, 2002.

362 McCoy, 2011.

363 McCoy, 2010.

364 Desroches e Garbesi, 2011.

365 Europump, 2003.

366 Elliott, *et al.*, 2002, fig. 7-1.

367 Um estudo sueco do final da década de 1980 revelou que diversas bombas industriais comuns eram de 3 a 5 pontos percentuais melhores do que as que estavam em uso, e que as melhores bombas novas eram de 3 a 10 pontos percentuais melhores – mas os pesquisadores que analisaram um determinado tamanho encontraram um ganho de 8 pontos com o mesmo preço, ou inferior (cortesia de Larson e Nilsson, 1990, fig. 7). Isso para não falar de tipos especializados como as bombas de esgoto da ITT Flygt, que economizam de 40% a 50% porque não entopem e são autolimpantes (Flygt, 2008).

368 Sator, Krepchin e Horsey, 2010.

369 Oak Ridge National Lab, 2008.

370 Groscurth e Kümmel, 1989.

371 Worrell, Laitner e Michael, 2003; Worrell, Price e Martin, 2001. Assim, quando a Greenville Tube Corporation demonstrou novos sistemas de mo-

tor-transmissão dentro do programa Desafio do Motor do Departamento de Energia dos Estados Unidos, a eficiência energética aumentou 30%, mas a produtividade também aumentou 15% enquanto a sucata diminuiu 15%, reduzindo o prazo de repagamento para cinco meses (Romm, 1997).

372 O Lawrence Berkeley National Laboratory, antes chamado de Lawrence Berkeley Laboratory e que agora costuma ser abreviado para Berkeley Lab, é o principal laboratório nacional em termos de eficiência energética e colabora com outros laboratórios nacionais responsáveis por partes específicas desse estudo.

373 KEMA, Inc., 2006.

374 Itron Inc. e KEMA, Inc., 2008.

375 California Public Utilities Commission, 2010.

376 Estudantes e professores de 26 universidades visitaram fábricas de pequeno e médio porte e avaliaram oportunidades para economia de energia, aumentando a produtividade e reduzindo resíduos e poluição. Entre 1976 e 2010, o programa economizou para as fábricas mais de US$ 700 milhões, criou ou preservou mais de 1,5 milhão de empregos nas fábricas norte-americanas e treinou legiões de estudantes em engenharia energética.

377 Shipley e Elliott 2006.

378 U.S. Energy Information Administration, 1997 e 2006b; U.S. Census Bureau, 2005.

379 U.S. Energy Information Administration, 2011b.

380 Viswanathan, Davies e Holbery, 2006.

381 Bailey e Worrell, 2005.

382 Gemmer, *et al.*, 2010.

383 Chan-Lizardo, *et al.*, 2011.

384 Glasser, *et al.*, 2009.

385 Enterprise Lane, 2010.

386 Westbrook, 2011.

387 E Source, 1999; Lovins, 1989. Ver também Elliott, *et al.*, 2002. Nossa análise elimina a possível contagem dupla dentro dos valores anteriores de eficiência da EIA e do LBNL.

388 Howe e Shepard, 1993. Nossa análise de 1989 omitiu esse item de forma conservadora, mas ele pode ser importante porque a energia consumida por bombas ou ventiladores aumenta com o cubo da velocidade.

389 Martin, *et al.*, 2000; Xu, Slaa e J. Sathaye, 2010.

390 Nossa estimativa de energia no processo de produção de biocombustível é conservadoramente eleva-

da porque leva em conta o projeto-padrão de fábrica de produção de etanol à base de milho do National Renewable Energy Laboratory (NREL), Laboratório Nacional de Energia Renovável. No entanto, um esforço de projeto conjunto entre o RMI e o NREL, em 2007, revelou que um novo projeto para o melhor forno de conversão de milho em etanol do NREL poderia economizar cerca de 50% de seu calor, 60% de sua eletricidade e 30% de seu custo de capital, aumentando, ao mesmo tempo, a produção. Além disso, muitos biocombustíveis avançados, como combustíveis à base de algas, requerem pouco ou nenhum processamento.

391 Onde os biocombustíveis não são adequados para substituir o petróleo na mobilidade industrial, qualquer combinação de gás natural, eletricidade e hidrogênio pode ser usada. Alguns caminhões de mineração já começaram a substituir o diesel pelo GNL (InfoMine — Mining Equipment and Supplier News, 2010).

392 U.S. Energy Information Administration, 2010c. Os valores foram extrapolados para 2050.

393 Greening, Greene e Difiglio, 2000.

394 Sorrell, 2007.

395 Ayres e Ayres, 2009.

396 Ertesvag, 2001.

397 Cullen, Allwood e Borgstein, 2011.

398 Ayres, Ayres e Warr, 2003.

399 Cullen, Allwood e Borgstein, 2011.

400 Blok, 2004.

401 Choate, 2003; U.S. Department of Energy, 2004, 2007, 2006b (ver também, 2006a); Institute of Paper Science and Technology, 2006.

402 Lembre-se de que não incluímos a parte do reagente químico (redutor) do carvão porque trata-se de sua aplicação como matéria-prima, não como combustível.

403 International Energy Agency, 2007.

404 Smith, T., 2011.

405 LaFarge, 2010.

406 Energetics Incorporated, 2006.

407 Holcim AG, 2010.

408 Lee, *et al.*, 2007.

409 Criscione, 2011; U.S. Department of Energy, 2008a; Apogee Technology, Inc., 2010; Foundry Management & Technology, 2008.

410 Presume um investimento de capital de US$ 4 por watt, fator de capacidade 0,26, eficiência em con-versão elétrica de 20% a 30%, eficiência em troca de calor de 95%, crédito em impostos de 30% do investimentos, 3% de custos de operação e manutenção, e vida de sistema de 20 anos. O custo nivelado, portanto, é de US$ 5,25 a US$ 7,90 por milhão de BTU.

411 Heschong Mahone Group, 2007.

412 Ao longo de um horizonte temporal de um ou de cinco anos, o preço de ficar em cima do muro (preço da opção simultânea de *put* e *call* para venda e compra) do gás natural integral da Henry Hub em 2 de maio de 2011 foi respectivamente de US$ 1,03 e US$ 2,15 (os dados são de Munger 2011). Num mercado perfeito, isso é quanto você teria de pagar a um agente com lucro zero para assumir o risco do preço, vendendo-lhe gás a um preço constante – tornando-o não mais arriscado do que o vapor solar de preço constante.

413 SunChips, 2011.

414 Mujumdar, 2006.

415 Greenberg, 2010.

416 Metcalfe, *et al.*, 2006.

417 Lester, Rudman e Metcalfe, 2009.

418 U.S. Department of Energy, 2010e.

419 Benyus, 2002.

420 Ziemlewski, 2010.

421 American Institute of Chemical Engineers, 2010. Esses dois casos e o misturador RAM ganharam reconhecimento na competição AIChE 2010 10xE, da qual fui um dos diretores.

422 Lovins, 2007.

423 Allwood, *et al.*, 2011.

424 Malgrado a intensidade de materiais dos microchips, que há uma década consumiam cerca de 1,7 kg de combustíveis fósseis e de insumos químicos, 32 kg de água e 0,7 kg de gases separados cada um (Williams, Ayres e Heller, 2002). As fábricas modernas de microchips são bem mais eficientes, e algumas reciclam aproximadamente 99% da água que usam.

425 Material Flows, 2011.

426 Wernick e Ausubel, 1995b.

427 Holtzclaw, 2004, citado por Goldstein, 2010, 125-26. Goldstein também registra uma rota 300 vezes mais curta para o carteiro médio. A comparação é entre um condomínio no subúrbio e um denso empreendimento urbano com casas de três andares.

428 Hawken, Lovins e Lovins, 1999.

429 Eurostat, 2011.

430 Hageluken e Corti, 2010.

431 Fischer, 1997; Hawken, Lovins e Lovins, 1999, Cap. 4, nota 27. Agradecemos a Claude Fussler, então na Dow, por esse exemplo.

432 Allwood, 2009.

433 Bögle e Cachola Schmal, 2005.

434 Knowles, 2011.

435 *The Economist,* 2011a.

436 Drexler, 1987.

437 McKinsey & Company, 2009a, 2009b, 2010b.

438 Goldstein, 2010, 122-23.

439 U.S. Department of Energy, 2010e.

440 Nelson, 1998.

441 Green Manufacturer, 2010.

442 Análise do RMI baseada em dados da U.S. Energy Information Administration, 2010b, Academia Nacional de Ciências, 2010, Xu, Slaa e Sathaye, 2010, Martin, *et al.*, 2000, e Bailey e Worrell, 2005.

443 *Ibid.*

444 Anderson, 1999, 2009.

445 Quando a construção comercial, o principal mercado da Interface, entrou em colapso em 2008-2009, a Interface sobreviveu e até prosperou, pois seus clientes leais sabiam que seus produtos se adequavam tanto às suas necessidades quanto a seus valores. Além disso, os magos de projetos de biomímica da Interface já estavam desenvolvendo produtos e modelos de negócios de prestação de serviços que podem, em última análise, reduzir em 97% – e eventualmente 99,9% com reciclagem – a quantidade anual de material necessário para cobrir com beleza um piso (Hawken, Lovins e Lovins, 1999, 139-41).

CAPÍTULO 5. ELETRICIDADE: NOVA ENERGIA PARA A PROSPERIDADE

446 Grant e Mitton, 2010, 40.

447 Hilbert e Lopez, 2011, 60-5.

448 U.S. Energy Information Administration, 2000.

449 Constable e Somerville, 2003.

450 Análise do RMI do investimento de capital não descontado no sistema elétrico dos EUA entre 2010-2050 no caso *Manter*.

451 Uma rigorosa avaliação da confiabilidade do sistema elétrico para a região continental dos Estados Unidos em 2050 com geração 80% renovável não é possível usando-se os recursos e os modelos existentes. Os modelos adotados para uso em *Reinventando o Fogo* valem-se de premissas simplificadas para equilibrar oferta e demanda numa escala horária, levando em conta as limitações do sistema de transmissão. Contudo, será preciso trabalhar no futuro para assegurar a confiabilidade do sistema de energia elétrica em escalas inferiores a uma hora e no nível das redes de distribuição. O supervisor da confiabilidade elétrica da América do Norte, o North American Electric Reliability Council (NERC), ou Conselho de Confiabilidade Elétrica da América do Norte, define confiabilidade do sistema elétrico como "a capacidade de atender às necessidades elétricas dos usuários finais, mesmo quando falhas inesperadas de equipamento ou outros fatores reduzem a quantidade de eletricidade disponível". O NERC estabelece padrões de confiabilidade para garantir a adequação (recursos adequados disponíveis para fornecer eletricidade continuamente aos consumidores) e segurança (a capacidade de suportar perturbações inesperadas no sistema elétrico). A confiabilidade do sistema de energia deve ser avaliada em diversos aspectos diferentes que cobrem espaços de tempo que vão do planejamento em longo prazo a operações em tempo real. Uma análise completa da confiabilidade do sistema de energia exigiria amplos esforços adicionais, inclusive análises de adequação do sistema, modelos de produção em alta resolução, análises do fluxo de energia, estudos de estabilidade do sistema de energia e análises de contingência.

452 U.S. Department of Energy, 2006c.

453 Análise do RMI baseada em modelagem ReEDS.

454 *Ibid.*

455 U.S. Energy Information Administration, 2011d.

456 U.S. Energy Information Administration, 2011b.

457 Electric Energy Market Competition Task Force, 2005 [Força-Tarefa de Concorrência do Mercado de Energia Elétrica].

458 U.S. Energy Information Administration, 2007.

459 Standard & Poor's, 2008.

460 Ironicamente, talvez Edison tenha a última palavra: agora que a maioria das cargas em edifícios –

NOTAS   323

que usam a maior parte de nossa eletricidade – pode funcionar com corrente contínua, ou já o fazem, há um movimento crescente para distribuir eletricidade em corrente contínua de baixa voltagem dentro de edifícios ou mesmo fora deles, eliminando os custos e as perdas de fontes de força CC individuais em nossas luminárias, aparelhos eletrônicos e motores CC. Os centros de processamento de dados mais eficientes e a maioria dos centros de comutação telefônica já funcionam em CC.

461 Lovins, *et al.*, 2002.

462 Uma anomalia que incomoda os puristas da economia é que mais ou menos 17 cidades dos Estados Unidos têm sistemas de distribuição duplicados, de propriedade de concessionárias privadas e públicas que competem entre si. As luzes ficam acesas, e os preços aparentemente são menores.

463 Kahn, 1988.

464 U.S. Energy Information Administration, 2011e.

465 Hirsh, 1999.

466 U.S. Energy Information Administration, 2010b.

467 Em 1990, por exemplo, o sistema elétrico da Nova Inglaterra conquistou 90% do mercado de reformas de pequenos consumidores comerciais em dois meses. Nesse mesmo ano, a PG&E recebeu 25% de seu novo mercado de construções comerciais para um programa de aprimoramento de projetos – 150% da meta daquele ano – em três meses, elevando sua meta para 1991... e atingindo-a completamente nos 9 primeiros dias de janeiro. Concessionárias que vão da abrangente Bonneville Power Administration à PG&E e à pequena concessionária da cidade de Osage, em Iowa, mostram que podem conquistar entre 70% e 90% (ou mais) de micromercados específicos de eficiência – desde chuveiros elétricos eficientes às reformas residenciais em grande escala no experimento do Rio Hood com superisolamento (ver p. 130) – em apenas um ou dois anos.

468 Eggers, 2010.

469 Lovins, *et al.*, 2002.

470 U.S. Energy Information Administration, 2010f.

471 U.S. Energy Information Administration, 2010g.

472 Gupta, Tirpak e Burger, 2007.

473 U.S. Climate Action Partnership, 2009.

474 National Academy of Sciences [Academia Nacional de Ciências], 2009.

475 *Ibid.*

476 Schneider e Banks, 2010.

477 Em comparação, em 2008, mais de 95% das usinas chinesas a carvão tinham precipitadores eletrostáticos; em 2009, 71% (460 GW) tinham instalado a dessulfurização do gás; e as emissões de enxofre por kWh das usinas chinesas provavelmente estão abaixo dos níveis dos Estados Unidos desde 2008 (Wang, 2011).

478 Wang, 2011; North American Electric Reliability Corporation, 2010a.

479 Chupka, *et al.*, 2008; North American Electric Reliability Corporation, 2010b.

480 Celebi, *et al.*, 2010.

481 Krauss, 2010.

482 Shuster, 2009.

483 Wilbanks, 2009, 45-80.

484 Kenny, *et al.*, 2009; Torcellini, *et al.*, 2003.

485 California State Water Resources Control Board [Comitê de Controle de Recursos Hídricos do Estado da Califórnia], 2011a e 2011b; California Energy Commission, 2010.

486 Mufson, 2011.

487 *Ibid.*

488 *Ibid.*

489 U.S. Energy Information Administration, 2010b.

490 World Energy Council, 2010.

491 Luppens, *et al.*, 2008.

492 Rutledge, 2010, 23-4.

493 Database of State Incentives for Renewables and Efficiency (DSIRE), ou Banco de Dados de Incentivos do Estado para Renováveis e Eficiência, 2010.

494 Análise do RMI usando dados do Database of State Incentives for Renewables and Efficiency (DSIRE), 2010, e da U.S. Energy Information Administration, 2009.

495 Wiser e Bolinger, 2010; Sherwood, 2010.

496 Renewable Energy Policy Network for the 21st Century [Rede de Políticas de Energia Renovável para o Século XXI], 2011.

497 U.S. Energy Information Administration, 2010b.

498 Earth Policy Institute, 2007; Wiser e Bolinger, 2010, 2011; Mints, 2010; Liebreich, 2010.

499 Bindewald, 2004; Electricity Consumers Resource Council (ELCON), ou Conselho de Recursos dos Consumidores de Energia Elétrica, 2004.

500 Burns, Potter e Witkind-Davis, 2004, 11-5.

501 Bindewald, 2004; Electricity Consumers Resource Council (ELCON), 2004.

502 LaCommare, Eto e Hamachi, 2004.

503 *Ibid.*

504 Lovins e Lovins, 1982.

505 Pugh, 2010.

506 National Research Council, 2008; Fountain 2010.

507 LogLogic Inc., 2009.

508 Análise do RMI usando dados da North American Electric Reliability Corporation, 2011.

509 Análise do RMI usando dados da U.S. Nuclear Regulatory Commission, 2011a. Os dados do North American Electric Reliability Council mostram que, durante o período 2002-2009, os reatores dos EUA tiveram em média 0,55 dessas panes súbitas e não previstas (eventos SCRAM) por ano, mas algumas usinas tiveram mais de duas por ano.

510 U.S. Energy Information Administration, 2010d.

511 U.S. Nuclear Regulatory Commission, 2011b.

512 Massachusetts Institute of Technology, 2011.

513 Análise do RMI com base em modelos ReEDS.

514 *Ibid.*

515 Koplow, 2010; Lovins, 2010c.

516 International Atomic Energy Agency, 2011.

517 Lochbaum, 2008.

518 Koomey e Hultman, 2007.

519 Moody's Investors Service, 2009.

520 Schneider, Froggatt e Thomas, 2011; Härkönen, 2011; World Nuclear News, 2011.

521 Grübler, 2009 e 2010.

522 Koomey e Hultman, 2007.

523 GPO, 2011.

524 U.S. Department of Energy, 2011a; Wald, 2011a. Outros US$ 2 bilhões foram garantidos para que a AREVA, da qual 93% pertence à França, construa uma usina de enriquecimento de urânio que concorra com as norte-americanas. As garantias do empréstimo do projeto da Georgia dependem de licenças do NRC que sofreram atrasos recentemente por questões de segurança.

525 Wald, 2011a; Wald, 2011b; Lovins, 2010c.

526 Henry, 2011.

527 Sturgis, 2011.

528 Downey, 2011.

529 Murawski, 2011.

530 Smith, M., 2011.

531 Reuters, 2011b; Tabuchi, 2011.

532 U.S. Nuclear Regulatory Commission, 2011c.

533 O'Grady, 2011.

534 Buckley, 2011.

535 Dempsey, 2011; Kraemer, 2011. A primeira-ministra Merkel quer "acabar com o uso da energia nuclear e chegar o mais depressa possível à era da energia renovável", e 85% dos alemães também desejam isso, e nenhum partido político, no momento em que este texto é escrito, se opõe a isso. Os quase 9 GW desativados inicialmente não tiveram efeito material sobre o preço, a confiabilidade ou a importação da energia elétrica (Töpfer, 2011). A aposta básica, que até aqui parece sólida, é de que dobrar a parcela de 17% da energia renovável vai continuar a liderar a estratégia de desenvolvimento econômico centrada em pequenas empresas, pagando mão de obra alemã no lugar do gás russo.

536 Fackler, 2011.

537 Tabuchi, 2011b.

538 Yasu, 2011.

539 Mijuk e Germann, 2011.

540 Kanter, 2009.

541 *The Economist,* 2011b.

542 Alvarez, *et al.*, 2003, 1-51 e 213-23; Beyea, Lyman e von Hippel, 2004; National Research Council, 2005.

543 Biello, 2009.

544 *Ibid.*

545 American Electric Power, 2011; Wald e Broder, 2011.

546 Theunissen, *et al.*, 2011; Brouwers e Kemenade, 2010; van Benthum, *et al.*, 2010; Willems, *et al.*, 2010. Expandir e resfriar o gás emitido faz com que o CO_2 se condense na forma de gotículas que podem ser separadas mecanicamente. O equipamento compacto pode ser ajustado mediante reformas e estima-se que, em escala, custe um décimo do processamento químico, reduzindo o custo total de CCS em uns dois terços. Se tiver sucesso, a técnica pode ser útil na reforma de velhas usinas a carvão, especialmente na China, mas ainda pode elevar os custos a ponto de fazer com que muitas usinas a carvão não devam ser mantidas, e certamente não seria o caso de defender a hipótese de se construir outras. No entanto, poderia ajudar a limpar grandes usinas industriais, ou quaisquer outros geradores a gás que ainda se queira operar em limites estritos de carbono em longo prazo.

547 Herzog, 2010.

NOTAS 325

548 National Energy Technology Laboratory, 2011.

549 As usinas nucleares da Califórnia, em vez de entrarem em ciclo como as francesas quando há um excesso de geração, têm um estado especial de "precisa funcionar" que as aciona antes da energia eólica entrar em funcionamento – penalizando os operadores de energia eólica.

550 Töpfer, 2011.

551 Pöyry, 2010; Redpoint Energy, 2011; Nicholson, Rogers e Porter, 2010; Bode e Groscurth, 2010; Tirpak, 2010.

552 Paley, 1952; Makhijani e Saleska, 1999.

553 Newton, 1989, 31.

554 International Energy Agency, 2010a, 8-9.

555 EconPost, 2011.

556 Wiser e Bollinger, 2010, 2011.

557 *Ibid.*

558 Análise do RMI baseada no modelo ReEDS. Turbinas eólicas bem posicionadas costumam obter fatores de capacidade por volta de 35% a 45% (as melhores podem exceder a 50%), mas as concessionárias se recusam a assumir produção parcial e o crescimento rápido deixa muitas novas turbinas operando apenas em parte do ano, e por isso a média global em 2008 foi de 26%. As fotovoltaicas norte-americanas têm uma capacidade média em torno de 17% sem rastreamento de eixo único ou 30% com ele (em locais ensolarados). Num ano de clima médio, o fator recente de capacidade para fontes renováveis globais além da hidrelétrica de grande porte foi de cerca de 40%, que tem aumentado, mas de aproximadamente 60% para a soma de geotérmica, hidráulica de pequeno porte, e combustão de biomassa e lixo. Essas, como a cogeração (por volta de 83%), funcionam de maneira bem estável. A "microforça" – cogeração mais renováveis e menos hidrelétrica de grande porte – tem aproximadamente 66% de rendimento. Ultimamente, as usinas nucleares norte-americanas têm em média 90%. A média global para energia nuclear informada pela IAEA, 79% em 2009, omite todas as 44 usinas com desempenho abaixo de 50%, 13 das quais produziram 0%.

559 Análise do RMI com base no modelo ReEDS.

560 *Popular Mechanics,* 2010.

561 Análise do RMI usando as seguintes fontes: National Renewable Energy Laboratory, 2010b e U.S. Department of Energy, 2008b.

562 Análise do RMI usando as seguintes fontes: National Renewable Energy Laboratory, 2011a, Navigant Consulting, 2008, U.S. Census Bureau, 2004, Mehos, Kabel e Smithers, 2009 e Paidipati, *et al.*, 2008.

563 Turner, 1999, 687, ajustado para crescimento econômico e para módulos fotovoltaicos modernos, que são quase duas vezes mais eficientes do que Turner presumiu.

564 National Renewable Energy Laboratory e AWS True Wind, 2010; U.S. Energy Information Administration, 2011b. A avaliação do NREL leva em conta o potencial eólico em terras disponíveis (livre de restrições do uso do terreno) nos 48 Estados inferiores, com um eixo situado a 80 metros de altura. Normalmente, as turbinas modernas têm o eixo a 100 metros de altura, captando ainda mais energia eólica.

565 A energia solar pressupõe, de forma conservadora, espaço existente em telhados comerciais e residenciais para aplicações fotovoltaicas distribuídas e 1% de terreno para aplicações fotovoltaicas centralizadas. O espaço disponível em telhados leva em conta estimativas de sombra, robustez estrutural e orientação, e pressupõe um fator de capacidade entre 15% e 22%.

566 As projeções futuras de custo em azul são a análise do RMI. As projeções futuras de custo em verde são de diversos especialistas, inclusive o National Renewable Energy Laboratory e o Electric Power Research Institute, e estão detalhadas em Tidball, *et al.*, 2010. Os custos de energia eólica foram atualizados de Wiser e Bolinger, 2011.

567 Análise do RMI sobre curvas de aprendizado.

568 Kanellos, 2011; Mints, 2010; Dinwoodie, 2011.

569 Hidary, 2011. A rede é sambaenergy.com, com mais de 110 instaladores de energia solar em edifícios comerciais.

570 Wingfield, 2011.

571 Dinwoodie e Shugar, 2011.

572 Martin, D., 2010. Se um iPod usasse transistores ao preço de 1976, custaria US$ 1 bilhão (e teria o tamanho de um prédio).

573 European Photovoltaic Industry Association [Associação Europeia da Indústria Fotovoltaica], 2011.

574 Kann, 2011.

575 First Solar, 2010.

576 Schwede, *et al.*, 2010.

577 Mints, 2010.

578 Bony, Newman e Doig, 2010.

579 ZepSolar, 2011.

580 Wiser e Bolinger, 2010.

581 Terra Magnetica, 2010.

582 Kota, 2011. O tempo de retorno calculado é de dois anos, excluindo o valor da lâmina reduzida e dos desgastes da caixa de engrenagens.

583 Marsh, 2009.

584 Moxley, 2011.

585 Burgermeister, 2008.

586 Bony, Newman e Doig, 2010.

587 North American Electric Reliability Corporation, 2010c.

588 Análise do RMI e gráfico estilizado adaptado das seguintes fontes: Electric Reliability Council of Texas, 2004, GE Energy, 2010 e National Renewable Energy Laboratory, 2011a.

589 Análise do RMI.

590 Análise do RMI usando dados da U.S. Energy Information Administration, 2010h e 2011e.

591 U.S. Energy Information Administration, 2010.

592 Swisher e Orans, 1995.

593 Análise do RMI.

594 Straub e Behr, 2009.

595 Não a solar em geral, pois as usinas termoelétricas de concentração solar costumam ter muitas horas de armazenamento térmico para que possam funcionar nos períodos de pico noturnos. Uma delas funcionou continuamente durante dias.

596 Palmintier, Hansen e Levine, 2008.

597 Em maio de 2011, a GE lançou uma turbina a gás de acionamento rápido que pode ir da imobilidade à sua capacidade plena de 510 MW em apenas 10 minutos, duas vezes mais veloz do que sua concorrente mais próxima. Foi idealizada especificamente para complementar fontes renováveis variáveis.

598 North American Electric Reliability Corporation, 2010b.

599 Kim e Powell, 2010.

600 ERCOT, 2008.

601 Federal Energy Regulatory Commission, 2011a.

602 *Ibid.*

603 U.S. Energy Information Administration, 2010b. O armazenamento bombeado usa uma energia barata fora do pico, geralmente à noite, para bombear água até um reservatório elevado, de onde vai para uma turbina para gerar cerca de 25% menos energia (porém muito mais valiosa) nos horários de pico.

604 Succar e Williams, 2008. Em junho de 2011, existia uma unidade de armazenamento de energia de gás comprimido (CAES – Compressed-Air Energy Storage) nos Estados Unidos, em McIntosh, Alabama, com 110 MW de armazenamento. Pelo menos outras duas usinas CAES estão sendo construídas, inclusive uma da FirstEnergy com 2,7 GW em Norton, Ohio, e um projeto-piloto de 150 MW em Nova York que utiliza uma caverna de sal já exaurida (Business Wire, 2011; Messenger Post, 2010).

605 American Electric Power, 2007.

606 Análise do RMI e gráfico estilizado adaptado das seguintes fontes: Electric Reliability Council of Texas, 2004, GE Energy, 2010, e National Renewable Energy Laboratory, 2011a.

607 Skea, *et al.*, 2008.

608 EnerNex, 2011; GE Energy, 2010.

609 International Energy Agency, 2011.

610 Gross, 2006; Skea, *et al.*, 2008. Outras descobertas são analisadas em Lovins, *et al.*, 2002, 172-200.

611 Molly, 2010.

612 Agência de Energia da Dinamarca, 2009; Renewable Energy Policy Network for the 21st Century, 2011.

613 Red Eléctrica de España, 2010.

614 Rosenthal, 2010c. No mesmo período, os Estados Unidos passaram de 9,2% para 10,5% de eletricidade renovável.

615 Wiser e Bolinger, 2010c.

616 Análise do RMI baseada no modelo ReEDS.

617 Wald, 2010.

618 Jha, 2010; relatório Global Transmission, 2010.

619 Análise do RMI baseada no modelo ReEDS.

620 Lovins, 2009; Hansen e Lovins, 2010.

621 Gladwell, 2011.

622 Mick, 2011.

623 Gregor, 2011.

624 Sunverge Energy, 2011.

625 Tecogen, 2011.

626 Análise do RMI baseada no modelo ReEDS.

627 *Ibid.*

628 *Ibid.*

629 Morales, 2011.

630 Análise do Rocky Mountain Institute do RMI, 2010.

631 Denholm e Margolis, 2008. Ajustado de 13,5% para a eficiência de 19,8% nos módulos em 2011, um índice que lidera o mercado.

632 Análise do RMI baseada no modelo ReEDS. Esses custos são fruto de modelos e mostram valores compostos aproximados para nossos quatro casos. Custos diretos de construção, finanças, interconexão e operação foram incluídos (além de gargalos e limitações induzidas pelo crescimento, custos administrativos e multiplicadores regionais; por exemplo, os custos da energia eólica terrestre aumentam quando se exploram locais menos favoráveis). Custos e perdas da rede, sobras de energia renovável e reservas estão excluídos. Todos os custos foram nivelados ao longo de 20 anos num custo médio ponderado de capital de 5,7% ao ano (WACC – Weighted Average Cost Capital). Os mercados de capital diferenciariam tecnologias tanto pela vida econômica esperada quanto pelo risco financeiro. As novas usinas nucleares dos EUA receberam importantes subsídios financeiros que não foram mostrados explicitamente. Para mais detalhes, como as curvas de aprendizado (e algumas são mostradas na fig. 5-14), visite o Knowledge Center em www.reinventingfire.com.

633 Análise do RMI usando dados da North American Electric Reliability Corporation, 2011.

634 Institute of Electrical and Electronics Engineers, 2011.

635 Lovins, *et al.*, 2002.

636 ABB, 2007.

637 Lovins, *et al.*, 2002.

638 Electric Power Research Institute, 2007.

639 Bindewald, 2004; Electricity Consumers Resource Council (ELCON), 2004.

640 Lidula e Rajapakse, 2011.

641 Washom, 2009; Reitenbach, 2010.

642 U.S. Department of Energy, 2011b.

643 Lund, 2011; Danish Energy Agency, 2010; van der Vleuten e Raven, 2006. Mais de três quintos das casas dinamarquesas canalizam seu aquecimento a partir de uma usina central (aquecimento distrital), e mais de quatro quintos desse calor é um subproduto, antes desperdiçado, da geração de energia. O setor de eletricidade e aquecimento dinamarquês libera 42% menos carbono por dólar de PIB do que o dos EUA.

644 Lund, 2011.

645 Galvin Electricity Initiative, 2010.

646 Barringer, 2011.

647 Cho, 2010.

648 Defense Science Board, 2008; U.S. Government Accountability Office, 2009.

649 Torres e Hightower, 2010; Ka'iliwai e Jost, 2009.

650 Torres e Hightower, 2010; Stockton, 2011.

651 Análise do RMI baseada no modelo ReEDS.

652 *Ibid.*; Renewable Energy Policy Network for the 21st Century, 2011.

653 Pew Charitable Trusts, 2011.

654 Os últimos redutos de petróleo usado nos EUA para gerar eletricidade ficam normalmente em sistemas isolados que funcionam com óleo diesel em lugares como o Havaí. As concessionárias desse Estado podem se beneficiar hoje da eficiência e das fontes renováveis, que estão sendo instaladas rapidamente para aliviar essa dependência. De modo geral, as necessidades de qualquer grupo gerador restante podem ser atendidas a custo razoável substituindo-as por fontes renováveis, biocombustíveis ou ambos. Essa questão terá sido superada muito antes de 2050. Pelo contrário, os automóveis elétricos serão uma forma importante de *economizar petróleo*, conforme descreve o Capítulo 2.

655 Um exemplo impressionante, vindo de um cenário bem diferente, está em Lovins, 2010d. Não fui a Cuba, mas conheci o principal arquiteto dessa história notável.

656 Análise do RMI e gráfico estilizado adaptado das seguintes fontes: Electric Reliability Council of Texas, 2004, GE Energy, 2010 e National Renewable Energy Laboratory, 2011a.

657 Renewables International, 2011. Alguns relatórios indicam uma lacuna similar de custos para a energia eólica em 2010.

658 Cooper, 2010.

659 Maslin, 2009.

660 Wiser e Bolinger, 2010.

661 NextEra Energy Resources, 2010.

662 Cogenra, 2011.

663 Wesoff, 2011.

664 SolarCity, 2011; SunRun, 2010; Sungevity, 2011; SunPower, 2011.

665 Isso funcionou em 2001-2002 na prisão Santa Rita em Alameda, Califórnia. Inicialmente, a instalação cortou 0,7 MW de demanda com eficiência, economizando 1 GWh/ano, depois acrescen-

tou mais de 12.000 m² (1,18 MW) de módulos fotovoltaicos de telhado, produzindo 1,5 GWh/ano. Operar a cadeia de forma a cortar a carga de pico liberou a energia solar, que pôde ser vendida de volta à PG&E em tardes quentes a um preço extra. Esse pacote de US$ 9 milhões, reduzido a US$ 4 milhões por subsídios estaduais, deve render uma taxa interna de retorno de 10,3%, economizando US$ 15 milhões durante 25 anos com os preços da eletricidade em 2002, que mais tarde aumentaram muito. Os preços da FV e da eficiência caíram desde então, e por isso o caso ficaria ainda mais sólido.

666 Antes, a Austin Energy tinha demonstrado que a "energia verde" era vendida a preços altos quando os preços do gás estavam baixos, mas inferiores aos da "energia marrom" quando os preços do gás estavam altos. De forma mais ampla, um portfólio de eletricidade a custo baixo deveria incluir um grande componente renovável pelo mesmo motivo que um portfólio financeiro deveria incluir investimentos como apólices de dívida do Tesouro: a parte sem risco do portfólio melhora o desempenho geral de risco e o retorno do conjunto (Lovins, *et al.*, 2002).

667 EnerNOC Inc., 2011.

668 PJM News, 2011.

669 Network for New Energy Choices, 2010.

670 Bony, Newman e Doig, 2010.

671 Pew Center on Global Climate Change, 2011b.

672 Uma possível abordagem alternativa é tratar o dinheiro que as concessionárias investem para ajudar a reduzir o consumo de eletricidade de seus clientes como um investimento de capital que pode ser incluído na base das tarifas para melhorar a receita. Isso pode ser bom para as concessionárias e para os consumidores, pois reduzir o consumo de eletricidade a ponto de eliminar a necessidade de uma nova usina de força costuma ser mais barato. No entanto, investimentos em eficiência baseados em tarifas não recompensam a concessionária pelo resultado desejado – economizar eletricidade e dinheiro –, mas por gastar dinheiro. Eles também não desacoplam as receitas das vendas e podem não manter a concessionária vigorosa em virtude da defasagem regulatória.

673 *The Economist*, 2008.

674 American Council for an Energy-Efficient Economy, 2011.

675 American Gas Association, 2010; NRDC, 2011.

676 Patel, 2006.

677 Frantzis, 2010, 15.

678 U.S. Department of Energy, 2011c.

679 Federal Energy Regulatory Commission, 2011b; St. John, 2011.

680 Na PG&E e na Ontario Hydro, todas conduzidas por John C. Fox (ex-presidente do conselho do RMI).

CAPÍTULO 6. MUITAS ESCOLHAS, UM FUTURO

681 Butti e Perlin (1980) registram como – desde as casas abrigadas na terra do norte da China até os povoados dos anasazi no sudoeste norte-americano, das construções clássicas gregas e romanas às torres persas de vento e as tendas beduínas de pelo de bode – estruturas passivamente confortáveis têm sido usadas há milhares de anos. A indústria da Nova Inglaterra do século XVIII e as minas de prata de Aspen prosperaram à base de energia hídrica e lenha. A água nas residências da Flórida era aquecida pelo sol antes de ser aquecida pelo gás natural. Henry Ford construiu carros movidos a biocombustível à base de soja. As células fotovoltaicas foram inventadas e as células de combustível foram demonstradas em 1839. Minha avó dirigiu um dos carros elétricos que eram mais numerosos do que os carros a gasolina nos Estados Unidos do início do século XX. Até pouco tempo atrás, os combustíveis fósseis interromperam e desviaram repetidas vezes o desenvolvimento e o uso de fontes renováveis bem sofisticadas.

682 Diamond, 1999 explica que as circunstâncias locais levaram algumas civilizações a florescer e outras a desaparecer, embora todas tenham começado com pessoas com talentos similares. Em mãos como as suas, uma "história virtual" do modo como a humanidade teria evoluído sem combustíveis fósseis poderia dar um ótimo livro.

683 Friedman, 2011.

684 Por exemplo, os 4.300 habitantes na cidade dinamarquesa de Samsø em 1997-2007 cortaram as emissões de carbono da sua ilha em 140% – sua ilha tornou-se um polo exportador de energia re-

novável – geralmente com investimentos locais e cooperativos (Edin Energy, 2011); os 80 mil nativos de Kristianstad, Suécia (sede da vodca Absolut), substituíram entre 1991-2010, todo o seu aquecimento, passando dos combustíveis fósseis para o lixo e a biomassa excedente no local (Rosenthal, 2010b); Växsjö e várias outras cidades suecas procuram eliminar o uso de combustíveis fósseis; a milenar aldeia alemã de Jühnde começou a se valer de uma usina a biogás-CHP (Harsch, 2010; Babits, 2010); outras aldeias alemãs e alguns empreendedores norte-americanos estão competindo para sair dos combustíveis fósseis o mais depressa possível (Deutsche Welle, 2008).

685 Análise do RMI.

686 A infraestrutura de gás compartilha com o petróleo algumas das vulnerabilidades de canalizações e dos sistemas de controle, e tem problemas especiais na restauração do sistema se o fornecimento interrompido fizer com que a pressão caia a ponto de as chamas-piloto se apagarem. Ver Lovins e Lovins, 1982, Capítulo 9.

687 Em 2009, o poço médio de gás dos Estados Unidos era 76% menos produtivo do que em seu pico, em 1971. Em 2010 os Estados Unidos tinham quase o dobro de poços produtivos do que possuíam em 1990, com uma produção apenas 21% superior. No entanto, o aprendizado é rápido: as empresas de serviços reduziram pela metade o tempo de perfuração por poço entre 2009 e 2011.

688 Newell, 2011.

689 Ou petróleo no grande e novo cenário de Eagle Ford, no Texas (Krauss, 2011). Muitos poços a fragmentação de gás de xisto produzem também não só gás e líquidos de gás natural, mas também uma quantidade significativa de petróleo leve que melhora substancialmente os aspectos econômicos (Emerson, 2011).

690 Para posturas céticas, ver Berman, 2009 e Urbina, 2011a, 2011b. A indústria discorda.

691 Massachusetts Institute of Technology, 2010.

692 Metano, o principal componente do gás natural, é produzido continuamente por organismos vivos que se nutrem de biomassa. O setor de transporte torna-se livre de combustíveis fósseis em 2050, usando apenas metade dos 12 quadrilhões de matéria-prima biológica não comestível dos EUA – principalmente resíduos agrícolas e florestais, produtos agrícolas que não substituem produtos alimentares e lixo municipal (ver "Bombeando Biocombustíveis" no Capítulo 2). A outra metade pode ser entregue a micróbios emissores de metano em digestores em escala industrial, ou pode ser convertida termoquimicamente e depois melhorada para chegar à qualidade de tubulação, sendo injetada na atual infraestrutura de gás natural para complementar e diversificar o fornecimento de gás natural dos EUA. Esse "biometano" aumentaria a concorrência entre fontes de gás natural e seria uma proteção contra incertezas ambientais e regulatórias.

693 Cerca de 40% do gás natural do mundo ainda é vendido a preços controlados e 35% a preços contratuais indexados ao petróleo (Emerson, 2011). A mais importante contribuição do gás de xisto ao mercado mundial de gás pode ser sua tendência a superar esses regimes artificiais de preços, rumando para preços baseados no mercado, especialmente na Europa e no Japão.

694 Em 2010, o Massachusetts Institute of Technology estimou que, a longo prazo, o preço no atacado do gás natural dos Estados Unidos poderia ser aproximadamente de US$ 6 a US$ 8 (por milhão de BTU, $28,3 \, m^3$ ou gigajoules, todos aproximadamente equivalentes), dependendo da dificuldade para se chegar lá. O gás convertido de biomassa poderia custar aproximadamente de US$ 7 a US$ 12, dependendo do tamanho da unidade de conversão e do tipo de matéria-prima (segundo uma análise do RMI usando dados de Chen, *et al.*, 2010 e Electrigaz, 2010). Mais da metade das reservas terrestres convencionais de gás saem por menos de US$ 4, e talvez 80% do gás de xisto e do metano da camada de carvão saiam por menos de US$ 6; algumas das fontes mais baratas de gás de xisto podem até ficar abaixo dos tipos mais onerosos de gás convencional, embora a maior parte do gás de xisto deva ser vendida acima dos baixos preços de gás de 2011.

695 Por exemplo, Jacobson e Delucchi, 2011 e Delucchi e Jacobson, 2011. Em 2010, o Roadmap 2050 da European Climate Foundation concluiu que, "trabalhando com tecnologias que já são comerciais hoje ou que estão no estágio final de desenvolvimento, a Europa pode reduzir em 80% as emissões de gases estufa até 2050 em comparação

com os níveis de 1990, proporcionando o mesmo nível de confiabilidade do sistema existente" a custo elétrico "comparável" (European Climate Foundation, 2010). Em 2010, o European Renewable Energy Council declarou que seria viável a Europa ter em 2050 96% de energia produzida por fontes renováveis com um investimento de US$ 4 trilhões (European Renewable Energy Council, 2010). Um estudo feito em julho de 2010 pela German Federal Environmental Agency (UBA), um consórcio associado de equipes de pesquisa, mostrou que um sistema nacional de energia 100% renovável seria viável usando tecnologias já disponíveis (ForschungsVerbund Erneuerbare Energien, 2010). Cenários futuros similares foram apresentados para a Nova Zelândia e os Estados Unidos (Sovacool e Watts, 2009). Um relatório do Reino Unido de 2010 mapeou o potencial para atender até 6 vezes às necessidades nacionais de energia elétrica a partir de seus recursos marítimos, tornando a Grã-Bretanha um exportador de energia que se paga em 6 anos (Offshore Valuation Group, 2010). Uma conhecida empresa de consultoria de engenharia britânica descreveu uma redução em 80% das emissões de gases estufa até 2050 no país (Parsons Brinckerhoff, 2009). A Suécia adotou (até uma mudança de governo) a estratégia de uma comissão de 2006 para eliminar o consumo de petróleo até 2020 (Swedish Government Commission on Oil Independence, 2006). E a World Energy Outlook, 2010 da Agência Internacional de Energia também considerou viável um cenário global de 450 ppm de CO_2. Naturalmente, estudos oficiais confirmaram potenciais similares ou melhores para os Estados Unidos, como os estudos de cinco laboratórios nacionais em 1990 (Solar Energy Research Institute, 1990) e em 1997 (Brown e Levine, orgs., 1997).

696 Análise do RMI.

697 O Cenário de Novas Políticas de 2010 da International Energy Agency envolve investimentos globais em fornecimento de energia entre 2010 e 2035 equivalentes a um sexto da formação fixa de capital global. Enquanto isso, porém, as tendências globais parecem determinadas a incluir maiores necessidades de investimentos em outros setores, reduzindo as economias, e portanto maiores taxas de juros, e assim as políticas energéticas convencionais iriam encontrar e exacerbar uma redução do capital global (McKinsey Global Institute, 2010). Isso pode ser mais acentuado em países com crescimento rápido, como a China, ou com equipamentos antigos, como os EUA.

698 Motivos incluem ar interno e externo mais limpo, água e terras menos poluídas, comunidades mais animadas e propícias para bicicletas ou caminhadas, e um modo de vida menos centrado em carros e menos desgastante.

699 Com o tempo, as eficiências de combustível resumidas no Capítulo 2 poderiam permitir que o Departamento de Defesa dos Estados Unidos afastasse diversas divisões militares da logística e proteção de combustível, reduzindo a estrutura de força e economizando dezenas de bilhões de dólares por ano, tornando, ao mesmo tempo, mais eficazes as batalhas. O livro *Winning the Oil Endgame* (Lovins, *et al.*, 2004) apresenta uma estimativa ilustrativa na p. 267, mas as atuais estimativas de economia são, ao mesmo tempo, maiores e mais empíricas.

700 Ehrhardt-Martinez, Donnelly e Laitner, 2010. O Lawrence Berkeley National Laboratory estima que havia 380 mil pessoas dedicadas diretamente ao setor de serviços de eficiência energética em 2008 (excluindo fabricantes e distribuidores de produtos) e que esse número poderia dobrar ou mesmo quadruplicar até 2020. Ver também Goldman, *et al.*, 2010.

701 Goldman, *et al.*, 2010.

702 Em 2010, os Estados Unidos tinham cerca de 5 mil empresas de instalação de equipamento solar, com oito funcionários cada, em média; acrescente-se a isso fabricação, monitoramento etc., bem como o mesmo para energia eólica. As associações empresariais de energia solar e eólica (a Solar Energy Industries Association e a American Wind Energy Association) citam respectivamente 93 mil e 85 mil empregos, mas alguns deles são em meio período. A estimativa total de um equivalente a 100 mil empregos em período integral é de Hidary, 2011.

703 SourceWatch, 2011.

704 Bode, 2010.

705 Danish Wind Energy Association, 2011. Graças principalmente às suas crescentes exportações de equipamentos de energia renovável, por exemplo, hoje a Alemanha tem uma taxa de emprego supe-

rior à taxa antes da chamada Grande Recessão, enquanto as turbinas eólicas foram responsáveis por 8,5% das exportações totais da Dinamarca em 2010.

706 National Mining Association, 2010.

707 Kinsley, 1997.

708 Análise do RMI.

709 O 10º plano quinquenal da China estabeleceu a eficiência energética por meio de tecnologias de avanço rápido como sua principal prioridade para o desenvolvimento nacional, não porque um tratado exigiu isso, mas porque os líderes da China sabiamente perceberam que o país não conseguiria se desenvolver de outra forma. Por outro lado, o mais eficiente tratado de proteção climática já feito foi o Protocolo de Montreal, cuja meta primária, quase toda cumprida, foi a proteção do ozônio estratosférico.

710 Lynd, 2006.

711 Alterar o sistema de produção de alimento animal para alimentar pessoas com eficiência poderia substituir 100% da gasolina dos EUA (Dale, *et al.*, 2009). Isso não leva em conta outras reformas possíveis, como passar de carne de animais alimentados *in loco* para carne de fazenda ou parcialmente de carne de boi para aves.

712 Um trabalho brilhante do dr. Willie Smits da Masarang Foundation foi demonstrado em 6 comunidades da Indonésia, motivando a demanda de centenas de outras comunidades. Uma das mais de 1.400 árvores que ele emprega para restaurar florestas tropicais devastadas é a *Arenga pinnata*, ou arenga. Ela produz mais de 60 formas de valor – açúcar benéfico à saúde, as mais resistentes madeiras e fibras conhecidas, remédios, combustíveis, alimentos e mais. Sua seiva produz açúcar 6:1 a 12:1 e é extremamente resistente e de baixa taxa de insumo. Proporciona de 29 a 50 vezes o número de empregos das plantações de palma e precisa de florestas diversificadas (e não de monocultura) para florescer, e por isso não interessa aos monocultores industriais, sendo, porém, perfeita para as necessidades econômicas e ecológicas de boa parte do sudeste da Ásia. Uma restauração ecológica e econômica similarmente integrada foi demonstrada em lugares como Las Gaviotas, no leste da Colômbia (Weisman, 1998), e no planalto Loess, na China (Liu, 2011).

713 Smits idealizou e demonstrou – e agora está miniaturizando em recipientes que podem ser entregues em contêineres descarregados de aviões com paraquedas – uma usina de processamento em escala de aldeia que pode produzir mais de 24 produtos valiosos apenas a partir da arenga, inclusive etanol combustível (para consumo local e exportação), que pode competir com o etanol de cana-de-açúcar do Brasil e, se adaptado em boa parcela da região tropical do planeta, tem o potencial de substituir toda a produção de petróleo do mundo.

714 Ministério Dinamarquês de Clima e Energia, 2009.

715 Os preços da eletricidade seriam os mais sensíveis a uma possível taxação do carbono, mas, em 2009, as contas de eletricidade contiveram, em média, apenas 1,04% do valor do fornecimento das indústrias dos EUA, incluindo desde 0,5% para os subsetores de petróleo, carvão e equipamentos de transportes para quase 3% para metais primários (Edison Electric Institute, 2009, 116). Mesmo uma mudança considerável num fator de custo tão pequeno não levaria uma fábrica a se mudar para o exterior, assim como firmas europeias e japonesas não se mudaram para os EUA para reduzir o elevado preço da eletricidade; em vez disso, economizaram mais energia elétrica, ficaram em casa e prosperaram. Geralmente, as pessoas que dizem que o elevado preço da eletricidade forçaria suas fábricas a se mudar para o exterior são as mesmas que dizem, na frase seguinte, que o motivo pelo qual economizaram tão pouca eletricidade é que ela representa uma pequena parcela de seu custo total.

716 Excetuando-se uns poucos países nos quais a energia é ainda mais barata, como a Arábia Saudita e a Venezuela, para os quais as indústrias norte-americanas não parecem muito ansiosas para se mudar.

717 Shell International, 2011.

718 Logo, a DuPont descobriu, na década de 1990, que suas indústrias químicas na Europa, embora pagassem há muito um preço duas vezes maior pela energia do que suas unidades nos EUA, não eram mais eficientes, pois foram projetadas e construídas de forma similar. Em Seattle, as pessoas pagaram por quilowatt-hora, entre 1990 e 1996, metade do preço pago por pessoas em Chicago. Mas reduziram o consumo de eletricidade 3.640 vezes mais depressa e a carga de pico 12 vezes mais rá-

pido do que em Chicago (Lovins e Lovins, 1997), principalmente porque a Seattle City Light ajudou-as a economizar enquanto a Commonwealth Edison incentivou um consumo maior (para proteger suas receitas e seus lucros por meio do habitual e perverso incentivo regulatório). Logo, as pessoas e as empresas podem economizar energia mais rapidamente se tiverem a capacidade ampliada para reagir a um sinalizador fraco de preços do que se tiverem pouca capacidade para reagir a um sinalizador forte. Isso significa que uma eliminação abrangente de barreiras pode sustentar grandes economias de energia, mesmo que os preços da energia se mantenham baixos – e, assim, pode ajudar a mantê-los baixos.

719 Como lorde Puttnam disse na Câmara dos Lordes em 2007 durante a discussão sobre o clima (Hansard, 2007), abolir a escravatura removeu "um colossal impedimento... [que tinha prejudicado] o desenvolvimento de modelos de negócios mais eficientes, levando à geração de muitas novas formas de riqueza e sucesso", pois a economia britânica, livre dessa "metafórica bola de ferro na corrente", deu um salto à frente.

720 Lovins, 2006; Brown e Sovacool, 2010. O que é a segurança energética e como obtê-la são questões bem mais complexas do que se pode imaginar.

721 Hoje, os Estados Unidos mantêm relações normais com países dos quais já dependeu fundamentalmente, como, por exemplo, para mastros de navios na década de 1820 (Noruega), carvão naval há uns 100 anos (várias nações das ilhas do Pacífico) e borracha natural nas décadas de 1920-1940 (países do Sudeste asiático).

722 Lovins, 2010e; Lovins, Lovins e Ross, 1980.

723 O Capítulo 2 mostrou como podemos eliminar o uso de petróleo nos transportes com veículos eficientes, seu uso mais produtivo e uma mistura flexível de eletricidade, hidrogênio (principalmente de gás natural com as tecnologias atuais, mas talvez renovável com as do futuro), biocombustíveis avançados e gás natural opcional. Isso vai custar trilhões de dólares líquidos menos do que a queima fazendo-como-sempre-fizemos de petróleo. Em edifícios, o Capítulo 3 mencionou que 0,04 Mb/dia projetado para 2050 (96% a menos do que em 2010) poderia ser eliminado prontamente: todos os aquecedores a combustão terão expirado até

lá. Eles podem ser substituídos por qualquer combinação entre eficiência, calor solar passivo e ativo, madeira (geralmente peletizada), lixo ou eletricidade – as mesmas técnicas usadas na Dinamarca para reduzir 6 vezes o aquecimento doméstico a petróleo nos últimos 30 anos (Capítulo 3, nota 324). (Pequenas quantidades de GLP coproduzido com gás natural – que seria usado como matéria-prima – podem ser usadas em casos especialmente difíceis, mas não devem ser necessárias.) E, na indústria, o Capítulo 4 mostrou que eficiência, gás natural e um pouco de calor de processos solares substituem amplamente o petróleo. (O petróleo já é menos usado para gerar calor de processo industrial do que como matéria-prima industrial, pois como combustível ele é tão pouco competitivo quanto o gás natural.) Todas essas substituições constituem boa argumentação econômica, mesmo que todos os custos ocultos da compra e da queima de petróleo (Capítulo 1) não valessem nada.

724 Deutsche Bank, 2009.

725 O petróleo tem grande potencial positivo, mas, como as empresas aéreas e a fabricação de autos, alguns pontos fundamentais pouco encorajadores. É extremamente intenso em termos de capital, com tempo pré-operacional de décadas; geológica e tecnologicamente arriscado (como ilustrou a explosão de 2010 em Macondo); possui-se apenas aproximadamente 6% de sua base de recursos (os governos possuem o resto e podem confiscar ou taxar o que restar); não costuma ser popular; sofre com a interferência e os interesses políticos; fica totalmente à mercê de revoluções na tecnologia veicular sobre as quais não tem controle; e seus preços estão sujeitos a mercados voláteis, cuja liquidez é cada vez mais concentrada na região politicamente mais instável do mundo, que atualmente passa por diversas revoluções. É uma receita para dores de cabeça! Esses motivos é que levam muitos estrategistas da indústria a procurar caminhos que conduzem para além do petróleo desde a década de 1970, como ilustram os esforços de planejamento de cenário da Royal Dutch/Shell Group, geralmente previdentes. Aqueles feitos em 2001 e em 2011 (Shell International, 2011) são particularmente valiosos.

726 O valor de todos os hidrocarbonetos deve aumentar quando os usos finais do hidrogênio forem am-

NOTAS   333

plamente adotados e emergir o principal mercado para o hidrogênio. A relação entre aplicações de células de combustível entre edifícios, fábricas e veículos vai mudar fundamentalmente o modo como o valor de mobilidade, energia e calor são monetizados e fornecidos. A transição para o hidrogênio, portanto, é uma peça importante do quebra-cabeça do petróleo. Ela pode ampliar o portfólio de substituição do petróleo nos transportes, aumentar o uso do combustível e dos ativos e os conhecimentos das empresas de petróleo, proporcionar completa flexibilidade para a energia primária e uma mobilidade segura para o clima, aumentar a versatilidade dos autos como usinas de força de longa duração sobre rodas, e com isso acelerar e aprofundar a adoção de fontes renováveis de eletricidade, aumentar a flexibilidade elétrica e ajudar a preservar as indústrias de veículos das quais a saúde da indústria petrolífera depende. Essas mudanças também podem sustentar ou aumentar o valor dos campos de gás (vazios ou cheios), de gaseodutos, de instalações de armazenamento e de outras infraestruturas intermediárias; possivelmente, de alguns reformadores de metano a vapor de certas refinarias; de lojas e marcas de maior qualidade e menor custo; e de habilidades técnicas e organizacionais de empresas petrolíferas. Assim como as refinarias tornaram-se centros integrados que convertem tanto energia quanto moléculas ao longo das cadeias de valor do petróleo, do gás, da eletricidade e de indústrias químicas, as empresas petrolíferas precisam começar a rever toda a sua gama de ativos pelas lentes das cadeias de valor emergentes do hidrogênio, do biocombustível, de substâncias químicas verdes e da mobilidade elétrica.

727 Países da União Europeia estão se esforçando para atender a 20% de sua energia primária com fontes renováveis até 2020 (e para elevar a eficiência em 20%), economizando cerca de € 50 bilhões em custos anuais de petróleo e gás (http://ec.europa.eu/clima/policies/brief/eu/package_en.htm); com investimentos bem coordenados, eles podem superar essa meta (Reuters, 2011a). Entre 2000 e 2010, a Europa adicionou 111 GW de geração renovável (74 GW eólica, 26 GW FV, 3 GW cada hidrelétrica de grande porte e de biocombustível etc.) e 118 GW de geração a gás, reduzindo a ca-

pacidade em 8 GW na energia nuclear, 10 no carvão e 13 no petróleo. A liderança não está confinada à União Europeia: no início de 2010, mais de 100 países tinham uma meta política para energia renovável ou uma política promocional, contra 55 países no início de 2005 (Renewable Energy Policy Network for the 21st Century, 2010).

728 Pew Charitable Trusts, 2011. Entretanto, a Índia também planeja dobrar a geração a carvão de 2008 até 2017.

729 Climate Group, 2011.

730 Zhou, *et al.*, 2011.

731 Xinhua, 2011.

732 Bloomberg New Energy Finance, 2011 estima que as quedas continuadas de preço na China poderiam reduzir o custo de sistemas instalados para módulos fotovoltaicos de silício cristalino em escala de concessionária para US$ 1,12/W em 2015, bem abaixo dos US$ 2,60 em 2010, com custos do saldo de sistema 40% abaixo do nível mundial.

733 Renewable Energy Policy Network for the 21st Century, 2010; Magee, 2011.

734 Outros 195 GW em renováveis devem ser acrescentados até 2015 à atual capacidade de 1.600 GW e 520 a 630 GW entre 2010 e 2020. O espetacular progresso das fontes renováveis na China reflete uma formidável capacidade industrial apoiada por políticas consistentes, inclusive a compra obrigatória de toda a energia renovável produzida. (As empresas da rede que demorarem em se ligar à energia renovável devem pagar por ela de qualquer maneira, além de uma multa de 100%. Pelo que se informou, a aplicação dessa lei, do final de 2010, começou em 2011.) A China superou em 2007 sua meta de energia eólica para 2010 e sua meta original para 2020 em 2010, quando instalou 19 (CWEA, 2011) dos 40 novos GW de energia eólica do mundo. A indústria eólica chinesa vai levar a capacidade instalada para mais de 240 GW em 2020 – 60% acima da meta oficial ou 13 vezes a capacidade da problemática hidrelétrica (Wines, 2011) de Três Gargantas – e para gerar 465 TWh/ano, substituindo 200 usinas a carvão (Global Times, 2011). O potencial da energia eólica da China, prática e custo-eficaz, foi considerado conservadoramente como sendo 2 vezes maior do que o atual consumo total de eletricidade do país (McElroy, *et al.*, 2009). A China

tem planos de projetos de transmissão inter-regional de ultra-alta-tensão (UAT) e outros (valendo US$ 77 bilhões) com o suporte de inteligência de rede. Hoje, a China pode ser o líder mundial em tecnologias de UAT e de armazenamento, e planeja investimentos na rede entre 2011 e 2015 num valor total de US$ 391 bilhões, explicitamente para ajudar a adoção de fontes renováveis em grande escala.

735 A ambiciosa mas extraoficial meta pré-Fukushima de 70-80 GW em 2020 deve ter retornado ao nível anterior, 40 GW, se isso – com o resfriamento de ambições nucleares excessivamente aquecidas, aprovações suspensas e o trabalho de pré-construção – der lugar a uma sóbria avaliação de precauções a se tomar e seus custos, e se a eficiência, as fontes renováveis e a nascente indústria de gás natural continuarem a progredir.

736 Dentre as sete indústrias estratégicas emergentes do 12º plano quinquenal a receber investimentos importantes (fala-se em US$ 1,5 trilhão), três são inteiramente e duas parcialmente ligadas à energia.

737 Renewable Energy Policy Network for the 21st Century, 2010, 52.

738 AAAS 2011; U.S. Department of Energy, 2011d. Entre as manobras políticas do orçamento FY2012, o orçamento de P&D para energia aplicada do departamento de energia dos Estados Unidos foi cortado em aproximadamente 22%, restando ainda metade do ano.

739 Bradsher, 2010.

740 O mundo tem quase um bilhão de carros, cerca de um para cada sete pessoas, e tem com os carros metade da habilidade que possui com as pessoas em relação ao controle de natalidade. Mais gente quer ter um carro. Mas, mesmo que tivéssemos combustível, ar, clima e dinheiro suficiente para todos esses carros, a maioria dos países não teria espaço para eles, especialmente agora que a maior parte das pessoas do planeta vive em cidades. Em vez de ficarmos sem ar, sem petróleo e sem clima, ficaríamos sem terras, estradas e paciência.

741 Goodman, 2010. Em 2009, os chineses compraram 9,4 milhões de carros e 21 milhões de bicicletas elétricas que custam cerca de US$ 300 cada. Até dois terços delas estão em Pequim, sufocada por 4,7 milhões de carros aos quais se somam mais 2 mil todos os dias. A China quase triplicou seus carros em três anos, e, em 2015, projeta-se que o trânsito da hora do *rush* em Pequim deve reduzir a velocidade média de 24 km/h para 14 km/h, tornando as bicicletas elétricas tão rápidas quanto os carros, especialmente nas largas faixas para ciclistas. (Muita gente remove os limitadores de velocidade, travados em 20 km/h, e as motonetas elétricas, que chegam a 50 km/h e têm autonomia de 90 quilômetros, são bastante populares.) Estão surgindo bicicletas a célula de combustível de hidrogênio. Bicicletas híbridas, acionadas tanto por motor elétrico quanto por pedais, estão vendendo centenas de milhares de unidades por ano nos EUA e 300 mil por ano no Japão. O analista de veículos elétricos Frank Jamerson, quando estava na GM, sugeriu que a empresa desse de presente uma bicicleta elétrica com cada carro novo para acostumar as pessoas a usarem um veículo que se recarrega durante a noite. A ideia não é má.

742 A China tem quase três vezes mais intensidade energética e (em 2006) 11 vezes mais intensidade de carbono que o Japão, o qual, por sua vez, tem o potencial de dobrar ou triplicar sua própria produção de energia e reduzir suas emissões de carbono em 70% com relação ao nível de 1990 (2050 Japan Low-Carbon Society Scenario Team, 2007, 2009; Matsuoka, 2006), proporcionando serviços de energia projetados para 2050 com um crescimento de 1% a 2% por ano do PIB *per capita*, e sem usar projetos integradores. O custo marginal direto estimado é de 0,1% do PIB de 2050. As premissas técnicas parecem conservadoras com relação àquelas apresentadas nos Capítulos 2 a 5 deste livro. Essa comparação presume uma convergência a longo prazo da composição geral da produção econômica.

743 A histórica falta de terras aráveis e de água na China está colidindo com a urbanização (hoje, Pequim faz perfurações 5 vezes mais profundas para localizar água do que as que fazia há uma década), com a afluência, um gosto crescente por carne, a pavimentação de terras rurais para o escoamento de carros e a grave desertificação da região noroeste (semelhante à era do Dust Bowl* nos EUA), abrindo espaço para uma grande dependência da

---

* Fenômeno climático ocorrido nos Estados Unidos na década de 1930, ocasionado pelo manejo inadequado do solo. (Fonte: Wikipédia; N. T.)

produção de grãos dos EUA. A China já importa quatro quintos de sua produção de soja – um grão originário do país –, reestruturando a agricultura por toda a América. Alguns agrônomos perspicazes temem que a China acabe inevitavelmente precisando importar mais grãos do que os EUA podem vender sem aumentar seriamente seus preços de alimentos, historicamente baixos – e que tal necessidade não possa ser recusada, agora que a China financia os déficits dos Estados Unidos e as importações de petróleo e detém quase US$ 1 trilhão da dívida do Tesouro norte-americano. (Uma avaliação controvertida, mas sóbria, da emergente codependência entre os EUA e a China em alimentos e na água incorporada a eles, bem como em finanças, é feita por Brown, 2011.) Mudanças climáticas podem tornar essa codependência ainda mais frágil e perigosa do que as geleiras do Himalaia pendentes sobre as cabeceiras dos grandes rios asiáticos e do que a seca que afeta as cestas de pão de muitos países. Até a primavera de 2011, os preços de alimentos, em média 136% acima daqueles praticados na década de 1990, estavam causando grandes problemas e perceptíveis instabilidades políticas, inclusive no Oriente Médio.

744 Em 2006, a dependência de indústrias de materiais básicos com uso intensivo de energia, em particular grandes empresas estatais com fatores de custos seriamente distorcidos, criou um setor industrial inflado e ineficiente, consumindo 54% da energia do país, um índice que apenas cinco anos antes estava em 39%. A China consumiu três quintos a mais de energia no ferro e no aço do que em residências, mais em indústrias químicas do que em transportes, e mais em alumínio do que no setor comercial (Rosen e Houser, 2006). O 12º plano quinquenal volta-se para os investimentos orientados para o consumo. Porém, mais casas, maiores e mais bem equipadas, farão com que a carga elétrica atinja picos – o número de aparelhos de ar-condicionado instalados nas cidades quintuplicou em uma década – e por isso Pequim está promovendo aparelhos de alta eficiência e as redes inteligentes, tentando acompanhar padrões e práticas eficientes de construção. (Um quarto dos investimentos fixos totais da China será voltado para imóveis; a maioria, ainda ineficiente.) A urbanização, o lento desenvolvimento rural e a eletricidade residencial subsidiada ainda são grandes desafios. A política é aplicada com mais vigor e consistência às novas fontes de fornecimento do que à maior eficiência. A revolução da energia renovável na China não chegará cedo demais para suas necessidades domésticas, para que 400 milhões de consumidores urbanos e 900 milhões de consumidores rurais comecem a viver melhor.

745 Engleman, 2011: "Se todos os nascimentos resultassem de mães que quisessem mesmo conceber, a fertilidade cairia imediatamente para um pouco abaixo do nível de reposição; a população mundial atingiria um pico em poucas décadas e depois declinaria."

746 Clarke e Wallsten, 2002.

747 Em 2005, por exemplo, um chuveiro elétrico normal custava R$ 20 no Brasil, sendo usado no pico da capacidade das redes hidráulicas e elétricas, que custavam, por sua vez, cerca de R$ 1.800 a R$ 3.000 – duas ordens de grandeza acima. Substituir chuveiros elétricos por aquecedores solares, a butano ou a gás natural (além de um fusível permanente para prevenir a reinstalação) liberaria pelo menos 8 GW de capacidade nacional de geração, equivalente ao crescimento da demanda durante vários anos, a um custo comparativamente trivial.

748 Gadgil, et al., 1991, 4-5. Portanto, essa mudança pode reduzir em cerca de 10 mil vezes as necessidades de capital do setor onde esse é mais intenso, a eletricidade, que tradicionalmente consome cerca de um quarto do capital de desenvolvimento global. O primeiro trilhão de dólares economizado viria da iniciativa SEAD (Super-Efficienty Equipment and Appliance Deployment) ou Uso de Equipamentos e Aparelhos Supereficientes, aprovada na reunião Clean Energy Ministerial em Abu Dhabi em 2011. Sua execução plena poderia economizar 1.800 TWh/ano em energia até 2030 – a produção de 300 GW de usinas a carvão – além de 20 quadrilhões de BTU/ano de energia primária e por volta de US$ 150 bilhões por ano. O SEAD visa a quatro tipos de aparelhos (iluminação, refrigeração, ar-condicionado e televisores) que consomem cerca de 60% da eletricidade residencial, mas que, na maioria, ainda não foram fabricados ou adquiridos. O programa visa aos EUA, à União Europeia, à China e à Índia (que, juntos, são responsáveis por quase três quartos do consumo glo-

bal de eletricidade proveniente desses aparelhos) e aos 15 fabricantes que controlam três quartos desses mercados. Por exemplo, quatro empresas produzem 60% dos aparelhos de TV do mundo, e 15 fabricam 75% dos eletrodomésticos de linha branca (Phadke, 2011).

749 Um dos problemas mais comuns é a culinária. Já se fez muita coisa para criar panelas mais eficientes e solares, mas praticamente nada para aplicar até cinco tecnologias estabelecidas para fabricar panelas de 2 a 6 vezes mais eficientes, sem os problemas culturais que podem acompanhar inovações culinárias. Ver Capítulo 3, nota 228, e Kelly Kettle 2011, além de superfícies seletivas que retêm ou irradiam melhor o calor.

750 A iluminação por combustível (especialmente querosene) é fonte não só de substanciais emissões de carbono, mas também de sérios ônus para a saúde e para a economia (US$ 38 bilhões/ano; Mills, 2005).

751 Reddy, Williams e Johansson, 1997, 70.

752 A Bell Labs inventou células fotovoltaicas de silício cristalino em 1954, e os EUA detinham 45% da produção mundial em 1995, mas em 2010 esse número era 6% e a China detinha 60%: a produção dos EUA cresceu menos de 6% entre 1995 e 2008. De modo análogo, os inventores norte-americanos desenvolveram as lâmpadas fluorescentes compactas (1976), os LEDs (1962) e os conversores catalíticos de três vias (1973), mas hoje a China domina esses mercados. Se o sol nasce no Oriente, precisa se pôr no Ocidente? Reconquistar a liderança vai demandar sinais diferentes daqueles emitidos recentemente: o investimento nos EUA em energia limpa caiu da primeira posição em 2008 para a segunda em 2009 e a terceira em 2010, graças à errática política ambiental de Washington (Pew Charitable Trusts, 2011; Renewable Energy Policy Network for the 21st Century, 2010).

753 Análise do RMI.

754 Makower, 2011, Comentários.

755 Kahane, 2010, 120.

756 Rudolf, 2011.

757 Murdoch, 2009.

758 Kaufman, 2010.

759 Usher, 2010.

REFERÊNCIAS

2050 Japan Low-Carbon Society Scenario Team. 2007. *Japan Scenarios towards Low-Carbon Society (LCS): Feasibility Study for 70% CO_2 Emission Reduction by 2050 Below 1990 Level*. National Institute for Environmental Studies (NIES) da Kyoto University, fevereiro. 2050.nies.go.jp/press/070215/file/200702 15_ report_e.pdf.

———, 2009. "Japan Roadmaps towards Low-Carbon Societies (LCSs)". http://2050.nies.go.jp/report/file/lcs_japan/20090814_japanroadmap_e.pdf.

AAAS, 2011. *AAAS Report XXXVI: Research and Development FY 2012*. AAAS. http://www.aaas.org/spp/rd/rdreport2012/tablelist.shtml.

ABB, 2007. *Energy Efficiency in the Power Grid*. ABB. http://tinyurl.com/yd2deqm.

Adey, Walter, 2008-2009. Comunicação pessoal com o autor.

Akbari, Hashem e A. Rosenfeld, 2008. *White Roofs Cool the World, Directly Offset CO_2 and Delay Global Warming*. Lawrence Berkeley National Laboratory, Heat Island Group, 10 de novembro. http://coolcolors.lbl.gov/assets/docs/fact-sheets/Global-cooling-2pp.pdf.

Allwood, J. M., 2009. "Steel, Aluminium and Carbon Targets: Alternative Strategies for Meeting the 2050 Carbon Emission Targets." Em *R'09 Twin World Congress: Resource Management and Technology for Material and Energy Efficiency, 14-16 de setembro de 2009, Davos, Suíça*. Davos, Suíça: R'09 World Congress. http://publications.eng.cam.ac.uk/17014/.

Allwood, Julian M., Michael F. Ashby, Timothy G. Gutowski e Ernst Worrell, 2011. "Material Efficiency: A White Paper." *Resources, Conservation and Recycling* 55 (3): 362-81. doi:10.1016/j.resconrec.2010.11.002.

Alvarez, Robert, Jan Beyea, Klaus Janberg, Jungmin Kang, Ed Lyman, Allison Macfarlane, Gordon Thompson e Frank von Hippel, 2003. "Reducing the Hazards from Stored Spent Power-Reactor Fuel in the United States." *Science & Global Security* 11 (1): 1. http://www.informaworld.com/10.1080/08929880309006.

American Chemistry Council. 2010a. *Industry Fact Sheet*. American Chemistry Council. http://209.190.243.167/chemistry-industry-facts.

———. 2010b. *Guide to the Business of Chemistry*. *American Chemistry Council*. http://store.americanchemistry.com/detail.aspx?ID=261.

American Chemistry Council (equipe), 2011. Comunicação pessoal com o autor, 4 de março.

American Council for an Energy-Efficient Economy, 2011. "Incentivizing Utility-Led Efficiency Programs: Lost Margin Recovery." http://www.aceee.org/sector/state-policy/toolkit/utility-programs/lost-margin-recovery.

American Electric Power, 2007. Comunicado à imprensa. Newsroom, 11 de setembro. http://www.aep.com/newsroom/newsreleases/?id=1397.

———. 2011. "AEP to Receive Funds From Global CCS Institute for Commercial Scale Carbon Dioxide Capture and Storage Project." Newsroom, 16 de fevereiro. http://www.aep.com/newsroom/newsreleases/?id=1673.

American Gas Association, 2010. "Revenue Decoupling Resources." http://www.aga.org/our-issues/RatesRegulatoryIssues/ratesregpolicy/Issues/Decoupling/Pages/default.aspx.

American Institute of Chemical Engineers, 2010. "10xE Challenge." http://www.aiche.org/Energy/GetInvolved/10xEChallenge.aspx.

American Physical Society and the Materials Research Society, 2011. *Energy Critical Elements: Securing Materials for Emerging Technologies*. College Park, MD: American Physical Society and the Materials Research Society.

Anderson, Ray C., 1999. *Mid-Course Correction: Toward a Sustainable Enterprise: The Interface Model*. Peregrinzilla Press.

——— 2009. *Confessions of a Radical Industrialist*. Nova York: St. Martin's Press.

Anderson, S., 2011. *Why We Need DOD Policy to Require Energy Efficient Expeditionary Structures*. Apresentação para o Army Science Board, 20 de abril.

Apogee Technology, Inc., 2010. "Isothermal Melting." http://www.apogeetechinc.com/ products/ advanced-heating-2/isothermal-melting/.

Apte, J., D. Arasteh e J. Huang, 2003. "Future Advanced Windows for Zero-Energy Homes." ASHRAE Transactions 109 (2).

Architecture 2030, 2011. "Architecture 2030: Adopters." http://architecture2030.org/ 2030_challenge/adopters.

Arezki, Rabah e Markus Bruckner, 2011. "Oil Rents, Corruption, and State Stability: Evidence from Panel Data Regressions." School of Economics Working Papers 2011-07. Adelaide, Austrália: University of Adelaide School of Economics (janeiro). http://ideas.repec.org/p/adl/wpaper/2011-07.html.

Aspen Aerogels, 2011. Aspen Aerogels. www.aerogel.com.

Aspen Publishers, 2004. "An Illinois 'PassivHaus.'" *Energy Design Update* 24 (5). http://www.passivehouse.us/passiveHouse/Articles_files/EDU%20May2004%20Postable.pdf.

Aster, Nick, 2010. "Deutsche Bank: The Payoff in Building Green." Triple Pundit, 20 de abril. http://www.triplepundit.com/2010/04/deutsche-bank-green-building-leed/.

Attari, Shahzeen Z., Michael L. DeKay, Cliff I. Davidson e Wändi Bruine de Bruin, 2010. "Public Perceptions of Energy Consumption and Savings." *Proceedings of the National Academy of Sciences* 107

(37): 16054–59. doi:10.1073/pnas.1001509107. http://www.pnas.org/content/107/37/16054.abstract.

Ayres, R. U. e E. H. Ayres, 2009. *Crossing the Energy Divide: Moving from Fossil Fuel Dependence to a Clean-Energy Future*. 1ª ed. Upper Saddle River, NJ: Pearson Prentice Hall.

Ayres, R. U., L. W. Ayres e Benjamin Warr, 2003. "Exergy, Power and Work in the U.S. Economy, 1990-1998. q." *Energy* 28 (3): 219-73. doi:10.1016/S0360-5442(02)00089-0.

Babits, Sadie, 2010. "Germany's Green Lead." *Boise Weekly*, 3 de março. http://www.boiseweekly.com/boise/umweltschutz/Content?oid=1507039.

Bailey, Owen e Ernst Worrell, 2005. *Clean Energy Technologies: A Preliminary Inventory of the Potential for Electricity Generation*. Lawrence Berkeley National Laboratory, abril. http://www.recycled-energy.com/_documents/news/LBNL_clean_energy.pdf.

Bakewell, Ted (Bakewell Corporation), 2011. Comunicação pessoal com o autor, 9 de fevereiro.

Ball, Christopher P., 2007. "Rethinking Hub versus Point-to-Point Competition: A Simple Circular AirlineModel." *Journal of Business & Economic Studies* 13 (1).

Barrett, James, 2010. "Horse, Meet Water: Getting Efficiency to Market." *Great Energy Challenge* (blog da *National Geographic*), 8 de novembro. http://www.greatenergychallengeblog.com/blog/2010/11/08/horse-meet-water/.

Barringer, Felicity, 2011. "Smart Meters Draw Fire from Left and Right in California." *New York Times*, January 30. http://www.nytimes.com/2011/01/31/science/earth/ 31meters.html.

Belko, John e A. O. Smith, 2008. *Novel Fan Design Offers Energy Savings to Refrigeration* Market. International Appliance Manufacturing. http://www.appliancedesign.com /AM/Home/Files/PDFs/30_AO%20Smith.pdf.

Belkraft, 2005. "Vacumatic Waterless Cookware." http://www.belkraft.com /Waterless_cookware.html.

Bell, Geoffrey, 2008. *Aerosol Ductwork Sealing in Laboratory Facilities*. U.S. Environmental Protection Agency, 29 de julho. http://www.epa.gov/lab21gov/pdf/bulletin_lab_duct_seal_508.pdf.

Bendewald, Mike e Lindsay Franta, 2010. *Autodesk AEC Headquarters and Integrated Project Delivery: Factor Ten Engineering Case Study*. Snowmass, CO: Rocky Mountain Institute. http://www.rmi.org/rmi/Library%2F2010-16_AutodeskCaseStudy.

Benyus, Janine M. 2002. *Biomimicry: Innovation Inspired by Nature*. Nova York: Harper Perennial.

Berman, Arthur, 2009. "Facts Are Stubborn Things." Posted on the website of the Association for the Study of Peak Oil & Gas, 5 de novembro. http://www.aspousa.org/ index.php/2009/11/facts-are-stubborn-thingsarthur-e-berman-november-2009/.

Bernstein, Mark A., Robert J. Lempert, David S. Loughran e David S. Ortiz, 2000. *The Public Benefit of California's Investments in Energy Efficiency*. RAND Monograph 1212.0. Santa Monica, CA: RAND Corporation. http://www.rand.org/pubs/monograph_reports/MR1212z0.html.

BestLog, 2008. *IKEA: Increased Transport Efficiency by Product and Packaging Redesign*. European Commission. http://green4pl.com/blog/bestLog_best_practice_Ikea_ transport_efficiency_redesign.pdf.

BetterBricks, 2006. *Banner Bank Building*. BetterBricks. http://www.betterbricks.com /sites/default/files/casestudies/pdf/betterbricks-case-study-banner-bank.pdf.

————, 2011. *PeaceHealth Commits to Energy Efficiency through SEMP*. BetterBricks. http://www.betterbricks.com/healthcare/peacehealth-commits-energyefficiency-through-semp.

Beyea, Jan, Ed Lyman e F. von Hippel, 2004. "Damages from a Major Release of 137Cs into the Atmosphere of the United States." *Science & Global Security* 12: 125-36.

Beyer, Dale, 2011. Comunicações pessoais com o autor, 27–28 de junho.

Biddle, Dr. Thomas B. (MBA Polymers). 2011. Comunicações pessoais com o autor, 3 de julho.

Biello, David, 2009. "First Look at Carbon Capture and Storage in a West Virginia Coal-Fired Power Plant." Apresentação de slides. Website da *Scientific American*, 6 de novembro. http://www.scientificamerican.com/article.cfm?id=first-look-at-carbon-capture-and-storage.

Bigelow, Perry, 2011. Comunicação pessoal com o autor, 24 de fevereiro.

Bindewald, G., 2004. *Transforming the Grid to Revolutionize Electric Power in North America*. Relatório preparado para o Departamento de Energia dos EUA, setembro.

Blok, Kornelis, 2004. "Improving Energy Efficiency by Five Percent and More per Year?" *Journal of Industrial Ecology* 8 (4): 87-99. doi:10.1162/1088198043630478.

Bloomberg New Energy Finance, 2011. "China Profits From Solar-Power Strategy as Europeans Backpedal." 14 de fevereiro. http://bnef.com/News/43833.

Bockholt, Wendy e Matthew Kromer, 2009. *Assessment of Fuel Economy Technologies for Medium- and Heavy-Duty Vehicles*. TIAX LLC.

Bode, D., 2010. "Statement from Denise Bode, CEO American Wind Energy Association." American Wind Energy Association, 9 de dezembro. http://www.awea.org /newsroom/inthenews/release_120910.cfm.

Bode, S. e H. M. Groscurth, 2010. "The Impact of PV on the German Power Market." *Zeitschrift für Energiewirtschaft* 35 (2): 105–115. doi:10.1007/s12398-010-0041-x. http://www.springerlink.com/content/u8828j3182vw8n27/.

Boeman, Raymond G. e N. L. Johnson, 2002. *Development of a Cost Competitive, Composite Intensive, Body-in-White*. Publicação 2002-01-1905. Oak Ridge National Laboratory. http://www.ornl.gov/~webworks/cppr/y2002/pres/113371.pdf.

Bögle, A. e P. Cachola Schmal, orgs., 2005. *Leicht weit /Light Structures: Jörg Schlaich Rudolf Bergermann*. Nova York: Prestel.

Bonneville Power Administration, 1992. *Hood River Conservation Project*. Portland, OR: Bonneville Power Administration.

———, 2009. *Energy Efficiency Emerging Technologies (E3T) Overview.* Bonneville Power Administration. http://www.bpa.gov/energy/n/emerging_technology /index.cfm.

Bony, Lionel, Sam Newman e Stephen Doig, 2010. *Achieving Low-Cost Solar PV: Industry Workshop Recommendations for Near-Term Balance of System Cost Reductions.* Rocky Mountain Institute. http://www.rmi.org/rmi/Library/2010 19_BalanceOfSystem Report.

Bordoff, Jason e Pascal Noell, 2008. "The Impact of Pay-As-You-Drive Auto Insurance in California." Brookings Institution. http://www.brookings.edu/papers/2008/07_ payd_ california_bordoffnoel.aspx.

Bradsher, Keith, 2010. "To Conquer Wind Power, China Writes the Rules." *New York Times*, 14 de dezembro. http://www.nytimes.com/2010/12/15/business/global/ 15chinawind.html.

Braese, Paul, 2011. Comunicação pessoal com o autor, 21 de março.

British Petroleum, 2010a. *BP Statistical Review of World Energy.* British Petroleum. http://www.bp.com/liveassets/bp_internet/globalbp/globalbp_uk_english/reports_and_publications/statistical_energy_review_2008/STAGING/local_assets/2010_downloads/statistical_review_of_world_energy_full_report_2010.pdf .

———. 2010b. "BP and Verenium Announce Pivotal Biofuels Agreement." Comunicado à imprensa, 15 de julho. http://www.bp.com/genericarticle.do?categoryId= 2012968&contentId=7063758.

Brouwers, B. e E. V. Kemenade, 2010. *Condensed Rotational Separation for CO_2 Capture in Coal Gasification Processes.* Eindhoven University of Technology. http://www.gasification-freiberg.org/PortalData/1/Resources/documents/paper/14-3_Brouwers.pdf.

Brown, Lester, 2011. "Can the United States Feed China?" Earth Policy Institute, 23 de março. http://www.earthpolicy.org/plan_b_updates?2011/update93.

Brown, M. A. e M. D. Levine, org., 1997. *Scenarios of U.S. Carbon Reductions: Potential Impacts of Energy Technologies by 2010 and Beyond.* LBNL-40533. Interlaboratory Working Group on Energy-Efficient and Low-Carbon Technologies, Lawrence Berkeley National Laboratory, 25 de setembro.

Brown, Marilyn A. e Benjamin K. Sovacool, 2010. "Competing Dimensions of Energy Security: An International Perspective." *Annual Review of Energy and the Environment* 35: 77-108.

Browning, Bill. 2011. Comunicação pessoal com o autor, 14 de fevereiro.

Bruggink, Alle, Rob Schoevaart e Tom Kieboom, 2003. "Concepts of Nature in Organic Synthesis: Cascade Catalysis and Multistep Conversions in Concert." *Organic Process Research & Development* 7 (5): 622-40.doi:10.1021/op0340311.

Buckley, Chris, 2011. "China Freezes Nuclear Approvals after Japan Crisis." Reuters, 16 de maio. http://tinyurl.com/4bc76fl.

Bunch, David e David L. Greene, 2010. *Potential Design, Implementation, and Benefits of a Feebate Program for New Passenger Vehicles in California: Interim Statement of Research Findings.* University of California em Davis, Institute of Transportation Studies, abril. http://www.arb.ca.gov/research/apr/past/08-312main.pdf.

Bundesministerium der Justiz, 2009. *Energieausweis nach Energieeinsparverordnung* [German Energy Saving Ordinance]. Seção 16, Abs. 4.

Burchell, Robert, 1998. *The Costs of Sprawl—Revisited.* Transit Cooperative Research Program. http://gulliver.trb.org/publications/tcrp/tcrp_rpt_39-a.pdf.

Burgermeister, Jane, 2008. "Geothermal Electricity Booming in Germany." RenewableEnergyWorld.com, 2 de junho. http://www.renewableenergyworld.com /rea/news/article/2008/06/geothermal-electricitybooming-in-germany-52588.

Burns, C., 2011. "Caltech's Linde + Robinson Laboratory to be First LEED Platinum Lab." *RMI Solutions Journal* 4 (2).

Burns, R. E., S. Potter e V. Witkind-Davis, 2004. "After the Lights Went Out." *Electricity Journal* 17 (1): 11-5.

REFERÊNCIAS 341

Business Wire, 2000. "Whirlpool Corporation Endorses Landmark Agreement Among Appliance Manufacturers, Energy Advocates and Government; Agreement Will Save Consumers Billions." Business Wire, 23 de maio. http://findarticles.com/p/ articles/mi_m0EIN/is_2000_May_23/ai_62262436/.

———. 2011. "Fitch Affirms Ratings of FirstEnergy Corp.; Revises Outlook to Stable." Business Wire, 27 de maio. http://www.businesswire.com/news/home/ 20110527005626/en/Fitch-Affirms-Ratings-FirstEnergy-Corp.-Revises-Outlook.

Butti, Ken e John Perlin, 1980. *A Golden Thread: 2,500 Years of Solar Architecture and Technology*. 1ª ed. Nova York: Cheshire Books / Van Nostrand Reinhold.

Cabot Corporation, 2011. "Cabot Aerogel: Aerogel for Insulation, Daylighting, Additives." http://www.cabot-corp.com/Aerogel.

Cairns, Sloman, Anable Newson, A. Kirkbride e P. Goodwin, 2004. *Smarter Choices—Changing the Way We Travel*. Londres, GB: The Robert Gordon University and Eco-Logica.

California Energy Commission, 2007. "2007 Integrated Energy Policy Report." http://www.energy.ca.gov/2007_energypolicy/.

California Energy Commission, 2010. *The Role of Aging and Once-Through-Cooled Power Plants in California—An Update*. CEC-200-2009-018. www.energy.ca.gov/2009 publications/CEC-200-2009-018/CEC-200-2009-018.PDF.

California Public Utilities Commission, 2010. Draft 2006–2008 Energy Efficiency Evaluation Report. California Public Utilities Commission. http://www.dra.ca.gov/NR/rdonlyres/07ED3986-1D4F-455B-B3FF-B1AA96482022/0/200608DraftFinalEDEvaluationReport.pdf.

California State Water Resources Control Board, 2011. *Once-Through Cooling Policy Protects Marine Life and Insures Electric Grid Reliability*. California State Water Resources Control Board, 4 de maio. http://www.waterboardsca.gov/ publications_forms/publications/factsheets/docs/oncethroughcooling0811.pdf.

California State Water Resources Control Board, 2011b. "Thermal Discharges — Cooling Water Intake Structures, Once-Through Cooling." 4 de agosto. www.swrcb.ca.gov/water_issues/programs/ocean/cwa316/.

Callonec, Gael e Nicolas Blanc, 2009. *Evaluation of the Economic and Ecological Effects of the French 'Bonus Malus' for New Cars*. French Environment and Energy Management Agency (ADEME). http://www.eceee.org/conference_proceedings/eceee/2009/Panel_2/2.273/Paper/.

Carbon Disclosure Project, 2011. *Water and Carbon Continue to Rise as Investment Issues*. Carbon Disclosure Project. https://www.cdproject.net/en-US/WhatWeDo /CDPNewsArticlePages/water-and-carbon-continueto-rise-as-investment-issues.aspx.

Carbon War Room, 2011. "Shipping Efficiency." Shippingefficiency.org: Information For a More Efficient Market. http://www.shippingefficiency.org/.

Carey, John, 2009. "Wanted: A New Biz Model for Electric Power." *Bloomberg Businessweek*, 6 de agosto. http://tinyurl.com/42esqaa.

Casillas, C. E. e D. M. Kammen. 2010. "The Energy-Poverty-Climate Nexus." *Science* 330 (6008):1181. http://esmap.org/esmap/sites/esmap.org/files/1126PolicyForumD.pdf.

Celebi, Metin, Frank C. Graves, Gunjan Bathla e Lucas Bressan, 2010. Potential Coal Plant Retirements Under Emerging Environmental Regulations. The Brattle Group, Inc. 8 de dezembro. http://www.brattle.com/_documents/uploadlibrary/upload898.pdf.

Center for Clean Air Policy and Center for Neighborhood Technology, 2006. *High Speed Rail and Greenhouse Gas Emissions in the U.S.* Center for Clean Air Policy and Center for Neighborhood Technology. http://www.cnt.org/repository/HighSpeedRailEmissions.pdf.

Center for Neighborhood Technology, 2010. *Penny Wise, Pound Fuelish: New Measures of Housing + Transportation Affordability*. Center for Neighborhood Technology. http://www.cnt.org/repository/pwpf.pdf.

Chan-Lizardo, Kristine, Davis Lindsey, John Carey e Elliot Harry, 2011. *Big Pipes, Small Pumps: Interface, Inc. Factor Ten Engineering Case Study*. Rocky Mountain Institute. http://www.rmi.org/rmi/Library/2011-04_BigPipesSmallPumps.

Chan-Lizardo, Kristine, Amory Lovins, Laura Schewel e Mike Simpson, 2008. *Ultralight Vehicles: Non-Linear Correlations between Weight and Safety*. Rocky Mountain Institute. http://www.rmi.org/rmi/Library%2F2008-24_UltralightVehicles.

Chen, Patrick, Astrid Overholt, Brad Rutledge e Tomic Jasna, 2010. *Economic Assessment of Biogas and Biomethane Production from Manure*. CalStart, 20 de março.

Cheung, W. H; K. K. H Choy; D. C. W. Hui; J. F. Porter; e G. Mckay, 2006. "Use of Municipal Solid Waste for Integrated Cement Production." *Developments in Chemical Engineering and Mineral Processing* 14 (1–2): 193–202. doi:10.1002/apj.5500140117.http://onlinelibrary.wiley.com/doi/10.1002/apj.5500140117/abstract.

Cho, Hanah. 2010. "BGE to Move Ahead with 'Smart Grid' Plan." *Baltimore Sun*, 16 de agosto. http://articles.baltimoresun.com/2010-08-16/business/bs-bzbge-smart-grid-response-20100816_1_regular-rateincrease-requests-bge-estimates-smart-grid-plan.

Choate, William T., 2003. *Energy and Emission Reduction Opportunities in the Cement Industry*. Columbia, MD: BCS, Inc. Relatório para o Departamento de Energia dos EUA. 29 de dezembro. http://www1.eere.energy.gov/industry/imf/pdfs/ eeroci_dec03a.pdf.

Christensen, Gary, 2011. Comunicação pessoal com o autor, 18 de março.

Chupka, Marc, Robert Earle e Peter Fox-Penner, e Ryan Hledik, 2008. *Transforming America's Power Industry: The Investment Challenge 2010-2030*. Washington DC: The Edison Foundation.

City of Boulder, 2011. "SmartRegs: Smart Regulation for Sustainable Places." http://www.bouldercolorado.gov/index.php?option=com_content&task=view&id=13982&Itemid=22%29.

City of Fort Collins Utilities, 2004. *The Next Generation: Fossil Ridge High School*. City of Fort Collins Utilities. http://www.fcgov.com/utilities/img/site_specific/uploads/cs-fossilridge.pdf.

City of Sioux Falls Building Services, 2010. "ISO's Building Code Effectiveness Grading Schedule Results for Sioux Falls." City of Sioux Falls Building Services, 14 de junho. http://www.siouxfalls.org/News/2010/June/14/iso_grading_results.

Clarke, G. R. G. e S. J. Wallsten, 2002. *Universal(ly Bad) Service: Providing Infrastructure Services to Rural and Poor Urban Consumers*. The World Bank Development Research Group. http://www-wds.worldbank.org/servlet/WDSContentServer/WDSP/ IB/2002/08/23/000094946_02081004010494/Rendered/PDF/multi0page.pdf.

Climate Group, 2011. *Delivering Low Carbon Growth: A Guide to China's 12th Five Year Plan*. The Climate Group, março. http://www.theclimategroup.org/_assets/files/FINAL_14Mar11_TCG_DELIVERINGLOW-CARBON-GROWTH-V3.pdf.

ClimateWire, 2011. "Denmark Reveals a Plan to End Reliance on Fossil Fuels by 2050." ClimateWire, 25 de fevereiro. http://www.eenews.net/cw/2011/02/25.

Cochran, Maura M. e Scott R. Muldavin, 2010. *Value Beyond Cost Savings: How to Underwrite Sustainable Properties*. The Counselors of Real Estate, 22 de março. http://www.greenbuildingfc.com/Home/ValueBeyondCostSavings.aspx.

Cogenra, 2011. "Solar Hot Water & Electricity in a Single Module." http://www.cogenra.com/products-services/.

Committee on Biobased Industrial Products, National Research Council, 2000. *Biobased Industrial Products: Research and Commercialization Priorities*. Washington DC: The National Academies Press.

Congressional Budget Office, 2011. *Alternative Approaches to Funding Highways*. Congressional Budget Office, pub. nº 4090, março. http://thehill.com/images/ stories/blogs/flooraction/Jan2011/cboreport.pdf.

Constable, G. e B. Somerville, 2003. "Greatest Engineering Achievements of the 20th Century." National Academy of Engineering. http://www.greatachievements.org/.

Cooke, Stephanie, 2009. *In Mortal Hands: A Cautionary History of the Nuclear Age*. Nova York: Bloomsbury USA.

Cooney, Kevin, 2011. *Evaluation Report: OPower SMUD Pilot Year 2*. Navigant Consulting, Inc., 20 de fevereiro. http://www.opower.com/ LinkClick.aspx?fileticket =sSraBTDAtSA%3D&tabid=72.

Cooper, Mark, 2010. *Policy Challenges of Nuclear Reactor Construction, Cost Escalation and Crowding Out Alternatives*. Vermont Law School. http://www. vermontlaw.edu/ Documents/IEE/20100909_ cooperStudy.pdf.

Cooper, Mark, 2011. *Rising Gasoline Prices and Record Household Expenditures: Will Policymakers Get Serious About Ending Our "Addiction to Oil" by Supporting a 60 Mile Per Gallon Fuel Economy Standard?* Consumer Federation of America, 16 de maio. http://www.consumerfed.org/pdfs/CFA-Autosstandard-Report-May-16-2011.pdf.

Criscione, Peter, 2011. *Melting Away Energy Waste in Foundries*. E Source, 15 de março. http://www. esource.com/members/TAS-RB-33/Research_ Brief/EnergyWaste_ Foundries.

Crowley, Norman, 2010. Comunicação pessoal com o autor, 16 de novembro.

Cullen, Jonathan M., Julian M. Allwood e Edward H. Borgstein, 2011. "Reducing Energy Demand: What Are the Practical Limits?" *Environmental Science & Technology* 45 (4): 1711–18. doi:10.1021/ es102641n.http://dx.doi.org/10.1021/es102641n.

CWEA. 2011, *2010 China Statistics: Installed Capacity of Windpower. China Renewable Energy Society (Wind Division)*. Em chinês. CWEA. http://www. cwea.org.cn/upload/ 2010年风电装机容量统it.pdf.

D&R International, Ltd., 2010. *2010 Buildings Energy Data Book*. U.S. Department of Energy. http:// buildingsdatabook.eren.doe.gov/docs/ DataBooks/2010_BEDB.pdf.

Daggett, Dave (Boeing). 2003. Comunicação pessoal com o autor, 29 de agosto.

Dale, B. E., M. S. Allen, M. Laser e L. R. Lynd, 2009. "Protein Feed Coproduction in Biomass Conversion to Fuels and Chemicals." *Biofuels, Bioproducts, and Biorefining* 3: 219–30. doi: 10.1002/bbb.132.

Dale, Bruce E., Lee R. Lynd, Thomas L. Richard, Robert P. Anex, Mark S. Laser e Bryan D. Bals, 2009. *Reimagining Agriculture to Accommodate Large Scale Energy Production*. Apresentado no encontro anual da AIChE em 2009, (Nashville), 10 de novembro.

Danish Energy Agency, 2009. "Energy Statistics 2009." http://www.ens.dk/en-US/Info/ FactsAndFigures/Energy_statistics_and_ indicators/Annual%20Statistics/Documents/ Tables2009.xls.

———. 2010. *Danish Energy Policy 1970–2010: Vision: 100% Independence of Fossil Fuels*. http://www.ens. dk/en-US/Info/news/Factsheet/Documents/ DKEpol.pdf% 20engelsk%20til%20web.pdf.

Danish Energy Association, 2009. "Danish Electricity Supply '09 Statistical Survey." http://www. danishenergyassociation.com/~/media/Energi_i_ tal/Statistik_09_UK.ppt.ashx.

Danish Ministry of Climate and Energy, 2009. "The Danish Example: The Way to an Energy Efficient and Energy Friendly Economy." http://www. kemin.dk/documents/ publikationer%20html/ the%20danish%20example/html/kap01.html.

Danish Wind Energy Association, 2011. "New All Time High Record in Exports." 4 de abril. http:// www.windpower.org/en/news/news.html#719.

Danmarks Statistik, 2010. *Statistical Yearbook 2010*. Danmarks Statistik. http://www.dst.dk/pukora/ epub/upload/15198/15nuk.pdf.

Darrow, Tara, 2011. Comunicação pessoal com o autor, 15 de fevereiro.

Database of State Incentives for Renewables & Efficiency (DSIRE), 2010. "RPS Data Spreadsheet." http://www.dsireusa.org/rpsdata/ index.cfm.

Database of State Incentives for Renewables & Efficiency (DSIRE), 2011. "PACE Financing." http://www.dsireusa.org/solar/solarpolicyguide/?id=26.

Defense Science Board, 2008. *More Fight—Less Fuel.* Defense Science Board. http://www.acq.osd.mil/dsb/reports/ADA477619.pdf.

Delucchi, M. A. e M. Z. Jacobson. 2011. "Providing All Global Energy with Wind, Water, and Solar Power, Part II: Reliability, System and Transmission Costs, and Policies." *Energy Policy* 39 (3): 1170–90.

Delucchi, Mark e Donald McCubbin, 2010. *External Costs of Transport in the U.S.* University of California at Davis Institute of Transportation Studies. http://www.its.ucdavis.edu/publications/2010/UCDITS-RP-10-10.pdf.

Dempsey, Judy, 2011. "Panel Urges Germany to Close Nuclear Plants by 2021." *New York Times*, 11 de maio. http://www.nytimes.com/2011/05/12/business/energy-environment/12energy.html.

Denholm, Paul e Robert Margolis, 2008. *Impacts of Array Configuration on Land-Use Requirements for Large-Scale Photovoltaic Deployment in the United States.* National Renewable Energy Laboratory. http://www.nrel.gov/analysis/ pdfs/42971.pdf.

Desroches, Louis-Benoit e Karina Garbesi, 2011. *Max Tech and Beyond.* Berkeley, CA: Lawrence Berkeley National Laboratory, 22 de abril. http://ees.ead.lbl.gov/ bibliography/max_tech_and_beyond.

Deutsche Bank, 2009. *The Peak Oil Market: Price Dynamics at the End of the Oil Age.* Deutsche Bank, 4 de outubro. http://www.petrocapita.com/attachments/ 128_Deutsche%20Bank%20-%20 The%20Peak%20Oil%20Market.pdf.

Deutsche Bank Corporate Real Estate & Services, 2011. *Greentowers: Setting a New Global Standard Transforming Deutsche Bank's Head Office into a Green Building.* http://www.greenprintfoundation.org/Libraries/Public_Library_-_Case_Study_-_3/Deutsche_Bank_makes_sustainable_improvements_at_headquarters.sflb.ashx?download=true.

Deutsche Welle, 2008. "Eco-Village: A Bavarian Village Goes It Alone in Cooperation with Handelsblatt." http://www.dw-world.de/dw/article/0,,2338265,00.html.

Diamond, Jared M., 1999. *Guns, Germs, and Steel: The Fates of Human Societies.* Nova York: W. W. Norton.

Dinwoodie, Thomas. 2011. Comunicação pessoal com o autor, 5 de junho.

Dinwoodie, Thomas (CTO, SunPower) e Dan Shugar (CEO, Solaria), 2011. Comunicações pessoais com o autor, 5-6 de junho.

Dow, 2009. "New BASF and Dow HPPO Plant in Antwerp Completes Start-Up Phase." News. http://www.dow.com/news/corporate/2009/20090305a.htm.

Downey, John, 2011. "N.C.'s Customer Advocate Now Opposes Nuclear Legislation." *Charlotte Business Journal*, 12 de abril. http://www.bizjournals.com/charlotte/blog /power_city/2011/04/ncs-customeradvocate-opposes.html.

Drayton, B. e V. Budinich, 2010. "A New Alliance for Global Change." *Harvard Business Review* 88 (9): 56–64. http://hbr.org/products/10353/10353p4.pdf.

Drexler, Eric, 1987. *Engines of Creation: The Coming Era of Nanotechnology.* Nova York: Anchor.

DuPont Danisco Cellulosic Ethanol LLC, 2010. "DDCE: DuPont Danisco Cellulosic Ethanol." http://www.ddce.com/.

E Source, 1999. *E Source Technology Atlas Series: Drivepower Atlas.* Boulder, CO: E Source.

———. 2002. *Industrial Machinery.* Boulder, CO: E Source.

———. 2011. "E Source Study Finds 85% of U.S. Consumers Want to Buy an Electric Vehicle." Comunicado à imprensa, 3 de maio. http://www.esource.com/esource/ getpub/public/pdf/press_releases/ES-PREVData-4-11.pdf.

Earth Policy Institute, 2007. "World Average Photovoltaic Module Cost per Watt, 1975–2006." http://www.earthpolicy.org/datacenter/xls/indicator12_2007_7.xls.

EconPost, 2011. "Texas Economy Ranking in the World." 3 de fevereiro. http://econpost.com/texaseconomy/texas-economy-ranking-world.

Edin Energy, 2011. "Samsø, Denmark, Strives to Become a Carbon-Neutral Island." Edin Energy. http://www.edinenergy.org/samso.html.

Edison Electric Institute, 2009. *Statistical Yearbook of the Electric Power Industry.* Washington, DC: Edison Electric Institute.

Edlin, Aaron, 2002. "Per-Mile Premiums for Auto Insurance." Working Paper no. E02-318. University of California em Berkeley, 2 de junho. http://repositories.cdlib.org/ iber/econ/E02-318.

Edmonson, Amy e Faaiza Rashid, 2009. *Integrated Project Delivery at Autodesk, Inc.* Harvard Business School, 24 de setembro. http://hbr.org/product/integrated-project-delivery-at-autodesk-inc-b/an/610017-PDF-ENG.

Edmunds, 2011. "New Cars, Used Cars, Car Reviews and Pricing." http://www.edmunds.com/.

Eek, Hans, 2011. Comunicações pessoais com o autor, março.

Efficiency Vermont, 2010. *Efficiency Vermont 2009 Annual Report.* Efficiency Vermont, novembro. http://www.efficiencyvermont.com/stella/filelib/FINAL2009 AnnualReport.pdf.

Eggers, Dan, 2010. *Credit Suisse.* Apresentação no Aspen Energy Forum em Aspen, Colorado, 3 de julho.

Ehrhardt-Martinez, K., K. A. Donnelly e S. Laitner, 2010. *Advanced Metering Initiatives and Residential Feedback Programs: A Meta-Review for Household Electricity-Saving Opportunities.* American Council for an Energy-Efficient Economy, junho. http://www.aceee.org/research-report/e105.

Eichholtz, Piet, Nils Kok e John Quigley, 2010. *The Economics of Green Building.* Autopublicação. http://nilskok.typepad.com/EKQ3/EKQ_Economics.pdf.

Electric Energy Market Competition Task Force, 2005. *Report to Congress on Competition in Wholesale and Retail Markets for Electric Energy Pursuant to Section 1815 of the Energy Policy Act of 2005.* Electric Energy Market Competition Task Force.

http://www.ferc.gov/legal/fed-sta/ene-pol-act/epact-final-rpt.pdf.

Electric Power Research Institute, 2007. *The Galvin Path to Perfect Power: A Technical Assessment.* Galvin Electricity Initiative, janeiro. http://www.galvinpower.org/sites/ default/files/documents/Perfect_Power_Technical_Assessment.pdf.

Electric Reliability Council of Texas, 2004. "FERC Form No. 714-ERCOT." http://www.ferc.gov/docs-filing/forms/form-714/data.asp.

Electricity Consumers Resource Council (ELCON), 2004. *The Economic Impacts of the August 2003 Blackout.* Washington DC: ELCON, 9 de fevereiro. http://www.elcon.org/Documents/EconomicImpactsOfAugust2003Blackout.pdf.

Electrification Coalition, 2009. *Electrification Roadmap.* Electrification Coalition. http://www.electrificationcoalition.org/policy/electrification-roadmap.

———, 2010. *Fleet Electrification Roadmap: Revolutionizing Transportation and Achieving Energy Security.* Electrification Coalition. http://www.electrificationcoalition.org/ reports/EC-Fleet-Roadmap-screen.pdf.

Electrigaz, 2010. "Biogas FAQ." http://www.electrigaz.com/faq_en.htm.

Eley Associates, 1996. *ACT² Davis Residential Site EEM Impact Analysis.* Davis, CA: PG&E.

Elliott, R. N., Michael Shepard, S. Greenberg, Gail Katz, Anibal T. De Almeida e Steven Nadel, 2002. *Energy-Efficient Motor Systems: A Handbook on Technology, Program, and Policy Opportunities.* 2ª ed. Washington, DC: American Council for an Energy-Efficiency Economy.

Emerson, Sarah, 2011. Comunicação pessoal com o autor, 7 de julho.

Empire State Building Company LLC, 2010. "Sustainability & Energy Efficiency." http://www.esbnyc.com/sustainability_energy_efficiency.asp.

Empire State Building Company LLC and Rocky Mountain Institute, 2009. *Empire State Building Case Study: Cost-Effective Greenhouse Gas Reductions via Whole-Building Retrofits: Process, Outcomes, and*

What Is Needed Next. Empire State Building Company LLC e Rocky Mountain Institute. http://www.esbnyc.com/ documents/sustainability/ESBOverviewDeck.pdf.

Energetics Incorporated, 2006. "Manufacturing Energy and Carbon Footprint: Cement." http://www1.eere.energy.gov/industry/rd/footprints.html.

Energi Styrelsen, 2009. *The Danish Example*. Energi Styrelsen. http://tinyurl.com/437vmxe.

EnerNex, 2011. *Eastern Wind Integration and Transmission Study*. Relatório preparado para o National Renewable Energy Laboratory.

EnerNOC Inc., 2011. *Annual Report on Form 10-K for the Fiscal Year Ended December 31, 2010.* Boston, MA: EnerNOC.

Engemann, Kristie M., Kevin L. Kliesen e Michael T. Owyang, 2010. "Do Oil Shocks Drive Business Cycles? Some U.S. and International Evidence." Federal Reserve Bank of St. Louis Working Papers, nº 2010-007. http://ideas.repec.org/p/fip/fedlwp/2010-007.html.

Engleman, Robert, 2011. "An End to Population Growth: Why Family Planning Is Key to a Sustainable Future." *Solutions* 2 (3).

ENR New York, 2009. "Skanska USA New York Office, Empire State Building." Dezembro. http://newyork.construction.com/features/2009/1201_EmpireStateBuilding.asp.

Enterprise Lane, 2010. "ISG Data Centre Presentation." 17 de fevereiro. http://www.youtube.com/watch?v=QsIyzdva780&feature=youtube_gdata_player.

Epstein, Paul R., Jonathan J. Buonocore, Kevin Eckerle, Michael Hendryx, Benjamin M. Stout III, Richard Heinberg, Richard W. Clapp, *et al.*, 2011. "Full Cost Accounting for the Life Cycle of Coal." *Annals of the New York Academy of Sciences* 1219 (1): 73–98.doi:10.1111/j.1749-6632.2010.05890.x.

ERCOT. 2008. "ERCOT Demand Response Program Helps Restore Frequency Following Tuesday Evening Grid Event." Comunicado à imprensa, 27 de fevereiro. http://www.ercot.com/news/press_releases/2008/nr02-27-08.

Ertesvag, I. S. 2001. "Society Exergy Analysis: A Comparison of Different Societies." Energy 26: 253-70.

Eubank, Huston e William Browning, 2004. *Energy Performance Contracting for New Buildings*. Eley Associates. http://www.rmi.org/rmi/Library%2FD04-23_EnergyPerformanceNewBuildings.

European Climate Foundation, 2010. *Roadmap 2050: A Practical Guide to a Prosperous, Low Carbon Europe*. European Climate Foundation. http://www.roadmap2050.eu/.

European Photovoltaic Industry Association, 2011. *Global Market Outlook for Photovoltaics until 2015*. http://www.epia.org/publications/photovoltaicpublications-global-market-outlook/global-marketoutlook-for-photovoltaics-until-2015.html.

European Renewable Energy Council, 2010. *Re-thinking 2050: A 100% Renewable Energy Vision for the European Union*. European Renewable Energy Council. http://www.rethinking2050.eu/.

European Union, 2010. "Directive 2010/31/EU of the European Parliament and the Council of 19 May 2010 on the Energy Performance of Buildings." *Official Journal of the European Union* 53. http://eur-lex.europa.eu/JOHtml.do?uri=OJ:L:2010:153:SOM:EN:HTML.

Europump, 2003. "European Guide to Pump Efficiency for Single Stage Centrifugal Pumps." http://work.sitedirect.se/sites/europump/europump/index.php?show= 226_SWE&&page_anchor=http://work.sitedirect.se/sites/europump/europump/p226/p226_swe.php.

Eurostat, 2011. "Recycling Accounted for a Quarter of Total Municipal Waste Treated in 2009." *Eurostat News Release*, 8 de março.

Exeter Associates, K., 2007. *Review of International Experience Integrating Variable Renewable Energy Generation*. Sacramento, CA: California Energy Commission.

Fackler, Martin, 2011. "Japan's Leader Cancels Plan for New Nuclear Plants." *New York Times*, 10 de maio. http://www.nytimes.com/2011/05/11/world/asia/11japan.html.

Federal Energy Regulatory Commission, 2004. *Form No. 714—Annual Electric Balancing Authority Area and Planning Area Report — ERCOT 2004*. Federal Energy Regulatory Commission. http://www.ferc.gov/docsfiling/forms/form-714/data.asp.

———, 2011a. *Assessment of Demand Response and Advanced Metering*. Federal Energy Regulatory Commission. http://www.ferc.gov/legal/staff-reports/ demandresponse.pdf.

———, 2011b. "FERC Approves Market-Based Demand Response Compensation Rule." Comunicado à imprensa, 15 de março. http://www.ferc.gov/media/newsreleases/2011/2011-1/03-15-11.asp.

Feist, Wolfgang, 2011. Comunicação pessoal com o autor, março.

Ferguson, Will, 2010. "Texas Wind Industry's Rapid Growth Creates New Challenges." *Texas Business Review* (Universidade do Texas em Austin), fevereiro.

Fickling, David, 2011. "A Warning on Rare Earth Elements." *Wall Street Journal*, 6 de maio. http://online.wsj.com/article/SB 10001424052748703992 704576304712512256774.html.

First Solar. 2010. *First Solar Corporate Overview*, 1º de março de 2010. Tempe, Arizona: First Solar. http://files.shareholder.com/downloads/FSLR/1301877449 x0x477649/205c17cb-c816-4045-949f700e7c1a109f/FSLR_CorpOverview.pdf.

Fischer, Hanns, 1997. Comunicação pessoal com o autor, 4 de dezembro.

Fletcher, Paul D. I., Stephen J. Haswell, Esteban Pombo-Villar, Brian H. Warrington, Paul Watts, Stephanie Y. F. Wong e Xunli Zhang, 2002. "Micro Reactors: Principles and Applications in Organic Synthesis." *Tetrahedron* 58 (24): 4735-757. doi:10.1016/S0040-4020(02)00432-5.

Flex Your Power, 2011. "Best Practice Guide: Adobe Systems Incorporated and Cushman & Wakefield." http://www.fypower.org/bpg/case_study.html.

Flygt. 2008. *N-Pumps 3153, 3171, 3202 & 3301: A New Generation of Submersible Wastewater Pumps*. Flygt. http://www.ittwww.com/n/1396800.pdf.

Foroohar, Kambiz, 2010. "Exxon $600 Million Algae Investment Makes Khosla See Pipe Dream." Bloomberg Markets Magazine, 3 de junho. http://www.bloomberg.com/news/2010-06-03/exxon-600-million-algae-investmentspurs-khosla-to-dismiss-as-pipe-dream.html.

ForschungsVerbund Erneuerbare Energien, 2010. *Energiekonzept 2050*. Junho. www.fvee.de/fileadmin/politik/kurzfassung_energiekonzept.pdf.

Foundry Management & Technology, 2008. "Isothermal Melting Research Now into New Stage." Postado no website da *Foundry Management & Technology*, 3 de janeiro. http://www.foundrymag.com/frontpage/feature/77480/isothermal_melting_research_now_into_new_stage.

Fountain, Henry, 2010. "Solar Storms Force Electric Utilities to Plan for the Worst." *New York Times*, 16 de novembro. http://www.nytimes.com/2010/11/17/business/energy-environment/17GRID.html.

Frantzis, L., 2010. "Renewable Energy Global and Domestic Market Drivers." Apresentado no Renewable Energy Finance Forum, Nova York, 29 de junho.

Freedom House, 2011. "Map of Freedom." http://www.freedomhouse.org/images/File/fiw/FIW_2011_MOF_Final.pdf.

Friedman, Thomas L., 2010. "Their Moon Shot and Ours." *New York Times*. 25 de setembro.

Friedman, Thomas L., 2011. "Washington vs. the Merciless." *New York Times*. 19 de março.

Froggatt, Antony e Glada Lahn, 2010. *Sustainable Energy Security: Strategic Risks and Opportunities for Business*. Chatham House, junho. http://www.chathamhouse.org.uk/publications/papers/view/-/id/891/.

Fuchs, Erica R. H., Frank R. Field, Richard Roth e Randolph E. Kirchain, 2008. "Strategic Materials Selection in the Automobile Body: Economic Opportunities for Polymer Composite Design."

Composites Science and Technology 68 (9): 1989–2002. doi:10.1016/j.compscitech.2008.01.015.

Gadgil, A., A. H. Rosenfeld, D. Arasteh e E. Ward, 1991. "Advanced Lighting and Window Technologies for Reducing Electricity Consumption and Peak Demand: Overseas Manufacturing and Marketing Opportunities." Em *Proceedings of the IEA/ENEL Conference on Advanced Technologies for Electric Demand-Side Management*, abril. (Paris: OECD Publishing), 4-5.

Galitsky, C. e E. Worrell, 2008. *Energy Efficiency Improvement and Cost Saving Opportunities for the Vehicle Assembly Industry*. Lawrence Berkeley National Laboratory. http://ies.lbl.gov/drupal.files/ies.lbl.gov.sandbox/Vehicle%20 Assembly_0.pdf.

Galvin Electricity Initiative, 2010. *The Value of Smart Distribution and Microgrids*. The Galvin Electricity Initiative, janeiro. http://www.galvinpower.org/sites/default/files/ ValuesRpt_Microgrids0113%20(2).pdf.

GE Energy. 2010. *Western Wind and Solar Integration Study*. Relatório preparado para o National Renewable Energy Laboratory. http://www.nrel.gov/wind/systemsintegration/pdfs/2010/wwsis_final_report.pdf.

Gemmer, Bob, Ted Bronson, John Cuttica e Tommi Makila, 2010. "US Department of Energy Pushes for CHP in Industry." *Cogeneration & On-site Power Production* 11 (5). http://www.cospp.com/articles/print/volume-11/issue-5/features/us-department-ofenergy-pushes-for-chp-in-industry.html.

General Services Administration. 2010. *Federal Fleet Report, Fiscal Year 2009*. General Services Administration, 29 de janeiro.

German Federal Environmental Agency (UBA), 2010. *Energieziel 2050: 100% Strom aus erneuerbaren Quellen*. http://www.uba.de/uba-info-medien/3997.html.

Gladwell, Malcom, 2011. "What Is the Tipping Point?" http://www.gladwell.com /tippingpoint/index.html.

Glasser, D., Diane Hildebrandt, Brendon Hausberger, B. Patel e B. J. Glasser, 2009. "Systems Approach to Reducing Energy Usage and Carbon Dioxide Emissions." *AIChE Journal* 55 (9): 2202-207. doi:10.1002/aic.12009.

Global Insight, 2006. Four Corridor Case Studies of Short-Sea Shipping Services: Short-Sea Shipping Business Case Analysis. Transportation Research Board. http://www.marad.dot.gov/documents/USDOT_-_Four_Corridors_Case_Study_(15-Aug-06).pdf.

Global Times, 2011. "China Dethrones U.S. as Largest Wind Power Installer." *Global Times*, 13 de janeiro. http://business.globaltimes.cn/industries/2011-01/612386.html.

Global Transmission Report, 2010. "France seeks to build transmission lines under Mediterranean." 28 de março. http://www.globaltransmission.info/archive.php? id=4110.

Gohring, Nancy, 2008. "Good Incentives Boost Data-Center Energy Efficiency." 9 de julho. http://www.networkworld.com/news/2008/070908-goodincentives-boost-data-center-energy.html?page=1.

Gold, Rachel, Steven Nadel, J. A. Laitner e Andrew de Laski, 2011. *Appliance and Equipment Efficiency Standards: A Money Maker and Job Creator*. Washington DC: American Council for an Energy-Efficient Economy. http://www.aceee.org/research-report/a111.

Goldman, Charles, Merrian Fuller, Elizabeth Smart, Jane S. Peters, *et al.*, 2010. *Energy Efficiency Services Sector: Workforce Size and Expectations for Growth*. LBNL-3987E. Lawrence Berkeley National Laboratory, setembro.

Goldstein, D. B., 2010. *Invisible Energy: Strategies to Rescue the Economy and Save the Planet*. Pt. Richmond, CA: Bay Tree Publishing.

Goodman, J. David, 2010. "An Electric Boost for Bicylists." *New York Times*, 31 de janeiro.

Gossamer Ceiling Fans, 2008. "What Is So Special About These Fans?" http://www.gossamerwind.com/content/what-so-special-about-these-fans-0.

GPO. 2011. *Budget of the United States Government, Fiscal Year 2011*. GPOAccess (website do U.S. Government Printing Office). http://www.gpoaccess.gov/ usbudget/fy11/index.html.

Grant, M. e J. Mitton, 2010. "Case Study: The Glorious, Golden, and Gigantic Quaking Aspen." *Nature Education Knowledge* 1 (8): 40.

Green Manufacturer, 2010. "Manufacturer Finds Lighting Energy Efficiency Convenient, Truthfully." 1º de março. http://www.greenmanufacturer.net/article/facilities/manufacturer-finds-lighting-energy-efficiencyconvenient-truthfully.

Greenberg, D., 2010. "Pint-Size Electron Beams Portend Prodigious Savings." E Source, 21 de dezembro. http://www.esource.com/node/36659.

Greene, David L., 1990. "CAFE or Price? An Analysis of the Effects of Federal Fuel Econmoy Regulations and Gasoline Price on New Car MPG, 1978-89. *Energy J.* 11(3)-37-57.

Greene, David L., 2010. "Measuring Energy Security: Can the United States Achieve Oil Independence?" *Energy Policy* 38 (4): 1614–21. doi:10.1016/j.enpol.2009.01.041.

Greene, David L. e Janet Hopson, 2010. "The Costs of Oil Dependence." Oak Ridge National Laboratory Vehicle Technology Program Fact of the Week, fact #632, 19 de julho. http://www1.eere.energy.gov/vehiclesandfuels/facts/m/2010_fotw632.html.

Greene, David L. e Paul N. Leiby, 2006. *The Oil Security Metrics Model: A Tool for Evaluating the Prospective Oil Security Benefits of DOE's Energy Efficiency and Renewable Energy R&D Programs*. Oak Ridge National Laboratory. http://www-cta.ornl.gov/cta/Publications/Reports/ORNL_TM_2006_505.pdf.

Greene, David L. e Nataliya Tishchishyna, 2000. *Costs of Oil Dependence: A 2000 Update*. Oak Ridge National Laboratory. http://www-cta.ornl.gov/cta/Publications /Reports/ORNL_TM_2000_152.pdf.

Greening, Lorna, David L. Greene e Carmen Difiglio, 2000. "Energy Efficiency and Consumption—The Rebound Effect—A Survey." *Energy Policy* 28

(6-7): 389–401. doi:10.1016/S0301-4215(00)00021-5.

Gregor, Alison, 2011. "Solar Farms Put Vacant Land to Work." *New York Times*, 22 de março. http://www.nytimes.com/2011/03/23/realestate/commercial/23solar.html.

Groscurth, H. M. e R. Kümmel, 1989. "The Cost of Energy Optimization: A Thermoeconomic Analysis of National Energy System." *Energy* 14 (11): 685–96. doi:10.1016/0360-5442(89)90002-9.

Gross, Robert, 2006. *The Costs and Impacts of Intermittency*. UK Energy Research Centre. http://www.ukerc.ac.uk/Downloads/PDF/06/0604Intermittency/0604 IntermittencyReport.pdf.

Grübler, Arnulf, 2009. *An Assessment of the Costs of the French Nuclear PWR Program 1970-2000*. Laxenburg, Austria: International Institute for Applied Systems Analysis, 6 de outubro. http://www.iiasa.ac.at/Admin/PUB/Documents/IR-09-036.pdf.

———, 2010. "The Costs of the French Nuclear Scale-Up: A Case of Negative Learning by Doing." *Energy Policy* 38 (9): 5174–88. doi:10.1016/j.enpol.2010.05.003.

GTM Research, 2010. *Enterprise LED Lighting: Commercial and Industrial Market Trends, Opportunities & Leading Companies*. Greentech Research, 1º de dezembro. http://www.gtmresearch.com/report/enterprise-led-lighting.

Gupta, S., D. A. Tirpak e N. Burger, 2007. "Policies, Instruments and Co-Operative Arrangements." Em *Climate Change 2007: Mitigation*. Contribuição do Grupo de Trabalho III para o Fourth Assessment Report of the Intergovernmental Panel on Climate Change. Cambridge: Cambridge University Press.

Hageluken, Christian e Christopher Corti, 2010. "Recycling of Gold from Electronics: Cost-Effective Use through 'Design for Recycling.'" *Gold Bulletin* 43 (3). http://cat.inist.fr/?aModele=afficheN&cpsidt=23966564.

Hansard, 2007. *Parliamentary Debates*, House of Lords. Column 1138, 27 de novembro.

http://www.publications.parliament.uk/pa/ld200708/ldhansrd/text/71127-0004.htm.

Hansen, Lena e Lovins, 2010. "Keeping the Lights on While Transforming Electric Utilities." *Rocky Mountain Institute Solutions Journal* 3 (1). http://www.rmi.org/rmi/ Transforming+Electric+Utilities.

Härkönen, Jehki, 2011. "New problems in Olkiluoto." Greenpeace International. 21 de julho.

Harsch, John, 2009. *1,059-Year-Old German Village Has Created the Bioenergy Future*. Agri-Pulse Communications. http://www.agri-pulse.com/uploaded/20091014H9.pdf.

Hawken, Paul, Amory B. Lovins e L. Hunter Lovins, 1999. *Natural Capitalism: Creating the Next Industrial Revolution*. Boston: Little, Brown.

Henry, Ray, 2011. "Georgia Power Says No Deal on Nuclear Costs." *Bloomberg Businessweek*, 31 de março. http://www.businessweek.com/ap/financialnews/ D9MA6FF80.htm.

Herman Miller, 2008. *The Attributes of Thermal Comfort*. Herman Miller. http://www.hermanmiller.com/MarketFacingTech/hmc/solution_essays/assets/se_Attributes_of_Thermal_Comfort.pdf.

Herzog, Howard, 2010. "Carbon Dioxide Capture and Storage." Em *The Economics and Politics of Climate Change*, de Dieter Helm e Cameron Hepburn, eds. Nova York: Oxford University Press.

Heschong Mahone Group, 1999. *Daylighting in Schools: An Investigation into the Relationship between Daylighting and Human Performance*. Fair Oaks, CA: California Board for Energy Efficiency.

———, 2001. *Re-Analysis Report, Daylighting in Schools*. Fair Oaks, CA: California Board for Energy Efficiency.

———, 2003a. *Daylight and Retail Sales*. Fair Oaks, CA: California Board for Energy Efficiency.

———, 2003b. *Windows and Classrooms: A Study of Student Performance and the Indoor Environment*. Fair Oaks, CA: California Board for Energy Efficiency.

———, 2007. *Performance Study of a Mechanical Vapor Recompression (MVR) Evaporation System*.

Emerging Technologies Coordinating Council, dezembro. http://www.etcc-ca.com/component/content/article/20/2408-mechanical-vapor-recompression-tomato.

Hidary, Jack, 2011. Comunicação pessoal com o autor, 21 de maio.

Higgs, Robert, 2010. "Defense Spending Is Much Greater than You Think." The Independent Institute Beacon (blog), 17 de abril. http://blog.independent.org/ 2010/04/17/defense-spending-is-much-greater-thanyou-think/.

Hilbert, M. e P. López, 2011. "The World's Technological Capacity to Store, Communicate, and Compute Information." *Science* 332 (6025): 60.

Hirsh, R., 1999. *Power Loss: The Origins of Deregulation and Restructuring in the American Electric Utility System*. Cambridge, MA: MIT Press.

Holcim AG. 2010. "Pressemitteilung." http://www.holcim.de/de/kommunikation/ pressemitteilungen/pressemitteilung/article/holcim-investiert-7-millionen-euro-in-den-standort-laegerdorf.html.

Holland Container, 2011. "Holland Container Innovations." http://www.hcinnovations.nl/.

Holtzclaw, John, 2004. "A Vision of Energy Efficiency." Em *2004 ACEEE Summer Study on Energy Efficiency in Buildings*. Washington, DC: American Council for an Energy-Efficient Economy.

Howe, B., 1993. *Distribution Transformers: A Growing Energy Savings Opportunity*. Boulder, CO: E Source.

Howe, B. e M. Shepard, 1993. *Balancing Speed and Efficiency in Motor Selection*. Boulder, CO: E Source.

Hymel, Kent, Kenneth Small e Kurt Van Dender, 2010. "Induced Demand and Rebound Effects in Road Transport." *Transportation Research Part B* 44 (fevereiro): 1220–41.

Idaho Business Review, 2007. "Boise Developer Gary Christensen Plans Zero Net Energy Buildings." *Idaho Business Review*, 19 de abril. http://idahobusinessreview.com/ 2007/04/19/boise-developer-gary-christensenplans-zero-net-energy-buildings/.

REFERÊNCIAS   351

Indigo Development, 2003. "The Industrial Symbiosis at Kalundborg, Denmark." http://www.indigodev.com/Kal.html.

InfoMine — Mining Equipment and Supplier News, 2010. "First LNG Mining Truck in U.S.: GFS Corp. Converts CAT 777C to 60% Liquefied Natural Gas." Mining.com, Equipment and Suppliers, 28 de outubro. http://suppliersandequipment.mining.com /2010/10/28/first-lng-mining-truck-in-us-gfs-corp-converts-cat-777c-to-60-liquefied-natural-gas/.

Institute for Electric Efficiency, *2010. Changes in State Regulatory Frameworks for Utility Administered Energy Efficiency Programs.*

Institute of Electrical and Electronics Engineers, 2011. *IEEE Draft Guide for Design, Operation, and Integration of Distributed Resource Island Systems with Electric Power Systems.* Abril. IEEE. http://grouper.ieee.org/groups/scc21/1547.4/1547.4_index.html.

Institute of Paper Science and Technology at Georgia Institute of Technology, 2006. *Pulp and Paper Industry: Energy Bandwidth Study.* American Institute of Chemical Engineers. http://www1.eere.energy.gov/industry/forest/bandwidth.html.

Interface Engineering, 2009. *Engineering a Sustainable World: Design Process and Engineering Innovation for the Center for Health & Healing at Oregon Health & Science University.* Portland, OR: Interface Engineering.

International Atomic Energy Agency, 2011. "Power Reactor Information System." http://www.iaea.or.at/programmes/a2/.

International Energy Agency, 2007. *Tracking Industrial Energy Efficiency and CO2 Emissions.* Paris: OECD Publishing.

———, 2010. *Sustainable Production of Second-Generation Biofuels.* International Energy Agency, fevereiro. http://www.europeanclimate.org/documents/Power_trains_for_ Europe.pdf.

———, 2010a. *World Energy Outlook.* http://www.worldenergyoutlook.org/docs/ weo2010/WEO2010_ES_English.pdf .

———, 2011. *Harnessing Variable Renewables—A Guide to the Balance Challenge.* www.iea.org/publications/free_new_Desc.asp?PUBS_ID=2403.

Itron Inc. e KEMA Inc., 2008. *California Energy Efficiency Potential Study.* Pacific Gas & Electric Company. http://www.nwcouncil.org/dropbox/6th%20Plan%20Industrial/ Industrial%20Conservation%20Data%20Catalogue/ISC%20Document%20Catalogue_Public%20Version-5%20June%202009/Documents/Tier%201/California_PotentialStudy_Vol1_May%202006.pdf.

Jacobson, Mark Z. e Mark A. Delucchi, 2011. "Providing All Global Energy with Wind, Water, and Solar Power, Part I: Technologies, Energy Resources, Quantities and Areas of Infrastructure, and Materials." *Energy Policy* 39 (3) (março): 1154–69.

Jha, Alok, 2010. "Sun, Wind and Wave-Powered: Europe Unites to Build Renewable Energy 'Supergrid'." 3 de janeiro. http://www.guardian.co.uk/environment/ 2010/jan/03/european-unites-renewable-energy-supergrid.

Johnson Controls, 2010. *2010 Energy Efficiency Indicator.* Institute for Building Efficiency. http://www.institutebe.com/Energy-Efficiency-Indicator/globalenergy-efficiency-indicator-results.aspx.

Jungerberg, Steven, 2010. Comunicação pessoal com o autor, 15 de dezembro.

Kahane, Adam, 2010. *Power and Love: A Theory and Practice of Social Change.* 1ª ed. San Francisco: Berrett-Koehler Publishers.

Kahane, C., 2003. "Vehicle Weight, Fatality Risk, and Crash Compatibility of Model Year 1991-1999 Passenger Cars and Light Trucks." National Highway Traffic Safety Administration Technical Report DOT HS 809 662. NHTSA, outubro. http://www.nhtsa.gov/cars/rules/regrev/evaluate/pdf/809662.pdf.

Kahn, Alfred E., 1988. "The Rationale of Regulation and the Proper Role of Economics." Em *The Economics of Regulation: Principles and Institutions.* Cambridge, MA: MIT Press.

Ka'iliwai, George e Wade Jost, 2009. *SPIDERS: Energy Security JCTD Proposal*. U.S. Department of Defense. http://www1.eere.energy.gov/femp/pdfs/fupwg_fall2009_jost.pdf.

Kanellos, Michael, 2009. "Starbucks Goes Bonkers for LED Lights." Greentech Enterprise, 12 de novembro. http://www.greentechmedia.com/articles/read/starbucks-goes-bonkers-for-led-lights/.

———, 2011. "How to Drop Solar to $1 a Watt? Try Diamond Saws, Says Dick Swanson." Greentech Solar, March 17. http://www.greentechmedia.com/articles/read/how-to-drop-solar-to-1-a-watt-try-diamondsaws-says-dick-swanson.

Kann, Shayle (GTM Research), 2011. Comunicação pessoal com o autor, 21 de junho.

Kanter, James, 2009. "Siemens Pulls Out of Nuclear Venture with Areva." *New York Times*, 6 de fevereiro. http://www.nytimes.com/2009/01/26/business/worldbusiness /26iht-26nuclear.19695526.html.

Kats, Greg, 2009. *Greening Our Built World: Costs, Benefits, and Strategies*. Washington, DC: Island Press.

Kaufman, Leslie, 2010. "In Kansas, Climate Skeptics Embrace Cleaner Energy." *New York Times*, 18 de outubro. http://www.nytimes.com/2010/10/19/science/earth/ 19fossil.html.

Keller, Rob (JCPenney), 2011. Comunicação pessoal com o autor, 7 de fevereiro.

Kelly Kettle, 2011. Kelly Kettle. http://en.wikipedia.org/wiki/Kelly_Kettle

KEMA, Inc., 2006. *California Industrial Existing Construction Energy Efficiency Potential Study*. Pacific Gas & Electric Company. http://tinyurl.com/3oyqpt5.

Kenny, J. F., N. L. Barber, S. S. Hutson, K. S. Linsey, J. K. Lovelace e M. A. Maupin, 2009. *Estimated Use of Water in the United States in 2005*. U.S. Geological Survey. http://pubs.usgs.gov/circ/1344/.

Kiatreungwattana, Kosol e Jimmy Salasovich, 2010. *Performance Based Design-Build Process Research Support Facility*. Golden, CO: National Renewable Energy Laboratory.

Kim, J. H. e W. B. Powell, 2010. "An Hourly Electricity Price Model, a Robust Trading Policy, and the Value of Storage, for Heavy Tailed Markets." Pré-impresso, apresentado em 3 de novembro. http://www.castlelab.princeton.edu/Papers/Kim-Heavy%20tailed%20pricing%20and%20storageNov042010.pdf.

Kinsley, Michael J., 1997. *Economic Renewal Guide: A Collaborative Process for Sustainable Community Development*. 3ª ed. Snowmass, CO: Rocky Mountain Institute.

Klepeis, Neil E., W. C. Nelson, Wayne R. Ott e John P. Robinson, 2001. "The National Human Activity Pattern Survey: A Resource for Assessing Exposure to Environmental Pollutants." *Journal of Exposure Analysis and Environmental Epidemiology* 11: 231-52.

Klingenberg, Katrin, 2011. Comunicação pessoal com o autor, 28 de março.

Knowles, Jonathan, 2011. Comunicação pessoal com o autor e colegas, 25 de abril.

Koelman, Onno. (PAX Scientific), 2011. Comunicação pessoal com o autor, 25 de maio.

Kolstad, Ivar, Arne Wiig e D. A. Williams, 2008. *Tackling Corruption in Oil Rich Countries: The Role of Transparency*. Chr. Michelsen Institute. http://www.cmi.no/publications/ publication/?2938=tacklingcorruption-in-oil-rich-countries.

Koomey, J., and N. E. Hultman, 2007. "A Reactor-Level Analysis of Busbar Costs for US Nuclear Plants, 1970-2005." *Energy Policy* 35 (11): 5630–642.

Koplow, Doug, 2007. "Energy." Em *Subsidy Reform and Sustainable Development: Political Economy Aspects*. Paris: OECD Publishing. http://www.earthtrack.net/files/ uploaded_files/OECD_Reform2007.pdf.

———, 2010. *Nuclear Power in the United States: Still Not Viable without Subsidies*. Union of Concerned Scientists. http://www.ucsusa.org/nuclear_power/nuclear_ power_and_global_warming/nuclear-powersubsidies-report.html.

Korosec, Kirsten, 2010. "Ethanol Love-In: Valero Energy Snaps Up Another Plant." BNET, 4 de fevereiro. http://www.bnet.com/blog/clean-energy/ethanol-love-invalero-energy -snaps-up-another-plant/1150.

Kota, Sridhar, 2011. Comunicação pessoal com o autor, 31 de janeiro.

Krauss, Clifford, 2010. "Utilities Shift to Gas-Based Plants as Alternative to Coal." *New York Times*, 29 de novembro.

———, 2011. "Oil in Shale Sets Off a Boom in Texas." *New York Times*, 27 de maio.

Kraemer, R. Andreas, 2011. "The Nuclear Power Endgame in Germany." American Institute for Contemporary German Studies. www.aicgs.org/analysis/c/ kraemer063011.aspx.

Kromer, Matthew e John Heywood, 2007. *Electric Powertrains: Opportunities and Challenges in the U.S. Light-Duty Vehicle Fleet*. Laboratory for Energy and the Environment. http://web.mit.edu/sloan-autolab/research/beforeh2/files/kromer_ electric_powertrains.pdf.

Krupnick, Alan, 2010. *Energy, Greenhouse Gas, and Economic Implications of Natural Gas Trucks*. Resources for the Future; National Energy Policy Institute. http://www.rff.org/RFF/Documents/RFF-BCK-Krupnick-NaturalGasTrucks.pdf.

Kuhn Rikon, 2011. "Durotherm Thermal Cookware. http://www.kuhnrikon.com/ products/duro/group.php3?id=3.

LaCommare, Kristina, Joseph Eto e Kristina Hamachi, 2004. *Understanding the Cost of Power Interruptions to U.S. Electricity Consumers*. Lawrence Berkeley National Laboratory. http://certs.lbl.gov/pdf/55718.pdf.

LaFarge, 2010. *Annual Report Registration Document 2010*. Lafarge. http://www.lafarge.com/03222011-press_publication-2010_annual_report-uk.pdf.

Laherrère, Jean, 2010. Comunicações pessoais com o autor, dezembro.

Laitner, Skip (American Council for an Energy-Efficient Economy), 2011. Comunicação pessoal com o autor, 3 de março.

Lanigan, Jack, John Zumerchik, Jean-Paul Rodrigue, Randall Guensler e Michael Rodgers, 2006. "Shared Intermodal Terminals and the Potential for Improving the Efficiency of Rail-Rail Interchange." Apresentado ao Transportation Research Board Committee on Intermodal Freight Terminal Design and Operations no 86º encontro anual do Transportation Research Board, Washington DC, 21-25 de janeiro. http://people.hofstra.edu/Jean-paul_Rodrigue/downloads/TRB_JPR_ 2007.ppt.

Lankarani, Nazanin, 2011. "Generating the Unlikeliest of Heroes." *New York Times*, 18 de abril. http://www.nytimes.com/2011/04/18/business/global/18iht-rbogbarefoot-18.html.

Larson, Eric. D., 1991. *Trends in the Consumption of Energy-Intensive Basic Materials in Industrialized Countries and Implications for Developing Regions*. http://www.princeton.edu/pei/energy/publications/texts/Larson_91_Trends_Consumption_Basic_Materials.pdf.

Larson, Eric D. e Lars J. Nilsson, 1990. *A System-Oriented Assessment of Electricity Use and Efficiency in Pumping and Air-handling*. PU/CEES Report no. 253; Department of Environmental and Energy Systems Studies Report no. 1990:2. Lund, Suécia: Lund University, setembro. http://www.princeton.edu/pei/energy/publications/ reports/No.253.pdf.

LaSalle Investment Management, 2010. *Investment Strategy Annual 2011*. LaSalle Investment Management. http://www.lasalle.com/Research/ResearchPublications/ 2011%20ISA%20Cover.pdf.

Laustsen, Jens, 2008. *Energy Efficiency Requirements in Building Energy Codes, Energy Efficiency Policies for New Buildings*. International Energy Agency, março. http://www.iea.org/g8/2008/Building_Codes.pdf.

Lawrence Berkeley National Laboratory, 2011. "The Lumina Project." http://light.lbl.gov/.

LeClaire, Nicole, 2011. Comunicação pessoal com o autor, 7 de fevereiro.

Lee, V. K. C., K. C. M. Kwok, W. H. Cheung e G. McKay, 2007. "Operation of a Municipal Solid Waste Co Combustion Pilot Plant." *Asia Pacific*

Journal of Chemical Engineering 2 (6): 631–39. doi:10.1002/apj.77.

Leonard, J. Wayne (Entergy), 2009. Comunicação pessoal com o autor, 8 de abril.

Lester, D. R., M. Rudman e G. Metcalfe, 2009. "Low Reynolds Number Scalar Transport Enhancement in Viscous and Non-Newtonian Fluids." *International Journal of Heat and Mass Transfer* 52 (3-4): 655–64. doi:10.1016/j.ijheatmasstransfer.2008.06.039.

Lidula, N. W. A. e A. D. Rajapakse, 2011. "Microgrids Research: A Review of Experimental Microgrids and Test Systems." *Renewable and Sustainable Energy Reviews* 15 (1): 186–202. doi:10.1016/j.rser.2010.09.041.

Liebreich, Michael, 2010. Comunicação pessoal com o autor, 21 de novembro.

Litman, Todd. 2005. "Pay-As-You-Drive Pricing and Insurance Regulatory Objectives." *Journal of Insurance Regulation* 23 (3). http://www.vtpi.org/jir_payd.pdf.

Liu, John, 2011. http://www.earthshope.org.

Lochbaum, David A., 2008. Depoimento ao Select Committee on Energy Independence and Global Warming, U.S. House of Representatives, 12 de março. http://www.ucsusa.org/assets/documents/nuclear_power/20080312-ucs-house-nuclear-climatetestimony.pdf.

Lockwood, Charles, 2009. "Building Retrofits." *Urban Land*, novembro/dezembro. http://www.esbnyc.com/documents/sustainability/uli_building_retro_fits.pdf.

LogLogic Inc., 2009. *Securing U.S. Critical Infrastructure from Cyber Attacks*. LogLogic. http://loglogic.com/resources/white-papers/securing-critical-infrastructure.

Long, Keith, Bradley Van Gosen, Nora Foley e Daniel Cordier, 2010. *The Principal Rare Earth Elements Deposits of the United States: A Summary of Domestic Deposits and a Global Perspective*. U.S. Geological Survey. http://pubs.usgs.gov/sir/ 2010/5220/downloads/SIR10-5220.pdf.

Loveday, Eric, 2011. "Report: BMW: 3 Uses Carbon Fiber to . . . Cut Costs?" 27 de julho. http://green.autoblog.com/2011/07/27/report-bmw=:3uses-carbon-fiber-to-cut-costs/.

Lovins, Amory B., 1989. *The State of the Art: Drivepower*. Snowmass, CO: Competitek.

———, 1992. *Energy-Efficient Buildings: Institutional Barriers and Opportunities*. E Source Strategic Issues Paper #2. Boulder, CO: E Source. http://www.rmi.org/rmi/Library%2F1992-02_EnergyEfficientBuildingsBarriers Opportunities.

———, 1995. "The Super-Efficient Passive Building Frontier." *ASHRAE Journal* 37 (6): 79-81. http://www.rmi.org/rmi/Library/E95-28_SuperEfficientPassiveBuilding.

———. 2003. *Twenty Hydrogen Myths*. Snowmass, CO: Rocky Mountain Institute. http://www.rmi.org/rmi/Library%2FE03-05_TwentyHydrogenMyths.

———, 2005. "More Profit with Less Carbon." *Scientific American* 293 (3): 52–61. http://www.scientificamerican.com/article. cfm?id=more-profit-with-less-car.

———, 2006. "How Innovative Technologies, Business Strategies, and Policies Can Dramatically Enhance Energy Security and Prosperity." Depoimento convidado do U.S. Senate Committee on Energy and Natural Resources, 7 de março de 2006. http://www.rmi.org/rmi/Library/E06-02_SenateEnergyTestimony.

———, 2007. "Janine Benyus: Heroes of the Environment." *Time Magazine*, 17 de outubro, 2007. http://www.time.com/time/specials/2007/article/0,28804,1663317_ 1663319_1669888,00.html.

———, 2009. "Does a Big Economy Need Big Power Plants?" Freakonomics (blog), 9 de fevereiro. *New York Times*. http://www.rmi.org/rmi/Library/2009-06_ FreakonomicsBlog.

———, 2010a. "DOD's Energy Challenge as Strategic Opportunity." *Joint Force Quarterly* 57: 33–42. http://www.ndu.edu/press/ifg_pages/editions/i57/lovins.pdf.

———, 2010b. National Defense University Press: Cartas ao Editor. http://www.ndu.edu/press/lovins.html.

———, 2010c. "Nuclear Socialism." *Weekly Standard*, 25 de outubro. http://www.weeklystandard.com/articles/nuclear-socialism_508830.html.

———, 2010d. *Efficiency and Micropower for Reliable and Resilient Electricity Service: An Intriguing Case-Study from Cuba*. Snowmass, CO: Rocky Mountain Institute. http://www.rmi.org/rmi/Library/2010-23_CubaElectricity.

———, 2010e. "On Proliferation, Climate, and Oil: Solving for Pattern." *Foreign Policy*, 21 de janeiro. http://www.rmi.org/rmi/Library/2010-03_ForeignPolicyProliferationOil ClimatePattern (versão integral em www.rmi.org/rmi/Library%2F2010-02_ProliferationOilClimatePattern).

Lovins, Amory B. e David Cramer, 2004. "Hypercars, Hydrogen, and the Automotive Transition." *International Journal of Vehicle Design* 35 (1): 50-85. http://www.rmi.org/rmi/Library/T04-01_HypercarsHydrogenAutomotiveTransition.

Lovins, Amory B., E. Kyle Datta, Odd-Even Bustnes, J. G. Koomey e Nathan J. Glasgow, 2004. *Winning the Oil Endgame*. Snowmass, CO: Rocky Mountain Institute. http://www.oilendgame.com.

Lovins, Amory B., E. K. Datta, J. Swisher, A. Lehmann, T. Feiler, K. R. Rábago e K. Wicker, 2002. *Small Is Profitable: The Hidden Economic Benefits of Making Electrical Resources the Right Size*. Snowmass, CO: Rocky Mountain Institute. http://www.smallisprofitable.org.

Lovins, Amory B. e A. Gadgil, 1991. "The Negawatt Revolution: Electric Efficiency and Asian Development." Publicado em versão condensada em *Far Eastern Economic Review*, agosto. Versão integral em http://old.rmi.org/images/PDFs/Energy/E91-23_NegawattRevolution.pdf.

Lovins, Amory B. e L. H. Lovins, 1982. *Brittle Power: Energy Strategy for National Security*. Andover, MA: Brick House Pub. Co. http://www.rmi.org/rmi/Library%2FS82-03_BrittlePowerEnergyStrategy.

———, 2001. "Fool's Gold in Alaska (versão comentada)." *Foreign Affairs*, julho/agosto. http://www.rmi.org/rmi/Library/E01-04_FoolsGoldAlaskaAnnotated.

Lovins, Amory B., L. H. Lovins, 1997. *Climate: Making Sense and Making Money*. Snowmass, CO: Rocky Mountain Institute. http://www.rmi.org/rmi/Library/C97-13_ClimateSenseMoney.

Lovins, Amory B., L. H. Lovins e L. Ross, 1980. "Nuclear Power and Nuclear Bombs." *Foreign Affairs* 58: 1137–77; 59: 172.

Lund, Per, 2011. "Running the Cell Controller Pilot Project as a Virtual Power Plant." Apresentado na 4ª International Conference on Integration of Renewable and Distributed Energy Resources, Albuquerque, NM, 9 de dezembro.

Luppens, J. A. D. C. Scott, J. E. Haacke, L. M. Osmonson, T. J. Rohrbacher e M. S. Ellis, 2008. *Assessment of Coal Geology, Resources, and Reserves in the Gillette Coalfield, Powder River Basin, Wyoming*. U.S. Geological Survey. http://pubs.usgs.gov/of/2008/1202/pdf/ofr2008-1202.pdf.

Lutsey, Nicholas P., 2010. "Review of technical literature and trends related to automobile mass reduction technology." Institute of Transportation Studies. University of California em Davis. UCD-ITS-RR-10-10. http://escholarship.org/uc/item/9t04t94w.

Lynd, Lee, 2006. *Biomass Energy Systems of the Future*. 28 de agosto. http://www.bioeconomyconference.org/images/Lynd,%20Lee—Keynote.pdf. Apresentado na Growing the Bioeconomy Conference, Ames, IA, 28 de agosto.

Magee, Darrin, 2011. Comunicação pessoal com o autor, 13 de maio.

Makhijani, Arjun e Scott Saleska. 1999. *The Nuclear Power Deception*. Nova York: Apex Press.

Makower, Joel, 2011. "The Emergence of VERGE." GreenBiz, 18 de abril. http://www.greenbiz.com/blog/2011/04/18/emergence-verge/?src-int.

Malin, Nadav, 2010. "Non-Green Office Buildings Sacrifice 8% in Rent Revenues." BuildingGreen.com, 9 de novembro. http://www.buildinggreen.

com/auth/article.cfm /2010/11/9/Non-Green-Office-Buildings-Sacrifice-8-in-Rent-Revenues/.

Marsh, George, 2009. "Turbine Innovation at BWEA30." *Renewable Energy Focus*, janeiro/fevereiro. http://www.insix.files.wordpress.com/2009/02/focusmagazine.pdf.

Martin, D., 2010. "A Steeper Learning Curve for PV." EXPO Solar, 30 de julho. http://www.exposolar.org/2012/eng/center/contents.asp?idx=94&page=5&search=&searchstring=&news_type=C.

Martin, N., E. Worrell, M. Ruth, L. Price, R. Elliott e A. Shipley, 2000. *Emerging Energy-Efficient Industrial Technologies*. Lawrence Berkeley National Laboratory. http://ies.lbl.gov/iespubs/46990.pdf

Maslin, Thomas. 2009. "US Solar Market Continues Evolution." Em *Emerging Energy Research Breakfast Briefing Solar Power International*. Anaheim, CA: North America Solar Power Advisory.

Massachusetts Institute of Technology, 2010. *The Future of Natural Gas: An Interdisciplinary MIT Study*. Massachusetts Institute of Technology. http://web.mit.edu/mitei/research/studies/naturalgas.html.

———, 2011. "Power Plant Carbon Dioxide Capture and Storage Projects." CCS Project Database. http://sequestration.mit.edu/tools/projects/index.html.

Material Flows, 2011. "Trends in Global Resource Extraction, GDP and Material Intensity 1980-2007." http://www.materialflows.net database, mantido pelo Sustainable Europe Research Institute. http://www.materialflows.net/index.php?option=com_ content&task=view&id=32&Itemid=48.

Matsuoka, Yuzuru, 2006. "Modeling Activity to Support Japan: LCS Toward 2050." Em japonês. www.nies.go.jp/gaiyo/media_kit/12.200606workshop/.../matsuoka.pdf.

Mayerowitz, Scott, 2009. "Austin Forces Home Sellers to Pay for Energy Audits." ABC News. http://abcnews.go.com/Business/Economy/story?id=7797595&page=1.

McCoy, Gilbert, 2010. "'Super Premium' Efficiency Motors Are Now Available." Washington State University Extension Energy Program. http://www.energy.wsu.edu/Documents/EEFactsheet-Motors-Dec22.pdf.

———. 2011. Comunicação pessoal com o autor, 10 de março.

McElroy, M. B., X. Lu, C. P. Nielsen e Y. Wang, 2009. "Potential for Wind-Generated Electricity in China." *Science* 325 (5946): 1378. http://www.sciencemag.org/ content/325/5946/1378.short.

McKinsey & Company, 2009a. *Unlocking Energy Efficiency in the US Economy*. McKinsey & Company. http://www.mckinsey.com/en/Client_Service/Electric_Power_and_ Natural_Gas/Latest_thinking/Unlocking_energy_efficiency_in_the_US_economy.aspx.

———, 2009b. *Pathways to a Low-Carbon Economy*. McKinsey & Company, janeiro. https://solutions.mckinsey.com/ClimateDesk/default.aspx.

———, 2010a. *A Portfolio of Power-Trains for Europe: A Fact-Based Analysis*. McKinsey & Company. http://www.europeanclimate.org/documents/Power_trains_for_ Europe.pdf.

———, 2010b. *Energy Efficiency: A Compelling Global Resource*. McKinsey & Company, 209 172.180.115/clientservice/.../pdf/A_Compelling_Global_Resource.pdf.

McKinsey Global Institute, 2010. *Farewell to Cheap Capital? The Implications of Long-Term Shifts in Global Investment and Saving*. McKinsey Global Institute, dezembro. http://www.mckinsey.com/mgi/publications/farewell_cheap_capital/pdfs/MGI_Farewell_to_ cheap_capital_full_report.pdf.

McNeill, John, 2011. "Global Environmental History in the Age of Fossil Fuels (1800–2007)." Mapping the World. http://www.cartografareilpresente.org/article254.html.

Mehos, M., D. Kabel e P. Smithers, 2009. "Planting the Seed: Greening the Grid with Concentrating Solar Power." *IEEE Power and Energy Magazine* 7 (maio/junho de 2009).

Meier, A., 2011. Comunicação pessoal com o autor, 19 de maio.

Messenger Post, 2010. "NYSEG to Study Compressed Air Energy Storage." MPNnow.com, 6 de dezembro. http://www.mpnnow.com/business/x1817614900/ NYSEG-to-study-compressed-air-energy-storage.

Metcalfe, Guy, M. Rudman, A. Brydon, L. J. W. Graham e R. Hamilton, 2006. "Composing Chaos: An Experimental and Numerical Study of an Open Duct Mixing Flow." *AIChE Journal* 52 (1): 9–28. doi:10.1002/aic.10640.

Meyers, Steve (Rational Energy), 2011. Comunicação pessoal com o autor, fevereiro.

Mick, Jason, 2011. "Company Poised to Blanket Former Sears Tower with 2 MW of Solar Panels." DailyTech, Blogs, 22 de março. http://www.dailytech.com/Company +Poised+to+Blanket+Former+Sears+Tower+With+2+MW+of+Solar+Panels/article21194.htm.

Mijuk, Goran e Markus Germann, 2011. "Swiss To Exit Nuclear Power After Fukushima Disaster." 25 de maio. http://online.wsj.com/article/BT-CO-20110525-710147.html.

Millard-Ball, Adam e Lee Schipper, 2011. "Are We Reaching Peak Travel? Trends in Passenger Transport in Eight Industrialized Countries." *Transport Reviews* 31 (3): 357–78.

Mills, Evan, 2005. "The Specter of Fuel-Based Lighting." *Science* 308 (5726): 1263.

———, 2009. "Building Commissioning: A Golden Opportunity for Reducing Energy Costs and Greenhouse-Gas Emissions." Lawrence Berkeley National Laboratory. http://cx.lbl.gov/2009-assessment.html.

Mills, Evan e Dale Sartor, 2005. "Energy Use and Savings Potential for Laboratory Fume Hoods." *Energy* 30 (10): 1859-864. doi:10.1016/j.energy.2004.11.008.

Milne, G. e C. Reardon, 2008. *Your Home Technical Manual* 5.2 "Embodied Energy." Seção 5.2 de *Your Home Technical Manual*, 4ª ed. Commonwealth of Australia. http://www.yourhome.gov.au/technical/fs52.html.

Mims, Natalie e Heidi Hauenstein, 2008. *Feebates: A Legislative Option to Encourage Continuous Improvements to Automobile Efficiency*. Snowmass, CO: Rocky Mountain Institute. http://www.rmi.org/rmi/Library%2FT08-09_FeebatesLegislative Option.

Mints, Paula, 2010. *Photovoltaic Manufacturer Shipments, Capacity & Competitive Analysis 2009/2010*. Palo Alto, CA: Navigant Consulting.

Mitchell, William J., Chris E. Borroni-Bird e L. D. Burns, 2010. *Reinventing the Automobile: Personal Urban Mobility for the 21st Century*. Cambridge, MA: MIT Press.

Moody's Investors Service, 2009. *New Nuclear Generation: Ratings Pressure Increasing*. Moody's Investors Service, junho. http://tinyurl.com/3cbplsd.

Molly, J. P., 2010. "Status der Windenergienutzung in Deutschland—Stand 31.12.2010", p. 7, DEWI GmbH. www.dewi.de/dewi/fileadmin/pdf/publications/Statistics%20 Pressemitteilungen/31.12.10/Foliensatz_2010.pdf.

Morales, Alex, 2011. "Low-Carbon Energy Investment Hit a Record $243 Billion in 2010, BNEF Says." Bloomberg, 11 de janeiro. http://www.bloomberg.com/news/2011-01-11/low-carbon-energy-investment-hit-a-record-243-billion-in-2010-bnef-says.html.

Moxley, Joel, 2011. Comunicação pessoal com o autor, 11 de fevereiro.

Mufson, Steven, 2011. "Coal's Burnout: Have Investors Moved On to Cleaner Energy Sources?" *Washington Post*, 1º de janeiro. http://www.washingtonpost.com/wp-dyn/content/article/2011/01/01/AR2011010102146.html.

Mujumdar, Arun S., 2006. *Handbook of Industrial Drying*. 3ª ed. Boca Raton, FL: CRC Press.

Mullen, M. G., 2011. "From the Chairman." *Joint Force Quarterly* 60 (primeiro trimestre). http://www.ndu.edu/press/from-the-chairman-60.html.

Munger, Reuben, 2011. Comunicação pessoal com o autor, 2 de maio.

Murawski, John. 2011. "Utilities Won't Get Nuclear Cost Break This Year." *Charlotte Observer*, 2 de maio. http://www.charlotteobserver.com/2011/05/04/2269975/utilities-wont-get-nuclear-cost.html#ixzz1Lyr4kGoR.

Murdoch, James. "Clean Energy Conservatives Can Embrace." 2009. *Washington Post*, 4 de dezembro. http://www.washingtonpost.com/wp-dyn/contentarticle/2009/12/03/ AR2009120303698.html.

Nadel, Steven e D. Goldstein, 1996. *Appliance and Equipment Efficiency Standards: History, Impacts, Current Status, and Future Directions*. Washington DC: American Council for an Energy-Efficient Economy, junho. http://www.aceee.org/sites/default/files/publications/researchreports/A963.pdf.

Nan Zhou, David Fridley, Michael McNeil, Nina Zheng, Jing Ke e Mark Levine, 2011. *China's Energy and Carbon Emissions Outlook to 2050*. LBNL-4472E. Lawrence Berkeley National Laboratory, April. http://china.lbl.gov/publications/Energy-and-Carbon-Emissions-Outlook-of-China-in-2050.

NanoPore Inc., 2008. "NanoPore™ Thermal Insulation." http://www.nanopore.com/thermal.html.

National Academy of Sciences. 2009. *Hidden Costs of Energy: Unpriced Consequences of Energy Production and Use*. Washington DC: The National Academies Press. www.nap.edu/catalog.php?record_id=12794.

———, 2010. *Real Prospects for Energy Efficiency in the United States*. Washington DC: The National Academies Press.

National Association of Home Builders, 2006. *Housing Facts, Figures and Trends. National Association of Home Builders*. http://www.soflo.fau.edu/report/ NAHBhousingfactsMarch2006.pdf.

National Energy Technology Laboratory. 2011. "Clean Coal Power Initiative (CCPI)." NETL, Coal & Power Systems, Major Demonstrations. http://www.netl.doe.gov/technologies/coalpower/cctc/ccpi/index.html.

National Gypsum, 2011. "ThermalCORE PCM Panel." http://www.thermalcore.info/ThermalCore.pdf.

National Mining Association, 2010. *Trends in U.S. Coal Mining 1923-2009*. National Mining Association. http://www.nma.org/pdf/c_trends_mining.pdf.

National Renewable Energy Laboratory. 2009. "NREL Sets the Bar for Office Building Energy Use." NREL Newsroom, 7 de dezembro. http://www.nrel.gov/features/ 20091207_rsf.html.

———, 2010a. *Research Support Facility: A Model of Super Efficiency*. National Renewable Energy Laboratory. http://www.nrel.gov/docs/fy10osti/48943.pdf.

———, 2010b. Wind Maps and Wind Resource Potential Estimates. Resource materials provided by the Wind Powering America project of the National Renewable Energy Laboratory. http://www.windpoweringamerica.gov/windmaps/.

———, 2011a. National Solar Radiation Data Base 1991–2005 Update. National Renewable Energy Laboratory. http://rredc.nrel.gov/solar/old_data/nsrdb/1991-2005/.

———, 2011b. *Western Wind and Solar Integration Study 2004 Wind Data*. National Renewable Energy Laboratory. http://wind.nrel.gov/public/WWIS/.

National Renewable Energy Laboratory and AWS True Wind, 2010. *Estimates of Windy Land Area and Wind Energy Potential by State for Areas ≥30% Capacity Factor at 80m*. NREL and AWS True Wind, 4 de fevereiro. http://www.windpoweringamerica.gov/pdfs/wind_maps/wind_potential_80m_30percent.pdf.

National Research Council, 2005. *Safety and Security of Commercial Spent Nuclear Fuel Storage*. Washington DC: The National Academies Press.

———, 2008. *Severe Space Weather Events— Understanding Societal and Economic Impacts: A Workshop Report*. Washington DC: The National Academies Press.

———, 2010. *Technologies and Approaches to Reducing the Fuel Consumption of Medium- and Heavy-Duty Vehicles*. Washington DC: The National Academies Press.

Navigant Consulting, 2008. *Florida Renewable Energy Potential Assessment*. Navigant Consulting. http://www.psc.state.fl.us/utilities/electricgas/RenewableEnergy/FL_ Final_Report_2008_12_29.pdf.

———, 2010. *Energy Savings Potential of Solid-State Lighting in General Illumination Applications 2010 to 2030*. Washington DC: U.S. Department of Energy.

Nelson, K.E., 1998. "Finding Process Improvements: The Six Places to Look!" Em *Proceedings from the Twentieth National Industrial Energy Technology Conference, Houston, TX, April 22–23, 1998*. Houston, TX. http://repository.tamu. edu/handle/1969.1/91180?show=full.

Network for New Energy Choices, 2010. *Freeing the Grid: Best Practices in State Net Metering Policies and Interconnection Procedures*. Network for New Energy Choices. http://www.newenergychoices.org/index.php?page=publications&sd=no.

Neubaurer, Max, Andrew deLaski, Marianne DiMascio e Steven Nadel, 2009. *Ka-Boom! The Power of Appliance Standards*. Report no. ASAP-7/ACEEE-A091. Washington DC: American Council for an Energy-Efficient Economy; Boston: Appliances Standards Awareness Project. http://www.aceee.org/sites/default/files/publications/researchreports/a091.pdf.

New York Times (The), 2010. "The Future of Cars." *The New York Times*, 24 de junho.

Newell, Richard, 2011. "The Long-Term Outlook for Natural Gas." Apresentado no United States Energy Consultation, Washington DC, 2 de fevereiro. http://www.eia.doe.gov/neic/speeches/newell_aeo_ng.pdf.

Newhouse, John. 2007. *Boeing versus Airbus: The Inside Story of the Greatest International Competition in Business*. Nova York: Knopf.

Newton, James, 1989. *Uncommon Friends: Life with Thomas Edison, Henry Ford, Harvey Firestone, Alexis Carrel, and Charles Lindbergh*. Nova York: Mariner Books.

NextEra Energy Resources, 2010. "NextEra Energy Resources Remains Nation's No. 1 Wind Energy Owner, According to New AWEA Report." 8 de abril. http://www.nexteraenergyresources.com/news/contents/2010/040810a.shtml.

Nicholson, E., J. Rogers e K. Porter, 2010. *The Relationship between Wind Generation and Balancing-Energy Market Prices in ERCOT: 2007–2009*. U.S. National Renewable Energy Laboratory. http://www.nrel.gov/wind/systemsintegration/ pdfs/2010/nicholson_balancing_energy_market.pdf.

Norfolk Southern, 2009. "Batteries Are Included: Norfolk Southern Unveils Experimental Electric Locomotive." Comunicado à imprensa, 28 de setembro. http://www.nscorp.com/nscportal/nscorp/Media/News%20Releases/2009/batteries.html.

Norris, Guy e Mark Wagner, 2009. *Boeing 787 Dreamliner*. Minneapolis, MN: Zenith Press.

North American Electric Reliability Corporation, 2010a. *2010 Special Reliability Scenario Assessment: Resource Adequacy Impacts of Potential U.S. Environmental Regulations*. North American Electric Reliability Corporation, outubro. http://www.nerc.com/files/EPA_Scenario_Final.pdf.

———, 2010b. *2010 Long-Term Reliability Assessment*. North American Electric Reliability Corporation. October. http://www.nerc.com/files/2010%20 LTRA.pdf.

———, 2010c. *2005–2009 Generating Unit Statistical Brochure—All Units Reporting*. North American Electric Reliability Corporation. http://www.nerc.com/ page.php?cid=4|43|47.

———, 2011. *System Disturbance Reports*. North American Electric Reliability Corporation. http://www.nerc.com/page.php?cid=5|66.

Northeast States Center for a Clean Air Future, International Council on Clean Transportation,

Southwest Research Institute e TIAX, 2009. *Reducing Heavy-Duty Long Haul Combination Truck Fuel Consumption and CO2 Emissions*. Boston: NESCCF; Washington DC e São Francisco: ICCT. http://www.nescaum.org/ documents/ heavy-duty-truckghg_report_final-200910.pdf.

Northwest Energy Efficiency Alliance, 2009. *CFL Update*. Northwest Energy Efficiency Alliance, 5 de novembro. http://neea.org/research/documents/ CFL_Slide_ Presentation_111009.pdf.

Northwest Power and Conservation Council, 2010a. "Energy Efficiency in the Future: The Sixth Northwest Power Plan" e "Northwest Energy Efficiency Achievements 1980–2008." http://www. nwcouncil.org/library/2010/2010-08.htm.

———, 2010b. *Sixth Northwest Power Plan*. Northwest Power and Conservation Council. http://www.nwcouncil.org/energy/powerplan/6/ default.htm.

Norton, Paul, 2010. "Utility Data Analysis: Program Evaluation and Tools Improvement." Apresentado na Affordable Comfort, Inc., Austin, TX, 21 de abril, em nome do National Renewable Energy Laboratory. http://www.affordablecomfort.org/ images/ Events/46/Courses/1622/MODL2_ Norton.pdf.

Novak, Shonda, 2010. "Impact of Home Energy Audit Rule Less Than Expected." *American Statesman* (Austin, TX), 16 de julho. http://www.statesman. com/business/ impact-of-home-energy-audit-rule-less-than-807664.html.

NRDC, 2011. "Gas and Electric Decoupling in the US" map set. Julho. São Francisco: Natural Resources Defense Council.

Nuveco AG., 2011. "The New Generation of Cooking." http://www.lifepr.de/attachment/35202/ PRESENTATION_PDF.pdf. A empresa foi renomeada e seu site é conduction.ch.

Oak Ridge National Lab (ORNL), 2008. *Combined Heat and Power: Effective Energy Solutions for a Sustainable Future*. Oak Ridge National Laboratory, 1º de dezembro. http://www1.eere.energy.gov/ industry/distributedenergy/pdfs/chp_ report_12-08.pdf

Office of Management and Budget, 2011. "Table 3.2—Outlays by Function and Subfunction: 1962-2016." Historical Tables. http://www. whitehouse.gov/omb/ budget/historicals.

Offshore Valuation Group, 2010. *The Offshore Valuation*. Y Plas, Machynlleth, Wales: Public Interest Research Centre. http://www. offshorevaluation.org/downloads/ offshore_ valuation_full.pdf.

Ogburn, Michael, Laurie Ramroth e Amory Lovins, 2008. *Transformational Trucks: Determining the Energy Efficiency Limits of a Class-8 Tractor-Trailer*. Snowmass, CO: Rocky Mountain Institute, julho. http://www.rmi.org/rmi/Library/T08-08_ TransformationalTrucksEnergyEfficiency.

O'Grady, Eileen. 2011. "NRG Energy Abandons Texas Nuclear Expansion Plan." Reuters, 19 de abril. http://www.reuters.com/article/2011/04/19/ us-nuclear-nrg-idUSTRE73I7E620110419.

Online Code Environment and Advocacy Network, 2011a. *Code Status: Commercial*. Online Code Environment and Advocacy Network. http:// bcap-ocean.org/code-status-commercial.

———. 2011b. *Code Status: Residential*. Online Code Environment and Advocacy Network. http:// bcapocean.org/code-status-residential.

Oregon DOT, 2007. *Oregon's Mileage Fee Concept and Road User Fee Pilot Program*. Oregon Department of Transportation. http://www.oregon.gov/ODOT/ HWY/ RUFPP/docs/RUFPP_finalreport.pdf.

Orszag, Peter, 2007. *Estimated Costs of U.S. Operations in Iraq and Afghanistan and of Other Activities Related to the War on Terrorism*. Washington DC: Congressional Budget Office, 24 de outubro.

Owen, Nick A., Oliver R. Inderwildi e David A. King, 2010. "The Status of Conventional World Oil Reserves—Hype or Cause for Concern?" *Energy Policy* 38 (8): 4743-749. doi:16/j.enpol.2010.02.026.

PACEnow, 2011. PACE blog and portal. www.pacenow.org.

Paidipati, J., L. Frantzis, H. Sawyer e A. Kurrasch, 2008. *Rooftop Photovoltaics Market Penetration*

Scenarios. National Renewable Energy Laboratory. http://www.nrel.gov/ docs/fy08osti/42306.pdf.

Paley, William, 1952. *Resources for Freedom: Report of the President's Materials Commission*. Washington DC: U.S. Government Printing Office.

Palmintier, Bryan, Lena Hansen e Jonah Levine, 2008. "Spatial and Temporal Interactions of Solar and Wind Resources in the Next Generation Utility." Apresentado no SOLAR 2008, San Diego, CA, 3-8 de maio. http://www.rmi.org/rmi/ Library/2008-21_SolarWindNGU.

Parker, D. S., 2009. "Very Low Energy Homes in the United States: Perspectives on Performance from Measured Data." *Energy and Buildings* 41 (5): 512-20.

Parsons Brinckerhoff, 2009. *Powering the Future: Mapping Our Low Carbon Path to 2050*. Newcastle upon Tyne, UK: Parsons Brinckherhoff, dezembro. http://www.pbpoweringthefuture.com.

Parthemore, Christine e John Nagl, 2010. *Fueling the Future Force: Preparing the Department of Defense for a Post-Petroleum Era*. Center for a New American Security. http://www.cnas.org/files/documents/ publications/CNAS_Fueling%20the% 20Future%20Force_NaglParthemore.pdf.

Patel, M. R. 2006. *Wind and Solar Power Systems: Design, Analysis, and Operation*. Boca Raton, FL: CRC Press.

Patton, K. J. e M. A. Gonzales, 2010. "Development of High-Efficiency Clean Combustion Engines: Designs for SI and CI Engines." Apresentado no GM Powertrain Advanced Engineering, 11 de junho.

Patzek, T. W. e G. D. Croft, 2010. "A Global Coal Production Forecast with Multi-Hubbert Cycle Analysis." *Energy* 35 (8): 3109–22. doi:10.1016/j. energy.2010.02.009.

PAX Scientific, 2008. "A Fascination with Flow." PAX Scientific Technology. http://www.paxscientific. com/tech.html.

PAX Water Technologies, 2011. *Inside America's Water Storage Tanks There's a Revolution Going on...* http:// www.paxwater.com/Default.aspx?app=Leadgen Download&shortpath=docs%2fData_Sheet_PAX_ Mixer.pdf.

Perlack, Robert, Lynn Wright e Anthony Turhollow, 2005. *Biomass as Feedstock for a Bioenergy and Bioproducts Industry: Technical Feasibility of a Billion-Ton Annual Supply*. U.S. Department of Agriculture. http://www.scag.ca.gov/rcp/pdf/ summit/billion_ton_vision.pdf.

Pernick, Ron e Clint Wilder, 2011. *Clean Energy Trends 2011*. Clean Edge, março. http://www. cleanedge.com/reports/pdf/Trends2011.pdf.

Pew Center on Global Climate Change, 2011a. *Energy Efficiency Standards and Targets*. Pew Center on Global Climate Change, 10 de fevereiro. http:// www.pewclimate.org/ what_s_being_done/in_the_ states/efficiency_resource.cfm.

———, 2011b. *Decoupling Policies*. Pew Center on Global Climate Change, 10 de fevereiro. http:// www.pewclimate.org/what_s_being_done/in_the_ states/decoupling.

Pew Charitable Trusts, 2010. *Who's Winning the Clean Energy Race?: Growth, Competition, and Opportunity in the World's Largest Economies*. Washington DC: Pew Charitable Trusts. http://www.pewtrusts.org/ uploadedFiles/wwwpewtrustsorg/ Reports/ Global_warming/G-20%20Report.pdf.

Pew Charitable Trusts, 2011. *Who's Winning the Clean Energy Race?* Edição de 2010. G-20 Investment Powering Forward. 29 de março. www. pewenvironment.org/ uploadedFiles/PEG/ Publications/ Report/G-20Report-LOWRes-FINAL.pdf.

Phadke, Amol (Lawrence Berkeley National Laboratory), 2011. Comunicação pessoal com o autor, 5 de maio.

PJM News, 2011. "Demand Response and Energy Efficiency Continue to Grow in PJM's RPM Auction Renewable Resources Offer More Capacity." *Electric Energy Online*, 16 de maio. http://www.electricenergyonline.com/?page=show_ news&id= 155034&cat=5.

Pleotint, 2007. "Pleotint LLC Sunlight Responsive Thermochromic (SRT)." http://www.pleotint.com/ default.asp.

Plumber, Bradford. 2007. "Wind Vain." *New Republic*, 5 de novembro.

Pollard, S., 1980. "A New Estimate of British Coal Production, 1750–1850." *Economic History Review* 33 (2): 212–34.

Popular Mechanics, 2010. "The New Wildcatters." *Popular Mechanics*, 1º de janeiro. http://www.popularmechanics.co.za/article/the-new-wildcatters-2010-01-01.

Pöyry, 2010. *Wind Energy and Electricity Prices: Exploring the "Merit Order Effect."* The European Wind Energy Association. http://www.ewea.org/fileadmin/ewea_ documents/documents/publications/reports/MeritOrder.pdf.

PPG Aerospace, 2010. "Boeing 787 Flies with PPG Aerospace Transparencies, Coatings, Sealants." http://www.ppg.com/coatings/aerospace/newsroom/news/Pages/2010-02-04.aspx.

Proctor Group LTD, 2010. "Spacetherm®." http://www.proctorgroup.com/Products/ThermalInsulation/Spacetherm.aspx.

Pugh, Scott, 2010. "Protecting America's Electric Grid." Apresentação no Electric Power Grid Resiliency Workshop, Monterey, CA, 19–21 de maio.

RavenBrick, LLC, 2009. "The Technology." http://www.ravenbrick.com/.

Red Eléctrica de España, 2010. *El sistema eléctrico español 2010*. Red Eléctrica de España, 21 de dezembro. http://www.ree.es/sistema_electrico/pdf/infosis/ Avance_REE_2010.pdf.

Reddy, A. K. N., R. H. Williams e T. B. Johansson, 1997. *Energy After Rio: Prospects and Challenges*. Nova York: UN Development Programme.

Redpoint Energy, 2011. *The Impact of Wind on Pricing within the Single Electricity Market*. Irish Wind Energy Association. http://www.iwea.com/contentFiles/Documents %20for%20Download/Publications/News%20Items/Impact_of_Wind_on_Electricity_Prices.pdf?uid=1298912434703.

Reece, Erik, 2009. "Hell Yeah, We Want Windmills." *Orion Magazine*, julho/agosto. http://www.orionmagazine.org/index.php/articles/article/4809/.

Reed, J. H., K. Johnson, J. Riggert e A. Oh. 2004. *Who Plays and Who Decides: The Structure and Operation of the Commercial Building Market*. Relatório preparado para o U.S. Department of Energy Office of Building Technology, State and Community Programs, março. Rockland, MD: Innovologie, LLC.

Regeringen (governo da Dinamarca), 2011. *Energistrategi 2050—fra kul, olie og gas til grøn energi*. Regeringen, 24 de fevereiro. http://www.ens.dk/Documents/ Netboghandel%20-%20 publikationer/2010/Energistrategi_2050_-_final-print_A4.pdf.

Reitenbach, Gail, 2010. "Smart Power Generation at UCSD." *Power Magazine*, 1º de novembro. http://www.slideshare.net/UCSD-Strategic-Energy/smart-power-generation-at-ucsd-power-magazinenov-2010.

Renewable Energy Policy Network for the 21st Century (REN21), 2010. *Renewables 2010 Global Status Report*. Renewable Energy Policy Network for the 21st Century (REN21), 15 de julho. http://www.ren21.net/REN21Activities/Publications/GlobalStatusReport/GSR2010/tabid/5824/Default.aspx.

Renewable Fuels Association, 2010. "Statistics." Renewable Fuels Association. http://www.ethanolrfa.org/pages/statistics.

Renewables International, 2011. "Cost of Turnkey PV in Germany Drops." *Renewables International—The Magazine*, 14 de janeiro. http://www.renewablesinternational.net/ cost-of-turnkey-pv-in-germany-drops/150/452/29911/.

Reuters. 2007. "U.S. CBO Estimates \$2.4 Trillion Long-Term War Costs." 24 de outubro.

———, 2011a. "EU Will Surpass 20 pct Green Energy Goal." 4 de janeiro.

———, 2011b. "Japan's Tepco Reports Record Loss after Quake." *Sydney Morning Herald*, 20 de maio. http://tinyurl.com/3o67jfk.

Richardson, Katherine *et al.*, 2011. "Denmark's Road Map for Fossil Fuel Independence." *Solutions* 2(4). 21 de julho.

Rocky Mountain Institute, 2008. "State of Missouri Department of Natural Resources Lewis & Clark State Office Building." Estudo de caso do filme do Rocky Mountain Institute *High Performance Building: Perspective and Practice*. http://bet.rmi.org/files/ casestudies/mo-dnr/State_of_Missouri.pdf.

———, 2010. Micropower Database. Setembro. http://www.rmi.org/rmi/Library/2010-14_MicropowerDatabaseSeptember2010.

Rohmund, Ingrid, Anthony Duer, Sharon Yoshida, Jan Borstein, Lisa Wood e A. Cooper, 2011. *Assessment of Electricity Savings in the U.S. Achievable through New Appliance/Equipment Efficiency Standards and Building Efficiency Codes (2010-2025).* Washington DC: Institute for Energy Efficiency, maio. http://www.edisonfoundation.net/IEE/reports/IEE_CodesandStandardsAssessment_2010-2025_UPDATE.pdf.

Roland-Holst, David, 2008. *Energy Efficiency, Innovation, and Job Creation in California*. Berkeley, CA: Center for Energy, Resources, and Economic Sustainability (CERES), outubro. http://areweb.berkeley.edu/~dwrh/CERES_Web/Docs/UCB%20Energy%20Innovation%20and%20Job%20Creation%2010-20-08.pdf.

Romm, J., 1997. *Technology Scenarios of U.S. Carbon Reduction*. Texto resumido, U.S. Department of Energy, 25 de julho.

Rose, Melinda, 2010. "Displays Add a Dimension, Durability." *Photonics Spectra*, julho. http://www.photonics.com/Article.aspx?AID=42944.

Rosen, D. H. e T. Houser, 2006. *What Drives China's Demand for Energy (and What It Means for the Rest of Us)*. Center for Strategic and International Studies. http://csis.org/files/media/csis/pubs/090212_02what_drives_china_demand.pdf.

Rosenfeld, A., J. J. Romm, Hashem Akbari e Alan C. Lloyd, 1997. "Painting the Town White—and Green." *MIT Technology Review*, fevereiro/março 1997. http://heatisland.lbl.gov/PUBS/PAINTING/.

Rosenthal, E., 2010a. "African Huts far from the Grid Glow with Renewable Power." *New York Times*, 25 de dezembro. http://www.nytimes.com/2010/12/25/science/earth /25fossil.html.

———, 2010b. "Using Waste, Swedish City Shrinks Its Fossil Fuel Use." *New York Times*, 10 de dezembro.

———, 2010c. "Portugal gives itself a clean-energy makeover." *New York Times*, 11 de agosto. http://www.nytimes.com/2010/08/10/science/earth/10portugal.html.

———, 2011. "In Auto Test in Europe, Meter Ticks Off Miles, and Fee to Driver." *New York Times*. 10 de agosto. http://www.nytimes.com/2011/08/11/science/earth/11meter.html.

Ross, J. P. e A. Méier, 2000. *Whole House Measurements of Stand-by Power Consumption*. LBNL-45967. Lawrence Berkeley National Laboratory. http://eetd.lbl.gov/ea/reports/45967.pdf.

Ross, Marc e Tom Wenzel, 2001. "Losing Weight to Save Lives: A Review of the Role of Automobile Weight and Size in Traffic Fatalities." American Council for an Energy-Efficient Economy Report ACEEE-T013. July. http://eetd.lbl.gov/ea/teepa/pdf/LBNL-48009.pdf.

Rudolf, John Collins, 2011. "News Corp. Is Carbon-Neutral, Murdoch Declares." *New York Times*, 4 de março. http://green.blogs.nytimes.com/2011/03/04/news-corp-is-carbon-neutral-murdoch-declares/?hpw.

Rumsey, Peter, 2011. Comunicação pessoal com o autor, 7 de março.

Rutledge, David, 2010. Comunicações pessoais com o autor, dezembro.

———. 2011. "Estimating Long-Term World Coal Production with Logit and Probit Transforms." *International Journal of Coal Geology* 85 (1): 23–33. doi:10.1016/j.coal.2010.10.012.

Sandborg, Hans, 2010. "Taking Green to the Platinum Level at the Empire State Building." *Currents* (publicado pela Swedish-American Chambers of Commerce), 12 de agosto. http://sacc-usa.org/currents/people/taking-green-to-the-platinum-level-at-theempire-state-building/.

Sator, Spencer, 2008. *Managing Office Plug Loads*. Boulder, CO: E Source.

Sator, Spencer, I. Krepchin e M. Horsey, 2010. "Standout Industrial Programs and Technologies." Apresentado no E Source, Boulder, CO, 30 de junho de 2010.

Scanlon, Bill. 2010. "Energy Saving A/C Conquers All Climates." National Renewable Energy Laboratory, 11 de junho. http://www.nrel.gov/features/20100611_ac.html.

Scheihing, Paul, 2009. United States Industrial Motor-Driven Systems Market Assessment: Charting a Roadmap to Energy Savings for Industry. U.S. Department of Energy. http://www1.eere.energy.gov/industry/bestpractices/m/us_industrial_motor_driven.html.

Schewel, Laura e Lee Schipper, 2011. *Shop Till We Drop: Historical and policy analysis of driving-for-shopping and freight energy use in the U.S.* Apresentado no European Council for an Energy-Efficient Economy 2011 Summer Study, 7 de junho, França.

Schipper, Lee, 2010. "Automobile Use, Fuel Economy and CO_2 Emissions in Industrialized Countries: Encouraging Trends Through 2008?" *Transport Policy* 18 (2): 358-72.

Schmidt-Pathmann, Philipp, 2011. Comunicação pessoal com o autor, 27 de abril.

Schneider, C. e Jonathan Banks, 2010. *The Toll from Coal: An Updated Assessment of Death and Disease from America's Dirtiest Energy Source.* Clean Air Task Force, September. http://www.catf.us/resources/publications/files/The_Toll_from_Coal.pdf.

Schneider, Dana, 2011. Comunicação pessoal com o autor, 18 de março.

Schneider, M., Antony Froggatt e Steve Thomas, 2011. *The World Nuclear Industry Status Report 2010-2011: Nuclear Power in a Post-Fukushima World, 25 Years after the Chernobyl Accident.* Worldwatch Institute and Mycle Schneider Consulting. http://download.www.arte.tv/permanent/u1/tchernobyl/report2011.pdf.

Schwede, Jared W., Igor Bargatin, Daniel C. Riley, Brian E. Hardin, S. J. Rosenthal, Yun Sun, Felix

Schmitt, *et al.*, 2010. "Photon-Enhanced Thermionic Emission for Solar Concentrator Systems." *Nature Materials* 9: 762–67. doi:10.1038/nmat2814.

Schewels, Laura, 2008. "Triple Safety: Lightweighting Automobiles to Improve Occupant, Highways, and Global Safety," SAE 2008-01-1282. http://www.rmi.org.rmi/ Library/2008-23_Triple Safety Lightweighting.

SEAD Group, 2011. Comunicação pessoal com o autor, 5 de maio.

Segall, Justin (Simple Energy), 2011. Comunicação pessoal com o autor, 25 de março.

Shaheen, Susan e Adam Cohen, 2006. "Carsharing in North America: Market Growth, Current Developments, and Future Potential." *Transportation Research Record: Journal of the Transportation Research Board of the National Academies No. 1986:9.* http://pubs.its.ucdavis.edu/publication_detail.php?id=1080.

Shell International, 2011. *Shell Energy Scenarios to 2050: Signals and Signposts.* Haia: Shell International. http://www.shell.com/scenarios/.

Sherwood, Larry, 2010. *U.S. Solar Market Trends 2009.* Interstate Renewable Energy Council, julho. http://irecusa.org/wp-content/uploads/2010/07/IRECSolar-Market-Trends-Report-2010_7-27-10_web1.pdf.

Shimomura, Tsutomu e John Gage, 2009-2011. Comunicações pessoais com o autor.

Shipley, A. e R. Elliott. 2006. *Ripe for the Picking: Have We Exhausted the Low-Hanging Fruit in the Industrial Sector?* Report no. IE061. Washington DC: American Council for an Energy-Efficient Economy, abril. http://www.aceee.org/research-report/ie061.

Shirouzu, Norihiko, 2010. "Train Makers Rail Against China's High-Speed Designs." *Wall Street Journal*, 17 de novembro. http://online.wsj.com/article/ SB10001424052748704814204575507353221141616.html.

Short, W., N. Blair, P. Sullivan e T. Mai, 2009. *ReEDS Model Documentation: Base Case Data and Model*

Description. National Renewable Energy Laboratory. http://www.nrel.gov/analysis/reeds/pdfs/reeds_full_report.pdf.

Shoup, Donald, 2005. *The High Cost of Free Parking*. Washington DC: American Planning Association.

Shpitsberg, Anna, 2010. *Federal Freight Efficiency Authority*. Rocky Mountain Institute. http://www.rmi.org/rmi/Library/2010-28_FederalFreightEfficiencyAuthority.

Shuster, Erik, 2009. *Estimating Freshwater Needs to Meet Future Thermoelectric Generation Requirements*. U.S. Department of Energy National Energy Technology Laboratory, 30 de setembro. http://www.netl.doe.gov/energy-analyses/ refshelf/detail.asp?pubID=278.

Sinden, Graham, 2011. Comunicação pessoal com o autor, 11 de maio.

Singapore National Energy Efficiency Committee. 2010. *Green Energy Management (GEM) at Grand Hyatt Singapore*.

Skea, J., D. Anderson, T. Green, R. Gross, P. Heptonstall e M. Leach, 2008. "Intermittent Renewable Generation and the Cost of Maintaining Power System Reliability." *IET Generation, Transmission & Distribution* 2 (1): 82-9. doi:10.1049/iet-gtd:20070023.

Small, Kenneth e Kurt Van Dender, 2006. "Fuel Efficiency and Motor Vehicle Travel: The Declining Rebound Effect." *Energy Journal* 28 (1): 25-51.

SmartWay Transport Partnership, 2004. *A Glance at Clean Freight Strategies: Intermodal Shipping*. U.S. Environmental Protection Agency. http://www.epa.gov/ smartwaytransport/transport/documents/tech/intermodal-shipping.pdf.

Smith, M., 2011. "Japan Faces Lengthy Recovery from Fukushima Accident." CNN, 22 de abril. http://articles.cnn.com/2011-04-22/world/japan.fukushima.future_1_nuclear-power-plant-plutonium-plantnuclear-accident?_s=PM:WORLD.

Smith, T., 2011. "Shale Gas: A Renaissance for DRI Production in USA?" *Steel Times International*, março.

Sócrates, José, 2011. Discurso no World Energy Summit, Abu Dhabi, 17 de janeiro.

Solar Energy Research Institute, 1990. *The Potential of Renewable Energy*. Interlaboratory White Paper SERI/TP-260-3674. Golden, CO: Solar Energy Research Institute (agora National Renewable Energy Laboratory).

SolarCity, 2011. "SolarCity Solar Lease: SolarLease Lets Homeowners Install Solar Power for $0 Down and Save Money Every Month with Lower Electricity Costs." http://www.solarcity.com/residential/solar-lease.aspx.

Sony. 2011. "OLED Specifications." http://www.sonystyle.com/webapp/wcs/stores/servlet/ CategoryDisplay?catalogId=10551&storeId=10151&langId=-1&categoryId=8198552921644579396#.

Sorrell, Steve, 2007. *The Rebound Effect: an assessment of the evidence for economy-wide energy savings from improved energy efficiency*. UK Energy Research Centre. Relatório principal e cinco Relatórios Técnicos. www.ukerc.ac.uk/support/tiki-index.php?page=ReboundEffect.

Sorrell, Steve, 2009. "The Evidence for Direct Rebound Effects." Em *Energy Efficiency and Sustainable Consumption: The Rebound Effect*. Nova York: Palgrave Macmillan.

SourceWatch. 2011. *Coal and Jobs in the United States*. SourceWatch, abril. http://www.sourcewatch.org/index.php?title=Coal_and_jobs_in_the_United_States.

Sovacool, Benjamin K. e Charmaine Watts, 2009. "Going Completely Renewable: Is It Possible (Let Alone Desirable)?" *The Electricity Journal* 22 (4): 95-111. doi:16/j.tej.2009.03.011.

St. John, Jeff, 2011. "Demand Response 'Negawatts' Getting a Pay Day." GigaOM, 15 de março. http://gigaom.com/cleantech/demand-response-%E2%80%9Cnegawatts %E2%80%9D-getting-a-pay-day/.

Stand-To! 2011. "Today's Focus: Net Zero." Stand To! 31 de janeiro. http://www.army.mil/standto/archive/2011/01/31/?s_cid=email.

Standard & Poor's, 2008. *Key Credit Factors: Business and Financial Risks in the Investor-Owned Utilities Industry*. Standard & Poor's, 26 de novembro.

Stern, Roger J., 2010. "United States Cost of Military Force Projection in the Persian Gulf, 1976-2007." *Energy Policy* 38 (6): 2816-825. http://ideas.repec.org/a/eee/ enepol/v38y2010i6p2816-2825.html.

Stiglitz, Joseph E. e Linda Blimes, 2010. "The True Cost of the Iraq War: $3 Trillion and Beyond." *Washington Post*, 5 de setembro. http://www.washingtonpost.com/wp-dyn/content/article/2010/09/03/AR2010090302200.html.

Stockton, Hon. Paul (vice-secr. de Defesa), 2011. Depoimento ao Subcommittee on Energy and Power. USHR Committee on Energy and Commerce, 31 de maio.

Straub, N. e P. Behr, 2009. "Energy Regulatory Chief Says New Coal, Nuclear Plants May Be Unnecessary." *New York Times*, 22 de abril. http://www.nytimes.com /gwire/2009/04/22/22greenwire-no-need-to-buildnew-us-coal-or-nuclear-plants-10630.html.

Sturgis, Sue, 2011. "Duke Energy's Nuclear Ambitions Face Fallout from Japanese Crisis." *Online Magazine of the Institute for Southern Studies*, 16 de março. http://www.southernstudies.org/2011/03/duke-energys-nuclearambitions-face-fallout-from-japanese-crisis.html.

Succar, Samir e Robert H. Williams, 2008. *Compressed Air Energy Storage: Theory, Resources, and Applications for Wind Power*. Princeton, NJ: Princeton Environmental Institute, 8 de abril.

Sullivan, Paul, 2011a. "Threats to the Global Oilconomy." Al Arabiya.net, 28 de abril. http://english.alarabiya.net/articles/2011/04/28/147058.html.

———, 2011b. *Written Testimony in Support of the Oral Testimony of Professor Paul Sullivan, National Defense University and Georgetown University for the Western Hemisphere Subcommittee of the Foreign Affairs Committee, US House of Representatives Regarding the Need for Canadian Oil As We Face Increasing Turmoil in the Middle East, Increasing Competition for Energy Resources, Peak Conventional Oil, and an Increasingly Complex Geostrategic Environment*. 31 de março 31. http://www.foreignaffairs.house.gov/112/sul033111.pdf.

SunChips, 2011. "SunChips®—Healthier Planet." http://www.sunchips.com/healthier_ planet.shtml.

Sungevity, 2011. "The Solar Lease." http://www.sungevity.com/solar-lease.

SunPower, 2011. "Financing Your SunPower® Residential Solar System." http://us.sunpowercorp.com/homes/how-to-buy/financing/

SunRun, 2010. "Home Solar Power Systems: Installation, Financing, & Leasing." http://www.sunrunhome.com/.

Sunverge Energy, 2011. "First Micro-Grid, Distributed Energy Resource Community Coming to California." PRWeb, 1º de fevereiro. http://www.prweb.com/ releases/2011/02/prweb5023374.htm.

Sustainable Homes, 1999. *Embodied Energy in Residential Property Development: A Guide for Registered Social Landlords*. Teddington, Middlesex, UK: Sustainable Homes. http://www.sustainablehomes.co.uk/upload/publication/Embodied%20 Energy.pdf.

Swedish Government Commission on Oil Independence. 2006. *Making Sweden an OIL-FREE Society*. http://www.sweden.gov.se/content/1/c6/06/70/96/7f04f437.pdf.

Swisher, J. e R. Orans, 1995. "The Use of Area Specific Utility Costs to Target Intensive DSM Campaigns." *Utilities Policy* 5 (3–4): 185–97.

Synovision Solutions, 2010. "Our Strategic Opportunity in Afghanistan: Fixing Our Energy Inefficiencies to Save $Billions . . . and BLOOD." Briefing prepared by Synovision Solutions, 13 de fevereiro. http://www.gaco.com/press/Anderson_ Amadee_ Afghanistan_Assmt_021310.pdf.

Tabuchi, Hiroko, 2010. "Electric Cars Make Japan's Gas Engine Industry Anxious." *New York Times*, 2 de novembro. http://www.nytimes.com/2010/11/03/business/ global/03japancar.html.

———, 2011. "Head of Japanese Utility Steps Down After Nuclear Crisis." *The New York Times*, 20 de maio. http://www.nytimes.com/2011/05/21/business/global/21iht-tepco21.html.

———, 2011b. "Japan Premier Wants Shift Away From Nuclear Power." *The New York Times*. 13 de julho.

Tabuchi, Hiroko, 2011b. "Japan Premier Wants Shift Away From Nuclear Power." *The New York Times*. 13 de julho.

Taggart, D. F., 2000. "Riding a Bike." Apresentação ao Defense Science Board Task Force on Improving Fuel Efficiency, 20 de setembro. http://www.slideshare.net/ lightspeed65/DSB-Weapon-Platforms-092000a-from-CD.

Tecogen, 2011. "Tecogen Supplies Three Ultra-Clean CHP Modules to Sacramento Electric Utility for Microgrid Demonstration Project." *PR Newswire*. 1º de março. http://www.prnewswire.com/news-releases/tecogen-supplies-three-ultra-clean-chp-modules-to-sacramento-electric-utility-for-microgriddemonstration-project-117149568.html.

Temple, Robert K. G., 1986. "Petroleum and Natural Gas as Fuel, Fourth Century BC." Em *The Genius of China: 3,000 Years of Science, Discovery, and Invention*. Nova York: Simon and Schuster.

Terborgh, J., 1992. "Table of Data on Tropical Rainforests." Tabela 1, modificada para a aula "The Tropical Rain Forest" no Global Change Curriculum da Universidade de Michigan a partir de J. Terborgh, *Diversity and the Tropical Rainforest* (Nova York: Scientific American Library, 1992). http://www.globalchange.umich.edu/globalchange1/current/lectures/kling/rainforest/rainforest_table.html.

Terra Magnetica, 2010. "Siemens Launches Permanent Magnet-Based Gearless Wind Turbine." 25 de abril. http://www.terramagnetica.com/2010/04/25/siemens-launches -permanent-magnet-based-gearlesswind-turbine/.

Texas Transportation Institute, 2009. *Urban Mobility Report 2009*. University Transportation Center for Mobility. http://transportationblog.dallasnews.com/ UMReport%202009%20WEB%20July%2009_Embargoed.pdf.

The Economist, 2005. "A Survey of Oil: Oil in Troubled Waters." *The Economist*, 28 de abril. http://www.economist.com/node/3884623.

———, 2008. "Energy Efficiency: The Elusive Negawatt." *The Economist*, 8 de maio. http://www.economist.com/node/11326549.

———, 2010. "Power to the People." *The Economist*, 2 de setembro. http://www.economist.com/node/16909923.

———, 2011a. "Print Me a Stradivarius." *The Economist*, 10 de fevereiro. http://www.economist.com/node/18114327.

———, 2011b. "Another blow for Berlusconi." *The Economist*, 13 de junho. http://www.economist.com/blogs/newsbook/2011/06/italys-referendums.

Thermal Cookware, 2008. "How It All Works." http://thermalcookware.com/ main.php?mod=Dynamic&id=22.

Theunissen, Ton, Mike Golombok, J. J. H. (Bert) Brouwers, Gagan Bansal e R. van Benthum, 2011. "Liquid CO2 Droplet Extraction from Gases." *Energy* 36 (5): 2961–67. doi:16/j.energy.2011.02.040.

Thomas, Sandy. 2004–2010. Comunicações pessoais com o autor.

Thomsen, K. E., K. B. Wittchen, Statens Byggeforskningsinstitut e European Alliance of Companies for Energy Efficiency in Buildings, 2008. *European National Strategies to Move Towards Very Low Energy Buildings*. Danish Building Research Institute. http://www.buildup.eu/publications/1519.

TIAX, 2006. *The Energy and Greenhouse Gas Emissions Impact of Telecommuting and E-Commerce*. Cambridge, MA: TIAX LLC. http://www.ce.org/Energy_and_ Greenhouse_Gas_Emissions_Impact_CEA_July_2007.pdf.

Tibbits, George, 2010. "Gregoire: Moses Lake Carbon Fiber Plant to Grow." *Bloomberg Businessweek*, 5 de novembro. http://www.businessweek.com/ap/financialnews/ D9JA87BO0.htm.

Tidball, Rick, Joel Bluestein, Nick Rodriguez e Stu Knoke, 2010. *Cost and Performance Assumptions for Modeling Electricity Generation Technologies*. National Renewable Energy Laboratory. www.nrel.gov/docs/fy11osti/48595.pdf.

Tinianov, Brandon (Serious Materials), 2011. Comunicação pessoal com o autor, 8 de fevereiro.

Tirpak, Brad, 2010. Comunicação pessoal com o autor, 28 de dezembro.

Tommerup, Henrik e Jørgen Nørgård, 2007. "Proper Sizing of Circulation Pumps." Em *ECEEE 2007 Summer Study "Saving Energy—Just Do It!" Conference Proceedings* (Estocolmo: European Council for an Energy Efficient Economy).

Töpfer, Klaus, 2011. Comunicação pessoal com o autor, 25 de maio.

Torcellini, P., N. Long e R. Judkoff, 2003. *Consumptive Water Use for U.S. Power Production*. National Renewable Energy Laboratory. www.nrel.gov/docs/fy04osti/ 33905.pdf.

Torres, Juan e Mike Hightower, 2010. *2010 Smart Grid Peer Review Project Summary Form—Energy Surety Microgrids*. U.S. Department of Energy. http://events.energetics.com/ SmartGridPeerReview2010/pdfs/summaries/16_ Energy_Surety_Microgrids_and_SPIDERS.pdf.

Tucker, Jonathan. 2009. "The Future of Chemical Weapons." *The New Atlantis*, outono 2009/inverno 2010: 3–29. http://www.thenewatlantis.com/ publications/the-future-of-chemical-weapons.

Turner, J. A., 1999. "A Realizable Renewable Energy Future." *Science* 285 (5428): 687.

Ulrich, Roger, 2011. Comunicação pessoal com o autor, 2 de março.

United Technologies Corporation, 2010. *2010 Annual Report*. United Technologies Corporation. http://utc.com/About+UTC/Company+Reports/2010+A nnual+Report+ English.

Urban Land Institute, 2007. *Growing Cooler: Evidence on Urban Development and Climate Change*. Urban Land Institute. http://www. mwcog.org/uploads/committee-documents/u1ZbXlk20070921140031.pdf.

Urban Land Institute and Cambridge Systematics, 2009. *Moving Cooler: An Analysis of Transportation Strategies for Reducing GHG Emissions*. Urban Land Institute. http://www.movingcooler.info/.

Urbina, Ian, 2011a. "Insiders Raise Alarm Amid a Rush for Natural Gas." *New York Times*, p. 1, 25 de junho. http://www.nytimes.com/2011/06/26/us/26gas.html.

———, 2011b. "Behind Veneer, Doubt on Future of Natural Gas." *New York Times*, 26 de junho. http://www.nytimes.com/2011/06/27/us/27gas.html.

U.S. Bureau of Transportation Statistics, 2001. *Highlights of the 2001 National Household Travel Survey*, fig. 10, "Mean Minutes and Miles Spent Driving by Driver Age." Washington DC: U.S. Bureau of Transportation Statistics. http://www.bts.gov/ publications/highlights_of_the_2001_national_ household_travel_survey/html/figure_10.html.

———, 2007. *National Transportation Statistics*, tabela 1-46b, "U.S. Ton-Miles of Freight." Washington DC: U.S. Bureau of Transportation Statistics. http://www.bts.gov/ publications/national_ transportation_statistics/html/table_01_46b.html.

U.S. Census Bureau, 2004. "United States Summary: 2000." Do 2000 Census of Population and Housing, Population and Housing Unit Counts. Washington DC: U.S. Census Bureau.

———, 2005. "Value of Product Shipments: 2005." Da Annual Survey of Manufactures (ASM), 2006. Washington DC: U.S. Census Bureau, novembro de 2006. http://www.census.gov/prod/2006pubs/am0531vs1.pdf.

———, 2010. "Annual Value of Construction Put in Place 2002–2010." http://www.census.gov/const/C30/total.pdf.

U.S. Climate Action Partnership, 2009. *A Call for Action*. Washington DC: U.S. Climate Action Partnership. http://us-cap.org/USCAPCallForAction.pdf.

U.S. Department of Defense, 2010. *Quadrennial Defense Review*. Washington DC: U.S. Department of Defense, 26 de janeiro. http://www.defense.gov/qdr/QDR%20as%20 of%2026JAN10%200700.pdf.

U.S. Department of Energy, 2003. *Improving Compressed Air System Performance: A Sourcebook for Industry*. Washington DC: U.S. Department of Energy.

———, 2004. *Steel Industry Energy Bandwidth Study.* Washington DC: U.S. Department of Energy.

———, 2006a. *Energy Bandwidth for Petroleum Refining Processes.* Washington DC: U.S. Department of Energy.

———, 2006b. *Chemical Bandwidth Study: Exergy Analysis: A Powerful Tool for Identifying Process Inefficiencies in the U.S. Chemical Industry.* Washington DC: U.S. Department of Energy.

———, 2006c. *Benefits of Demand Response in Electricity Markets and Recommendations for Achieving Them: A Report to the United States Congress Pursuant to Section 1252 of the Energy Policy Act of 2005.* Washington DC: U.S. Department of Energy. http://eetd.lbl.gov/ea/ems/reports/congress-1252d.pdf.

———, 2007. *U.S. Energy Requirements for Aluminum Production.* Washington DC: U.S. Department of Energy.

———, 2008a. "Isothermal Melting: Reaching for the Peak of Efficiency in Aluminum Melting Operations." *Energy Matters*, primavera de 2008, uma publicação do U.S. Department of Energy Industrial Technologies Program. http://www1.eere.energy.gov/industry/bestpractices/energymatters/archives/spring2008.html#a27.

———, 2008b. 20% Wind Energy by 2030. Washington DC: U.S. Department of Energy.

———, 2010a. "Case Study: SMUD's Energy Efficient Remodel Demonstration Project." *Building America: Comprehensive Energy Retrofit: Efficient Solutions for Existing Home.* U.S. Department of Energy. http://apps1.eere.energy.gov/buildings/ publications/pdfs/building_america/ba_casestudy_smud_sacramento_hot-dry.pdf.

———, 2010b. *Solid-State Lighting Research and Development: Multi-Year Program Plan.* Washington DC: U.S. Department of Energy.

———, 2010c. *Program: Preliminary Determination Regarding Energy Efficiency Improvements in the Energy Standard for Buildings, Except Low-Rise Residential Buildings, ANSI/ASHRAE/IESNA Standard 90.1-2007.* U.S. Department of Energy. http://federalregister. gov/a/2010-22060.

———, 2010d. *3M's Model Rewards and Recognition Program Engages Employees and Drives Energy Savings Efforts.* Washington DC: U.S. Department of Energy. http://www1.eere.energy.gov/industry/saveenergynow/pdfs/3m.pdf.

———, 2010e. *Impacts: Industrial Technologies Program: Summary of Program Results for CY 2008: Boosting the Productivity and Competitiveness of US Industry.* Washington DC: U.S. Department of Energy.

———, 2011a. *Our Projects: The Financing Force Behind America's Clean Energy Economy.* Washington DC: U.S. Department of Energy. https://lpo.energy.gov/? page_id=45.

———. 2011b. "Smart Grid Project Information." SmartGrid. U.S. Department of Energy. http://www.smartgrid.gov/smartgrid_projects?order=field_total_value_value&sort=asc&category=1.

———, 2011c. *The Role of Electricity Market Design in Integrating Solar Generation.* U.S. Department of Energy. http://www.nrel.gov/docs/fy11osti/50058.pdf.

———, 2011d. *Department of Energy FY 2012 Congressional Budget Request*, vol. 2. Washington DC: "U.S. Department of Energy. http://www.cfo.doe.gov/budget/ 12budget/Content/Volume2.pdf.

U.S. Energy Information Administration, 1997. "U.S. Manufacturing Energy Intensity, 1977 through 1991." Em *Changes in Energy Intensity in the Manufacturing Sector 1985–1991.* Washington DC: U.S. Energy Information Administration. http://www.eia.gov/ emeu/mecs/mecs91/intensity/mecs2g.html.

———, 1999. Commercial Building Energy Consumption Survey, 1999. Washington DC: U.S. Energy Information Administration. http://www.eia.doe.gov/emeu/cbecs/.

———, 2000. *The Changing Structure of the Electric Power Industry 2000: An Update.* Washington DC: U.S. Energy Information Administration, outubro.

http://www.eia.gov/cneaf/electricity/chg_stru_update/update2000.pdf.

———, 2005. "MECS Definition of Nonfuel (Feedstock)." From the 2005 Manufacturing Energy Consumption Survey. U.S. Energy Information Administration. http://www.eia.doe.gov/emeu/mecs/mecs98/datatables/nonfueldef.html.

———, 2006a. "Energy Use in Commercial Buildings." Do 2003 Commercial Building Energy Consumption Survey. Washington DC: U.S. Energy Information Administration. http://www.eia.doe.gov/emeu/cbecs/cbecs2003/.

———, 2006b. "2006 Manufacturing Energy Consumption by Manufacturers—Data Tables." Do 2006 Manufacturing Energy Consumption Survey. U.S. Energy Information Administration. http://www.eia.doe.gov/emeu/mecs/mecs2006/2006tables.html.

———, 2007. *Electric Power Industry Overview.* Washington DC: U.S. Energy Information Administration. http://www.eia.gov/cneaf/electricity/page/prim2/toc2.html.

———, 2008a. "Consumption and Expenditures in U.S. Households." Tabelas de dados do Residential Energy Consumption Survey. Washington DC: U.S. Energy Information Administration. http://www.eia.doe.gov/emeu/recs/historicaldata/historical_data80_02.html.

———, 2008b *International Energy Statistics.* Washington DC: U.S. Energy Information Administration. http://tonto.eia.doe.gov/cfapps/ipdbproject/IEDIndex3.cfm?tid=44&pid=44&aid=2.

———, 2008c. 2005 Residential Energy Consumption Survey. Washington DC: U.S. Energy Information Administration. http://205.254.135.24/emeu/recs/recs2005/hc2005_tables/detailed_tables2005.html.

———, 2009. "Retail Sales of Electricity by State by Sector by Provider, 1990–2009." Dados do *Electric Power Annual.* Washington DC: U.S. Energy Information Administration. http://www.eia.doe.gov/cneaf/electricity/epa/sales_state.xls.

———, 2010a. "Macroeconomic Indicators, Reference Case." Do *Annual Energy Outlook 2010.* Washington DC: U.S. Energy Information Administration. http://www.eia.gov/oiaf/aeo/tablebrowser/#release=AEO2010&subject=14-AEO2010&table=18-AEO2010&region=0-0&cases=aeo2010r-d111809a.

———, 2010b. *Annual Energy Outlook 2010.* Abril. http://www.eia.gov/oiaf/aeo/pdf/0383%282010%29.pdf.

———, 2010c. "Petroleum Product Prices, Early Release Reference." From Annual Energy Outlook 2010. Washington DC: U.S. Energy Information Administration. http://www.eia.doe.gov/oiaf/aeo/tablebrowser/#release=AEO2011&subject=0-AEO2011&table=12-AEO2011&region=0-0&cases=ref2011-d120810c.

———, 2010d. *Annual Energy Review 2009.* 19 de agosto de 2010. http://www.eia.doe.gov/aer/.

———. 2010e. Tabela 6.8, "Natural Gas Prices by Sector, 1967–2009." Do *Annual Energy Review.* Washington DC: U.S. Energy Information Administration, 19 de agosto. http://www.eia.doe.gov/totalenergy/data/annual/txt/ptb0608.html.

———, 2010f. Tabela 8.1, "Electricity Overview, 1949–2009." Do *Annual Energy Review.* Washington DC: U.S. Energy Information Administration, 19 de agosto. http://www.eia.gov/totalenergy/data/annual/txt/ptb0801.html.

———, 2010g. "Form EIA-860, Annual Electric Generator Report." http://www.eia.doe.gov/cneaf/electricity/page/capacity/existingunitsbs2008.xls.

———, 2010h. "Form EIA-923." Electricity Data Files. U.S. Energy Information Administration. http://www.eia.doe.gov/cneaf/electricity/page/eia906_920.html.

———, 2011a. Janeiro de 2011 Monthly Energy Review. U.S. Energy Information Administration. http://www.eia.gov/totalenergy/reports.cfm.

———, 2011b. Março de 2011 Monthly Energy Review. U.S. Energy Information Administration. http://www.eia.gov/totalenergy/reports.cfm.

———, 2011c. "Existing Net Summer Capacity by Energy Source and Producer Type." Do *Electric Power Annual*. Washington DC: U.S. Energy Information Administration. http://www.eia.doe.gov/cneaf/electricity/epa/epat1p1.html.

———, 2011d. Tabela 7.2b, "Electricity Net Generation: Electric Power Sector." Do *April 2011 Monthly Energy Review*. Washington DC: U.S. Energy Information Administration. http://www.eia.gov/totalenergy/data/monthly/pdf/sec7_6.pdf.

———, 2011e. Form EIA-860 Annual Electric Generator Report. U.S. Energy Information Administration, 4 de janeiro. http://www.eia.doe.gov/cneaf/electricity/page/ eia860.html.

U.S. Environmental Protection Agency, 1998. *Role of Technology in Climate Change Policy*. EP 1.2:R 64. Washington DC: U.S. Environmental Protection Agency, Atmospheric Pollution Prevention Division.

———, 2009. *Light-Duty Automotive Technology, Carbon Dioxide Emissions, and Fuel Economy Trends: 1975 through 2009*. Washington DC: U.S. Environmental Protection Agency.

———, 2010a. *ENERGY STAR and Other Climate Protection Partnerships 2009 Annual Report*. Washington DC: U.S. Environmental Protection Agency.

———, 2010b. *Light-Duty Automotive Technology, carbon Dioxide Emissions, and Fuel Economy Trends: 1975 Through 2010*. EPA-420-R-10-023. Novembro. http://www.epa.gov/oms/

U.S. General Services Administration, 2011. "2.2.1.1 Scope 1 & 2 Greenhouse Gas Emissions Reductions in Federal Buildings." http://www.gsa.gov/portal/content/ 185129.

U.S. Government Accountability Office, 2009. *Defense Critical Infrastructure: Actions Needed to Improve the Identification and Management of Electrical Power Risks and Vulnerabilities to DOD Critical Assets*. Relatório para comitês do Congresso, outubro.

U.S. Green Building Council, 2006a. *Project Profile: Toyota Motor Sales South Campus Office Development Torrance, California*. http://www.usgbc.org/ShowFile.aspx? DocumentID=3382 .

———, 2006b. *Fossil Ridge High School Fort Collins, Colorado*. http://tinyurl.com/3e8cmk2.

———, 2006c. *Project Profile: Banner Bank Building*. http://www.usgbc.org/ ShowFile.aspx?DocumentID=2057.

U.S. Joint Forces Command, 2010. *The Joint Operating Environment (JOE) 2010*. U.S. Joint Forces Command. http://tinyurl.com/3tpey9x.

U.S. Nuclear Regulatory Commission, 2011a. "Power Reactor Status Reports for 2003." *Power Reactor Status Reports*. Nuclear Regulatory Commission. http://www.nrc.gov /reading-rm/doc-collections/event-status/reactor-status/2003/index.html.

———, 2011b. *Operating Nuclear Power Reactors (by Location or Name)*. Washington DC: Nuclear Regulatory Commission. http://www.nrc.gov/info-finder/reactor/.

———, 2011c. "NRC Appoints Task Force Members and Approves Charter for Review of Agency's Response to Japan Nuclear Event." Comunicado à imprensa, 1º de abril. http://pbadupws.nrc.gov/docs/ML1109/ML110910479.pdf.

Usher, Bruce, 2010. "On Global Warming, Start Small." *New York Times*, 27 de novembro.

Van Auken, R. M. e J. W. Zellner, 2003. *A Further Assessment of the Effects of Vehicle Weight and Size Parameters on Fatality Risk in Model Year 1985-998 Passenger Cars and 1985–97 Light Trucks*. Torrance, CA: Dynamic Research, Inc.

van Benthum, R. J., H. P. van Kemenade, J. J. H. Brouwers e M. Golombok, 2010. "CO_2 Capture by Condensed Rotational Separation." Apresentado no International Pittsburgh Coal Conference, Istambul, 11–14 de outubro. http://www.mate.tue.nl/ mate/pdfs/12195.pdf.

van der Vleuten, E. e R. Raven, 2006. "Lock-in and Change: Distributed Generation in Denmark in a Long-Term Perspective." *Energy Policy* 34 (18): 3739-748.

VICS Empty Miles, 2011. *Empty Miles Webinar*. A production of the Voluntary Interindustry

Commerce Solutions (VICS) Association. https://www.emptymiles.org/.

Viswanathan, V., R. Davies e J. Holbery, 2006. *Opportunity Analysis for Recovering Energy from Industrial Waste Heat and Emissions*. Pacific Northwest National Laboratory/U.S. Department of Energy. http://www1.eere.energy.gov/industry/imf/ pdfs/4_industrialwasteheat.pdf.

Vyas, A., C. Saricks e F. Stodolsky, 2002. *The Potential Effect of Future Energy-Efficiency and Emissions: Improving Technologies on Fuel Consumption of Heavy Trucks*. Argonne, IL: Center for Transportation Research.

Wald, Matthew L. e John M. Broder, 2011. "Utility Shelves Ambitious Plan to Limit Carbon." *New York Times*. 13 de julho. www.nytimes.com/2011/07/14/business/ energy-environment/utility-shelves-planto-capture-carbon-dioxide.html.

W&H Properties, 2009. *The Empire State Building Takes Leadership Role In Energy and Cost Savings for Tenants*. http://www.esbnycleasing.com/graphics/ads/1stESB.pdf.

Wald, Matthew L., 2010. "Wind Power Backbone Sought Off Atlantic Coast." *New York Times*, 12 de outubro. http://www.nytimes.com/2010/10/12/science/earth/ 12wind.html.

———, 2011a. "Westinghouse Nuclear Reactor Design Flaw Is Found." *New York Times*, 20 de maio. http://www.nytimes.com/2011/05/21/business/energyenvironment/ 21nuke.html.

———, 2011b. "Despite Bipartisan Support, Nuclear Reactor Projects Falter." *New York Times*, 28 de abril. http://www.nytimes.com/2011/04/29/business/energy-environment/29utility.html.

Walmart, 2010. *Walmart Global Sustainability Report 2010 Progress Update*. Walmart. http://cdn.walmartstores.com/sites/sustainabilityreport/2010/WMT2010GlobalSustainabilityReport.pdf.

Walters, Eric, 2010. Comunicação pessoal com o autor, 16 de dezembro.

Wang, Shuxiao, 2011. "Mercury Emissions from Coal-Fired Power Plants in China." Apresentação na UNEP INC2 Technical Meeting, Universidade de Tsinghua, 23 de janeiro.

Warren, Dave. 2010. *Low Cost Carbon Fiber Overview*. Oak Ridge National Laboratory. http://www1.eere.energy.gov/vehiclesandfuels/pdfs/merit_review_2010/lightweight_materials/lm002_warren_2010_o.pdf.

Washom, Byron, 2009. "Integration of Distributed Energy Resources within a Smart Microgrid." Apresentado no Smart Grid Rulemaking Distribution Workshop, California Public Utilities Commission, University of California em San Diego, 5 de junho. http://www.cpuc.ca.gov/NR/rdonlyres/FEB2952C-4CF5-4600-8A4FA6566D94329C/0/UCSD.pdf.

Weber, C. L., 2008. *An Examination of Energy Intensity and Energy Efficiency*. Pittsburgh, PA: Carnegie Mellon University.

Weber, C. L. e H. S. Matthews. 2007. "Embodied Environmental Emissions in US International Trade, 1997–2004." *Environmental Science & Technology* 41 (14): 4875-881.

Weisman, Alan 1998. *Gaviotas: A Village to Reinvent the World*. White River Junction, VT: Chelsea Green Publishing.

Wernick, I. K. e J. H. Ausubel, 1995a. "National Material Metrics for Industrial Ecology." *Resources Policy* 21 (3): 189–98. doi:10.1016/0301-4207(96)89789-3.

———, 1995b. "National Materials Flows and the Environment." *Annual Review of Energy and the Environment* 20 (1): 463–92. doi:10.1146/annurev.eg.20.110195.002335.

Wesoff, Eric, 2011. "Clarian: Moving Solar to the Mainstream." Greentech Solar. http://www.greentechmedia.com/articles/read/clarianlowering-the-entry-price-to-solar/.

Westbrook, Paul (Texas Instruments), 2011. Comunicações pessoais com o autor, 15 e 17 de fevereiro.

White, Joseph, 2010. "Luxury Cars Go on a Diet." *Wall Street Journal*, 5 de outubro. http://online.wsj.

com/article/SB10001424052748704631504575532
162477960150.html.

Wilbanks, Thomas J., 2009. *Effects of Climate Change on Energy Production and Use in the United States*. Derby, PA: DIANE Publishing.

Willems, G. P., J. P. Kroes, M. Golombok, B. P. M. van Esch, H. P. van Kemenade e J. J. H. Brouwers, 2010. "Performance of a Novel Rotating Gas-Liquid Separator." *Journal of Fluids Engineering* 132. doi:10.1115/1.4001008.

Williams, E. D., R. U. Ayres e Miriam Heller, 2002. "The 1.7 Kilogram Microchip: Energy and Material Use in the Production of Semiconductor Devices." *Environmental Science & Technology* 36 (24): 5504–10. doi:10.1021/es025643o.

Williams, R. H., E. D. Larson e M. H. Ross, 1987. "Materials, Affluence, and Industrial Energy Use." *Annual Review of Energy* 12 (1): 99–144. doi: 10.1146/annurev.eg.12.110187.000531.

Wines, Michael, 2011. "China Admits Problems with Three Gorges Dam." *New York Times*, 19 de maio.

Wingfield, Brian, 2011. "GE Sees Solar Cheaper Than Fossil Power in Five Years." Bloomberg, 26 de maio. http://www.bloomberg.com/news/2011-05-26/ solar-may-becheaper-than-fossil-power-in-five-years-ge-says.html.

WIPO, 1999. "(WO/1999/020165) High-Performance Cooking Pot." World Intellectual Property Organization *PatentScope*, um banco de dados de pedidos de registros de patentes. http:// www.wipo.int/pctdb/en/wo.jsp?WO=1999020165.

Wirth, Thomas. 2008. *Microreactors in Organic Synthesis and Catalysis*. Alemanha: Wiley-VCH.

Wiser, Ryan e Mark Bolinger, 2010. *2009 Wind Technologies Market Report*. Lawrence Berkeley National Laboratory, agosto. http://eetd.lbl.gov/ea/ emp/reports/lbnl-3716e.pdf.

Wiser, Ryan e Mark Bolinger, 2011. *2010 Wind Technologies Market Report*. Lawrence Berkeley National Laboratory, junho. http://eetd.lbl.gov/ea/ emp/reports/ lbnl=4820e.pdf

Woolsey, R. James, 2001. Depoimento ao the Subcommittee on Energy, Committee on Science,

U.S. House of Representatives, 1º de novembro. http://commdocs.house.gov/committees/science/ hsy75842.000/hsy75842_0.HTM.

Woolsey, R. James, Amory B. Lovins e L. H. Lovins, 2002. "Energy Security: It Takes More than Drilling." *Christian Science Monitor*, 29 de março. http://www.csmonitor.com/2002/0329/p11s02-coop.html.

World Energy Council, 2010. *Survey of Energy Resources 2010*. Londres: World Energy Council. http://www.worldenergy.org/publications/3040.asp.

World Nuclear News, 2011. "'New approach' puts back Flamanville 3." *World Nuclear News*. 21 de julho. http://www.world-nuclear-news.org/NN_New_ approach_puts_ back_Flamanville_3_2107111.html.

World Resources Institute, 2005. *World Greenhouse Gas Emissions: 2005*. World Resources Institute. http:// www.wri.org/chart/world-greenhouse-gas-emissions-2005.

Worrell, Ernst, J. A. Laitner e Ruth Michael, 2003. "Productivity Benefits of Industrial Energy Efficiency Measures." *Energy* 28 (11).

Worrell, Ernst, Lynn Price e Nathan Martin, 2001. "Energy Efficiency and Carbon Dioxide Emissions Reduction Opportunities in the US Iron and Steel Sector." *Energy* 26 (5): 513–36. doi:10.1016/ S0360-5442(01)00017-2.

Wyssen, Ivan, Lucas Gasser e M. Meier, 2010. "Chiller with Small Temperature Lift for Efficient Building Cooling." Apresentado no 10º REHVA World Congress, Antalya, Turquia, 9-12 de maio.

Xinhua, 2011. "China's Thermal Power Plants to See More Losses." *China Daily*, 30 de abril.

Xu, M., Braden Allenby e Weiqiang Chen, 2009. "Energy and Air Emissions Embodied in China–U.S. Trade: Eastbound Assessment Using Adjusted Bilateral Trade Data." *Environmental Science & Technology* 43 (9): 3378–84. doi:10.1021/ es803142v.

Xu, M., E. Williams e Braden Allenby. 2010. "Assessing Environmental Impacts Embodied in Manufacturing and Labor Input for the China–

U.S. Trade." *Environmental Science & Technology* 44 (2): 567–73. doi:10.1021/es901167v.

Xu, P., 2009. *Evaluation of Demand Shifting Strategies with Thermal Mass in Two Large Commercial Buildings*. Lawrence Berkeley National Laboratory. http://gundog.lbl.gov/dirpubs/SB06/pengxu.pdf.

Xu, T., J. Slaa e J. Sathaye, 2010. *Characterizing Costs and Savings Benefits from a Selection of Energy Efficient Emerging Technologies in the United States*. BOA-99-205-P. Lawrence Berkeley National Laboratory. http://ies.lbl.gov/drupal.files/ies.lbl.gov.sandbox/efficient%20tech%20working-%20US.pdf.

Yasu, Mariko, 2011. "Softbank's CEO Wants a Solar-Powered Japan." *Bloomberg Businessweek*, 23 de junho.

Zeller, Tom, 2010. "Can We Build a Brighter Shade of Green?" *New York Times*, 25 de setembro. http://www.nytimes.com/2010/09/26/business/energyenvironment/26smart.html?_r=4&pagewanted=1.

ZepSolar, 2011. "Zep System II." http://www.zepsolar.com/zepsystem2.html.

Ziemlewski, Joanna, 2010. "Saving Energy in a Polyethylene Facility." JOURNAL. http://findarticles.com/p/articles/mi_qa5350/is_201007/ai_n54718274/.

Zhou, Nan, David Fridley, Michael McNeil, Nina Zheng, Jing Ke e Mark Levine, 2011. "China's Energy and Carbon Emissions Outlook to 2050." LBNL-4472E. Lawrence Berkeley National Laboratory. http://china.lbl.gov/publications/Energy-and-Carbon-Emissions-Outlook-of-China-in-2050.